Introduction to
Electronic Commerce
and Social Commerce
4th Edition

电子商务
与社交商务导论

（原书第4版）

[美] 埃弗雷姆·特班（Efraim Turban）
朱迪·怀特塞德（Judy Whiteside） 著
戴维·金（David King）
乔恩·奥特兰（Jon Outland）

凌鸿 赵付春 钱学胜 顾洁 等译

机械工业出版社
China Machine Press

图书在版编目（CIP）数据

电子商务与社交商务导论（原书第4版）/（美）埃弗雷姆·特班（Efraim Turban）等著；凌鸿等译．—北京：机械工业出版社，2019.10

书名原文：Introduction to Electronic Commerce and Social Commerce, 4th Edition

ISBN 978-7-111-63657-1

I. 电… II.① 埃… ② 凌… III. 电子商务 IV. F713.36

中国版本图书馆CIP数据核字（2019）第193346号

本书版权登记号：图字 01-2019-2176

Efraim Turban, Judy Whiteside, David King, Jon Outland. Introduction to Electronic Commerce and Social Commerce, 4th Edition.

Copyright © Springer International Publishing AG 2017.

Simplified Chinese Translation Copyright © 2020 by China Machine Press. This edition is authorized for sale in the People's Republic of China only, excluding Hong Kong, Macao SAR and Taiwan.

No part of this book may be reproduced or transmitted in any form or by any means, electronic or mechanical, including photocopying, recording or any information storage and retrieval system, without permission, in writing, from the publisher.

All rights reserved.

本书中文简体字版由Springer International Publishing AG授权机械工业出版社在中华人民共和国境内（不包括香港、澳门特别行政区及台湾地区）独家出版发行。未经出版者书面许可，不得以任何方式抄袭、复制或节录本书中的任何部分。

本书是一本更新的、完整的本科电子商务（EC）教材。全书共12章，分成五个部分。第一部分介绍电子商务和电子市场。第二部分关注电子商务应用程序。第三部分着眼于新兴的电子商务交付平台。第四部分检查电子商务的支持服务。第五部分阐述电子商务的战略和实施。本书的补充材料包括教师手册、测试题、幻灯片讲义以及在线学习教程。

本书可作为信息系统、电子商务、市场营销和工商管理及相关专业的本科生、研究生及MBA学员的教材使用。

出版发行：机械工业出版社（北京市西城区百万庄大街22号 邮政编码：100037）
责任编辑：孟宪勐　　　　　　　　　　　　　　　责任校对：李秋荣
印　　刷：北京瑞德印刷有限公司　　　　　　　　版　　次：2020年1月第1版第1次印刷
开　　本：185mm×260mm 1/16　　　　　　　　　印　　张：35.5
书　　号：ISBN 978-7-111-63657-1　　　　　　　 定　　价：99.00元

客服电话：（010）88361066　88379833　68326294　　投稿热线：（010）88379007
华章网站：www.hzbook.com　　　　　　　　　　　读者信箱：hzjg@hzbook.com

版权所有·侵权必究
封底无防伪标均为盗版
本书法律顾问：北京大成律师事务所　韩光/邹晓东

| THE TRANSLATOR'S WORDS |
译者序

电子商务和社交网络，由于具有特殊的商务特性和社交特性，自诞生以来为人类社会带来了前所未有的全新可能。随着信息技术的不断进步以及对商业模式的不断探索，我们可以清晰地看到，全球这一轮的产业变革和技术变革很大一部分得益于它们的驱动作用。

中国的近五年也是数字经济深刻改变和改造传统经济集中爆发的五年，新技术与新模式以一种前所未有的速度和深度，改造着社会组织、商业运行以及日常生活的方方面面。自2015年起，我国先后从国家战略的高度确立了"互联网+"、大数据、人工智能的重要地位，更是将我国制造业转型升级、突破瓶颈的希望寄托于内含深刻电子商务基因的工业互联网以及"中国制造2025"的推动计划之中。从产业来看，中国互联网实际上已经成为互联网世界中除美国之外的另外一极，不仅涌现了一大批高市值企业和备受期待的独角兽企业，更是贡献了大量具有独创性的商业实践。

在我们的日常生活中，从2013年的"互联网思维"开始，"Online to Offline（O2O）""共享经济""社交网络""社交电商"，以及从"互联网+"到"+互联网"等"新"词，一遍又一遍地刷新着人们的认知，改变着人们的行为和生活方式。时至今日，电子商务以及社交网络已经如空气一样无所不在，甚至成为新的城市基础设施。

由于工作关系，我长期在复旦EMBA、MBA、高管培训的一线进行授课，近年来切实发觉，如今已经罕有真正与网络绝缘的企业家了。原先我们普遍认为"95后"以至"00后"，是互联网的原住民。但事实上，现下完全可以说我们的企业家、职业人、同学们也都是互联网的原住民，而且不仅是普通原住民，还是积极的开荒者和创造者。他们对于电子商务、社交网络、新兴技术，以及如何运用新技术来提升组织竞争力，都抱有极大的热忱。作为这个领域的研究者和传播者，我和我的同事固然对此感到欣喜与欣慰，但同时我们也深知，这些与我们近距离接触的人群只是这个互联网大时代中非常小的一部分，他们代表着一大群对互联网模式、电子商务和社交网络充满热烈期待和满怀强烈求知欲的人，也让我们时时对知识传播的未完使命感到深深的不安。

因此，当我们接到机械工业出版社华章公司的邀请，来翻译这部已然蜚声中外的著作的第4版时，我和我的同事都感到十分荣幸、欣喜。它的作者夏威夷大学的埃弗雷姆·特班教授在国际电子商务领域有着极高的声望，多部著作都堪称业内的经典之作。在本书中，读者可以跟随特班教授，从管理的视角出发，系统而详尽地梳理电子商务这一宏大叙事的内在脉络，并深刻理解其在社交网络这一强力催化剂的作用下所爆发出的巨大能量。在这里，读者不仅可以学习到电子商务背后的理论构建，还可以领略到全球视角的最新案例。

遗憾的是,由于互联网和电子商务极快的迭代速度,这本成书于2016年的"最新著作"中的不少案例或已不再新颖,或已出现了更好的实践标杆,但因此,我们更加钦佩特班教授撰写此书的缜密结构和敏锐洞察——不管是当前方兴未艾的电子商务社交化、基于圈层的营销、多样的企业服务,还是大量正在发端的全新电子商务模式,都在本书相应篇章的结构框架中有先知般的呈现。

当然,作为中国学者,我们还是期望未来能有更多、更新的中国优秀电子商务案例纳入书中,使中国互联网的创新实践为世界电子商务领域的发展做出名副其实的贡献,同时也期待后续能有更贴近中国国情的诠释解读,为中国读者带来更高的阅读价值。

衷心感谢我的太太以及家人在本书紧张而艰辛的翻译过程中对我工作的大力支持和理解。本书的翻译工作也获得了香港科技大学胡惟忠老师的大力支持,复旦大学管理学院智慧城市研究中心的钱学胜、朱春波对本书的翻译倾注了大量精力。复旦大学信息管理与信息系统系博士生田婧、孙雅慧、姚欣林、李帅男,以及毕业生卢叶微、赵付春、邹雅丽、罗裕梅、顾洁、洪道诚、杨竹青、王筱纶、曾凤焕等参与了本书翻译及校对确认工作,在此对他们的辛勤付出表示感谢。

机械工业出版社华章公司的张有利老师、孟宪勐老师在本书出版过程中体现出认真尽责的工作态度,给我们提供了宝贵的建议和经验指导,在此也一并向他们表示感谢。

由于电子商务领域超周期的发展特性,以及中美电商环境和文化背景的差异,不妥之处在所难免,敬请各位读者不吝指正!

凌鸿

2019年9月

PREFACE
前 言

2009~2014年全球经济危机迫使各组织在经济萧条的环境中削减开支。开展更多线上业务则成为其中最受欢迎的方式之一。事实上,我们在日常生活中正在经历的最重要的变化之一就是社会正全面向互联网社会转型。根据互联网世界统计网站(internetworldstats.com)的报告,2014年北美网民数占总人数的比例已经超过83%(2015年秋季)。庞大的网民人数成为开展在线商务,即电子商务(包括electronic commerce(EC)和electronic business(EB))的主要驱动力之一。

电子商务描述了通过网络(主要是互联网)进行交易的方式。它是以电子方式买卖货物、服务和信息的过程。某些电子商务应用,比如在互联网上买卖股票和机票的数量正在迅速增长,已经超过了非互联网交易。但电子商务不仅仅是商品的买卖,也涉及电子化通信、协作和发现信息。它和在线学习、电子政务、电子健康、社交网络等息息相关。电子商务对包括发展中国家在内的众多地区产生了影响,影响到这些地区的商业、职业,最重要的是影响到了普罗大众。

第4版新颖之处

以下是与第3版相比,本书的主要变化:

- **重大更新**。虽然大多数章节的篇幅和名称没有大的改动,但我们对所有章节的内容进行了重大修订。
- **新内容**(社交媒体和商务)。本书涵盖了大量的社交媒体和社交商务相关内容。所有章节,包括新添加的第7章和第8章都涉及这些内容。
- **新章节**。我们把旧的第7章(Web 2.0)的一些内容移到了第2章,重写了一个关于社交商务营销的新章节。第8章涉及以企业为基础的社交媒体和商务的内容。
- **新作者**。乔恩·奥特兰(Jon Outland)为本书贡献了他在社交商务、营销和电子化营销方面的专业知识,还为以前的版本制作了补充材料。
- **新辅导材料**。新辅导材料(辅导材料B)描述了主要的电子商务支持技术,包括云计算、RFID和EDI。
- **学习成果**。前言部分增加了10项学习成果,以帮助教师设计课程,并帮助学生理解课程内容。
- **视频练习**。大部分章节都增加了视频练习,这些练习要求学生观看视频并回答相关问题。

有重大变化的章节

- 第 1 章包括社交网络、媒体和商务、共享经济、社会化客户、新商业模式以及其他前沿话题。
- 第 2 章进行了扩充，涵盖传统的电子商务和社交媒体（包括增强现实、虚拟现实和众包）的内容。
- 第 3 章更新了一些电子化营销专题。
- 第 4 章包括 B2B 社交商务和社交协作的内容。
- 第 5 章扩展了电子健康、机器人和人工智能应用的内容。
- 第 9 章扩充了新的广告模式和策略。

变化不大的章节

超过 40% 的案例已被替换，并增加了许多例子。约有 30% 的章节末的材料已经更新，有些还做了扩充。管理议题的图表都已更新，重复之处均已删除，对图表的解释也变得更加容易理解。许多章节增加了新的主题，以阐述社交媒体和商业革命。

在线文件

在线文件均已做更新和重新组织，其数量已大大减少（网址：e-commerce-introductiontextbook.com）。

本书特点

本书有以下几个特点。

管理导向

电子商务可以从技术和管理两大视角进行探讨，本书采用了管理视角。大部分内容都是关于电子商务的应用和实施的。然而，我们确实认识到了技术的重要性。因此，我们在第 2 章中介绍了买卖机制的基本要素，在第 10 章中介绍了安全性的要点。我们还在本书的网站上（e-commerce-introduction-textbook.com）提供了详细的技术资料和辅导材料，每一章的结尾也提供了管理问题。

社交媒体与商务导向

鉴于社交媒体和商务的重要性，我们把书中的所有主要主题都与社交媒体、社交网络和社交商务联系起来。

面向现实世界

本书通过列举来自世界各地的大公司、小公司、政府和非营利机构的大量生动的例子，使概念变得鲜活起来。这些例子向学生展示了电子商务的能力、成本和合理性，以及现实中的公司在其运营中使用电子商务的创新方式。这些例子包括大公司和中小公司（SME）。

坚实的理论背景

为了理解电子商务,我们贯穿全书介绍了必需的理论基础,从消费者行为到营销和竞争理论。此外,我们还提供了网站资源、众多的练习和大量的参考资料,以完善理论介绍。

前沿话题

本书介绍了与电子商务有关的最新主题,引用大量 2014~2016 年的文献就证明了这一点。书中从理论和实践两个方面介绍了物联网、增强现实、无人机、机器人、供应链系统、协同商务、移动商务和电子商务安全等主题。

集成系统

有别于其他强调基于互联网的孤立系统的书籍,本书强调那些支持企业和供应链管理的系统、组织内和跨组织系统,以及全球电子商务和基于万维网的应用程序的最新创新。

全球视角

全球竞争、伙伴关系和贸易的重要程度正在迅速提升。电子商务正在全球范围内促进进出口、跨国公司管理和电子贸易,因此本书通篇引用了国际性的例子(包括许多发展中国家的例子)。

在线支持

有超过 40 个文件可供在线使用,以补充课本材料。它们包括关于通用主题的文件,如数据挖掘和内联网、案例、面向技术的文本,等等。

链接丰富

本书提供了数百个互联网资源的链接,让学习者可以获得更多的细节,并进一步研究相关主题。

用户友好

虽然涵盖了所有主要的电子商务主题,但本书仍保持清晰、简单、合理的结构。它提供了术语的所有基本定义以及逻辑概念的支持。此外,本书很容易理解,充满了有趣的现实世界的例子和"战争故事",使读者充满了兴趣。每一节的结尾都会提供相关的复习问题,这样读者就可以停下来复习和消化新学的知识。

本书结构

本书分 5 个部分,共 12 章,另有两个在线辅导材料。

本书的学习成果

学习本书后,读者将能够:

1. 定义所有类型的电子商务系统，并描述它们的主要业务和盈利模式。
2. 描述所有在电子商务中使用的主要机制。
3. 描述向个人消费者在线销售产品和服务的所有方法。
4. 了解所有在线 B2B 的活动，包括采购、拍卖与合作。
5. 描述除线上交易以外的其他电子商务活动，如电子政务、电子学习/培训、智能系统和电子健康。
6. 将支付、安全、订单履行等支持服务与电子商务的实践联系起来。
7. 描述社交媒体和网络，以及支撑社交商务的社会化模式。
8. 描述社交商务应用的前景，包括社交广告和购物、企业社会化商务、社会化市场研究以及众包。
9. 理解电子商务运作所处的法律、社会、伦理和商业环境。
10. 说明电子商务的全球化及其在中小企业和发展中国家的应用。

本书与 Springer 的《电子商务》第 8 版（EC 2015）有何不同

本书部分内容来源于《电子商务》第 8 版，其作者是埃弗雷姆·特班（Efraim Turban）等，由 Springer 于 2015 年出版，还有部分内容来源于由埃弗雷姆·特班等著，Pearson 于 2013 年出版的《电子商务导论》第 3 版。本书与《电子商务》（2015 年版）的主要区别如下：

- 本书篇幅更加简短（12 章 VS 16 章）。
- 本书有两个辅导材料，而《电子商务》（2015 年版）有 5 个辅导材料。
- 案例和在线文件数量减少了约 25%。
- 《电子商务》（2015 版）是为 1~4 个学期设计的，本书是为 1 个季度或 1 个学期设计的。
- 《电子商务》（2015 版）主要是为研究生设计的，本书是为本科生和企业培训撰写的。
- 《电子商务》（2015 版）具有很强的战略和研究导向，有更多的参考资料和互联网链接。
- 在许多方面，《电子商务》（2015 版）提供了更多的技术细节、例子和讨论。
- 本书删除或合并了几个主要的主题（例如，将付款和订单履行两章合并为一章）。
- 本书包括一些简化的案例和示例。

教学特点与学习辅助

本教材为学生提供了许多学习帮助：

- **学习成果**。教师可在前言中找到学习成果，该成果可用于创建课程大纲。
- **学习目标**。每章开头阐述的学习目标有助于学生明确重点，提醒学生需要讨论的重要概念。
- **开篇案例**。每章以一个真实案例作为开端，说明了电子商务对现代企业的重要性。这些经过精心挑选的案例可以引起大家对各章所涉及的主要议题的关注。在每一个案例后面的"案例经验教训"小节将案例中的重要问题与本章的主题联系起来。章末提出与案例有关的问题。
- **应用案例**。章节中间的案例突出了企业在开发和实施电子商务时遇到的现实问题。每个案例后面的问题能引导学生去关注案例材料的指导意义。
- **图表**。许多吸引人的插图和表格为文本讨论做了有益的拓展和补充。

- **复习题**。每一节结尾都有关于这个部分的复习题。这些问题旨在帮助学生在开始另一个话题之前总结所学的概念，并消化每一部分的要点。
- **术语表和关键术语**。每一个关键术语首次出现时，文中都给出了定义。本书结尾的术语表提供了所有术语的定义。
- **管理问题**。在每章的结尾，我们将探讨经营者为适应在网络环境下开展业务而面临的一些特殊关注点。这些关注点以问题的方式提出，最大限度地提高了读者参与讨论的积极性。
- **本章小结**。本章小结与每章开头介绍的学习目标联系在一起，一一对应。
- **章末练习**。以各种类型的问题衡量学生的理解程度和应用知识的能力。问题讨论和课堂讨论话题旨在培养批判性思维技能。互联网练习富有挑战性，要求学生上网并学以致用。有250多个实战练习需要学生到有趣的网站进行研究、调查应用程序、下载演示，或了解最新的技术进展。团队任务和项目练习富有挑战性，旨在培养团队精神。
- **章末案例**。每一章都以一个真实的案例作为结尾，这个案例比章节中间的电子商务应用案例更深入一些。每一个案例的问题都与本章讨论的主题相关。

支持材料⊖

本书还提供了下列支持材料：

- **教师手册**。由乔恩·奥特兰（Jon Outland）编写，该手册包括所有复习和讨论问题、练习和案例问题的答案。
- **测试题库**。由乔恩·奥特兰（Jon Outland）编写，包括丰富的选择题、是非题和论述题。它可以在微软的文字处理软件（Microsoft Word）中使用。
- **PowerPoint 讲义**。由朱迪·怀特塞德（Judy Whiteside）针对教材的学习目标编写。
- **关联网站**。本书由一个关联网站提供支持，该网站内容包括：
  - 两个辅导材料，关于 e-CRM 的辅导材料1和关于主要支持技术（包括云计算、RFID、EDI和外部网）的辅导材料2。
  - 大多数章节的线上文件。

埃弗雷姆·特班（Efraim Turban）于夏威夷基黑

朱迪·怀特塞德（Judy Whiteside）于伊利诺伊州查尔斯顿

戴维·金（David King）于亚利桑那州斯科茨代尔

乔恩·奥特兰（Jon Outland）于南达科他州拉皮德城

⊖ 见本书网站（ecommerce-introduction-textbook.com），其中内容不一定免费。

ACKNOWLEDGEMENTS
致　谢

许多人帮助我们完成了这本书。大学教师通过审稿和个人访谈为本书提供了大量的反馈。特别感谢以下教授的贡献。

- 菲律宾圣托马斯大学的黛博拉·特班（Deborrah C.Turban）通过互联网搜索和编辑为几个章节提供了材料。
- 内华达大学雷诺分校的朱迪·斯特劳斯（Judy Strauss）为社交媒体专题提供了一些材料。
- 中国澳门理工大学的琳达·赖（Linda Lai）贡献了第 3 章中使用的一些材料。
- 伊万·塞巴洛斯二世（Ivan C. Seballos II）为创建书中的新图表做出了贡献。

对于上述所有贡献者，我们感谢他们提供的宝贵援助。

我们也感谢各组织和公司准许我们复制其材料。特别感谢允许我们在本书中使用其资料的所有公司和咨询顾问。

还感谢 Springer 的团队，在编辑尼尔·莱文（Neil Levine）的领导下，他们从书稿开始到完成一直在帮助我们。

目录

译者序
前言
致谢

第一部分 电子商务和电子市场概论

第1章 电子商务与社交商务概述 / 2

开篇案例 星巴克是如何转变成为一家数字化社交企业的 / 2

1.1 电子商务：定义与概念 / 6
    1.1.1 电子商务（electronic commerce）的定义 / 6
    1.1.2 电子商务（e-business）的定义 / 6
    1.1.3 主要的电子商务概念 / 6
    1.1.4 电子市场和网络 / 7

1.2 电子商务领域：增长、内容、分类和简史 / 7
    1.2.1 电子商务的内容和框架 / 8
    1.2.2 电子商务框架 / 9
    1.2.3 电子商务按照交易性质的分类及参与者之间的关系 / 10
    1.2.4 电子商务简史 / 12

1.3 电子商务的驱动因素和利益 / 16
    1.3.1 电子商务的驱动因素 / 16
    1.3.2 电子商务的利益 / 16

1.4 社交计算与商业 / 18
    1.4.1 社交计算 / 18
    1.4.2 Web 2.0 / 18
    1.4.3 社交媒体 / 19
    1.4.4 社交网络服务和社交网络 / 19
    1.4.5 商业导向的社交网络 / 20
    1.4.6 社交商务 / 20
    1.4.7 Web 2.0 的主要工具 / 21

1.5 数字化与社交化世界：经济、企业与社会 / 22
    1.5.1 数字经济 / 22
    1.5.2 数字企业 / 24
    1.5.3 社交商务（企业）/ 25
    1.5.4 数字革命与社会 / 26

1.6 电子商务商业模式 / 29
    1.6.1 商业模式的结构与属性 / 29
    1.6.2 典型的电子商务商业模式 / 31
    1.6.3 电子商务中的商业模式类型 / 32

1.7 电子商务的局限性、影响和未来 / 33
    1.7.1 电子商务的局限性与障碍 / 33
    1.7.2 为什么要学习电子商务 / 34
    1.7.3 电子商务的未来 / 35

1.8 本书概述 / 36

1.8.1 第一部分 电子商务和电子市场概论 / 36
1.8.2 第二部分 电子商务应用程序 / 36
1.8.3 第三部分 新兴的电子商务交付平台 / 37
1.8.4 第四部分 电子商务的支持服务 / 37
1.8.5 第五部分 电子商务战略与实施 / 37
1.8.6 在线迷你教程 / 37
1.8.7 在线支持 / 37

管理问题 / 37
本章小结 / 38
问题讨论 / 39
课堂讨论和辩论话题 / 39
在线练习 / 40
团队任务和项目 / 41
章末案例 / 41
在线资源 / 43
在线文件 / 43
参考文献 / 43

第2章 电子商务：机制、平台和工具 / 46

开篇案例 Pinterest：电子商务板块的"新生儿" / 46

2.1 电子商务机制：概述 / 49
　2.1.1 EC活动和支持机制 / 49
　2.1.2 在线采购流程 / 49
2.2 电子市场 / 51
　2.2.1 电子市场概述 / 51
　2.2.2 电子市场中的要素和参与者 / 51
　2.2.3 去中介和再中介 / 52
　2.2.4 电子市场的类型 / 54
2.3 客户购物机制：网上商店、网上商城和门户网站 / 54
　2.3.1 网上商店 / 55
　2.3.2 网上商城 / 55
　2.3.3 网络（信息）门户 / 55
　2.3.4 中介机构在电子市场中的角色与价值 / 57
2.4 商户解决方案：电子目录、搜索引擎和购物车 / 58
　2.4.1 电子目录 / 58
　2.4.2 电子商务的搜索活动、搜索类型和搜索引擎 / 58
　2.4.3 购物车 / 60
2.5 拍卖、易货和在线协商 / 61
　2.5.1 定义和特点 / 61
　2.5.2 动态定价 / 61
　2.5.3 传统拍卖 VS 电子拍卖 / 61
　2.5.4 拍卖类型 / 62
　2.5.5 电子拍卖的好处 / 64
　2.5.6 电子拍卖的局限性 / 65
　2.5.7 在线易货 / 65
　2.5.8 在线协商 / 66
2.6 虚拟社区和社交网络 / 66
　2.6.1 传统网络社区的特点及其分类 / 67
　2.6.2 社交网络服务网站 / 68
　2.6.3 商业导向的公共社交网络 / 69
　2.6.4 私人（或企业）社交网络 / 71
　2.6.5 与社交网络相关的商业模式和服务 / 71
　2.6.6 移动社交商务 / 71
　2.6.7 移动社交网络 / 72
　2.6.8 最近用于社交网络的创新工具和平台 / 72
2.7 新兴电子商务平台：增强现实和众包 / 74
　2.7.1 增强现实 / 74
　2.7.2 众包 / 75
2.8 未来：Web 3.0、Web 4.0和Web 5.0 / 77
　2.8.1 Web 3.0：未来会有什么 / 77
　2.8.2 技术环境 / 79
管理问题 / 79

本章小结 / 80

问题讨论 / 81

课堂讨论和辩论话题 / 82

在线练习 / 82

团队任务和项目 / 83

章末案例 / 84

在线文件 / 85

参考文献 / 85

第二部分　电子商务应用程序

第3章　电子商务零售：产品与服务 / 88

开篇案例　亚马逊公司：全球最大的电子零售商 / 88

3.1　网络营销和 B2C 电子零售 / 90
3.1.1　电子零售概述 / 91
3.1.2　B2C 市场的规模和成长趋势 / 91
3.1.3　成功的电子零售的特点和优势 / 92

3.2　电子零售的商业模式 / 94
3.2.1　基于分销渠道的商业模式分类 / 95
3.2.2　商业目录商场 / 96
3.2.3　服务共享商场 / 96
3.2.4　其他 B2C 模式和特殊零售 / 97
3.2.5　B2C 社交购物 / 97

3.3　在线旅游和旅游（酒店）服务 / 98
3.3.1　在线旅行的特点 / 99
3.3.2　在线旅行服务的利弊分析以及竞争 / 101
3.3.3　在线旅行的竞争情况 / 101
3.3.4　商旅出行 / 101

3.4　就业和在线就业市场 / 102
3.4.1　网络就业市场 / 102
3.4.2　在线就业市场的优点和局限性 / 103

3.5　在线房地产、保险和股票交易市场 / 104
3.5.1　在线房地产市场 / 104
3.5.2　在线保险交易 / 105
3.5.3　在线股票交易和投资 / 106

3.6　网上银行和个人金融 / 107
3.6.1　电子银行 / 107
3.6.2　网上银行的功能 / 107
3.6.3　纯虚拟银行 / 107
3.6.4　网上账单和账单支付 / 109

3.7　按需提供日用品、数字产品、娱乐产品及游戏产品 / 110
3.7.1　按需配送 / 110
3.7.2　数字产品、娱乐产品和媒体产品的在线交付 / 111
3.7.3　互联网电视和互联网广播 / 112
3.7.4　社交电视 / 113
3.7.5　法律方面 / 113

3.8　在线购买决策辅助工具 / 114
3.8.1　购物门户网站 / 114
3.8.2　购物机器人帮助进行价格和质量的比较 / 114
3.8.3　评分、评论和推荐网站 / 115
3.8.4　比较购物网站 / 116
3.8.5　信用验证网站 / 116
3.8.6　其他购物辅助工具 / 117
3.8.7　信息聚合器 / 118

3.9　零售竞争的新面貌：传统零售商与电子零售商 / 118
3.9.1　线上与线下的竞争概述 / 118
3.9.2　传统零售商与电子零售商 / 120
3.9.3　鼠标加水泥模式零售商的案例 / 120
3.9.4　传统零售商可以做什么 / 121

3.10　电子零售的问题及吸取的经验 / 122

3.10.1 去中介和再中介 / 122
3.10.2 渠道冲突 / 123
3.10.3 产品和服务的定制化与个性化 / 123
3.10.4 从电子零售商的失败中吸取的经验教训 / 123

管理问题 / 124
本章小结 / 125
问题讨论 / 126
课堂讨论和辩论话题 / 127
在线练习 / 127
团队任务和项目 / 128
章末案例 / 130
参考文献 / 131

第4章 企业对企业电子商务 / 133

开篇案例 阿里巴巴：全球最大的B2B市场 / 133

4.1 B2B电子商务的概念、特点和模式 / 136
    4.1.1 B2B电子商务的基本概念和流程 / 136
    4.1.2 B2B交易和活动的基本类型 / 136
    4.1.3 B2B电子市场的基本类型和服务 / 137
    4.1.4 B2B的市场规模和内容 / 138
    4.1.5 B2B的组成 / 139
    4.1.6 B2B中的在线服务行业 / 140
    4.1.7 B2B的好处和局限性 / 141

4.2 B2B营销：卖方电子交易市场 / 143
    4.2.1 卖方模式 / 143
    4.2.2 通过商品目录销售：网上商店 / 143
    4.2.3 完善的卖方系统 / 144
    4.2.4 通过分销商和其他中介进行销售 / 145

4.3 通过电子拍卖进行销售 / 145
    4.3.1 拍卖对卖方的好处 / 145
    4.3.2 B2B正向拍卖的案例 / 146

4.4 多对一：在买方电子交易市场上的电子采购 / 147
    4.4.1 传统采购管理中的低效率 / 147
    4.4.2 采购方式 / 148
    4.4.3 电子采购的概念 / 149
    4.4.4 电子采购的好处和局限性 / 150

4.5 在买方电子平台上的反向拍卖（网络招标） / 151
    4.5.1 反向拍卖的主要好处 / 152
    4.5.2 进行反向拍卖 / 152

4.6 其他电子采购方法 / 155
    4.6.1 桌面采购 / 155
    4.6.2 团购 / 155
    4.6.3 从其他来源进行购买 / 155
    4.6.4 通过网络易货采购 / 156
    4.6.5 选择适当的网络采购解决方案 / 156

4.7 B2B多方交易市场（电子交易市场）：定义和基本概念 / 157
    4.7.1 全球多方交易市场 / 158
    4.7.2 多方交易市场提供的功能和服务 / 158
    4.7.3 B2B多方交易市场的所有权 / 159
    4.7.4 B2B多方交易市场中的动态定价 / 160
    4.7.5 多方交易市场的优点、局限性和收入模式 / 161

4.8 Web 2.0和社交网络中的B2B / 162
    4.8.1 B2B中的网络社区 / 162
    4.8.2 B2B中的社会商业机会 / 163
    4.8.3 Web 2.0工具在B2B中的应用 / 163
    4.8.4 虚拟贸易展会和交易会 / 164
    4.8.5 B2B中的社交网络 / 164
    4.8.6 B2B社交网络活动的案例 / 165
    4.8.7 B2B社交网络的未来 / 165

4.9 协作商务 / 165

- 4.9.1 协作商务的本质 /165
- 4.9.2 协作商务的要素和过程 /166
- 4.9.3 协作中心 /166
- 4.9.4 改进协作商务 /167
- 4.9.5 协作商务的代表性例子 /167
- 4.9.6 社交协作 /169
- 4.9.7 协作商务面临的障碍 /169

管理问题 /170

本章小结 /171

问题讨论 /173

课堂讨论和辩论话题 /173

在线练习 /173

团队任务和项目 /174

章末案例 /175

在线文件 /176

参考文献 /176

第5章 电子商务系统创新：从电子政务到电子学习、知识管理、电子健康和C2C商务 /178

开篇案例 康帕斯集团通过将经理人变成侦探来加强电子培训 /178

5.1 电子政务：概述 /179
- 5.1.1 定义和范围 /180
- 5.1.2 政府对公民的电子政务 /181
- 5.1.3 政府对企业的电子政务 /183
- 5.1.4 政府对政府的电子政务 /184
- 5.1.5 政府对员工以及内部效率和效益 /184
- 5.1.6 实施电子政务 /185
- 5.1.7 电子政务的转型 /185
- 5.1.8 电子政务2.0和社交网络 /185
- 5.1.9 移动政府 /186

5.2 电子学习、电子培训和电子书 /187
- 5.2.1 电子学习的基础：定义和概念 /188
- 5.2.2 电子学习的优缺点 /188
- 5.2.3 远程学习和在线大学 /190
- 5.2.4 在线企业员工培训 /192
- 5.2.5 社交网络和电子学习 /192
- 5.2.6 视觉互动模拟 /193
- 5.2.7 电子学习管理系统 /194
- 5.2.8 电子书 /195

5.3 知识管理、智能系统和机器人 /197
- 5.3.1 知识管理概述 /197
- 5.3.2 知识管理的类型和活动 /198
- 5.3.3 知识共享 /198
- 5.3.4 知识管理与电子商务的关系 /199
- 5.3.5 知识管理和社交网络 /199
- 5.3.6 通过电子方式查找专业知识和专家以及使用专家定位系统 /200
- 5.3.7 知识和智能系统 /203

5.4 电子健康 /204
- 5.4.1 定义 /204
- 5.4.2 电子病历系统 /204
- 5.4.3 医生系统 /205
- 5.4.4 患者服务 /205
- 5.4.5 社交媒体和商业 /205
- 5.4.6 医疗设备和患者监视 /205
- 5.4.7 医学研究 /205
- 5.4.8 行政目标 /206

5.5 消费者对消费者电子商务 /206
- 5.5.1 电子商务：C2C应用程序 /206
- 5.5.2 个人对个人借贷 /207

管理问题 /208

本章小结 /209

问题讨论 /210

课堂讨论和辩论话题 /210

在线练习 / 211

团队任务和项目 / 211

章末案例 / 212

在线文件 / 213

参考文献 / 213

第三部分　新兴的电子商务交付平台

第6章　移动商务和物联网 / 216

开篇案例　赫兹公司：全面实现移动商务 / 216

6.1 移动商务：概念、主要领域、属性、驱动因素、应用程序和优点 / 218

6.1.1 基本概念、应用程度和主要领域 / 219

6.1.2 移动商务的属性 / 219

6.1.3 移动商务应用概述 / 220

6.1.4 移动商务的好处 / 222

6.2 移动商务的基础设施：移动计算的组件与服务 / 223

6.2.1 移动计算概述 / 223

6.2.2 移动设备 / 224

6.2.3 移动计算软件和服务 / 225

6.2.4 语音服务 / 226

6.2.5 整合为一 / 227

6.3 移动金融应用 / 228

6.3.1 移动银行 / 228

6.3.2 其他移动金融应用 / 229

6.4 移动企业解决方案：从支持员工到改善内部运营 / 229

6.4.1 移动企业的定义（企业移动化） / 230

6.4.2 移动企业应用程序的框架和内容 / 230

6.4.3 移动员工 / 230

6.4.4 其他企业移动应用 / 231

6.4.5 2015年及以后的趋势 / 231

6.5 移动娱乐、游戏、消费者服务和移动营销 / 232

6.5.1 移动娱乐概述 / 232

6.5.2 移动流媒体音乐和视频提供商 / 232

6.5.3 汽车娱乐 / 232

6.5.4 手机游戏 / 233

6.5.5 移动博彩 / 234

6.5.6 体育运动移动化 / 234

6.5.7 服务行业消费者应用 / 235

6.5.8 移动营销：购物和广告 / 236

6.6 泛在计算 / 237

6.6.1 泛在计算概述 / 238

6.6.2 从理论到实践 / 238

6.6.3 泛在计算中的实施问题 / 241

6.7 物联网和移动商务 / 241

6.7.1 物联网的要点 / 241

6.7.2 物联网应用程序的结构 / 242

6.7.3 物联网的主要优势 / 242

6.7.4 物联网的驱动因素 / 243

6.7.5 物联网的工作原理 / 243

6.7.6 物联网应用示例 / 244

6.7.7 智能家居和家电 / 245

6.7.8 智慧城市 / 246

6.7.9 智能汽车 / 246

6.8 可穿戴计算和智能小工具：手表、健身追踪器和眼镜 / 247

6.8.1 可穿戴计算应用和设备 / 247

6.8.2 企业可穿戴设备 / 247

6.8.3 智能手表 / 248

6.8.4 健身（活动）跟踪 / 248

6.8.5 数码（智能）眼镜 / 249

6.9 移动商务中的实施问题：从安全和隐私到移动商务中的其他障碍 / 249

6.9.1 移动商务的安全和隐私问题 /250
6.9.2 移动商务的技术障碍 /250
6.9.3 移动计算和移动商务中的失败 /251
6.9.4 在移动商务中的道德、法律、隐私和健康问题 /251
6.9.5 企业移动管理 /251

管理问题 /253
本章小结 /253
问题讨论 /255
课堂讨论和辩论话题 /255
在线练习 /256
团队任务和项目 /256
章末案例 /257
在线文件 /259
参考文献 /259

第7章 社交商务：基础、社交营销和广告 /261

开篇案例 索尼如何利用社交媒体来改善客户关系管理 /261

7.1 社交商务：定义和演变 /263
    7.1.1 社交商务的定义 /263
    7.1.2 社交商务的演变 /263

7.2 社交商务领域的内容 /265
    7.2.1 社交商务的范畴和主要构成 /265
    7.2.2 社交媒体营销 /266
    7.2.3 企业2.0 /266

7.3 社交商务的好处和局限性 /267
    7.3.1 对客户的好处 /267
    7.3.2 对零售商的好处 /267
    7.3.3 对其他类型企业的好处 /268
    7.3.4 社交商务：IBM的一种方法 /269
    7.3.5 新的或改进的商业模式 /269

7.3.6 实施社交商务的担忧与局限 /270

7.4 社交购物：概念、利益和模型 /270
    7.4.1 社交购物的定义和驱动因素 /270
    7.4.2 加入社交媒体的传统电子商务网站 /273
    7.4.3 社交购物的主要类型和模式 /273
    7.4.4 社交购物辅助：从推荐到评论、评分和市场 /277
    7.4.5 其他购物辅助和服务 /280
    7.4.6 社交市场和直销 /281
    7.4.7 在虚拟经济中购买虚拟商品 /282
    7.4.8 实时在线购物 /283
    7.4.9 社交购物在不久的将来 /283

7.5 社交广告：从病毒广告到微博和其他促销活动 /284
    7.5.1 社交广告和社交应用 /284
    7.5.2 病毒式（口碑）营销和社交网络 /285
    7.5.3 基于位置的广告和社交网络 /285
    7.5.4 使用YouTube和其他社交演示网站投放广告 /286
    7.5.5 使用Twitter作为广告和营销工具 /287
    7.5.6 社交媒体广告中其他创新的方式 /288

7.6 社会化客户服务和客户关系管理 /289
    7.6.1 社交网络如何帮助客户 /290
    7.6.2 社会化客户关系管理 /290
    7.6.3 如何为社会化客户服务 /291
    7.6.4 社会化客户关系管理的好处 /292
    7.6.5 社会化客户关系管理的发展 /293
    7.6.6 Cipriani的多维展示 /294
    7.6.7 社会化客户服务和客户关系管理的实施示例 /295
    7.6.8 声誉管理系统 /296

管理问题 /297
本章小结 /297

问题讨论 /298

课堂讨论和辩论话题 /299

在线练习 /299

团队任务和项目 /299

章末案例 /300

在线文件 /304

参考文献 /304

第8章 社会化企业与其他社交商务话题 /306

开篇案例　非公共企业网络如何将CEMEX转变为社会化企业 /306

8.1 社交商务与社会化企业 /307

　8.1.1 定义：社交商务和社会化企业 /307

　8.1.2 商业网络 /309

　8.1.3 企业社交网络的好处与局限性 /309

　8.1.4 企业如何使用Web 2.0工具 /310

8.2 商业导向的公共社交网络 /310

　企业家网络 /311

8.3 企业社交网络 /312

　8.3.1 社会化企业应用分类 /312

　8.3.2 企业社交网络如何帮助员工和组织 /313

　8.3.3 企业社交网络支持服务 /314

　8.3.4 企业如何与社交网络交互 /315

8.4 基于社交网络的就业市场 /316

　8.4.1 社会招聘 /316

　8.4.2 虚拟招聘会和招聘活动 /317

8.5 社交娱乐 /318

　8.5.1 娱乐和社交网络 /318

　8.5.2 多媒体演示和共享网站 /319

8.6 社交游戏和游戏化 /320

　8.6.1 社交网络游戏 /320

　8.6.2 社交游戏的商业方面 /321

　8.6.3 教育社交游戏 /321

　8.6.4 游戏化 /322

8.7 众包和众筹 /322

　8.7.1 众包作为分布式问题解决的赋能者 /322

　8.7.2 众包的过程 /323

　8.7.3 成功部署众包系统：一些代表性的示例 /324

　8.7.4 众包和众筹的工具 /325

8.8 社交协作（协作2.0）和未来的社交商务 /326

　8.8.1 社交协作要点 /326

　8.8.2 社交商务的未来 /329

管理问题 /330

本章小结 /331

问题讨论 /332

课堂讨论和辩论话题 /332

在线练习 /332

团队任务和项目 /333

章末案例 /334

参考文献 /335

第四部分　电子商务的支持服务

第9章 电子商务中的营销和广告 /338

开篇案例　市场研究有助于Del Monte改善狗粮 /338

9.1 在线消费者行为 /339

　9.1.1 在线消费者行为模型 /340

　9.1.2 主要影响因素 /341

9.2 个性化和行为营销 /342

　9.2.1 电子商务中的个性化 /342

　9.2.2 行为营销和协作过滤 /343

9.3 电子商务市场研究 / 345
    9.3.1 在线市场研究的目标和概念 / 345
    9.3.2 代表性的市场研究方法 / 346
    9.3.3 网上市场研究的局限性及克服方法 / 349
    9.3.4 生物识别和智能手机营销有助于市场研究 / 349
9.4 网络广告 / 350
    9.4.1 网络广告概述 / 350
    9.4.2 基本的互联网广告术语 / 351
    9.4.3 为什么投放互联网广告 / 351
9.5 投放在线广告的方法：从电子邮件到搜索引擎优化和视频广告 / 353
    9.5.1 广告的主要类别 / 353
    9.5.2 标题广告 / 353
    9.5.3 弹出式广告和类似广告 / 354
    9.5.4 搜索引擎广告和优化 / 356
    9.5.5 谷歌：网络广告之王 / 358
    9.5.6 广告中的增强现实 / 362
    9.5.7 在聊天室和论坛中做广告 / 362
9.6 移动营销和广告 / 363
    9.6.1 移动营销和移动商务 / 363
    9.6.2 移动营销实施指南 / 365
    9.6.3 支持移动广告的工具 / 365
    9.6.4 移动广告趋势 / 365
9.7 广告策略和促销 / 366
    9.7.1 许可广告 / 366
    9.7.2 其他广告策略 / 367
    9.7.3 广告本地化 / 368
    9.7.4 制订在线广告计划 / 369
    9.7.5 在 Facebook 上打广告 / 370
管理问题 / 370
本章小结 / 371

问题讨论 / 372
课堂讨论和辩论课题 / 373
在线练习 / 373
团队任务和项目 / 374
章末案例 / 374
参考文献 / 376

第 10 章 电子商务安全和欺诈问题及其保护 / 378

开篇案例 纽约州立大学 Old Westbury 学院如何管控互联网的使用 / 378

10.1 信息安全问题 / 380
    10.1.1 什么是电子商务安全 / 380
    10.1.2 移动设备的安全风险 / 382
    10.1.3 跨境网络战争和网络间谍 / 382
    10.1.4 电子商务安全问题的驱动因素 / 383
    10.1.5 暗网与地下经济 / 385
10.2 电子商务安全基本问题及其概览 / 386
    10.2.1 基本安全术语 / 386
    10.2.2 电子商务安全战场 / 387
    10.2.3 威胁、攻击和攻击者 / 387
    10.2.4 脆弱区域的攻击目标 / 389
    10.2.5 电子商务的安全要求 / 390
    10.2.6 防御：防御者、策略和方法 / 390
10.3 恶意软件攻击的技术方法：从病毒到拒绝服务攻击 / 392
    10.3.1 技术和非技术攻击概述 / 392
    10.3.2 主要技术攻击方法 / 392
    10.3.3 恶意软件（恶意代码）：病毒、蠕虫和特洛伊木马 / 392
10.4 非技术方法：从网络钓鱼到垃圾邮件和欺诈 / 396
    10.4.1 社会工程和欺诈 / 396

10.4.2 社会网络钓鱼 / 397
10.4.3 互联网上的欺诈和骗局 / 398
10.4.4 十大攻击和补救措施 / 400
10.4.5 身份盗用和身份欺诈 / 400
10.4.6 网络银行抢劫案 / 400
10.4.7 垃圾邮件攻击 / 401
10.4.8 间谍软件 / 401
10.4.9 社交网络促进了社会工程 / 401
10.4.10 数据泄露 / 402
10.5 信息保障模型和防御策略 / 403
10.5.1 机密性、完整性和可用性 / 403
10.5.2 认证、授权和不可否认性 / 403
10.5.3 电子商务安全战略 / 404
10.5.4 电子商务系统防御 / 404
10.6 保护信息系统和电子商务 / 406
10.6.1 防御 I：访问控制、加密和 PKI / 406
10.6.2 防御 II：保护电子商务网络 / 409
10.6.3 防御 III：一般控制、垃圾邮件、弹窗和社会工程控制 / 410
10.6.4 业务连续性和灾难恢复 / 412
10.7 保护消费者和卖方免受网上欺诈 / 412
10.7.1 消费者（买方）保护 / 412
10.7.2 卖方保护 / 414
10.7.3 市场和社交网络服务保护 / 415
10.7.4 保护买方和卖方：使用电子签名和其他安全特性 / 416
10.8 实施企业电子商务安全 / 416
10.8.1 电子商务安全管理的驱动因素 / 416
10.8.2 高级管理层的承诺和支持 / 417
10.8.3 电子商务安全政策和培训 / 417
10.8.4 电子商务风险分析与伦理问题 / 417
10.8.5 为什么阻止互联网犯罪很难 / 418
10.8.6 保护移动设备、网络和应用程序 / 419

管理问题 / 419
本章小结 / 420
讨论问题 / 422
课堂讨论和辩论话题 / 422
在线练习 / 422
团队任务和项目 / 423
章末案例 / 423
在线文件 / 424
参考文献 / 425

第 11 章 电子商务支付系统和订单履行 / 427

开篇案例 跨境电子商务：与"天猫全球"合作 / 427
11.1 不断变化的零售业 / 431
11.1.1 全渠道零售 / 432
11.1.2 现金与非现金交易 / 432
11.1.3 转向移动化 / 434
11.1.4 对电子商务支付的意义 / 435
11.1.5 临界质量 / 435
11.2 在线使用支付卡 / 437
11.2.1 在线处理卡 / 438
11.2.2 欺诈性卡交易 / 440
11.3 智能卡 / 441
11.3.1 智能卡的类型 / 441
11.3.2 储值卡 / 442
11.3.3 智能卡的应用 / 443
11.4 电子商务小额支付 / 445
11.5 PayPal 和其他第三方支付网关 / 448
11.6 移动支付 / 450
移动支付的类型 / 450
11.7 数字货币和虚拟货币 / 455
11.7.1 数字货币的类型 / 456
11.7.2 比特币和其他加密货币 / 457

11.8 订单履行和物流概述 / 462
　11.8.1 订单履行和物流的基本概念 / 463
　11.8.2 电子商务订单的履行流程 / 463
11.9 供应链中订单履行的问题 / 467
11.10 供应链中订单履行问题的解决方案 / 469
　11.10.1 订单承担活动的改进 / 469
　11.10.2 仓储和库存管理的改进 / 469
　11.10.3 改变供应链的结构和流程 / 470
　11.10.4 加快交货：从一天到几分钟 / 470
　11.10.5 合作与外包物流 / 473
　11.10.6 整合全球物流计划 / 474
　11.10.7 按订单生产（MTO）和大规模定制的订单履行 / 474
　11.10.8 处理退货（逆向物流） / 474
　11.10.9 B2B 订单的履行 / 475
　11.10.10 创新的电子化的履行策略 / 476
　11.10.11 供应链计划和执行软件 / 476
管理问题 / 477
本章小结 / 479
问题讨论 / 482
课堂讨论和辩论话题 / 482
在线练习 / 483
团队任务和项目 / 483
章末案例 / 484
在线文件 / 487
参考文献 / 487

第五部分 电子商务战略与实施

第 12 章 实施问题：从全球化到论证、隐私和监管 / 490

开篇案例 Telstra 公司帮助其企业客户论证电子商务项目 / 490

12.1 为什么要论证电子商务投资？如何论证 / 492
　12.1.1 财务论证的压力增加 / 492
　12.1.2 需要电子商务论证的其他原因 / 492
　12.1.3 电子商务投资的类别和优势 / 492
　12.1.4 如何论证电子商务投资的合理性 / 493
　12.1.5 需要论证什么？何时应该论证 / 493
　12.1.6 电子商务的论证指标 / 494
　12.1.7 网站分析 / 495
　12.1.8 电子商务和 IT 项目论证的过程 / 495
12.2 全球电子商务战略 / 495
　12.2.1 全球化运营的益处 / 496
　12.2.2 全球化电子商务面临的障碍 / 496
　12.2.3 打破电子商务全球化的壁垒 / 499
12.3 中小企业电子商务战略 / 500
　12.3.1 全球化和中小企业 / 501
　12.3.2 电子商务支持中小企业活动的资源 / 501
　12.3.3 中小企业和社交网络 / 501
12.4 电子商务成功的机会和避免失败 / 502
　12.4.1 决定电子商务成功的因素 / 503
　12.4.2 电子商务的成功案例 / 504
　12.4.3 电子商务成功与失败的文化差异 / 505
12.5 伦理挑战和准则 / 506
　12.5.1 伦理准则 / 506
　12.5.2 商业伦理 / 507
　12.5.3 电子商务的伦理和法律问题 / 508
12.6 知识产权法和版权侵权 / 508
　电子商务中的知识产权 / 508
12.7 隐私权及其保护和言论自由 / 511
　12.7.1 电子商务中的隐私 / 511
　12.7.2 社交网络改变隐私及其保护的格局 / 512

12.7.3　隐私权及其保护　/ 513

12.7.4　言论自由与隐私保护　/ 514

12.7.5　保护个人隐私的代价　/ 514

12.7.6　如何在线收集和使用个人信息　/ 515

12.7.7　信息技术的隐私保护　/ 517

12.7.8　Web 2.0 工具和社交网络中的隐私问题　/ 517

12.7.9　按照伦理原则进行隐私保护　/ 518

12.7.10　美国以外国家的隐私保护　/ 519

12.8　电子商务的未来　/ 519

12.8.1　电子商务未来发展的关键因素　/ 519

12.8.2　将市场与市场空间进行整合　/ 520

12.8.3　移动商务　/ 520

12.8.4　社交商务　/ 520

12.8.5　可能会加速电子商务增长的未来的技术趋势　/ 521

12.8.6　限制电子商务发展的未来趋势　/ 521

管理问题　/ 522

本章小结　/ 523

问题讨论　/ 524

课堂讨论和辩论话题　/ 524

在线练习　/ 525

团队任务和项目　/ 526

章末案例　/ 527

在线文件　/ 528

参考文献　/ 528

术语表　/ 531

第一部分
PART 1

电子商务和电子市场概论

第1章　电子商务与社交商务概述

第2章　电子商务：机制、平台和工具

CHAPTER 1
第1章

电子商务与社交商务概述

■ 学习目标

完成本章后，你将能够：
1. 定义电子商务（electronic commerce，EC），并描述它的不同范畴。
2. 描述并讨论电子商务的内容与框架。
3. 描述电子商务交易的主要类型。
4. 描述电子商务的驱动力。
5. 讨论电子商务对个人、组织和社会的益处。
6. 讨论社交计算。
7. 描述社交商务和社交软件。
8. 理解数字化世界的组成元素。
9. 描述一些电子商务的商务模型。
10. 列出并描述电子商务的主要局限性。

■ 开篇案例

星巴克是如何转变成为一家数字化社交企业的

星巴克是全球最大的咖啡连锁店，拥有23 043家零售店（见news.starbucks.com/uploads/?documents/AboutUs-Company_Timeline-Q42015.pdf）。许多人认为星巴克是一家传统的商店，顾客来到这里，下订单、购买咖啡或其他商品，在商店里根据他们的选择进行消费，然后继续做自己手上的事情。许多人不会认为可以把计算机技术应用在这个行业。然而事实恰恰相反，星巴克正在把自己变成一家数字化社交企业。

长久以来，星巴克以吸引年轻人而闻名，因为它在美国和加拿大的商店里都有免费的Wi-Fi网络服务。但最近该公司开始试行几项数字化举措，希望以此成为一家真正精通科技的公司。

困境

从2007年开始，该公司的营业收入大幅下滑（从2007年的10多亿美元下降到2008年的5.04亿美元和2009年的5.6亿美元）。这种下滑不仅源于经济放缓，也是竞争加剧造成的，例如来自"绿山咖啡烘焙"（Green Mountain Coffee Roasters）的竞争。而且竞争带来的影响在经济衰退期间会尤为明显。虽然优质的咖啡和客户服务能在短期内缓解这种困境，但星巴克仍然需要一个更好的解决方案。

星巴克意识到与消费者进行更好的互动的必要性，并决定通过数字化手段来解决以上问题。

解决方案：数字化与社交化

除了传统的改善运营和增加利润的措施外，星巴克还诉诸电子商务（EC），即利用信息系统来指导和支持其业务。公司任命了一名高级主管担任首席数字官（chief digital officer，CDO）以监督公司的数字化活动，还创建了数字化风险小组（digital venture group）来负责技术实施。

电子商务措施

星巴克部署了几个电子商务项目，主要有如下几项。

网上商城

星巴克在其网上商店（Store.starbucks.com）里销售许多产品，这些产品包括咖啡、茶以及星巴克的设备和商品。这家网店已经运营多年，并且使用一个典型的购物车（称为"MyBag"）。但在2011年8月，为了使购物更加简便，星巴克彻底重新设计了网上商店。此外，客户（包括个人和公司）可以安排标准商品和特殊商品的配送。客户可以订购只在一些美国商店销售的稀有、精美的咖啡。最后，线上客户还能够获得专属的促销优惠。

电子礼品卡计划

顾客可以在线购买星巴克的定制礼品卡（例如，朋友的生日礼品卡在指定日期自动送达）。付款方式可以选择信用卡、PayPal电子支付或智能手机的星巴克App，最后礼品卡会通过电子邮件或传统邮件发送给收件人。

收件人可以将这张礼品卡打印出来并且用其在星巴克实体店购物，也可以将礼品金额转移到他们自己的星巴克卡或星巴克礼品卡上。

忠诚计划

与航空公司等企业一样，星巴克也有客户忠诚计划（我的星巴克奖励（My Starbucks Rewards））。那些达到金卡级别的人会得到额外的优惠，这个计划是通过信息化手段进行管理的。

移动支付

顾客可以在星巴克门店使用类似于交通卡的预付费的储值卡，或使用智能手机上的星巴克App。消费者可以在他们的移动设备上下载星巴克App，并通过选择"触摸付款"，将设备屏幕上的条形码放在收银处的扫描仪上来进行付款。系统会自动从用户的借记卡或信用卡中完成扣款。这些系统将只在星巴克的实体店中才能正常使用。

社交媒体项目

星巴克意识到使用互联网社交系统来支持社交互动和用户参与的重要性（见第7章）。因此，它根据现有客户和未来客户的需求、意愿与偏好主动采取措施来培养客户关系。以下是一些有代表性的活动。

开发集体智慧

我的星巴克创意（mystarbucksidea.force.com）是一个由30多万名消费者和员工组成的可以提出改善建议、为建议投票、提问、合作项目、表达投诉和不满的社区平台。社区在第一年就收集了从推出奖励卡、消除纸杯到改善客户服务方式等7万个创意。该网站还可以根据类别对创意进行统计以及对其状态进行查询（正在审查、已审查、正在进行、已启动）。公司会对某些创意提供奖励。例如，在2010年6月，星巴克提供了2万美元的奖励给回收再利用咖啡杯的最佳创意。这项倡议是基于集体智慧技术，也被称为众包（见第2章和第8章），并得到行动创意（Ideas in Action）博客的支持。此博客是由讨论blogs.starbucks.com/blogs/Customer上意见的员工编写的。

星巴克在Facebook上的活动

星巴克在Facebook（facebook.com/Starbucks）上声势浩大，拥有超过3 600万"点赞"（截至2016年3月）。该公司上传视频、文章、照片、促销活动、产品亮点和特别优惠。Facebook上数百万星巴克的"点赞"证明了该公司拥有最受欢迎的粉丝页面之一（请参阅fanpagelist.com和facebook.com/Starbucks上的最新统计数据）。星巴克是在Facebook上提供最好的在线营销传播体验以及移动商务活动的公司之一。星巴克在其Facebook页面发布内容、问题和更新等多种信息，该公司还在其Facebook页面上发布广告（例如竞赛、活动、新产品）。

星巴克在LinkedIn和Google+上的表现

星巴克在LinkedIn网站上拥有超过667 000个关注者（截至2016年3月）。它提供公司的业务数据，列出管理职位中的新员工，并发布工作机会。Google+上的星巴克也很活跃，它提供公司的业务数据，显示员工档案，并发布工作机会。值得注意的是，星巴克会定期评估社交网络广告的成本效益。

星巴克在Twitter上的活动

2016年3月，星巴克在Twitter（twitter.com/starbucks）上拥有超过1 100万个关注者（Follow @ starbucks）。

每当公司有一些新的变化或营销活动，公司会发布Twitter（例如打折饮料）。截至2013年10月，星巴克已经成为Twitter上的头号零售商。2013年11月，星巴克向10万名在Twitter上向自己的朋友或粉丝推送了一杯咖啡的顾客赠送了一张5美元的礼券（请参阅blissxo.com/free-stuff/deals/cash-back-and-rebates/free-500-starbucks-gift-card）。

星巴克在YouTube、Flickr、Pinterest和Instagram上的活动

星巴克在YouTube（youtube.com/Starbucks）和Flickr（flickr.com/starbucks）上均有用来分享视频和照片的账号，同时也在那里开展广告活动。星巴克在照片分享平台Instagram上约有790万名关注者（instagram.com/Starbucks）。

星巴克的数字网络

客户在星巴克拥有的不仅仅是Wi-Fi，还可以通过平板电脑和智能手机等主要移动设备连

接星巴克数字网络（请参阅 starbucks.com/coffeehouse/wireless-internet/starbucks-digital-network）。这个网络与雅虎公司进行合作，提供免费优质的在线内容，包括新闻、娱乐、商业、健康，甚至当地社区的信息频道。2014年，星巴克使用谷歌 Wi-Fi 替换原来的 AT&T，为客户提供更快的 Wi-Fi 和网络速度。

早期采用 Foursquare 的失败

并不是所有的星巴克社交媒体项目都是成功的。例如，星巴克决定通过与 Foursquare（见第7章）合作，成为地理定位服务的早期实施者。但这一项目完全不成功，于2010年年中结束。星巴克在英国也和当地一家名为 Placecast 的类似的定位服务公司进行了实验。在2011年秋季，星巴克对机遇和自身局限有了更好的理解，因此它或将再次尝试与 Facebook Places 进行地理定位合作，或者可能会重启 Foursquare 项目。

结果

星巴克通过有效整合虚拟世界和现实世界，扭转了销售额。2010年，其营业收入几乎增长了3倍（2009年为14.37亿美元，而2006年为5.6亿美元），股价也是如此。2011年营业收入达到17亿美元。此后，得益于数字化和社交媒体的促进，星巴克的营业收入实现了快速增长。

星巴克的社交媒体举措得到了广泛认可。2012年，它被《财富》杂志评为顶级社交媒体之一（根据 archive.fortune.com/galler-ies/2012/fortune/1205/gallery.500-social-media.fortune/5.html），并于2008年荣获 Forrester Research 的 Groundswell 奖。其网站在 Facebook 上非常流行，拥有数百万粉丝（在一段时间内比流行偶像 Lady Gaga 更为风行）。星巴克把它的成功归因于推动其社交媒体效果的十大经营方针。

资料来源：基于 Brohan（2015）、Panagiotaropoulou（2015）、Straut（2015）、Loeb（2013）、Moth（2013）、Allison（2013）、Schoultz（2013）、Welch 和 Buva（2015）、mystarbucksidea.force.com，blogs.starbucks.com/blogs/Customer 和 star-bucks.com（2016年3月）。

案例经验教训

星巴克的案例展示了一家大型零售商正在转型成为一个数字化和社会化企业的故事。电子商务是本书的主题之一，而业务电子化是电子商务的主要活动之一。本案例展示了本章和本书中将要学习的几个主题。

（1）在电子商务领域有多种活动，包括在线销售、客户服务和协同智慧。

（2）本案例是电子商务的典型案例，显示了电子商务对买卖双方的主要益处。

（3）电子商务的能力包括向国外的众多客户（含个人和企业）提供产品和服务。你能够这样做的原因是通过在线能获得更大的客户群，而且人们可以随时随地完成购买。

（4）在传统商店中，客户付钱购买商品或服务。而在 Starbucks.com 这样的网上商店中，客户订购、付款，购买的产品会被发送给客户。因此，订单履约必须非常高效和及时。

（5）数字化非常有用，但是通过将其扩展为社会化导向的企业可获得更大的收益。这两种方法都是电子商务的基础，也是本书的主题。

在本章中，我们描述了电子商务的基本要素，其中一些在这个案例中有所提及。我们介绍了一些电子商务的驱动因素和好处，并解释了它们对技术的影响，特别关注了社会化经济、社交网络和社会化企业的兴起。最后，我们来描述本书的梗概。

1.1 电子商务：定义与概念

早在 2002 年，管理学大师彼得·德鲁克就预测电子商务将会对商业运作方式产生重大影响。事实上，世界正在拥抱电子商务，德鲁克的预言正在成为现实。

1.1.1 电子商务（electronic commerce）的定义

电子商务（electronic commerce，EC）是指使用互联网和其他网络（例如内联网）来购买、销售、运输或交易数据、商品或服务。有关概述，请参阅 Plunkett et al.（2015）。另外，请在 YouTube 观看视频"What is E-Commerce?"（youtube.com/watch?v=3wZw2IRb0Vg）。e-commerce（EC）经常与 e-business（EB）混淆，EB 的定义将在下面进行介绍。

1.1.2 电子商务（e-business）的定义

有些人认为"commerce"这个词只是描述在商业伙伴之间进行的买卖交易。如果使用这个定义，那么"electronic commerce"这个词代表的意义就相当狭窄了。因此，许多人使用 e-business 这个词来代替 e-commerce。e-business 是对 e-commerce 的一个更广泛的定义，它不仅仅是商品和服务的购买和销售，还包括了线上进行的各种业务，如为客户提供服务、与业务合作伙伴协作、提供在线学习以及在组织内进行电子交易。但是，有些人认为 e-business 只包括互联网购买或销售以外的互联网活动，如协作和内部商业活动；也就是说，它是对狭义 e-commerce 的补充。从狭义上，e-commerce 可以被看作 e-business 的一个子集。在本书中，我们使用 e-commerce 最广泛的定义，它基本上等同于 e-business。这二者在本书中将互换使用。

1.1.3 主要的电子商务概念

其他几个概念经常与电子商务结合使用，一些主要的概念如下所示。

1. 纯电子商务与部分电子商务

电子商务可以是纯粹的，也可以是部分的，这取决于三个主要活动的性质：订货和付款、订单履约、订单交付。每项活动都可以通过线上（数字世界）或线下（实体世界）的方式完成。因此，如表 1-1 所示，有八种可能的组合。

所有的活动都是数字化的，我们称之为纯 EC；没有一项活动是数字化的，我们称之为非 EC；其他的情况我们称之为部分 EC。

表 1-1 电子商务分类

活 动	1	2	3	4	5	6	7	8
订购、付款	P	D	D	D	D	P	P	P
订单履行	P	D	D	P	P	D	P	D
订单交付（装运）	P	D	P	P	D	D	D	D
EC 的类型	非 EC	纯 EC	部分 EC					

注：P——实体，D——数字。

如果商务活动中至少有一个数字化维度，那么我们认为它是符合 EC 情况的，但只是部分 EC。例如，从戴尔网站购买电脑或者从亚马逊网站购买电脑都是部分 EC，因为这些商品是以实物交付的。但是，从亚马逊网站购买电子书或从 Buy.com 购买软件产品就是纯粹的 EC，因为订购、处理和交付都是数字化的。请注意，许多公司同时存在多个运营渠道。例如，捷豹公司就提供一个可以在到店买车前使用的线上自动配置汽车的 3D 应用程序（参见 Vizard（2013））。

2. EC 组织

纯实体组织（公司）被认为是**砖块加水泥**（brick-and-mortar）（或**传统经济**（old economy））**组织**，而只从事电子商务的公司被认为是**（完全）虚拟化组织**（virtual（pure-play）organization）。半虚拟组织（**鼠标加水泥**（click-and-mortar））是指那些进行一部分电子商务活动的组织，通常它们将电子商务作为一个额外的营销渠道。许多实体公司都在逐步转变成半虚拟化组织（例如盖璞、塔吉特）。

1.1.4 电子市场和网络

EC 可以在**电子市场**（e-marketplace）中进行，电子市场是买卖双方在线交易商品、服务或信息的交易场所。任何个人也可以开设一个在线销售产品或服务的私人市场。电子市场通过互联网或组织内部的内联网连接卖方和买方。**内联网**（intrant）是一个企业或政府的内部网络，它使用因特网工具，如 Web 浏览器和互联网协议。另外，也可以将计算机环境设立成**外联网**（extranet），它使用互联网技术以安全的方式连接多个组织的内联网（参见在线教程 T2）。

> **1.1 节复习题**
>
> （1）定义 EC 和 EB。
> （2）区分纯 EC 和部分 EC。
> （3）定义半虚拟组织和实体组织。
> （4）定义电子市场。
> （5）定义内联网和外联网。

1.2 电子商务领域：增长、内容、分类和简史

根据美国人口调查局（U.S. Census Bureau）2016 年的数据，2015 年电子商务销售额占美

国所有制造业活动总销售额的50%以上，占所有批发额的25%以上，并占零售总额的7.5%（2011年为4.7%），在特定服务业这一比例达到了2%，如图1-1所示。2015年电子商务的总额已经达到4万亿美元。值得注意的是，与其他行业相比，制造业的电子商务经历了更为快速的增长。此外，还请注意的是，电子商务的每年增长率比其他所有商业的增长速度快16%~17%。更详细的分类，请参阅美国人口调查局2013报告以及Plunkett et al.（2015）的研究。

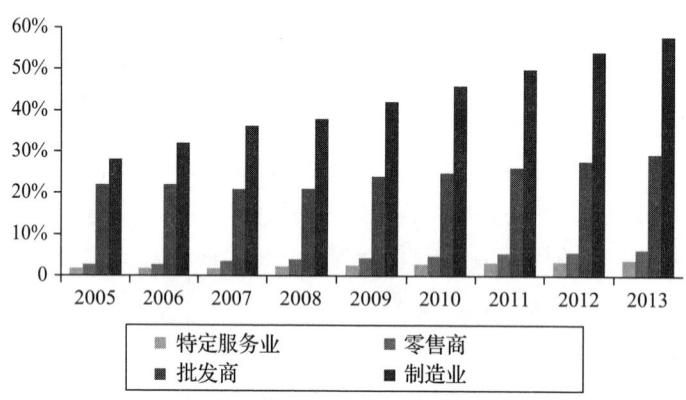

图1-1 电子商务销售额占总销售的百分比（2005~2013年）

资料来源：Census.gov/estats, accessed March 2016.

有一个明显的趋势是，网上购物正在从传统零售商那里抢走生意。例如，Wilfred（2014）报道，在2013年的假日购物季中，网上购物同比增长了10%，而传统零售商只有2.7%。今天，越来越多的人通过网络进行购物。

根据2012年9月5日《欧洲电子商务报告》（*Ecommerce Europe*）的统计，到2018年，欧洲在线零售额将增长一倍，达到3 230亿欧元。

1.2.1 电子商务的内容和框架

对电子商务进行分类将有助于理解这一多元化的领域。一般来说，电子商务的交易既可以是企业对消费者（B2C），也可以是企业对企业（B2B）。B2C中的网上交易是在企业与个人消费者之间进行的，例如消费者在store.starbucks.com上购买了一杯咖啡或在dell.com上购买了一台计算机（请参阅在线文件W1.1）。B2B中的网上交易是在企业与企业之间进行的，例如戴尔从供应商那里在线购买部件。戴尔还与其合作伙伴进行协作在线提供客户服务，简称e-CRM（在线客户关系管理，请参阅在线教程T1）。其他几种类型的电子商务将在本章后面介绍。

根据美国人口调查局（U.S. Census Bureau）（2013）的数据，电子商务出货量一年增长了16.5%。ComScore的报告显示，与上年同期相比，2012年第一季度美国在线零售额增长了17%。电子商务在所有领域都在增长。例如，根据Leggatt（2012）的报告，2000~2012年英国达美乐比萨的在线销售额增长了大约10倍。同样的例子发生在许多国家的各个行业和公司中（参见 ComScore 和 BizReport 的定期报告以及 Ahmad（2014）的信息图表）。电子商务正在全球范围内呈现出爆炸性成长。根据欧洲电子商务组织（ecommerce-europe.eu/press）2013 年 5 月 23 日的新闻稿，2012 年欧洲电子商务销售额增长了 19%，达到 3 120 亿欧元。根据 Stanley & Ritacca（2014）的研究，中国的电子商务也正在爆发性地发展，到 2013 年年底电子商务销售额达到了 6 000 亿美元。最后，在一些发展中国家，电子商务正在成为主要的经济引擎（例如，参见 Maitra（2013）关于印度的报告）。

1.2.2 电子商务框架

电子商务领域是多元化的，涉及许多活动、组织单位和技术。因此，描述其内容的框架是十分有用的。图 1-2 介绍了一个这样的框架。

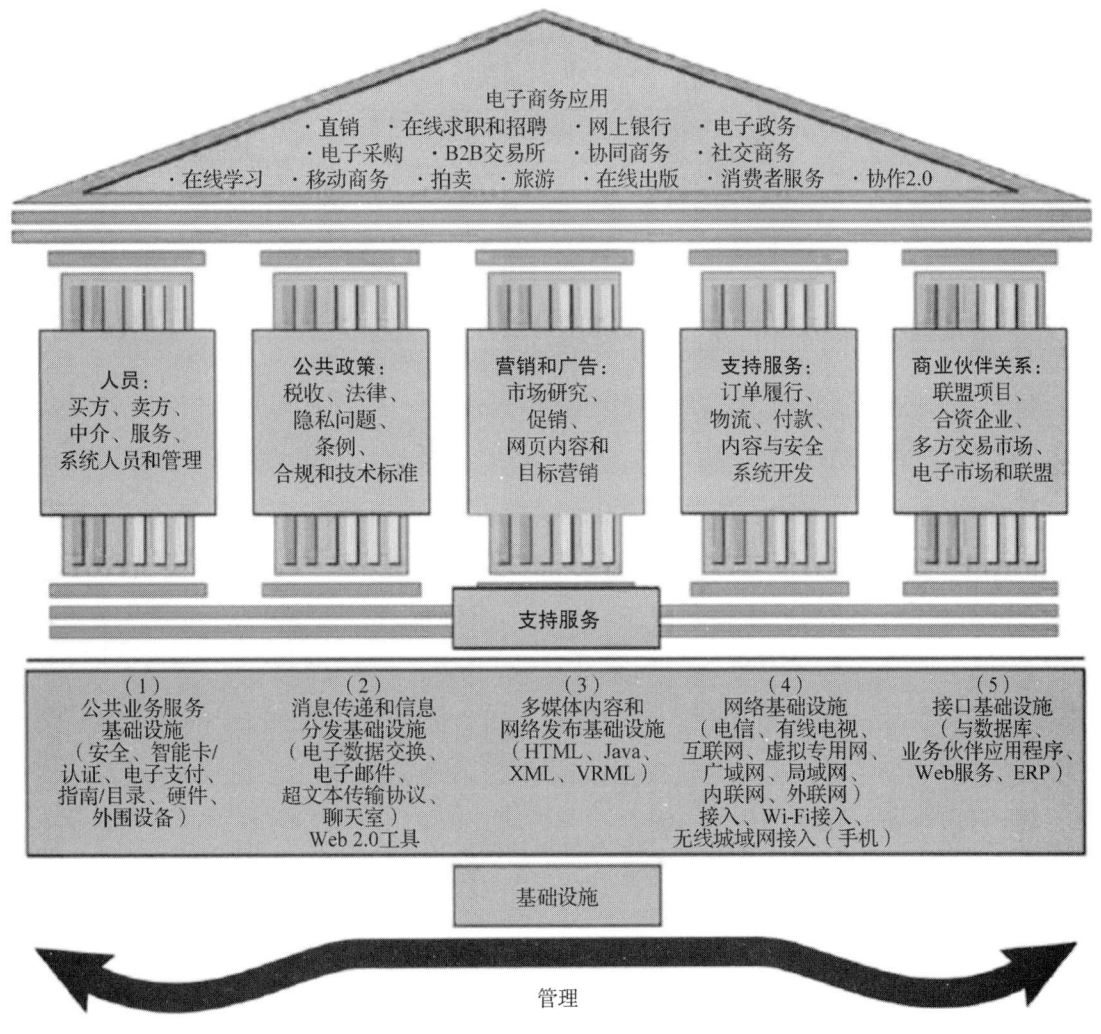

图 1-2 电子商务框架

如图 1-2 所示，本书将阐述许多电子商务应用（参看图的顶部）。为了实施这些应用，公司需要正确的信息、基础设施和支持服务。图 1-2 显示了电子商务应用由基础架构和五个支撑模块支持（图中显示为支柱）。

1. **人员**。买方、卖方、中介、信息系统和技术专家、其他雇员和其他参与者。
2. **公共政策**。立法及由政府颁布的其他政策和监管问题，比如隐私保护和税收以及技术标准和法律合规。
3. **营销和广告**。如同任何其他商业活动一样，电子商务也需要市场营销和广告的支持。这在 B2C 网上交易中尤其重要，因为买卖双方互相不认识。
4. **支持服务**。电子商务活动需要许多服务来支撑。这些服务包括订单的创建、付款和交付。
5. **商业伙伴关系**。在电子商务中，合资、多方交易市场，以及各种类型的商业合作伙伴关系是十分常见的。这些在整个供应链管理（公司与供应商、客户及其他合作伙伴之间的交互）中频繁出现。

电子商务的基础设施显示在图 1-2 的底部。基础架构描述了电子商务中使用的硬件、软件和网络，所有这些组件都需要良好的管理实践。这意味着企业需要根据需求规划、组织、激励、设计战略和重组流程，以优化使用电子商务之后的业务模式以及更好地执行战略。

1.2.3 电子商务按照交易性质的分类及参与者之间的关系

电子商务通用的分类方法是按照交易类型和交易成员分类。下面列出了几种电子商务交易的主要类型。

1. 企业对企业

企业对企业（business-to-business，B2B）类型的电子商务指的是企业与企业之间的交易。目前，B2B 电子商务成交量占电子商务总成交量的约 85%。例如，戴尔公司的整个采购交易都是 B2B。戴尔通过电子商务购买大部分零部件，并使用电子商务将其产品销售给企业（B2B）和个人（B2C）。

2. 企业对消费者

企业对消费者（business-to-consumer，B2C）类型的电子商务指的是产品或服务从企业到个人消费者的零售交易。在亚马逊发生的交易就属于这种类型。由于卖方通常是零售商，我们也称这种类型为**电子零售**（e-tailing）。

3. 消费者对企业

在**消费者对企业**（consumer-to-business，C2B）的电子商务交易中，人们使用互联网向个人和组织销售产品或服务，或者个人使用 C2B 投标产品或服务。例如，Priceline.com 是从事 C2B 旅游服务交易的知名网站。

4. 企业内电子商务

企业内电子商务（intrabusiness EC）是指一家公司内的不同组织部门和个人之间的电子商务交易。

5. 企业对员工

企业对员工（business-to-employees，B2E）的电子商务是指企业向员工提供服务、信息或产品的电子商务类型。其中主要的员工类别为移动员工（mobile employee），如客户现场代表或驻场维修工等在客户现场工作的员工。企业对这些员工的电子商务支持也被称 B2ME（business-to-mobile employee）。

6. 消费者对消费者

在**消费者对消费者**（consumer-to-consumer，C2C）电子商务类别中，个人之间通过在线的方式购买或者出售产品或服务。例如，个人在线向消费者销售电脑、乐器或提供个人服务的交易就是 C2C 类型；eBay 的销售和拍卖大多都是 C2C 类型；Craigslist 网站上显示和发布的广告也是 C2C 类型。

7. 协作商务

协作商务（collaborative commerce，c-commerce）是指为达到相同目标而进行的在线活动和交流。例如，通过协作商务业务伙伴可以共同设计一个新产品。

8. 电子政务

在**电子政务**（e-government）中，政府面向企业（G2B）或个人（G2C）购买或提供商品、服务或信息。政府也可以通过电子政务和其他政府部门打交道（G2G）。

这里的电子商务分类如图 1-3 所示。各种类型的电子商务都将在后面呈现。

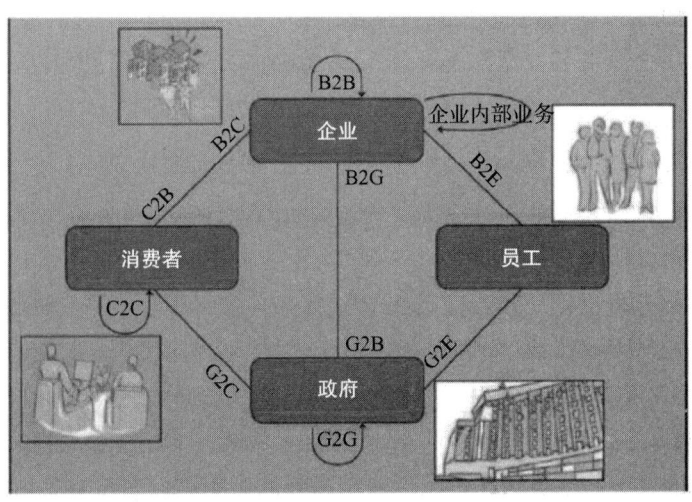

图 1-3　电子商务交易类别

1.2.4 电子商务简史

电子商务的应用可以追溯到20世纪70年代初，当时资金通过电子方式在金融机构之间进行转移，即电子资金转账（electronic funds transfer，EFT），资金可以通过电子方式从一个机构转到另一个机构。然而，这些活动仅限于大公司、金融机构和其他一些勇于尝试的企业。之后出现了电子数据交换（electronic data interchange，EDI），这是一种用于实现日常文件电子传输的技术。EDI后来从金融交易扩展到其他类型的交易（关于EDI的更多信息，请参阅在线教程T2）。随后出现了更多新的电子商务应用，从旅游预订到在线股票交易等。

1969年，互联网在美国政府的实验室中出现，最初用户主要是学术研究人员和一些科学家。后来一些用户开始在互联网上放置个人分类信息。电子商务发展的一个重要里程碑是在20世纪90年代初出现了万维网（World Wide Web，WWW），这使得公司能够在互联网上以文字和照片的形式呈现。当互联网开始商业化并且用户在20世纪90年代初大量涌入万维网时，电子商务这个术语就出现了。电子商务应用迅速扩大，也出现了大量的网络公司和互联网创业公司。今天，所有发展中国家的公司都有网站。很多这样的网站都包含了成千上万个页面和链接。1999年，电子商务的重点从B2C转向B2B；2001年，从B2B转向B2E，以及电子商务、电子政务、在线学习和移动商务。2005年，社交网络、移动网络和无线应用开始受到相当多的关注。截至2009年年底，社交网络扩大了电子商务的商业渠道。其中一个例子是Facebook和Twitter上的商业活动日益增多。鉴于技术和互联网的特性，电子商务无疑将继续增长，会出现更多新的业务模式，并引入新的变革。越来越多成功的电子商务案例正在出现。详细的可供参考的电子商务指南请参阅Plunkett et al.（2015）和en.wikipedia.org/wiki/E-commerce。这些研究包括了数百家公司的统计数据、趋势和对它们的深度剖析。

在阅览电子商务历史时，必须记住以下几点。

1. 电子商务的全球性

电子商务活动可以在国家之间进行，也可以在国家内部进行。事实上，全球最大的电子商务公司是中国的阿里巴巴集团（见第2章），另见Tse（2015）。

2. 电子商务的跨学科性质

从对电子商务框架和分类的简要概述中，你可能会发现电子商务与几个不同的学科相关。与电子商务相关的主要学科包括：会计学、商业法、计算机科学、消费者行为学、经济学、工程学、金融学、人力资源管理学、管理学、管理信息系统学、市场营销学、公共管理学和机器人学。

3. 谷歌革命

在电子商务早期，它的发展受到诸如亚马逊、eBay、AOL和雅虎等公司的影响。然而，从2001年起，可能没有其他公司比谷歌对电子商务的影响更深。与谷歌相关的网络搜索广告对广告主的吸引力比竞争对手要高得多。今天，谷歌不仅仅是一个搜索引擎，它采用了许多创新的电子商务模式，参股了许多电子商务企业，在很大程度上影响着企业活动和个人生活。目前谷歌公司已经重组并命名为新的"Alphabet"公司。

4. 网络星期一和双十一

网络购物增长的一个有意思的证据是在美国网络星期一（Cyber Monday）和中国"光棍节"（双十一，11月11日）期间的购物量。对于中国"双十一"汽车网购的规模量，可参阅 Li & Han（2013）的研究以及 Ad Age Staff（2013）的文献。

5. 社交商业

社交媒体和网络以及 Web 2.0 工具（例如维基百科、博客）的爆炸式增长使得社交商务成了一种新类型的电子商务。一些全新的并且经过优化的电子商务模型被创造出来，本书（特别是第 7 章）和 Turban et al.（2016）中对这些新变化进行了详细描述。

6. 电子商务的失败案例

从 1999 年开始，大量电子商务公司的失败案例出现了，尤其是在涉及电子零售和 B2B 交易的领域中。著名的 B2C 失败案例包括 Drkoop、MarchFirst、eToys 和 Boo。B2B 失败案例包括 Webvan、Chemdex、Ventro 和 Verticalnet 公司（顺便说一句，这些先驱的历史记录在 David Kirch 的商业计划档案中 businessplanarchive.org）。一份来自 Strategic Direction（2005）的调查发现，62% 的网络公司缺乏财务技能，50% 的网络公司缺乏营销经验。同样，许多公司不能完成令客户满意的订单，也没有足够的库存来满足市场波动和应付市场对其产品日益增加的需求。这些电子商务公司失败的原因会在第 3 章、第 4 章和第 11 章中讨论。截至 2008 年年底，许多与 Web 2.0 和社交商务相关的初创公司开始倒闭（参见 blogs.cioinsight.com/it-management/startup-deathwatch-20.html）。

大量的失败是否意味着电子商务的好日子到头了？答案绝对是否定的！首先，网站的失败率正在快速下降。其次，随着公司尝试不同的商业模式和组织结构，电子商务领域正在经历整合。再次，一些纯粹的电子商务公司，包括亚马逊和奈飞等巨头正在扩张业务，并增加新的额外的销售量。最后，"鼠标加水泥"模式看起来效果很好，特别是在电子零售领域（如盖璞、沃尔玛、塔吉特、苹果、惠普和百思买等公司）。有关的补充内容，请参阅 plunkettresearch.com/ecommerce-internet-technology-market-research/industry-and-business-data。

7. 电子商务的成功案例

近几年来，出现了一些非常成功的电子商务公司，例如 eBay、Pandora、Zillow、Google+、Facebook、雅虎、亚马逊、PayPal、Pinterest、VeriSign、LinkedIn。同时"鼠标加水泥"模式的思科、塔吉特、通用电气、IBM、英特尔和嘉信理财等实体公司也取得了巨大的成功。另外，一些初创电子商务公司，如 Alloy.com（青年成人门户）、蓝色尼罗河公司（Blue Nile）（见第 2 章）、Ticketmaster、亚马逊、Net-a-Porter（见案例 1-1）、Expedia、Yelp、TripAdvisor 和 GrubHub（见在线文件 W1.2）也取得了重大成功。

案例1-1 电子商务应用

Net-A-Porter：服装业的成功案例

女性会不试穿在网上就购买一件2 000美元的服装吗？Net-a-Porter（英国网上零售商，简称"Net"）就这个问题赌了一把，最终证明了今天的女性会在网上购买她们的服装，特别是购买像Jimmy Choo和Calvin Klein等国际性奢侈品服装和配饰品牌（Pressler，2015）。

机遇

在谈到电子商务（EC）时，大多数人都会考虑购买在线书籍、维生素、CD或其他常见商品。这是人们在20世纪90年代中期电子商务刚出现时购买的东西。但在2000年，基于蓝色尼罗河公司这样的奢侈品网上商店的成功（见第2章）以及职业女性非常忙碌，并且愿意在网上购买更多商品的事实，时尚记者纳塔莉·马斯内（Natalie Massenet）看到了一个新的商机。

解决方案

纳塔莉决定开展一项奢侈品在线业务。她创建了一个全面的、面向社会化的电子商务零售网站，命名为Net-a-Porter。

根据Net-a-Porter.com的网站，专家以及公司反映的情况如下：

- 开设了一家在线电子零售店。
- 提供超过350位顶级设计师的商品，而大多数线下实体商店只能提供几十个。
- 除了外部设计师的产品，还提供自己的设计师设计的产品。
- 将全球分销系统部署到170多个国家。
- 在伦敦和纽约开设线下实体店以支持在线业务。
- 在伦敦和纽约安排订单当天交付，并在其他地方实现隔夜交付。
- 用非常短的时间生产和推出符合客户偏好的新服装和其他产品。
- 根据社交媒体的客户反馈预测时尚趋势。
- 举办线上时装秀。
- 开发基于智能商业仪表盘的一流库存和销售跟踪系统。
- 提供在线时尚杂志。
- 通过社交网络发现客户真正想要的东西（见第7章）并满足他们的需求。
- 提供大力度折扣。
- 在Facebook上有发布账号，为iPhone用户开发了App。
- 在Google+上拥有630 000个关注者（截至2016年2月）。
- 每月拥有500万名访问者（截至2016年2月）。
- 每月在苹果应用商店中被下载750 000次。

截至2012年，在全球多个城市启用增强现实（AR）购物窗口（请参阅digitalbuzzblog.com/net-a-porter-augmented-reality-shopping-windows）。同样在这个地址，你可以观看视频"Window Shop"（YouTube），并下载Net-a-Porter iPhone/iPad版的App。

2010年，公司开始利用正在改变时装行业的社交媒体环境。

结果

现在 Net-a-Porter 的客户来自 170 多个国家，收入和利润正在迅速增长。每周都有数百万名访问者来到这个网站。公司在创立一年后就开始实现盈利，这在电子零售行业非常罕见。在 2009 年的经济危机期间，公司的总销售额增长了 45%，而它一个主要竞争对手 Neiman Marcus（一个网络和纸质目录销售公司）的销售额则下降了 14%。公司做得非常成功以至于奢侈品公司历峰集团（Richemont Corp.）收购了该公司 93% 的股份。2015 年 10 月，公司与 YOOX 集团（yooxgroup.com）合并。

2010 年 6 月，当 Net-a-Porter 庆祝十周年时，其开设了一个专门针对男装的新网站。随着 Net 的成功，竞争也接踵而至。它的竞争对手包括 Bluefly（以低价为特色）、Shopbop（亚马逊旗下公司，但缺乏 Net 的口碑）以及高端百货公司自己开设的线上店（如 Nordstrom、Neiman Marcus）。然而，Net 仍然有最好的口碑和最高的销售增长率。Net 的主要威胁可能来自 eBay。eBay 一直在为高端设计师提供创建自己网店的机会（由 eBay 托管）。在那里，设计师们既可以以固定价格出售商品，也可以使用拍卖的方式。最后，值得注意的是，2010 年年底，亚马逊公司创建了提供设计师品牌的折扣网站 MYHABIT。为了保持竞争优势，Net 正在规划新的业务，并扩大其商业模式，包括销售儿童服装。Net-a-Porter 只是正在发生变革的时装界中的一个例子。另一个例子是关于 Polyvore 的，其案例会在第 7 章中介绍。有关这些新业务模式的详细信息，请参阅 businessoffashion.com/2012/01/e-commerce-week-the-rise-of-new-business-models.html。

问题

1. 为什么你会从 Net-a-Porter 购买（或不购买）？
2. 观看视频"购物的未来"（youtube.com/watch?v=_Te-NCAC3a4）。你如何将这一发展趋势与 Net-a-Porter 未来结合起来？
3. 列出 Net 实体店的优缺点。
4. Net 在改变设计师与客户接触方式这一方面扮演着重要的角色，解释其原因。
5. 阅读电子商务给客户带来的好处（见 1.3 节）。哪些是与本案例最相关的？
6. 电子商务的哪些特点帮助了 Net 和它的设计师？
7. 分析高端时尚市场的竞争。
8. 本案例中全球化的重要性体现在哪里？
9. 模仿者正在涌现。就连 eBay 和亚马逊也都在努力扩大他们的时尚在线零售业务。你建议 Net 采取什么样的战略？

资料来源：基于 Pressler（2015），en.wikipedia.org/wiki/YOOX_Net-a-Porter_Group（访问于 2016 年 3 月）。

1.2 节复习题

（1）列出电子商务框架的主要组成部分。
（2）列出电子商务的主要交易类型。
（3）描述电子商务历史上的重要里程碑。
（4）列出一些电子商务成功和失败的案例。

1.3 电子商务的驱动因素和利益

电子商务的爆炸性成就可以从其驱动因素、特征、优势以及商业环境的变化四个方面进行解释。

1.3.1 电子商务的驱动因素

虽然只有 23 年的历史，但电子商务还具备不可阻挡的增长能力，并将不断扩展到我们生活中的新领域。电子商务发展的驱动因素有哪些？

电子商务由许多因素驱动，依赖于其所涉及的行业、公司和应用程序等各个方面。主要的驱动因素如图 1-4 所示。本书将对各因素进行了详细的介绍。

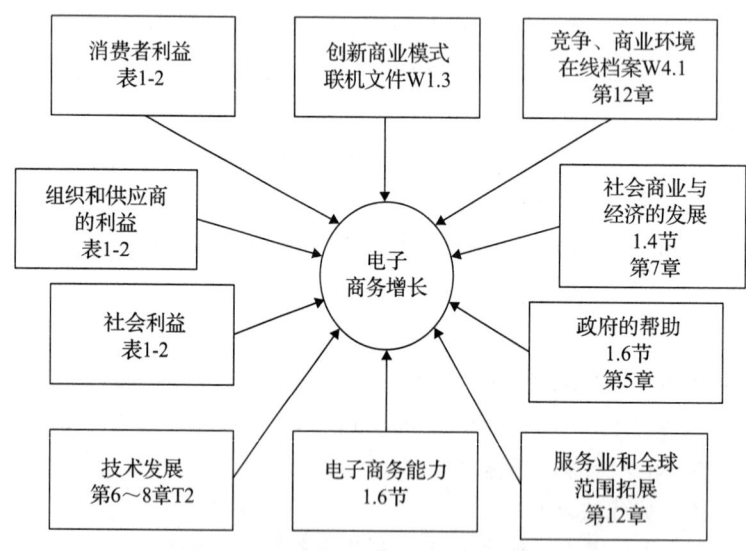

图 1-4 电子商务增长的主要驱动因素

1.3.2 电子商务的利益

电子商务的发展带来诸多益处，并且随着时间的推移而不断增加。我们把它们分为三类：电子商务的**企业利益**、**消费者利益**和**社会利益**。表 1-2 总结了这些利益。

表 1-2 电子商务带来的利益

利 益	描 述
企业利益	
全球范围	在全球范围内以合理的成本迅速找到客户和 / 或供应商
降低成本	较低的信息处理、存储和传播成本
促进问题解决	解决尚未解决的复杂问题
供应链改进	减少延误、库存和成本
无间歇经营	实现全年无休的 7×24 小时开放；无加班费或其他费用

(续)

利　　益	描　　述
定制/个性化	根据顾客的喜好定制订单
提高创新能力，应用新的商业模式	推动创新，创造独特的商业模式
降低通信费用	互联网比增值网络（VAN）的私有线路便宜
有效采购	通过电子采购，节省时间和降低成本
改善客户服务和客户关系	与客户直接互动，更好的客户关系管理（CRM）
提高中小企业（SME）竞争能力	电子商务可以通过特殊的商业模式帮助小企业与大公司竞争
较低的库存	最小化定制库存
降低可数字化产品的销售成本	网上交付可以便宜90%
提供竞争优势	价格更低、服务更好
消费者利益	
可用性	选择多样性（供应商、产品、款式）
广泛性	可以在任何时间、从任何地方购物
自配置	可以自定义产品
找到折扣品	使用比较引擎
实时交付	下载数码产品
无销售税	实时性、变化性
远程办公	可以在家或任何地方工作或学习
社会互动与参与	参与社交网络
寻找独特的产品	使用网上拍卖，找到有收藏价值的物品
舒适购物	在闲暇时购物，没有售货员打扰
社会利益	
远程办公	方便在家工作，减少出行、污染
更多更好的公共服务	由电子政务提供
改善国土安全	促进国内安全
提高生活水平	可以购买更多更便宜的商品/服务
缩小数字鸿沟	允许农村地区和发展中国家的人们使用更多的服务，购买他们真正喜欢的东西

1. 企业家的机会

电子商务的一个主要好处是创造以非传统方式进行创业的机会。新的商业模式允许企业家以少量的资金和经验开办能迅速成长的企业。许多企业家正在依靠网络盈利。

● 示例：**Fish Flops**

麦迪逊·罗宾逊（Madison Robinson）是一名15岁的九年级学生，她开办了一家同时在线上和线下经营的公司。麦迪逊自己设计鞋子，并使用她的Twitter账户撰写Fish Flops的推文。经过两年的经营，该公司的利润已经足以支付麦迪逊上大学的费用。更多内容，请参阅Burke（2013）。

2. 电子商务作为供应商的效率、有效性和竞争优势

电子商务可能会导致商业路径发生重大变化。这些变化可能会对公司的经营产生积极影响，从而为使用电子商务的公司带来竞争优势（例如，参见 Khosrow-Pour（2013）），或使政府和非营利组织变得更加有效率。

1.3 节复习题

（1）列出电子商务的主要驱动因素。
（2）分别列出电子商务给消费者、企业和社会带来的五大利益。
（3）根据你的知识，描述一些推动电子商务发展的技术。
（4）指出电子商务给社会带来的额外福利。

1.4 社交计算与商业

第一代电子商务主要涉及交易、电子服务和企业合作。目前，我们正在进入第二代电子商务，我们称之为电子商务 2.0。它基于 Web 2.0 工具，以及社交媒体、社交网络和虚拟世界等所有社交计算的产物。

1.4.1 社交计算

社交计算（social computing）是指涉及社交互动和行为的计算系统。它由博客、维基百科、社交网络服务和其他社交软件工具及社交市场（请参阅第 7 章）等共同执行。传统的计算系统专注于业务流程，特别是交易处理和生产力的提高，而社交计算集中于改善人与人之间的协作和互动以及用户生成的内容（UGC）。在社交计算和商业领域中，人们可以通过互联网进行工作、与专家交流、找到朋友推荐的商品和服务。

● **示例：社交计算在旅行中应用的案例**

社交计算的发展影响着旅行者对旅行的安排和决策。旅行者可以使用猫途鹰（tripadvisor.com）等网站来分享好的旅行体验和不愉快的经历。

基于旅行的社交网络，如 WAYN，在旅行者中非常受欢迎。

在社交计算中，信息大多是由个人生成的，而且通常都是免费的。社交计算的主要实现工具是 Web 2.0 和社交媒体。

1.4.2 Web 2.0

Web 2.0 这一术语由 O'Reilly Media 于 2004 年提出。**Web 2.0** 是第二代基于互联网的工具和服务，它使用户能够以创新的方式轻松生成内容、分享媒体资源以及交流和协作（欲了解更多信息，请参阅 Edwards（2013））。

O'Reilly Media 将 Web 2.0 分为四个级别，并提供了每个级别的示例。详情请参阅 Colby

（2008）。Karakas（2009）将 Web 2.0 视为一个新的数字生态系统，可以通过五个 C 来描述：创造力（creativity）、连通性（connectivity）、共同协作（collaboration）、融合（convergence）和社区（community）。

本书将在第 2 章中介绍 Web 2.0 的主要工具，并在其他章节中介绍其应用。另外，读者可以浏览一个关于互联网、社会、集体智慧和未来的公开论坛（enterpriseirregulars.com/author/dion），以获取更多信息。对于 Web 2.0 的定义、解释和应用，请参阅 Shelly & Frydenberg（2010）。

1.4.3 社交媒体

社交媒体具有多个定义。一个广泛使用的定义是：通过 Web 2.0 平台和工具进行传播的，由用户生成的在线文本、图像、音频和视频内容。

这种媒体主要用于社交互动和对话，如分享观点、经验、见解和看法，以及在线协作。因此，它们可以作为推动社会化的强大力量。社交媒体的关键元素是由用户生成、控制和管理内容。本书的第 2 章和第 7 章以及 Turban et al.（2016）阐释了社交媒体的其他定义、描述和引用以及框架。

社交媒体和 Web 2.0 的差异

值得注意的是，虽然 Web 2.0 的概念与社交媒体的概念有一定的关联，许多人把这两个术语等同起来并交替使用，但是有人指出了两者的差异。社交媒体使用 Web 2.0 及其工具和技术，社交媒体概念还包括了连接人的哲学、人之间的互动、社交支持、用户创建的数字内容，等等。

● **示例：奥普拉如何利用社交媒体来建立自己的商业版图**

根据 Bertelsen（2014），奥普拉·温弗瑞（Oprah Winfrey）将社交媒体活动与她所做的每件事情整合起来，鼓励不同平台（例如 Facebook、Twitter）的人们进行互动。奥普拉还根据他们的在线参与情况（例如发表评论）提供奖励。她正在使用 Facebook 和博客进行民意调查。奥普拉还积极在 Twitter 上与她的粉丝互动。

1.4.4 社交网络服务和社交网络

社交网络和商业导向社交网络成了近年来最有趣的电子商务应用。这些网络起源于在线社区并迅速发展，产生出许多新的电子商务形态、收入模式和商业模式（请参阅 sustainable-brands.com/news_and_views/blog/13-hot-business-model-innovations-follow-2013）。

社交网络（social network）是由节点（通常是个人、团体或组织）通过爱好、友谊或职业等环节连接起来的社会实体，其结构往往非常复杂。

以最简单的形式来看，社交网络可以通过节点和连线的图像来描述。这种网络图可以用来描述 Facebook 的社交图谱（social graph，请参阅 Facebook.com 上的描述）。

1. 社交网络服务

社交网络服务（social network service，SNS），如 LinkedIn 和 Facebook 等提供和托管了一个网络空间供用户免费构建他们自己的主页。

SNS 还为开展不同的活动提供基础的支持工具，并允许大量应用程序服务商向其提供第三方应用程序。虽然社交网络是以人为本的，但其正在越来越多地被用于商业目的。例如，许多演员是通过 YouTube 被人们发现的，其中最具代表性的就是贾斯汀·比伯（Justin Bieber）。最初，社交网络仅用于社交活动。今天，企业对社交网络的商业应用产生了极大兴趣（例如，可参见应用于招聘的社交网络 LinkedIn 和应用于广告的 Facebook）。

以下是具有代表性的社交网络服务商的案例。

- Facebook.com：全球访问量最大的社交网站。
- YouTube.com 和 metacafe.com：用户可以上传和观看视频。
- Flickr.com：用户可分享和评论照片。
- LinkedIn.com：主要的商业导向社交网络。
- Habbo.com：为特定国家的孩子和成人设计的娱乐网站。
- Pinterest.com：整理和分享图片的平台。
- Google+（plus.google.com）：面向企业的社交网络。
- MySpace.com：为各个年龄段的人提供社交和娱乐平台。
- Instagram.com：分享照片和视频的平台。

2. 社交网络

我们将**社交网络**定义为一切基于 Web 2.0 的活动，比如撰写博客或在社交网络中建立站点，还包括在社交网络中进行的所有活动。

1.4.5 商业导向的社交网络

面向企业的社会化网络可以是公开的，如 LinkedIn.com。它们由一家独立的公司拥有和管理，也可以是私有的，由企业自己拥有并运营。这些被称为**商业导向的社交网络**（business-oriented social network）（例如，前文提及的"我的星巴克创意"）。它可以面向客户，也可以针对本公司的员工。

● **示例**：面向客户的商业导向社交网络

嘉年华邮轮公司（Carnival Cruise Lines）建立了一个社交网站（carnival.com/funville）来吸引邮轮爱好者。访问者使用该网站可以进行创意交流和组织团体旅行等活动。建立这个网站花费了该公司 30 万美元，但是初期成本在一年之内就通过业绩的增长收回了。

1.4.6 社交商务

社交商务（social commerce，SC）也被称为社会化商务（social business），是指通过社交

媒体进行的电子商务交易。社交商务被一些人认为是电子商务的一个子集。更具体地说，它是电子商务、电子营销、支持技术和社交媒体内容的整合。这个定义如图1-5所示。如图所示，社交商务是由电子商务和电子营销结合，使用Web 2.0和社交媒体应用而产生的。社会化资本、社会心理学、消费者行为学和在线协作等理论支持了这一整合，从而产生了一套推动社交商务的有效应用。

我们将在第7章中继续介绍社交商务。

以下是一些社交商务的例子。

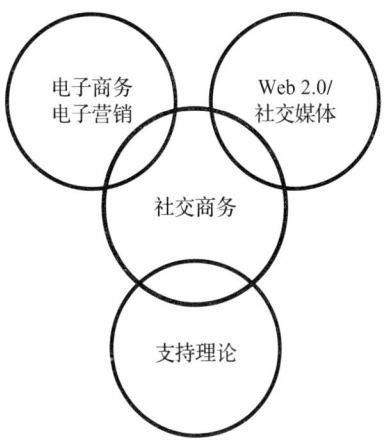

图1-5 社交商务的基础

- 2016年，希尔顿花园酒店在Instagram上推出照片地图（GFI旅游指南），以辅助酒店宣传。
- 戴尔计算机公司声称，在过去的两年中，其通过在Twitter上销售电脑盈利650万美元。此外，戴尔还在Idea Storm上收集社区成员的创意和建议。
- 宝洁公司在Facebook上销售蜜丝佛陀（Max Factor）品牌旗下的化妆品。
- 迪士尼允许人们在Facebook上预订某些门票，而无须跳转到其他页面。
- 百事公司向处于销售其产品的商店（杂货店、餐馆、加油站）附近的顾客推送实时消息，如向顾客发送优惠券和折扣信息。
- 星巴克利用Facebook进行了大量促销活动，如通过"我的星巴克创意"主页收集会员意见（参阅开篇案例）。
- 激浪（Mountain Dew）吸引视频游戏爱好者和体育爱好者通过Demmocracy平台进行比赛；同时，收集热心社区成员的意见。此外，该公司还使用Facebook、Twitter和YouTube与顾客进行互动。
- 2010年，塔吉特通过在Twitter上发布视频和广告，推广其在纽约的秋季时装秀；同时，将该节目在Facebook上直播。
- 李维斯（Levi's）在Facebook上发布"人们认为他们的朋友想要什么"。
- Wendy使用Facebook和Twitter，向那些对Wendy网上发表的内容做出最有趣或最古怪回应的人，发送50美元的礼品卡作为奖励。

总的来说，绝大多数美国公司都有Facebook账户（见emarketer.com的定期报告）。

关于更多应用，请参阅第7章和Turban et al.（2016）的研究。读者还可以访问pixtree.com/shoppable-galleries来获取免费指南。

1.4.7 Web 2.0的主要工具

Web 2.0使用了许多工具，如维基百科、RSS源、博客和微博（例如Twitter）。借助微博，你可以通过互联网，使用无线或有线设备将短消息（最多140个字符）发送给收件人列表中的人。截至 2009 年，Twitter 已成为具有多样化业务应用的主要的 Web 2.0 工具。Edwards（2013）对 Web 2.0 工具进行了详细描述。

1.4 节复习题

（1）定义社交计算并列出其特征。
（2）定义 Web 2.0 并列出其属性。
（3）定义社交网络。
（4）阐述社交网络服务的功能。
（5）阐述 Facebook 为什么这么受欢迎。
（6）定义商业导向的社交网络。
（7）定义社交商务。

1.5 数字化与社交化世界：经济、企业与社会

数字化和社会经济的发展为电子商务，包括电子商务 2.0 的发展提供了便利。请参阅最近更新的题为"您是否知道"的视频进行概览。

数字革命正在逼近我们，我们每天都能在家里、单位、商场、学校、医院、路上、娱乐节目中感受到。请参阅 Sidhu（2015）的研究获得概览。接下来，我们描述数字化世界的三个要素：经济、企业和社会。

1.5.1 数字经济

数字经济（digital economy），也被称为**互联网经济**，是基于在线交易的经济模式，主要指电子商务。它包括有线或无线通信网络（例如，互联网、内联网、外联网和增值网络）、计算机、软件和其他相关信息技术。数字经济展现出以下特点。

- 许多数字化产品——书籍、数据库、杂志、信息、电子游戏和软件，都能通过数字基础设施随时在世界任何地方实现交付，并通过全球网络相互连接。我们正在从模拟转向数字，甚至媒体也都往数字化方向转变（电视自 2009 年 2 月起）。
- 信息转化为商品。
- 金融交易现在已经都实现了数字化，芯片被嵌入许多产品（例如相机、汽车等），知识被编码。
- 工作和业务流程以全新的方式进行组织。
- 许多行业都出现了颠覆性创新（见 Manyika et al.（2013））。

表 1-3 总结了数字经济的主要特点。

表 1-3 数字经济的主要特点

领域	描述
全球化	全球交流与合作，全球电子市场与竞争

(续)

领　域	描　述
数字化	音乐、书籍、图片、软件、视频等都被数字化,以实现快速、廉价的存储和分发
速度	基于数字化的文档、产品和服务,我们实现了实时交易。许多业务流程加快了90%或更多
信息过载与智能搜索	虽然生成的信息量在不断增加,但智能搜索工具可以帮助用户找到人们需要的东西
市场	市场正在向网上迁移。实体市场正在被电子市场取代或补充,新市场正在建立,竞争正在加剧
业务模式与流程	新的和改进的业务模式与流程为新的公司和行业提供了机会
创新	数字的和基于互联网的创新持续高速增加,授予的专利比以往任何时候都多
淘汰过时	快速的创新速度导致了高淘汰率
机会	生活和经营的几乎所有方面都有机会
欺诈	犯罪分子在互联网上使用了大量的创新计划,网络危害到处都是
战争	常规战争正在转变为网络战,或者以它们为辅助
组织	组织正在向数字企业和社会化企业转变

数字革命也带来了许多创新,几乎每天都有新的创新产生,改善着业务流程和生产力。数字化革命为电子商务提供了必要的技术,并在商业环境中发生着重大变化。

1. 共享经济

共享经济(sharing economy)是指围绕参与人分享商品和服务的概念构建的经济体系,也被称为"协作消费"和"协作经济",这些系统以不同的形式出现,并在其运营中频繁使用信息技术。一个众所周知的例子是共享汽车。Buczynski(2013)描述了这个概念的基本要素,参阅 Howard(2015)可以得到概要。

对参与者来说,参与的主要好处是降低买方的成本,并使卖方卖出更多商品或服务。社会效益包括减少碳排放(例如顺风车)、增加回收率、增加社交互动。全面的报道请参阅 en.wikipedia.org/wiki/sharing_economy。

与共享经济相关的是优步、爱彼迎和众包经营的分布式经济(Guides,2015)。

共享经济和电子商务　一些电子商务模式和公司是基于共享经济的概念构建的,其中包括优步(共享乘车)、Yerdle(共享物品)、Kickstarter(企业众筹)、Krrb(P2P市场)以及 Knok 和 Love Home Swap(住房交换)。贷款市场(lending club)正在迅速增长。假期房屋出租是一个巨大市场,其中家庭和公寓业主提供可用于交换或租赁的短期租赁房源(例如,爱彼迎、HomeAway 和 VRBO)。

2. 社会影响

数字革命带来的社会影响,有部分体现在社交媒体中的沟通和协作方式的改进上。例如,智能手机可以减少数字鸿沟。除了经济上的生产率提高之外,人们还可以看到一些重大的社会变化,例如社交网络的大规模参与。其中一个影响就是创建**社会化企业**(参见 centreforsocial-enterprise.com/what-is-social-enterprise)。

应用（App）社会　新的应用程序（App）改变了人们沟通、工作和娱乐的方式。人们正在寻找数以千计有新用途的应用程序。

● **示例：瑞典农民上网**

根据 Willgren（2013）的研究，瑞典的传统农民创建了一个叫作"Min Farm（My Farm）"的社交网络。这个网络允许农民和他们的顾客进行沟通。它也可以让自己种植食物的人讲述他们的故事并征求建议。顾客可以访问农场并在那里购物；他们也可以在网上订购。该网络已完成自我可持续运营。

1.5.2　数字企业

电子商务的主要影响之一是伴随着企业社会化而出现数字企业的概念。

数字企业这个词有几个定义。它通常是指诸如亚马逊、谷歌、Facebook 或 Ticketmaster 这样的企业，它们使用计算机和信息系统来实现大部分业务流程的自动化。**数字企业**（digital enterprise）是一种新型的商业模式，通过使用 IT 技术来获得企业的竞争优势，包括提高员工生产效率，提高业务流程的效率、效能和增强供应商与客户之间的交互。表 1-4 列出了数字企业的主要特点，并与传统企业进行了比较，参见 Olanrewaju et al.（2014）的研究。

表 1-4　数字企业与传统企业的对比

传统组织	数字组织（企业）
在实体店销售	网上销售
销售有形商品	网上销售数字商品
内部库存/生产计划	在线协作库存预测
纸质目录	智能电子目录
实体市场	电子市场
使用电话、传真、VAN 和传统 EDI	使用计算机、智能手机、互联网、外联网和 EDI
物理拍卖，很少	在线拍卖，无处不在，随时随地
基于代理的服务、事务	电子信息中介、增值服务
纸质账单和支付	电子账单和支付
纸质投标	电子投标（反向拍卖）
推式生产，从需求预测开始	拉式生产，从订单开始（按订单生产）
大规模生产（标准化产品）	大规模定制，按订单生产
基于实体代理的营销	附属、虚拟营销
口口相传、缓慢而有限的广告	爆炸式的病毒式营销，尤其是在社交网络中
线性结构供应链	中心结构供应链
大规模生产所需的大量资金	按需生产需要较少的资金，收款可在生产开始前进行
工厂运营所需的大量固定成本	小型和低复杂度的工厂所需较小的固定成本
经常与客户的价值主张不匹配（成本大于价值）	完美匹配客户的价值主张（成本小于等于价值）

请注意，"企业"一词可以指任何类型的组织，包括公共的、私有的、小的或大的组织。

一个"企业"可以是制造厂、医院、大学、电视台甚至整个城市。它们都在走向数字化。

数字企业使用电子商务网络来推进以下工作。

- 所有商业合作伙伴都通过互联网或一组被称为外联网的安全内部网，抑或私有增值通信线路相连。
- 所有的内部沟通都是通过一个内联网来完成的，这个内联网就是公司内部的互联网。

大多数公司的数据和电子商务交易都是通过互联网和外联网完成的。许多公司采用了**企业门户**（corporate portal），这是客户、员工和合作伙伴访问公司信息并与公司沟通的门户。

当今许多公司的一个关键问题是如何将自己变成数字企业（或至少实现部分数字化）。

数字企业的概念与智能企业系统有关。

智慧和智能企业系统

IBM 是开发智慧（或智能）计算系统的领军企业（其他公司包括 SAP、英特尔、甲骨文、谷歌和微软）。IBM 向数字企业（包括城市）提供软件和知识。参见 ibm.com/smarterplanet/us/en。

智慧计算和整合专业知识　IBM 项目的主要部分是基于云计算的（参见在线教程 T2）。该项目创建了高效、易用和灵活的计算系统软件，其中包括内置的专业知识模式。整合的系统被称为"IBM PureFlex"和"IBM PureApplication"。有关详细信息，参见 ibm.com/ibm/puresystems/us/en。每个这样的 IBM 系统都通过以下方式改变着计算经济学：

- 帮助缩短产品问世时间。
- 节约资源，降低成本。
- 整合各种计算机系统组件和应用程序。
- 提高安全性并减少人为错误。

所有这些都为 IBM 的智慧商务做出了贡献。

1.5.3　社交商务（企业）

社交商务的概念有几个定义和特征。我们只介绍其中的一些。

1. "社交商务论坛"的定义

社交商务的概念是几十年前发展起来的，与计算机无关。今天，"社交商务论坛"（The Social Business Forum）将社交商务定义为"一个组织，它将战略、技术和流程系统化地融入其生态系统中的所有个体（员工、客户、合作伙伴、供应商），以使共同创造价值的最大化"，参见 2013.socialbusinessforum.com/social-business-manifesto。该论坛还讨论了这个概念的含义及其在内部、跨界和外部组织中的相关性。请注意，它强调使用技术创造价值的有效方法。该论坛每年举行一次会议。

2. IBM 的方法

IBM 被研究公司 IDC 评为社交软件平台供应商的市场份额领先者。在 IBM 和 IDC 的联合定义中包含以下特征：使用新兴技术（如社交软件），面向社会化的组织文化和改进业务流程。IBM 的努力集中于改进协同工作。其基本思想是，社交媒体网络和社会化客户要求组织彻底改变他们的工作方式，成为一个能够利用数字和社会革命创造机会的社会化企业。IBM 正在帮助组织成为社会化企业（有关示例，请参阅 ibm.com/social-business/us/en 和 ibm.com/smarterplanet/global/files/us__en_us__socialbusiness__epw14008usen.pdf）。IBM 拥有广泛的"社交商务视频库"；为了更好地理解这个概念，这里推荐两个有趣的视频。

- "你如何成为一个社会化企业"，来自 IBM 的 Sandy Carter，youtube.com/watch?v=OZy-0dNQbotg。
- "社交商务 @IBM"，访问路易斯·苏亚雷斯，youtube.com/watch?v=enudW2gHek0。

此外，请参阅本章末尾"团队任务和项目 #4"中使用的嵌入 Taft（2012a，b）中的幻灯片，两者对理解概念都很有帮助。

3. 社会化企业

社交商务的概念经常被等同于社会化企业一词，有时甚至与社会化企业这个词相混淆。许多人交替使用这两个术语。**社会化企业**的主要目标是关注社会问题。这些企业创造收入。利润不归属于所有者和股东，而是被重新投入到公司中去进行积极的社会变革。"社会化企业联盟"（The Social Enterprise Alliance）在 se-alliance.org/why 上提供了详细信息。上面的定义似乎更强调社会目标。

1.5.4 数字革命与社会

数字化世界最终最重要的元素是人，以及他们工作和生活的方式。显然，数字革命几乎改变了人们所能想到的诸多活动如工作、游戏、购物、娱乐、旅游、医疗、教育等。想想你的数字电话、相机、电视、汽车、家庭。人们越来越多、越来越自然地利用技术和电子商务。让我们看一些例子。

- 谷歌开发出了能够自动驾驶的汽车。汽车在包括加利福尼亚州在内的多个州进行了测试，并于 2012 年夏在内华达州获得批准。请参阅 Sparkes（2014）、Bridges & Sherman（2016）的研究，来了解这些成果将如何改变世界。更为全面的讨论，请参阅 Bridges & Sherman（2016）的研究。有关概述和包括安全性在内的潜在好处，请参阅 Neckermann（2015）。截至 2014 年，自动驾驶汽车已经在多个城市运行了。详情请参阅 Thomas（2014），另见第 6 章。
- AeroMobile 公司计划在 2017 年推出一款拥有完全电子商务特征的飞行汽车（参阅 Smith（2015））。

- 截至 2008 年，高中女生可以从朋友那里得到关于西尔斯百货（Sears）在 Facebook 上展示的几十件不同的舞会礼服的反馈。
- 某些大学宿舍的洗衣机和烘干机是通过互联网控制的。学生可以登录 esuds.net 或使用他们的智能手机来检查洗衣机是否可用。此外，当他们的洗涤和干燥周期完成时，他们可以收到电子邮件或短信提醒。一些系统甚至可以在正确的循环时间注入预先测量的洗涤剂和织物柔软剂。
- 现在在南佛罗里达州和其他主要城市叫出租车比以前要容易得多。截至 2012 年 8 月，如果你的智能手机使用 ZABCAB（zabcab.com）的应用程序，就可以通过 App 招出租车。你所要做的就是按下一个按钮。你的确切位置（在地图上）将自动出现在所有订阅的出租车司机的便携式设备的屏幕上。用户没有成本。超过 5 亿名活跃用户在苹果的 iTunes 商店下载歌曲、游戏和视频（选择超过 5 000 万首歌曲、电视剧等）。该商店还为 5.75 亿名移动设备用户提供服务。预计 2016 年的总收入将达到 110 亿美元。这家商店被认为是全球最受欢迎的音乐商店。自 2003 年成立以来，截至 2016 年春季，它销售了 300 多亿首歌曲。与此同时，iPhone 商店提供了超过 110 万个应用程序。
- 福特公司正在使用"我的福特触摸"（My Ford Touch）系统来计算从特定地点到达目的地的最快、最短、最省油的方式。系统可以绘制一条避免拥堵的路线（基于历史和实时交通数据），结果将显示在界面上。它最初部署于 2012 年的福特福克斯。
- 一家新建的日本酒店全部使用机器人作为工作人员（参阅 Moscaritolo（2015））。
- 截至 2014 年，多家喜达屋酒店（Starwood Hotel）及度假酒店的客人可以使用智能手机作为客房钥匙进入客房。
- 一个国际研究项目正在开发一套电子控制系统，它能够实时监测家中的病人，进行诊断并提供医疗建议。目的是降低医疗机构的人流量，同时提高医疗质量。该项目由以色列和几个欧洲国家的专家合作管理。有关详细信息，请参阅 haifa.ac.il/index.php/en。
- 联合太平洋公司（Union Pacific）是美国最大的铁路公司，他们在火车和其他设备上使用大量传感器，并通过无线和有线网络将数据传输到数据中心。通过使用预测分析技术来确定最佳的预防性维护方案，仅在 2011 年就收集了超过 100 亿个数据。这项分析为公司增加了 3 500 万美元的年收入。详情请参阅 Murphy（2012）。
- 利用 IBM 的智能分析计算技术，涉及许多影响变量的加利福尼亚州月亮谷水域的水资源损失大大减少了。
- 芬兰的超市消费者正在使用配备相机的智能手机，它可以扫描物品的条码，查找其成分、营养价值和消耗其卡路里所需的时间。
- 自行车计算机（由 Bridgestone Cycle Co. 提供）可以自动跟踪你的行驶距离、速度、时间和卡路里消耗。了解自行车社区，请参阅 bikewire.net 和 cyclingforum.COM。
- 世界扑克锦标赛的冠军曾经是五六十岁的人，他们花了多年的时间玩游戏，以获得赢得胜利的经验。但在 2009 年，美国的乔·卡德在 21 岁的时候赢得了世界扑克系列赛的主赛事冠军。为了快速获得经验，卡德在网上进行了大量练习。乔·麦基汉则在 2015 年赢得了冠军，时年 24 岁。

上述内容可以扩展到数百甚至数千个项目。有关更多应用程序，请参阅 Pepitone（2012）。

1. 颠覆性影响

数字技术、电子商务和相关技术（如移动商务和社交商务）可能会对经济、工业、商业模式和人们产生颠覆性影响（请参见 2013 年的 "颠覆性技术"视频 mckinsey.com/insights/high_tech_telecoms_inter-net/disruptive_technologies，另参见 McCafferty（2015））。

麻省理工学院 Andrew McAfee 和麦肯锡公司的 James Manyika 在 2014 年的视频采访题为"为什么每个领导者应该关心数字化和颠覆性创新"，请参阅 mck-insey.com/business-fun-ctions/business-technology/our-insights/why-every-leader-should-care-about-digitization-and-ruruptive-innovation。

2. 社会化客户

社会化客户（social customer）是数字社会的一个重要组成部分。社会化客户（有时也称为**数字客户**）通常是社交网络的成员，他们分享有关产品、服务和服务商的意见、进行在线社交购物，了解他们的权利以及如何利用社区的智慧和力量来为自己创造利益。由于无线购物和新的网上购物模式和机会（见第 7 章），社会化客户的数量正呈指数增长。社会化客户的主要特征如图 1-6 所示。

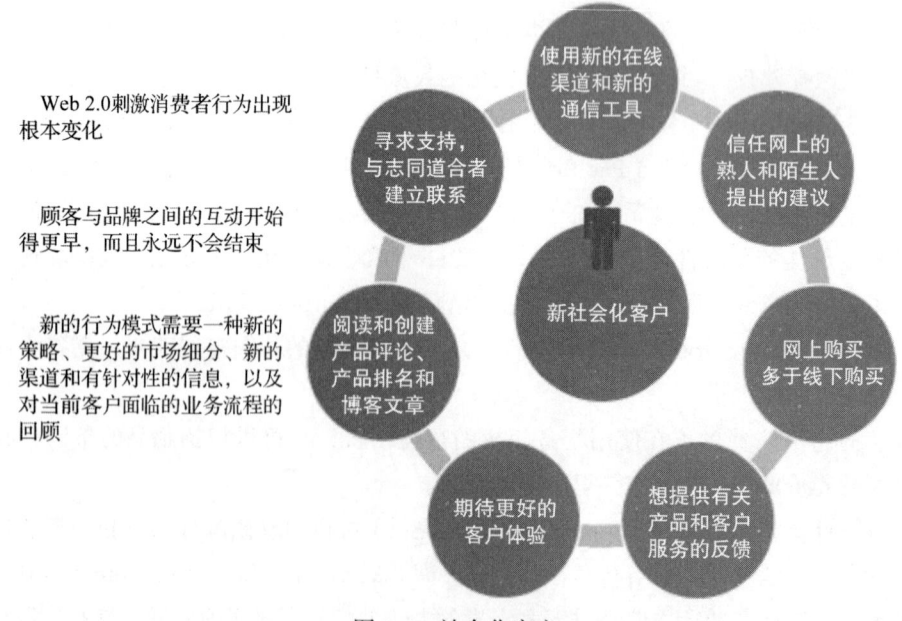

图 1-6 社会化客户

资料来源：Courtesy of F. Cipriani, "Social CRM: Concept, Benefits, and Approach to Adopt," November 2008.slideshare.net/fhcipriani/social-crm-presentation-761225(Accessed March 2016; used with permission).

如图 1-6 所示，社会化客户期待更好的服务，愿意提供反馈、产品评论，并与志同道合者建立联系。这种新的行为模式需要营销传播和客户服务运用新的战略。社会化客户是参与式的，他们同时作为买方和影响者积极参与到购物过程中。个人会受朋友、朋友的朋友、朋友的朋友的朋友的影响。商家必须了解这些消费者与传统客户的不同之处，因此使用适当的电子商务营销策略以及高超的客户服务（例如，参见 Turban et al.（2016）的研究）。步骤、方针以及软件都公开地应用于社交 CRM 系统中（例如，参见 en.wikipedia.org/wiki/Social_CRM）。

IBM 的智慧商务计划专注于数字客户。IBM 正在开发新的软件和服务，提供以智能为导向的客户体验（例如，基于云计算分析的个性化和精准广告）。

> **1.5 节复习题**
>
> （1）定义数字革命并列出其要素。
> （2）列出数字经济的特点。
> （3）定义社会化经济。
> （4）定义数字企业并将其与社交商务联系起来。
> （5）描述社会化企业。
> （6）比较传统企业和数字企业。
> （7）描述数字社会。
> （8）描述社会化客户。
> （9）访问 packdog.com 和 fullypets.com/dogtoys.html。比较这两个网站，并将其内容和数字社会进行联系。

1.6 电子商务商业模式

电子商务的主要特点之一是它有利于创建新的商业模式。**商业模式**（business model）描述了企业如何获得收入并创造价值的方法，这些都是通过实现组织目标来达到的，其关键之处在于吸引足够多的客户来购买企业生产的产品或服务。可能存在多种不同的电子商务商业模式，这取决于公司、行业等因素。商业模式可以在现有企业案例中找到，也可以来自提案，参见 Lazazzera（2015）的研究。

注：2011 年 1~2 月的《哈佛商业评论》期刊关注了商业模式创新（5 篇文章），其中包括与电子商务有关的几个主题。

1.6.1 商业模式的结构与属性

一个全面的商业模式（针对建议的公司）可能包括图 1-7 中的部分或全部组件。

- 描述为**客户**提供的服务和客户的**价值主张**，以及如何接触客户并支持他们达成这些服务和主张。
- 描述企业计划提供的所有**产品**和**服务**，以及产品的差异化体现在哪里。
- 公司的成长战略。
- 描述所需的**业务流程**和分销的基础设施（包括人力资源）。

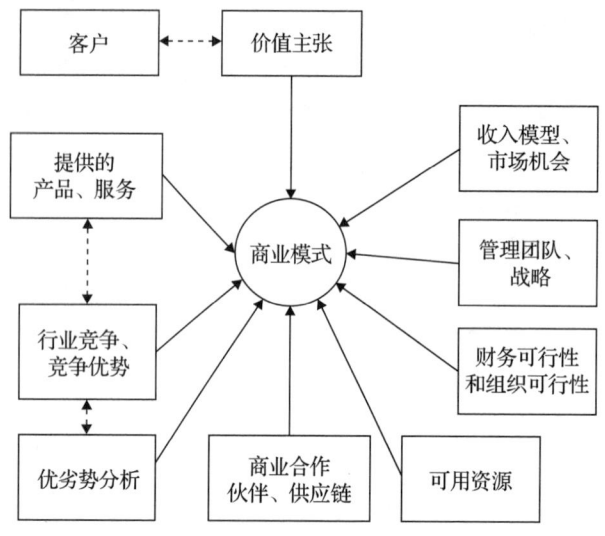

图 1-7　业务模型的主要组件

- 所需的**资源**清单，包括资源的成本和可用性（包括人力资源）。
- 描述组织的**供应链**，包括**供应商**和其他**商业合作伙伴**。
- 价值链结构。
- 相关市场上主要竞争对手的名单及其市场份额，以及公司的市场战略和优劣势分析。
- 商业模式带来的竞争优势，包括定价和销售策略。
- 对组织变革的预期和所有变革的阻力。
- 描述预期收入（**收入模型**）、资金来源和**财务可行性**。

模型还包括价值主张，它描述了使用特定模型（包括有形和无形）给客户和组织带来的好处。en.wikipedia.org/wiki/Business_model 提供了商业模式及其与商业计划关系的详细讨论和示例。

本章介绍模型的两个要素：**收入模型**和**价值主张**。

1. 收入模型

收入模型（revenue model）指明了组织或电子商务项目将如何产生收入。例如，Net-a-Porter 的收入模型展示了奢侈品服装在线销售的收入。下面的专栏中列举了主要的收入模型。

销售。公司通过在其网站上销售产品或服务产生收入。例如，Net-a-Porter、星巴克、亚马逊以及歌帝梵等在线销售产品的案例。

交易费用。佣金是基于交易金额收取的。例如，当房主出售房屋时，交易者通常要向经纪人支付交易费用。售价越高，交易费用也越高。另外，交易费用也可以按每笔交易征收。以在线股票交易为例，不管交易额有多少，通常每笔交易都会产生固定的费用。

订阅费用。客户支付一笔固定的费用以获得某种类型的服务，通常是按月支付。例如，你向互联网接入供应商支付的费用（固定每月支付）。

广告费。公司向其他人收费，允许他们在其网站上放置一条横幅广告（详见第 4 章）。

联盟费用。公司因为转介客户至某些特定网站而收取的佣金。在亚马逊上就有一个很好的用于支付这些费用的程序。

许可费用。另一个收入来源是许可费用（例如，参见 progress.com/datadirect-connectors）。经过评估，许可费既可以按年收取，也可以按每次使用进行收取。例如，微软就向每个使用 Windows NT 的工作站收取许可费用。

其他收入来源。一些公司提供付费游戏服务，或者付费的实时体育比赛转播服务（例如，参见 espn.go.com）。

一家公司用收入模型来描述它将如何产生收入，用商业模式来描述它产生收入的过程。

创新的个人收入模式　互联网使创新的收入模型成为可能，其中一些甚至可以为个人所用。

例如，低买高卖。这个策略古已有之，但现在有了更好的机会。在 Craigslist（或其他在线分类广告网站）上购买便宜的东西，然后加上 50%~200% 的利润，在 eBay 上进行拍卖转售怎么样？你可以一试，可能会赚些钱。不过有些人把它做得更大。例如，在 1994 年以 20 美元的价格购买域名 pizza.com 的人，在 2008 年 4 月以 260 万美元的价格出售了它（他购买的许多域名之一）。收入模型可以是价值主张的一部分，也可以作为它的补充。

2. 价值主张

商业模式还包括对价值主张的陈述。**价值主张**（value proposition）是指公司希望从其商业模式中获得的利益，也包括无形资产。例如，在 B2C 电子商务模式中，客户价值主张定义了公司的产品或服务如何满足客户的需求。换句话说，它描述了客户的总体利益。价值主张是任何产品或服务营销计划的重要组成部分。B2C 电子商务模式中的 50 个价值主张，可参见 CPC Andrew（2012）的文献。

3. 商业模式的功能

商业模式有以下主要功能或目标。

- 描述供应链和价值链。
- 制定企业的竞争战略和长期计划。
- 提出客户价值主张。
- 确认谁将使用该技术来达到怎样的目的；明确说明收入产生的过程；公司将在哪里运营。
- 估算成本结构、规模以及盈利潜力。

1.6.2　典型的电子商务商业模式

电子商务的商业模式有很多种类。电子商务商业模式的例子及细节可以在本书和 Rappa

（2010）的文献中找到。以下是五种常见的模式。在线文件 W1.3 中列出了其他的模式。

（1）**在线直销**（online direct marketing）。最显而易见的电子商务模式是在线销售产品或服务。销售可以从制造商到消费者，消除中间商或实体商店（例如戴尔）；或者从零售商到消费者，使分销更有效率（例如 Net-a-Porter、沃尔玛网店），这种模式对数字化产品和服务（可以电子交付的产品和服务）特别有效。这个模型有多个变种（见第 3 章和第 4 章），也可以运用不同的机制（例如拍卖）。它被应用在 B2C 中（这也被称为电子零售）。

（2）**电子招标系统**（electronic tendering system）。大型组织采购者通常通过**招投标系统**（tendering (bidding) system）进行大量或大额采购，所以也称为**反向拍卖**。这种招标可以在线完成，以节省时间和金钱。电子招标系统由通用电气公司（GE）首创，后来越来越受欢迎。事实上，许多政府机构要求采购的大部分物品都必须通过电子招标来完成（相关细节在第 4 章中提供）。

（3）**电子市场和交易所**（electronic marketplaces and exchanges）。电子市场在单独的应用场景中存在几十年了（例如股票和商品交易所）。但是截至 1996 年，已经有数百个电子交易平台（新旧交易）在交易过程中引入了新的方法。如果组织和管理得当，电子交易市场可以为买卖双方带来巨大的利益，特别是专注于某一个行业的垂直市场时。详情请参阅第 4 章。

（4）**病毒式广告营销**（viral advertising and marketing）。根据病毒式营销模式（见第 7 章），人们使用电子邮件和社交网络传播口碑广告。它基本上是基于网络的口碑广告，在社交网络中十分流行。

（5）**团体采购**（group purchasing）。不管是在 B2C 还是 B2B 的业务中，团购都是一个众所周知的线下方法。这是基于数量折扣的概念（所谓"成打买更便宜"）。互联网模式能使得每个个体聚在一起，从而获得巨大数量上的优势。最初这个模型在 B2C 中并不流行，直到 2010 年，Groupon 引入了一个修改后的模型，人们可以围绕着某一交易进行分组，详细描述见第 7 章。请注意，该模式在中国非常流行。

一家公司可能同时使用几种不同的电子商务模式，例如开篇的星巴克案例、本章 NFL 的案例和戴尔的案例所展示的那样（在线文件 W1.1）。

1.6.3　电子商务中的商业模式类型

Rappa（2010）的研究将电子商务的商业模式分为以下七类。

（1）经纪模式：做市商为提供的服务收费。
（2）广告模式：网站为相关广告提供内容并向广告商收费。
（3）信息媒介模式：提供信息以及/或者基础设施，来帮助买方以及/或者卖方，从而为他们的服务收取费用。
（4）商家模式：零售商（如沃尔玛或亚马逊）买入商品并加价出售。
（5）直销模式：无中间人的销售。
（6）联盟模式：广告商在联盟会员的网站上放置广告，向联盟会员支付费用。

（7）社区模式：一种基于社交媒体的模式，利用 Web 2.0 工具、社交网络和第 7 章介绍的特性。

Rappa（2010）为每种类型提供了示例和收入模型，他还介绍了每个类别中的主要种类。

1.6 节复习题

（1）描述什么是商业模式，以及商业模式的功能和属性。
（2）描述收入模型和价值主张，并说明它们有什么联系。
（3）描述以下商业模式：在线直销、电子招标系统、电子交易市场、病毒式广告营销、社交网络和社交商务。
（4）指出一些与购买和销售有关的商业模式。
（5）描述病毒式广告营销如何运作。

1.7 电子商务的局限性、影响和未来

如 1.4 节所述，电子商务存在一些局限性和失败案例。

1.7.1 电子商务的局限性与障碍

电子商务面临的障碍分为非技术性障碍和技术性障碍两种。表 1-5 列出了具有代表性的主要障碍。

表 1-5 电子商务的局限性

技术的局限性	非技术的局限性
需要质量、安全和可靠性的统一标准	顾客顾虑到安全和隐私问题而放弃购买
电信带宽不足，特别是在移动商务、视频和图形方面	缺乏对卖方和电脑的信任，无纸化、不露面的交易阻碍了购买
软件开发工具仍在发展中	变革的阻力
很难将互联网和电子商务软件与现有的（特别是遗留的）应用程序和数据库结合起来	许多法律和公共政策问题仍未解决或尚不清晰
除了网络服务器之外，还需要特殊的 Web 服务器，这增加了电子商务的成本	国家和国际的政府规章有时会阻碍电子商务的发展
访问互联网仍然很昂贵和不便	电子商务的有些成本和收益难以衡量
大规模 B2C 需要特殊的自动化仓库来完成订单	没有足够的顾客；缺乏供应链上的协作

其中一个重要的方面是商业伦理可能会对某些电子商务项目产生限制。

1. 伦理问题

伦理问题可能会对电子商务的业务运营造成压力或限制。然而，一些注重伦理的网站提升了人们对电子商务供应商的信任度，从而帮助了它们。商业伦理与是非标准有关。

伦理是一个很难界定的概念，因为一个人认为是符合伦理的行为，可能在另一个人看来是违背伦理的。同样，在一个国家被认为是符合伦理的行为可能在另一个国家就会被视为不符合伦理（见第11章）。

开展电子商务可能会引发伦理问题：从监控员工的电子邮件到侵入存有数百万用户隐私的私有或公共数据库。在实施电子商务的过程中，必须要关注这些问题，并认识到其中一些问题可能会限制甚至禁止电子商务的使用。例如，在零售商店应用 RFID 标签（在线教程 T2），就可能潜在地侵犯了购买者的隐私权。

2. 克服障碍

尽管有这些障碍，但电子商务仍在迅速发展。随着经验的积累和技术的提高，电子商务的成本收益率会进一步提高，从而使电子商务获得更高的普及率。

1.7.2 为什么要学习电子商务

研究电子商务的主要原因是它正在快速发展，并影响到许多商业和营销业务。电子商务在商业总体中的占比在迅速提高，有人预测未来大多数交易将在线完成。因此，任何商人或商科学生都应该了解这一领域。

这就是为什么在 1995 年前后，电子商务领域起步时与之相关的课程和教科书寥寥无几，而现在却在迅速增多。今天，许多大学提供电子商务课程和完整的电子商务项目（例如，电子商务专业、电子商务和证书选修课程；请参阅弗吉尼亚大学、缅因州大学、阿肯色大学的相关内容）。最近，电子商务话题已经被整合到所有功能领域中（例如，网络营销、电子金融市场）。这种扩散的原因是电子商务越来越多地渗透到商业领域、服务和政府中。最后，它创新的商业模式也是一个非常引人入胜的地方。

此外，增加电子商务知识也有一些非常实际的好处。首先，获得好工作的机会更大。对电子商务在技术和管理方面技能的需求正在迅速增长，薪水也是如此（请参阅薪水比较网站，如 salary.com 和 coach.careerbuilder.com）。在与社交媒体、社交网络和社交商业有关的领域，有成百上千个高薪职位。其次，如果你了解电子商务并且知道如何抓住机会，那么你晋升的机会就会更大。最后，它让你有机会成为亿万富豪，像谷歌、Facebook、YouTube、亚马逊和阿里巴巴的创始人一样，或者通过 eBay 来赚大钱，你只需简单地在 eBay 或自己的网站上进行销售即可。即便你是学生，你也可以做到（请参阅 jetpens.com）。甚至一些青少年也正在练习如何成功地进行电子商务。加州库比蒂诺蒙特维斯塔高中的企业家耿子涵（Diane Keng）就是一个例子，她成功地创办了三家 Web 2.0 创业公司，实现了很好的收益。

2016 年，一名 9 岁的女孩在互联网上，而不是通过上门推销，销售了数千盒女童子军饼干。

除了本书中的例子以及在 eBay 上销售以外，年轻人还有许多其他通过电子商务赚钱的机会。专家建议通过以下途径在网上赚取外快：①出售你的手艺；②用你的才华赚钱；③成为随叫随到的护工；④与出版相关的工作（写作、编辑或校对）；⑤设计图形和网站；⑥为小孩或成人授课；⑦提供建议；⑧提供客户服务；⑨发布博客；⑩知识付费；⑪在互联网上搜索；⑫完成在线任务。共计有55种网上赚钱的方式，请参阅Pantic（2013），另见shop.com。最后，关于如何使用电子商务在互联网上赚钱，请参阅Bates & Money Online（2014）的研究。

在社交媒体和社交商务领域也有很多机会。

1.7.3 电子商务的未来

经济、技术和社会趋势都影响着电子商务，决定着电子商务的方向。例如，大多数专家都认为从电子商务向移动商务的转变是不可避免的。另外，许多人相信社交商务在未来会是电子商务的一个重要组成部分（例如，参见Turban et al.（2016））。电子商务在发展中国家的使用将大幅增加（主要归功于智能手机、平板电脑以及电子支付系统）。在与传统零售业的竞争中，电子商务终将获胜（参见第3章中关于亚马逊与百思买的讨论）。最后，电子商务将增强其全球影响力。

电子商务对有些行业的影响力远胜于对其他行业，这种影响在随着时间而变化。例如，在过去8年中电子商务已经对旅游、零售、股票经纪和银行业产生了重大影响，接下来受到影响的将会是电影、医疗保健、图书出版和电子支付。有关这方面的一个有趣的综述，请参见Solis（2012）。

根据ComScore、eMarketer.com和Forrester等知名分析机构提供的数据，目前对电子商务未来规模的预测各不相同。对于提供这类预测和其他统计数据的网站列表，请参见表3-1。

据估计，2014年冬季全球互联网用户数量约为26亿，高于2012年的24亿（请参阅internetworldstats.com）。随着上网人数的增加，电子商务规模势必将进一步扩大。

电子营销人员预测，在美国所有互联网用户中，约85%的用户将在2016年参与在线购物。2008~2014年的金融危机推动了人们去网上购物，并寻找容易快速比价的特价商品（例如，尝试在亚马逊上找到商品的价格）。

另一个重要的因素是移动设备，尤其是智能手机数量的增加。电子商务的发展不仅来源于B2C，也来源于B2B和电子政务、电子学习、B2E、社会化商务及合作型商务等新兴应用。尽管存在个别公司和创意的失败，以及经济增长放缓，但电子商务的总量仍在以每年10%~16%的速度增长。

最后，不同的商业环境因素促进了电子商务的发展（见在线文件W1.4）。

电子商务的未来取决于技术、组织和社会趋势（例如，参见Fei & Chung（2015））。Piastro（2010）的研究中列出了影响电子商务未来发展的十大趋势；高德纳公司（Gartner Inc.）每年都会公布一份"十大战略技术趋势"的清单。2014年的清单，请参阅gartner.com/newroomroom/id/2603623。2014年和2015年的清单都包括几个电子商务主题（例如，移动应用程序、物联网）。2016年的主要趋势请参阅McCafferty（2016）。

最后一点：电子商务的未来取决于互联网的可访问性。Facebook的激光无人机可以将互联网带给50亿人（参见CBS 2015年的报道）。

1.7 节复习题

（1）列出电子商务在技术和非技术方面面临的主要障碍与局限。
（2）介绍学习电子商务的好处。
（3）解释电子商务如何帮助创业。
（4）总结涉及电子商务未来前景的主要观点。

1.8 本书概述

本书由 12 章组成，分为五个部分，如图 1-8 所示。

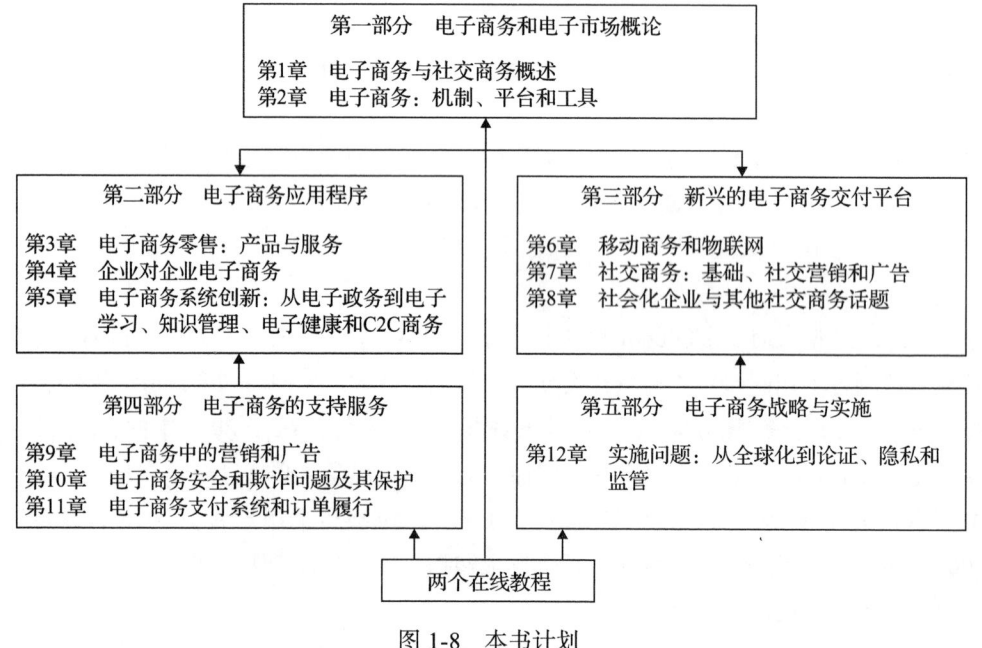

图 1-8 本书计划

附加内容包括每一章的在线补充材料，可以在本书的网站（ecommerce-introduction-textbook.com）上找到。

本书的具体部分和章节如下所示。

1.8.1 第一部分　电子商务和电子市场概论

这部分内容包括了对电子商务及其内容、优点、局限和驱动因素的概述，这些都是在第 1 章中介绍的。第 2 章介绍了电子市场及其机制，如电子目录和拍卖；本章还介绍了社交网络的 Web 2.0 工具，以及一些新兴技术。

1.8.2 第二部分　电子商务应用程序

本部分共分三章。第 3 章描述了电子零售（B2C)，包括一些在线上产品销售方面最具创新性的应用案例；它还描述了服务的交付，如网上银行、网上旅行和网上保险。在第 4 章中，我们介绍了 B2B 电子商务，并描述了以公司为中心的多种模型（一个买方—许多卖方、一个卖方—许多买方）以及在线交易平台（许多买方和许多卖方）。第 5 章的主要话题是电子政务、在线学习、健康管理和 C2C。

1.8.3 第三部分　新兴的电子商务交付平台

除了第二部分中介绍的传统的电子商务交付平台外，在第三部分的三章中，我们还将介绍以下话题：第 6 章涵盖的领域是移动商务和泛在计算；在第 7 章中，我们讨论了社交商务和社交媒体营销；第三部分的结尾（第 8 章）关于企业社交商务和其他应用。

1.8.4 第四部分　电子商务的支持服务

第四部分分为三章，探讨了电子商务应用所需的支持服务问题。第 9 章阐释了网络空间中的消费者行为、网络市场研究和网络广告。第 10 章探讨了电子商务的安全和反欺诈保护。第 11 章讨论了电子支付和订单履行。

1.8.5 第五部分　电子商务战略与实施

第五部分有一个章节。第 12 章探讨了电子战略和规划，包括全球化和电子商务对中小企业的影响。它还涉及执行问题和监管环境。

1.8.6 在线迷你教程

本书的网站（ecommerce-introduction-textbook.com）含有以下两个教程。
T1 电子客户关系管理
T2 电子商务技术：电子数据交换、外联网、射频识别、云计算

1.8.7 在线支持

按照章节编号组织的大量在线文件，为各章节内容提供支持。
这些在线文件可以在 ecommerce-introduction-text-book.com 上找到。

管理问题

与本章有关的一些管理问题如下所示。

1. 为什么 B2B 电子商务如此必要，又如此成功？ B2B 必不可少的几个原因如下所示。首先，一些 B2B 模式比 B2C 模式更容易实现。B2B 的交易量和价值比 B2C 要高得多，而且 B2B 能比 B2C 潜在地节省更多资源也更容易得到证实。与之相反，B2C 有几个主要问题：与现有

经销商的渠道冲突和欺诈，缺乏规模数量的购买者。许多公司只不过是从现有的在线商店和B2B 交易平台购买，或者通过加入现有的市场或拍卖行，就能开始进行B2B 业务。问题是决定在网上交易什么产品，以及在哪里进行交易。

  2. **哪种是最佳的电子商务项目？** 从2000 年年初开始，新闻上充斥着许多网络公司和电子商务项目失败的故事。行业整合往往发生在"淘金热"的泡沫之后。大约100 年前，继福特公司在美国成功后，成百上千家公司试图生产汽车，最后只有三家幸存下来。从别人的成功和失败中吸取教训，并为每一次努力找到正确的商业模式，这是很重要的事情。

  3. **我们如何利用社交商务？** 这一领域存在巨大的可能性。有些公司甚至开通了自己的社交网络。广告可能是首先要考虑的事情。招聘也是一个很有前景的途径。提供折扣产品和服务也应该考虑。提供客户服务和进行市场调研也是一项有益的活动。找到客户并向他们销售产品也是有益处的。最后，最终目标是将社交网络与商务联系起来，从而创造收入。

  4. **今天电子商务面临的最大挑战是什么？** 电子商务最重要的10 个技术问题是安全性、充足的基础设施、虚拟化、后端系统集成、更智能的软件、云计算、数据仓库、数据挖掘、可伸缩性以及内容分发。电子商务的前十大管理问题包括：合理性、预算、项目期限、技术趋势、隐私问题、不切实际的管理期望、培训、接触新客户、提升客户订购服务以及寻找合格的电子商务雇员。这些问题中的大部分都会在本书中进行讨论。

本章小结

在本章中，你了解了以下与本章学习目标相关的电子商务问题。

  1. **电子商务的定义及其各类别的说明。** 电子商务涉及电子交易。它的主要类别分成纯电子商务与部分电子商务、互联网与非互联网、电子市场与以公司为基础的系统。

  2. **电子商务的内容和框架。** 有很多电子商务的应用基于基础设施，并且是得到人们支持的；公共政策和技术标准；营销和广告；支持服务，如后勤、安全和支付服务；商业伙伴，这些全部都是通过管理手段连接在一起的。

  3. **电子商务交易的主要类型。** 电子商务交易的主要类型是B2B、B2C、C2C、移动电子商务、企业内部商务、B2E、电子商务、电子政务、社交电子商务，以及在线学习。

  4. **电子商务的驱动因素。** 电子商务是数字革命和技术革命的主要产物，它使企业能够同时扩大规模和增加利润。这些革命使产品、服务和信息的数字化成为可能。电子商务的一个主要驱动因素是不断变化的商业环境。技术突破、全球化、社会变革、放松管制等带来了快速的变化。不断变化的商业环境迫使组织做出反应。许多传统反应可能是远远不够的，因为压力太大且变化太快。因此，组织必须经常创新并重构业务。电子商务由于其自身的特点，成为组织在这个过程中必不可少的搭档。

  最后，电子商务受到推动，是因为它有能力提供组织急需的战略优势，帮助组织更好地参与竞争。

  5. **电子商务给组织、消费者和社会带来的益处。** 电子商务给所有参与者带来许多益处。因为这些益处重大，所以看起来好像电子商务会持续下去，不可被忽视。除此之外，企业还可以进入遥远的全球市场，以更好的价格销售和采购。组织可以缩短产品或服务推向市场的时间以获得竞争优势。他们可以改善内部和外部的供应链，并增加合作。最后，他们也可以更好地遵守政府的规定。

6. **电子商务2.0和社交媒体**。这指的是在商业中使用社会化计算，通常是通过在其社交媒体框架内使用Web 2.0工具（如博客、维基百科），以及使用企业社交网络和在虚拟世界中进行商业活动。社交和商业网络吸引了大量的用户。

7. **描述社交商务和社交软件**。公司开始抓住在社交网络中进行商业交易的机会，利用博客等社交软件进行交易，主要领域包括广告、购物、客户服务、招聘和合作。

8. **数字化世界的元素**。数字化世界的主要元素是数字经济、数字企业和数字社会。它们是多样化并迅速扩张的。

数字化世界伴随着社会化企业和社交网络客户兴起。

9. **电子商务的主要商业模式**。电子商务的主要商业模式包括在线直销、电子投标系统、自主定价模式、联盟营销、病毒式营销、团购、在线拍卖、大规模定制（按订单生产）、电子交易所、供应链优化、寻找最优价、价值链整合、价值链提供者、信息经纪人、以物易物、大幅折扣和会员资格。

10. **电子商务的局限**。电子商务的主要局限是对新技术的抵制、对欺诈的恐惧、跨系统整合的困难性、昂贵的订单履约成本、隐私问题、不明确的监管问题、缺乏对计算机的信任，还有未知的商业伙伴、难以证明电子商务的主动性，以及缺乏熟悉电子商务的员工。

⊙ 问题讨论

1. 比较"砖块加水泥"的公司和"鼠标加水泥"的公司。
2. 为什么从自动售货机里买智能卡被认为是电子商务？
3. 解释电子商务如何降低周期时间、赋予员工更多权力，并促进客户服务。
4. 对比病毒式营销与联盟营销。
5. 识别Web 2.0的贡献，它给电子商务带来了什么？
6. 讨论公司从事社交商务的原因。
7. 企业社交网络与Facebook等公共社交网络的区别是什么？
8. 审视电子商务的非技术性局限。哪些是与具体公司相关的因素，哪些是通用的因素？
9. 把社会化客户与社会化企业联系起来。

⊙ 课堂讨论和辩论话题

1. 电子商务如何既可以是企业压力，又可以是企业应对其他业务压力做出的反应？
2. 辩论：电子交易是否消除了交易中的"人情味"？如果"是"，那么这是坏事吗？
3. 为什么公司经常改变他们的商业模式？这有什么优点和缺点？
4. 辩论：电子商务所消减的工作岗位比它所创造的就业机会更多。我们应该限制它的使用和发展吗？

5. 辩论：在线时尚销售会伤害传统时尚零售商吗？

6. 搜索有关未来企业的资料。从 ibm.com 开始搜寻。用一两页纸总结未来企业与当今企业的不同之处。

7. 阅读麦当劳在宝洁公司的活动（2011）。讨论各种电子商务及其他数字化活动，并讨论这种数字革命的必要性。

8. 调查为什么中国的"光棍节"（双十一）这一天的销售收入能够是美国网络星期一（感恩节后的网络促销日）的两倍多（参见 Wang & Pfanner（2013））。

9. 讨论电子商务对时尚产业的影响。

⊙ 在线练习

1. 登录 www.excitingcommerce.com 找到最新的信息，并找出有关新兴电子商务模式和该领域未来的最新消息。

2. 访问 Amazon.com 并查找以下方面的最新信息。
（1）找到电子商务上最畅销的五本书。
（2）查找其中一本书的评论。
（3）回顾你能从 Amazon.com 获得的个性化服务，并描述你在那里购物所得到的好处。
（4）回顾产品目录。

3. 访问 Priceline.com 和 Zappos.com，指出它们使用的不同收入模型，并讨论它们的优势。

4. 登录 nike.com，设计属于你自己的鞋。接下来，登录 products.office.com 创建自己的名片。最后，登录 jaguar.com 配置你梦想的车。描述每个活动的优缺点。

5. 在下次购物时尝试节省开支。访问 pricegrabber.com、yub.com 和 buyerzone.com。你喜欢哪个网站？为什么？

6. 登录 espn.go.com、123greetings.com 和 facebook.com，在每个公司网站上确认并列出它们所有的收入来源。

7. 登录 philatino.com、stampauctioncentral.com 和 statusint.com，指出它们使用的商业模式和收入模型，并描述它们对卖方和买方分别有什么益处。

8. 登录 zipcar.com，说明这个网站能帮助你做什么。

9. 登录 digitalenterprise.org，准备一份关于最新电子商务模式和发展的报告。

10. 访问一些能提供电子商务工作机会的网站（如 execunet.com 和 monster.com），对比电子商务岗位的薪水和会计人员的薪水。关于电子商务相关岗位工资的其他信息，请查看《计算机世界》（*Computerworld*）的年度薪资调查和 salary.com。

11. 访问 bluenile.com、diamond.com 和 jewelryex-change.com。比较这些网站，分析它们的相似和不同之处。

12. 访问 tickets-online.com、ticketmaster.com、stubhub.com，以及其他在线票务销售网站。分析在线票务销售的竞争状况，说明不同网站提供的不同服务。

13. 登录 timberland.com 并设计一双靴子，把它与你在 nike.com 上设计的你自己的运动鞋做对比，同时将这些网站与 zappos.com/shoes 进行对比。

14. 访问 prosper.com、paperbackswap.com、bigvine.net，比较它们不同的商业模式和收入模型。

⊙ 团队任务和项目

1. 阅读开篇案例，回答下列问题。
（1）你认为星巴克在电子商务活动方面用什么方式来提升品牌认知度？
（2）一些人批评"我的星巴克创意"（My Starbucks Idea）是一种无效的"炫耀"。搜索有关这个计划利弊的信息（参见"行动博客"中我的星巴克创意）。
（3）星巴克为什么要在Facebook上讨论诸如《婚姻平等法案》之类的非商业议题？
（4）讨论消费者如何对各项电子商务活动保持持续的热心和参与。
（5）星巴克相信自己的数字活动和社会活动是"高度创新且让消费者的行为发生巨大变化的"，就这点展开讨论。
（6）观看Stelzner（2010）中8分钟的视频，并回答以下问题。
1）星巴克如何在社交媒体上使用视频营销？
2）星巴克公司如何倾听消费者的意见？
3）哪些是成功的秘诀，哪些是需要避免的事情？
4）登录facebook.com/Starbucks。总结你对该网站的印象。

2. 每个团队研究两个电子商务的成功案例。案例须涉及纯在线运作的公司和一些采用"鼠标加水泥"模式的公司。每个团队需要指出它们的关键成功因素，并向其他团队进行汇报。

3. 在youtube.com/watch?v=gOVhr03zxQ上观看电子商务第一部分的视频。
（1）更新视频中涉及的所有数据。
（2）电子商务带来了什么基础性的变化？
（3）视频中讨论的先发优势是什么？
（4）亚马逊以及其他公司在视频制作过程中花费了很多钱，但他们今天赚了很多钱，找出其中的原因。
（5）指出视频中讨论的所有商业模式。
（6）如何能在家中进行电子商务？
（7）电子商务被认为是破坏者，它是以何种方式进行破坏的？

4. 搜索"社会化企业"的相关信息，从eweek.com开始搜寻。将工作分成几个小组，每个小组讨论一个主题，并撰写一份报告。

5. 从阅读Neil（2012）的文章开始，研究自动驾驶汽车的现状。概述赞成和反对的主要理由，指出为什么它被看作电子商务，对此进行汇报。

6. 研究电子商务对汽车工业的影响，包括自动驾驶汽车（可阅读Gao et al.（2016））。撰写一份报告。比较Net-a-Porter和亚马逊旗下的MyHabit，以及其他时尚折扣网站。此外，观察Groupon在这个领域提供了什么，分析各自的竞争优势。撰写一份报告。

⊙ 章末案例
电子商务在美国职业橄榄球大联盟（NFL）中的应用

职业体育在美国是一项价值数十亿美元的业务，它们在许多其他国家也正在快速发展。美国职业橄榄球大联盟由32支球队组成，是橄榄球的超级品牌，橄榄球也是美国最受欢迎的体育项目。NFL广泛使用电子商务和其他信息技术来有效经营自己的业务。以下是NFL在联盟层面和球队层面进行电子商务活动的一些例子。

在线销售

除了官方商店（nflshop.com）和独立的球队商店（如亚特兰大猎鹰队）外，还有几十家独立商店出售正品球衣、帽子、衬衫和其他球队商品，以及这些产品的复制品。这些销售大部分都是在线完成的，这让你可以在任何地方购买你最喜欢的球队的产品，你也可以用优惠券来省钱。它基本上是一个价值数十亿美元的 B2C 业务，它还支持搜索和购物工具（见第 2 章），包括比价工具（例如，在 bizrate.com/electronics-cases-bags 上比较价格）。

几家在线商店还出售 NFL 赛事的门票，包括门票转售业务，具体例子参见 ticketsnow.com/nfl-tickets。

中国区销售

2013 年 10 月，NFL 在中国开设了官方线上旗舰店（nfl.world.tmall.com）。

为了启动这个项目，NFL 与两个伙伴合作：Export Now（美国对华贸易专业服务商）来处理所有的交易管理事务，以及天猫网（Tmall.com，中国领先的电子商务平台，注册会员超过 5 亿），参见 Dusto（2013）。

信息、新闻和社交商务

NFL 在 Facebook 上有公司描述和许多粉丝的留言。在 Twitter 上，你可以找到关于即将到来的 NFL 活动的信息，并且成为它超过 400 万个粉丝中的一员。你也可以收到本地的新闻，包括能通过智能手机接收的实时比分等。由于球员流行使用社交媒体，因此需要制定在比赛前后（但不是在比赛期间）使用社交网络的政策。对于这项政策，参见一篇名为"社交媒体在比赛前后"（Social Media Before, After Games）的文章，文章网址是 espn.go.com/nfl/news/story?id=4435401。关于社交商务在 NFL 中的使用，请参见 Brennan（2014）。

视频游戏和奇幻游戏

Madden NFL 11 是一款可以在所有主要游戏平台上使用的视频游戏，也有适合 iPhone 和 iPad 的版本。详情见 en.wikipedia.org/wiki/madden_nfl_11。与这些游戏相关的奇幻游戏也都可以在 fantasy.nfl.com 上免费下载。

智能手机体验

现在通过智能手机，特别是 iPhone，用户可以实时上网观看比赛（有时候代价很大）。你也可以用 iPhone 来查看在电视上放映的体育场里的照片以及更多信息。

体育场里的无线应用程序

NFL 在几个体育场配备了最先进的无线系统。其中一个例子就是菲尼克斯大学体育场，它是亚利桑那红雀队的主场。球迷可以实时获得许多高清的电视画面。拥有智能手机的球迷，还可以收到实时比分，或者购买食物和其他商品。该系统还能让员工快速处理门票销售工作。此外，球迷可以在球场里边看比赛边购买食物。红雀队的营销部门可以通过系统为即将到来的比赛和其他活动进行广告宣传。在比赛期间，它还会按需向教练提供数据。类似的系统（用于永明体育场，迈阿密海豚队的主场）可以在比赛中支持个性化的回放（看一段关于一个特殊的便携设备的视频，标题是"迈阿密海豚队把永明体育场变成了球迷的娱乐目的地"，地址 youtube.com/watch?v=t2qErS7f17Y）。此外，你可以在网上订餐，工作人员会把食物送到你的座位上，你再用电子方式付款。最后，你可以在体育场里玩奇幻的电子游戏。这些电子商务应用的设计都是为了让粉丝们开心从而产生收入。

其他应用程序

NFL 还使用许多其他的电子商务应用程序来管理通向"超级碗"（Super Bowl）的货物运输、安全执行、B2B 采购，提供电子客户关系管理以及更多活动。

关于 NFL "超级碗"的一个有趣的信息图表，请参见 Bathe（2015）。

资料来源：基于 Bathe（2015）和 Facebook 与 Twitter 上收集的资料（均访问于 2016 年 3 月）。

问题

1. 指出与 B2C 在线商店相关的所有应用程序（从 Roggio（2013）的研究开始）。
2. 指出在球场内采用的所有 B2C 应用程序。
3. 指出在球场内采用的所有 B2E 应用程序。
4. 说明 NFL 的在线电子游戏与电子商务之间的联系。
5. 比较 NFL 在 Facebook 和 Instagram 上的信息。
6. 列举在本例中没有提及的 NFL 其他与电子商务相关的应用案例。
7. 登录 http://www.ignify.com/Atlanta_Falcons_eCom-merce_Case_Study.html。阅读"亚特兰大猎鹰队电子商务案例研究"，然后去猎鹰队的官方网店，描述在那里用到的所有主要的电子商务模式。
8. 找出 NFL 关于社交商务的信息。
9. 比较 *Madden NFL 11* 和 NFL 的奇幻游戏。

⊙ 在线资源

在线资源可以在 ecommerce-introduction-textbook.com 上获取。

⊙ 在线文件

W1.1 应用案例：戴尔——利用电子商务取得成功
W1.2 应用案例：GrubHub.com——学生企业家
W1.3 典型的电子商务商业模式
W1.4 不断变化的商业环境、组织响应和电子商务与 IT 支持

⊙ 参考文献

Ad Age Staff. "How Western Brands Are Tapping into China's Crazy-Big E-Commerce Holiday." *Ad Age #Protips*, November 4, 2013.

Ahmad, I. "100 Most Startling Tech Facts, Figures, and Statistics from 2013 [Infographic]." January 2, 2014. **socialmediatoday.com/irfan-ahmad/2033741/100-most-startling-tech-facts-figures-and-statistics-2013-infographic** (accessed March 2016).

Allison, M., "Starbucks Presses Social Media Onward." April 27, 2013. **seattletimes.com/html/businesstechnology/2020862483_starbuckssocialxml.html** (accessed May 2016).

Bathe, M. "eCommerce Community: NFL Super Bowl & eCommerce [Infographic]." January 28, 2015. **thejibe.com/blog/15/01/ecommerce-community-nfl-super-bowl-ecommerce-infographic** (accessed March 2016).

Bates, D., and Money Online. *Making Money Online: Making Your First Thousand Dollars from the Internet has Never Been this Easy! Generate a Huge Monthly Passive Income from Home. Start...to Make Money Online with Proven Methods!* [Kindle Edition], Seattle, WA: Amazon Digital Services, 2014.

Bertelsen, M. "8 Surprising Social Media Lessons You'll Learn from Oprah." *Social Media Revolver*, December 23, 2014. **socialmediar-evolver.com/surprising-social-media-lessons-oprah** (accessed March 2016).

Brennan, B. "The effect of the 2014/15 NFL American Football Season on E-Commerce and Retail Companies." *Conversocial*, October 15, 2014. **conversocial.com/blog/the-effect-of-the-2014/15-nfl-american-football-season-for-ecommerce-and-retail-companies#.VtoWdPkrI2w** (accessed March 2016).

Bridges, R., and A. Sherman. *Driverless Car Revolution: Buy Mobility,*

Not Metal, Kindle Edition. Seattle, WA: Amazon Digital Services, 2016.

Brohan, M. "Starbucks Wants Its Fill of Mobile-First Customers." *Internet Retailer*, November 4, 2015.

Buczynski, B. *Sharing is Good: How Save Money, Time and Resources through Collaborative Consumption*. Gabriola Island, BC Canada: New Society Publishers, 2013.

Burke, A. "How a 15-Year-Old Entrepreneur Got Her Product into Nordstrom." December 23, 2013. **news.yahoo.com/blogs/profit-minded/15-old-entrepreneur-got-her-product-nordstrom-233738356.html** (accessed March 2016).

CBS. "Facebook's Laser Drones Could Bring Internet to 5 Billion People." *CBS Local*, May 26, 2015. **sanfrancisco.cbslocal.com/2015/03/26/facebook-drones-lasers-internet** (accessed March 2016).

Colby, K. L. "Web 2.0 Technology for the New Generation. Simplify. Simplify. Simplify. (TECHNOLOGY)." *Alaska Business Monthly*, December 2008.

CPC Andrew. "50 Value Propositions for Ecommerce Retailers." *CPC Strategy*, July 12, 2012. **cpcstrategy.com/blog/2012/07/50-value-propositions-for-ecommerce-retailers** (accessed March 2016).

Drucker, P. *Managing in the Next Society*. New York: Truman Talley Books, 2002.

Dusto, A. "The National Football League Goes for an E-Commerce Touchdown in China." *Internet Retailer*, July 22, 2013.

Edwards, S., *Web 2.0 Guide- Tools and Strategy for the New Internet Wave*, [Kindle] Amazon Digital Services, 2013.

Fei, X., and J-Y Chung. *IT for Future e-Business Management*. Heidelberg, Berlin: Springer Link, 2015.

Gao, P., H-W. Kaas, D. Mohr, and D. Wee. "Disruptive Trends That Will Transform the Auto Industry." *McKinsey Company*, January 2016.

Guides. *Crowdsourcing: Uber, Airbnb, Kickstarter, & the Distributed Economy*. Berkeley, CA: Lightning Guide, 2015.

Howard, B. *We-Commerce: How to Create, Collaborate, and Succeed in the Sharing Economy*. Westminster, London: Tarcher Perigee, 2015.

Karakas, F. "Welcome to World 2.0: The New Digital Ecosystem." *Journal of Business Strategy*, 3, no. 4 (2009).

Khosrow-Pour, M., *E-Commerce for Organizational Development and Competitive Advantage*, Hershey, PA: IGI Global, 2013.

Lazazzera, R. "How to Choose an Ecommerce Business Model." *Shopify*, February 19, 2015. **shopify.com/blog/17240328-how-to-choose-an-ecommerce-business-model** (accessed March 2016).

Leggatt, H. "UK: Half of Domino's Pizza Sales Online." February 16, 2012. **bizreport.com/2012/02/uk-almost-half-of-dominos-pizza-sales-online.html** (accessed May 2016).

Li, F., and T. Han. "Singles' Day Spurs Industry Rally." *China Daily Hong Kong Edition*, November 25, 2013.

Loeb, W. "Starbucks: Global Coffee Giant Has New Growth Plans." January 31, 2013. **forbes.com/sites/walterloeb/2013/01/31/starbucks-global-coffee-giant-has-new-growth-plans** (accessed May 2016).

Maitra, D. "E-Commerce Is a New Dream for India Inc." *Deccan Herald*, April 14, 2013.

Manyika, J., M. Chui, J. Bughin, R. Dobbes, P. Bisson, and A. Marrs. "Disruptive Technologies: Advances That Will Transform Life, Business, and the Global Economy." McKinsey Global Institute. May (2013). **mckinsey.com/insights/business_technology/disruptive-technologies** (accessed March 2016).

McCafferty, D. "How Technology Disrupts Work-Life-Balance." *Baseline*, May 25, 2015.

McCafferty, D. "The Top 9 Tech Trends for 2016." *Baseline*, January 26, 2016.

McDonald, R. "Inside P&G's Digital Revolution." *McKinsey Quarterly*, November 2011.

Moscaritolo, A. "Futuristic Japanese Hotel Staffed Entirely by Robots." *News Opinions*, February 5, 2015. **pcmag.com/article2/0,2817,2476347,00.asp** (accessed March 2016).

Moth, D. "How Starbucks Uses Pinterest, Facebook, Twitter and Google+." March 6, 2013. **econsultancy.com/blog/62281-how-starbucks-uses-pinterest-facebook-twitter-and-google#i.**

1k5vbfsm0ndjpt (accessed May 2016).

Murphy, C. "The Internet of Things." *Information Week*, August 13, 2012.

Neil, D. "Who's Behind the Wheel? Nobody." *The Wall Street Journal*, September 24, 2012.

Neckermann, L. *The Mobility Revolution: Zero Emissions, Zero Accidents, Zero Ownership*. Leicester, UK: Matador, 2015.

Olanrewaju, T., K. Smaje, and P. Willmott. "The Seven Traits of Effective Digital Enterprises." *McKinsey Company Insights*, May 2014.

Panagiotaropoulou, S. "Starbucks Case Study: Innovation in CRM Strategies, Means of Enabling E-Commerce." *LinkedIn Pulse*, September 22, 2015. **linkedin.com/pulse/starbucks-case-study-innovation-crm-strategies-means-stavoula** (accessed March 2016).

Pantic, M. "How to Make Money from a Website—55 Ways to Bring in the Cash." August 31, 2013. **business2community.com/online-marketong/make-money-website-55-ways-bringing-in-the-cash-0601137** (accessed March 2016).

Pepitone, J. "7 Craziest Things Connected to the Internet." September 18, 2012. **money.cnn.com/gallery/technology/2012/09/18/internet-of-things/4.html** (accessed May 2016).

Piastro, M. "The Top 10 Trends Shaping the Future of Ecommerce." November 8, 2010. **imediaconnection.com/content/27969.asp** (accessed March 2016).

Plunkett, J. W., et al. (eds.), *Plunkett's E-Commerce & Internet Business Almanac 2015 (Plunkett's E-Commerce and Internet Business Almanac)*. Houston, TX: Plunkett Research Ltd., 2015.

Pressler, J. "The World is not Enough for Net-a-Porter." *Nymag.com/thecut/*, August 11, 2015.

Rappa, M. "Business Models on the Web." January 17, 2010. **digitalenterprise.org/models/models.html** (accessed March 2016).

Roggio, A. "9 Ecommerce Lessons from NFL Online Shops." *Practical Ecommerce*, November 6, 2013. **practicalecommerce.com/article/60509-9-Ecommerce-Lessons-from-NFL-Online-Shops** (accessed March 2016).

Schoultz, M. "Starbucks Marketing Makes Social Media a Difference Maker." June 15, 2013. **digitalsparkmarketing.com/creative-marketing/social-media/starbucks-marketing** (accessed May 2016).

Shelly, G. B., and M. Frydenberg. *Web 2.0: Concepts and Applications*. Independence, KY: Course Technology, 2010.

Sidhu, I. *The Digital Revolution: How Connected Digital Innovations are Transforming Your Industry, Company & Career*. London: Pearson FT Press, 2015.

Smith, A. "This Flying Car Will Be Ready for Take Off in 2017." *CNN News*, March 17, 2015. **money.cnn.com/2015/03/17/autos/aeromobil-flying-car/index.html?iid=surge-story-summary** (accessed March 2016).

Solis, B. *The End of Business As Usual: Rewire the Way You Work to Succeed in the Consumer Revolution*. Hoboken, NJ: Wiley, 2012.

Sparkes, M. "Ten Ways That Driverless Cars Will Change the World." *Telegraph*, May 28, 2014. **telegraph.co.uk/technology/google/10860036/ten-way-that-driverless-cars-will-change-the-world** (accessed March 2016).

Stanley, T. and R. Ritacca. "E-Commerce in China: Driving a New Consumer Culture." *KPMG Report*, January 2014.

Straut, A. "Follow the Leader: How Starbucks is Dominating Mobile Commerce." *Mobile Marketing*, August 13, 2015.

Stelzner, M. "How Starbucks Engages Millions of Facebook Fans." May 20, 2010. **socialmediaexaminer.com/how-starbucks-engages-millions-of-facebook-fans** (accessed March 2016).

Strategic Direction. "DotCom Boom and Bust: The Secrets of E-Commerce Failure and Success." February 2005.

Taft, D. K. "Enterprise Applications: IBM Goes Social: 25 Examples of Big Blue Becoming a Social Business." January 19, 2012a. **eweek.com/c/a/Enterprise-Applications/IBM-Goes-Social-25-Examples-of-Big-Blue-Becoming-a-Social-Business-601979** (accessed March 2016).

Taft, D. K. "Enterprise Applications: Why IBM Smarter Commerce Focuses on the Digital Customer." September 10, 2012b. **eweek.com/it-management/slideshows/Why-IBM-Smarter-Commerce-Focuses-on-the-Digital-Customer** (accessed March

2016).

Thomas, J. "Google's Self-Driving Car, the Justin Bieber of The Car World." *San Jose Mercury News*, January 21, 2014.

Tse, E. *China's Disruptors: How Alibaba, Xiaomi, Tencent, and Other Companies Are Changing the Rules of Business*. Westminster, London: Portfolio, 2015.

Turban, E., J. Strauss, and L. Lai. *Social Commerce*. New York: Springer, 2016.

U.S. Census Bureau. "E-Stats 2014 Report: Measuring the Electronic Economy." June 8, 2016. **census.gov/newsroom/press-releases/2016/cb16-tps108.html** (accessed February 2017).

Vizard, M. "Jaguar Launches Virtual Shopping Experiences." *CIO Insight*, June 5, 2013.

Wang, S., and E. Pfanner. "Online Shopping Marathon Zooms Off the Blocks in China." *The New York Times*, November 11, 2013.

Welch, M., and J. Buval. "Starbucks: Taking the Starbucks Experience Digital." eBook: *Capgemini Consulting*, November 23, 2015. **ebooks.capgemini-consulting.com/dm/starbucks.pdf** (accessed March 2016).

Wilfred, M. "Struggling Retailers Report Change in Shopping Trends." February 2, 2014. **sproutwired.com/struggling-retailers-report-change-in-shopping-trends/185173** (accessed March 2016).

Willgren, S. "Farmers Online: Old Traditions, Modern Technology." *The Epoch Times* (Toronto, Canada), June 20–26, 2013.

CHAPTER 2
第 2 章

电子商务：机制、平台和工具

■ 学习目标

完成本章后，你将能够：
1. 描述电子商务（EC）的主要活动和过程以及相应的支持机制。
2. 描述电子市场定义及其构成要素。
3. 描述电子市场的主要类别及其特点。
4. 描述电子目录、搜索引擎和购物车。
5. 描述拍卖的主要类别及其特点。
6. 描述电子拍卖的益处和局限性。
7. 描述在线交易和协商。
8. 描述虚拟社区。
9. 描述将社交网络作为 EC 的运行机制进行描述。
10. 描述两类新兴技术：增强现实和众包。
11. 描述 Web 3.0 以及 Web 4.0 和 Web 5.0 的定义。

■ 开篇案例

Pinterest：电子商务板块的"新生儿"

从 2011 年开始，有一个电子商务网站一直被广泛讨论，那就是 Pinterest。

机遇

Pinterest 是一个社交图片网站，其用户可以把图像"钉"（pin）在虚拟的"公告板"（pinboard）上。数年来，社交图像书签已经在全世界的互联网上实行。该公司的创始人看到了这方面业务的商业潜力以及巴西和中国类似公司的成功。此外，他们成功地吸引了初始资本的投资并以此来扩大业务。有关指南，请参阅 Leland（2013）；有关统计信息，请参阅 Smith（2014）。

解决方案

Pinterest 是一家提供虚拟公告板的公司，它允许用户组织和共享网上找到的图像（称为

"pin")。被"pin"的图像("板")按照用户的意愿进行分类组织，并放置在虚拟公告板上，就如同在真正的公告板上展示一样。例如，你可以收集帆船的照片并将其"pin"在一个插页板上，同时附上适当的文字说明。你还可以在另一个公告板上放置那些为你家收集的装饰品的图像，同时在第三个公告板上收集中国菜的食谱。数以百万计的人创建了公告板，任何人都可以搜索并查看它们。你也可以在你的账户中添加好友，并"关注"(follow)他们。根据其网站，"Pinterest是一种用于收集和整理对用户具有启发性的事物的工具"（见 about.pinterest.com）。更多有关 Pinterest 的信息以及其工作原理，请参阅 sheknows.com/living/articles/852875/pinterest-what-it-is-how-to-use-it-and-why-youll-be-addicted。

大量并且快速增长的访问者和快速增长率是电子商务（EC）成功的必要条件，而非充要条件。为实现这个目的，我们还需要可行的商业模式和收入模型。

商业模式和收入模型

Pinterest 没有常规的收入模型（该公司为私有化公司，因此不需要公开其收入模型）。尽管公司的声明中所述的当前的首要任务是发展，但是许多人都在揣测（或建议）公司所拥有的盈利机会，其中一些建议将在下面提到。

Yang 的建议

Quora 公司在其网站上发布了一个问题："Pinterest 如何获得利润？""Avid Pinterest User" Yang（2012）的回答是最全面的答案之一，他提出了 4 种类型（共计 13 个）的潜在盈利机会：向广告客户收费（参见 Dembosky（2013）），向电子商务合作伙伴收费，向用户收费以及向其他 B2B 合作伙伴收费。这些机会中的大多数已在电子商务领域中存在多年（例如，对优质服务收费，创建在线零售商店，采用联盟计划以及构建综合广告计划）。

销售数据：面向市场调研和分析

一些专家建议，向零售商销售 Pinterest 上可用的客户数据，以便这些零售商能够通过分析数据（包括数据挖掘）进行市场调研。客户数据可能会揭示消费者行为、内容（如产品推荐、个性化、广告）以及所提供的服务和产品之间的重要关系及它们统计学上的联系。

其他在 Pinterest 上发展业务的建议

- Hemley（2012）按照字母顺序 A～Z 提供了 26 种不同的建议（例如，A = 添加（add）Pinterest"关注"(Follow) 和 / 或 "收藏"(Pin it) 按钮，B = 品牌 (brands) 和 Pinterest；C = 众包 (crowdsourcing)，依此类推）。
- Hub Spot（hubspot.com）提供一本名为《如何将 Pinterest 应用于商业》的免费电子书（offers.hubspot.com/how-?to-use-pinterest-for-business）。它包含如何创建 Pinterest 商业账户以及 Pinterest 如何运作之类的信息。
- 维基百科则列出了若干个可能的盈利来源（en.wikipedia.org/wiki/Pinterest）。
- 更多建议请参阅 business.pinterest.com/en/pinterest-guides。

使用 Pinterest 进行广告和营销

上述大多数建议以及其他的一些建议主要集中在广告和营销机会上。有关详细报道，请参阅 Cario（2013），Miles & Lacey（2012）。关于零售商如何使用 Pinterest，请参阅 Jopson &

Kuchler（2013）。

结论和管理问题

Pinterest 是有史以来发展最快的社交网络之一。截至 2013 年 7 月，Pinterest 全球用户总数达到 7 000 万。（aabacosmallbusiness.com/advisor/30-reasons-market-business-pinterest-2014-infographic-184545665.html）。

comScore 和其他公司提供了关于这种惊人增长率和受欢迎程度的类似报告。这一增长在 2012~2013 年吸引了超过 2 亿美元的风险投资，并产生了许多关于 Pinterest 盈利可能性的建议（例如，参见 Carr（2012））。

2014 年 1 月，Pinterest 的估值约为 38 亿美元。如果公司能够创造巨大的利润，那么它就可能会进行 IPO，在这种情况下，估值可能会更高。现在让我们看看公司面临的一些管理问题。代表性的管理问题如下所示。

法律问题

许多人从互联网上收集图像以构建他们自己的公告板（也可能是品牌），在收集图像这个过程中无须获得内容创作者的许可，例如将版权归于创作者，或给他们提供补偿。一些被收集的材料拥有正式版权，其他材料也可能会被视为受版权保护。Facebook 或博客使用的材料也存在类似的问题。根据 Pinterest 的"使用条款"，会员"全权负责他们'pin'和'repin'的图片"。此外，用户必须获得内容所有者的明确许可才能发布内容。根据 Shontell（2012）的说法，一名律师因害怕侵犯版权而删除了他所有的 Pinterest 公告板。请注意，Pinterest 将所有责任和潜在的律师费用归于其用户（这些用户还可能需要支付本应由 Pinterest 支付的法律费用）。Pinterest 采取了若干步骤来缓解用户的法律担忧。该公司正在不断增加措施以尽量减少法律问题。例如，2012 年 5 月，该公司增加了一项，可以有助于确认内容原创者的功能。最后，法律问题可能也包括处理在网站上忙碌的垃圾邮件发送者。

竞争

Pinterest 的流行使许多公司争相模仿。由于其核心概念是图像共享，所以 Pinterest 可能无法获得专利的保护，因此竞争对手这个利基市场跃跃欲试。例如，TripAdvisor（tripadvisor.com）专注于旅行领域；We Heart It（weheartit.com）是一家与 Pinterest 非常相似的巴西公司（在美国经营）；一个新兴的竞争对手是 Fancy（fancy.com），该公司在 2013 年与 Google+ 合作；几家公司专注于成人娱乐和色情业务。间接竞争者是几家在不同文化背景下运营的中国公司（参见 McKenzie（2012））。Facebook 和谷歌等公司也可能会启动有竞争力的服务。也有一些人认为，由于与商业世界有着更高的匹配度，Pinterest 可能将会抢走 Facebook 和 Twitter 的一些业务。

结论

Pinterest 比 Facebook 或 Twitter 更加面向商业，而访问者往往会从 Pinterest 那里购买更多商品，尽管后者能吸引更多的网站访问者。Pinterest 似乎对小企业（例如设计师群体）有一些潜在的好处。许多公司已经通过使用 Pinterest 来获得利益（例如，参见第 3 章中的 Etsy 案例）。但是，这些应用者目前无法给 Pinterest 提供任何收入。Pinterest 的最终成功还将取决于其收入模型和公司的盈利能力。

案例经验教训

Pinterest 是一个社交网络,可以将那些在网络上寻找有趣图片并把它们组织到虚拟告示板上的人群联系在一起。同时,Pinterest 是一个可以支持几项电子商务活动的平台。例如,公司可以通过构建告示板来推销其品牌。Pinterest 可以作为一个通过构思和分享来促进创新的平台。Pinterest 是 Web 2.0 和社交媒体的衍生品,因此它是支持电子商务的一种新机制。本章介绍的其他社交媒体机制分别为社交网络和虚拟社区,在线文件 W2.1 中讨论了不同类型的社交媒体工具,如博客、微博和维基百科。本章还介绍了电子商务的传统机制,例如市场、商户软件和拍卖。

2.1 电子商务机制:概述

第 1 章介绍的许多电子商务(EC)模型和交易类型均需要通过多种机制才能实现。首先,大多数应用程序都是在互联网上进行操作的,并且任何信息系统的通用组成要素包括:数据库、网络、安全、软件和服务器软件、操作系统、硬件(Web 服务器)以及必要的第三方支付托管。其次,本章将介绍的 EC 机制是对以上内容的补充,例如电子市场、购物车、电子目录和支持服务。再次,执行 EC 还有不同的方法,例如以固定价格或以拍卖的方式购买,而且每种方法都有不同的支持机制。最后,还有基于 Web 2.0 的协作和通信机制(例如 Twitter)以及一些特殊平台,例如 Pinterest 使用的平台。在本章中,我们将介绍主要的 EC 机制和社交商务机制,以便读者能够在之后的章节中了解其用法。

2.1.1 EC 活动和支持机制

EC 活动可分为六类,列在图 2-1 左侧。每个活动都由一个或多个电子商务机制支持。这些机制位于图 2-1 的右侧,并附有其在本章中所属小节的小节编号。还有一些支持特殊活动的机制,如支付和订单履行(见第 11 章)和安全性(见第 10 章)。另外,在线教程 T2 中还介绍了 RFID、EDI 和外联网等标准 IT 技术。

在下一节中,我们将描述在线市场。但在此之前,我们首先将描述在典型的采购过程中会发生什么。

2.1.2 在线采购流程

客户按照不同的方式在线购买商品。最常见的是以固定价格购买目录中的商品,有时价格可以协商或打折。确定价格的另一种方法是**动态定价**,指在拍卖或股票(商品)交易中的非固定价格。

该流程开始于买方登录到卖方的网站,注册(如果需要),并进入在线目录或买方的"我的账户"。电子目录规模可能非常大,因此可能需要使用搜索引擎。买方通常喜欢比较价格,因此在线价格比较服务可能很有帮助(现在智能手机也可提供这类服务)。一些卖方(例如,美国航空公司、亚马逊)提供了显示竞争对手价格的价格比较服务。如果不满意,买方可能会放弃在该卖方的网站上购买商品。如果满意,买方会将所选物品放入虚拟购物车(或包)中。买方可以返回到卖方的目录来选择更多的物品,每个选定的商品都将放置于购物车中。当选择完商品后,买方进入结账页面,并在此页面的菜单中选择物流选项(例如,标准、第二天)。最后,选择付款选项。例如,newegg.com 允许买方通过信用卡或 PayPal 进行支付,在结算后进行支票分期付款,等等。在所有细节确认无误后,买方提交订单。

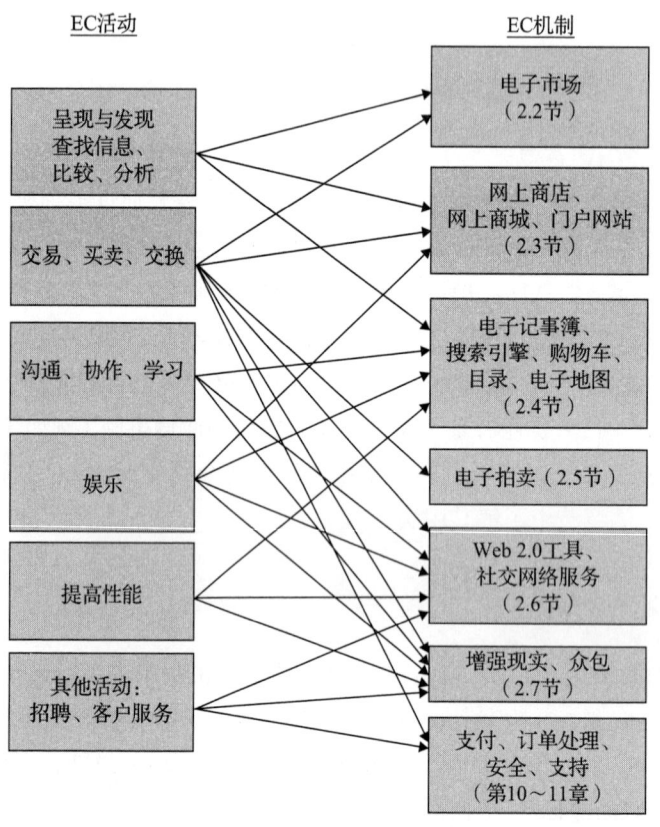

图 2-1 EC 活动—机制连接

支持这一过程的主要机制将在本章 2.7 节和 2.9 节中进行描述。在下一节中,我们将会介绍电子市场,即上述交易发生的场所。

2.1 节复习题

(1)列出主要的 EC 活动。
(2)列出主要的 EC 机制。
(3)描述在线购买流程。

2.2 电子市场

市场（电子的或其他类型的）有四个主要功能：①通过为买卖双方提供一个会面场所来实现交易；②促进相关信息的流动；③提供与市场交易有关的服务，如付款和托管；④提供法律、审计、安全等辅助服务。

2.2.1 电子市场概述

电子市场是进行电子商务交易的主要场所。**电子市场**（e-marketplace/e-market）（也称为**虚拟市场**或**市场空间**）是卖方和买方进行不同类型交易的电子空间。顾客支付钱（如果是以物易物，则支付其他商品和服务）来获得货物和服务。电子市场的功能与实体市场的功能相同；然而，计算机系统能够通过提供更多更新的信息以及各种支持服务（例如快速和顺利地执行交易）从而提高电子市场的效率。

电子市场，特别是基于网络的电子市场的出现，已经改变了一些贸易和供应链的过程。在许多情况下，这些由技术驱动的变化经常导致：

- 为买方减少搜索信息的时间和成本。
- 减少卖方和买方之间的信息误解。
- 可能会减少从购买到拥有在线购买的实物产品之间的时间差（特别是当产品可以数字化时）。
- 支持位于不同地点的市场参与者在网上交易的能力。
- 在任何地方、任何时间（7×24小时全天候）进行交易的能力。

2.2.2 电子市场中的要素和参与者

市场空间中的要素和参与者有客户、卖方、产品和服务（物理或数字）、基础设施、前端和后端机制、中介和其他业务合作伙伴以及支持服务，如安全和支付。对其简要的说明如下所示。

- **顾客**。全球数十亿互联网用户是互联网上提供的商品和服务的潜在买方。这些顾客正在寻找便宜货、定制商品、收藏品、娱乐服务、社交服务，等等。社会化的顾客比一般的顾客拥有更多的权力。他们可以搜索详细信息、比较价格、出价，有时还可以进行议价。购买机构也是客户，它们要占电子商务数量和价值的85%以上。
- **卖方**。数百万网上商店正在做广告宣传并提供各种各样的商品。这些商店由公司、政府机构或个人拥有，买方每天都有可能在上面找到新的产品和服务。卖方则可以直接在他们的网站或公共电子市场中进行销售。
- **产品与服务**。市场和市场空间之间的主要差异之一是市场空间中的产品和服务可能被数字化。这两种市场都可以销售实物产品，它们也可以销售数字产品，这些产品可以转化为数字格式。然而，在市场空间中，买方可以在任何时间和任何地点在线购买数字化产品，并在几秒钟内立即收到购买的商品。除了软件、音乐和机票的数字化之外，还可以将许多其他产品和服务数字化，如在线文件 W2.2 所示。
- **基础设施**。市场空间基础设施包括电子网络、数据库、硬件、软件等。
- **前端**。客户通过前端与市场进行交互。前端的主要组成部分可以包括卖方的门户网站、电子目录、购物车、搜索引擎、拍卖引擎、支付网关以及与下单相关的所有其他活动。
- **后端**。所有与订单汇总和履行、库存管理、从供应商采购、会计和财务、保险、付款处理、包装和交付相关的活动都是在业务的后端进行的。
- **中介**。在市场营销中，中介通常是在卖方和买方之间运作的第三方。正如读者将在本书中看到的那样，电子中介的作用经常与普通中介（例如批发商或零售商）的作用不同。例如，在线中介创建和管理在线市场。它们帮助匹配买方和卖方，提供第三方支付托管，并帮助客户和/或卖方完成交易。物理中介可能会被淘汰，同时，它们的工作将被（全部或部分）计算机化。这些内容将在下一节中讨论。

2.2.3 去中介和再中介

中介通常提供以下三种类型的服务，①提供需求的相关信息：供应、价格和交易需求；②帮助匹配卖方和买方；③提供增值服务，如产品转移、托管、付款安排、咨询或协助寻找业务合作伙伴。通常，第一种和第二种类型的服务可以完全自动化，因此它很可能由提供免费或低收费服务的电子市场、信息中间商和门户网站来承担。第三种类型则需要专业知识，如行业、市场、产品和技术趋势知识，因此只能部分自动化。

只提供（或主要提供）前两种服务的中介可能会被淘汰，这种现象被称为**去中介**（disintermediation）。一个例子是航空业，去中介推动了直接由航空公司推销电子机票。大多数航空公司在通过旅行社员工电话订票时，向客户索取每张机票 25 美元或更多的费用。这导致许多旅行社从购买过程中被去中介。在另一个例子中，仅手动执行交易的折扣股票经纪人正在消失。然而，管理电子中介的经纪人不仅可以继续存在，而且也可能繁荣（例如，旅游行业的 priceline.com 和 expedia.com 以及股票交易的 tdameritrade.com）。这种由去中介后的实体或新加入者担任新中介角色的现象被称为**再中介**（见第 3 章）。

去中介在涉及多个中介体的供应链中发生的概率更高，如案例 2-1 所示。

◎ 案例 2-1　电子商务应用

蓝色尼罗河公司是如何改变珠宝行业的

蓝色尼罗河公司（bluenile.com）是一家专注于钻石和珠宝的在线电子零售商。作为一家初创于 1999 年的网络公司，其利用在线销售钻石获利。该公司是一个能够说明电子商务如何从根本上改变了一个行业经营方式的教科书式案例。有关该公司的信息，请参见 quotes.wsj.com/NILE/company-people。

机遇

使用 B2C 的电子商务模型，消除对实体商店的需求，蓝色尼罗河公司能够提供 35% 的折扣，并在短时间内实现了盈利（经营网店的成本相对较低）。

公司成功的关键因素是什么？首先，他们提供很大的折扣。例如，你可以花 4 000 美元购买一颗价值 6 000 美元的钻石，这吸引了更多的顾客。其次，蓝色尼罗河公司提供了大量的钻石选择，并且提供了比许多实体珠宝店更多的钻石信息。2016 年 2 月，蓝色尼罗河公司提供了大约 6 万颗可用于打造定制订婚戒指的松散钻石。没有实体店能提供这么多钻石。再次，该公司为每一颗钻石提供教育指导和独立（且可信）的质量评级。客户可以查看评分等级，比如切工、净度、颜色等，然后使用 Bizrate（bizrate.com）和其他在线价格比较网站比较价格。注意，通常有 30 天 100% 的退款保证（现在是在线行业的标准）。这为客户提供了一种防止欺诈的舒适信任感，并赋予蓝色尼罗河公司一种竞争优势，以对抗那些回收客户所退钻石但收取费用的商店。该网站提供实时聊天、付款可选项、定制订婚戒指、礼物创意等服务。该公司在 iTunes 上有一款适用于 iPhone 手机的应用程序（m.bluenile.com）。

结果

2003 年，蓝色尼罗河公司的销售额达到了 1.29 亿美元（比 2002 年增长了 79%）；2015 年，收入达到 4.8 亿美元。该公司成为美国第八大专业珠宝公司，并于 2004 年上市（当年最成功的 IPO 之一）。虽然 2008 年经济下滑期间销售额下降，但在 2009～2010 年，其销售额再次上涨 2.3%。

想要在 1 年内销售 4.8 亿美元的珠宝，传统零售连锁店需要 300 多家商店和 3 000 多名员工。蓝色尼罗河公司只用 10 000 平方英尺⊖的仓库和 301 名员工就做到了。该公司还绕过了该行业复杂的供应链。在这种供应链中，一颗钻石在到达零售商之前，可能经过五个或更多个中间商。因为他们是一个大买方，所以可以直接与原始供应商进行交易。

结果，仅在 2003 年就约有 465 家小型珠宝店关闭。幸存者专门制作定制的珠宝产品。大型的传统公司通过提供在线商品，成为"鼠标加水泥"式的多渠道组织，并简化了其供应链和客户服务，来与蓝色尼罗河公司竞争。注意：尽管蓝色尼罗河公司对小型珠宝店产生了负面影响，但它对大型珠宝店（例如 Tiffany's）来说不是什么大问题。

从彭博社（2004）的报道可以很清楚地看到未来，新泽西兰伯特维尔的一位小珠宝商罗杰·汤普森表示："只要有半个大脑，那些想要钻石订婚戒指的人都会使用互联网。"与此同时，使用蓝色尼罗河公司戒指求婚的新郎可以节省 3 000～5 000 美元。

请注意，珠宝业务的竞争非常激烈，不仅有来自珠宝零售商（离线和在线，例如 bidz.com）的竞争，而且还有来自一般电子零售商的竞争，例如 overstock.com 和 amazon.com。

资料来源：基于 Rivlin (2007)、Bloomberg (2004)、en.wikipedia.org/wiki/Blue_Nile_(company), and bluenile.com/inside-blue-nile（均访问于 2016 年 3 月）。

问题

1. 根据电子商务的分类（第 1 章的 1.2 节），你如何对蓝色尼罗河公司的业务进行分类？
2. 该公司以何种方式改变了其所在的行业？

⊖ 1 平方英尺＝0.092 903 平方米。

3. 该公司成功的关键因素是什么？
4. 研究蓝色尼罗河公司的联盟营销计划，并完成报告。报告应包括该计划如何帮助蓝色尼罗河公司。
5. 蓝色尼罗河公司和亚马逊之间的竞争将继续加剧。在你看来，哪一家公司会赢得胜利？（访问他们的网站，看看他们如何销售珠宝。）
6. 比较以下三个网站：diamond.com、ice.com 和 bluenile.com。
7. 关注自 2003 年以来蓝色尼罗河公司股票的表现（代码：NILE，请访问 money.cnn.com）。将其与行业整体市场表现和平均水平进行比较。你的结论是什么？
8. 当你在蓝色尼罗河公司的网站上购物时，请查找付款选项。

2.2.4 电子市场的类型

"市场"一词，一旦它在网上被提及，就会产生不同的含义。有时，它被称为电子市场或市场空间。下面，我们将对这两种电子市场类型——私有电子市场和公共电子市场进行区分。

1. 私有电子市场

私有电子市场是由一家公司拥有和经营的电子市场。星巴克、戴尔、塔吉特和美联航在他们的网站中进行销售。私有市场可以是卖方，也可以是买方。在卖方电子市场中，公司（例如 net-a-porter.com 或 cisco.com）将向个人（B2C）或企业（B2B）销售标准产品或定制产品；这种类型的销售被认为是一对多的。在买方电子市场，一家公司从许多潜在供应商处采购；这种类型的采购被认为是多对一的，且是一种 B2B 活动。例如，一些酒店从进入其电子市场的已批准的供应商那里购买供应品；沃尔玛从成千上万的供应商处购买商品。私有市场只能向选定的成员开放，并且不受公众监管。

2. 公共电子市场

公共电子市场通常由第三方（不是卖方或买方）或小部分的买卖公司拥有，并且为很多卖方和买方提供服务。它们对公众开放，有时还会受到政府监管。

2.2 节复习题

（1）定义电子市场并描述其属性。
（2）区分实体市场和电子市场（市场空间）。
（3）列出市场空间的要素。
（4）定义一个数字产品，并提供五个例子。
（5）描述私有电子市场与公共电子市场。

2.3 客户购物机制：网上商店、网上商城和门户网站

在卖方、买方和电子市场之间存在着几种交互方式。主要的 B2C 方式是网上商店（店面）

和网上商城。接下来我们将详细阐述这两者，以及通向电子市场的那些门户网站。

2.3.1 网上商店

网上商店（webstore）（或**店面**（storefront））指的是单个公司（或个人卖方）用于出售产品和服务的网站。

网上商店可能针对的是一个行业、一个地区或一个利基市场（例如 cattoys.com）。该网上商店可能属于制造商（例如 geappliances.com 和戴尔）、零售商（例如亚马逊），或者在家销售的个人或其他类型的企业。请注意，一些公司也将其网上商店称为门户网站。

网上商店包括商户软件工具，这些工具是进行在线销售所必需的。最常用的工具包括：**电子目录**、用于帮助消费者在商品目录中查找产品的**搜索引擎**、用于存放物品直至结账的**电子购物车**、用于拍卖过程中的**电子拍卖设施**、用于安排支付事项的**支付网关**、用于进行运输安排的**配送中心**，以及包括产品保修信息和客户关系管理系统的**客户服务**。

微型网站

微型网站是一个或多个用来补充主要网站的外部网页。它通过添加评论、商业视频，或教育和培训材料来扩展内容。

2.3.2 网上商城

除了在网上商店购物外，消费者还可以在**网上商城**（e-mall）购物。类似于现实世界中的购物商城，网上商城（在线商城）是一个在线购物平台，许多商店在上面展示其目录。商城根据销售情况向卖方收取佣金。例如，the Emall of Maine（emallsofamer-ica.com/emallofmaine.htm）是一个网上商城。它包含缅因州的度假服务和产品类别的目录以及每个类别的供应商。当消费者点击他感兴趣的类别时，页面自动跳转到适当的独立网上商店。这种商城不提供任何共享服务，它只是一个目录。其他商城，例如 choicemall.com 或 etsy.com（见第 4 章），确实提供了一些共享服务。yahoo.com 和 ebay.com 都经营网上商城。

2.3.3 网络（信息）门户

门户网站是指用于电子市场、网上商店和其他类型电子商务（例如电子协作、企业内电子商务和电子学习）的信息门户。网络（信息）门户是通过 Web 浏览器访问位于组织内部和外部的关键业务信息的单一访问点。这些信息被汇总，并以统一的方式呈现给访问者。许多门户网站为用户提供个性化服务。请注意，无线设备正在成为访问企业和互联网的门户网站入口。图 2-2 显示了一个门户网站入口的示意图。信息源（外部和内部）显示在左侧，数据集成和处理作为输出结果显示在监视器屏幕上。网络门户提供一些有用的服务，例如电子邮件、新闻、股票价格、娱乐信息、购物功能，等等。

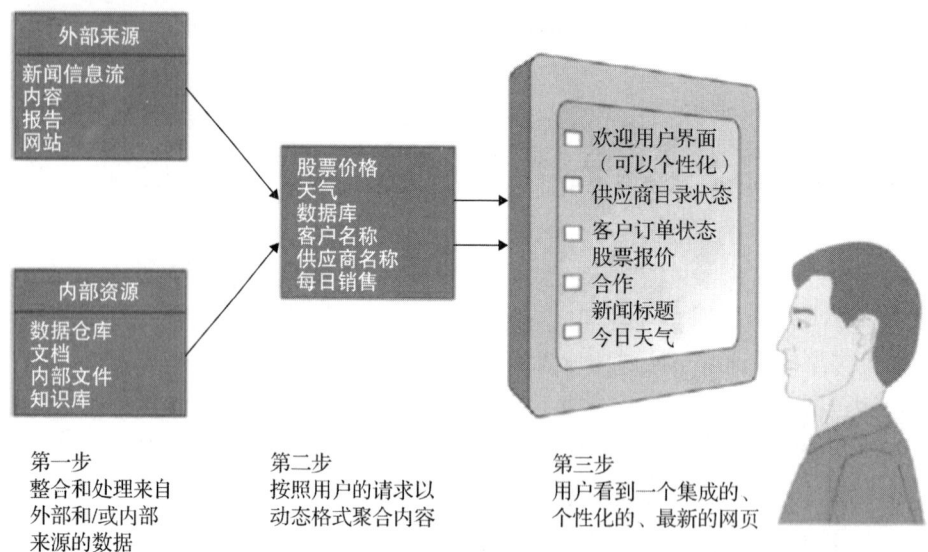

图 2-2　门户网站入口示意图

门户网站类型

门户网站可以呈现出多种样式。其中一种区分方法是查看它们提供的内容，有些的内容领域宽泛，而有些的内容则具有专业性，同时这些门户的社区或用户也可能不同。主要门户网站类型如下。

- **商业（公共）门户**。这些热门的门户网站为任何人提供内容。虽然它们可以由用户自定义，但它们仍然面向广泛的受众群体提供日常信息，其中一些信息还是实时性的（例如股票行情和新闻）。这类网站的例子有 yahoo.com、google.com 和 msn.com。
- **企业（私人）门户**。企业门户提供对内部公司信息有组织的访问。它们也被称为**企业门户**或**企业信息门户**。企业门户以不同的形式出现。读者可以在 ibm.com/software/products/en/websphere-portal-services 找到电子商务门户网站的例子。
- **患者门户**。一些公司提供患者门户网站，例如 WebMD 和 myUCLAhealth.org。患者可以访问他们的个人信息。加州大学洛杉矶分校的门户网站还允许患者与他们的看护者进行沟通。
- **发布门户**。这些门户一般用于具有特定兴趣的社群，并且涉及的内容相对较少，但是它们提供了广泛的在线搜索功能和一些交互功能。这些网站的例子包括 information-week.com 和 zdnet.com。
- **移动门户**。移动门户是指能够通过移动设备访问的门户网站。越来越多的门户网站可通过移动设备进行访问。移动门户的一个例子就是第 6 章介绍的 i-mode。
- **语音门户**。语音门户通常是一种带有音频接口的门户网站。这意味着人们可以通过标准电话或手机访问它们。AOLbyPhone（aolbyphone.com）是这项服务的示例，该服务允许用户通过电话从 AOL 中检索电子邮件、新闻和其他内容。它既使用语音识别也支持将文本转移为语音的技术。诸如微软的 Tellme（tmaa.com/microsoftand-247inc.html）提供了通过电话访问互联网上的方式，以及建立语音门户的工具。语音门户在 1-800 号码（企业 800 号码）中特别受欢迎，它可以通过互联网数据库中可获得的信息为客户提供自助服务（例如，查找你的银行账户余额或最近的一次银行存款记录）。

- **知识门户**。知识门户使公司员工能够轻松获取知识，并促进他们之间协作。
- **董事会门户**。此类门户支持决策过程（参见 Questex（2015））。
- **社区门户**。此类门户通常属于在线社区的一部分。它们可能由像索尼这样的供应商赞助并致力于研究某些特定的主题。其中一个例子就是 gamespot.com/portal。

2.3.4 中介机构在电子市场中的角色与价值

在线中介的两种主要模式是经纪商和信息中介。

1. 经纪商

电子商务中的经纪商是促进买方和卖方之间交易的个人或公司。以下是不同类型的经纪商。

- **交易中介**。帮助在线交易过程的公司（例如 E * TRADE 或 eBay）。
- **网上商城**。在一个地方组织许多网上商店的公司（例如 Yahoo! Shopping 和阿里巴巴）。
- **比较代理**。一家帮助消费者比较价格、鼓励用户评论，并在不同商店为客户提供服务的公司（例如，BizScore 提供了对多种产品进行评论和打分的服务，以及 Hoteire Inc 针对旅游相关产品和服务的各种比较和评论服务等）。
- **购物助手**。通过为全球购物者提供共管账户、付款、运输和安全（例如 Punto-Mio，Inc.）等服务来帮助完成网上购物的公司。
- **匹配服务**。这些服务将供需互相匹配，诸如对空缺的职位和申请人，以及买方与卖方进行匹配。

2. B2B 电子分销商

B2B 电子分销商是电子商务中的一种特殊类型的中介。这些中间商将制造商与零售商（或计算机行业的经销商）等商业买方（客户）连接起来。电子分销商在他们的电子分销产品目录中汇集了来自数以千计的制造商的产品信息。W.W.Grainger（grainger.com）就是一个这样的例子。分销商购买产品，然后销售，就像超市一样。

2.3 节复习题

（1）描述网上商店和电子商城。
（2）列出各种类型的网上商店和电子商城。
（3）定义网络（信息）门户并列出其主要类型。
（4）描述电子分销商。

2.4 商户解决方案：电子目录、搜索引擎和购物车

为了实现在线销售，一个网站通常需要电子商务商户服务器软件。商户软件包括一些工具和平台。此类软件提供包括电子目录、搜索引擎和购物车在内的基本工具都旨在改善电子交易过程。

这类软件的一个例子是 osCommerce，它是一个开源软件（参见 oscommerce.com）。有关商户软件供应商的列表，请参阅 cmscritic.com/directory/enterprise-e-commerce。

2.4.1 电子目录

在过去，商品目录一直都是纸质形式的。直到最近，DVD（或 CD-ROM）和互联网上的电子目录开始普及。**电子目录**（e-catalog）由商品数据库、目录和演示功能组成。它们是大多数电子商务销售网站的支柱。对于商家来说，电子目录的目的是宣传和推广产品和服务。对于客户而言，此类目录的用处是查找有关产品和服务的信息。在搜索引擎的帮助下，用户可以快速搜索到电子目录。一些网站还提供电子目录的交互工具。有关示例，请参见 Infinisys 针对 Microsoft Windows 的"更改我的映像"（en.infinisys.co.jp/product/cmimage），以及针对 Macintosh 的"更改我的映像"（en.infinisys.co.jp/product/cmimage_mac）。

大多数早期的在线目录是纸质目录的文本和消息的静态呈现。然而现在的在线目录已经变得更加动态化、可定制化，并与销售和购买流程、购物车、订单和付款相结合。电子目录可能包含视频剪辑。构建电子目录的工具正在与商户软件套件和 Web 托管工具进行集成（例如，参见 aabacosmallbusiness.com/ecommerce）。简单的电子产品目录可以参看 JetPens（jetpens.com）和 Starbucks Store（store.starbucks.com）。

定制目录虽然在 B2C 商务中只是偶尔被使用，但在 B2B 电子商务中的使用频率却很高。

2.4.2 电子商务的搜索活动、搜索类型和搜索引擎

搜索活动在电子商务中很受欢迎，并且有许多用于搜索的工具。一些研究表明，95% 的购物者在进行任何购买之前都会在网上进行搜索研究。消费者可以在一家公司的产品目录中查找特定的产品或服务，或者使用 Google 或 Bing 等搜索引擎查找销售他们所需产品的公司。这里我们只描述电子商务搜索的要点。有关视频插图，请参阅 youtube.com/watch?v=gj7qrotOmVY 上的"Google Commerce Search"。如果希望在谷歌网站的"Research"板块上阅读关于电子研究和电子商务的出版物，请参阅 research.google.com/pubs/Economics 和 ElectronicCommerce.html。现在让我们看看三种主要的搜索类型。

1. 电子商务的搜索类型

电子商务的三种主要搜索类型包括：互联网/网页搜索、企业搜索和桌面搜索。

（1）**互联网/网页搜索**。这是最流行的在互联网上查找文档的搜索类型。根据 Pew 关于互联网项目的研究（pewinternet.org）和其他统计网站（例如，参见 infoplease.com/ipa/A0921862.

html）显示的内容，查找信息是网络上最常见的活动之一。

（2）**企业搜索**。企业搜索描述了在组织内部多个文件和数据库中搜索信息。例如，谷歌拥有一个功能强大的搜索应用（称为 GSA）。

（3）**桌面搜索**。桌面搜索包括搜索用户自己的计算机文件（例如，使用 copernic.com 或 windows.microsoft.com/en-us/windows7/products/features/windows-search）。搜索文档通过查看用户计算机上所有可用的信息来完成。一个简单的例子就是用户能够搜索与电子邮件归档相关的所有文件。这类搜索也可以扩展到照片、USB 端口和 Word 文档。

2. 搜索引擎

不同的客户以类似的方式查找信息（例如询问产品信息或者价格）。这种类型的请求具有重复性，并且手动回答这种请求的成本很高。搜索引擎通过将问题与常见问题（FAQ）模板进行匹配，从而经济高效地提供预设好的答案进行响应。通常，搜索引擎是一种计算机程序，可以访问互联网或内联网资源的数据库，搜索特定信息或关键字，并汇报结果。

谷歌的 Internet Explorer 和 Chrome 以及 Bing 是在美国最受欢迎的搜索引擎。百度是中国主要的搜索引擎。雅虎和 MSN 等门户网站也拥有自己的搜索引擎。特定的搜索引擎如 ask.com、mamma.com 和 looksmart.com 则用来组织和回答某些特定领域的问题。互联网上有数千种不同的公共搜索引擎可以使用（请参阅 searchengineguide.com）。每一个搜索引擎都有自己特定的能力，在某个或一些特定领域表现出色。另外，很多公司都有自己的企业搜索引擎。

3. 语音搜索

为了便于搜索，特别是针对使用智能手机时的应用场景，谷歌推出了以语音搜索工具（Google Voice Search；google.com/intl/es419/insidesearch/features/voice-search/index-chrome.html），这个工具可以让用户越过键盘进行搜索。语音搜索的第一款产品包含在了 iPhone 手机的搜索应用程序中。它可以让用户对着手机说话，询问任何问题，并将查询结果显示在 iPhone 上。除了语音搜索提问外，你还可以收听搜索引擎的结果。有关苹果的智能个人助理"Siri"的示例，请参阅 apple.com/ios/siri 和 imore.com/siri。一些外语翻译器也使用类似的技术。

4. 视频和移动搜索

有几十个专门的搜索工具和网站可以搜索视频和图像。其中一些（如 bing.com/videos）可以搜索多个网站的内容；而像 YouTube 只能搜索自己站点的内容。关于视频搜索，请参阅这个网站 thesearchenginelist.com/video-search，上面有 40 多个相关网站的列表；再举一个例子，搜索引擎 Bing 有一个搜索功能，可以让你收听 500 多万首完整的歌曲。

5. 移动搜索

一些搜索引擎适用于移动搜索，比较知名的是谷歌、Yippy 和雅虎。

6. 视觉购物搜索引擎

视觉搜索意味着能搜索如照片、图像等以可视化方式呈现的信息。有关概述，请参阅

scholarpedia.org/article/Visual_search。这项技术可以用来支持电子商务。例如，google.com/shopping 提供基于机器学习和计算机视觉的搜索，是专注于消费品的可视化搜索引擎。

视觉搜索在移动设备上特别流行。

7. 社交网络搜索引擎

社交网络搜索，也称为社交搜索，是一类在线搜索引擎，它可以帮助人们找到有关社交网络的活动内容，例如用户生成的内容、讨论组或建议。像所有的搜索引擎一样，这些搜索引擎会对搜索结果进行组织、排序和筛选。此类搜索引擎的例子是 socialmention.com——"实时社交媒体搜索和分析"、yoname.com——"通过社交网络、博客等进行搜索"；bing.com/explore/social 也是这方面的一个例子。有关概述，请参阅博客"Social is the Next Search"（info.gigya.com/rs/gigya/images/Gigya-Social-The-Next-Search.pdf）。有关社交搜索优缺点的讨论，请参见 en.wikipedia.org/wiki/Social_search。

2.4.3 购物车

电子购物车（electronic shopping cart）（也称为购物袋或购物篮）是一种软件，它允许顾客在安排付款和结账之前，集中放置他们希望购买的物品，就像在超市中的购物车一样。电子购物车能自动计算总金额，并加上合适的税费和物流费用。客户可以通过检查和修改他们的购物清单，最后点击"提交"按钮来完成购买。

B2C 的购物车相当简单（如需查看示例，请访问 amazon.com），但对于 B2B 来说，购物车可能更为复杂。购物车可以免费作为商户套件之外的独立组件进行出售或者免费提供给商户（例如，参见 networksolutions.com/e-commerce/index-v3.jsp—"create an online store now, zippycart.com, and wpeasycart.com"）。它也可以被嵌入商户的服务器，例如 aabacosmallbusiness.com/ecommerce。免费的在线购物车（试用版和演示版）可在 volusion.com 和由 MyFree-Commerce.com 提供支持的 1freecart.com 上找到。有关 Facebook 的购物车应用程序，请参阅 ecwid.com/facebook-commerce。

1. 产品配置（自定义产品或服务）

电子商务的一个关键特征是能够自定义产品和服务，像 dell.com、nike.com 或 jaguarusa.com 所做的那样。制造商喜欢以经济和快速的方式生产定制产品，从而使其产品的价格具有竞争力。

2. 在线提问和回答

智能搜索引擎可以回答用户的问题。领先的智能搜索引擎公司是 InterActiveCorp（IAC）的子公司 ask.com。问答服务可以将数据库中的答案与用户提出的问题进行匹配。有关详细信息，请参阅 ask.com 和 answers.yahoo.com。除此以外，另一个有竞争力的引擎是 answers.com，它是一个问答（Q&A）网站，其中包含 wikianswers.com。维基问答是一种在社区中生成的社交知识问答平台，提供多种语言版本。人们在社区平台上提问，然后大家在社区平台中对这些问题进行解答。另一个类似的平台是 answers.wikia.com/wiki/ Wikianswers。

2.4 节复习题

（1）列出并简要描述电子目录的分类维度。
（2）列出电子目录的好处。
（3）描述电子购物车。
（4）描述与语音和视觉相关的搜索引擎。
（5）描述自定义产品或服务。

2.5 拍卖、易货和在线协商

电子拍卖是电子商务中最有趣的市场机制之一。它在 B2C、B2B、C2C、G2B 和 G2C 中均有使用。

2.5.1 定义和特点

在线拍卖是一个电子空间，卖方和买方可以在其中进行不同类型的交易。这种市场机制使用一种竞争的过程，其中卖方征求买方（正向电子拍卖）的连续投标或买方征求卖方的投标（反向电子拍卖）。根据这个定义，各种在线市场均符合拍卖的资格。价格由出价数目动态确定。作为一种成熟的商业方法，当传统营销渠道无效或效率低下时，可以由拍卖来进行处理。例如，电子拍卖可以加速清理需要快速清算或销售的物品。电子拍卖中常常出售罕见的硬币、邮票和其他收藏品。

目前存在几种拍卖类型，每一种都有自己的专长和步骤（有关报道，请参阅 en.wikipedia.org/wiki/Open_auction）。拍卖可在 ebay.com 等公开拍卖网站上进行，也可在私人拍卖网站上进行，不过这些网站可能"仅限受邀者"。

2.5.2 动态定价

拍卖的一个主要特点是基于动态定价。动态定价是指价格并非固定，而是允许上下波动，并且由供需决定。相比之下，商品目录中价格是固定的，百货商店、超市和大多数网上商店的价格也都是固定的。

动态定价以几种形式出现。协商和讨价还价可能是最古老的形式，其在露天市场中已经实行了许多个世纪。如今最流行的形式是在线拍卖。

2.5.3 传统拍卖 VS 电子拍卖

传统的实体拍卖仍然非常受欢迎，但是电子拍卖的交易量已经显著增加，并将继续上升。另外，个人对个人拍卖大多是在线完成的。

1. 传统线下拍卖的局限性

传统的线下拍卖，无论是哪种类型，都有一些局限性。对于每件物品来说，出售通常只会持续几分钟甚至几秒钟的时间。这个快速的过程可能没有给潜在买方留出多少的决策时间，所以他们可能会决定不出价。因此，卖方可能无法获得尽可能高的价格，而投标人可能得不到他们真正想要的东西，或者他们可能为这些物品支付过高的价格。此外，在很多情况下，投标人在投标前没有足够的时间检查商品。投标人难以了解具体的拍卖情况，无法比较在每个地点拍卖的商品。投标人通常必须亲自出席拍卖，因此很多潜在的投标人被排除在外。

同样，卖方可能很难将商品转移到拍卖地点。因为开展传统的线下拍卖必须租用实体场地，需要对拍卖进行广告宣传，支付拍卖师和其他雇员的工资，因此佣金相当高。电子拍卖消除或减少了这些缺点。

2. 电子拍卖

互联网提供了以较低的成本进行电子拍卖的基础设施以及各种支持服务。与实体拍卖相比，参与电子拍卖的卖方和买方数量更多。这种电子商务形式正在快速发展且十分便利，个人消费者和企业都可以参与其中。

电子拍卖（e-auction）与线下拍卖类似，只不过它们是在网上进行的。电子拍卖（或网上拍卖）自20世纪80年代以来一直存在于局域网中（例如拍卖花卉，参见Saarinen et al.（2006））。从1995年开始，网络上的主机站点充当了中间商的角色，为卖方提供服务，让他们发布待出售的商品，并使买方能够竞拍这些商品。

主要的在线拍卖网站，如eBay（见在线文件W2.3），提供消费品、电子零件、艺术品、度假套餐、机票和收藏品，以及被企业拍卖的额外供应品和库存商品。另一种类型的B2B在线拍卖被用于交易特殊类型的商品，例如电力输送能力以及天然气和能源的选择权（例如，参见energyauctionexchange.com）。此外，传统上依靠合同和固定价格的常规商业惯例越来越多地转变为在线采购的竞标拍卖。有关10个在线拍卖网站的比较，请参阅online-auctions-sites.toptenreviews.com。

2.5.4 拍卖类型

通常，根据涉及的买方和卖方的数量，可以将拍卖分为以下几种主要类型。

1. 一名买方，一名卖方

在这种结构下，参与者可以使用协商、讨价还价或易货的方式。由此产生的价格将取决于各方的议价能力、商品市场中的供需情况以及（可能的）商业环境因素。

2. 一名卖方，很多潜在买方

在这种结构下，卖方使用**正向拍卖**（forward auction），这是一种卖方收到多个买方投标的拍卖。（由于正向拍卖是最常见和最传统的形式，它们通常被简称为拍卖。）四种主要的正向拍卖类型是英式拍卖、扬基拍卖（其中拍卖价格随着拍卖的进展而增加）、荷兰式拍卖和自由落体式拍卖（其中拍卖价格随着拍卖的进展而下降）。这些都可以用于清算或提高市场效率。

● **示例：沃伦·巴菲特的年度午餐权拍卖**

每年，著名的美国投资大师沃伦·巴菲特都会举办午餐拍卖会，获胜者可以与其共进午餐，也可以带着朋友一起（最多七位）。获胜者将为这项荣誉付出巨额资金。这笔钱捐赠给一个名为Glide基金会的慈善机构，该基金会帮助旧金山的穷人和无家可归者。过去，巴菲特向每组客人收取30 000美元。自2003年7月以来，巴菲特已经将这个邀请转移到在线拍卖上（eBay）。在2003年，投标者将出价从30 000美元提高到了250 100美元。最高的出价是在2012年由一位匿名投标人创造的，数额达到3 456 789美元。2015年的最高出价达到了230万美元。除了让有需要的人受益外，拍卖还为（有钱的）人们与巴菲特见面提供了机会。

3. 一名买方，许多潜在卖方

有两种流行的有一个买方和很多潜在卖方的拍卖类型，分别为反向拍卖（招标）和自主定价拍卖。

反向拍卖 当有一个买方和很多潜在卖方时，就出现**反向拍卖**（reverse auction）（招标或招标系统）。在反向拍卖中，买方在报价请求（request for quote，RFQ）系统中放置他想要购买的物品（或投标）。潜在供应商对该物品进行出价，相继降低价格（见图2-3）。在反向拍卖中的电子投标中，可能会进行多轮投标，直到投标人不再降价为止。获胜者为出价最低的供应商（假设只考虑价格）。反向拍卖主要应用于B2B或G2B机制（有关进一步的讨论和示例，请参阅第5章）。

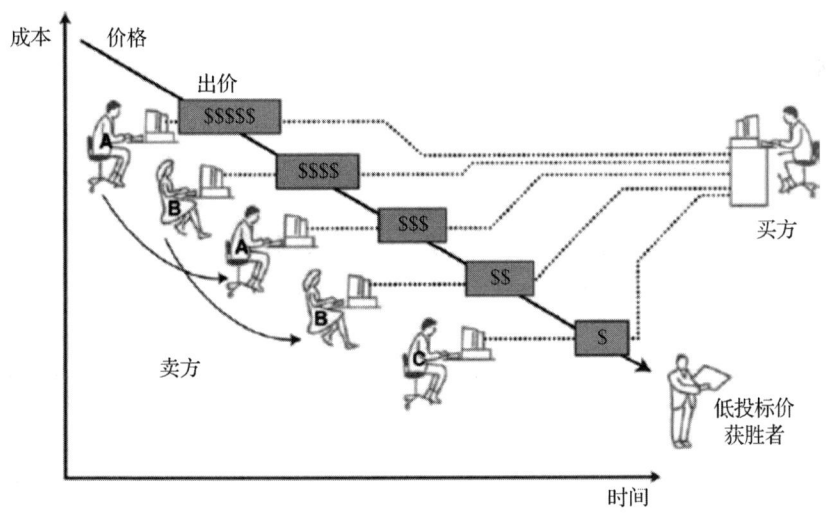

图2-3 反向拍卖过程

自主定价模型 Priceline.com率先推出了**自主定价模型**（name-your-own-price model）。在这个模型中，可能的买方指定他愿意向任何有意愿和有能力的卖方支付的价格（以及其他条件）。例如，Priceline.com（priceline.com）将消费者的请求呈现给卖方，卖方在价格和条款上与买方达成协议，尽可能多地满足协议所约定的需求。卖方可以拿出由 Priceline 管理的柜台优惠，或者 Priceline.com 在自己的数据库中进行搜索，数据库包含了参与投标的供应商的最低价格，并尝试将供应与请求进行匹配。这基本上属于一个 C2B 模型，但有些企业也会使用这个模型。

4. 许多卖方，许多买方

当卖方和买方人数众多时，买方及其买价与卖方及其要价是基于双方数量来进行匹配的。股票和（大宗）商品市场就是这种配置的典型例子。买方和卖方可能是个人或企业。这种拍卖也被称为**双重拍卖**（double auction）。

无底价竞拍 招标费拍卖，也称为**无底价拍卖**（penny auction），是一种新型的在线正向拍卖，参与者在每次投标时都必须支付少量不可退还的费用（通常小于前一出价的增量）。当拍卖计划的时间到期时，最后投标的参与者赢得物品并支付最终投标价格，该价格通常显著低于其零售价格。有关教程，请参阅名为"BidBidSold 无底价网站教程"的视频（youtube.com/watch?v=ngr2kJcnAr4）。

由于大多数投标人在支付投标费用后一无所得，因此一些观察人士指出，花在投标上的费用实际上相当于买彩票或赌博。拍卖师的收入既来自向每个参与投标的人收取的费用，也来自卖方对中标所付出的佣金。无底价拍卖公司的例子是 madbid.com 和 quibids.com/en。在 100auctionsites.com 上，你可以找到无底价拍卖公司的名单。一些公司允许在拍卖中失败的竞标者使用他们所有的竞标费来以常规价格或带有轻微折扣的价格购买物品。但用户需要谨防被骗。更多信息，请参阅 en.wikipedia.org/wiki/Bidding_fee_auction。

还有一些其他新颖的拍卖类型可供选择。

2.5.5 电子拍卖的好处

电子拍卖正成为许多公司和个人的重要销售和购买渠道。电子拍卖使购买者可以在任何可以进行拍卖的地方获得商品和服务。此外，有关价格、产品、当前供需等近乎完全市场的信息都可以被获得。这些特点将为所有人带来益处。

拍卖文化似乎彻底改变了顾客购买、销售和获得所需物品的方式。表 2-1 列出了电子拍卖对卖方、买方和电子拍卖商的好处。

表 2-1 电子拍卖的好处

对卖方的好处	对买方的好处	对电子拍卖商的好处
● 通过扩大投标人基数和缩短周期时间来增加收入。可以在全球各地销售	● 有机会找到孤品和收藏品	● 更高的重复购买次数。marketresearch.com 发现，相比于亚马逊这样的顶级 B2C 网站，诸如 eBay 这样的拍卖网站易于获得更高的重复购买率
● 有机会进行讨价还价，而不是以固定价格出售。可以随时出售并进行频繁的拍卖	● 娱乐。参与电子拍卖可以是有趣和令人兴奋的（例如，虚拟现场拍卖网站 tophatter.com）	● 对网站的"高"黏性（客户在网站停留的时间更长、重复访问频率更高）。拍卖网站通常比固定价格的网站"黏性更高"。黏性更高的网站为电子拍卖商创造更多的广告收入

(续)

对卖方的好处	对买方的好处	对电子拍卖商的好处
• 由市场决定的最优价格设定（更多的买方、更多的信息）	• 方便。买方可以在任何地方出价，甚至可以使用移动设备；他们不必前往实际拍卖地点	• 易于扩大拍卖业务
• 卖方可以通过直接提供物品获得更多的客户资金（节省给中间商的佣金；同样，与电子拍卖相比，实体拍卖非常昂贵）	• 匿名。在第三方的帮助下，买方可以保持匿名	
• 可以快速出清大量商品	• 为个人和组织寻找便宜货的可能性	
• 改善客户关系和提高忠诚度（在使用专门的 B2B 拍卖网站和电子交易所的情况下）		

2.5.6 电子拍卖的局限性

电子拍卖存在着几个局限性。最主要的局限性是极低的安全性、欺诈的可能性和有限的参与。

1. 极低的安全性

在互联网上进行的一些拍卖是不安全的，因为大多数拍卖是在未加密（或保护不佳）的环境下完成的。这意味着信用卡号码在付款过程中可能会被盗用。一些付款方式，如 PayPal（paypal.com）可以用来解决这类问题。另外，一些 B2B 拍卖是通过安全性很高的专线进行的。

2. 欺诈的可能性

在许多情况下，拍卖品是孤品、旧物或者古董。由于看不到也接触不到实物，买方可能会收到与他想象中不一样的东西。另外，产品可能有缺陷。买方也可能实施诈骗（例如，收到货物或服务而不付费）。因此，电子拍卖中的欺诈率相对较高。有关电子拍卖欺诈和预防欺诈的讨论，请参阅 scambusters.org/onlineauctions.pdf。有关一般网络欺诈的基本资料，请参阅 fbi.gov/scams-safety/fraud/internet_fraud。最近，有一些人对无底价拍卖网站上的欺诈行为提出了警告。有关诈骗的例子，请参阅 aarp.org/money/scams-fraud/info-10-2011/online-penny-auctions-real-or-ripoffs.html。

3. 有限的参与

有些拍卖仅限受邀者，其他一些则只对经销商开放。对于卖方来说，他们通常能从尽可能多的买方群体中受益，有限的参与可能是不利的。而买方如果被排除在外，也可能会感到不愉快。

2.5.7 在线易货

易货（bartering），货物和服务交换是最古老的交易方式。如今，它主要是在组织之间完成的。易货贸易的问题在于难以与贸易伙伴相匹配。企业和个人可能会使用分类广告来宣传他们需要什么以及他们以什么来交换，但他们仍然可能无法找到他们想要的东西。中介可能会有帮助，但他们的收费很昂贵（20%～30% 的佣金），并且行动非常缓慢。

电子易货（E-bartering）——在线进行易货，可以通过吸引更多的合作伙伴进行易货交易来改善匹配过程。另外，匹配可以更快地完成。因此电子易货可以找到更好的匹配。常见的可在线易货的物品包括办公空间、存储空间和工厂空间、未使用的设施，以及劳动力、产品和横幅广告。（请注意，电子易货可能会产生税收问题，这一点需要考虑。）

电子易货通常是在**易货交易所**（bartering exchange）进行的，交易所是中介安排交易的市场。这些交易可以非常有效。代表性的易货网站包括 u-exchange.com——"交易任意，无须付"（Trade anything, Pay nothing），swapace.com——"任意换任意"（Swap anything for anything），以及 barterdepot.com。典型的易货流程如下：首先，公司告诉易货交易所它想要换到什么；然后，交易所评估公司提供产品或服务的价值，并给它某些"积分"或"易货代币"，公司可以使用"积分"从交易所的参与成员那里换取所需的东西。

易货网站在财务方面必须保证安全；否则，用户可能没有机会使用他们积累的积分。（详情请参阅 virtualbarter.net 和 barternews.com。）

2.5.8 在线协商

动态价格也可以通过协商来确定。协商定价通常用于昂贵或专业化的产品；在大量购买时也流行使用协商的价格。如同拍卖一样，协商的价格来自卖方和买方之间的互动和讨价还价。协商还处理条款问题，例如付款方式、时间和信用。协商在线下世界中是一个众所周知的过程（例如，购买房地产、汽车和合同工作）。在 ioffer.com 上可以看到一个简单的点对点（P2P）协商模式。有关 P2P 借贷协商的更多信息，请参阅 Lending Club 公司。另请参阅在线文件 W7.1 中的 ZOPA 和 Prosper 案例。

2.5 节复习题

（1）定义拍卖并描述它们的工作机制。
（2）描述电子拍卖相对于传统（非在线）拍卖的优点。
（3）列出四种主要的拍卖类型。
（4）区分正向和反向拍卖。
（5）描述"自主定价"拍卖模式。
（6）描述无底价拍卖。
（7）列出拍卖带给买方、卖方和拍卖商的主要好处。
（8）描述拍卖的主要局限。
（9）定义易货并描述电子易货的优点。
（10）解释在线协商在电子商务中的作用。

2.6 虚拟社区和社交网络

社区由一群有共同兴趣、彼此互动的人群构成。**虚拟社区**（virtual community）是指通过计算机网络（主要是互联网）进行交互的社区形式。虚拟社区与典型的线下社区（例如街区、俱乐部或社团）相似，区别是虚拟社区中的人不会面对面相见，而是在网上见面。虚拟社区为成员提供了多种进行交互、协作和交易的方式（参见表2-2，了解虚拟社区的类型）。

表2-2 社交游戏类虚拟社区中的应用

社区类型	描述
交易和其他商业活动	促进购买和销售。将信息门户与基础设施结合起来进行交易。社区成员包括专注于特定商业领域（如钓鱼）的买方、卖方、中间商等
目的或兴趣	没有交易，只是交换关于共同感兴趣的话题的信息。例如，投资者向 Motley Fool（fool.com）咨询财务建议，音乐爱好者访问 mp3.com
联系或实践	会员是由于某些特定的生活经历而组织起来的。例如，seniornet.com 适用于老年人。专业社区也属于这一类。例如，aboutus.org/Isworld.org 是教师、学生和专业人员的信息系统空间
幻想/角色扮演	成员分享想象中的环境。例如，espn.go.com 上的幻想运动队，参见 sports.yahoo.com/fantasy、horseracegame.com
社交网络	成员之间进行沟通、协作、创建、共享、组建团队、娱乐等活动。Facebook 是这方面的领先者
虚拟世界	成员使用虚拟人物在一个模拟的三维环境中表现自我，在这个环境中他们可以玩游戏、开展业务、社交和幻想他们喜欢的任何东西

2.6.1 传统网络社区的特点及其分类

大多数虚拟社区都是基于互联网的，也被称为互联网社区。

互联网上存在数以十万计的社区，并且社区数量还在迅速增长。纯粹的互联网社区可能拥有数千甚至数亿的会员。到 2016 年年初（Facebook 成立 12 周年），Facebook 在世界各地的活跃成员已达到约 10 亿。互联网社区与传统纯物理社区的主要区别在于规模，传统纯物理社区通常比较小。另一个区别是离线社区经常被限制在一个地理位置，而很少有在线社区受到地理上的限制。

虚拟社区的分类

虚拟社区可以按以下几种方式分类。

公共社区与私人社区 社区可以被设定为公共的，这意味着这些社区的会员资格向任何人开放。社区的所有者可能是一家私营公司（例如 Twitter）、公益性组织或非营利组织。包括 Facebook 在内的许多大型社交网络都属于公益性类型。

相反，私人社区属于公司、协会或一家集团公司，其成员仅限于满足特定要求的人（例如，为特定雇主工作或从事特定专业工作）。私人社区可能是内部的（例如，只有员工可以是会员）或是外部的（面向客户和供应商）。

分类类别 另一种选择是将会员分类为交易员、玩家、朋友、爱好者或需要帮助的朋友。一种更普遍的分类方法识别了六种类型的互联网社区：①交易，②目的或兴趣，③关系或实践，④幻想，⑤社交网络，⑥虚拟世界。

目前最热门的虚拟社区类型是社交网络服务，这是我们下一小节的主题。

2.6.2 社交网络服务网站

社交网络是一个虚拟社区,其成员在此进行互动、分享和展示社交行为。它们由社交网站(或服务商)运营。

1. 定义和基本信息

你可能还记得,在第 1 章中,我们将社交网络(或服务)网站定义为基于 Web 的公司(如 Facebook),为其社区成员提供免费的 Web 空间和工具,用于构建配置文件、交互、共享、连接,并创建和发布内容。

第 1 章的 1.4 节介绍了社交网站(SNA)特性和功能,本节将介绍更多的功能。

SNA 也被称为社交网络,它们以各种形式出现;最著名的主要社交网络是 Facebook;LinkedIn 是一个面向商业需求的网络。

2. 全球现象

虽然 Facebook、Pinterest、Twitter、Google+ 和其他社交网络吸引了美国大多数媒体的关注,但它们在其他国家也有很多成员。同时,其他国家也拥有在全球范围内非常受欢迎的社交网站。例如,renren.com、weixin.qq.com 和 us.weibo.com 是中国的大型社区;mixi.jp 在日本已被广泛采用,以及欧洲的 vk.com(主要在俄罗斯);荷兰用户已经接受 hyvesgames.nl;Nasza Klasa(nk.pl)已经占领了波兰;Hi5.com 是一个社交网络(现在是 Tagged 的一部分),在拉丁美洲、美国和欧洲很受欢迎;Migente.com 是面向西班牙裔社区的英文网站。此外,过去曾一度流行的通信和社区服务也已开始提供社交网络功能。例如,当中国用户在即时消息服务 QQ 中添加了个人资料并让其他朋友可见时,它就成为世界上最大的社交网络服务之一。还有,Cyworld 通过增加"好友"(buddies)来占领韩国市场。

3. 社交网站提供的代表性功能和服务

社交网站提供多种功能和服务,例如:

- 用户可以构建一个网页,向公众展示他们的个人资料。
- 用户可以创建彼此相互联系的朋友圈。
- 网站提供讨论论坛(按分组,按主题)。
- 支持查看照片、视频和文档以及共享(流媒体视频、用户提供的视频)。
- 维基百科可以用来共同创建文档。
- 博客可用于讨论、传播信息等。
- 这些网站提供社区电子邮件和即时消息(IM)功能。
- 可以提供专家来回答会员的提问。
- 消费者可以对产品和服务进行评分和评论。
- 网上投票可用于投票表决成员的意见。
- 社交网站可以提供电子通信服务。

- 该站点支持会议（组）聊天，并结合文档和图像共享。
- 留言和公告板服务可用于向网站上的团体和个人发布信息。
- 该网站为内容（包括照片、视频和音乐）提供存储空间。
- 用户可以为自己创建的内容添加书签。
- 用户可以找到其他网络、朋友或感兴趣的主题。

这些功能可以使社交网络对用户更加友好。

2.6.3 商业导向的公共社交网络

商业导向的社交网络也称为专业社交网络，主要目标为促进业务的社交网络。这方面最主要的例子是 linkedin.com，它提供了业务连接以及招聘和应聘的功能（见第 8 章）。另一个例子是最大的分类广告网站 craigslist.org，它提供了许多面向社交的功能（请参阅本节后面的案例 2-2）。还有一个例子是 The Brain Yard，其协助高管寻找新闻、知识和联系方式。最后，doximity.com 是美国医生和医疗保健专业人员的医疗网络。企业正在使用商业社交网络来宣传自己的品牌，并在全球范围内建立和加强联系。

商业导向的网络的一些功能

借助 Web 2.0 工具，公司可以以新的创新方式吸引用户（例如，参见在线文件 W2.4）。通过提供更多的方式让消费者参与其中，并与组织进行互动，可以实现更直接的沟通。例如，一家公司可以：

- 鼓励消费者对产品和服务进行评分和评论。
- 允许消费者创建自己的主题区域，并围绕可能与公司产品相关的共同兴趣构建社区（论坛）。
- 雇用可以领导客户进行反馈讨论的博主或员工从事编辑工作。
- 提供激励措施，如抽奖和验证，以便客户参与新产品（服务）的设计和营销活动。
- 鼓励用户制作有关产品/服务的视频，并为获奖视频广告提供奖品。
- 在电子通信中提供有趣的故事。

一个使用面向商业分类广告的公司是 craigslist.org。案例 2-2 中对其进行了描述。

◎ **案例 2-2　电子商务应用**

CRAIGSLIST：最终的在线分类社区

如果你想在使用 13 种语言的 700 多个区域，以及全球超过 70 个国家寻找（或提供）工作、住房、商品和服务，进行社交活动、寻找配偶、寻求建议等，建议你到 Craigslist（craigslist.org）。这个网站上的信息比你在报纸上发现的信息要多得多。该网站称，Craigslist 每月收到8 000万个新的分类广告。每月，仅在美国就有超过6 000万的访问者访问该网站（请参阅craigslist.org/about/factsheet）。

最后，此网站每月的浏览量超过500亿次。更多相关统计信息，请参阅alexa.com/siteinfo/craigslist.org。据Alexa.com称，Craigslist是美国访问量第11高的网站。

此外，Craigslist拥有超过100个专题讨论论坛，超过2亿用户发帖。每天，来自全球70个国家的700个当地网站的人都会查看分类广告并在论坛上进行互动。Craigslist被许多人认为是可以改变世界的少数几个网站之一，因为它是一个可以免费社交的，热门且有用的通知类网站。虽然许多其他网站提供免费分类广告，但没有一家可以比得上Craigslist。

用户列出了Craigslist网站流行的原因，如下所示。

- 它给人们发言权。
- 它是一致的，并且拥护脚踏实地的价值观。
- 它体现了简单性。
- 它具有社交网络功能。
- 在大多数情况下，它可以免费使用（除了商业广告，你可以发布免费广告，在大城市进行出租或销售的广告、一些就业广告，以及关于成人和治疗服务的广告）。
- 它很有效，且体验很好。

有关更多信息，请参见craigslist.org/about/factsheet。

作为网站检验网站效果的一个例子，我们提供了一位作者的个人经历，他需要在加州长滩租公寓。租公寓通常需要2~4周的时间，在报纸广告上花费400~700美元，再加上当地的在线租赁服务。在Craigslist网站上，这用了不到一个星期的时间，而且无须任何费用。随着越来越多的人发现Craigslist，传统的报纸分类广告行业很可能变成输家；广告费率可能会降低；印刷广告的数量也会减少。

在一些城市，Craigslist对"招聘广告"和经纪人提供的公寓进行收费。此外，Craigslist可能会对富媒体广告收费。

对Craigslist的担忧

批评者指责一些用户在网站上发布非法或虚假的广告，而Craigslist的员工无法有效地监控这一行为。一些用户抱怨张贴有问题的广告和骗局。Craigslist还吸引了犯罪分子，他们通过使用空头支票付款实施诈骗。Craigslist用户的匿名性以及评级缺位助长了非法行为。

另一个令人担忧的问题是，成人服务占了该网站很大一部分流量，而且可能涉及非法活动，尤其是涉及未成年人的活动。考虑到网站只有40多个员工（2016年数据），每日对海量的用户和广告发布进行监控是不可能的（截至2010年9月8日，Craigslist一直在试图控制此类活动）。

另外，许多支持者认为，试图控制Craigslist可能只会导致用户使用其他不受监管的网站。

在中国，一家名为58同城公司（58.com）效仿Craigslist，提供类似的信息，并产生了可观的收入和利润。该公司在纽约证券交易所上市，代号为"WUBA"。

资料来源：基于Clark（2008）、Liedtke（2009）和craigslist.org（均访问于2016年3月）。

问题

1. 确认 Craigslist 采用的商业模式。
2. 访问 craigslist.org,确认社交网络和商业网络元素。
3. 你喜欢这个网站吗?你不喜欢它的哪个方面?
4. 为什么有些人认为 Craigslist 是一个"可以改变世界"的网站?
5. 使用这个网站的风险和限制是什么?

2.6.4 私人(或企业)社交网络

除了像 LinkedIn 和 Craigslist 这样面向公众的商业社交网络,在组织内部还有许多私人的社交网络(也称为企业网络)。第 1 章提到的星巴克就是一个例子。其他拥有著名内部网络的公司还有西北互助银行(Northwestern Mutual)。根据该公司透露的信息,他们有一个"内部博客"(Mutualblog)和一个 Yammer 账户,1 000 多名员工在该账户中使用博客进行对话,并在非专有主题上建立联系。私人网络是为雇员、商业伙伴和客户服务的。

2.6.5 与社交网络相关的商业模式和服务

社交网站提供了创新的商业模式,涉足范围从顾客对印度食物和夜生活的评论(mumbai.burrp.com),到装扮成名人纸娃娃(stardoll.com),均有涉及。而且几乎每天都有新的收入模型出现。虽然有些公司收入有限,但也有一些公司取得了成功。最近,Pinterest 模式变得流行起来。

许多社区吸引了广告商。例如,viva-pets.com 以维基百科的方式吸引宠物爱好者,试图对所有的宠物品种进行分类。这个网站每月吸引成千上万的独立访问者。显然,与宠物食品相关的供应商对那里的广告很感兴趣。

以下是一些受欢迎的社交服务。

(1) Xanga.com 拥有博客、照片博客和社交网络中的个人资料。Xanga 的用户被称为"Xangans"。Xanga 最初是作为共享书籍和音乐评论的网站推出的。现在,它是最受欢迎的博客和网络服务之一,全球用户估计达到 10 000 000~100 000 000 名。Xanga 在中国香港地区、澳门地区及新加坡有一个很受欢迎的博客圈(blogring,博客圈将多个博客连接在一起,这些博客共享彼此的兴趣,并可以通过主题进行搜索)。

(2) Digg.com 是一个基于社区的网站,其搜集播客、新闻文章和视频点播等成员的简短报告,然后由其他参与者投票。Digg 可在网站、iPhone 应用程序和每日电子邮件中使用。

2.6.6 移动社交商务

移动计算的发展速度比任何其他类型的电子商务计算都快。根据 Bent(2014)的统计,移动数据流量增长了 81%(从 2012 年的每月 820 千兆字节增长到 2013 年的每月 1.5 千兆兆字节)。这显然推动了移动商务的发展。根据 The Retail Bulletin(2012),64% 的智能手机消费者使用它们进行在线购物。在随后的章节中，我们将讨论许多移动应用程序。Instagram 被认为是移动社交商业未来的重要组成。这里我们介绍一些基本的定义、技术和例子。

2.6.7 移动社交网络

移动社交网络（mobile social networking）是指社交网络中成员之间通过任意移动设备进行聊天和互相联系。大多数主要的社交网站现在都提供移动服务。截至 2013 年第四季度，Facebook 每月 12.3 亿名活跃用户中，有 9.45 亿名为移动用户（请参阅 techcrunch.com/2014/01/29/facebook-is-a-mobile-ad-company 和 newsroom.fb.com/companyinfo）。一些社交网站仅提供基于移动设备的服务（例如，path.com 和 javagala.ru）。

移动社交网络在日本、韩国和中国尤其受欢迎，通常是由于更好的数据服务定价（统一费率在日本普遍）。在 4G 网络提供更多带宽的日本和韩国，社交网络的领导者是 mixi.jp 和 Dena 的 Mobage（mbga.jp）。许多其他移动社交网站已经在日本推出。有关移动社交网络呈指数级增长的统计信息，请参阅 comscore.com。

专家预测，移动社交网络将在未来呈现爆发式增长。

1. 移动企业网络

一些公司已经开发（或完全赞助）基于移动设备的社交网络。例如，可口可乐拥有一个只能通过移动设备访问的社交网络。可口可乐的员工试图影响年轻人，使其购买可口可乐产品。

2. 社会移动商务应用的例子

目前存在若干种社会移动应用类型。接下来本书将提供示例说明。

● **示例 1**

IBM 是移动设备社会化商务应用的领导者。下面是 IBM 计划的一些例子。

- IBM Mobile Connect（原型为 IBM Lotus Mobile Connect，是社交媒体和社交网络构建软件，简称为 Connect）在产业界很受欢迎。客户可以通过它立即访问博客、维基和其他工具。他们还可以在主要的移动设备上分享照片、视频和文件（如 Android、iOS）。
- IBM Connections 允许人们在工作时产生新的想法，并对其投票（参阅 ibm.com/connections/blogs/Sametime Blog/?lang=en）。
- IBM Connections 5.0 中的功能，与 oderations 或 Ideation Blogs 类似，能够使员工更好地融入社交网络。

● **示例 2**

借助当前的技术，我们也看到了互联网社交网络与图像、语音和视频复杂交互的趋势。预计在不久的将来，这将成就强大的管理和营销功能。

2.6.8 最近用于社交网络的创新工具和平台

大量的软件工具和平台可用于社交网络。在线文件 W2.1 中描述了一些知名的工具，分别为博客、微博和维基百科。注意，这些工具的功能正在不断改进。在这里，我们提供一个目前比较有代表性的创新工具列表。

- Snapchat.com——一种手机图片信息服务，其通过照片、视频和标题与朋友"聊天"，类似于"用图片或视频发短信"（请参阅 webtrends.about.com/od/Iphone-Apps/a/What-Is-Snapchat.htm）。
- WhatsApp.com——其网站称，WhatsApp 是一款适用于智能手机的跨平台免费手机短信应用程序。用户可以组成群组，彼此发送无限的图像、视频和音频媒体消息。该公司于 2014 年被 Facebook 收购，收入约为 190 亿美元。2016 年 1 月，每月有超过 10 亿人使用 WhatsApp（请参阅 Ahmed（2016））。
- Tranzactive.com——在社交媒体中实现实时对话翻译的主要推动者。
- Droid 翻译器（tiwinnovations.com）——将电话、视频聊天（例如 Skype）和文本对话翻译成 29 种不同的语言（有关更多信息，请参阅 Petroff（2014））。
- Viber.com，line.me/en 等——为移动设备和台式机（例如 Viber for Desktop）提供免费语音和视频通话等服务的公司。
- Instagram.com——免费分享照片和视频的平台。作为一个社交网络，它允许创建评论等（2012 年被 Facebook 收购）。
- Hshtags.com（"专注于标签的社交媒体搜索引擎"）——使用户能够实时查看与任何关键字相关的所有公共内容，并实时参加任何相关的公共对话（请参阅 digitaltrends.com/social-media/new-search-engine-like-google-social-web）。

移动社区活动

在许多移动社交网络中，可以利用设备来执行与非移动设备中相同的活动。客户甚至可以创建自己的移动社区。移动视频共享有时与照片共享相结合，是一种新的技术和社会趋势。移动视频分享门户正变得流行（例如，请参阅 spicedigital.in/mobile-operators/mobile-vas/video/video-sharing-portal）。许多社交网站提供移动功能。

有关社交商业的 2016 年统计数据，请参阅 bazaar-voice.com/research-and-insight/social-commerce-statistics。

2.6 节复习题

（1）定义虚拟社区并描述它们的特点。
（2）列出虚拟社区的主要类型。
（3）定义社交网络。
（4）描述移动社交商务。
（5）列出一些主要的社交网站。
（6）描述社交网络的全球性。
（7）描述社交网络。
（8）描述移动社交和商务。

2.7 新兴电子商务平台：增强现实和众包

多项技术被用作支持电子商务应用平台的创新。这里我们对其中的两项进行描述。

2.7.1 增强现实

越来越多的业务应用程序使用**增强现实**（augmented reality，AR）技术。更多详情，请参阅 Malik（2016）。根据其应用领域，术语 AR 有多个定义。根据维基百科，增强现实是"实时或者间接的真实物理世界场景，并通过计算机生成的感官输入（如声音、视频、图形或 GPS 数据）增强（或补充）场景中的元素"（参见 en.wikipedia.org/wiki/Augmented_reality）。这种场景增强或补充有助于人们增强对现实的感官认知。通过应用程序，人们能通过诸如智能手机、网络摄像头或 3D 眼镜（包括 3D 电视）看到由计算机增强出的图层。谷歌开发了名为"谷歌眼镜"（Google Glass）的增强现实眼镜（其他公司也有类似的眼镜，请参见第 6 章）。

1. 电子商务中的应用程序

在电子商务领域，AR 主要被用于广告和营销（详情请参见 Corpuz（2015）），这些内容将在第 9 章中进行介绍。我们将在第 3 章中介绍一个 AR 在房地产领域应用的例子。AR 还被广泛应用于其他领域。例如，Corpuz（2015）描述的几个商业应用程序。谷歌的 AR 技术正在被多家公司使用。例如，Walgreens 正在使用 AR 来提高客户忠诚度（参见 Kaye（2014））。此外，维基百科列出了许多与电子商务相关的 AR 应用程序。

- **示例 1：Net-a-Porter**

这家创新公司（见第 1 章）正在使用 iPhone/iPad 应用程序来创建"AR 购物窗口"。从视频"Net-A-Porter 增强现实购物窗口"（digitalbuzzblog.com/net-a-porter-augmented-reality-shopping-windows）中看到，该公司线下商店的顾客可以通过将移动设备的摄像头指向服装展示区（例如商店内或商店橱窗）实现对衣服的 360° 全景查看。同时，顾客还可以看到关于衣服的时装秀、价格、可用性和其他相关信息。此外，窗口购物者可以使用他们的移动设备立即在线购买衣服（请参阅 itunes.apple.com/ne/app/net-a-por-ter/id318597939?mt=8）。

- **示例 2：宜家**

宜家使用 AR 来展示如何使家具适合你的房子。有关此移动设备应用程序的详细信息，请参见 Truong（2013），或观看视频"用增强现实将宜家家具放置在家中"（请参阅 youtube.com/watch?v=vDNzTasuYEw）。这项技术由 Snapshop 提供，是一款针对 iOS 系统的免费应用程序。

社交游戏中的应用程序 AR 已经被使用在多个应用程序中。根据 t-immersion.com/augmented-reality/use-cases/social-augmented-reality-games，社交 AR 游戏是产生营销线索和品牌识别的绝佳工具，原因是有大量玩家参与到由同一个产品连接的多个游戏中。

2. 虚拟现实

经常与增强现实混淆的是**虚拟现实**（virtual reality，VR）。虚拟现实是由计算机生成的对真实生活环境的模拟，用户可以沉浸其中。人们感觉自己身临其境，并且可以操纵外部环境（例如，参见 Parisi（2016））。用户必须佩戴特殊的眼镜，使用手机来体验 VR。虽然该技术已有数十年的历史，但主要被用于电脑游戏。然而，最近 VR 正在成为电子商务的一个元素（例如，参见 Williams（2016））。正在进行商业应用实验的 Facebook Oculus 就是一个例子，其结合了社交商业和虚拟现实。有关详细信息，请参阅 Meola（2016）。

比较 AR 和 VR 根据 McKalin（2015），这两种技术在实现用户沉浸的目标上是相似的。但它们采用的方法，以及想要达到的最终目标都不相同。详情请参阅 McKalin（2015）、Boyajian（2015）和 Aukstakalnis（2016）。

2.7.2 众包

另一个支持电子商务的平台是众包。众包是一种集合电子商务和社交商业的平台（参见行业网站 crowdsourcing.org）。在这里，我们将对技术要点进行介绍。在第 8 章中，我们将介绍一些基于此技术的应用程序。

1. 定义和主要概念

术语"群体"指的是一群人，如一群消费者、一家公司的雇员或提供专业知识的社交网络成员。

AR 被开发成移动设备应用程序，从而将数字元素融入现实世界。

众包（crowdsourcing）利用群体共同执行任务，例如解决问题、创新，或通过将工作分配给许多人来完成大型项目。这个词是杰夫·豪尔（Jeff Howe）于 2006 年 6 月提出的（请参阅 Howe（2008））。在众包过程中，发起者招募群体（例如顾客）进行内容创建，完成烦琐任务（例如翻译维基百科文章）或从事研究和开发。这样做的基本逻辑是两个人的想法优于个人的想法。人们普遍认为，大团队的集体智慧可以以低成本解决复杂问题（请参阅 Zeref（2015）、Brabham（2013））。

图 2-4 说明了众包的基本要素。主要涉及三个要素：需要执行的任务、用于处理任务的群体，以及用于执行任务的模型和流程。这些元素与任务和群体的相关特征（例如群体心理学）、所使用的技术（例如创意和投票）以及对参与者的激励等实施问题相关联。

2. 众包的过程

众包可以被看作一个集体解决问题或共享工作的过程，通常以网络活动的形式进行。在典型的众包应用中，问题可以广播给已知群体（例如雇员或商业伙伴）或未知群体（例如相关问题的专家或消费者）的参与者。沟通通常始于公开收集解决方案或想法（见图 2-5 中的第一步）。群体成员被组织为在线社区，并提交个人工作成果（例如解决方案）。群体也可能共同讨论解决方案，并基于最终的候选名单进行投票，或者，候选名单上的方案会根据投票进行优先级排序（排名）。最终的方案选择可以由群体或管理层完成（见图2-5）。群体中的获胜者将得到金钱或者特殊的认证以作为回报。在其他情况下，唯一的回报可能是对完成工作产生的满意度。众包的使用可以获得来自业余爱好者或非专业人员的工作成果。

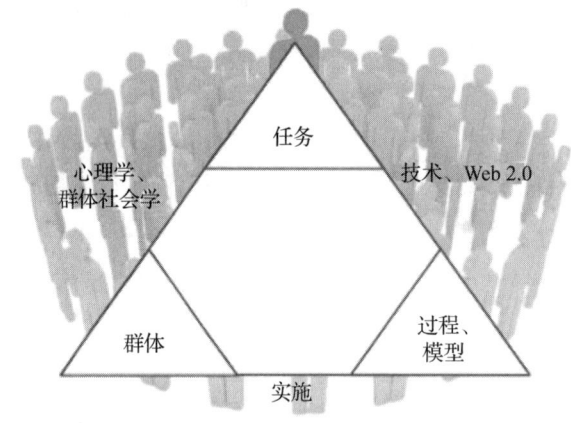

图 2-4 众包的基本元素

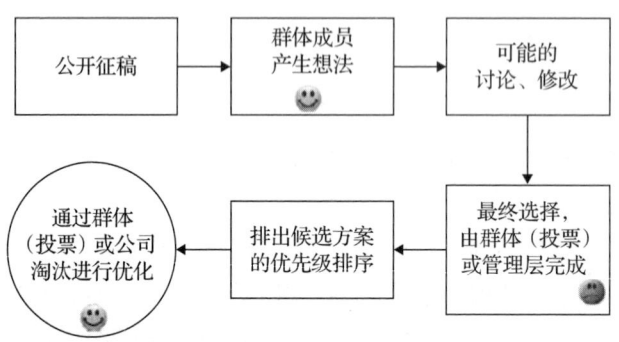

图 2-5 典型的众包过程

- **示例：星巴克**

星巴克推出了名为"我的星巴克创意"（mystarbucksidea.force.com）的社交媒体网站，旨在向客户征求意见和反馈建议（见第1章的开篇案例）。该网站围绕三个关键主题进行构建：①用户创意；②用户通过投票缩短创意名单，并在投票前和/或投票后进行讨论；③公司员工充当"创意合作伙伴"，提供问题答案，并引导讨论。

整个星巴克社区都可看到群体创意的产生过程。成员们还可以看到每个提案的状态。

由 Bright SightGroup 提供的短视频"Jeff Howe-Crowdsourcing"（youtube.com/watch?v=F0-UtNg3ots）对众包进行了概述。视频同时可以参见 crowdsourcing.org 和 Crowdconsortium（crowdconsor-tium.org）。这些专家为众包的行业应用做出了最佳实践。有关众包的更多信息，请参阅第 8 章。

3. 众包的好处

众包的主要好处包括以下几点。

更多众包的优势请参阅 Sherman（2011）。

- 以较低的成本进行问题的分析或解决（付款可以由结果决定，但是有时没有金钱奖励，只有表扬或赞美）。
- 许多人同时从事所需研究的项目，因此可以快速找到解决方案。此外，产品设计的过程也可能会加快。
- 做出贡献的群体可能在组织内部，因此可以通过众包发现人才。
- 通过倾听群体意见，组织可以在第一时间了解客户（或员工）的需求。当群体由顾客组成时，可以进行内置的市场调查。
- 众包可以挖掘全球的创意。群体可能包括商业伙伴、客户、学者等，群体中的成员可以居住在不同的国家。
- 参与为公司解决问题的项目可以提高客户的忠诚度（请参阅第 1 章）。

4. 众包在电子商务中的应用

目前有很多基于众包的电子商务应用，最典型的就是维基百科的创建。Sherman（2011）和 Fitchard（2015）展示了许多成功的应用程序；第 8 章将对主要的应用程序进行描述。

> **2.7 节复习题**
> （1）定义增强现实。
> （2）描述 AR 如何支持电子商务。
> （3）定义众包。
> （4）列出众包的基本元素。
> （5）描述众包的过程。
> （6）众包的主要好处是什么？
> （7）如何在电子商务中使用众包？

2.8 未来：Web 3.0、Web 4.0 和 Web 5.0

Web 2.0 已经来到我们身边。那么，下一步是什么？答案是一个未知的实体，被称为 Web 3.0，这是未来互联网应用的新浪潮。稍后，本节将讨论 Web 3.0 所需的一些功能。总的来说，一些人对使用 Web 3.0 来促进未来电子商务的发展持乐观态度（参见 siliconangle.com/blog/2013/08/02/the-future-of-ecommerce-with-web-3-0）。

2.8.1 Web 3.0：未来会有什么

预计 Web 3.0 将催生新一代的商业应用程序，并实现商业和社交计算的融合。Web 3.0 可以改变人们的生活和工作方式，以及他们所服务的组织，甚至可能会改变整个社交网络（参见 1stweb-designer 2015）。

专家称，Web 3.0 可能具有以下功能：

- 通过引入新的智能功能使当前的应用变得更加智能化。
- 提供更简单、更快速的交互、协作和用户参与。
- 促进基于智能的强大搜索引擎。
- 提供更多用户友好的应用程序产物和人机交互功能。
- 增强人们的智慧和创造力。
- 支持更智能的机器（Gartner，2015）。
- 支持更高速的带宽。
- 支持更好的可视化，包括3D工具。
- 简化移动计算和移动商务的使用。

有关其他功能，请参阅O'Connell（2015）的幻灯片。

1. Web 3.0 和语义网络

语义网络是主要可能使用 Web 3.0 技术的平台之一。这个术语是由 Web 的发明人蒂姆·伯纳斯－李（Tim Berners-Lee）提出的，他视语义网络为使万维网变得更加智能的平台。目前没有对语义网络的标准定义。本质是，它是一组专注于机器的方法（与专注于人的 Web 2.0 相对）。该技术试图使计算机通过使用自然语言理解工具来理解信息的语义（含义）。有一个名为"从 Web 1.0、Web 2.0 到 Web 3.0 的转变"的视频，请参阅 youtube.com/watch?v=bsNcjya56v8。

Borland（2007）发表了类似的关于语义网络角色的观点。他相信新的 Web 3.0 工具（其中一些已经帮助开发者将复杂的应用程序组合在一起）将增强数据库搜索，使其自动化，以帮助人们选择度假目的地，并更高效地分拣复杂财务数据。

最近，一个实验性的语义网络浏览器正在试用。该浏览器使用户能够展示数据，绘制图形并使浏览更具交互性（例如，参见 w3.org/standards/semanticweb）。另一个例子是"朋友之友"网络，该社交网络中的个人以自己和朋友之间的链接的形式提供数据。

关于标题为"Web 3.0—The Internet or Things"的视频，请参阅 youtube.com/watch?v=F_nbUizGeEY。

2. 担忧

以下是关于 Web 3.0 实施和未来电子商务的一些担忧。

- **未来的威胁**。根据 Stafford（2006）、Laurent（2010）和作者的经验，以下趋势可能会减慢电子商务和 Web 3.0 的发展速度，甚至可能会减缓互联网的发展。
- **安全和隐私问题**。电子银行和其他服务的用户以及社交网络的成员会担心在线安全和隐私。网络需要变得更安全。
- **缺乏网络中立性**。如果大型电信公司被允许向公司收取费用从而保证更快的网络访问，那么评论家担心小型创新网络公司可能会被能够支付更多高速互联网使用费用的大公司击垮。
- **版权投诉**。YouTube、Craigslist、维基百科等网站的法律问题可能会导致用户生成的内容丧失原创性、奉献性和创造性。
- **连接不足**。上行带宽对应用程序造成限制，使得上传视频文件成为一项耗时的工作。
- **语言合规性**。将有必要重新考虑现有的语言与 Web 3.0 分类法和框架。
- **标准**。需要为 Web 3.0 设立架构标准。

因此，有些人认为语义网络将无法获得成功（请参阅 youtube.com/watch?v=oKiXpO2rbJM 上的视频）。

尽管存在这些担忧，但 Web 3.0 和电子商务仍然可能因技术环境的创新而蓬勃发展。

2.8.2 技术环境

电子商务和语义网络的未来取决于相关信息技术的进步程度（例如，参见 Gartner（2015））。我们引用了诸多预测中的两个。此外，请参阅 Gartner 关于战略技术趋势的年度报告（gartner.com/technology/research）

1. Web 4.0

Web 4.0 是 Web 3.0 之后的下一代 Web，其仍然是一个未知的实体。它被称为共生网络。有关讨论，请参阅 Koren（2013）。

2. Web 5.0

根据 Patel（2013）的描述，"Web 5.0 仍然是一个正在进行的非公开的构想，并没有一个确切的定义。Web 5.0 可以被视为一种分散式的共生网络。"此外，Patel 还提供了一些技术信息。

2.8 节复习题

（1）定义 Web 3.0，并区分它与 Web 2.0。
（2）定义语义网络。
（3）列出主要的电子商务和 Web 3.0 的潜在抑制因素和关注点。
（4）描述影响计算和 IT 趋势的主要因素。
（5）定义 Web 4.0 和 Web 5.0。

管理问题

与本章有关的一些管理问题如下所示。

1. 我们应该使用拍卖来进行销售吗？ 一个重要的战略问题是是否将拍卖作为销售渠道。拍卖确实有一些局限性，而正向拍卖可能会与其他分销渠道产生冲突。如果公司决定使用拍卖，那么它需要选择拍卖机制并确定定价策略。这些决策决定了拍卖是否能成功，以及能否吸引和留住销售网站上的访客。拍卖也需要支撑服务。关于如何提供这些服务以及要在多大程度上借助商业合作伙伴力量的决策，对于大批量拍卖的成功至关重要。

2. 我们应该开展易货业务吗？ 易货可能是一个有趣的策略，特别是对于缺乏现金，需要特殊材料或机器并且拥有多余资源的公司而言。然而，所买卖商品的价值可能难以评估，并且一些国家的税收对此的影响尚不明确。

3. 我们如何选择商业软件？ 市场上有很多产品和供应商。小企业应该考虑雅虎或 eBay 提供的软件产品，因为这些产品与第三方支付托管相结合，并对供应商管理的电子市场公开。企业还需要核查软件的功能以及构建网店的难易程度。

4. 我们如何在自己的业务中使用 Facebook 和其他社交网络？ 第 7 章呈现多种可能性，主要集中在市场营销和广告方面。任何追求发展的组织都应该仔细考察和尝试社交网络。

本章小结

在本章中，你了解了以下与本章学习目标相关的电子商务问题。

1. 活动和机制。 主要活动包括信息传播和展示、在线交易、协作、娱乐和搜索。主要机制包括市场、网上商店、购物车、目录、搜索引擎、Web 2.0 工具和虚拟社区。大部分活动都发生在卖方和买方之间，但也有供应链成员之间以及组织内部人员之间的合作活动。电子商务试图使上述活动的互动过程自动化。

2. 电子市场及其组件。 电子市场或市场空间是一个不受空间、时间或边界限制的虚拟市场。因此，它可以非常有效且高效。其主要组件包括客户、卖方、产品（部分是数字化的）、基础设施、前端流程、后端活动、电子中介、其他业务合作伙伴和支持服务。随着电子市场的发展，中间商的作用将会发生变化：一些将被淘汰（去中介化）；另一些将改变它们的角色并蓬勃发展（再中介化）。例如，在 B2B 领域，电子分销商通过汇总许多供应商的电子目录，将制造商与买方联系起来。从内容创建到整合等新型增值服务正在迅速发展。

3. 电子市场的主要类型。 在 B2C 领域，有网上商店和网上商城；在 B2B 领域，有私人和公共电子市场，可能是垂直的（关注某一个行业）或水平的（跨不同的行业）。交易所是许多买卖双方会面和交易的平台。不同类型的门户都提供对电子市场的访问。

4. 电子目录、搜索引擎和购物车。 电子市场的主要机制是电子目录、搜索引擎、软件（智能）代理和电子购物车。这些被称为商家套件的机制通过提供用户友好和高效的购物环境来促进电子商务发展。

5. 拍卖类型及其特点。 在正向拍卖中，按买方的出价顺序排序，包括递增或递减模式。在逆向拍卖中，买方发出询价，由供应商在一轮或几轮中提交报价。在自主定价拍卖中，买方指定它们愿意为产品或服务支付多少钱，而中介则试图找到供应商来满足请求。无底价拍卖属于正向拍卖，每次拍卖都支付一小笔费用。最后一名竞拍者在指定时间结束时赢得拍卖。

6. 拍卖的好处和不足。 卖方获得的主要好处是能够接触很多买方，快速销售，并节省中介佣金。买方可以更好地参与拍卖，并有机会在家就能购买到便宜货和收藏品。主要的不足是可能存在欺诈。

7. 易货和谈判。 电子易货通过易货交易所提供的搜索和匹配功能，可以极大地提升组织间货物和服务的交换效率。软件代理可以促进在线谈判。

8. **虚拟社区的结构和作用**。虚拟社区创造新的商业机会。它们通过一个网站将兴趣相似的人聚集在一起（这些团体是广告商和营销商的天然目标）。通过使用聊天室、讨论空间等，成员们可以交换关于某些产品和服务的意见。特别让人感兴趣的是商业交易社区，其本质是为了促进商业购买和销售。虚拟社区可以培养客户忠诚度。这可能会提升赞助商产品的销售量，并促进利用客户反馈来改善服务和业务开展。

9. **社交网络作为电子商务机制**。在这些大型的互联网社区中，人们能够共享包括文字、视频和照片在内的内容，并促进在线社交和互动。上千个社交网络在世界各地涌现，争夺广告费。数以百万计的公司在社交网络上打广告、娱乐甚至销售。以商业为导向的社区聚焦于一国和全球的商业问题（例如招聘、寻找商业伙伴）。社交市场融合了社交网络和商业的某些方面。著名的商业导向社交网络是 LinkedIn 和 XING。一些公司活跃于 Facebook 等公共社交网络。其他公司在内部建设并运营自己的社交网络，这被称为企业社交网络。它们的成员通常是雇员和退休人员，主要用于协作、知识创造和保存、培训和社会化。许多大公司都有这样的网络（例如 IBM、富国银行、西北互助人寿保险公司）。

10. **增强现实（AR）和众包**。这些新兴技术促进了两种类型的电子商务活动。AR 融合了现实和虚拟两种可视化世界。因此，它可以促进信息的宣传和呈现。它的工作原理是将移动设备（例如智能手机）朝向产品或建筑物，并将信息添加到你所看到的内容上（例如 360° 视图、价格标签）。众包征集群体的智慧以创造想法或解决问题。它也被用来在很多人中分配一个大任务，其中每个人都执行一个不同的、小型的子任务。

11. **Web 3.0、Web 4.0 以及 Web 5.0**。下一代 Web 3.0 将结合社交和商业计算。它将更加便携和个性化，具有强大的搜索引擎、更强大的影响力，以及在所需应用上更强的无线环境连通性。知识管理将是其主要支柱之一。语义网络将在 Web 3.0 应用程序中发挥重要作用。Web 3.0 及其应用程序的发展将取决于 IT 趋势，例如云计算、效用计算、并行处理和机器智能等领域的发展。Web 4.0 是一个带有未来主义色彩的 Web，将建立在无处不在的智能系统中。它将连接来自不同来源的情报"孤岛"。Web 5.0 还只是一个理论，但可以被看作分布式的共生网络。

⊙ 问题讨论

1. 将实体市场与电子市场空间进行比较。它们各自的优点和局限性是什么？
2. 讨论 Craigslist 公司使用分类广告的竞争优势。
3. 描述 Web 3.0 相对于 Web 1.0 和 Web 2.0 的优势。
4. 讨论电子商务对门户的需要。
5. 面向商业的社交网络与 Facebook 等常规社交网络有何不同？
6. 为什么社交电子市场空间被认为是 Web 2.0 应用程序？
7. 讨论以下观点："从技术上讲，你在一个周末就能组建起一个门户网站，但从文化角度来看，还有许多事情需要考虑，因此需要更长的时间。"
8. 讨论通过拍卖销售汽车的利弊。
9. 讨论虚拟现实和增强现实之间的差异。

⊙ 课堂讨论和辩论话题

1. 比较传统市场和数字市场的效率差异。
2. 有人认为，社交网络，特别是微博和社交网站，取代了传统的电子公告板（BBS）。请对这个观点进行讨论。
3. 讨论动态定价策略相对于固定价格的优势体现在哪里。动态定价的潜在缺点是什么？
4. 进入 Facebook 并搜索在该网站上进行拍卖的公司。识别出网站上不同的拍卖类型。
5. 企业使用 eBay 而不是从自己的网站进行拍卖的优势是什么？请区分 C2C 和 B2B 两种情况。
6. 辩论：企业应该建立内部社交网络来进行外部活动，还是使用现有的公共社交网络（例如，参见 Roberts（2008））？
7. 辩论：Craigslist 和 YouTube 应该监控用户在上面发布的内容吗？应当由谁支付这些费用？
8. 辩论：社交网络服务可以为企业社交网络提供良好的安全性。但是，安全性可能会限制用户的创造力并破坏业务，那公司是否还应该使用这种服务？
9. 辩论：一些研究表明，员工在工作时间使用公共社交网络可能对企业有益，因为员工通过它们发展关系并共享信息，能提高生产力和创新能力。也有企业认为这是浪费时间，并禁止在工作中使用 Facebook、YouTube 和其他此类网站。
10. 讨论社交网络的商业价值。
11. 辩论：Facebook 和 Twitter 争夺广告商的资金。谁有更好的机会获得更多的广告资金，为什么？
12. 中国拥有世界上最大的一些社交媒体网络（qq.com、qzone.qq.com、us.weibo.com、weixin.qq.com 和 renren.com）。找到关于这些网络的信息并列出它们的属性。它们与美国社交网络有什么不同？

⊙ 在线练习

1. 登录 tiwinnovations.com 和 tranzactive.com，并比较它们的翻译能力。
2. 考察在 trade-away.com、barterquest.com 和 u-exchange.com 上进行在线易货交易的情况。对比这些网站的功能和易用性。
3. 登录 volusion.com 并识别公司提供的所有特定电子商务机制（或解决方案）。
4. 登录 respond.com 并申请产品或服务。一旦收到回复，请选择最佳交易。你不需要购买。根据你的经验撰写简短的报告。
5. 登录 dtsearch.com 并查找其功能。它进行何种类型的搜索（例如，桌面、企业、通用）？
6. 登录 cars.com。列出可供汽车销售者和买方使用的所有服务。将它与 carsdirect.com 进行比较。最后，确定这两个网站的收入来源。
7. 登录 ups.com。

（1）了解客户在邮寄包裹之前可以获得哪些信息。
（2）详细了解"包裹跟踪"系统。
（3）计算运送一个 10 英寸⊖×20 英寸×15 英寸、重 40 磅⊜的盒子从你的家乡到加利福尼亚长滩的成本。比较最快交付选项的成本和最低可能的交付成本。

⊖ 1 英寸＝0.025 4 米。
⊜ 1 磅＝0.453 592 4 千克。

（4）使用 Excel 准备电子表格，以便在 UPS 网站上提供两种不同类型的计算方式。输入数据完成两种不同的计算。

8. 登录 magicleap.com 并找到公司在增强现实方面的活动。撰写一份报告。

9. 登录 truecar.com 并查看其提供给购车者的服务。撰写一份报告。

10. 登录 ibm.com 和 oracle.com。准备可用于建立企业门户的主要产品清单。

11. 登录 go.sap.com/index.html 并查找其企业门户的关键功能。列出使用 SAP 门户功能的五大好处。

12. 登录 networksolutions.com。查看购物车演示。哪些功能最能打动你，为什么？它提供了哪些相关服务？将其与 storefront.net、nexternal.com 和 ecwid.com 进行比较。

13. 登录你选择的社交网站。建立一个主页。使用网站提供的免费工具将聊天室和留言板添加到你的网站。描述可用的其他功能。至少添加五个新朋友。

14. 登录 vivapets.com 和 dogster.com 并比较它们的产品。

15. 登录 w3.org。查找有关语义网络的材料，检查它们的资源表述框架（RDF）/FAQ 并搜索一些应用程序。撰写一份报告。

⊙ 团队任务和项目

1. 阅读开篇案例，回答下列问题。
（1）Pinterest 为什么被认为是一个社交网络？
（2）公司的业务和收入模式是什么？
（3）制造商如何在 Pinterest 上刊登广告？
（4）比较 Pinterest 和 We Heart It 的商业模式。
（5）Pinterest 拥有大量的资金。它如何在本网站上使用这笔钱来增强其竞争优势？

2. 为每个小组分配一个大型电子零售商（例如亚马逊、沃尔玛、塔吉特、戴尔、苹果和惠普）。跟踪采购流程。查看目录、搜索引擎、购物车、Web 2.0 特性以及其他可改善电子购物的机制。准备一份演示文稿，其中包含改进现有流程的建议。

3. 比较 Shopify、Big Commerce 和 Open Cart 的购物车。区分托管和自主托管的购物车。观看题为"在线社区：商业部落化"的 O'Reilly Media 视频（第二部分和第三部分为可选，youtube.com/watch?v=qQJvKyytMXU），并回答以下问题。
（1）为什么视频中使用了"部落化"(tribalization) 这个术语？
（2）什么是虚拟社区？
（3）传统企业如何从在线社区中受益？
（4）社区对客户的价值有哪些？
（5）比较社交与营销二者的框架。
（6）虚拟社区如何与业务保持一致？
（7）讨论测量、度量和关键成功要素（CSF）等问题。
（8）可选题：观看视频第二部分（youtube.com/watch?v=U0Js T8mfZHc#t=15）和第三部分（youtube.com/watch?v=AeE9VWQY9Tc），并总结所讨论的主要议题。

4. 小组的任务是分析 Pinterest 在美国和全球范围的竞争，包括中国和巴西的类似公司。首先阅读 McKenzie（2012）关于中国社交网站美丽说（Meilishuo）和蘑菇街（Mogujie），并将其与 Pinterest 进行比较。对 weheartit.com 进行同样的分析。再比较其他国家的情况。对文化差

5.增强现实有很多应用。找到现有的产品并按领域对其进行分类（例如市场营销）。准备一个课堂演示。

⊙ 章末案例

马达加斯加港口利用 TradeNet 对海关实行现代化

马达加斯加是非洲的一个岛国，其港口对其贸易活动和整体经济至关重要。该国的海关运作在港口业务中扮演着重要角色。

存在的问题

在过去，这个欠发达国家的贸易管理过程非常烦琐和低效。这制约了贸易总量和海关收入。马达加斯加的"跨境贸易"指数是世界排名最低的国家之一（排名第 143 位）。该国的物流绩效指数也很低（第 120 位）。

业务流程

根据 CrimsonLogic（2014）的说法，"每个出口货物到马达加斯加的人都必须先为每批货物注册，并填写一份'货物信息表'（Advance Cargo Information，ACI）。出口商将商业发票、提单和原产地证书等贸易文件副本附在货物跟踪单⊖（BSC）上，然后以电子方式传送至马达加斯加海关，以验证其一致性和风险分析"。

完成这些程序之后，进口商或报关机构才可以通过电子方式提交报关单。

一旦提交，审批流程即开始。它可能涉及多个政府机构、港口集装箱码头管理、商业银行以及该国的中央银行和财政部。尽管提交材料已经电子化并且效率很高，但审批过程并非如此。总体而言，货物清关耗时超过 15 天。

解决方案

最初，海关一直在使用 ASYCUDA ++（由联合国贸易和发展会议设计的传统计算机化系统）。该系统有助于材料的提交，但由于缺乏对所有参与子系统的整合，整个过程仍然非常缓慢。该港口很难与该地区的其他有着更高效海关管理系统的港口进行竞争。因此，Medagasy 社区网络服务（"GasyNet"）认为需要创建一个单独的在线平台来连接贸易社区中的各个实体。他们依靠一套新的系统。这个系统集成了 TradeNet、电子数据交换（EDI）系统和 ASYCUDA ++。

什么是 TradeNet

TradeNet 是 1989 年在新加坡开发的电子数据交换系统（参见在线教程 T2）。它现在由新加坡 CrimsonLogic 公司管理、运营和维护。TradeNet 最初仅在新加坡运营，目前已在全球多个港口使用，其中包括马达加斯加港口。现有的系统还包括基于 Windows 和基于 Web 的部分。使用基于贸易网络的系统，贸易团体可以通过电子方式提交海关所需的所有表格，然后系统进行分发和处理。然后通过 ASYCUDA ++ 以电子方式将批准的许可返回给发送者。这一过程在船只进入港口之前就开始了。有关 TradeNet 的概述，请参阅联合国欧洲经济委员会网站

⊖ 根据马达加斯加（Madagascar）于 2007 年 3 月 23 日签署的关于进口商品检验的流程，所有发货至马达加斯加的货物都必须申请货物跟踪单。进行 BSC 检验的目的是政府加强对进口商品的鉴别、调控、跟踪等，BSC 是一种通过网络实现的现代化的商检技术，能够真正实现高效。如果没有申请，将被视为触犯马达加斯加的条例，并在目的港受到严厉惩罚。——译者注

（unece.org/energy.html）。

集成系统

为了改善信息流动并提供有效的贸易环境，TradeNet 系统与 ASYCUDA ++ 进行了集成。进口商将它们的海关申报数据输入到 GasyNet，而后数据数将被转发至 TradeNet，这使得所有相关的合作伙伴可以共享数据并传输结果。返回 TradeNet 的结果将被传输到 GasyNet，然后再被传输给进口商。要使用 TradeNet，用户需要从 TradeNet Frontend Solution 处购买特殊的软件。该软件允许用户从个人计算机或移动设备输入数据（例如海关申报单）。该系统提供许可证状态信息、公司账单查询、检索丢失许可证的能力、确认通知、审计跟踪、许可证列表等功能。

该系统通过为涉及的所有标准文件创建单一交易点来连接交易中的多个合作伙伴。

结果

该系统是 B2B 海关相关交易的高效平台。它将海运货物的清关时间从超过 15 天缩短到 5 天以内，因此使得贸易量实现了提升。而且，在 5 年内海关收入翻了一番还多（占马达加斯加总收入的一半左右）。其他明显的好处还包括消除不必要的官僚作风和由于无纸化流程带来的成本降低。

最终，马达加斯加的"跨境贸易"指数从第 143 位上升至第 109 位，其物流绩效指数排名从第 120 位上升至第 84 位。

资料来源：基于 Fjeldsted（2009）、CrimsonLogic（2014）和 Singapore Customs（2014）。

问题

1. 描述 GasyNet 在这个过程中的作用。
2. 描述 TradeNet 的贡献。
3. EDI 在这个系统中的作用是什么？
4. 解释为什么 TradeNet 系统是一个典型的 B2B 平台。
5. 将本章的内容与该案例联系起来。

⊙ 在线文件

本章在线文件可以在 ecommerce-introduction-textbook.com 上找到。

W2.1 社交软件工具：从博客到维基百科，再到 Twitter

W2.2 数码产品示例

W2.3 应用案例 eBay：全球最大的拍卖网站

W2.4 应用案例 Eastern Mountain Sports 的社交媒体

⊙ 参考文献

1stwebdesigner. "A Brief Introduction to Web 3.0." August 14, 2015. **1stwebdesigner.com/web-3-introduction** (accessed March 2016).

Ahmed, M. "One in Seven People on Earth Use WhatsApp Each Month." *Business ETC*, February 2, 2016. **bidnessetc.com/authors/mohid-ahmed** (accessed March 2016).

Aukstakalnis, S. *Practical Augmented Reality: A Guide to the Technologies, Applications and Human Factors for AR and VR (Usability)*. Boston, MA: Addison Wesley Professional, 2016.

Bent, K. "Mobility Revolution: 8 Shocking Stats from Cisco's 2014 Mobile Traffic Forecast." February 20, 2014. **crn.com/slide-shows/mobility/300071779/mobility-revolution-8-shocking-stats-from-ciscos-2014-mobile-traffic-forecast.htm/pgno/0** (accessed March 2016).

Bloomberg. "Jewelry Heist." Special Report E-Biz, May 9, 2004. **bloomberg.com/news/articles/2004-05-09/jewelry-heist** (accessed March 2016).

Borland, J. "A Smarter Web: New Technologies Will Make Online Search More Intelligent—And May Even Lead to a 'Web 3.0'." *MIT Technology Review*, March–April 2007. **technologyreview.com/featuredstory/407401/a-smarter-web** (accessed March 2016).

Boyajian, L. "Virtual Reality vs. Augmented Reality." *Augment.com*,

October 6, 2015. **augment.com/blog/virtual-reality-vs-augmented-reality** (accessed March 2016).

Brabham, D. C. *Crowdsourcing*, Cambridge, MA: The MIT Press, 2013.

Cario, J. E. *Pinterest Marketing: An Hour a Day*. Hoboken, NJ: Sybex, 2013.

Carr, K. *Pinterest for Dummies*. Hoboken, NJ: Wiley, 2012.

Clark, K. "Discover the Best-of-Craigslist." *L'Atelier*, March 10, 2008. **atelier.net/en/trends/articles/discover-best-craigslist** (accessed March 2016).

Corpuz, J. "Best Augmented Reality Apps." *Tom's Guide*, April 28, 2015. **tomsguide.com/us/pictures-story/657-best-augmented-reality-apps.html** (accessed March 2016).

CrimsonLogic. "Madagascar TradeNet." Case Study. 2014. **crimsonlogic.com/Documents/pdf/resourceLibrary/brochures/tradeFacilitation/Madagascar_TradeNet_Case_Study.pdf** (accessed March 2016).

Dembosky, A. "Pinterest Takes a Track with Advertising Launch." *Financial Times*, September 20, 2013.

Fitchard, K. "8 Crowdsourcing Apps (Besides OpenSignal) We Love." *OpenSignal Blog*, July 9, 2015. **opensignal.com/blog/2015/07/09/8-crowdsourcing-apps-besides-opensignals-love** (accessed March 2016).

Fjeldsted, K. "Madagascar Trade" in *Celebrating Reform 2009: Doing Business Case Studies*. Washington, D.C.: World Bank. **doingbusiness.org/reports/case-studies/2009/trade-reform-in-madagascar** (accessed March 2016).

Gartner. "Top 10 Strategic Technology Trends for 2015." **gartner.com/smarterwithgartner/gartners-top-10-strategic-technology-trends-for-2015** (accessed March 2016).

Hemley, D. "26 Tips for Using Pinterest for Business." *Social Media Examiner*, February 27, 2012. c**socialmediaexaminer.com/26-tips-for-using-pinterest-for-business** (accessed March 2016).

Howe, J. *Crowdsourcing: Why the Power of the Crowd is Driving the Future of Business*. New York: Crown Business, 2008.

Jopson, B., and H. Kuchler. "Pinterest Hopes to Bridge the Retail Divide." *Financial Times*, November 27, 2013.

Kaye, K. "Walgreens Tests Google's Augmented Reality for Loyal." *Adage.com*, July 1, 2014. **adage.com/article/datadriven-marketing/walgreens-tests-google-s-augmented-reality-loyalty-app/293961** (accessed March 2016).

Koren, J. "From Web 4.0 and Beyond." *Integrating Educational Technology and Digital Learning* January 20, 2013. **slideshare.net/joh5700/educational-technology-and-digital-learning-16077621** (accessed March 2016).

Laurent, W. "Interface: Where We're Headed with Web 3.0." July 1, 2010. **information-management.com/issues/20_4/where-were-headed-with-web-3.0-10018222-1.html** (accessed March 2016) (free registration necessary to read).

Leland, K. *Ultimate Guide to Pinterest for Business (Ultimate Series)*. Irvine, CA: Entrepreneur Press, 2013.

Liedtke, M. "Study: Craigslist Revenue to Climb 23 Pct to $100M." June 10, 2009. **thestreet.com/story/10511645/1/study-craigslist-revenue-to-climb-23-pct-to-100m.html** (accessed March 2016).

Loren, J., and E. Swiderski. *Pinterest for Business: How to Pin Your Company to the Top of the Hottest Social Media Network (Que Biz-Tech)*. Indianapolis, IN: Que Publishing, 2012.

Malik, A. *Augmented Reality for Dummies*. Hoboken, NJ: For Dummies, June 2016.

McKalin, V. "Augmented Reality vs. Virtual Reality: What Are the Differences and Similarities?" *Tech Times*, 2015.

McKenzie, H. "Here's a Social Shopping Site that Could Undermine Pinterest." May 22, 2012. **pando.com/2012/05/22/heres-a-social-shopping-site-that-could-undermine-pinterest** (accessed March 2016).

Meola, A. "Inside Facebook's Marriage of Social Media and Virtual Reality." *Business Insider*, February 23, 2016.

Miles, J.G., and K. Lacey, *Pinterest Power: Market Your Business, Sell Your Product, and Build Your Brand on the World's Hottest Social Network*. New York: McGraw Hill, 2012.

O'Connell, J. "The Next Big Thing is Web 3.0: Catch It If You Can." *IWBNet*, 62 slides, 2015. (juoconnell@scu.edu.au).

Parisi, T. *Learning Virtual Reality: Development Immersive Experiences and Applications for Desktop, Web and Mobile*. Sebastopol, CA: O'Reilly Media, November 2016.

Patel, K. "Incremental Journey for World Wide Web: Introduced with Wen 1.0 to Recent Web 5.0- A Survey Paper." *International Journal of Advanced Research in Computer Science and Software Engineering*, 3(10), October 2013.

Petroff, A. "Want to Chat in 29 Languages?" *CNN Money*, January 2, 2014. **money.cnn.com/2014/01/02/technology/translation-service-app** (accessed March 2016).

Questex. "Board Portals: Decision-Making Has a New Ally." *Diligent*, 2015. **diligent.com/new/board-portals:Decision-making-has-a-new-ally** (accessed March 2016).

Rivlin, G. "When Buying a Diamond Starts with a Mouse." January 7, 2007. **nytimes.com/2007/01/07/business/yourmoney/07nile.html?pagewanted=all&_r=0** (accessed March 2016).

Roberts, B. "Social Networking at the Office." *HR Magazine*, March 2008, Volume 53, No. 3.

Saarinen, T., M. Tinnilä, and A. Tseng, (Eds.). *Managing Business in a Multi-Channel World: Success Factors for E-Business*. Hershey, PA: Idea Group, Inc., 2006.

Sherman, A. *The Complete Idiot's Guide to Crowdsourcing*. New York: Alpha, 2011.

Shontell, A. "A Lawyer Who Is Also a Photographer just Deleted All Her Pinterest Boards Out of Fear." February 28, 2012. **businessinsider.com/pinterest-copyright-issues-lawyer-2012-2** (accessed March 2016).

Singapore Customs. "An Overview of TradeNet." (Last reviewed April 29, 2014.)

Smith, C., "By the Numbers: 50 Amazing Pinterest Stats." *Digital Marketing Ramblings (DMR)*, January 18, 2014. **expandedramblings.com/index.php/pinterest-stats/#.UwV9JfldWSo** (accessed March 2016).

Stafford, A. "The Future of the Web." October 2, 2006. **pcworld.com/article/126855/article.html** (accessed March 2016).

The Retail Bulletin. "M-Commerce Quadruples in Two Years." May 24, 2012. **theretailbulletin.com/news/mcommerce_quadruples_in_two_years_24-05-12** (accessed March 2016).

Truong, A. "Today's Most Innovative Company: IKEA Uses Augmented Reality to Show How Furniture Fits in a Room." July 26, 2013. **fastcompany.com/3014930/most-innovative-companies/todays-most-innovative-company-ikea-uses-augmented-reality-to-show** (accessed March 2016).

Williams, M. "VR Just Got Serious and You Should Be Paying Attention." *IT World*, February 24, 2016.

Yang, J. "Pinterest: How Does Pinterest Generate Revenue?" February 23, 2012 [Updated]. **quora.com/Pinterest/How-does-Pinterest-generate-revenue-What-is-the-companys-business-model** (accessed March 2016).

Zeref, L. *Mindsharing: The Art of Crowdsourcing Everything*. Westminster, London: Portfolio, 2015.

第二部分

PART 2

电子商务应用程序

第 3 章　电子商务零售：产品与服务

第 4 章　企业对企业电子商务

第 5 章　电子商务系统创新：从电子政务到电子学习、知识管理、电子健康和 C2C 商务

CHAPTER 3
第 3 章

电子商务零售：产品与服务

■ 学习目标

完成本章后，你将能够：
1. 描述电子零售及其特征。
2. 对主要的电子零售商业模式进行分类。
3. 描述在线旅游和旅游业的运作方式以及它们对该行业的影响。
4. 讨论在线招聘市场，包括参与者及价值。
5. 描述在线房地产服务。
6. 讨论网络股票交易服务。
7. 讨论网上银行和网上个人理财。
8. 描述生鲜及相关产品和服务的按需配送业务。
9. 描述数字化产品的配送服务，如在线娱乐等。
10. 讨论多种网上消费的辅助工具，包括比价网站。
11. 描述电子零售对零售业竞争的影响。
12. 描述去中介化和其他 B2C 战略问题。

■ 开篇案例

亚马逊公司：全球最大的电子零售商

困难

与其说企业家杰夫·贝佐斯在 20 世纪 90 年代初发现了一个商业问题，不如说他发现了一个巨大的机遇。他认为书籍是最适合进行网上销售的产品。1995 年 7 月，贝佐斯创立了亚马逊网站（amazon.com）并开始在线销售图书。多年来，公司不断扩张，调整商业模式，扩大商品选择范围，改善客户体验，开发了新产品和服务以及商业联盟合作。公司也很早就认识到订单处理和仓储的重要性。它已经投资了数十亿美元来建设物流仓库和分销中心，专门为数百万名客户运输包裹。2012 年，该公司的新配送中心开始提供当日送达服务。2000 年以后，该公司增加了关于信息技术的产品和服务，其中包括 Kindle 电子阅读器系列和 Web 服务（云技术）。2015 年，亚马逊继续大力投资 Prime Video，积极与奈飞竞争（Trefis，2015）。直到现在，亚马逊的挑战一直都是如何通过在线销售多样化的零售商品及服务来盈利。

解决方案：创新和触达客户

除了最初的线上书店之外，亚马逊还扩大了其产品范围，已包括数百万种产品和服务。例如，亚马逊提供一种名为 Mechanical Turk⊖（mturk.com）的独特服务，这是一个众包平台，开放了数十种在线工作需求。亚马逊的主要特点包括：用户能够轻松浏览、搜索和订购；提供有用的产品信息、评论、建议和其他个性化技术；产品选择非常多，能够比较价格；低价；安全的支付系统；高效的订单处理流程，以及便捷的产品退货流程。

亚马逊网站有许多有用的服务，有些服务由其公司自主提供。例如，它的"礼品卡和心愿清单"板块（amazon.com/gp/gift-finder）提供适用于所有场合和季节的礼品，并按关系、价格等进行分类。此外，"作者中心"（authorcentral.amazon.com）是一个页面，客户可以在上面阅读作者信息（如他们的传记和演讲活动），甚至与他们中的一些人取得联系。作者可以通过在 Twitter 上发文来讨论他们的作品并回答读者的提问。

亚马逊也提供支持服务。亚马逊服务（services.amazon.com）网上商店可以为小型企业提供定制化店铺，并可以提供亚马逊支付和订单处理系统的支持，为此亚马逊会按月收取小额费用（参见 services.amazon.com/content/sell-on-amazon.htm）。客户可以使用移动设备进行购物。亚马逊 Prime（amazon.com/prime）以 99 美元的年费提供无限量的免费快递和流媒体视频服务。

亚马逊也被视为提供个性化服务和客户关系管理的在线领导者。当客户再次访问亚马逊网站时，cookie 文件会标识用户并显示，例如"欢迎回来，Sarah 顾客"，然后继续推荐与过去已购买过的图书相似主题的新书。你可能会收到优惠商品推荐。例如，定期以 30 美元购买打印机墨盒的客户可能会被引导至售价为 65 美元 4 盒的墨盒的供应商处。亚马逊还提供详细的产品描述和评分，帮助消费者做出明智的购买决策。该网站有高效的搜索引擎和其他购物辅助工具。亚马逊拥有最先进的仓储系统，使其在竞争中具有优势。

客户可以通过专利产品"一键下单"订购功能，来个性化他们的账户并在线管理订单。"一键下单"（1-Click）订购包含一个电子数字钱包，它可使购物者节省付款的时间，因为所有购物信息（包括首选付款方式和默认地址）均在线储存。

亚马逊提供了许多 Web 2.0 社交购物功能（例如顾客评论）。它收购了 Woot!（woot.com），一家以其日常交易而闻名的社交网络公司。亚马逊不断增加着创新型服务。2011 年，该公司推出了移动比价服务（稍后将进行介绍），该服务使客户能够通过智能手机应用程序比较在线与实体店的价格。2012 年值得我们注意的是当日送达服务、myhabit.com 服装网站（设计师品牌打折），以及使用移动设备在实体店内进行移动比价的应用。亚马逊的战略是提供最佳的客户满意度，短期内以牺牲利润为代价进行大规模投资，并推动创新（参见 businessinsider.com/amazons-profits-what-people-dont-understand-2013-10）。

结果

1999 年，《时代》杂志将贝佐斯评为"年度人物"。2002 年 1 月，亚马逊宣布 2001 年第四季度首

⊖ AmazonMechanical Turk，源于 2005 年，最初仅仅是为了解决亚马逊的内部需求，例如管理库存，将图片和产品分类，翻译文本，将语音或者图片转录成文本，检查拼写错误，验证地理位置，对产品进行评论，让公司能够追踪查看属于广告的那一部分。目前平台不断发展，渐渐对外开放，甚至形成了一个崭新的行业"Turker"。——译者注

次盈利。自那时起，尽管公司在分销中心和其他举措方面投入巨资，但该公司仍然保持盈利。亚马逊公司报告称，尽管美国和全球经济形势不利，但2015年该公司的年度利润比2007年增长了721%。

2012年，《财富》杂志选择贝佐斯作为"年度商业人物"（参见 fortune.com/2012/11/16/2012-businessperson-of-the-year）。由于产品和服务的增加、全球化的推进以及现有客户购买量的提升，亚马逊年销售额每年增长30%~40%。亚马逊向数百万用户提供约2 000万册图书、音乐和DVD/视频节目。2015年，亚马逊销售了超过160万本电子书。最终，它的投资者因股票价格快速上涨，获益颇丰。2016年数据显示亚马逊在Alexa全球排名中排名第6位，在美国排名第4位。它在Facebook上拥有超过2 300万个赞和84 000多个"谈论此事"（Talking about this）（参见 facebook.com/Amazon）。截至2014年2月，亚马逊在Twitter上拥有230万个粉丝（twitter.com/amazon）。请登录 youtube.com/watch?v=YlgkfOr_GLY，观看视频"惊人的亚马逊故事：杰夫·贝佐斯全面演讲"。

尽管网络市场中成千上万的电子零售商之间的竞争日益激烈，但亚马逊始终坐在全球取得盈利的电子商务B2C网站的头把交椅上。基于其订单处理系统，亚马逊可以提供非常低的价格。除此之外，较高的客户满意度和更多可供选择的优质产品，可以让人理解为什么亚马逊的销售量高于与它最接近的美国竞争对手的三倍以上。

亚马逊还为国际客户提供了多种服务，其中包括超过100万种日语图书。亚马逊在16个国家运营，使它可以将产品运往其他国家。每个国家都有一个使用本国语言的亚马逊网站（例如，亚马逊中国（amazon.cn））。

亚马逊网站2015年的净利润约为4.82亿美元，营业收入超过1 070亿美元（参见 variety.com/2016/biz/news/amazon-clocks-107-billion-in-revenue-in-2015-1201691106）。截至2015年第四季度，亚马逊雇用了22.2万名全职和兼职员工。亚马逊被认为是"电子零售商之王"。该公司被美国全国零售联合会评为美国增长速度最快的大型零售机构。有关亚马逊的全面介绍幻灯片，参见Stone（2013）。

资料来源：基于Stone（2013）、Trefis（2015）和amazon.com（访问于2016年4月）。

案例经验教训

亚马逊是世界上最知名的电子零售商，这一案例展示了电子零售的发展过程、电子零售商遇到的一些问题以及公司可以用来扩展业务的解决方案。这也展现了互联网零售的一些重要趋势。例如，竞争非常激烈，但亚马逊因其规模、创新、个性化、订单处理流程和客户服务而获得成功。这家最大的电子零售企业还在继续发展，并且变得更具统治地位。正如本案例所显示的，电子零售业绩在全球经济衰退的情况下继续保持着两位数的同比增长率。部分原因是零售活动的场所逐渐从实体商店转向网络商店。在本章中，我们将探讨为个人客户提供在线产品和服务的发展。我们还将讨论电子零售的成败。

3.1 网络营销和B2C电子零售

亚马逊的案例告诉了人们如何在互联网上进行商业交易。事实上，尽管许多网络公司经营失败了，但是互联网上销售的商品和服务的数量和占比却都在迅速增加。根据 internetworldstats.com 估计，截至 2016 年 4 月，全球互联网用户超过 72.6 亿，北美超过 3.57 亿（参见 internet-worldstats.com/stats.htm）。Forrester Research 估计，2016 年美国购物者在网上花费 3.27 亿美元，比 2012 年增长了 62%（2012 年 Rueter 报道）。专家预测 2018 年全球 B2C 市场规模将超过 1.5 万亿美元，主要是因为中国在这方面的迅速增长。有人认为，随着互联网用户数量达到饱和，网络购物的增长速度可能会放缓。但是，情况可能并非如此。事实上，社交和手机购物的兴起似乎加速了 B2C 的步伐。此外，经济不景气可能会促进网上购物作为一种省钱的手段（例如，如果你不需要开车去实体店则可以节省汽油），而为人们所欢迎。最后，全球 B2C 仍在快速增长。因此，电子零售商面临的挑战之一是如何增加每个人在网上花费的钱。公司通过在线销售商品和服务可获得许多好处。创新的营销模式和策略以及对在线消费者行为的更好理解是 B2C 成功的关键因素。

3.1.1 电子零售概述

零售商是制造商和客户之间的销售中介。尽管许多制造商直接向消费者出售产品，但他们通常还是会以批发商和零售商销售来作为其主要销售额的补充。在实体环境中，零售是在商店（或厂家的直销店）完成的，客户必须亲自到商店进行购物，但有时客户可能会通过电话订购产品或服务。为数百万客户生产大量产品的公司（如宝洁公司）必须使用零售商进行高效的产品分销。然而，即使一家公司销售相对较少品类的产品（如苹果电脑），它仍然可能需要通过零售商来接触各地众多的客户。

目录（邮购）销售为公司提供了接触更多客户的机会，并让客户可以在家购物。目录零售商不需要实体店铺，而网络购物则创造了对电子目录的需求。通过互联网进行的零售被称为**电子零售**（e-tailing），而开展零售业务的在线零售商则被称为电子零售商，如开篇案例所示。电子零售既可以采用固定价格的形式销售，也可以采用竞价的形式。电子零售可帮助制造商（如戴尔）直接向客户销售产品。本章将介绍各种类型的电子零售，以及与此相关的问题。

请注意，B2C 和 B2B 电子商务有时候很难区分。例如，亚马逊同时针对个人和企业进行销售，沃尔玛同时向个人和企业进行销售（通过 Sam's Club），戴尔在 dell.com 上向个人和企业销售电脑，史泰博（Staples）在 staples.com 上向两个市场出售产品，保险网站同时向个人和公司进行销售。

3.1.2 B2C 市场的规模和成长趋势

B2C 电子商务正在快速增长，特别是在发展中国家（如中国、俄罗斯和印度）。

B2C 电子商务销售额的统计数据（包括对未来销售额的预测）有多种来源。报道出来的网络销售额在不同的数据推导方式下大相径庭，因此我们通常很难获得电子商务一致并准确的增长情况。这种数据的差异有的是因为对电子商务的界定以及分类方法并不统一；有的是因为对待售商品进行分类的看法不一致。有些来源合并了某些产品和服务，有些则没有合并或使用了不同的方法；有些来源把旅游纳入了电子商务零售领域，而有些则并不这样做。有时，统计的时间段也各不相同。因此，我们在阅读有关 B2C 电子商务统计数据时，需要谨慎地去解读。

B2C 电子商务的发展

第一代 B2C 电子商务主要出售书籍、软件和音乐，这很容易理解，因为小型商品（如日用品）比较容易配送至消费者手中。第二波电子商务增长浪潮开始于 2000 年，消费者开始研究和购买家具、大型家电、昂贵的服装等复杂产品（请参阅案例1-1）。如今，消费者在线搜索的产品信息和购买的商品种类包括床上用品、水疗用品、珠宝首饰、名牌服装、电器、汽车、地板、大屏电视和建筑用品等。消费者也会在线购买许多服务，如学院教育课程和保险。

3.1.3 成功的电子零售的特点和优势

适用于实体零售的许多成功因素同样也适用于电子零售。不过，电子零售企业还需要稳定且安全的电子商务基础设施。但是，电子零售可以提供传统零售所无法提供的特殊的消费者服务。有关传统零售与电子零售的比较以及优势分析，参见表 3-1。

表 3-1 传统零售与电子零售

要　素	传统零售	电子零售
销量增加	● 扩大场地、店铺和空间	● 走出惯常区域，甚至在全球寻找客户
访问者增多，但收益减少	● 加大营销力度，把潜在购物者变成实际购物者	● 加大营销力度，把网站浏览者变为实际购物者
技术应用	● 使用自动化销售系统，如 POS 自助查询和自助信息台	● 订购、付款和处理系统 ● 商品比较和客户推荐 ● 电子产品的即时配送
客户关系和投诉处理	● 面对面，稳定的联系 ● 由于是面对面交易，所以对于纠纷更易宽容	● 匿名联系人，稳定性较差 ● 为防止社交媒体（如 Facebook、Twitter）上出现负面宣传，对投诉的响应更快
竞争	● 本地竞争 ● 竞争对手较少	● 更多的竞争对手 ● 由于易于比较和降价而竞争更激烈 ● 全球竞争
客户基础	● 当地客户 ● 缺乏匿名性 ● 客户忠诚度高涨	● 客户范围更广（可能是全球） ● 大部分时间都是匿名的 ● 比较容易改变购买的品牌（客户忠诚度低）
供应链成本	● 成本高，易受干扰	● 成本更低，更高效
定制化和个性化	● 成本高，速度慢 ● 不是很受欢迎	● 快速，更高效 ● 流行
价格变化	● 昂贵且慢，很少使用	● 廉价，随时可以完成
适应市场趋势	● 慢	● 快速

资料来源：基于 Li et al.（2011）、Ingham et al.（2015）和作者的经验。

具有以下特征的商品预计会获得最大的销售量：

- 商品具有品牌知名度（如苹果、戴尔、索尼）。
- 由知名供应商提供的服务保证（如亚马逊、BlueNile.com）。例如，退货政策、加急配送和免费送货。
- 数字化产品（如软件、音乐、电子书或视频）。
- 相对便宜的物品（如办公用品、维生素）。
- 经常购买的物品（如书籍、化妆品、办公用品、处方药）。
- 消费者无须对实物进行检查的商品（如书籍、CD、机票）。
- 通常不会在实体店中打开的知名品牌的包装物品（如罐装或密封食品、巧克力、维生素）。

电子零售的优势

电子零售为卖方和买方都提供了优势。

卖方所拥有的优势表现在：

- 降低产品成本，从而增加竞争优势。
- 接触更多客户，其中许多客户位于供应商地区之外，甚至走向了全球。例如，一些中国的电子零售商经营网站向世界各地销售电子产品。
- 快速更改价格和商品目录，包括视觉呈现形成，这种灵活性增加了竞争优势。
- 降低供应链成本。
- 为客户提供丰富的在线信息作为自助服务选项，从而节省客户服务的成本。
- 快速响应客户的需求、投诉、偏好等。
- 提供定制化的产品和服务，向客户提供个性化关怀。
- 使小公司能够与大公司竞争。
- 更好地了解客户并与他们互动。
- 在全国甚至全球范围内销售专业产品（如澳大利亚公司 surfstitch.com 的冲浪相关商品）。
- 吸引客户进行有趣的搜索、比较和讨论活动。
- 可以接触传统渠道难以接触的客户。

买方所拥有的优势表现在：

- 花费的金额少于在传统店铺甚至折扣店的花费。
- 能够找到当地商店没有的产品或服务。
- 能够在全球范围内购买，对商品的价格和服务进行比较。
- 随时随地购物。
- 无须浪费时间和交通费用去实体商店，并受到销售人员带来的压力。

- 创建自己的设计风格和产品（参见 spreadshirt.com）。
- 能够找到收藏品。
- 可以组团购买——与朋友一起购买并参与社交购物。

下一节将介绍已经在网站零售领域取得成功的主要商业模式。

3.1 节复习题

（1）描述 B2C 电子商务的特征。
（2）描述产品和服务的特点。
（3）描述 B2C 的主要发展趋势。
（4）为什么把 B2C 称为电子零售？
（5）列出 B2C 的主要特征。
（6）描述 B2C 给买方和卖方带来的好处。

3.2 电子零售的商业模式

为了更好地理解电子零售，让我们从面向个人消费者的零售商或制造商的角度来阐述它（见图 3-1）。卖方有自己的企业，还必须从他人（通常是企业，见图 3-1 中的 B2B 部分）那里购买材料、商品和服务。如图 3-1 所示，电子零售（一般是 B2C，在图的右侧）是在卖方（零售商或制造商）和个人消费者之间完成的。该图显示了可能影响电子零售的其他 EC 交易和相关活动。与其他业务一样，零售业务也需要一定的商业模式。正如第 1 章所定义的那样，商业模式描述了企业如何通过业务运营产生收入。在本节中，我们将讨论各种 B2C 模式及其分类。

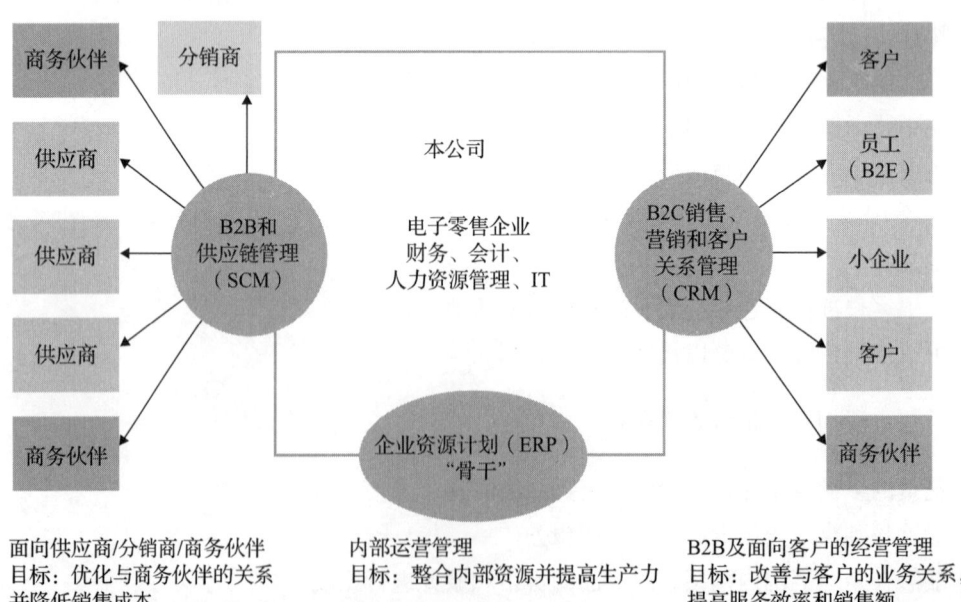

图 3-1 作为一种企业 EC 系统的电子零售

3.2.1 基于分销渠道的商业模式分类

电子零售商业模式可以按几种方式分类。例如，根据业务性质（有的是通用商品，有的是专用商品）或所涵盖销售区域的范围（全球与区域）对电子零售商进行分类，而另一些则按照收入来源进行分类。在这里，我们按照分销渠道的不同把商业模式分为六类。

（1）同时也在网上销售的传统邮购零售商。例如，QVC 和 Lands'End 在互联网上也进行销售。

（2）制造商的直接营销。戴尔、乐高和歌帝梵等制造商除了通过零售商进行销售之外，还利用它们的网上商店直接向消费者开展销售活动。

（3）纯粹电子零售商。这些电子零售商只在网上销售。亚马逊网站是一个纯粹电子零售商的典型例子（参见本章开篇案例）。

（4）鼠标加水泥（砖块与鼠标）零售商。这些零售商是开发了自己的网站作为辅助经营手段的传统企业（如沃尔玛和 homede-pot.com）。但是，我们现在看到了逆向趋势：一些纯粹电子零售商正在创建实体店面。例如，苹果公司开设了实体店，戴尔在合作伙伴商店（如百思买和史泰博）销售其产品。同时在线上和线下进行销售是多渠道商业模式或战略的一部分。通过这种策略，企业为顾客提供了多种选择，包括通过互联网购物。这种策略使客户可以有机会选择他们最为舒适的购物渠道。

（5）互联网（在线）商场。如第 2 章所述，这种商场是由多个独立的网络商店组合而成的。请注意，在任何类型的直接营销中，买卖双方都有机会直接互动来更好地理解对方。

（6）限时销售。在上述任何一个类别中，卖方都可以通过中介或直接向消费者提供大幅折扣。这些折扣的形式多种多样。

接下来，我们对这些分销渠道中的每一个进行分析。

1. 通过邮购公司进行直销

从广义上讲，**直销**（direct marketing）描述的是没有实体店面的销售。直销商直接从消费者那里接受订单，绕过传统的中间商。这里的卖方可以是零售商，也可以是制造商。

2. 制造商的直接销售以及按订单生产

许多制造商直接向顾客销售。戴尔、惠普和其他电脑制造商就使用这种方法。这种方式通常与产品的 DIY 相结合（客制化，按订单生产）。这种模式的主要成功因素是能够以合理的成本提供定制产品。

3. 虚拟（纯粹）电子零售商

虚拟（纯粹）电子零售商（virtual（pure-play）e-tailer）是指没有实体店铺，仅通过互联网直接向消费者销售的企业。亚马逊是典型的这种类型的电子零售商。虚拟电子零售商具有成本低的优势，但可能会缺乏有效的订单处理系统。虚拟电子零售商可以是通用商品电子零售商（如亚马逊或 Rakuten.com）或专类商品电子零售商（如 Dogtoys.com）。

通用商品电子零售商规模可能非常大。亚马逊就是一个例子。另一个例子是日本最大的网上商城 Rakuten Ichiba，该网上商城提供超过 5 000 万种由超过 33 000 家商家生产的产品。2010 年 5 月，这家日本公司收购了美国的 Buy.com（现在被称为 Rakuten.com Shopping）。这家合并公司提供超过 9 000 万种由全球 35 000 多家商家生产的产品。还有成千上万的其他企业以纯粹电子零售商的方式运营。例如，澳大利亚公司 dealsdirect.com.au 和 asiabook-room.com。

专类商品电子零售商，如 CatToys.com（cattoys.com），可以在非常狭窄的市场中运营，另一个例子是蓝色尼罗河公司。这些专业化的企业会发现在实体市场上生存很困难，因为它们没有足够的客户，也无法拥有大量的库存。

4. 鼠标加水泥零售商和多渠道

这可能是最常用的电子零售模式，与纯粹电子零售商不相上下。例如沃尔玛、塔吉特以及数千家把在线提供产品和服务作为额外销售渠道的零售商。这一战略正在成为趋势，但对大公司来说并不总是成功的。最好的例子是百思买（见 3.9 节）。

鼠标加水泥零售商（click-and-mortar retailer）是传统零售商与在线交易网站的结合。

砖块加水泥零售商（brick-and-mortar retailer）是指开设实体商店，在实体市场中经营。但在某些情况下，卖方也可能开展传统的邮购业务。

在当今的数字经济中，鼠标加水泥零售商通过商店、电话、互联网和移动设备进行销售。如果既经营实体店又经营电子零售网站，那么这家企业的模式可以称为**多渠道商业模式**（multichannel business model）。

从砖块加水泥零售商转向鼠标加水泥零售商的例子有百货公司，如梅西百货（macys.com）和西尔斯公司（sears.com）等，还有折扣店，如沃尔玛和塔吉特等。这种方式还包括超市和所有其他类型的零售。

5. 在线商场的零售

有两种类型的在线商场：商业目录商场和服务共享商场。

3.2.2 商业目录商场

这种类型的虚拟商场包含按产品类型组成的目录。商场网站上的横幅广告被用来宣传产品和店家。当用户点击产品或特定商店时，将跳转到销售商的店铺，然后完成交易。浏览 bedandbreakfast.com 可以看到这种商业目录商场的例子。

目录中列出的商店要么是合作经营网站，要么是向第三方网站支付注册费用或佣金来维护网站和展示它们的产品广告。这种类型的电子零售是一种联盟式营销（请参阅 virtual-shoppingmall.weebly.com/affiliate-referral-sites.html）。

3.2.3 服务共享商场

在具有共享服务的在线商场中，消费者可以搜索产品、订购、付款，并选择配送方式，网站提供所有这些服务。

在一般情况下，客户喜欢在网络商场中浏览不同店铺，但只使用一个购物车，并只支付一次。这种模式是可行的，例如 Yahoo! Small Business（请参阅 smallbusiness.yahoo.com/ecommerce）和 bing-shop.com。随着电子商务软件和物流外包服务的应用，网上商场的人气正在降低。

3.2.4 其他 B2C 模式和特殊零售

B2C 零售还使用了其他几种商业模式，本书的各个章节中有具体的阐述。其中一些模式也适用于 B2B、B2B2C、G2B 和其他类型的 EC。

3.2.5 B2C 社交购物

新的以及经过改进的商业模式促进了社交购物活动（参见 Turban et al.（2016）、Singh & Diamond（2012））。例如，B2C 网站（如 amazon.com 和 netflix.com）为消费者提供了广泛的社交机会和参与机会，如给产品打分。通过使用博客、维基百科、讨论组和 Twitter，零售商可以帮助客户找到并推荐购物的契机。下面总结了由社交媒体工具创建的典型的新模式或经过改进的模式。

1. 折扣优惠（当日特惠）

这种优惠是指企业在有限的时间内（通常为 24~72 小时）直接或通过 Groupon 等中间商向消费者提供大量折扣产品，折扣很大，卖方希望人们能够将消息传播给他们的朋友。

2. 网上团购

在这经济萧条的时代，更多的人将互联网作为一种节省资金的明智之举。进行在线团购，很容易通过召集一群买方来获得批量折扣。这个市场中有几家初创公司：yipit.com 和 livingsocial.com。其他使用纯团购的网站现在正在专注于限时抢购，例如 Groupon、dealradar.com 和 myhabit.com。

3. 个性化的活动购物

活动购物（event shopping）是一种 B2C 模式，旨在满足特殊活动的需求（例如婚礼、"黑色星期五"）。这种模式可以与团购相结合（以降低客户的成本），详情请参阅 Wieczner & Bellstrom（2010）。这种在线模式有两个分支：一个是**封闭式购物俱乐部**（private shopping club），另一个是**群体在线礼品采购**（group gifting online）。

4. 封闭式购物俱乐部

像实体购物俱乐部（如开市客（Costco））的在线封闭式购物俱乐部能让会员经常在短期内（仅几小时或几天）按折扣购物。会员可能需要先注册才能看到特别的优惠。为了保证质量，许多俱乐部商品直接从制造商处购买。

这种俱乐部的例子包括美国的 Gilt（gilt.com）（参见 Wieczner & Bellstrom（2010））和俄罗斯的 KupiVIP（kupivip.ru）。

封闭式购物俱乐部可以以不同的方式组织（例如，参见 beststreet.com）。有关详情，请参阅第 7 章和 en.wikipedia.org/wiki/Private_shopping_club。

5. 群体在线礼品采购

在很多情况下，一群朋友可能会为了婚礼等特别的活动而共同准备礼物。可以使用 frumus.com 和 socialgift.com 等网站来帮助协调团体活动并选择礼物。

6. 基于位置的商务

基于位置的商务（l-commerce）是一种无线通信技术，利用这种技术，商家可以在一个特定的时间向某一区域的客户发送广告信息，这里还用到了 GPS 技术。这种技术是移动商务的一部分（参见第 6 章）。直到社交网络出现，该商业模式才盛行起来。如今，像 Foursquare 这样的企业都在开展基于位置的商务服务。

3.2 节复习题

（1）列出 B2C 分销渠道模式。
（2）描述传统的邮购企业如何转型或增加网络销售的渠道。
（3）描述制造商使用的直销模式。
（4）描述虚拟电子零售。
（5）描述鼠标加水泥模式，将其与纯粹电子零售模式进行比较。
（6）描述不同类型的在线商场。
（7）描述限时销售（每日优惠）。
（8）描述 B2C 社交购物模式。

3.3 在线旅游和旅游（酒店）服务

许多旅行商提供在线服务。一些主要的旅游相关网站是 expedia.com、travelocity.com、tripadvisor.com 和 priceline.com。所有主要的航空公司都在线销售它们的机票。其他服务包括度假套餐（例如 blue-hawaii.com）、火车时刻表和预订（例如 amtrak.com）、汽车租赁机构（例如 autoeu-rope.com）、酒店（例如 marriott.com）、商业门户网站（例如 cnn.com/TRAVEL）和旅游公司（例如 atlas-travelweb.com）。诸如 lonely-planet.com、fodors.com 和 tripadvisor.com 等旅游指南的出版商在其网站上提供了大量与旅行有关的信息并出售旅游服务，尽管竞争激烈，但也有合作。例如，2012 年，TripAdvisor 帮助 New Orleans 酒店吸引到了更多客人。

● 示例：TripAdvisor

根据 comScore Media Matrix（2016 年 3 月）的数据，TripAdvisor（tripadvisor.com）是全球最大的旅行网站。该公司提供的旅行建议来自实际旅行者。这是一个全球性的网站，每月访问量超过 3.5 亿人次。有关其历史、功能和更多信息，请参见 tripadvisor.com/PressCenter-c4-Fact_Sheet.html。

● **示例：去哪儿网**

去哪儿网（qunar.com）是全球最大的中文旅行平台。该网站提供的服务类似于TripAdvisor，例如旅行信息、旅行安排和深度搜索（请参见 http://www.qunar.com/site/en/Qunar.in.China_1.1.shtml）。

3.3.1 在线旅行的特点

在线旅行服务的收入来源包括佣金、广告费、预付费、订阅费、网站会员费等方面。

尽管在线旅游公司最担心的是欺诈造成的收入损失，但随着经济的快速发展和成功案例越来越多，在线旅游行业非常受欢迎。消费者可能成为在线旅行欺诈的牺牲品。然而，在线旅行电子零售商之间的竞争还是很激烈、利润率很低。另外，顾客的忠诚度低和价格差异大也使其难以生存。因此，保证最佳的价格，以及开展各种培养客户忠诚度的活动已经成为十分必要的手段。

三大重要趋势将推动在线旅行行业的进一步变革。首先，在线旅行公司可能会试图通过提供卓越的客户服务来突出自己。其次，在线旅行公司提供更方便的搜索功能（例如搜索最优惠的价格）。最后，在线旅行公司可能会使用社交媒体工具为旅行者和潜在的旅行者提供信息（参见本节后面的内容，以及第7章的内容）。

1. 提供的服务

在线旅行公司提供传统旅行公司所能提供的几乎所有服务，从提供一般信息到预订酒店以及购买活动门票。此外，它们还经常提供大多数传统旅行社不提供的服务，例如其他旅行者提供的旅行提示和评论、票价跟踪（低票价的免费电子邮件提醒）、专家意见、详细的驾驶地图和路线（参见 airbnb.com，这是一个连接各地旅行者和提供全球住宿信息的网站，还设有聊天室和公告栏）。

● **示例：HomeAway.com，Inc.**

HomeAway，Inc.（homeaway.com）是一个度假房屋租赁业的交易市场。这个在线市场提供196个国家的126万个付费房源，以供度假租赁使用（2016年4月数据）。其主要想法是以实惠的价格为旅客提供度假屋。例如，你可以以低于酒店一半的价格租用整个度假屋。该网站将物业经理和业主与旅行者联系起来。除了美国之外，该公司还在英国、法国和西班牙等几个国家设有子公司。它有短期和长期两种租用选择。有关详情，参见 homeaway.com。

其他特殊服务包括：

- **无线服务**。许多航空公司（如国泰航空、达美航空和澳洲航空）允许乘客在飞机上使用移动设备上网（通常需要付费）。
- **提前入住**。大多数航空公司提供提前在线办理登机手续的服务。你可以在出发前24小时内打印登机牌。你也可以使用智能手机（或平板电脑）将登机牌下载到手机上，然后将手机中的信息和证件向安检员出示。安检部门通过电子扫描仪，可以从智能手机上读取登机牌并让你登机。
- **直销**。航空公司通过互联网销售电子机票。当客户在线（或通过电话）购买电子机票后，他们只需自行打印登机牌或到机场的电子打印亭输入他们的信用卡号即可获得登机牌。
- **经营联盟**。航空公司和其他旅行公司正在互相建立联盟（例如天河联盟（star-alliance.com））以增加销售或降低在线购买机票的成本。

2. 使用移动设备

移动设备的应用规模正在迅速扩大，有数百款应用可以用来进行价格比较、预订、查看旅行评论以及查找最佳旅行折扣（请参阅 tomsguide.com/us/pictures-story/491-best-travel-apps.html，这上面列出了 50 个最流行的旅行应用）。

3. 社交旅行网络

很多旅行者使用 Facebook、YouTube、Twitter、Gogobot、Flickr、Foursquare 和 TripAdvisor 等网站来规划他们的旅行并在之后分享经验（无论好坏）。例如，所有主要航空公司都在 Facebook 上创建页面，用来提供有关其航空公司的信息和新闻，并建立社群以方便他们的客户与其他旅客交流和分享经验（请参阅 facebook.com/American Airlines）。

不少社交网络有专门的旅行板块。其中一个例子是 wikitravel.org，它的功能类似于一个旅行渠道。通过使用维基百科，任何互联网读者都能创建、更新、编辑和解释网站上的任何文章（也就是"你所写的旅行指南"）。有关旅行的全面资源，可以查看 tripadvisor.com。其他专为旅行者提供的社交网络包括 Trip Wolf、Trip Hub（一个致力于团体旅行的博客）、Trip Advisor、Virtual Tourist、BootsnAll 和 Lonely Planet。案例 3-1 展示了一个社交旅行网络的例子。

◎ 案例 3-1　EC 应用

一种 WAYN：生活方式和一个旅行社交网络

WAYN（wayn.com）代表"你现在在哪里"（Where Are You Now），它是一个社交网站，其目标是联合全球旅行者，让他们分享经验，描述问题，参与讨论和寻找朋友。英国 WAYN 公司的会员从 2005 年的 45 000 名增加到 2014 年的超过 2 240 万名。其中大约有 200 万名会员在英国。WAYN 在很多主要发达国家都很受欢迎。

该网站的功能与 Facebook 和其他主流社交网络类似。旅客可以搜索联系人并在国家地图上直观地找到他们。提供这个功能的目的是让旅行者在旅途过程中告知朋友们自己在哪儿，并且反过来，也能够知道他们的朋友在哪儿（"找附近的人"）。

此外，用户可以将短信发送至全球任何联系人，并使用 WAYN 的即时消息软件在线聊天。利用 WAYN，用户可以创建讨论组、交友、计划旅行，并征求建议。

截至 2016 年 4 月，WAYN 在 198 个国家开始运营，成为全球性的盈利品牌。我们可以在 Facebook 和 Twitter 上关注 WAYN。为了生存，该公司提供旅行折扣并为服务提供商提供广告陈列（请参阅 wayn.com/advertising）。我们可以通过几种可下载的移动应用程序来随时随地访问 WAYN（请参阅 wayn.com/app/appapp/）。该网站还提供了可以与志同道合的人交朋友的机会。有关详细说明，请参阅 tnooz.com/article/wayn-social-travel-revenue-gains（2014 年 2 月发布）。要阅读 WAYN 首席执行官的采访，请参阅 travelblather.com/2013/01/the-future-for-social-travel-websites-an-interview-with-wayn-ceo-pete-ward.html。

资料来源：基于 Butcher（2008）和 wayn.com（访问于 2016 年 4 月）。

问题

1. 访问 wayn.com，指出网站的哪些功能最有吸引力。
2. 登录 wayn.com，并找出所有的广告。列出它们并指出有助于你出游的三则广告。
3. 找出网站上支持移动设备的各项功能。
4. 为什么即使网站的部分功能要收取订阅费用，WAYN 依然如此成功？

3.3.2 在线旅行服务的利弊分析以及竞争

在线旅行服务对旅行者和旅行服务供应商的好处非常多。网络上有大量免费信息，可以随时随地查阅。旅行者可以找到最低的价格。旅行服务供应商也能从中受益，因为它们有机会出售本来有可能闲置的座位或床位。此外，处理费也减少了。

在线旅行服务确实有一些限制。首先，复杂的旅程会难以实现，并且在某些网站上可能出现不可用的情况，因为它们需要复杂的安排。因此，目前暂时还需要旅行公司作为中间人。

3.3.3 在线旅行的竞争情况

在线旅行竞争激烈。除了诸如 Expedia（expedia.com）、Priceline（priceline.com）和 Hotels.com（hotels.com）等知名企业外，还有数以千计的在线旅行相关网站。许多服务提供商有自己的网站，相关网站为旅游网站做广告，向导游出售服务或直接向用户提供服务。在这样一个竞争激烈的环境中，有些在线企业可能会失败（例如，2012 年 9 月 Travel-Ticker 经营失败）。

3.3.4 商旅出行

商旅出行的市场很大，近年来，在线商旅服务一直在迅速发展。企业可以使用前面提到的所有在线商旅服务，有时甚至可以获得一些特别的服务。企业可以让雇员自己计划和预订自己的行程，来节省时间和金钱。企业还可以使用旅行公司所提供的在线优化工具，诸如美国运通（amexglobalbusinesstravel.com）来进一步降低差旅成本。Expedia 通过 Egencia Trip-Navigator（egencia.com）、Travelocity（travelocity.com）和 Orbitz（orbitzforbusiness.com）也提供各种软件工具来安排和预订商旅服务。TripAdvisor for Business（tripadvisor.com/Owners）提供出行与住宿信息。TripAdvisor TripConnect 为企业提供了一种预订的竞争方式，通过将访问者直接转到其在线预订页面来创造新的业务。

● **示例：美国运通的商旅服务帮助 URS 公司躲避飓风灾难**

为了修复卡特里娜飓风造成的破坏，URS 公司（一家大型工程和建筑设计公司）意识到他们需要一套自动化系统来识别需要立即援助的旅客。于是它启用了美国运通商务旅行公司的 TrackPoint 系统（trackpoint.amexgbt.com），该系统可以"帮助公司快速发现受影响的旅客，查明他们的位置并查看他们的行程"（请参阅 businesstravel.americanexpress.com/se/files/2011/11/CS_URSCorp-US.pdf）。

3.3 节复习题

（1）哪些在线旅行服务是传统线下旅游企业无法提供的？
（2）列出在线旅行服务对旅行者和服务提供商的好处。
（3）社交网络如何促进旅行业？
（4）描述在线商旅服务。
（5）描述在线旅行服务的竞争情况。

3.4 就业和在线就业市场

在线就业市场将求职者与潜在雇主联系起来。在线就业市场现在非常受求职者和雇主的欢迎。除了通过专业网站（如 careerbuilder.com）提供的在线招聘广告和就业服务外，大型公司还在其企业网站上建立职业门户网站，以此降低招聘成本并缩短填补职位空缺的时间。表 3-2 列出了在线就业市场相对于传统就业市场的优势。

表 3-2　传统与在线就业市场

特　　征	传统就业市场	在线就业市场
成本	昂贵，特别是在黄金时段或位置	可以非常便宜
持续时间	短	长
地点	通常是本地的，少部分是全球性的	全球性的
内容更新	可能复杂又昂贵	快速、简单、便宜
细节空间	有限	大
申请人搜索难易	困难，特别是对于外地申请人来说	快捷方便
雇主寻找申请者的能力	可能会非常困难，尤其是对于外地申请人来说	容易
供需匹配	难	易
可靠性	低，材料可能在邮寄中丢失	高
员工与雇主之间的沟通速度	可能很慢	快
员工比较岗位的能力	有限	方便快捷

3.4.1 网络就业市场

互联网为求职者和招聘者提供了一个综合性的大环境。几乎所有的《财富》500 强公司现在都使用互联网进行一些招聘活动。在线方式是许多公司最受欢迎的招聘选择。自 2000 年以来，网络就业市场产生的交易额及收益都超过了纸质类广告。仅在美国就有数万个与就业有关的网站。请注意，许多网站免费提供职位列表。美国市场由几大巨头主导，特别是当Monster收购Yahoo! HotJobs和CareerBuilder后。Craigslist、LinkedIn、Twitter和Facebook等社交网站成为非常重要的在线招聘网站（请参阅ask-ingsmarterquestions.com/how-to-recruit-online-finding-talent-with-facebook-twitter-study）。

1. 社交网络上的在线就业市场

根据McCafferty（2012）的统计，58%的招聘人员都认为社交网络是招聘中的"下一个风口"。具体而言，他们中的86%已经使用LinkedIn，51%使用Facebook，27%使用Google+。Del Castillo在2016年的报告中称，超过31%的求职者使用社交媒体找到了工作。Facebook中有许多功能可以帮助人们找到工作，并帮助雇主找到应聘者。Jobcast（jobcast.net）就是这样一个App，公司可以把这个App放在他们的Facebook页面上来招聘候选人。该App拥有不同类型的选择（免费和付费），为LinkedIn和Twitter以及Facebook提供社交分享功能。他们在Facebook上的应用程序用于求职者和雇主之间的联系，他们也会发布关于就业市场的有趣文章（请参阅facebook.com/jobcastnet）。雇主和求职者通过Facebook连接的另一种方式是通过一家名为FindEmployment的公司（facebook.com/findemployment），该公司还为求职者提供提示和建议。linkedin.com/jobs提供了类似的服务。例如，Craigslist每个月都有超过100万个新的招聘信息。LinkedIn搜索引擎可以帮助雇主快速找到合适的候选人。有关招聘中的社交网络活动的更多信息，请参阅第8章和Masud（2012）。

此外，**工作推荐社交**网站解决了雇主挑选合适人选的问题（如jobster.com）。这些网站为求职者提供了提升自身专业能力的机会，并使他们被雇主发现。该网站的算法使猎头公司能够以不同的标准分析来找到合格的申请人。当岗位候选人确定后，工作推荐网站会收到中介费用。最近，越来越多的人开始使用Twitter作为寻找工作的工具。Bortz（2014）为求职者提供策略，并讲解如何使用Twitter与招聘人员联络以及提高求职者的曝光度。

2. 全球就业市场的网络平台

互联网对跨国寻找工作的人非常有帮助。xing.com网站是面向不同国家求职人员和招聘企业的全球门户网站。网络就业市场可能会提高员工流失率和企业在这方面的成本。最后，网上招聘比大多数人想象的复杂，主要是因为网上有非常多的简历。为了促进招聘，一些大企业在招聘人员时开始使用视频会议等新工具进行面试并与来自偏远地区的候选人建立联系。

3.4.2　在线就业市场的优点和局限性

在线就业市场对求职者和招聘者都有很多好处。其主要优势如表3-3所示。欲了解更多有关参加招聘会的优势，请参阅career-cast.com/career-news/how-rock-virtual-job-fair。有关虚拟招聘的好处，请参阅smallbusiness.chron.com/advantage-virtual-recruitment-16632.html。

表 3-3　在线就业市场带给求职者和招聘者的优势

带给求职者的优势	带给招聘者的优势
可以发现大量的空缺职位	可以向大量求职者发送招聘广告
可以与潜在的雇主进行直接快速的沟通	可以降低招聘成本
可以迅速向适当的雇主推荐自己（例如，在 quintcareers.com 上）	通过使用电子申请表降低应用程序处理成本
可以在网络上大量投递简历（例如，在 careerbuilder.com 上）	可以为求职者提供平等的就业机会
	找到高技能的员工
可以随时搜索各地的招聘岗位	可以详细描述职位要求
可以免费获得多种支持服务（例如，careerbuilder.com 和 monster.com 提供免费的职业规划服务）	可以在线面试候选人（例如，使用视频电话会议）
可以在市场中确定适当的工资（例如，使用 salary.com 和 riley-guide.com 查询薪资情况）	可以安排在线测试
	可以根据薪酬调查结果来制定自己的招聘政策
可以学习如何在面试中更好地表现（greatvoice.com）	
可以访问致力于在线就业市场的社交网络组织	可以让现有的工作人员内推

资料来源：基于 Cohen（2013）、Waldman（2013）以及作者的经验。

在线就业市场也有一些限制，比如安全和隐私。求职者发布的简历以及雇主与求职者的沟通通常不加密。因此，机密性和数据保护便无法得到保证。在求职者当前工作地点的人（例如他的上司）也有可能发现其现在正在找工作。LinkedIn 提供隐私保护，使求职者能够确定谁可以在线查看他们的简历。

有关如何在求职时保护你的隐私的提示，请参阅 guides.wsj.com/careers/how-to-start-a-job-search/how-to-protect-your-privacy-when-job-hunting。

3.4 节复习题

（1）描述在线就业市场的驱动力是什么？
（2）在线就业市场给求职者和招聘企业带来哪些好处？
（3）为什么 LinkedIn 对于求职者和雇员来说如此有用？列出 EC 为求职者提供的具体工具。
（4）列出招聘企业提供的具体工具。
（5）描述在线就业市场的局限性。

3.5　在线房地产、保险和股票交易市场

网络基础设施的发展提供了其他的营销渠道、新的业务模式以及新的能力。基础设施带来了提供产品和服务的不同方式。一些主要服务将在本节和下一节中进行介绍。

3.5.1　在线房地产市场

在线房地产信息搜索和交易的变化显著地影响着业务的开展方式。

要了解这些变化，请参阅 realtor.org/research-and-statistic。有关在线和线下房地产市场增长的统计数据，请参阅 realtor.org/research-and-statistics/research-reports。例如，2012 年，74% 的房地产经纪人定期使用社交媒体工具。美国房地产经纪人协会（NAR）进一步的研究表明，超过 42% 的房产买方开始在互联网上搜索房产信息，最近 87% 的买方在互联网上搜索他们需要的住房信息（National Association of Realtors®，2015）。

电子商务和互联网正在慢慢地对房地产业产生越来越大的影响。尽管如此，但房地产经纪人并没有被取代。如今的购房者倾向于同时借助房地产经纪人和互联网购买房产。这种情况可能造成的影响是卖方向代理商支付的佣金下降。

Zillow、Craigslist 和其他 Web 2.0 房地产交易服务

Web 2.0 免费房地产服务，例如 Craigslist（craigslist.org）和 Zillow（zillow.com）既减少了报纸分类广告的使用，又让买方能够自己找到住房信息，并自行比较价格和地点。

Zillow 运营 "Make Me Move"（zillow.com/make-me-move）服务（免费），帮助客户在无须将房产实际投放市场的情况下了解自己有意愿出售的房产价格（zillow.com/wikipages/What-is-Make--Me-Move）。当房主看到他们所列出房屋的价格（匿名）时，房主可能会想将房子出售。卖方还可以看到类似房屋的价格。买方可以通过匿名电子邮件与卖方联系。该公司还提供免费清单（包括照片）。用户还可以参与博客或维基中的讨论，并参与其他面向社会的活动。Zillow 还提供抵押贷款计算器和当前贷款利率。Zillow 从广告商那里获得收入，并于 2012 年成功上市。Zillow 拥有多个竞争对手（例如，ziprealty.com 和 listingbook.com）。Zillow 通过十多个网站用来宣传其品牌（例如，zillow.com/homes/for_rent 和 agentfolio.com）。Zillow 通过在其同伴网站上发布广告来产生收入。

Craigslist 主要的房地产分类栏目包括"出售"和"出租"列表。在这个网站上刊登信息是免费的，只有在个别的大城市会对房产中介收费。

3.5.2 在线保险交易

越来越多的公司通过互联网以大幅度折扣的方式提供标准化的保单，如主要针对个人的车险、财险、寿险。此外，第三方保险门户网站提供免费的保险条款比较服务。几家大型保险和风险管理公司都在线提供综合保险合同（例如，allstate.com、ensurance.com、state-farm.com/insurance、progressive.com/insurance-choices、geico.com）。尽管许多人不相信虚拟保险经纪人，但还是有许多人为大幅度的保费折扣所吸引。许多保险公司采用双重策略，既使用保险经纪人，也开展网上销售（例如，电子邮件和谷歌搜索广告）。像房地产经纪人一样，保险经纪人向数百万人发送未经请求的电子邮件。激烈的竞争可能会降低经纪人的佣金。

● **示例**

超过 86% 的潜在保险客户开始研究和收集互联网上的信息。因此，保险公司正试图利用这一趋势。许多保险公司正在迅速推出各种在线工具来满足这种需求（bain.com/publications/articles/for-insurance-companies-the-day-of-digital-reckoning.aspx）。

3.5.3 在线股票交易和投资

网上股票交易的佣金在 1～15 美元（"廉价经纪人"）与 15～30 美元（"中等价位折扣的经纪人"）之间，而全方位服务经纪商的每笔交易平均佣金为 100～200 美元（请参阅 investopedia.com/university/broker/broker1.asp）。通过网上交易，电话线路不再繁忙，因为在嘈杂的环境中没有口头交流，所以出错的机会很小。人们可以随时随地委托交易，并且不会受经纪人的推荐所左右。此外，投资者可以找到大量关于某家公司或基金的免费研究信息。其向在线交易者提供的服务包括在线报表、税务相关计算、对行业的广泛研究、实时新闻，甚至是关于如何进行交易的指导（请参阅 etrade.com 或 google.com/finance）。

网上交易如何运作？假设一个投资者在嘉信理财有一个账户。投资者访问嘉信理财的网站（schwab.com），输入账号和密码，并点击"股票交易"。使用菜单，投资者输入订单的细节（买入、卖出、保证金或现金、限价交易、按市价交易等）。计算机告诉投资者实时买入价和卖出价，就像经纪人通过电话进行交易一样，投资者可以批准或拒绝交易。这个过程的流程图如图 3-2 所示。

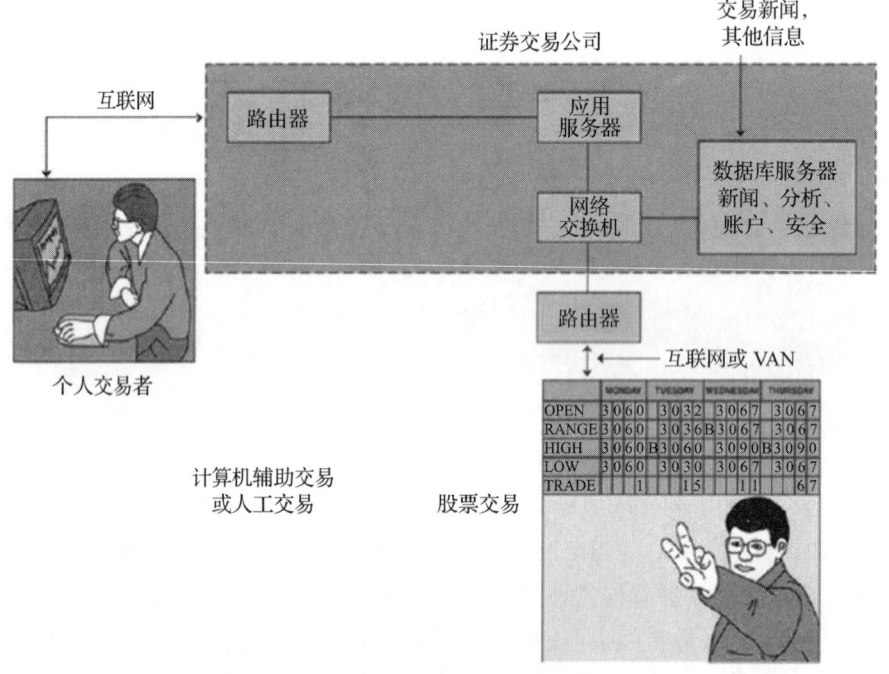

图 3-2 在线电子股票交易

包括 Schwab 在内的一些公司现在也被授权作为交易所。这使得它们能够在 1～2 秒内匹配自己客户的买卖订单。提供网上交易的知名公司包括 E * TRADE、TD Ameritrade、Scottrade 和 Share Builder。

随着移动计算的快速普及，移动股票交易变得越来越流行（例如，来自 E * TRADE 的移动产品）。例如，用户可以在线支付账单和购买股票（详见第 11 章）。

3.5 节复习题

（1）列出主要的在线房地产交易形式。
（2）描述网上销售保险的优势。
（3）描述网上股票交易的优势。

3.6 网上银行和个人金融

电子（在线）银行（e-banking）是指在线进行银行业务。消费者可以使用电子银行查看账户、在线支付账单、获得贷款、转账，等等。61%的美国成年互联网用户在线支付账单（pewinternet.org/files/oldmedia/Files/Reports/2013/PIP_OnlineBanking.pdf）。许多网站现在都能帮助消费者理财，例如 mint.com、geezeo.com 和 kiplinger.com。

3.6.1 电子银行

电子银行为用户节省了时间和金钱。对于银行来说，它提供了一种快速且低价的方式来争取远方的客户。另外，银行可能不再需要这么多的支行或员工。许多实体银行现在提供在线银行服务，有些则将 EC 用作主要的竞争策略。总的来说，网上银行业务已经在全球范围内受到欢迎。例如，中国的网上银行正在迅速普及，特别是在生活于较发达城市的受过教育的新中产阶级中。智能手机和其他移动设备的使用为使用网上银行提供了便利（详见 hsbc.com.cn/1/2/personal-banking/e-banking/personal-internet-banking 以及 Bank of China boc.cn/en）。

3.6.2 网上银行的功能

银行应用程序可以分为以下几类：信息、管理、交易、门户等。一般来说，银行规模越大，在线提供的服务就越多。

3.6.3 纯虚拟银行

虚拟银行没有实体场所，只能进行在线交易。Security First Network Bank（SFNB）是第一家开展网络银行交易业务的虚拟银行。但是银行业不断地并购重组，所以 SFNB 已经被收购，现在是 RBC Bank（rbcbank.com）的一部分。美国其他代表性的虚拟银行有 First Internet Bank（firstib.com）和 Bank of Internet USA（bankofinternet.com）。

然而，由于缺乏资金支持，截至 2003 年，数百家纯虚拟银行中超过 97% 都失败了。2007~2012 年，又一批虚拟银行倒闭了。最成功的银行似乎是鼠标加水泥式的银行（例如富国银行、花旗银行和汇丰银行）。

虚拟银行业务可以通过新的商业模式完成，其中之一就是 P2P 借贷。

1. P2P 借贷

网上银行的推出使得个人贷款可以通过网络进行，例如在线个人借贷或短期 P2P 借贷。这种模式允许人们通过互联网互相借钱。关于 P2P 贷款如何运作，请参阅 thebalance.com/how-peer-to-peer-loans-work-315730。

● 示例

英国的 Zopa 有限公司（zopa.com）和美国的 Prosper Marketplace（prosper.com）是 P2P 在线借贷的两个例子。请注意，尽管 2008~2012 年全球信贷紧缩且 Zopa 和 Prosper 都没有政府支持担保，但它们都在稳步增长。例如，截至 2016 年 5 月，Zopa 的 53 000 名成员按商议价格向英国客户提供了超过 14.5 亿英镑的贷款，主要用于汽车付款、信用卡债务和住房改善。这些 P2P 贷方的违约率非常低（例如，Zopa 自 2010 年以来的历史坏账率为 0.19%），因为钱只借给最有信用的借款人。有关 Prosper 公司的概述，请参阅 prosper.com/about。

需要特别指出的是，如果要把资金汇入包括 P2P 在内的虚拟银行，特别是那些承诺很高的存款利息的银行，一定要事先确认它们是否合法。

◎ 案例 3-2

在线银行交易的 EC 应用安全性

银行为其客户提供各种安全保障措施。以下介绍了一些银行提供的安全措施。

在线访问银行系统的客户必须通过安全套接层（secure socket layer，SSL）安全密码和数字证书验证（参见第 10 章和第 11 章）。这个验证过程可以确保用户访问的网站确实是正确的银行网站。信息通过外部防火墙进入网站。网站显示登录界面后，需要用户输入账号和密码。这些信息流通过 Web 服务器，然后通过内部防火墙到达银行的应用服务器。这个过程如图 3-3 所示。

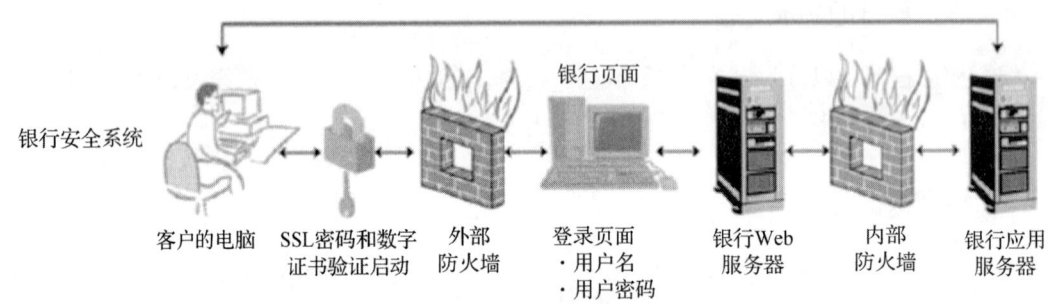

图 3-3　网上银行交易的安全性

银行业务合作伙伴之间共享的信息仅用于合法的商业目的。

在使用计划工具进入假设情景时，银行不会捕获客户提供的信息（以确保隐私不受侵犯）。许多银行使用 cookies 来了解他们的客户，但是客户对如何收集、使用这样的信息享有控制权。另外，大多数银行都会就安全问题向客户提供建议（例如，使用支持 128 位加密的浏览器）。

随着移动设备的使用规模日益扩大，安全风险的威胁也在加深。银行都在设法创新自己的解决方案。例如，在 2009 年 1 月，美国银行推出了"SafePass"功能，该功能可以生成一个六位数的一次性密码，以完成在线交易。动态密码通过短信发送到客户的手机里（请参阅 bankofamerica.com/privacy/ online-mobile-banking-privacy/safepass.go）。其他金融机构也会提供类似的设备。

问题

1. 为什么安全对银行如此重要？
2. 为什么需要两道防火墙？
3. 谁受银行安全系统保护——客户还是银行，还是两者都是？请阐述原因。
4. 这种安全系统的局限性可能是什么？

● **示例**

一些银行拥有多级安全系统。例如，Central Pacific Bank（centralpacificbank.com）会要求用户使用 ID 登录，然后回答之前提供过答案的安全问题。然后，用户会在屏幕上看到预先选择的图像。如果用户没有看到图像和预先建立的短语，用户就会知道他们访问的不是真正的网站。如果所有答案都提供正确，那么用户就可以输入密码登录自己的账户了。

2.风险

网上银行以及鼠标加水泥式银行可能会带来一些风险和问题，特别是在国际银行业务中。人们最担心的是黑客对账户的侵袭。此外，一些人认为虚拟银行承担着流动性风险（没有足够的资金支付到期债务的风险），并且可能更容易出现恐慌性挤兑。监管机构正在努力加强对网络银行的监管。

3.6.4　网上账单和账单支付

由于电子支付正在迅速普及，美国联邦储备局系统处理的支票数量一直在下降，而商务自动清算所（ACH）的交易量一直在增加。许多人更喜欢每月在线支付账单，包括按揭付款、汽车贷款、电话费用、公用事业费用、租金、信用卡账单、有线电视费用等。这种付款的收款人同样渴望在线收款，因为网上付款比较稳定、迅速，且处理成本比较低。

另一种在线支付账单的形式是电子账单或电子账单处理及支付系统（electronic bill presentment & payment，EBPP）。通过这种方式，消费者可以到收款方的网站上用信用卡付款，或者授权收款方直接到消费者的银行账户上扣款。收款方通过电子邮件或第三方支付托管网站将账单发送给客户；然后，客户通过自动授权完成付款。

1.税收

个人理财中的一个重要领域是有关税收的建议和计算的。有数十个网站可以帮助人们进行联邦税收准备。许多网站可以帮助人们合法减税。下列是一些值得查看的网站。

- irs.gov：国税局官方网站。
- taxsites.com：提供大量税务相关信息、研究和服务的网站。
- fairmark.com：投资者税收指南。
- taxaudit.com：美国国内税务局（IRS）监察帮助和税务协助。

2. 手机银行

手机银行是一种能让人们通过智能手机或其他无线移动设备进行金融交易的系统。近期的许多发展都发生于手机银行业务领域（见第 6 章和第 11 章）。诸如智能手机支付和小微支付处理等已经彻底颠覆了金融系统（第 11 章）。可见改善银行和金融体系的需求是显而易见的。

> ### 3.6 节复习题
> （1）列出网上银行的功能。哪些功能对你最有利？
> （2）银行如何保护客户的数据和交易？
> （3）定义 P2P 贷款系统。
> （4）银行交易如何受到保护？
> （5）定义手机银行。

3.7 按需提供日用品、数字产品、娱乐产品及游戏产品

本节将主要介绍 B2C 电子商务中的按需交付问题，包括日用品、数字产品、娱乐产品及游戏产品等。

3.7.1 按需配送

大多数电子零售商使用第三方物流向客户配送产品。它们可能会使用本国的邮政系统，也可能会使用物流公司，如 UPS、FedEx 或 DHL。交付可以在几天或一夜之间完成。加急货物的费用需要由客户承担（除非他们订阅了亚马逊的"Prime"服务，例如 Amazon.com Prime、amazon.com/Prime）。

一些电子零售商和直销商拥有自己的运输工具，以便为消费者提供更快的服务或降低交付成本。根据 Net-a-Porter（net-a-porter.com）首席执行官马克·塞巴（Mark Sebba）的说法，该公司倾向于"尽可能地在公司内部进行运营，其中包括用他们自己的货车为伦敦和曼哈顿的客户配送"（请参阅 net-a-porter-brand.blogspot.com/2013/05/some-more-current-content.html）。这些公司提供定期配送或按需配送（如汽车零部件）的服务。他们也可能会提供额外的服务来提高买方的价值主张。其中一个例子是**线上杂货商**（e-grocer）。线上杂货商能够每天（或以其他固定时间），或在很短的时间内（有时在一小时内）提供配送。另一个例子就是从餐厅或比萨饼店送货到家。此外，办公用品商店、维修零件分销商和药品供应商都承诺即时配送，当天交货。

快递送货被称为**按需配送服务**（on-demand delivery service）。在这种情况下，配送必须在收到订单后迅速完成。这种模式的一种是当天配送。当天配送比"过夜"的配送速度更快，但用时比按需配送的比萨饼、鲜花或汽车修理部件所需的 30～60 分钟要长。线上杂货商通常使用当天配送模式。

配送速度

配送速度不仅对杂货和易腐物品至关重要，而且对其他按需以及大型物品也至关重要。例

如，uber.com 是一家按需提供旅客送货服务的企业。2013 年，他们与 Home Depot 合作提供圣诞树（Rodriguez，2013），另见 blog.uber.com/ UberTREE。

未来最快的配送方式可能是无人机（见第 12 章）。亚马逊、UPS 和谷歌正在研究这个方向。2014 年，Facebook 决定通过以 6 000 万美元收购无人机制造商泰坦航空公司（Titan Aerospace）来追赶潮流（请参阅 forbes.com/sites/briansolo-mon/2014/03/04/facebook-follows-amazon-google-into-drones-with-60-million-purchase）。

3.7.2 数字产品、娱乐产品和媒体产品的在线交付

某些商品（如软件、音乐或新闻报道）既可以以实体形式（如备份、CD-ROM、DVD 和新闻纸）交付，也可以通过互联网进行数字化交付。在线交付会便宜得多，并节省了卖方的存储空间、处理和分销成本。

1. 在线娱乐

在线娱乐发展迅速，现在是最受美国 8～17 岁年轻人欢迎的娱乐形式。在线娱乐有很多种不同类型。因为涉及类型、交付方式和个人喜好的交叉，所以很难对它们进行准确分类。在判别某件事是否属于娱乐时，所有这些因素都必须加以考虑，还要考虑它是什么样的娱乐。一些在线娱乐是互动的，用户可以参与其中。普华永道（Pricewaterhouse Coopers，2013）预测 2017 年全球娱乐和媒体行业的产值将达到 2.2 万亿美元。这包括在线游戏、流媒体视频和音频（流媒体是指实时向用户不断呈现的多媒体）。

所有形式的传统娱乐项目如今都能在网络上实现。由于技术的进步，一些娱乐项目在网上更受欢迎。例如，Facebook 的在线游戏吸引了数百万玩家。有关 Web 2.0 环境和社交网络中的娱乐信息，请参阅第 8 章。

2. iTunes

iTunes（apple.com/itunes）是苹果推出的一款媒体管理软件，其中包括用于购买音乐和其他媒体的在线商店。该应用程序还使你能够管理和播放你下载的内容。请注意，iTunes 以及类似的服务基本上已经粉碎了原有的音乐产业（请参阅 money.cnn.com/2013/04/25/technology/itunes-music-decline），类似的 netflix.com 也影响了 DVD 和 CD 的销售。Asymco 在 2014 年的研究（asymco.com/2014/02/10/fortune-130）发现 iTunes 比 Xerox 和 Time Warner Cable 盈利更多（请参阅 wallst-cheatsheet.com/stocks/study-itunes-is-more-profitable-than-xerox-and-time-warner-cable.html/A = viewall）。

3. 在线票务

这种服务非常受欢迎，客户能够通过电脑或移动设备购买活动门票（例如体育比赛、音乐会等）。像 Ticketmaster.Inc. 这样的公司就属于这一领域。此外，Fandango 是一家销售电影票的公司。

3.7.3 互联网电视和互联网广播

两种类似的流媒体技术在网上非常流行：互联网电视和互联网广播。

1. 互联网电视

互联网电视通过视频流技术在互联网上传送电视内容。内容包括电视剧、体育赛事、电影和其他视频。netflix.com、hulu.com 和 hulu.com/plus 以及 amazon.com/Prime-Instant-Video 等网站提供此类视频点播和订阅服务。有关互联网电视的全面描述，请参阅 wisegeek.org/what-is-internet-tv.htm。它的主要优势在于能够在电脑、平板、手机、蓝光控制台（Blue-Ray console）、Apple TV（apple.com/appletv）、Roku（roku.com）、Google Chromecast（google.com/intl/zh-CN/chrome/devices/chrome-cast）、Aereo（aereo.com）等平台观看，并且可以自己选择要观看的内容和观看的时间。为了与其他频道竞争，传统电视频道已经开发了在线业务，例如 HBO 电视网（hbo.com）。

2. 互联网广播

根据其他几个名称定义可知，互联网广播是指通过互联网直播的音频内容。这是一项广播服务，可让用户在线收听数千个广播电台（例如，欧洲有 4 000 多个电台，请参阅 listenlive.eu）。该服务可以播放电台上的任何内容，以及来自企业、政府甚至个人的广播内容（radio.about.com/od/listentoradioon-line/qt/bl-InternetRadio.htm）。互联网广播与互联网电视具有相同的版权问题。请注意，在很多情况下，内容创作者与发行商之间达成了协议（例如，华纳音乐与苹果于 2013 年达成了 iTunes Radio 的交易，请参阅 cnet.com/news/apple-reaches-iradio-deal-with-warner-music-suggesting-wwdc-launch 和 apple.com/itunes/itunes-radio）。

3. 潘多拉电台

潘多拉电台（Pandora radio）是一款领先的免费互联网收音机，不仅可以收听广播电台的音乐，还可以收听许多其他来源的音乐。该服务的核心是"音乐基因组计划"（Music Genome Project）。根据 pandora.com/about，该项目基于数千首音乐作品的综合分析。项目中的所有音乐都可以在潘多拉电台上播放，让你享受听音乐的乐趣。

潘多拉电台实际上是一款音乐流媒体和自动音乐推荐服务，2016 年时仅在美国、澳大利亚和新西兰运营。用户可以创建多达 100 个个性化电台用于播放预设的音乐列表。2014 年 2 月，该公司向独立艺术家开放了内容提交流程（请参阅 sub-mit.pandora.com、help.pandora.com/customer/portal/articles/24802-information-for-artists-submitting-to-pandora 和 Hockenson（2014））。有关潘多拉电台的帮助信息，请参阅 help.pandora.com。

各种电子零售商将歌曲出售给潘多拉电台的听众。你可以通过许多流媒体设备收听潘多拉电台。你可以通过网络、家庭收听设备和大多数移动设备免费享受潘多拉电台的服务。Pandora One（pandora.com/one）有月租费，但其具有无广告和音频质量更高的优点。潘多拉电台是盈利的，其用户群数量正在继续增长；在 2014 年 3 月，它已拥有 7 530 万个活跃的听众（inves-tor.pandora.com/file/Index?KeyFile=22417465）。

3.7.4 社交电视

社交电视（TV）是一种新兴的社交媒体技术，可以让位于不同地点的多位电视观众同时观看同一节目，并交互式地讨论、评论和推荐。根据 Mashable.com（mashable.com/category/social-tv）解释，社交电视是"电视和社交媒体的结合"，指的是"人们在看电视节目时互相交流，或者用互联网作为交流的媒介，互相讨论电视内容"。这种交流可以通过在社交网络、智能手机、平板电脑等社交网络上发消息进行。社交电视将广播电视节目和用户生成的内容与丰富的社交媒体结合起来。

1. 社交电视的特点

社交电视有几个特点：

- 用户可以发现新视频内容并与朋友分享自己的发现。
- 大多数社交电视活动都是通过观看内容并对其他人进行评论来实时完成的，即便观众位于不同的地方。
- 社交电视允许人们以独特的方式与其他拥有相同兴趣的人进行联系。

社交电视吸引了大量观众（由于在线观看的兴起，传统电视观众数量正在下降）。

2. 成人娱乐

在线成人娱乐可能是最赚钱的 B2C 模式（通常没有或很少广告，观众支付订阅费），并且它在互联网使用中占很大比例。成人内容网站很受欢迎，是因为它们提供了大量选择，收费低（甚至是免费的），并且匿名，这种流行可能会给一些企业带来麻烦。Forrester Research、IDC、Datamonitor、Mediabistro Inc. 和 Nielsen 等市场研究公司的报告显示，观众愿意支付大量费用查看成人网站。

3. 互联网游戏

互联网游戏包括所有形式的游戏，例如街机游戏、抽奖游戏、赌场游戏和升级游戏等。2008～2016 年，尽管经济不景气，但线上赌博的收益还在继续增加。全球在线博彩业在 2013 年扩大 8%，达到 355 亿美元。根据 Statistica.com（2016）的统计，2018 年在线游戏市场规模将达到近 561 亿美元。近年来全球宽带服务接入和使用的便利性对于在线游戏的发展至关重要。

3.7.5 法律方面

尽管在线赌博在美国几乎所有的州都是非法的，但它仍在蓬勃发展。2013 年，特拉华州和内华达州首次允许在线赌博，然后是新泽西州（2013 年 10 月，特拉华州成为第一个允许"全套"互联网赌博的州）。2014 年 2 月，特拉华州和内华达州签署了一项协议，允许州际在线赌博。特拉华州在 2015 年申报了 180 万美元的国家收入。请注意，联邦法律限制某些特定州的玩家进行线上赌博（这可以通过使用地理定位软件进行验证）。因此，如果一个州允许在线赌博，则只有在你处于该州时才能进行。在线赌博在其他国家（如澳大利亚）是合法的。到2015年，至少有七个美国的州正在商讨是否要使在线赌博合法化。

资料来源：基于 Zernike（2013）、Fox News（2014）和 Pempus（2016）。

> **3.7 节复习题**
>
> （1）描述按需配送服务。
> （2）描述数字商品及其交付方式。
> （3）描述软件、音乐等在线交付的好处和局限性。
> （4）描述在线娱乐的主要形式。
> （5）描述互联网电视、社交电视和网络电台。
> （6）描述在线赌博及其挑战。

3.8 在线购买决策辅助工具

许多网站和工具可帮助消费者进行在线购买决策。一些网站主要提供价格比较服务（例如，pricerunner.co.uk 和 shopzilla.com），有些则帮助消费者比较服务、信誉度、质量等其他因素。购物门户网站、购物机器人（商店爬虫）、商业评级网站、信用认证网站、社交网络中的朋友建议等都可以帮助消费者进行购物决策。接下来介绍其中的主要类型。

3.8.1 购物门户网站

购物门户网站（shopping portal）是通往网上商店和电子商场的入口。具体来说，它们同时拥有许多网上商店的链接。像其他门户网站一样，它们可以是综合性的或专业性的。综合性的门户网站上有各种卖方的链接，可以展示各种产品并做出评价。eCOST.com（ecost.com）是一个综合性的例子。消费者可以在有些公共门户网站上直接购物，并进行商品比较，例如 shopping.com（eBay 商业网络的一部分）、shopping.yahoo.com 和 pricegrabber.com。eBay（ebay.com）也是一个购物门户网站，因为它除了进行竞价销售，也有按固定价格销售的商品。其中一些评估公司已经购买了购物机器人或其他较小的购物平台辅助工具，并将它们整合到其门户网站中。

一些购物门户网站提供特定产品（如书籍、电话）或服务（如大学、医院）的链接。这些门户网站还帮助客户搜索信息。例如，提供计算机、电器和电子产品的 zdnet.com/topic-reviews 和 shopper.cnet.com。专业购物门户网站的优势在于它们只专注于某一类产品。有关电子零售商、B2B、市场营销等信息的综合性网站的内容，请参阅 Internet Retailer（internetretailer.com）。

3.8.2 购物机器人帮助进行价格和质量的比较

精明的网上购物者可能想要更便宜地购物。购物机器人（购物代理、商店爬虫）是寻找最低价格或按照其他标准搜索的搜索引擎。不同的购物机器人使用不同的搜索策略。例如，mySimon（mysimon.com）在网上搜索数以千计流行商品可得的最优惠价格。

1. 谷歌企业搜索和企业搜索应用

谷歌企业搜索可以帮助企业搜索所有内部和公开的信息。

一个被称为企业搜索应用的强大服务器支撑了这类查找服务。该服务器提供许多灵活的搜索选项，包括使用某些外语进行搜索。

Search Spring（search-spring.net）提供了类似的服务。

2. "间谍"服务

这里的"间谍"服务与中情局或军情五处无关。它按照消费者提供的查询条件访问网站，然后将查询结果反馈给他们。网络用户和购物者需要经常监视网站以获取特别销售、拍卖结束时间、股市更新等新信息，但这样非常耗时。所以，有些网站会跟踪股票价格或航空公司的特价航班情况并发送相应的电子邮件给客户。例如，money.cnn.com、pcworld.com、expedia.com以及google.com/alerts 会向用户发送个性化的电子邮件通知以提醒他们。当然，"窥探"互联网用户最有效的方法之一就是在他们的计算机中引入 cookie 和间谍软件（详见第 9 章）。

3.8.3 评分、评论和推荐网站

社交购物者通常可以查看的评价和评论可能来自朋友，甚至不认识的人（例如，专家或独立的第三方评估人员）。此外，任何用户都可以贡献自己的评论并且参与相关讨论。接下来介绍的评分和评论工具是基于 Gratton & Gratton（2012）、bazaarvoice.com/solutions/conversations 以及作者的经验。以下是主要的工具类型和方法。

- **客户评分和评论**。客户评分非常受欢迎；我们可以在产品（或服务）页面或独立评论网站（如 TripAdvisor）和客户新闻订阅上找到客户评分和评论（如 Amazon.com、Buzzillions 和 Epinion）。客户评分可以通过投票或民意调查来汇总。
- **客户推荐**。客户体验通常在供应商的网站和 TripAdvisor 等第三方网站上发布。一些网站鼓励进行这类讨论（如 Bazaarvoice Connections、bazaarvoice.com/solutions/connections）。
- **专家评分和评论**。评分和评论也可以由领域中的专家提供，并出现在不同的在线出版物中。
- **赞助评论**。这些评论是由付费博主或领域专家撰写的。广告商和博主可以通过搜索诸如 sponsorreviews.com 之类的网站来找到彼此，这些网站将博主与营销人员和广告商联系起来。
- **会话营销**。人们通过电子邮件、博客、在线聊天、讨论组和推文进行交流。监测这些对话可能会为市场调查和客户服务提供丰富的数据。会话营销平台的一个例子是 Adobe Campaign（adobe.com/solutions/campaign-management.html，以前称为 Neolane）。

- **视频产品评论**。评论可以通过视频产生。YouTube 提供上传、查看、评论和分享评论的功能。
- **博客评论**。这是一个值得怀疑的方法，因为有些博客是付费的，所以评论可能有所偏颇。然而，也有许多博客以其中立而闻名。有关 50 个产品评论博客的列表，请参阅 Sala（2012）。

许多网站根据多个指标对各种电子零售商和在线产品进行评分。Bizrate（bizrate.com）和 Consumer Reports Online（consumerreports.org）是著名的评分网站。Bizrate.com 组织了一群购物者对各种店家评分，并在评估中使用编辑后的结果。请注意，不同的评分网站提供的排名不同。Alexa Internet，Inc.（alexa.com，亚马逊公司）计算 Web 流量排名，请参阅 alexa.com/pro/insight。

3.8.4 比较购物网站

大量网站为产品和服务提供价格比较服务（如在线门票、邮轮）。亚马逊等在线零售商也提供价格比较服务，其他许多网站也提供价格比较服务（如 nextag.com、pricegrabber.com、mysimon.com）。FreePriceAlerts.com（freepricealerts.com）是一个专业比价的应用程序。

3.8.5 信用验证网站

有这么多的网上卖方，很多消费者不确定他们应该信任谁。因此，许多公司评估和验证各种电子零售商的可信度。TRUSTe（truste.com）就是一家这样的公司。TRUSTe 印章出现在每个 TRUSTe 认可的电子零售商网站的底部。电子零售商向 TRUSTe 支付印章（它们称之为"信任标志"）使用费。1 300 多家企业使用 TRUSTe，它们希望借助这枚信用标志，让消费者对自己的经营模式、个人信息保护、隐私保护政策等产生足够的信任。信用网站授予企业用于展示的信任印章，它可以用来向客户展示企业的质量水平。有关类型，请参阅维基百科的"Trust Seal"词条。TRUSTe 现在为移动设备提供服务，称为 TRUSTed 应用程序（truste.com/products-and-services/enterprise-privacy/TRUSTed-apps），它提供持续的监视和保护，以确保商家的移动应用程序值得消费者信任。

有些认证网站是综合性的，例如 Symantec Corporation's VeriSign（verisign.com）和 BBB-Online（bbb.org）。VeriSign 是使用最广泛的。其他信用验证来源包括 Secure Assure（secure-assure.co.uk），该服务向用户收取年费。此外，全球公共会计师事务所安永会计师事务所为电子零售商提供审计服务，以便为其商业行为的合规性提供一些保证。其他网站还有 trust-guard.com 和 trust-verified.org。2013 年调查结果显示了人们最信任的网站印章（使用谷歌顾客调查（Google Consumer Surveys）进行调查，并在 baymard com/blog/site-seal-trust 中报告）。

对评论、评分和建议的担忧

有些人对于评论和建议的准确程度提出了质疑。在一些网站上，假评论可能占总评论的30%~40%。然而，在2012年，Yelp创建了消费者警报服务，当它们发现有企业花钱买评论时，会向消费者发出提醒（请参阅 webpronews.com/just-how-bad-is-yelps-fake-review-problem-2014-01）。截至2014年1月中旬，Yelp发布了近300条消费者警报机制（有关消费者警报的一个例子，请参阅 searchengineland.com/yelp-turned-the-heat-285-consumer-alerts-issued-over-fake-reviews-181706）。企业花钱让博主写评论是另一个令人担忧的现象。有人声称这样的评论可能存在偏见。另一个值得关注的问题是，如果某个产品只有少数人评论，那么可能存在偏见（正面或负面）。最后，看看博客评论网站是明智的选择（关于前50名评论博客的列表，请参阅 Sala（2012））。亚马逊已经在其网站上发布了"Funniest Reviews"列表作为附注，其中涉及从香蕉切片机到马头面具等各种各样的产品（请参阅 amazon.com/gp/feature.html?ie=UTF8& docId=1001250201）。

3.8.6 其他购物辅助工具

其他数字中介机构帮助买方、卖方双方开展市场调查和购物流程设计。例如，第三方支付托管（如 escrow.com 和 abnamro.com/en）可协助买卖双方交换商品和金钱。通常，人们需要一个值得信赖的第三方来促进货币和商品的正确交易，以及验证信息（请记住，交易双方通常甚至看不到彼此）。第三方托管站点也可以提供支付流程支持和信用证担保交易（见第11章）。

- 与 Craigslist 类似，Angie's List（angieslist.com）帮助其会员在700多个类别中找到高质量的服务公司和医疗保健专业服务。虽然收费，但它相比免费评论网站，拥有非匿名评论的优势，并且他们的数据是经过认证的，"所以你能了解事情的全貌"（请参阅 angieslist.com/how-it-works.htm）。Angieslist.com 还提供投诉解决服务和优质服务公司的折扣。他们的呼叫中心还能提供实时支持。
- 要以标准的、易于理解的格式组织商店信息，供应商可以使用诸如 facebook.com/thefind 等工具。购物者只需使用一个工具进行一次搜索，就能比较所有店铺的商品，找到最优惠的价格。

另一种购物工具是钱包（wallet），这里指的是电子钱包，它是一个包含了购物者信息的程序。为了加快网上购物，消费者可以使用电子钱包，以便他们在每次购物时不需要重新输入信息。尽管亚马逊等网站提供了自己的专用钱包，但 Microsoft Passport 有两项服务：一个是单点登录（Single Sign-On）服务，它允许成员使用同样的账号和密码登录越来越多的不同网站；另一个是电子钱包服务，会员可以使用该服务快速、便捷地进行网上购物。

- **示例：Yelp**

Yelp（yelp.com）是一个搜索引擎，其目的是帮助人们通过当地人的推荐来找到当地（在特定城市）的某种服务，包括机修服务、餐饮服务、美容美发服务等。它将人们与企业联系起来。被称为"Yelpers"的社区成员给商家写评论、评分。Yelpers 能够寻找活动和特别优惠，还可以通过发布不同主题的"对话"来与别人联系（例如，与来自洛杉矶的人"交谈"，请参阅 yelp.com/talk/la）。有关详细信息，请参阅 yelp.com/faq 和第7章。

3.8.7 信息聚合器

这些网站汇集了来自许多其他网站的信息。Yipit（yipit.com）是一个免费的"基于电子邮件的每日汇总"，它收集来自日常交易网站（如 Groupon 和 Living Social）的产品的交易（"你所在城市的每笔交易"）。用户告诉 Yipit 想要什么，当有合适的折扣时，它们会提醒用户，价格通常是零售价的一小部分（yipit.com/about）。

1. 数字优惠券

购物者开始使用新一代优惠券，这些优惠券可以被描述为"无须剪辑和打印"。它的工作原理如下所示。例如，你注册 Safeway 的"Just-For-U"程序。你点击特价商品或你想要的产品的优惠券。当你进入 Safeway 并购买你点击的任何产品时（如果可用），你将自动获得 10%~20% 的折扣。SavingStar Inc.（savingstar.com）在美国提供类似的全国性服务。

2. 自助服务

自助服务工具的例子有：配置工具、计算器（如成本计算）、常见问题解答、虚拟在线实时帮助、应用工具和网站搜索。

3.8 节复习题

（1）定义购物门户网站并提供两个示例。
（2）定义购物机器人。
（3）在购买决策过程中，企业和网站评分、评论、建议和网站认证工具起到了什么作用？
（4）为什么第三方支付托管对在线购买有帮助？描述 B2C 电子商务中的"间谍"服务。
（5）网站如何鼓励人们对产品和供应商做出评价？
（6）描述数字优惠券。

3.9 零售竞争的新面貌：传统零售商与电子零售商

B2C 的引入加剧了零售市场的竞争。正如我们在第 2 章的蓝色尼罗河公司的案例中所说明的那样，商品价格正在下降，而许多企业正在经历倒闭或转型。例如，许多零售商正在为它们的线下产品添加在线零售渠道，或添加仅限互联网专卖的选项。增加一个在线零售渠道会有所帮助，但百思买、彭尼百货、Radio Shack、西尔斯、史泰博和 Office Depot 等众多知名零售商仍然被迫关闭许多实体店，并且正在为生存而挣扎（例如，usatoday.com/story/money/business/2014/03/12/retailers-store-closings/6333865 和 Schoon（2014））。让我们先看看竞争的概况。

3.9.1 线上与线下的竞争概述

来自 oxford-handbooks.com 的《牛津数字经济手册》（*Oxford Handbook of the Digital Economy*）

提供了 Lieber & Syverson（2012）的综合研究报告，其中描述了线上与线下零售市场竞争的性质以及它们的相互作用。他们还介绍了网上购物的特点以及需求和供应的变化。以下是手册中研究的主要变量。

- **客户的搜索成本**。随着如今购物搜索和比较引擎以及移动设备的使用，客户的搜索成本非常低，它在竞争中的重要性可能正在下降。
- **配送时间**。实体商店的订单通常是实时处理的。但是，网络企业正在不断缩短购买和使用之间的时间。在未来，配送将由无人机完成（参见第 12 章和本章的开篇案例）。与此同时，至少在大型城市地区，电子零售商正在推出有效的当日送货服务。此外，在 2013 年，亚马逊与美国邮政服务公司合作，在洛杉矶和纽约大都会地区可以进行周日配送服务，并于 2014 年将服务延伸至其他城市（请参阅 usato-day.com/story/tech/2013/11/11/amazon-Sunday-delivery-usps/3479055）。Google Shopping Express（google.com/shopping/express）是旧金山和圣何塞地区的当天配送服务，用于挑战亚马逊和 eBay 提供的类似服务（请参见 Hsu（2014））。
- 显然，电子零售中的数字化产品配送非常快。这是一个重要的因素，因为不同商店在线销售的产品价格和质量非常相似，所以配送快慢已成为重要因素。
- **分销成本**。传统零售商需要花钱来建立（或租用）店面、拥有库存、做广告等。另外，电子零售商需要支付包装和运输费用，但它们的广告费用和库存成本较低。这些成本因产品和地理位置等不同而不同。分销成本可能是竞争中的重要因素。
- **税收差异**。网络购物的优势正在减弱，因为（美国）对州外的在线产品逐渐开始征税。
- **价格**。在线商家提供的产品不仅通常价格较低，而且可能在鼠标加水泥模式公司的内部造成价格冲突（参见 3.10 节）。
- **买方可获得的信息**。虽然消费者不能现场检查他们在线购买的商品，但他们可以使用互联网获取有关他们计划购买的商品的大量信息。总体而言，这不是大多数交易的主要影响因素。
- **其他影响因素**。还有其他几个因素在竞争中也非常重要。例如，卖方是谁、买方是谁、使用的销售渠道、消费者满意度、消费者忠诚度水平以及卖方线上和线下营销渠道之间的关系都很重要。最后，购物趋势清楚地表明，更多人在网上购物并花费更多资金（例如，参见 Moseti（2014））。尤其是年轻人更倾向于使用所谓的"展厅销售"。这是指购物者先去实体店查看商品和价格，然后他们以较低的价格在网上购买（参见 Isidore（2014））。

购物者正在他们的移动设备上使用应用程序来比较价格（请参阅 Motorola Solutions（2013）；所用的一些应用程序，请参阅 verizonwireless.com/news/article/2014/01/rooming-trend.html）。一般来说，顾客在网上购买产品之前都倾向于"接触和感受"一下产品（请参阅 cnbc.com/id/100597529）。

全球竞争

截至 2016 年，我们可以看到在线全球竞争越来越激烈。例如，有些中国企业提供的电子商品的价格比亚马逊更低。收购 Buy.com 后，日本公司 Rakuten（rakuten.com）通过提供英文网站在美国市场竞争。

3.9.2 传统零售商与电子零售商

自 20 世纪 90 年代中期电子商务出现以来，很明显，在某些行业，电子零售会影响砖块加水泥模式零售商。在第 2 章中，我们介绍了蓝色尼罗河公司打破珠宝行业传统竞争模式的一个例子。股票经纪人和旅行社也成为虚拟竞争对手的受害者。亚马逊最初专注于销售书籍，打败了 Borders 等书店。如今，亚马逊正在与成千上万的零售商竞争，包括像沃尔玛这样的巨头（参见 O'Connor（2013））。《不列颠百科全书》和许多其他的百科词典不再推出印刷版。传统零售商的最初防线就是成为"鼠标加水泥"式企业，即在它们的实体店增加一个在线分销渠道。这帮助了一些但不是全部的百货公司和专卖店。

3.9.3 鼠标加水泥模式零售商的案例

大多数大型零售商已经转型成为鼠标加水泥模式企业。让我们看几个例子。

1. 百思买

百思买与沃尔玛、塔吉特等公司一样，增加了在线营销渠道。然而，与盖璞相比，百思买并不成功。其中一个原因是该公司经营大型商场。消费者可以先到实体商店查看产品，然后回家在网上订购（"展厅销售"），因为在网上的价格要便宜得多。在 2012 年夏季，百思买降低了其价格以匹配亚马逊的价格。其结果是，2012 年 8 月，全球最大的电子零售商之一百思买，一年的利润下降了 91%。因此，该公司决定关闭 50 家门店，并且转向小型商店以降低成本。作为几年前最成功的电子零售商之一，百思买的未来正在改善，但截至 2014 年 4 月结果仍然不确定。由于客户于 2013 年年初就体验了"展厅销售"模式，百思买决定不仅对所有本地零售竞争对手进行价格匹配，还对 19 个"主要在线竞争对手"进行价格匹配。价格匹配倡议原本只是在 2012 年假期期间暂时实行，但由于其极受欢迎，百思买决定将其永久化（请参阅 businessinsider com/best-buy-new-price-matching-policy-2013-2）。

2. 菲律宾 SM 连锁商城

Magdirila（2014）称，这个庞大的连锁店（菲律宾境内 230 多家商场和超市）正在为 2016 年开展全面的在线业务做准备。

3. 其他策略

根据 VOA 新闻（2013）的消息，许多零售商提供应用程序可帮助购物者在实体店内找到物品。零售商还可以提供电子优惠券，并帮助购物者更容易地在线订购脱销商品。有关这些策略的更多信息，请参见 Krupnik（2013）。

3.9.4 传统零售商可以做什么

除了开放在线渠道并关闭利润最低的实体店之外，传统公司还有一些策略可以实施。以下是具有代表性的例子。

1. 小型企业能否生存

尽管百思买和 HHGregg 等大型零售商可能会倒闭，但一些小型企业却可能会生存下来。小型企业如 dogtoys.com 和 dell.com 是电子商务的先驱，并且现在仍然表现良好。小型电子零售商的成功似乎与以下战略有关，其中包括：

- 利基市场（niche markets）。无法大规模量产的产品（如非日用品）应该由小型企业提供（如提供定制和特殊产品）。
- 比亚马逊更快的配送。在当地市场销售产品是小型企业的理想选择（但现在亚马逊通过"本地快递"服务提供在特定城市的当天发货服务）。
- 保护隐私。亚马逊监测客户在网络上的行为。
- 聚焦于当地市场。
- 提供卓越的客户服务。
- 有竞争力的价格。
- 使用许多小型企业所采取的策略来维护自己的声誉，无论是纯虚拟企业，还是鼠标加水泥式企业，抑或是砖块加水泥式企业，都可以生存并取得成功。

2. 走向全球

一些小型企业（如 dogtoys.com）拥有许多全球客户。像亚马逊这样的大型企业在全球也非常活跃。例如，根据 Brohan（2012），亚马逊是欧洲最大的在线零售商。大型企业收购当地的电子商务公司或与它们建立合资企业。

● **示例**

Ralph Lauren Corporation（ralphlauren.com），是一家服装设计商、制造商和零售商，它正在欧洲积极进行在线销售。2013 年，它开始在日本开展在线销售。其 2012 财年的在线销售额增长约 30%（请参阅 internetre-tailer.com/2012/05/25/ralph-lauren-sees-more-global-e-commerce-coming-soon）。Baccarat，一家大型珠宝、水晶和高脚杯产品的制造商，也进行着类似的全球扩张。有关 Baccarat 如何促进其在线销售额的详细信息，请参阅 Enright（2012）。有关企业走向全球的更多信息，请参阅第 12 章。

3. 结论

根据 Isidore（2014）和其他许多人的说法，实体零售业的未来并不乐观。许多商店已经停业。另外，许多零售商也迟早会倒闭。请注意，在线业务正在变得更加多元化。例如，亚马逊正在尝试蔬菜和水果的当日配送，中国的电子商务公司正在向银行业务进军（参见 Riley et al.（2014））。

> **3.9 节复习题**
> （1）描述电子零售商相对传统零售商的主要优势。
> （2）为什么传统零售业状况不佳？
> （3）讨论适合小型企业生存和成功的一些策略。
> （4）为什么电子零售商要走向全球？

3.10 电子零售的问题及吸取的经验

以下是在进行 B2C 电子商务时需要解决的代表性问题，以及从中学到的一些经验教训。

3.10.1 去中介和再中介

去中介（disintermediation）是指在供应链中，去除负责特定活动的某些中间组织。如图 3-4b 所示，制造商可以绕过批发商和零售商，直接把产品销售给顾客。因此，B2C 可能会让零售商退出市场。根据 Lieber & Syverson（2012）的说法，由于网络竞争，一半的美国旅行社在 1997~2007 年歇业了。有关去中介的案例，请参阅第 2 章中的蓝色尼罗河公司的案例。绕过中介机构的案例请参阅 Miller & Clifford（2013）。

但是，消费者在选择在线供应商时可能会遇到问题，供应商可能在向客户配送商品时遇到问题，并且可能需要第三方支付托管来保证交易的顺利开展。因此，可能需要新型的中介机构，而服务可能由新的或传统中介机构提供。这项新活动称为"**再中介**"（reintermediation），如图 3-4c 所示。Edmunds（edmunds.com）是一家发挥这些中介作用的公司，它为消费者提供有关汽车的信息（例如价格比较、评分和经销商成本）。另一个例子是旅行社，它们可以为客户安排复杂的旅程，提供更长的预订保留时间，安排特别行程和景点折扣。传统中介机构逐渐式微的同时，这些新的中介公司可能会迅速发展。

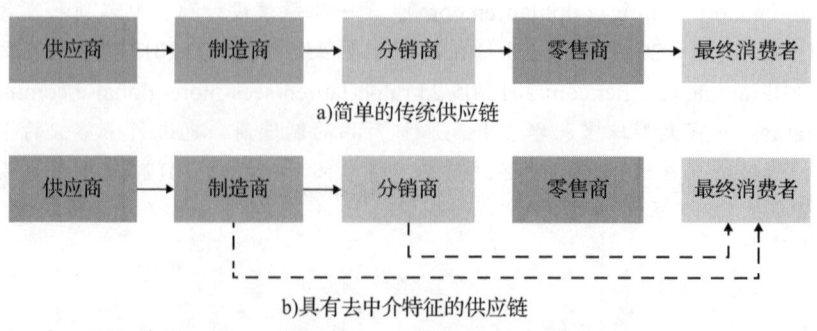

图 3-4 B2C 供应链中的去中介和再中介现象

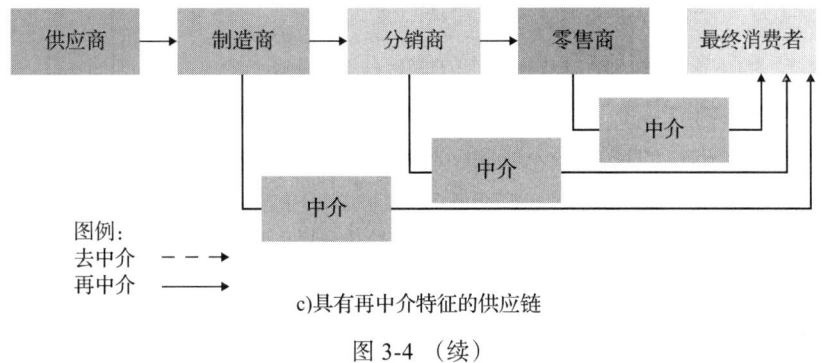

c) 具有再中介特征的供应链

图 3-4 （续）

抵制变化

那些可能被淘汰，或者地位及佣金降低的中介，可能会抵制这种变化。其中一个例子是芝加哥商品交易所（CME）和芝加哥交易所（CBOT）的电脑化。经纪人对这种变化的抵制已经持续了很长时间。

3.10.2 渠道冲突

许多传统零售商开始在线销售，建立新的营销渠道。同样，一些制造商已经建立了与其现有分销渠道（如零售商或经销商）并行的直销渠道。在这种情况下，可能发生**渠道冲突**（channel conflict）。渠道冲突是指在线销售损害现有渠道合作伙伴利益的情况。这种冲突的激烈程度取决于行业的性质和企业的特点，但有时开展在线销售会破坏与原有商业伙伴的关系。如果企业开展在线销售仅仅是将客户从传统门店吸引到网络上来，使得原来的门店利润下降甚至亏损，那么就可能造成渠道冲突。解决冲突的一种可行模式是允许在线订购和付款，但客户需要去实体店提货。

3.10.3 产品和服务的定制化与个性化

互联网使得消费者能够比较便捷地开展自我配置（"DIY"）。于是，就出现了对定制产品和服务的巨大需求。制造商可以通过使用大规模定制（mass customization）的策略来满足这种需求（参见 en.wikipedia.org/wiki/Build_to_order）。如前所述，许多公司在其网站上提供产品定制化服务。

总之，电子零售作为一个新的营销渠道正在迅速发展。换句话说，无论是否引起冲突，鼠标加水泥模式都会成功。

有关电子零售和多渠道零售的更多信息，请参阅 dmsretail.com/etailing.htm。

3.10.4 从电子零售商的失败中吸取的经验教训

就像在实体市场一样，企业开展网络业务也会面临失败。尽管数千家公司已经将它们的在线策略发展成为具有广泛交互功能的成熟网站，这些功能为消费者购买过程提供了帮助，但许多其他网站仍然是简单地展示产品目录，交互性有限。许多传统公司正处于过渡阶段。成熟的交易系统包括支付处理、订单实现、物流、库存管理和其他一系列服务。在大多数情况下，公司必须保留传统零售业务，同时设计一些只适合于在线运营的特色业务。在今天，网络环境有着十分复杂的访问模式，消费者可以在网站页面上、电子触摸屏上、网络手机上，或是利用无线网络使用 PDA 等查阅订单信息、配送信息、产品信息。面对这样多变的环境，电子商务要实现盈利是一个很大的挑战。

一家传统实体店如果拥有成熟的网站，并采用类似塔吉特、沃尔玛和史泰博成功的鼠标加水泥式策略，可以创造出成功的多渠道业务，这对于那些想要自主选择购买渠道的消费者来说也是十分有利的。

3.10 节复习题
（1）定义去中介。
（2）描述再中介。
（3）描述渠道冲突和电子零售中可能出现的其他冲突。
（4）解释电子零售中的个性化和定制化。它们对客户有什么好处？
（5）鼠标加水泥式企业为什么能成功？

管理问题

与本章有关的一些管理问题如下所示。

1. 电子零售的局限性是什么？电子零售的发展方向是什么？ 在韩国，电子零售已成为第二大重要的分销渠道，其销量超过了全国所有百货商店的总销量。在许多国家，B2C 是增长最快的零售形式。问题是电子零售还存在什么限制。市场集聚效应已经开始显现，从而为新的电子零售商设定了高门槛。但是，小型企业依然可以比较容易地在网络商城中占有一席之地，前提是它们能够找准合适的细分市场。

由于融资渠道不畅，收入模式也需要重新考虑，所以电子零售商的整合还将继续，直到电子零售市场更加稳定。最终，市场上可能会留下较少数量的综合性零售网站（如亚马逊）和许多较小的专业化网站（如 Net-a-Porter、蓝色尼罗河公司）。

2. 应该如何推出移动购物？ 在一些国家（如日本、韩国、芬兰、美国），通过手机购物已经非常流行。在其他有些国家，尽管移动平台本身可能已经开始运行，但移动购物尚未流行。许多国家正在发展替代渠道（多渠道营销），以及培养各种沟通渠道的文化，来促进移动战略的发展。另外，由于年轻一代更喜欢使用移动平台，因此需要特别考虑针对年轻一代的战略。提供移动购物可能并非简单之事或许并不一定适合所有企业，但它显然是发展趋势。

3. 是否存在伦理和隐私标准？ 在网络中，伦理问题非常重要，就像线下一样。在传统体系中，人的参与在确保买卖双方的道德行为方面起着重要作用。而在线道德规范和礼仪规则是否足以监督互联网上的行为？只有时间会给出答案。例如，随着求职者信息通过互联网传播，安全和隐私变得更加重要。管理层的工作是确保申请人的信息是安全的。此外，电子零售商需要制定规则，以保护访问它们网站的客户的隐私。安全和隐私是至关重要的问题。

4. **中介如何在网络环境中发挥作用？** 在线中介的作用越来越重要。在银行业、股票交易、就业市场、旅游业和书籍销售市场，互联网已经成为重要的服务渠道。这些中介服务为卖方和中间商创造了新的商机。

5. **我们应该利用社交网络盈利吗？** 许多组织及个人开始在 Facebook 和其他社交网络上宣传或销售产品和服务。虽然大型企业目前主要关注广告投放，但也有一些企业正在尝试 B2C 销售（参见第 7 章）。社交商务可能成为一个非常重要的营销渠道，至少零售商应该进行相关的试验。

6. **我们应该如何管理多渠道营销以避免渠道冲突和价格冲突？** 管理多渠道需要制定策略，确保利用最合适和效率最高的渠道完成不同交易。渠道改变需要伴以适当的冲突管理。

7. **B2C 电子商务发展的主要潜在局限是什么？** 第一，这些局限取决于在线产品的市场需求。饱和效应可能很明显。第二，互联网接入的成本和可用性可能会影响发展。第三，文化差异和习惯可能会阻止或减缓电子购物发展。第四，B2C 购物的便利性非常重要。第五，支付和订单处理基础设施的可用性是成功的关键因素。

8. **如何处理"大数据"？** B2C 收集了大量的数据，并且还在迅速增加。从这些数据中提取有价值的信息和知识很有必要。所使用的技术主要属于商业智能（BI）类别，包括了数据和 Web 挖掘以及其他几种分析工具。

本章小结

在本章中，你了解了以下与本章学习目标相关的电子商务问题。

1. **电子零售的范围和特点**。在线销售产品和服务的电子零售正在迅速发展。电脑、软件和电子产品是网上销售的主要产品。书籍、CD、玩具、办公用品和其他标准化商品也非常畅销。更成功的是在线销售的服务，如机票和旅游服务、股票交易，以及一些金融服务。

2. **电子零售的商业模式**。主要的电子零售可以通过分销渠道进行分类，即直接销售给消费者的制造商或邮购公司、纯在线（虚拟）电子零售、线上线下渠道并行的鼠标加水泥式企业、提供推荐链接或共享服务的网络卖场。社交商务促进了团购和区位购物的发展。

3. **在线旅游和在线旅游服务如何开展？** 实体旅行社提供的大多数服务也可以通过在线获得。但是，客户可以使用在线资源更快地获得更多信息。客户甚至可以向旅行社反向报价（例如，使用 C2B 商业模式）。最后，旅客可以比较价格、参与在线活动、阅读其他旅客的建议，并观看用户上传的视频。因此，社交旅游最近越来越流行，旅行者交流旅行经验并相互学习。

4. **在线就业市场及其好处**。在线就业市场正在迅速发展。其对雇主的主要好处是能够以低成本快速接触大量求职者，进行远程视频面试，甚至进行入职资格考试。最后，简历可以根据工作要求进行核对和匹配。对求职者来说，网上有数百万条招聘信息供其选择，他们也可以在线提交简历。社交网络中的招聘，正在迅速成长，尤其是 LinkedIn 和 Facebook。

5. **网络房地产市场**。在大多数情况下，网络房地产市场是对传统业务的补充。买方和卖方都可以通过使用网络市场节省时间和精力。买方可以比在没有互联网的情况下更容易地在多个地点购买房产，并且在某些情况下，他们可以使用更便宜的服务（保险、抵押贷款等）。最终，房产中介的佣金可能会降低，因为房屋拥有者跳过中介直接通过互联网出售其房屋的情况越来越流行。

6. **在线交易股票和债券**。增长最快的在线业务之一是证券的在线交易。它价格低廉、方便，并且有大量的财务和咨询信息支持。其交易非常快速高效，几乎全自动进行交易匹配，并且正在转变为全天候的全球交易。但是，安全漏洞也更可能存在，因此良好的安全防护至关重要。

7. **电子银行和网上个人理财**。由于网上银行价格更低，也更方便，人们越来越习惯和信任电子银行业务，使得银行网点的业务量处于下降趋势。如今，大多数普通的银行服务都可以通过网络在任何地方进行。银行可以与远方的客户进行交流，客户也可以方便地与世界各地的银行沟通。这使得金融市场更有效率。网上个人理财业务，如账单支付、账户审核和纳税等也非常受欢迎。

8. **按需配送服务**。当人们购买易腐商品，或是需要递送药品、重要文件或急需物品时，需要按需配送服务。按需配送的一个例子是线上杂货店；这些商品可以在网上订购，并在24小时或更短的时间内发货或做好上门取货的准备。

9. **配送数字产品**。任何可以被数字化的东西都可以成功地在线交付。诸如音乐、软件、电子书、电影和其他在线娱乐等数字产品的交付已取得了成功。一些纸质媒体在数字化和电子交付方面也是很成功的。

10. **消费者购买决策的支持服务**。购买决策辅助工具包括购物门户网站、购物机器人和比价代理、商业评分网站、推荐（包括电子推荐）、信用验证网站和其他工具。移动设备和社交网络广泛支持这些服务。

11. **零售竞争的新局面**。B2C的激增导致了传统零售商在增加在线渠道和降低价格方面的压力。即使像百思买这样的大型企业也在苦苦挣扎。在线零售巨头亚马逊和eBay变得更具竞争力（例如，增加当日配送服务），因此它们的消费者能享受到更低的价格和更好的服务。传统零售商也需要合适的战略来应对激烈的竞争。新的竞争也来自中国和其他外国的在线供应商。

12. **去中介现象和其他B2C战略问题**。制造商跳过批发商和零售商直接进行电子营销而导致去中介化。然而，也出现了再中介现象。中介提供了额外的服务和价值，例如帮助消费者在多个供应商中进行选择。当制造商决定采用在线直销时，传统零售商可能会感受到威胁，这种直销可能会导致渠道冲突。线上与线下产品和服务的定价也是经常需要解决的问题。

⊙ 问题讨论

1. 讨论在线购物中的比较工具、产品评论和顾客评分的重要性。
2. 讨论从事细分行业的电子零售商，如DogToys.com（dogtoys.com），具有什么优势。这样的商店在实体市场中能存活吗？为什么能或者为什么不能？
3. 查找与旅行相关的社交网站的优势。讨论其中的五个。

4. 讨论 salary.com 的优缺点。

5. 为什么在线旅游服务能成为一种流行的互联网服务？为什么这么多网站提供免费的旅游信息？

6. 比较在线股票交易市场与传统线下交易市场的优缺点。

7. 比较数字产品通过网络传输和实体配送的优劣势。

8. 你是否放心将你的个人数据放在诸如 linkedin.com 或 facebook.com 等社交网络上？你如何保护你的隐私？

9. 很多公司鼓励它们的客户在网上购买产品和服务，有时"强迫"他们这样做。为什么？

10. 你会使用 monster.com 或 linkedin.com，还是更愿意通过传统中介进行招聘？为什么？

11. 旅游社交网络 WAYN（wayn.com）声称自己是 Facebook 和 TripAdvisor 这两个社交网站之间的桥梁。讨论这个说法。

⊙ 课堂讨论和辩论话题

1. 与纯网络企业（如亚马逊）相比，鼠标加水泥式企业的优势是什么？与纯电子零售商相比，鼠标加水泥式零售商的缺点是什么？同时辩论：沃尔玛及其他百货商店等传统零售商已将网络作为多渠道商业模式的一部分。它们和纯电子零售商（如亚马逊、蓝色尼罗河公司）之间的竞争谁可能会赢？根据什么假设？

2. 在线就业服务让人们能够轻松地转换工作，因此员工跳槽率可能会增加。这可能导致雇主总成本上升，因为招聘和培训新员工的成本增加了，并且需要支付更高的薪资以吸引和留住现有员工。对此公司可以采取哪些措施将这一问题带来的不良影响最小化？

3. 以下是一些制约 B2C 发展的因素，请展开讨论：①竞争太激烈；②昂贵的技术；③人们需要电脑来进行在线购物（但智能手机正在改变这种状况）；④人们需要面对面购物的社交互动；⑤许多人无法负担上网费用；⑥担心欺诈和安全漏洞。

4. 辩论：一些雇主在面试期间要求求职者允许他们登录其 Facebook 账户，另一些雇主要求完整、未经过滤地访问求职者整个 Facebook 账户。一些美国的州提议立法（一些州已经通过法律）禁止雇主（和大学）使用未来雇员的 Facebook 内容作为选择标准。

5. 2012 年 4 月，TripAdvisor 在其网站上宣布，它是全球最大的社交旅游网站。有人说，WAYN 是唯一真正的社交旅游网站。比较这两个网站的社交网络活动，并展开辩论。

6. 讨论：在线销售应该成为鼠标加水泥式企业的独立部门吗？

7. 讨论：亚马逊的未来是什么？

8. 阅读 Berzon（2012）的文章（online.wsj.com/news/articles/SB10000872396390444082904577607661262 270108），并找到更多关于在线棋牌的信息。然后辩论：扑克是一种技巧游戏还是赌博？

9. 有些人喜欢数字优惠券，有人说这个想法是浪费时间，因为他们想要购买的产品不会提供优惠券。研究这个话题，并讨论数字与纸质优惠券的价值。

10. 调查网上赌场对线下赌场的影响并进行讨论。

⊙ 在线练习

1. 许多消费门户网站都提供有关产品或电子零售商的建议和评分。浏览两个独立的大众的、有比价功能和其他对照功能的消费者门户网站。尝试查找和比较一些数码相机、微波炉和 MP3 播放器的价格。访问 yippy.com。这个网站对你的购物有什么帮助？总结你的购物体验。

评论这种购物平台工具的优缺点。

2. 访问 landsend.com 并为一件衣服准备一份定制订单。描述这个过程。你认为这会导致衣服更合身吗？你认为这个个性化功能会为 Lands'End 带来更大的销量吗？

3. 让你的简历可供数百万人查看。请浏览 asktheheadhunter.com 或 careerbuilder.com，按照上面的指点重写你的简历。请参阅 monster.com，学习规划自己的职业生涯。准备一次在线工作面试，尝试 monster-tronics.com 上有趣的功能。利用网络来确定自己擅长的职业在所在城市的薪酬水平。

4. 访问 zillow.com、decisionaide.com 或类似的网站，并计算按照 5.5% 的固定利率，30 年期贷款的按揭贷款月息。同时了解当前的利率。如果贷款 20 万美元，最终需要还贷多少钱？比较按照固定利率和可调整利率，第一年的还贷额分别是多少。最后，按照即期利率贷款 15 年，计算你的总付款额。比较 30 年还款期和 15 年还款期的总付款额，两者相差多少？

5. 在 virtualtrader.co.uk 上注册并开始虚拟股票交易。你每个月将在交易账户中获得 100 000 英镑的虚拟资金。你可以在 investopedia.com/simulator 上玩其他投资游戏，或在 marketwatch.com/game 上查找并创建免费股票市场游戏。谈谈你的体验。

6. 比较特定的索尼数码相机在 shopping.com、mysimon.com、bizrate.com 和 price-grabber.com 上的价格。哪个网站价格最优惠？最理想的信息渠道在哪里？

7. 浏览 vineyardvines.com。确定他们在零售业务中使用的所有多渠道。列出对公司的好处。

8. 登录 bazaarvoice.com，并查看消费者如何参与对话。在"对话"和"连接"中查看其问答功能。根据你的发现撰写报告。

9. 登录 couchsurfing.org，并查看他们如何将潜在旅客与房主联系起来。讨论你喜欢的地方和这项服务的局限性，并与家庭交换网站如 homeexchange.com 进行比较。

10. 登录 zillow.com/corp/ZillowPortfolio.htm，并查看 Zillow 的介绍。查询他们的能力和对消费者的好处，并撰写报告。

11. LinkedIn 和 Facebook 如何帮助求职者和雇主？把你的答案与你在 really.com 上找到的信息联系起来。

12. 比较网站 yelp.com 和 epinions.com。

13. 访问 hayneedle.com。这是什么样的商场？

14. 浏览 layar.com。查找有关 Layar Creator 和其他可支持 B2C 购物的产品的信息，并撰写报告。

15. 浏览 play.google.com/store。将本网站的产品与本章的主题联系起来。

⊙ 团队任务和项目

1. 阅读开篇案例，回答下列问题。

（1）亚马逊的关键成功因素是什么？它扩大产品经营范围是一个好的营销策略吗？随着服务的增加和多元化，你认为公司是否能够集中精力于提升亚马逊品牌的核心竞争力？讨论他们的长期战略与短期战略。

（2）亚马逊将 Zappos（zappos.com）作为独立实体运营，这有意义吗？请说明理由。

（3）访问 amazon.com 并找出三个以上其个性化和定制化的功能特征。浏览某一主题的图书，离开该网站，然后返回并重新访问该网站。你看到了什么？这些功能是否会鼓励你在未来从亚马逊购买更多图书？查看一键下单特征和其他购物帮助服务。列出功能并讨论它们如何提高销售额。

（4）亚马逊与哪些类型的公司建立联盟？为什么？

（5）检查亚马逊的所有个性化功能。列出它们的优点。

（6）在亚马逊找到以技术为导向的活动（例如，Mechanical Turk、制作电子阅读器）。列出其中主要的一些并讨论这些产品的逻辑。

（7）在亚马逊的市场策略中查找一些最新资料，并讨论你的发现。

（8）查看亚马逊的社交网络活动。分析它们的目的。

2. 每个团队调查两个在线汽车销售网站的服务项目（来自以下列表或其他网站）。团队完成调查后，应该一起进行研究并一起讨论发现。

（1）通过中介（autobytel.com 或 carsdirect.com）购买一辆新车。

（2）购买二手车（autotrader.com）。

（3）从汽车经销商处购买二手车（manheim.com）。

（4）汽车评分网站（carsdirect.com 和 fueleconomy.gov）。

（5）购车门户网站（thecarportal.com 和 cars.com）。

（6）购买收藏车（classiccars.com 和 antique-car.com）。

3. 每个团队（或团队成员）浏览两三个面向旅行的社交网络（例如，world66.com、virtualtourist.com、bootsnall.com、tripadvisor.com、travel.tripcase.com、Lonely Planet's Thorn Tree 旅游论坛 lonelyplanet.com/thorntree、wayn.com 和 budgetglobetrotting.com）。比较它们的功能。然后阅读 Carey（2012），并研究本文提出的各种问题，包括冲浪策略。撰写报告。

4. 每个团队选择一个以经纪人为基础的领域（如房地产、保险、股票、就业），并搜索最近三个月在指定领域内发生的新进展。在这些网站上查找供应商公告，并搜索每个领域的新事件。此外，请在 bloomberg.com 查看相关商业新闻。在完成研究后，准备一份关于你的指定领域去中介的报告。

5. 在 youtube.com/ watch?v=tc1u9eqpf68 上观看视频 "Internet Marketing and E-Commerce with Tom Antion Part One"（第二部分在 youtube.com/watch?v=7jmK0_QTguk 上是可选的），并回答以下问题：

（1）公司的收益渠道是什么？

（2）还有哪些你知道的 B2C 收益模式在视频中没有提到？

（3）两个"关联"（affiliate）模型是什么？比较这两个模型。

（4）为什么 eBay 作为销售平台非常出色？

（5）对视频中提到的在家销售产品/服务的建议进行评论。

（6）你认为在家经营会遇到哪些问题和限制？

6. 查看有关未来零售购物（包括线上和线下）的一些视频。讨论未来的 B2C 电子商务可能会是什么样子，考虑未来的购物创新（例如，参见微软对未来零售的愿景以及 Metro AG 提供的几个关于未来购物的视频）。

7. 假设你的任务是帮助人们在网上找工作。每一个团队评价几个就业网站并列出其能力和缺点（起始名单：craigslist.org、career-builder.com、dice.com、glassdoor.com、linkedin.com、mediabistro.com、monster.com、simplyhired.com 和 tweetmyjobs.com）。另外，查看虚拟招聘会，例如"Monster Virtual Job Fair"（virtualjobfair.be）。

8. 团队调查潘多拉电台。专注于：

（1）他们可以提供的所有音乐来源。

（2）可用于访问潘多拉电台的所有设备。

（3）他们的商业模式和竞争力。
（4）陈述你的发现。

⊙ 章末案例

Etsy：一个社会化导向的 B2C 市场

Etsy 是一个在线市场，世界各地的设计师都可以在上面出售独特的手工珠宝、服装、古董（20 年或以上）、艺术品、印刷品和海报、手工制品、工艺用品等。根据其网站介绍，Etsy 创建了一个卖方社区，每个卖方都有一个虚拟店面。卖方通常是独立的设计师，他们出售少量独特的手工制作的商品。Etsy 可以被看作设计师的虚拟展览会，创作者可以在虚拟商店中拥有自己的"关于"链接，以便买方了解该商店，阅读评论并就任意问题与卖方取得联系。每个卖方都可以提供到他们的 Facebook 或 Instagram 页面的链接，这样潜在的买方就可以看到可以购买的产品。这便是 Etsy 如何做到社会化的体现。有关 Etsy 社交网络成功的提示，请参阅 blog.etsy.com/en/tags/etsy-success-social-networking。

公司的使命

根据 etsy.com/about 的说法，该公司的使命是"以建设更加充实和持久的方式来重新理解商业"。2012 年，Etsy 成为"认证 B 公司"（certified B corporation），这是"一种利用商业力量解决社会和环境问题的新型公司"（关于 B 公司运动，参见 blog.etsy.com/news/2012/etsy-joins-the-b-corporation-movement）。

社区

根据 etsy.com/community 的说法，Etsy 不仅仅是一个市场。它是一个聚集了艺术家、创作者、收藏家、思想家和实干家的社区。它鼓励会员分享想法，参加所在地活动，并加入流动研讨会。社区成员可以发表评论和故事。Etsy 将自己形容为"我们共同创造的市场"。

Etsy 使用多种社交媒体工具和社会网络。例如，2009 年 4 月，它在 Twitter 上组织了一次"Etsy Day"促销活动。2011 年 3 月，该公司推出了一个名为"People Search"的 Facebook 类型的社交网络，该系统让人们能够搜索所有 Etsy 买方和卖方并将其添加到他们的"圈子"中。这种功能导致了针对隐私保护的批评，以及随后 Etsy 网站对这些个人隐私的保护。有关更多详情，请参阅 huffingtonpost.com/2011/03/15/etsy-privacy-debacle-site_n_836277.html。

业务和收入模式

Etsy 是一家营利性私营公司。尽管没有会员费，但 Etsy 对每个上架的物品收取 20 美分，期限为 4 个月或者直到该物品出售。该物品售出后，会收取销售价格 3.5% 的费用，如果卖方使用该网站的支付系统（称为直接结账），则每笔交易还要额外收取 3% 的费用（或更多，取决于银行账户所在地）。Etsy 宣称该公司实现盈利并打算上市。

竞争

Etsy 的许多直接竞争对手都位于美国以外（例如德国的 DaWanda，en.dawanda.com；瑞士的 Ezebee.com，ezebee.com）。详情请见 en.wikipedia.org/wiki/Etsy。在美国，许多手工艺人在 eBay 和亚马逊上售卖。一些竞争性网站仅销售选定的物品（如衣服、首饰）。Etsy 有一个官方博客（请参阅 blog.etsy.com/en）。它在 Facebook（facebook.com/Etsy）和 Twitter（twitter.com/etsy）上也有账号。截至 2016 年年中，该公司在 Pinterest 上有超过 914 400 个关注者（请参阅 pinterest.com/etsy），在该网站上有成千上万的关于 Etsy 商品的"钉"（Pins）被收录在近 100 个

"公告板"(boards)上。⊖

结论

除了"People Search"的隐私问题之外,该公司还因对欺诈的检测不够而受到批评。例如,只有原创作品可以在 Etsy 上出售,而转售物品是禁止的。Etsy 现在坚持所有供应商做到透明,并将继续调查所有"标记"的商店是否存在违规行为(请参阅 blog.etsy.com/news/2013/a-frank-conver-sation-about-resellers/?ref=about_blog_title)。尽管被批评,但该公司仍在迅速发展。Etsy 现在在德国、法国和澳大利亚开展运营,并计划扩展到其他国家。

资料来源:基于 Chow(2014)、Feldmann(2014)、en.wikipedia.org/wiki/Etsy 和 etsy.com/blog/news(均访问于 2016 年 4 月)。

问题

1. 解释为什么该公司被比作亚马逊、eBay 和 grandmasbasement.com ⊖的混合。
2. 研究其公司的使命并解释公司正在做什么以实现其使命。
3. 在这种情况下的卖方大多是小型企业。因此,Etsy 被视为 B2C 公司。但是,它也可以被看作 P2P 的推动者。说明一下原因。
4. 比较在 Etsy 和 eBay 上进行的类似交易。
5. 登录 storenvy.com 并查看其市场。比较这个网站与 Etsy,并撰写报告。
6. 从 Feldmann(2014)入手,研究 Pinterest 和 Etsy 之间的关系,并撰写报告。

参考文献

Berzon, A. "U.S. Judge Gives Poker a Break." August 23, 2012. **online.wsj.com/news/articles/SB10000872396390444082904577607661262270108** (accessed April 2016).

Bortz, D. "Tweet Yourself to a New Job." February 6, 2014 **money.cnn.com/2014/01/01/pf/twitter-job.moneymag** (accessed April 2016).

Brohan, M. "Amazon Dominates Europe." March 21, 2012. **internetretailer.com/2012/03/21/amazon-dominates-europe** (accessed April 2016).

Butcher, M. "WAYN Said to Be Close to Sale. The Price? $200m. The Buyer? AOL." January 16, 2008. **techcrunch.com/2008/01/16/wayn-said-to-be-close-to-sale-the-price-200m-the-buyer-aol** (accessed April 2016).

Carey, R., D. Kang, and M. Zea. "The Trouble with Travel Distribution." February 2012. **mckinsey.com/insights/travel_transportation/the_trouble_with_travel_distribution** (accessed April 2016).

Chow, C. "The Website Etsy.Com a Virtual Craft Shop for Designers and Shoppers Alike." *San Jose Mercury News*, February 5, 2014. **mercurynews.com/campbell/ci_25072351/website-etsy-com-virtual-craft-shop-designers-and** (accessed April 2016).

Cohen, M. "Online Hiring Tools Are Changing Recruiting Techniques." May 15, 2013. **nytimes.com/2013/05/16/business/smallbusiness/online-recruiting-efforts-gain-ground.html?_r=0** (accessed May 2016).

Del Castillo, C. "2016 Social Recruitment Trends Forecast." February 10, 2016. **resources.workable.com/blog/2016-social-recruitment-trends-forecast** (accessed May 2016).

Enright, A. "Baccarat Makes a Second Attempt at U.S. E-Commerce." Internet Retailer March 21, 2012. **internetretailer.com/2012/03/21/baccarat-makes-second-attempt-us-e-commerce** (accessed April 2016).

Feldmann, A. "Etsy Expands Reach and Sales for Its Seller Community." *Pinterest for Business*, 2014. **business.pinterest.com/case-study-etsy** (accessed April 2016).

Fox News. "Nevada, Delaware Sign Deal to Allow Interstate Online Gambling." February 25, 2014. **foxnews.com/politics/2014/02/25/raising-stakes-nevada-and-delaware-sign-agreement-to-allow-interstate-online** (accessed April 2016).

Gratton, S-J. and D. A. Gratton. *Zero to 100,000: Social Media Tips and Tricks for Small Businesses.* Upper Saddle River, NJ: Pearson Education and Que, 2012.

Hockenson, L. "Updated: Pandora Opens Submission Process to Independent Artists." February 7, 2014. **gigaom.com/2014/02/07/Pandora-opens-submission-process-to-independent-artists** (accessed April 2016).

Hsu, T. "Google Expands Same-Day Delivery Test to Southern California." January 23, 2014. **latimes.com/business/money/la-fi-mo-google-delivery-los-angeles-20140123,0,190849.story#axzz2yN0AT1zE** (accessed April 2016).

Ingham, J., J. Cadieux, and A. M. Berrada. (2015). "e-Shopping Acceptance." *Journal of Information and Management*, 52(1), 44–60.

Isidore, C. "Everything Must Go: There's a Flood of Store Closings." March 7, 2014. **money.cnn.com/2014/03/07/news/companies/retail-store-closings** (accessed April 2016).

Krupnik, Y., "Can Brick-and-Mortar Still Compete with Online Retailers?" August 13, 2013. **retailtouchpoints.com/executive-viewpoints/2779-can-brick-and-mortar-still-compete-with-online-retailers** (accessed April 2016).

Li, X., M. Troutt, A. A. Brandyberry, T. Wang. (2011). Decision Factors for the Adoption of Online Direct Sales Channels by SMEs. *Journal of the Association for Information Systems*, 12(1), 1–31.

⊖ 关于 Pinterest 的介绍详见第 2 章的开篇案例。——译者注

⊖ Grandma's Basement 是一家美国电商网站,专营 30 年以上的古董物品,包括瓷器、玻璃器皿、饼干罐等。——译者注

Lieber, E., and C. Syverson. *Online versus Offline Competition: The Oxford Handbook of the Digital Economy.* New York: Oxford University Press, 2012. (Note: Paper prepared for the Oxford Handbook of the Digital Economy (January 2011); a free version is available online at **faculty.chicagobooth.edu/chad.syverson/research/onlinevsoffline.pdf** (accessed April 2016).

Magdirila, P. "After Creating Biggest Chain of Malls in Philippines, SM Plans to Conquer E-Commerce." February 27, 2014. **techinasia.com/Philippines-sm-malls-preparing-huge-ecommerce-entry** (accessed April 2016).

Masud, S. "The Social Media Recruitment Survival Guide." August 18, 2012. **mashable.com/2012/08/18/social-media-recruitment-survival-guide** (accessed April 2016).

McCafferty, D. "Social Networks Surge as Recruiting Tools." July 11, 2012. **baselinemag.com/careers/slideshows/Social-Networks-Surge-as-Recruiting-Tools** (accessed April 2016).

Miller, C. C., and S. Clifford. "E-Commerce Companies Bypass the Middlemen." March 31, 2013. **nytimes.com/2013/04/01/business/e-commerce-companies-bypass-middlemen-to-build-premium-brand.html?_r=0** (accessed April 2016).

Moseti, W. M. "Struggling Retailers Report Change in Shopping Trends." February 2, 2014. **sproutwired.com/struggling-retailers-report-change-in-shopping-trends/185173** (accessed April 2016).

Motorola Solutions. "What's Driving Tomorrow's Retail Experiences?" March 19, 2013. **enterpriseinnovation.net/whitepaper/whats-driving-tomorrows-retail-experiences** (accessed April 2016). White paper available for (free) download at **motorolasolutions.com/web/Business/Products/_Documents/White_Paper/Static_Files/MT_White_Paper.pdf** (accessed April 2016).

National Association of Realtors. "Highlights from the 2015 Profile of Home Buyers and Sellers." November 5, 2015. **realtor.org/reports/highlights-from-the-2015-profile-of-home-buyers-and-sellers** (accessed April 2016).

O'Connor, C. "Wal-Mart vs. Amazon: World's Biggest E-Commerce Battle Could Boil Down to Vegetables." April 23, 2013. **forbes.com/sites/clareoconnor/2013/04/23/wal-mart-vs-amazon-worlds-biggest-e-commerce-battle-could-boil-down-to-vegetables** (accessed April 2016).

Pempus, B. "Delaware Online Gaming Yields $1.8M In 2015." Jan 19, 2016. **cardplayer.com/poker-news/19884-delaware-online-gaming-yields-1-8m-in-2015** (accessed April 2016).

PricewaterhouseCoopers. "Global Entertainment and Media Outlook: 2013–2017." 2013. **pwc.com/us/en/industry/entertainment-media/publications/global-entertainment-media-outlook.jhtml** (accessed April 2016).

Riley, C., Y. Yang, and P. Chiou. "China's Big Tech Moves onto Banks' Turf." February 27, 2014 **money.cnn.com/2014/02/27/news/economy/china-alibaba-bank** (accessed April 2016).

Rodriguez, S. "Uber to Deliver Some Christmas Trees on Demand Thursday." December 4, 2013. **articles.latimes.com/2013/dec/04/business/la-fi-tn-uber-christmas-trees-home-depot-20131204** (accessed April 2016).

Rueter, T. "E-Retail Spending to Increase to 62% by 2016." February 27,2012.**internetretailer.com/2012/02/27/e-retail-spending-increase-45-2016** (accessed April 2016).

Sala, K. "Top 50 Product Review Blogs." June 25, 2012. **blog.us.cision.com/2012/06/top-50-product-review-blogs** (accessed April 2016).

Schoon, R. "RadioShack Announces It's Closing 1000's of Stores: Mistakes and E-Commerce Competition to Blame." March 5, 2014. **latinpost.com/articles/8316/20140305/radioshack-announces-its-closing-1000s-of-stores-mistakes-and-e-commerce--competition-to-blame.htm** (accessed April 2016).

Singh, S., and S. Diamond. *Social Media Marketing for Dummies,* 2nd edition. Hoboken, NJ: Wiley, 2012.

Statistica.com. "Size of Online Gaming Market from 2003 to 2018." 2016. **statista.com/statistics/270728/market-volume-of-online-gaming-worldwide** (accessed April 2016).

Stone, B. *The Everything Store: Jeff Bezos and the Age of Amazon.* New York: Little, Brown and Company, 2013.

Trefis, T. "Streaming Partners Program: Amazon's New Initiative to Drive Prime Memberships?" December 23, 2015. **forbes.com/sites/greatspeculations/2015/12/23/streaming-partners-program-amazons-new-initiative-to-drive-prime-memberships/#5b652661303a** (accessed May 2016).

Turban, E., J. Strauss, and L. Lai. *Social Commerce.* New York: Springer, 2016.

VOA News. "Retailers Find New Ways to Compete with Online Sales." *Voice of America,* November 21, 2013. **voanews.com/content/retailers-find-new-way-to-compete-with-online-sales/1795214.html** (accessed April 2016).

Waldman, J. *Job Searching with Social Media For Dummies,* 2nd ed., New York: For Dummies, 2013.

Wieczner, J., and K. Bellstrom. "The Mall Goes High-Tech." SmartMoney, November 2010.

Zernike, K. "New Jersey Now Allows Gambling via Internet." November 26, 2013. **nytimes.com/2013/11/27/nyregion/new-jersey-opens-up-for-online-gambling.html?_r=1&** (accessed April 2016).

CHAPTER 4

第4章

企业对企业电子商务

■ 学习目标

完成本章后,你将能够:
1. 描述 B2B 电子商务领域。
2. 描述 B2B 模式的主要类型。
3. 讨论卖方市场(包括拍卖)的模式和特征。
4. 描述卖方市场中的中间商。
5. 描述买方市场和电子采购的特征。
6. 描述 B2B 电子商务的反向拍卖。
7. 描述 B2B 市场整合和团购模式。
8. 定义多方交易市场并描述其主要类型。
9. 描述第三方交易市场。
10. 描述社交网络和 Web 2.0 给 B2B 电子商务带来的好处。
11. 描述协作商务。

■ 开篇案例

阿里巴巴:全球最大的 B2B 市场

阿里巴巴集团是由以互联网为基础的电子商务集团公司,其包括 B2B 业务(尤其是 Alibaba.com);其他的是 B2C 和电子商务服务业务(例如支付服务)。有关公司概述,请参阅 alibabagroup.com/en/about/over-view。该公司最初是作为连接中国制造商与其他国家买方的门户网站。到 2014 年,阿里巴巴集团成为全球最大的电子商务企业。其企业对企业(B2B)运营的 Alibaba.com 网站是全球最大的交易市场。Charles(2014)和 Erisman(2015)分别讲述了该公司引人入胜的故事。

机遇

阿里巴巴集团由马云和他的合伙人于 1999 年创立。马云预见了一个将外国买方与中国制造商,特别是小型制造商连接起来的机会。这些公司想要走向全球,但不知道如何去做。集团最初的业务是 B2B 门户网站阿里巴巴网站，这个门户网站后来发展为一个全面的 B2B 市场。阿里巴巴集团还开发了一个名为淘宝（taobao.com）的消费者对消费者（C2C）市场。2004 年，阿里巴巴开始提供"支付宝跨境电子支付服务"（alipay.com）。2007 年，阿里巴巴集团创立了基于互联网的商业管理软件公司阿里软件（alisoft.com；2009 年并入 Alibaba.com），紧随其后是巨型 B2C 平台天猫（tmall.com）。该公司还建立了一个云计算平台，并对其进行了重组。2014 年，阿里巴巴集团在美国完成 IPO，筹资超过 200 亿美元。本案例主要关注从事 B2B 业务的 Alibaba.com。

解决方案

Alibaba.com 是一个由买方平台、卖方平台、社区和 B2B 服务组成的在线市场。该公司的使命是为买方、供应商和贸易商提供所有必要的支持。图 4-1 说明了公司的组成和其在 B2B 中的角色。

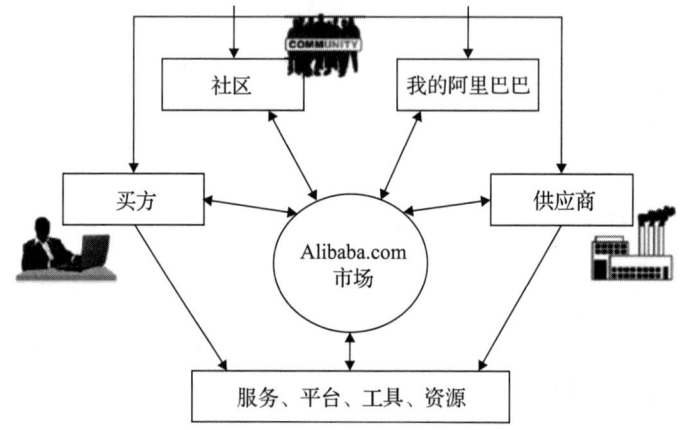

图 4-1　阿里巴巴网站在 B2B 中的角色

- **供应商**：将其商品，特别促销信息等发布在供应商的空间中。Alibaba.com 将帮助其接触国际买方。供应商可以获得免费在线培训。
- **买方**：搜索潜在的产品和供应商，并且还可以选择在买方空间上发布他们的需求（要求），并从供应商处获得报价。买方可以验证供应商的资质（请参阅 sa.Alibaba.com 上有关供应商评估的视频）。Alibaba.com 提供可靠的专家检测服务。买方还可以比较价格和服务条款。
- **买方和供应商服务**：阿里巴巴帮助买卖双方进行沟通、协商并协助达成交易。它们还安排付款流程、保险和交付细节。阿里巴巴提供支持其网站活动所需的所有技术。它也提供托管和处理客户投诉等服务。
- **我的阿里巴巴**：Alibaba.com 上的个人通信和交易管理工具。它现在分为买方版和卖方版。
- **工具和资源**：Alibaba.com 提供出口和进口信息及工具。它还提供贸易展示渠道。
- **阿里云计算和其他基础设施**：该公司是云计算服务的开发商。该公司致力于支持阿里巴巴集团公司的发展，提供全面面向电子商务的在线计算服务，其中包括电子商务数据挖掘、高速海量电子商务数据处理和数据定制功能。
- **支付宝**（alipay.com）是一个跨境网上支付平台，主要用于从事电子商务交易的买卖双方。它为数百万的个人和企业提供了一种简单、安全和保险的在互联网上进行支付和收款的方式。到 2016 年，支付宝拥有 4 亿个注册用户，每月支付 519 亿美元；移动用户使用移动支付宝。支付宝现在是全球最大的移动支付平台。请参阅 expandedramblings.com/index.php/alipay-statistics。

- **Alibaba.com 安全支付**（一种第三方支付托管；activi-ties.alibaba.com/alibaba/secure-payment.php）是一种在双方确认交易完成之前持有支付给卖方款项的服务。如果买方没有收到货物或者对收货不满意，阿里巴巴安全支付会提供争议处理和退款流程。更多有关第三方支付托管以及争议处理和退款流程的信息，请参阅 service.alibaba.com/buyer/faq.htm。

支付宝还提供在线全球支付解决方案，以帮助境外买方或卖方在中国开展业务。目前支付宝支持 28 种主要外汇交易（截至 2016 年 2 月）。

1. 数据库

Alibaba.com 的核心是其庞大的数据库，它汇聚了来自几十个行业类别的横向信息，包括农产品、服装和时装、汽车，以及玩具等。每个行业类别可进一步分为小类（总计超过 800 个）。例如，玩具类别包括娃娃、电子宠物和木制玩具之类的物品。每个小类别再按 4 个类别进行划分：卖方、买方、代理商和公司。每个栏目可能包括许多公司和产品（某些类别有数千个产品发布）。因此，网站提供了一个强大的搜索引擎，来帮助买方进行数据检索。

2. 社区服务

Alibaba.com 提供以下与进出口有关的主要功能：免费电子邮件、帮助中心、7×24 全天候在线智能机器人协助问答、为交易者提供教程、免费更新收件箱、新闻、贸易展信息、法律信息、仲裁、论坛和讨论组、贸易趋势等。另外，供应商可以创建个性化的公司网页以及"产品展示厅"；会员还可以发布自己的营销线索（在哪里进行交易）。阿里巴巴提供了一款即时消息传递的移动工具——阿里旺旺（trademanager.alibaba.com）。阿里旺旺可用于实时与买方聊天、实时翻译、轻松搜索买方和供应商，并获得最新的交易结果。阿里旺旺应用程序支持多种语言，且费用相对较低（这款通信软件免费）。

根据 DYC Software Studio 的消息，DYC 向阿里旺旺出售了一款名为 ChatTranslator 的翻译软件，该软件有 20 种语言可供选择。它可以用任何外语进行翻译和发送消息，并将一种语言的答复翻译成用户的语言。如需详细了解阿里巴巴用于帮助买方和卖方的工具和功能，请参阅 alibaba.com/help/alibaba-features.html。

3. 竞争

许多公司正试图与阿里巴巴竞争。例如，京东（jd.com，其已经被腾讯公司参股）是中国第二大电子商务公司（它同时提供 B2B 和 B2C 服务）。世界领先的 B2B 门户"中国制造网"（made-in-china.com）也是阿里巴巴的另一个竞争对手。在国际市场上，TradeBanq（tradebanq.com）、EC21（ec21.com）、Hubwoo（hubwoo.com）和 Allactiontrade.com（allactiontrade.com）等公司都在与阿里巴巴竞争。

结果

到 2016 年，阿里巴巴覆盖了 5 200 多个产品类别，并拥有约 2.8 亿个注册的活跃买方。该公司在 240 多个国家和地区开展业务，员工超过 35 000 人。

资料来源：基于 Charles（2014）、Chen（2016）、Erisman（2015）、crunchbase.com/organization/alibaba、buyer.alibaba.com 和 seller.alibaba.com（均访问于 2016 年 3 月）。

提示注意：关于马云的七件事情，请参阅 upstart.bizjournals.com/entrepreneurs/hot-shots/2013/09/25/meet-jack-ma-things-to-know-about.html。

案例经验教训

B2B 电子商务占电子商务总量的 85% 以上，其由不同类型的市场和交易方式组成。开篇案例介绍了一个有大量买方和卖方进行交易的市场。该案例展现了为 B2B 市场提供的技术支持。此外，案例还介绍了有关支持服务的信息（例如第三方支付托管）。该案例说明了为卖方提供的服务（详见 4.4 节～4.6 节）和为买方提供的服务（在 4.8 节、4.10 节和 4.13 节中有描述）。该案例也展示了市场的角色（详见 4.15 节和 4.17 节）。本章介绍了所有主要的 B2B 电子商务采购和销售方法以及 B2B 市场和门户类型。最后，我们将 B2B 与社交网络和其他支持服务联系起来。

4.1　B2B 电子商务的概念、特点和模式

B2B 电子商务具有一些特征以及特定的模式、组成和概念。接下来将介绍这些内容。

4.1.1　B2B 电子商务的基本概念和流程

企业对企业电子商务（B2B EC）也称为电子 B2B（eB2B），或者 B2B，是指企业间通过互联网、外联网、企业内联网或专用网络以电子方式开展的交易。这种交易可能发生在企业与其供应链合作伙伴之间、企业与政府以及任何其他企业之间。在这种情况下，企业可以指任何形式的组织，包括私有企业、政府组织、营利的或非营利的组织。在 B2B 中，公司旨在将交易行为、沟通和协作流程电脑化，以提高效率和绩效。B2B 电子商务与 B2C 完全不同，也更加复杂，因为面向公司销售比面向个人销售要困难得多。有关全面的讨论，请参阅 Wirthwein & Bannon（2014）。

推动企业开展 B2B 电子商务的关键要素多种多样（其中一些在开篇案例中已经提到），包括：降低成本、获得竞争优势、更安全的可进入互联网平台（外联网），以及企业和公共的 B2B 交易市场。此外，还包括与业务合作伙伴进行合作、减少交易时间和降低供应链延迟，以及创建有效的交互和系统集成技术。目前，有几家大公司已经开发出高效的 B2B 买卖交易系统。

其中一个示例是 youtube.com/watch?v=-GAZlWGJMLI 上的视频 "Premier Connect Demo"中所示的"Dell PremierConnect"。

有关 B2B 的统计信息，请参阅 Pick（2015）。

4.1.2　B2B 交易和活动的基本类型

卖方和买方的数量以及企业参与的形式使得 B2B 电子商务形成了以下五种基本的交易活动类型。

（1）**以卖方模式为主**：一位卖方对应多个买方。

（2）**以买方模式为主**：一位买方对应多个卖方。

（3）**多方交易市场**：多个卖方对应多个买方。
（4）**供应链优化**。
（5）**协作商务**。

上述第（4）类和第（5）类交易活动中除购买或销售产品以外，还包括在组织内部及组织与业务合作伙伴之间的其他活动，例如消除供应链中的障碍、进行沟通、开展协作、共享信息以进行合作设计和规划，等等。

图 4-2 展示了这五种 B2B 电子商务交易活动的基本类型。下面进行简要解释。

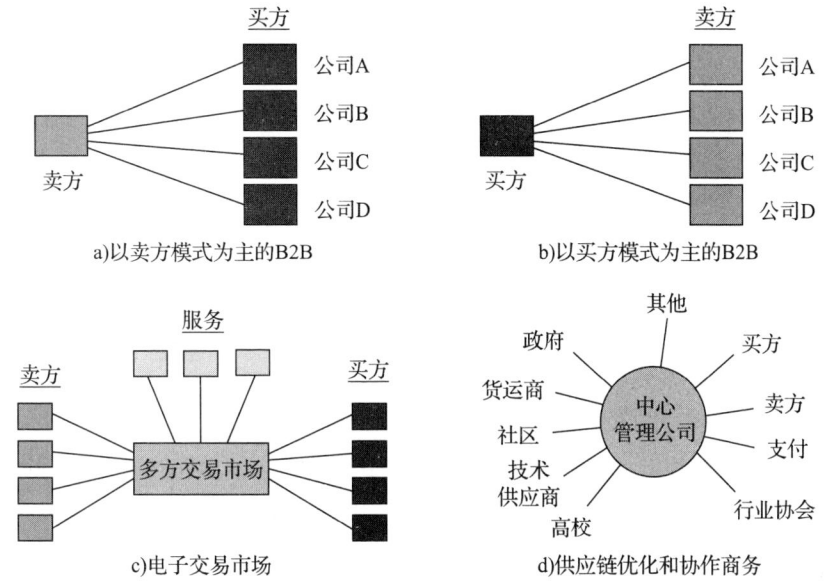

图 4-2 五种 B2B 电子商务交易活动类型

4.1.3 B2B 电子市场的基本类型和服务

以下是对 B2B 电子市场基本类型的描述。

1. 一对多和多对一：封闭式电子市场

在一对多和多对一的市场中，一家企业扮演的角色可以是单一的卖方（卖方模式）或单一的买方（买方模式）。因为电子商务主要关注一家企业的购买或销售需求，所以这种类型的电子商务也被称为以企业为中心的电子商务。4.2 节～4.6 节讨论了以企业为中心的电子商务市场（包括卖方和买方）。

2. 多对多：公开多方交易市场（或电子交易市场）

在多对多的电子市场中，许多买方和许多卖方以电子方式进行交易。这种电子市场有很多类型，也被称为多方交易市场（多方交易社区或交易市场）。我们将在本书中使用术语多方交易市场。多方交易市场一般是指由第三方或联盟拥有和经营的市场。4.7 节将做更详细的描述。公共电子商务市场向所有感兴趣的参与方（卖方和买方）开放。阿里巴巴就是一个多方交易市场的例子。

3. 供应链优化和协作商务

B2B 交易经常发生在处于供应链各个环节中的企业之间。因此，B2B 活动需要支持其他供应链活动，如采购原材料、履行订单、运输和物流（参见第 11 章）。例如，Liz Claiborne, Inc.（时装零售公司）将其整个供应链数字化，并获得实质性的成效（请参阅 gxs.com/assets/uploads/pdfs/caseStudies/CS_L_Claiborne_GXS.pdf 上的案例研究）。

4. 协作

企业间的交易并不局限于采购或购买。一个例子是协作商务，其中包括商业合作伙伴之间的沟通、联合设计、规划和信息共享（见 4.9 节）。

4.1.4　B2B 的市场规模和内容

美国人口普查局估计 B2B 的在线销售额约占总 B2B 交易量的 40%，这个数字会因行业不同而不同（例如制造业占 49%）。化工、计算机电子、公用事业、农业、运输和仓储、汽车、石油化工、造纸和办公用品以及食品是 B2B 主导的产品。根据本书作者的经验和资料来源，B2B 的交易额至少占电子商务总交易额的 85%，而在一些国家，它会占据 90% 以上的份额，全球范围内总额大约为 20 万亿美元。有关统计信息，请参阅 Pick（2015）。

如图 4-3 所示，B2B 电子商务现已发展到第六代。最新一代的 B2B 电子商务包含了供应商、买方、政府和其他商业合作伙伴之间的合作。其合作形式包括通过广泛使用的移动计算来实现使用博客、维基和其他 Web 2.0 工具；部署内部社交网络；使用 LinkedIn 和 Facebook 等公共社交网络，以及使用智能系统。另外，第六代 B2B 电子商务正在使用移动设备，特别是平板电脑和智能手机。

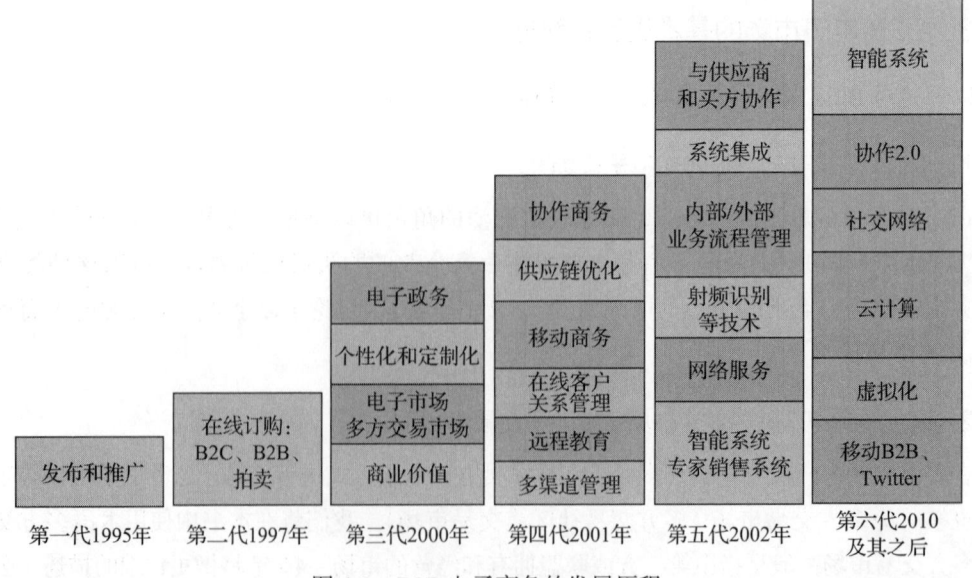

图 4-3　B2B 电子商务的发展历程

B2B 领域非常多样化，主要取决于行业差异、交易的产品和服务差异、交易量、交易模式等。图 4-4 展示了这种多样性。同时，我们列出了五个主要因素，并在中心标明了企业的角色，其可能是制造商、零售商服务提供商等。一家企业有供应商（位于图 4-4 左侧）和零售商（位于图 4-4 右侧）。企业业务需要不同的服务（位于图 4-4 下方）提供支持，以及与多家中间商合作（位于图 4-4 上方）。图 4-4 中的实线表示信息流。

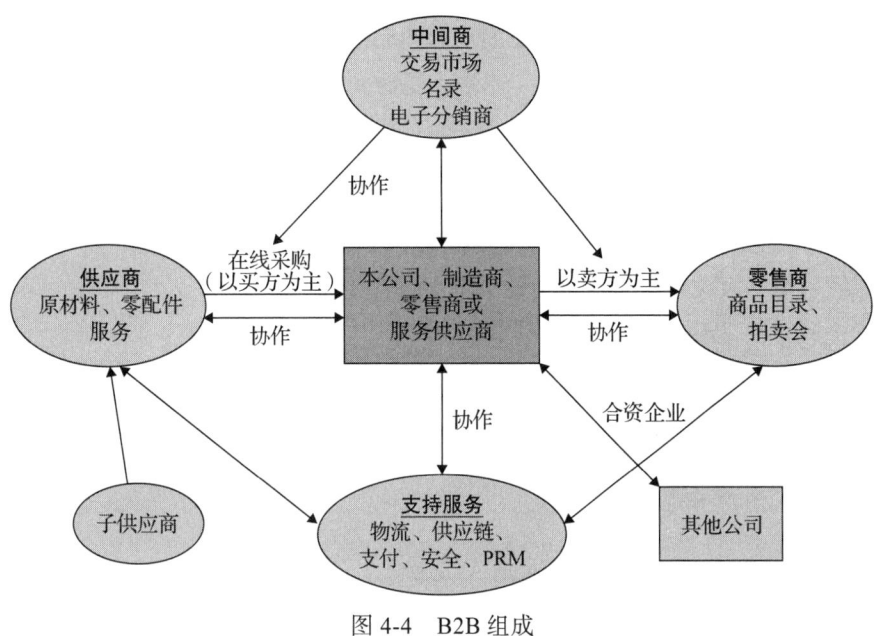

图 4-4　B2B 组成

4.1.5　B2B 的组成

接下来，我们介绍 B2B 电子商务的多个组成部分。

1.交易各方：卖方、买方和中介

B2B 电子商务可以在客户和制造商之间直接进行，也可以通过网络中介进行。**网络中介**（online intermediary）是一个第三方机构，它可以在买方和卖方之间进行交易；它可以是完全在线的形式，也可以是线上线下融合的模式。第 3 章中提到的某些针对个人消费者的电子中介也适用于 B2B，即将个人消费者更换为商业客户。将买卖双方聚合在一起是典型的中介进行的 B2B 活动。

2.交易商品的类型：企业购买什么

B2B 市场中有两种主要的原材料和商品交易模式：直接材料和间接材料。**直接材料**（direct materials）是用于制造产品的材料，例如生产汽车的钢材或生产书籍的纸张。

间接材料（indirect materials）是支持生产和经营的材料，例如办公用品或灯泡。它们通常用于**维护、维修和运行**（maintenance, repair and operation，MRO）活动。总而言之，它们也被称为**非生产性材料**。

3. B2B 市场和平台

B2B 交易经常在 Alibaba.com 等市场进行。B2B 市场可以被分为垂直市场或水平市场。**垂直市场**（vertical marketplace）是针对特定行业或行业细分的市场，例如包括专门从事电子产品的市场、汽车市场、医疗设备市场、钢材市场或化工产品市场等。**水平市场**（horizontal marketplace）是指供应各个行业类型都能使用的产品或服务的市场，例如办公用品市场、清洁材料市场或油漆市场。阿里巴巴就是一个水平市场的例子。

B2B 电子商务市场的特征取决于市场上交易什么以及交易的形式，可以按以下方式对 B2B 电子商务市场进行分类。

- 战略性（系统性）采购和间接材料 = MRO 中心（MRO 的水平市场）
- 系统性采购直接材料 = 直接材料的垂直市场
- 现货采购间接材料 = 现场采购的水平市场
- 现场采购间接材料 = 现场采购的水平市场
- 现场采购直接材料 = 垂直市场

表 4-1 总结了 B2B 电子商务交易的各种特征。

表 4-1 B2B 电子商务特征总结

交易各方	交易类型
买卖双方直接交易	现货采购
通过中介交易	战略采购
B2B2C：企业出售给企业，但最终交付给个人消费者	
销售的商品类型	**交易方向**
直接材料和易耗品	垂直
间接材料（MRO）	水平
参与的数量和形式	**开放程度**
一对多：卖方模式（电子店面）	私有多方交易市场，有限参与者
多对一：买方模式	私有多方交易市场，有限参与者
多对多：多方交易市场	公开多方交易市场，不限参与者
多家相关的企业：协作、供应链	私有交易市场（经常性），可能会公开

4.1.6 B2B 中的在线服务行业

除了在企业之间销售产品之外，服务也可以在 B2B 过程中在线提供。例如，旅行、银行、保险、房地产和股票交易等服务都可以通过在线方式提供给消费者（如第 3 章所述），也可以通过在线方式提供给企业。B2B 电子商务的服务形式主要包括：

- **旅行和酒店服务**。许多大型企业通过旅行中介公司在线安排旅行。例如，美国运通全球商务旅行公司（American Express Global Business Travel）提供多种工具来帮助公司差旅部门安排计划和管理员工的行程。除普通的日程安排和一般管理外，美国运通还提供以下基于电子商务的工具：

  ——TrackPoint 实时定位旅行者。

  ——Travel Alert 提供旅行建议和最新消息，例如天气状况和延误信息。

  ——Info Point 是一个包含世界各地国家和城市详细信息的网站。

  ——Meetings and Events 协助管理会议，包括搜索场地。

  ——在社交网络平台进行展示（如 Facebook、Twitter 和 YouTube）

  ——Egencia 公司与多个机构合作，通过提供建议和旅行管理软件来优化组织的所有旅行活动。

  ——Expedia（expedia.com）、Travelocity（travelocity.com）、Orbitz（orbitz.com）以及其他在线旅游服务机构提供类似的 B2C 和 B2B 服务。

- **房地产交易**。商业房地产交易金额巨大，并且十分复杂。因此，网络可能无法完全取代现有的人工中介。但是，网络可以帮助企业找到合适的房源，对它们进行比较并协助谈判。一些政府负责经营的已被取消赎回权的抵押房产拍卖只对商家开放，并在网上进行。

- **金融服务**。网络银行业务可以成为企业进行商业支付、转账或其他金融交易的有效方式。例如，企业使用电子资金转账（EFT）已经像使用电子信用卡一样普遍。网络银行的交易费用比其他替代方法的成本要低得多。第 11 章将介绍 B2B 电子商务中在线支付的流程。企业还可以从线上或者鼠标加水泥式（线上线下融合）的保险公司购买保险。

- **银行和在线融资**。商业贷款申请可以由贷款申请者在线提交。由于经济不景气，一些企业主（甚至那些信用评分优异的企业）难以获得贷款，因此他们可能会转向像 Biz2-Credit 这样帮助小型企业成长的公司。Biz2Credit 是一个在线信贷市场，可以将贷款申请人与超过 1 200 家的借款方进行匹配。Garage Technology Ventures 和 LLC（garage.com）等几个网站提供有关风险投资的信息。机构投资者使用互联网进行某些交易活动。

- **其他在线服务**。咨询公司、律师事务所、医疗机构等都通过网络提供企业信息和专业服务。许多在线服务，例如购买电子邮票（类似于计费邮资，但在计算机上生成）都可以在线获得（请参阅 stamps.com）。招聘和人事服务也可以在线完成。

4.1.7　B2B 的好处和局限性

B2B 的好处既有对买方的，也有对卖方的，也有对两者都有利的，主要取决于使用哪种模式。但总的来说，B2B 的主要好处体现在以下几个方面。

- 创造新的销售机会（对卖方）。
- 消除纸质文档并降低管理成本（对买卖双方）。
- 加快处理速度并缩短交易周期（对买卖双方）。
- 降低买方找到产品和供应商的搜索成本和时间（对买方）。
- 提高处理员工采购以及销售的工作效率（对买卖双方）。
- 减少差错并提高服务质量（对买卖双方）。
- 方便产品配置（对买方）。
- 降低营销和销售成本（对卖方）。
- 降低库存水平和成本（对买卖双方）。
- 通过减少中介来降低采购成本（对买方）。
- 商品目录定制化，针对不同的客户提供不同的价格（对买卖双方）。
- 增强生产灵活性，允许按需交付（对卖方）。
- 降低采购成本（对买方）。
- 通过自定义配置来进行定制化（对买卖双方）。
- 提供有效的客户服务（对买方）。
- 增加合作机会（对买卖双方）。
- 基于网络的电子商务比传统的 EDI 更实惠（对买卖双方）。
- 与 EDI 相比，可触达更多的商业伙伴（对买卖双方）。
- 可触达更多不同地理位置的客户群（对卖方）。
- 提供更有效的与其他媒体的沟通方式（对买卖双方）。
- 提供 24 小时全天候服务（对买卖双方）。
- 帮助小型企业获得更多公平（对买方）。

　　B2B 电子商务的发展也有一定的局限性，特别是在遭遇渠道冲突和公共交易市场运作方面。此外，B2B 交易中有时也需要人与人面对面交流，但这在网络上很难做到。

　　B2B 电子商务的实施可能会减少分销商或零售商，这对卖方和买方无疑是有利的（尽管对分销商或零售商来说不是一个好消息）。在前面的章节中，我们把这种现象称为去中介化（见第 3 章）。B2B 的好处和局限性取决于很多因素，例如谁会采购，采购哪些物品，采购多少数量，谁是供应商，公司多久采购一次，等等。

4.1 节复习题

（1）定义 B2B 电子商务。
（2）讨论以下内容：现货采购与战略采购、直接材料与间接材料、垂直市场与水平市场。
（3）定义以企业为中心的市场。它们是开放的还是封闭的？
（4）定义 B2B 多方交易市场。
（5）将供应链与 B2B 交易关联起来。
（6）列出 B2B 的好处和局限性。

4.2 B2B 营销：卖方电子交易市场

B2B 电子商务活动中最主要的部分是销售，被称为 B2B 营销。**B2B 营销**（在线文件 W4.1 中也有描述），指的是供应链卖方中的制造商和批发商进行的营销。B2B 营销包含多种方法。有关信息，请参阅 eMarketer 的定期报告，例如 eMarketer（2016）。

4.2.1 卖方模式

在 B2C 模式中，制造商或零售商通过电子方式直接从店面（或网上商店）向消费者销售产品。而在 B2B 的卖方电子交易市场中，企业通常通过外联网以电子方式向商业客户销售产品和服务。卖方可以是向制造商销售原材料的生产商，也可以是将产品销售给中间商（批发商、零售商或个人企业）的制造商。英特尔（intel.com）、埃克森（exxon.com）、思科（cisco.com）和戴尔（dell.com）都是这类卖方模式的例子。或者，卖方可以是将产品销售给零售商或企业的分销商（例如 W.W.Grainger, Inc.、grainger.com）。无论在哪种情况下，卖方模式的电子交易市场都涉及一名卖方和许多潜在买方。在这种模式中，个人消费者和商业买方都可能使用同一个封闭的卖方交易市场（例如戴尔）或者公开交易市场。

一对多模式有三种主要的营销方式：①以固定价格通过电子商品目录销售；②通过正向拍卖销售；③一对一销售，通常根据谈判达成的长期合同来进行。这种一对一的谈判很普遍：采购公司与卖方协商价格、数量、付款、交货和质量条款。我们将在本节中介绍第一种方法，然后在 4.3 节中介绍第二种方法。有关的 33 个案例研究，请参阅 Petersen（2015）。

B2B 卖方

卖方模式中的卖方可以是线上线下融合（鼠标加水泥式）的制造商或中介（例如分销商或批发商）。中介甚至可能是纯粹的网络公司（例如阿里巴巴）。

现在我们将注意力转向最常见的销售方式——通过电子商品目录进行在线销售的方式。

4.2.2 通过商品目录销售：网上商店

企业可以利用互联网直接销售它们在电子商品目录中的商品。一家企业可能会对所有客户提供同一个目录，也可能为每个大客户（也可能同时）单独定制一个目录。例如，史泰博（staples.com）是一家办公用品供应商，它以不同的定价方案向其企业客户提供大约 100 000 种产品的个性化软件目录（请参阅订购网站 staplesadvantage.com）。

许多公司使用多渠道营销策略，其中一个渠道是电子商务。

在向企业客户开展在线销售活动时，制造商可能会遇到与 B2C 卖方类似的问题，即与传统分销渠道，包括与企业现有的经销商发生冲突（渠道冲突）。为了避免冲突，一些公司只在网上做广告，而在实体店中进行销售。

1. 分销商的商品目录

制造商（例如 Gregg's Cycles）或分销商使用网上商店进行销售。B2B 中的分销商与 B2C

中的零售商类似。它们可以覆盖多个领域（例如 W.W. Grainger，见 4.2 节），或者也可以只专注于一个领域，就像 B2C 中的反斗城（toysrus.com）一样。

● **示例：Stone Wheel**

Stone Wheel（stonewheel.com）基于 15 个仓库，为美国中西部超过 3 500 个独立汽修店配送超过 100 000 种不同的汽车配件。通过使用公司专用的车辆能够实现在 30 分钟内完成配送。通过使用电子商品目录，客户可以订购特定的零部件，从而节省时间，并最大限度地减少误解和差错。

2. 自助服务门户网站

门户网站可以用于多种目的，其中之一是使业务合作伙伴能够自助进行服务，如以下示例所示。

● **示例：惠而浦 B2B 交易市场**

惠而浦公司（whirlpool.com）是一家大型全球家电制造商。公司需要高效运作才能在竞争激烈的市场中生存。它必须与供应链中的销售部门的业务合作伙伴进行协作，并为它们提供出色的客户支持。

该公司向遍布 170 多个国家的各类零售商和分销商（其中 25% 为小型企业）销售其产品。一直到 2000 年，小型零售商都需要人工输入惠而浦的订单。这个过程速度慢、成本高，且容易出错。

因此，惠而浦开发了针对小型零售商的 B2B 交易市场，从而实现了自主订购，并大大降低了交易成本。

该系统先通过小批量商品进行测试，然后扩展应用到大批量商品中。另外，还增加了更多功能。该交易市场的应用增强了惠而浦的竞争优势。

有关其他信息，请参阅 IBM（2000）和 whirlpoolcorp.com。

3. 通过商品目录在线销售的好处和局限性

B2B 在线直销模式的成功例子包括戴尔、英特尔、IBM 和思科等制造商，以及销售给带有增值服务的零售商英迈（Ingram Micro）等分销商，零售商向产品增加了一些服务。只要卖方在市场上拥有良好的声誉并且拥有足够多的忠诚客户，使用这种模式就可以获得成功。

虽然直接在线销售的好处与 B2C 类似，但也存在一定局限性。直销商面临的一个主要问题是如何寻找买方。许多公司知道如何使用传统渠道做广告，但仍在学习如何联系潜在的业务买方（注：这是阿里巴巴网站和类似公司能起到作用的地方）。另外，B2B 卖方可能会遇到与其现有分销系统的渠道冲突。另一个限制是，如果使用传统的电子数据交换（EDI），通过计算机端到端的直接传输业务文档，这样的成本可能会转嫁给客户，他们可能不愿意上网。此问题的解决方案是通过外联网传输文档并使用基于互联网的 EDI（请参阅在线教程 T2）。最后，在线业务合作伙伴的数量必须足够大，以保证能够承受系统基础设施的运营和维护费用。

4.2.3 完善的卖方系统

卖方系统必须提供一些基本功能，使 B2B 供应商能够高效地执行销售、提供卓越的客户服务、允许与现有 IT 系统集成，并提供与非互联网销售系统的集成。

4.2.4 通过分销商和其他中介进行销售

制造商可以直接向其他企业开展销售，尤其是面向大客户。但是，制造商更多的还是通过中介将产品分销给数量众多的小买方。中介从多个制造商那里购买产品，并将这些产品汇总到一个商品目录中，然后将其出售给客户或零售商。这些分销商也通过网上商店开展在线销售。

一些知名的网络分销商是 Sam's Club（samsclub.com）、Avnet（avnet.com）和 W.W. Grainger（grainger.com）。许多网络分销商在水平市场销售，这意味着它们向多个行业的企业出售商品。但是，一些分销商向专门从事某个垂直市场的企业出售产品，例如波音 PART Page（参见 boeing.com/assets/pdf/commercial/aviationservices/brochures/MaterialsOptimization.pdf）。大部分中介按照固定的价格销售产品，然而也有些中介提供按数量给予折扣、可协商价格或进行拍卖。

亚马逊业务

该网站为不同类型的卖方和市场提供服务。详细信息请参阅 amazon.com/business。

4.2 节复习题

（1）定义买方模式和卖方模式？它们有什么区别？
（2）列出卖方 B2B 交易模式的类型。
（3）描述 B2B 系统中的客户服务。
（4）描述利用商品目录开展直接的 B2B 在线销售过程。
（5）讨论通过商品目录直接进行 B2B 在线销售的好处和局限性。
（6）列出在 B2B 销售中使用中介商的好处。
（7）将 B2B 中的电子分销商与亚马逊进行比较，相似之处是什么，不同之处又是什么？
（8）列举惠而浦 B2B 交易市场对公司和其顾客的两个好处。

4.3 通过电子拍卖进行销售

作为 B2B 购买和销售渠道，拍卖越来越流行。本节讨论一些关于 B2B 拍卖的主要问题。

4.3.1 拍卖对卖方的好处

许多公司使用正向拍卖来出清多余的产品或资产。在这种情况下，需要处理的物品通常会在拍卖网站（封闭平台或开放平台）上展示，以便快速成交。正向拍卖为 B2B 卖方提供以下好处。

- **获得收益**。正向拍卖支持并扩展了在线和整体销售。正向拍卖还为企业提供了一个快速便捷的新渠道，用于处置多余、过时和退货产品（请参阅 liquidation.com）。
- **节约成本**。除了产生新的收入之外，进行电子拍卖还可以降低拍卖物品的销售成本，这有助于增加卖方的利润。
- **提升黏性**。正向拍卖会给网站增强黏性，即潜在买方会在网站上停留更长的时间。所谓黏性，是衡量客户对网站忠诚度的一个指标，最终会带来更高的收益。
- **用户的获取和留存**。注册会员可以邀请他们的商业联系人。此外，拍卖软件帮助卖方搜索和报告几乎所有与拍卖相关的活动信息。这些信息可进行分析并被用于制定商业策略。

正向拍卖可以通过两种方式展开。企业可以通过自有网站进行正向拍卖，也可以在中介拍卖网站（如 liquidation.com 或 ebay.com）中进行拍卖。让我们来看看这两种方式。

1. 通过公司自有网站进行拍卖

对于经常进行拍卖的大型知名公司来说，在公司自有网站上建立拍卖机制是十分正确的。如果中介不能为公司提供附加值，那么公司为什么还要向中介支付佣金呢？当然，如果一家公司决定在自有网站上进行拍卖，它将不得不支付网络基础设施的费用，并且运营和维护拍卖网站。请注意，如果公司已经有一个电子商品目录的交易市场，那么建立拍卖机制的额外成本可能不会很高。

2. 使用中介进行拍卖

有多家中介提供 B2B 拍卖网站（例如 assetnation.com 和 liquidation.com）。一些公司专门从事政府拍卖，而其他公司专注于库存拍卖（例如 govliquidation.com）。中介可以在自有或卖方的网站进行封闭式拍卖。或者，公司可以使用中介（例如 eBay，其为小型公司提供特殊的"商业交易市场"）在公共市场上进行拍卖。

使用中介进行拍卖有很多好处。第一，企业不需要额外的资源（例如硬件、宽带、工程资源以及 IT 人员）。第二，使用中介的资源免去了招聘的成本。第三，B2B 拍卖中介网站还可以提供快速上线服务，立即进行拍卖。如果没有中介网站，企业可能需要几周才能在自己企业内部增设一个拍卖网站。

使用中介网站的另一个好处与支付有关，这项工作可以交由中介网站处理。有关在 B2B 拍卖服务中使用中介网站的示例，请参阅 Liquidity Services Inc.（liquidityser-vicesinc.com）。

有关 B2B 在线拍卖的更多信息，请参阅 vasthouse.com/b2b-online-auctions.php 和 liz.petree.tripod.com/test_2/auctions.html。

4.3.2 B2B 正向拍卖的案例

以下是 B2B 拍卖的例子。

- 惠而浦公司通过 equipmentone.com 进行拍卖，在一次拍卖中卖出了 2 000 万美元的废金属，成交价比先前的电子拍卖高出 15%。
- Sam's Club（samsclub.com）在 Sam's Club Auctions（auctions.samsclub.com）上拍卖了数千件物品（特别是电子产品）。特色拍卖形式包括当前出价、出价次数以及开始和结束日期。通过特色拍卖，它们清理了积压物品、退货商品，以及过时商品。
- 雅虎在中国香港地区、中国台湾地区及日本开展 B2C 和 B2B 拍卖。

要了解更多关于 B2B 拍卖的信息，请参阅 vasthouse.com。

> **4.3 节复习题**
> （1）列出使用 B2B 拍卖进行销售的好处。
> （2）列出使用中介进行拍卖的好处。
> （3）正向拍卖的主要目的是什么？它们是如何进行的？
> （4）比较在线和离线拍卖中竞投人数和出价次数的差异。

4.4 多对一：在买方电子交易市场上的电子采购

采购是指组织购买商品和服务。采购通常由采购代理商（也称为企业采购商）完成。

买方的采购部门有时必须将订单信息人工输入到自己公司的信息系统中。此外，靠人工搜索网上商店和网上商城，查找和比较供应商和产品，是一件很费时、费力的事情。作为解决方案，大型买方可以开设自己的买方电子市场，并邀请卖方进行浏览和提供报价，以满足自己的需求。

4.4.1 传统采购管理中的低效率

采购管理指的是规划、组织和协调与购买组织所需货物和服务有关的所有活动。它涉及 B2B 采购和销售的商品和服务，以及所需的信息。企业采购项目中的 80%（主要是 MRO）只占到总采购金额的 20%～25%。在这种情况下，采购者大部分的时间都花在文书作业中，比如输入数据和纠正文书工作中的错误。

由于涉及工作众多，采购过程可能会很漫长和复杂。以下是可能包含在单次购买中的主要活动。

- 使用搜索引擎、商品目录、虚拟集市和销售展厅以及卖方的销售陈述来搜索商品。
- 使用比较引擎、质量报告、研究行业报告和供应商信息，来了解商品的细节和购买条款。
- 借助软件的支持开展或加入团购（如果可行）。
- 确定每次采购的时间和数量；指定企业采购商。
- 加入 linkedin.com 等商业导向社交网络。
- 使用电子合同管理（例如，来自 Ariba、Inc.ariba.com，其是一家 SAP 旗下的公司）签署协议或合同，安排融资、支付托管保险费用等。
- 使用计算机系统创建特定的采购订单。
- 在包装、转运和交付工作中使用电子追踪、射频识别技术。
- 使用软件包（例如 ariba.com）安排出票、支付、费用管理和采购预算控制。

图 4-5 显示了传统采购流程中一个效率低下的例子。对于高价值的物品，采购人员需要在采购工作上花费大量的时间和精力。然而，由于采购者忙于处理诸如 MRO 这样的小项目，其可能没有时间和精力去完成大件商品的采购。

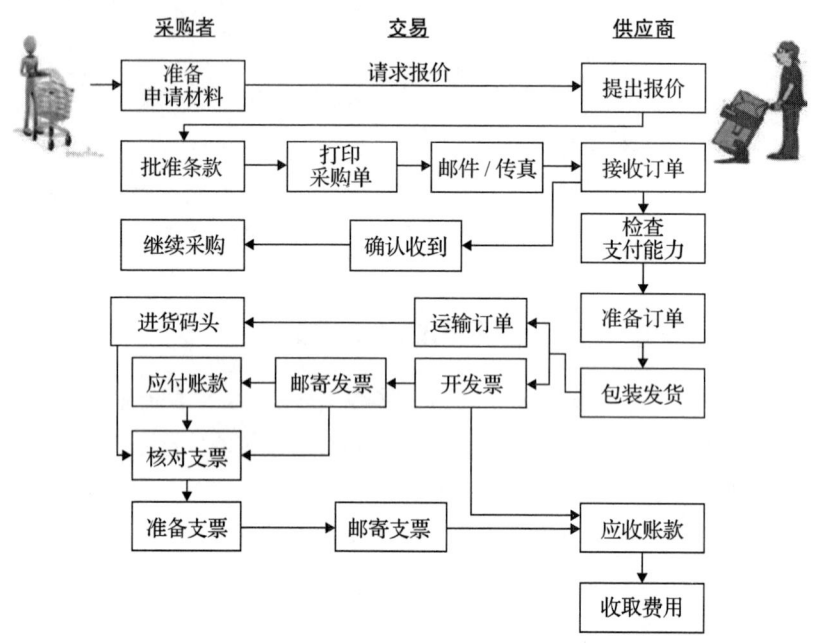

图 4-5　传统（人工）采购流程

传统采购中也可能出现其他类型的低效率问题，从交货延期到紧急订单导致的高成本。这种情况称为**独立购买**（maverick buying），其在买方为了应付急用，于计划之外进行购买时发生。这样做的结果是，企业以非预先协商的，并且通常较高的价格进行购买。

为避免传统采购可能导致的问题，企业必须重造采购系统，实施新的采购模式，特别是引入电子采购。在介绍电子采购之前，让我们先详细说明一般性的采购方法。

4.4.2　采购方式

企业采用不同的方法来采购商品和服务，具体取决于采购什么和在哪里采购、采购的数量以及需要多少费用等因素。每种方法都有其自身的利弊。为了尽量减少前面描述的低效现象的发生，企业会对这一过程中的一些活动进行自动化处理。这也是电子采购的主要目标。这里只举几家已经找到有效方法的公司，包括沃尔玛、戴尔以及星巴克等。主要的采购方法包括：

- 直接从制造商、批发商或零售商的商品目录中采购，有时可能还会加上谈判（4.2 节和 4.3 节）。
- 在封闭式或公开式的拍卖网站采购，采购机构也是其中之一（4.5 节）。
- 在供应商互相竞争的反向拍卖系统中投标。此方法适用于采购高价值物品或涉及大量物品的情况（4.5 节）。

- 从汇集卖方目录的中介（电子分销商）商品目录中采购（4.6 节）。
- 从公司自己的采购目录中采购。这份目录通常包括已经与很多供应商商定好价格的商品。这是桌面采购的一部分，它允许用户绕过采购部门直接采购（4.6 节）。
- 加入团购。团购系统会把多个需求方的采购意向整合到一起，从而扩大采购量。然后，需求方可作为一个整体进行价格谈判或发起招标流程（4.6 节）。
- 在交易市场或工业采购中心采购（4.7 节）。

4.4.3 电子采购的概念

电子采购（E-procurement）是指在线购买日用品、原材料、能源、工作和服务。它可以通过互联网或通过诸如电子数据交换（EDI）的专用网络完成。不同类型的 EDI 和交易团体，请参阅 edibasics.com/types-of-edi。

买方可以通过电子采购完成以下活动：搜索产品和供应商、对比价格、促进买方的反向拍卖，以及实现文书和文档的自动化工作。其中一些活动是在封闭交易市场进行的，其他的则在公开交易市场进行。

1. 电子采购的目标和流程

如前所述，电子采购经常通过网络从多个供应商处对采购过程进行自动化处理，以实现更好的执行和控制。

几十年来企业界一直在尝试改进采购流程，一般是通过信息技术来实现。电子采购的使用促成了重大的改进。其全面的报道和案例研究，请参阅 zdnet.com。

从本质上讲，电子采购可以实现拍卖、合同管理、供应商选择和管理的自动化。

关电子采购目标和流程的概述，请参阅 plenitude-solutions.com/index.php?option=com_content&view=article&id=54&Itemid=62。

在线文件 W4.2 显示了一般的电子采购流程（除招标之外）。有关电子采购的免费电子书，请参阅 Bausa Peris et al.（2013）。

● **示例：沃尔沃的电子采购**

沃尔沃是一家瑞典的高档汽车制造商（现在由中国吉利拥有）。该公司在全球数十个国家开展业务。该公司在六大洲拥有 30 多个采购中心。过去，这种架构设置导致不同采购中心的采购行为不一致，中心之间缺乏合作，采购流程效率低下且缺少统一性。为了解决这些问题，管理层决定采用统一的电子采购系统。他们选择了 Ariba 的采购及合同管理解决方案（Ariba 是一家提供 B2B 服务的 SAP 旗下的公司）。该系统确保采购流程标准化、共享最佳实践模式、精简合同及其管理流程。所有这些系统都是数字化的。电子采购带来的好处是增强了采购中心之间的凝聚力、更好地使用了最佳实践做法、降低了采购成本，同时提高了效率。

2. 电子采购的类型

电子采购可以分为四种主要方式：①在买方自建的网站上采购；②在卖方的网上商店采购；

③在电子交易市场上采购；④在其他电子市场采购。每种方式都包含若干个活动，如图4-6所示。其中一些将在4.7节中描述。

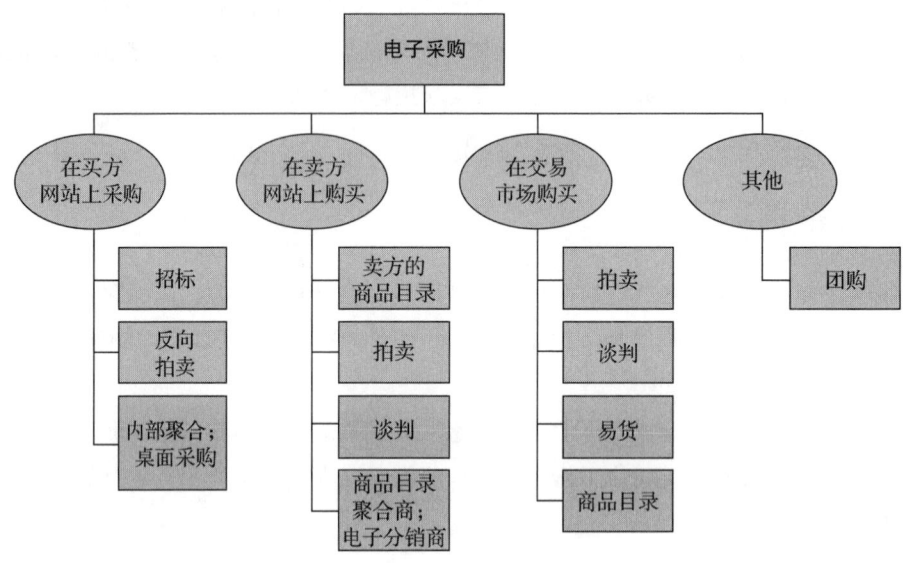

图 4-6　电子采购方式

电子采购的七种主要类型如下：①电子寻购，②网络招标，③网络反向拍卖，④在线通知，⑤基于网络的 ERP，⑥电子市场网站，⑦ E-MRO（在线的维护、维修和运行）。

4.4.4　电子采购的好处和局限性

电子采购可以提高供应链管理的水平，同时提供供应链中产生的实时信息（称为供应链的可视性），例如客户的需求。

1. 电子采购的好处

通过自动化和简化采购流程，企业采购商可以专注于更多的具有战略价值的活动，从而实现：

- 提高采购代理的工作效率，为它们减少常规工作时间和降低工作压力，并且很可能会减少采购部门的管理费用。
- 通过产品标准化、反向拍卖、批量折扣以及从少量供应商那里合并采购等方式，降低商品采购价格单价。
- 改善信息流及其控制机制（例如价格比较）。
- 降低独立购买的频率和成本。改善付款过程使资金周转加快，从而节省卖方成本。
- 由于信息透明，能够建立更高效和合作的伙伴关系。
- 改进供应商的生产流程。
- 确保准时交付，并降低缺货率。
- 降低采购代理的技能要求和培训需求。

- 减少供应商数量。
- 简化并加快采购流程。
- 买方端可以更有效地控制库存。
- 简化发票的对账和解析。
- 通过减少采购费用和中介费用,将行政处理的采购订单量减少90%。
- 寻找更快以及更便宜地提供商品和服务的新供应商(例如通过全球化和使用在线价格比较)。
- 将预算控制纳入采购流程(如 ariba.com)。
- 最大限度地减少购买和运输过程中的人为差错。

有关电子采购和实施问题的更多信息,请访问 youtube.com/watch?v=PPVC_CaG1S4,查看名为"电子采购案例研究:Oldcastle 材料"的视频。

2. 电子采购的限制和挑战

电子采购也存在一些限制和风险,例如:

- 总体成本(TCO)可能太高。
- 可能会受到黑客攻击。
- 有些供应商可能不愿意通过网络进行合作。
- 系统可能太复杂(例如传统的 EDI 系统,请参阅在线教程 T2)。
- 内部网络和外部网络的整合比较困难(有时涉及不同的标准)。
- 技术可能需要不断更新。

有关软件问题,请参阅 eprocurementsoftware.org。有关政府采购的例子,请参阅 NC 电子采购(eprocurement.nc.gov)。在下一节中,我们会介绍在政府采购中经常使用的反向拍卖(招标)。

对许多公司来说,采购是一个非常重要的成功要素。因此,了解电子采购的发展趋势也很重要。有关 2020 年采购的构想,请参阅 Oka et al.(2011)。如需了解 Shoplet 的电子采购平台,请参阅 Regal(2014)。

4.4 节复习题

(1)定义采购流程。
(2)描述传统采购的低效率现象。
(3)列出主要的采购方法。
(4)定义电子采购并列出其目标。
(5)列出主要的电子采购方法并列出每项活动。
(6)列出电子采购的主要好处。

4.5 在买方电子平台上的反向拍卖(网络招标)

电子采购的一个主要方法是使用反向拍卖。反向拍卖是许多卖方(供应商)竞争达成一个买方要求的订单的过程。回顾我们先前的讨论，反向拍卖是一种招标制度，供应商被邀请对达成订单进行投标，并且最低的出价方获胜。在B2B中使用反向拍卖，买方可以在其自己的服务器上开设电子交易市场（或者使用独立的拍卖机构，如eBay），并"邀请"潜在供应商对这些项目进行投标。这里所谓的"邀请"是指一张表格或一份文件，称为**报价请求**（request for quote，RFQ）。传统投标通常意味着一次性密封投标，而网络反向拍卖则将流程公开，可以依次竞争投标。

政府和大公司经常开展反向拍卖，因为这种方式可以吸引更多的供应商，使竞争过程更激烈，并节省更可观的开支。电子化流程速度越快，管理成本也就越低。另外，它对供应商也很有利，可以帮助其寻找报价请求。反向拍卖是电子采购中非常重要的B2B机制。

4.5.1 反向拍卖的主要好处

该技术对买方的主要好处是：降低购买物品的成本，降低采购的管理费用，减少腐败和贿赂，以及缩短收货时间，其原因可能源于供应商加快了生产产品和提供服务的速度（参见本章章末案例）。

对于供应商来说，正如在开篇案例中所看到的，节省可以来自以下几个方面：寻找客户所需的时间、管理费用以及管理人员进行人工投标所需的时间。

请注意，也有一些人质疑反向拍卖的价值（例如，参见Rockwell（2013））。

4.5.2 进行反向拍卖

随着反向拍卖网站的数量增加，供应商可能无法人工监控所有相关的开放式报价请求。其中一个解决方法是引入在线目录罗列开放式报价请求（RFQ）。另一种方法是通过使用监控代理软件。这种代理软件可以协助竞标过程。监控和支持投标流程的代理软件的例子参见auctionsniper.com和auctionflex.com。

又或者，第三方中介可以像在正向拍卖中那样使用网络竞标（例如，参见Opentext Corporation、opentext.com）。拍卖网站如ebay.com和liquidation.com也属于这一类。在B2B中进行反向拍卖是一个相当复杂的过程。因此使用中介可能会很有帮助。

反向拍卖过程如图4-7所示。潜在买方的第一步是发布投标邀请。收到卖方标书后，买方负责合同和采购的工作人员对投标进行评估，并最终确定接受哪一家供货。

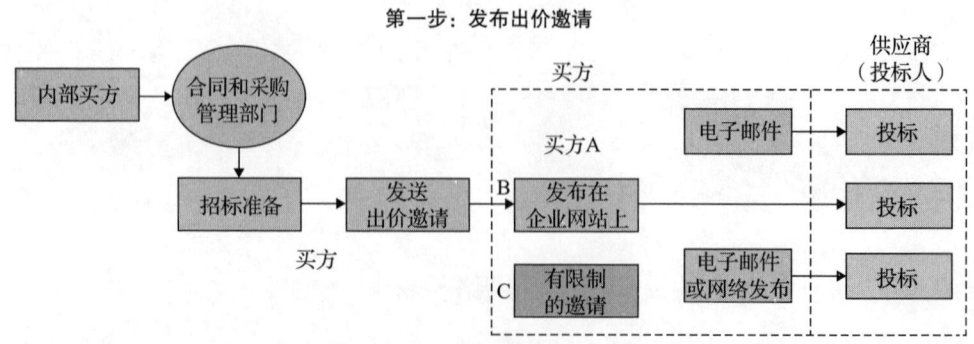

图4-7 反向拍卖过程

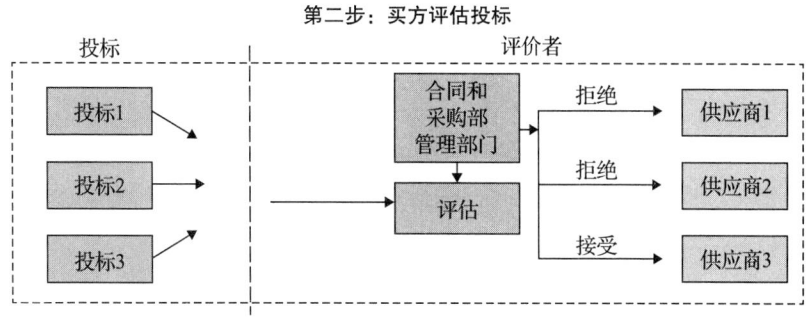

图 4-7（续）

○ 案例 4-1　电子商务应用

Branas Isaf 通过使用网络竞标进行竞争

Branas Isaf 是英国的一家小型公司，专门为遭受伤害的儿童提供治疗和护理。该公司的核心是其提供多种类型的培训的教育部门。

问题

该公司自 2005 年以来发展迅速，规模扩大至 25 名员工。它在英国同时服务于私营企业和政府公共部门。

Branas Isaf 的主要竞争优势包括：有竞争力的收费标准、提供定制培训以及提供现场培训。这些优势使公司能够与大学等大型培训机构进行竞争。

Branas Isaf 经常参加竞标来扩展业务，特别是在有强制性招标要求的政府公共部门。在其 1 000 多名客户中，有一大部分开始通过互联网进行网络招标。因此，为了保持竞争优势，Branas Isaf 也决定参与网络竞标。本案例描述了 Branas Isaf 第一次进行网络竞标的经历。

解决方案

英国政府规定所有与政府有关的招标工作都必须通过 eTendering（也称为网络招标）系统完成，其中包括 Branas Isaf 作为供应商投标的学习培训计划。Branas Isaf 按照以下步骤，在发布投标请求的 eTendering 门户网站上进行了投标。

（1）在网上提交资格预审问卷。

（2）接受 BravoSolution 电子培训系统的条款和条件。

（3）下载在线供应商指导材料。

（4）创建一个用户名，收到密码。

（5）寻找其想要在线投标的具体邀请（ITT）。

（6）点击"表示有兴趣"按钮，自动移动到"我的 ITT"。

（7）下载关于此次竞标的所需文件。

（8）确定出价并点击"回复"按钮。

（9）访问项目的细节，完成问卷。

（10）网上提交投标，并上传所有需要的附件（截止日期之前，可以更新或更改文件）。

发送和接收消息会显示在网站中，同时会发送电子邮件提醒。接受通知以相同的方式完成。系统接受出价后，会显示"赢家"图标。

结果

自 2006 年年底成立以来，Branas Isaf 参与网络竞标的次数迅速增加。Branas Isaf 员工已成为使用计算机系统的专家。虽然 Branas Isaf 的成本仅略有下降，但这样的小公司与非常大的竞争对手进行竞争的机会却大大增多了。

此外，由于大多数非营利组织和许多营利性组织都要求网络招标，因此投标人别无选择，只能使用该系统。此外，Branas Isaf 清楚的是，网络招标显然对客户更有利，也是更为可持续的经营方式。总体而言，Branas Isaf 能够一直保持竞争优势，并继续快速发展。

资料来源：基于 eProc.org（2010）、branas.co.uk、etenderwales.bravosolution.co.uk（访问于 2016 年 3 月）。

问题

1. 讨论 Branas Isaf 参与网络竞标的原因。
2. 公司规模较小对于参与网络竞标是一种优势，还是一种劣势？
3. 解释说明网络招标过程是简单，还是复杂。
4. 为什么买方选择网络招标，而不是定期招标？
5. 对于像 Branas Isaf 这样的小公司来说，网络竞标有什么好处？

1. 各国政府的网络招标

大多数政府在购买或出售商品和服务时必须进行招标。但是，通过人工进行很慢并且费用昂贵。因此，许多政府正在采用网络反向拍卖。

2. 团体反向拍卖

为了提高自身的议价能力并享受价格折扣，公司可以像普通消费者一样参与团购，并且该团购成员可以使用反向拍卖来获得比数量折扣更好的报价方案。

B2B 反向拍卖可以在一个封闭式交易市场或一个为专门针对采购企业的聚合商网站上完成。这种团体反向拍卖在韩国很受欢迎，并且通常涉及很多大型企业。例如，LG 集团为其成员公司经营 LG MRO 拍卖，而三星集团经营三星 iStockKorea（imarketkorea.com），该公司提供采购服务和 MRO 商品。三星 iStockKorea 的收入主要来自 B2B 交易（参见在线文件 W4.3）。这种做法在英国、美国和其他国家的医疗保健行业也很流行。在这些国家，很多医院联合起来通过数量折扣以低价购买它们需要的物品。

4.5 节复习题

（1）描述人工招标系统及其不足。
（2）描述在线反向拍卖的工作原理。
（3）列出基于网络的反向拍卖的好处。
（4）描述团体反向拍卖。

4.6 其他电子采购方法

企业采购中，还有其他一些创新性的电子采购方法。本节将介绍其中一些常见的方法。

4.6.1 桌面采购

桌面采购（desktop purchasing）是指未经上级批准且没有采购部门参与的员工采购。这通常是通过使用购买卡（P卡）完成的。桌面采购降低了购买急需商品或频繁购买小额价值商品时所涉及的管理成本和时间周期。这种方法对MRO购买尤其有效。

桌面采购方法可以通过与外部企业交易市场合作来实施。例如，一家巨大的全球制造商韩国三星电子及其子公司已将其iMarket-Korea（imarketkorea.com）交易市场（参见在线文档W4.3）与其采购代理商的电子采购系统集成在一起。这个平台也可以很容易地与团购活动进行关联。我们将在下面介绍团购。

4.6.2 团购

许多公司，特别是小公司正在转向团购。通过**团体采购**（group purchasing），来自多个采购商的订单可以被汇总到一起，然后由于采购量变大，团购成员可以与供应商协商更好的价格。这个模型与我们描述的B2C类似。对于中国的B2B团购，请参阅Young（2015）。这个模型还可分为两个子模型：内部组团和外部组团（第三方）。

1. 采购订单的内部组团

像通用电气（GE）这样的大公司每年都会在MRO上花费数百万美元。这些公司通过汇总来自其子公司和各部门的订单（有时有数百个），以获取数量折扣。这样做可以削减20%的管理费用。

2. 团购中的外部组团

许多中小企业希望享受数量折扣，但很难找到其他公司加入团购来提高采购量。企业可以借助第三方来寻找合作伙伴，例如BuyerZone（buyerzone.com）、医疗保健供应链协会（supplychainassociation.org）或美国联合采购联盟（usa-llc.com）。这个想法是通过在线整合需求，然后与供应商谈判或者进行反向拍卖，为中小企业提供更优惠的价格、更优质的选择和更好的服务。外部组团/团购过程如图4-8所示。

包括大型注册会计师事务所在内的一些大公司以及EDS Technologies（edstechnologies.com）和Ariba, Inc.（ariba.com）等软件公司主要向其常规客户提供外部整合服务。雅虎也提供这样的服务。这些公司获得成功的关键是拥有大量的买方。

4.6.3 从其他来源进行购买

4.2节描述了公司如何使用电子分销商作为销售渠道。在进行小批量采购时，采购者通常从电子分销商处采购。电子采购的另一种选择是在 B2B 交易市场上进行采购。目前有多种可行的方法。在所有这些方法中，采购流程中的某些操作可以自动执行，例如生成采购订单（例如，参见 esker.com 和 ariba.com）。

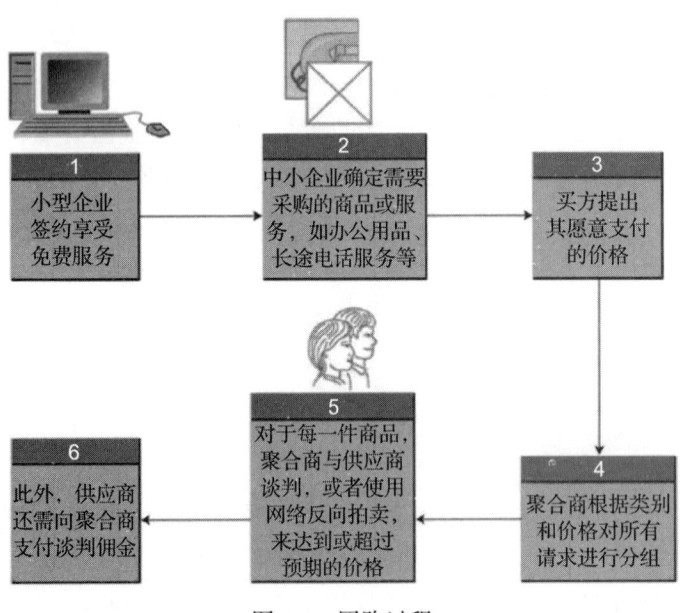

图 4-8　团购过程

4.6.4　通过网络易货采购

易货是指货物或服务的交换，但不涉及货币支付。这其中的主要思路是让企业将剩余物资换成其需要的东西。公司可以在分类广告中公开它们多余的物品，并试图找到合作伙伴进行交换，但在许多情况下，公司通过自己找到精确匹配方几乎不可能。因此，公司通常会寻求中介的帮助。

易货中介可以通过手动搜索和匹配去撮合双方，也可以创建网络易货交易平台。通过**易货市场**（bartering exchange），企业可以向交易市场提交多余物品，并获得若干信用点，然后企业可以用信用点来购买自己所需的物品。最常见的易货物品是办公空间、闲置的设施和生产劳动力、产品，甚至横幅广告。有关易货公司的例子，请参阅 U-Exchange（u-exchange.com）和 Itex（itex.com）。

4.6.5　选择适当的网络采购解决方案

大量的采购方法顾问和采购软件的存在使得选出合适的采购方案十分困难。Ariba, Inc.（ariba.com）提供了一份富有创意的评分表，帮助公司按照不同的成功因素来评估供应商。所谓成功因素，可分为能否降低成本，能否提高灵活性，能否管理各种商务活动以及满足战略要求。

当企业选择合适的采购方案时，需要考虑以下因素：采购方是谁？采购什么？采购前需要了解哪些信息？供应商的声誉如何？能够得到哪些信誉保证？

4.6 节复习题

（1）描述一个买方经营的采购市场，并列出其好处。
（2）描述桌面采购的好处。
（3）讨论桌面采购与团购的关系。
（4）解释团购的逻辑和组织方式。
（5）B2B易货如何工作？
（6）在选择电子采购供应商和解决方案时，主要需要考虑哪些因素？

4.7 B2B 多方交易市场（电子交易市场）：定义和基本概念

B2B 多方交易市场，或者简称交易市场，是指一个拥有众多潜在买方和卖方的市场。除了在线交易场所外，许多多方交易市场还提供支付、物流软件以及咨询服务等支持服务。此外，它们也充当行业门户的角色。

多方交易市场有很多名称，例如电子市场、交易市场、交易社区、交易中心、互联网交易所、网络市场和 B2B 门户网站。在本书中，我们将使用术语"多方交易市场"来描述一般的多对多电子市场，但我们也会在更具体的背景下使用其他一些术语（例如，参见 epiqtech.com/others-B2B-Exchanges.htm）。

尽管各有不同，但所有多方交易市场都有一个主要特征：是许多卖方和买方的电子交易社区聚集场所，有时可能还有其他商业伙伴，如图 4-9 所示。在每个多方交易市场的中心，都存在一个做市商来运营这个交易市场，在某些情况下，该市场归做市商所有。

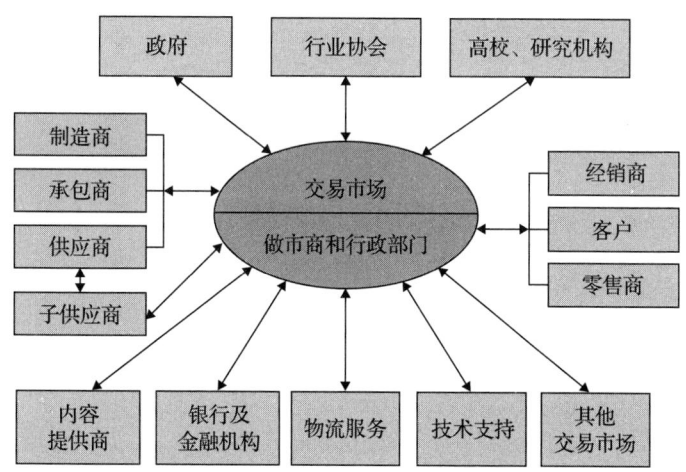

图 4-9 交易市场社区：信息的流动和获取

多方交易市场可以是水平市场，服务于许多行业（例如 ariba.com 或 alibaba.com），也可以是垂直市场，服务于一个或几个相关行业（例如，参见专注于汽车动力的 supplyon.com，以及专注于炼油厂和航运服务的 oceanconnect.com）。与传统的露天市场一样，在多方交易市场中，买卖双方可以进行互动并协商价格、数量和其他条款。

4.7.1 全球多方交易市场

大多数大型多方交易市场，如阿里巴巴和亚马逊都在全球许多个国家运营。这些活动（见第 12 章）需要特殊安排，例如处理国家法规、资金转移、语言翻译，等等。有关示例和详细信息，请参阅 Blur（2014）。

4.7.2 多方交易市场提供的功能和服务

多方交易市场具有以下四大功能：匹配和连接买方与卖方，促进交易，制定和维护交易政策和基础设施，以及为买卖双方提供服务。下面将描述这些功能的细节。

B2B 多方交易市场的功能和服务

以下是 B2B 多方交易市场的主要功能（根据 Demery（2015）、E-Commerce Wiki（2013）以及本书作者的经验编制而成）。

（1）匹配买方与卖方。买方和卖方的匹配包括以下工作：

- 产品介绍（例如公司的产品目录）。
- 汇总并发布不同的待售产品，以满足买方的需求。
- 提供价格比较。
- 组织投标（易货和拍卖）。
- 提供卖方的资料和产品信息。
- 匹配供应商的产品与买方的要求。
- 支持买方和卖方之间的谈判。
- 提供卖方目录。
- 保持安全、隐私和匿名性。

（2）促进交易。通过优化采购和销售流程促进交易，包括以下工作：

- 允许参与者之间进行有效的交易。
- 提供 B2B 拍卖。
- 为交易平台提供支付款、保险、订单履行和安全等机制。
- 提供第三方支付托管。
- 安排团购和其他折扣。
- 定义条款和其他交易标准，包括谈判。
- 提供信息查询，包括行业新闻。
- 授予用户平台访问权限并确定有资格使用平台的公司。

- 收取交易费用,并提供必要的软件及其与买方和卖方系统的集成,包括 EDI、XML 等。
- 提供产品交易的分析和统计。
- 注册和评估买方及供应商。

多方交易市场所提供的服务类型取决于多方交易市场的性质。例如,证券多方交易市场提供的服务就与钢铁或食品多方交易市场提供的服务完全不同,与知识产权或专利的多方交易市场提供的服务也不尽相同。但是,大多数多方交易市场提供上述服务。请注意,除了公司之外,一些 B2B 多方交易市场可能会出现个人作为卖方或买方的情况。localdirt.com 就是一个例子,它是一个将成千上万的农民和许多买方连接起来的在线市场,可以促进当地农产品的高效交易。

4.7.3 B2B 多方交易市场的所有权

多方交易市场门户和商品目录网站通常由第三方运营商所有。卖方和买方都喜欢这样的模式。多方交易市场也有可能由几个非常大的卖方或买方所有。这种模式被称为联合体(consortium)。

1. 第三方独立多方交易市场

第三方多方交易市场是网络中介的一种形式。中介不仅提供商品目录,而且还试图通过提供电子交易工具和网络聊天室来匹配买方和卖方,并鼓励它们进行交易。

- **示例 1:洲际交易所(ICE)**

洲际交易所(theice.com)是一个基于互联网的全球 B2B 交易平台(其拥有 23 个受监管的多方交易市场和 6 个中央结算所(2014 年数据)),运营商品交易合约、场外能源交易市场(OTC)与商品期货以及金融衍生品。虽然该公司最初主要经营能源产品,但最近的收购活动已扩大到"软性"商品(谷物、糖、棉花和咖啡)、外汇和股票指数期货。有关详细信息,请参阅 intercontinentalexchange.com/about。

ICE 通过网络与所有客户(会员)相连。它的交易在全球进行,且是 24 小时全天候的。目前,ICE 主要有三大经营范围。

- **ICE 市场**。期货、期权和场外交易市场。能源期货通过 ICE Futures Europe 进行交易;软性商品期货/期权由 ICE Futures U.S. 进行交易。
- **ICE 服务**。网络交易确认和网络交易培训。
- **ICE 数据**。市场数据的电子传输,包括实时交易数据、历史价格数据和每日指数。

ICE 公司为全球市场参与者提供一系列交易和风险管理服务。
(1)基准的期货合约。
(2)通过全球中央交易对手结算所进行风险管理。
(3)整合进入全球衍生品市场的渠道。
(4)领先的网络交易平台。
(5)透明度和合法性。
(6)独立的管理。
洲际交易所拥有包括 ChemConnect 在内的多个开创性的多方交易市场。

- 示例 2：The Receivables Exchange

The Receivables Exchange 是一家网站，主要是帮助寻求融资的企业将它们的应收账款出售给愿意贷款的人（应收账款用作贷款抵押品）。此过程涉及拍卖，并由 The Receivables Exchange 管理。

- 示例 3：SolarExchange.com

SolarExchange.com 是一个全球性的太阳能交易市场，目的是促进太阳能相关材料和成品的 B2B 在线拍卖。该多方交易市场是一个全球性社区，供应商可以与来自世界各地的买方进行合作。

据该公司称，它的服务项目"扩展至太阳能供应链，提供采购管理、风险管理、在线拍卖、价格指数、人力资源采购以及一个为太阳能行业提供服务的知识库"。

该公司表示，其主要好处是：

- 连接全球太阳能交易社区。
- 通过太阳能自动化采购和销售以降低成本。
- 迅速应对不断变化的市场条件以获得更大的竞争优势。
- 通过与新的贸易伙伴和供应商接触来扩大市场范围。
- 加快销售周期并降低库存风险。
- 降低运营成本并提高利润率。
- 协助品牌提高认知度并推动商业活动。
- 汇聚全球人才。

请参阅 solarexchange.com/solarxpages/StaticAboutUs.aspx。

有关此交易市场如何运作和竞价流程的信息，请参阅 solarexchange.com/solarxpages/StaticGetStarted.aspx 和 solarexchange.com/solarxpages/StaticBiddingProcess.aspx。

2. 联合多方交易市场

联合多方交易市场（consortium trading exchange，CTE）是由某个行业内的一些大公司组成的多方交易市场。它们可以是供应商、买方或两者兼而有之。CTE（也称为联盟）的主要目标是提供支持交易活动的服务。这些服务包括与参与者后端处理系统的对接以及协同规划和协同设计服务。联合多方交易市场的例子有 avendra.com（酒店业）和 OceanConnect oceanconnect.com（航运业）。

值得一提的是，有些联合多方交易市场在同一行业中有数百个成员单位。

4.7.4　B2B 多方交易市场中的动态定价

不论是垂直领域还是水平领域，多方交易市场的做市商（运营商）都需要对交易市场中的供给与需求进行匹配，而这种匹配决定了价格，因此这些价格通常是动态的，并且基于供求变化。动态定价是指价格随时间不同以及客户的不同而不断变化。证券交易所是动态定价的典型例子。另一个动态定价的典型例子发生在拍卖中，拍卖品的价格一直在变化。

在大多数多方交易市场中动态定价的典型流程包括以下步骤。

（1）企业为购买某种产品或出售某种产品而出价。
（2）启动一次拍卖（正向或反向）。
（3）买方和卖方可以看到连续的出价和报价，但通常看不到竞价者。匿名性通常是动态定价的关键因素（例如股票市场）。
（4）买方和卖方实时就投标报价进行沟通。
（5）有时买方联合起来获得数量折扣（团购）。
（6）当买方和卖方之间就价格、数量、交货日期和其他事宜（例如位置或质量）达成一致时，交易意向达成。
（7）达成交易，并安排付款和配送事项。

4.7.5 多方交易市场的优点、局限性和收入模式

多方交易市场对买方和卖方都有好处，包括提高市场效率，为卖方和买方提供寻找新商业伙伴的机会，减少订购 MRO 的行政成本，加快交易流程。它们还促进全球贸易，并建立买方和卖方的信息交流社区。

尽管有这些好处，但从 2000 年开始，多方交易市场开始走向衰落，买方和卖方都意识到他们面临着多方交易市场失败或衰退的风险。表 4-2 总结了 B2B 多方交易市场对买卖双方的潜在利益和风险。如表 4-2 所示，多方交易市场还是利大于弊。

表 4-2 B2B 交易中的潜在利弊分析

	对于买方	对于卖方
潜在收益	一站式购物，大量采购	获取新的销售渠道
	便于搜索和比较购物	不需要实体商店
	享受批量折扣	减少订单差错
	无论何时、何地均可进行交易	全天候 24 小时交易
	一个订单可以从几个供应商处购货	参与社区活动
	获取大量的、详细的信息	低成本开发新客户
	接触新的供应商	利用交易市场促进业务
	方便状态审查和重新订购	便于处理多余库存
	参与社区活动	方便开展全球营销
	配送及时	提高库存管理效率
	减少即发式采购	改善伙伴关系管理
	改善伙伴关系管理	企业直接客户关系管理和合作伙伴关系管理方面的损失
潜在风险	陌生的供应商（可能不可靠）	更多的价格战
	客户服务质量的损失（无法比较所有服务）	需要提供更多的增值服务进行竞争
		必须支付交易费用；老客户可能转向竞争对手

收入模式

像所有企业一样，多方交易市场需要盈利才能维持运营。因此，多方交易市场的所有者，无论他们是谁，都必须考虑他们将如何获得收入。多方交易市场的潜在收入来源与第 1 章中讨论的类似。它们包括交易费、会员费、服务费、广告费和拍卖费（由卖方和/或买方支付）。另外，多方交易市场提供软件、计算机服务、管理咨询等服务。

注意：对于许多新的 B2B 电子交易市场，请参阅 Demery（2015）。

4.7 节复习题

（1）定义 B2B 多方交易市场，并列出其主要类型。
（2）列出多方交易市场的主要功能及其提供的服务。
（3）定义动态定价，并描述其工作原理。
（4）列出买方在交易市场中的潜在优势、收益、限制和风险。
（5）列出卖方的主要优点和局限性。
（6）列出 B2B 多方交易市场中的主要所有权类型。
（7）定义联合多方交易市场。

4.8　Web 2.0 和社交网络中的 B2B

尽管很多公司开展了面向个人消费者（B2C）的社交网络活动，但 B2B 领域的活动也在日益增多。B2B 的潜力很大，每天都会有新的应用程序面世。B2B 社交网络活动的机会，取决于企业的经营目标以及所涉及的利益和风险。

4.8.1　B2B 中的网络社区

B2B 应用可能涉及许多参与者：买方和卖方、服务提供商、行业协会等。在这种情况下，B2B 市场中的运营商需要提供社区服务，例如聊天室、公告板以及可能的个性化网页。

网络社区将员工、合作伙伴、客户以及三者的任意组合联系起来。网络社区为电子商务提供了一种强大的资源，以利用在线讨论和互动来实现最大化程度的创新和响应。因此研究构建和管理 B2B 网络社区的工具、方法和最佳实践是非常有意义的。虽然 B2B 网络社区的技术支持基本上与任何其他在线社区相似，但社区本身的性质和其提供的信息是不同的。有关 B2B 社区的列表，请参阅 DiMauro（2014）。

B2B 网络社区主要是交易型社区，因此社区成员主要关注的是与交易和业务相关的信息收集。大多数社区都与垂直交易市场有关，因此它们的需求可能是比较特殊的。社区还支持合作双方的协作和沟通。例如，有关关系管理的软件请参阅 partners.salesforce.com。然而，一些普通服务（如分类广告、职位空缺、公告、行业新闻，等等）的需求在这些社区也非常常见。对于 B2B 中的特殊社区，请参阅 Brooks et al.（2013）。社区也可以促进合作。这些社区的最新形态是诸如 linkedin.com 之类的面向商务或专业的社交网络，我们将在第 8 章介绍它们。

4.8.2 B2B 中的社会商业机会

公司使用 B2B 社交网络的公司能够获得以下优势。

- 通过网络向广大受众做广告,并提升品牌知名度。
- 发现新的业务合作伙伴和销售机会。
- 更好地了解新技术、竞争对手、客户和商业环境。
- 在诸如 Linkedin 上通过"联系人"生成销售线索,通过 Twitter 或在 Facebook 上进行交易。详细信息请参阅 Templeman(2015)。
- 在 Linkedin 上通过搜索"帮助中心"发布问题并促进讨论,通过"帮助论坛"向社区提问,或使用主页上的发布功能向自己的联系人提问。在其他社交网络上的问答论坛上发布问题。
- 更多地参与行业协会活动(包括游说)。
- 为即将发布的产品造势。
- 在自己的 Facebook 页面和其他社交网站上吸引访问者(例如提供游戏、奖品、竞赛)。此外,口碑也可能增加流量。
- 创建社区以鼓励业务合作伙伴(例如客户和供应商)讨论他们的产品。
- 使用 facebook.com 和 linkedin.com 等社交网络招募新人才。

更多有关使用 linkedin.com 可以带来的机遇,请参阅 Tepper(2015)。

更多使用 B2B 社交网络的案例发生在企业社交网络中,它是企业内部的封闭社交网络(详见第 8 章)。

4.8.3 Web 2.0 工具在 B2B 中的应用

许多公司在开展 B2B 电子商务时使用博客、微博、维基百科、RSS 源、视频广告、播客和其他工具。例如,Eastern Mountain Sports(www.ems.com)使用博客,RSS 源和维基与它的供应商和分销商进行沟通和协作。成千上万的企业正在使用(或试用)这些工具。使用 Twitter 进行 B2B 电子商务的研究,请参阅 Tepper(2015)。有关全面报道,请参阅 Bodnar & Cohen(2012)。更多案例研究,详见 Ueland(2015)。

● **示例: Orabrush Inc.**

Orabrush Inc.(orabrush.com)是一家初创公司,它生产的舌苔清洁刷可以减轻口臭。该公司制作了一段关于沃尔玛员工的 YouTube 搞笑视频。在短时间内,该公司在 YouTube 上拥有超过 160 000 个订阅者,并且观看次数超过 3 900 万。此外,该公司在 Facebook 上只投放了 28 美元的广告费,就吸引了 30 万个粉丝。这些宣传吸引了一些沃尔玛的买方来试用该产品,而 Orabrush 与沃尔玛签署了一笔大订单。有关详细信息,请参阅 Neff(2011)。

B2B 游戏(游戏化)

虚拟游戏或游戏化,是指为支持 B2B 培训和决策的虚拟游戏。玩家互相竞争并做出市场预测。有关详细信息,请参阅 Petersen(2015)。

4.8.4 虚拟贸易展会和交易会

主要是 B2B 导向的虚拟贸易展会和博览交易会越来越受欢迎。

虚拟贸易展会是虚拟技术的一种应用。**虚拟贸易展会**（virtual trade show），也被称为虚拟展览会，是实体展览的在线形式。其可能是临时的，也可能是永久的展示，用于帮助参展商向潜在客户展示它的新产品。有关虚拟贸易展会的详细说明，请参阅在线文件 W4.4。

有关虚拟贸易展会的图片，请在谷歌上搜索"虚拟贸易展会"。

● 示例：**MarketPlace365**

MarketPlace365（marketplace365.com）是一家为企业提供工具来构建虚拟贸易展会并吸引流量的供应商。

注意：社交媒体可以为展会提供支持，甚至可为实体展会提供支持。有关在贸易展会上使用社交媒体的更多信息，请参阅 Browne（2013），并可在 tradeshowguy-blog.com/downloads/Social-Media-Tradeshow-Marketing-Checklist.pdf 上免费下载"社交媒体贸易展销市场清单"。

4.8.5 B2B 中的社交网络

企业可以使用 B2B 社交网络来提升知识共享、促进协作和反馈。此外，社交网站也可能有助于发现问题和解决问题。例如，为了解决问题，企业（特别是小型企业）正在使用社交网络和 Yahoo! Answers 及 LinkedIn 内的专业讨论组。B2B 参与者需要将社交网络视作企业整体电子商务战略的一部分，否则其可能错过接触 B2B 客户的机会，并很难使自己在竞争中脱颖而出。

到 2013 年年底，社交网络在 B2B 中扮演着更为重要的角色。无论是小型企业，还是大型企业，都非常成功地使用社交网络来发现和推进新业务。其他应用包括：

- 许多公司在全球范围内使用社交网络实现许多社交功能。
- 有些公司通过社交网络发现新客户。
- 有些公司在营销预算中纳入了获取和留存客户的社交网络活动。

社交网络的主要用途是与商务伙伴保持联系，与专业兴趣小组会面，学习有用的商业智慧；组织和管理客户群体，并与其建立联系。

一些有趣的应用和建议，请参阅 Monty（2015）。

B2B 营销人员使用社交媒体的比例非常高。但是，许多人并没有计算社交媒体的投资回报。在 2013 年，Twitter 和 LinkedIn 是 B2B 中使用最多的社交网络。到了 2016 年，LinkedIn 和 Facebook 位居前列。

Twitter 在 B2B 中的应用

Twitter 在 B2C 中的使用非常广泛，其可以作为客户服务广告活动、客户互动平台、CRM 和市场研究的沟通工具。此外，Twitter 在 B2B 中也有类似的用途。这些应用包括监控对话以便识别商业机会，使小型企业能够接触潜在客户，与潜在客户进行联系，以及帮助客户发现潜在的供应商。

4.8.6 B2B 社交网络活动的案例

以下是一些面向社交网络的 B2B 活动的例子。

- **基于位置的服务**。这些可能为 B2B 提供机会。
- **社交网络上的公司主页**。LinkedIn 和 Facebook 包含大量有关公司及其员工的信息。事实上，员工档案可以成为公司品牌的一部分。例如，早在 2014 年，超过 30 万名 IBM 员工就在 LinkedIn 上注册了；截至 2014 年年初，微软拥有约 134 000 个注册了 LinkedIn 的员工。此外，一些网站还在公司资料上提供其员工和客户的评价。

成功案例

B2B 的互动营销指南（在 btobonline.com 上定期发布，现在是 AdAge 的一部分）提供了一些企业成功实现 B2B 的例子（例如，Cisco Systems、Arketi Group 和 Hewlett Packard Co.）。

有关案例研究，请阅读 Simply Zesty 的名为 "50 个优秀 B2B 社交媒体的案例研究" 的电子书（可在网站 simplyzesty.com/Blog/Article/June-2011/50-Brilliant-Social-Media-B2B-Case-Studies 上购买）。

4.8.7 B2B 社交网络的未来

营销使用者正在开发社交媒体和搜索工具。谷歌的 OpenSocial 等产品可能会增加人们对社交网络的兴趣。

企业必须拥抱社交网络，以便更好地了解其客户和商业合作伙伴。

4.8 节复习题

（1）列出企业在 B2B 电子商务中使用社交网络的好处。
（2）列出 B2B 电子商务社交网络的优点。
（3）列出 Web 2.0 社交软件在 B2B 中的应用。
（4）列出社交网络在 B2B 在中的应用。
（5）讨论 B2B 社交网络的策略。
（6）定义 B2B 中的网络社区。

4.9 协作商务

协作商务是一种电子商务技术，可用于改善组织内部和组织之间的协作，常常应用于改善供应链中。

4.9.1 协作商务的本质

协作商务（c-commerce）是指用于商业协作的电子支持。它使公司能够协同规划、设计、开发、管理和研究产品、服务和创新业务流程，包括电子商务应用程序。一个例子是制造商通过网络与一家工程公司进行合作。该工程公司为制造商设计产品或零件。协作商务意味着通过使用诸如群件、博客、维基和专门设计的电子商务协作工具等在线完成沟通、信息共享和协作计划。有时作为数字合作伙伴，协作商务可以带来显著的商业成功（参见 McCafferty（2015））。许多协作工作都是在供应链上完成的，主要好处是降低成本，增加收入，减少延迟，加快物流，减少紧急订单和发生缺货的次数，以及改善库存管理。电子商务与**协作商务**有着密切的关系。所谓的电子协作，是指人们使用数字技术进行协作，以完成共同任务。

4.9.2 协作商务的要素和过程

协作商务流程的要素因情况而异。例如，在许多情况下，协作商务涉及制造商（或加工商），需要与供应商、设计方和其他业务合作伙伴以及客户（甚至有可能是政府）进行协作。图 4-10 说明了协作流程的主要元素。请注意，协作流程基于的是可视化门户网站显示的内外部数据的分析。在图 4-10 的左下方，我们展示了协作商务的循环过程。参与协同的人员可以利用已有的信息，也可以在参与者之间通过互动获取信息（显示在图 4-10 的右侧）。协作商务的各个要素可以按不同的方式组合，其中一个是商务协作中心。

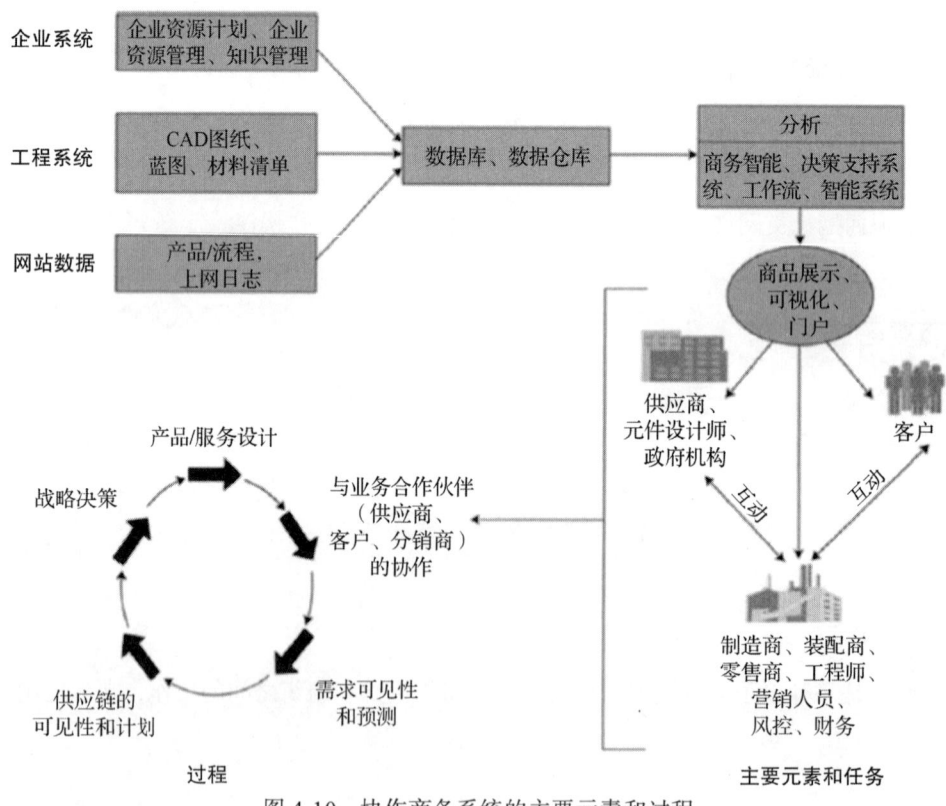

图 4-10 协作商务系统的主要元素和过程

4.9.3 协作中心

协作商务最常见的形式是商务协作中心，供应链成员经常使用它。**协作中枢**（collaboration

hub，c-hub）是互动的中心点，也是公司供应链的中心点。一个协作中心可以承载多个协作空间，供贸易伙伴进行交易、协作、交流和共享信息。

4.9.4 改进协作商务

协作商务可以分为两大类：内部协作和外部协作。内部协作是指部门间协作，例如组织内员工之间的协作以及部门与其流动性员工的协作。它也指团队和个人员工之间的合作。外部协作是指组织与外部环境中的其他人之间的协作。

从电子邮件和维基，再到协作空间和综合工具，有很多电子工具可用于改进协作（例如 Microsoft SharePoint、Salesforce Chatter 以及 Jive Software（jivesoftware.com））。例如，SAP Inc. 提供了基于社交层的优化协作软件。大量的出版物可以提供有关如何改进协作的资料。更全面的报道，请参阅 Beard（2014）。

4.9.5 协作商务的代表性例子

诸如戴尔、思科和惠普等领先的技术公司主要使用协作商务来改进供应链，例如电子采购等。其他协作电子商务计划被用来提高运营的有效性和效率，如以下示例所述。

1. 供应商管理库存系统

供应商管理库存（vendor-managed inventory，VMI），是指零售商让供应商负责监控由供应商提供的每件商品的库存，并由供应商决定订购时间和订购量的过程。随后，在线生成订单，并由供应商完成订单（第三方物流提供商（3PL）也可以通过根据需要安排物流来参与 VMI）。零售商向供应商提供实时使用（消耗）信息（例如销售时点数据）、库存水平以及需要补充订单的阈值。采用这种方法，零售商不再参与库存管理，需求预测成为供应商的责任，而供应商可以在物料耗尽之前，计算物料需求。此外，客户不需要发送采购订单，而是通过电子方式将每日数据发送给供应商，供应商根据此需求信息为客户生成补货订单（请参阅 datalliance.com/whatisvmi.html）。

采用 VMI 的好处包括降低管理费用，减少库存量，以及避免经常发生断货的情况。VMI 也可以在供应商和其子供应商之间进行。有关更多信息，请参阅 en.wikipedia.org/wiki/Vendor-managed_inventory、vendormanagedinventory.com 和 SAP（2016）。代表性的 VMI 软件解决方案由 Vecco International（veccointl.com）和 JDA Software Group，Inc.（jda.com）提供。

● **示例：零售商（沃尔玛）与供应商（宝洁）之间的 VMI 和信息共享**

沃尔玛向宝洁提供其销售给沃尔玛的每件产品的销售信息。宝洁可以每天从每家沃尔玛商店以电子方式收集销售信息。通过监控其物品的库存水平，宝洁可以知道库存何时降至触发自动订单补充和装运的阈值。所有这些事情都是在线完成的。对于宝洁来说，它能够获得准确的需求信息，而对于沃尔玛来说，它能够保证充足的库存，并且它们都可降低管理费用（最少数量的纸质订单和人工操作）。宝洁与其他主要零售商，沃尔玛与其他主要供应商，都保持着类似的协议。

2. 零售商与供应商的协同合作

除了 VMI 之外，零售商和供应商还可以在其他领域进行协作，如以下示例所述。

● **示例：塔吉特公司**

塔吉特公司（corporate.target.com）是一家大型零售集团。它与数十个贸易伙伴开展电子商务活动。该公司为那些没有连接其基于增值网络（VAN）的 EDI 的合作伙伴提供基于外联网的系统（请参阅在线教程 T2）。外联网使公司不仅可以接触更多的合作伙伴，而且还可以使用许多传统 EDI 无法提供的应用程序。该系统使公司能够简化与供应商的沟通和协作。它还允许公司的商业客户创建个性化的 Web 页面，如图 4-11 所示。塔吉特公司如今有一个名为 Partners Online 的商业网站。公司通过它与业务合作伙伴进行沟通，并向它们提供有价值的信息。

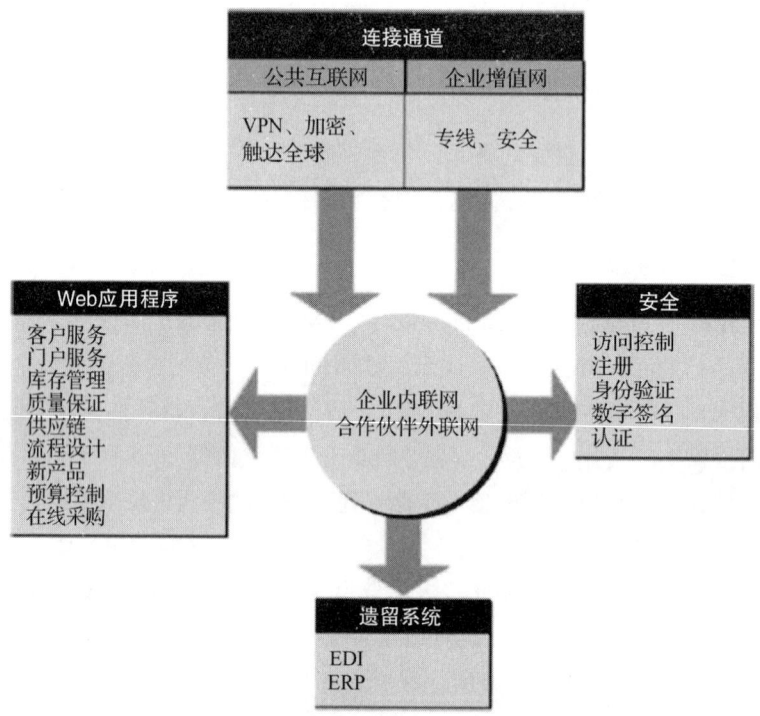

图 4-11　塔吉特公司的外联网

3. 降低运输和库存成本

通过合作可以降低运输和库存成本。亚马逊（amazon.com）和 UPS（ups.com）等货运商之间的合作就是一个例子。亚马逊每周从其分销中心配送数百万件物品。快速交付以及与货运商的合作都至关重要。

4. 减少设计周期时间

以下示例说明通过协作可以缩短设计周期。

● **示例：Clarion Malaysia**

全球汽车音响电子公司 Clarion Group 的子公司 Claraion Malaysia（clarion.com/my/en/top.html）生产汽车音频电子系统。

利用 IBM 提供的计算机技术，如计算机辅助设计（CAD）和产品周期管理，两家公司缩短了约 40% 的产品上市时间，同时改进了产品的设计，因为工程师们有了更多的时间来进行创新性的设计。此外，在整个设计过程中，通过协作，该公司与其客户进行更紧密的互动也变得更加容易。最后，还减少了模具的准备时间。

Commerce Guys（commerceguys.com）等公司提供面向社交的协作平台（例如，参见 drupalcommerce.org）。

5. 消除渠道冲突：与经销商和零售商合作

如第 3 章和第 4 章所讨论的，当客户通过网络直接从制造商订购时，可能会引发制造商与其分销商（包括零售商和/或经销商）之间的冲突。我们之前提到的一种解决方案是从制造商处订购，然后从当地零售商或经销商处取货。这就需要制造商和当地供应商之间的协作。JG Sullivan Interactive，Inc. 专门为这种合作性的电子商务提供支持（请参阅 jgsullivan.com/#digital_asset_management）。它的产品允许制造商以最小的渠道冲突进行在线销售。

● **示例：惠而浦公司**

惠而浦（whirlpool.com）是另一家曾经历过渠道冲突困扰的公司。消费者更喜欢直接从惠而浦购买电器（有时是定制的商品）。但是惠而浦网络遍布全美国的经销商却并不喜欢这种直接订购。有些家电（例如洗碗机、洗衣机）需要进行安装，而这些工作通常由经销商来完成。

JG Sullivan 为惠而浦公司开发的系统在全球范围内均有使用。该系统旨在实现直接在线订购，同时管理当地经销商的交付、安装、保修和服务。这使得客户和经销商都非常满意，因为营销和销售费用得以大幅度下降。此外，与客户的直接联系使得惠而浦对其客户有了更深的了解。

4.9.6 社交协作

在协作商务中日益发展的一个领域是社交协作，它指的是人们身处社交圈或者是为了达成社交目标，在个人或群体中进行信息和知识交流和共享的过程，根据 Carr（2015）的观点，在线协作应该足够社交化，使员工能够提高工作效率，而不会使其在工作时分心。有关讨论，请参阅 McCafferty（2015）。

大量的协作软件可用于支持社交协作，请参阅 g2crpwd.com/categories/team-collaboration。更多信息，请参阅 en.wikipedia.org/wiki/Social_collaboration。

4.9.7 协作商务面临的障碍

尽管有许多潜在的好处，但是除了一些大企业之外，协作商务发展得非常缓慢。各种研究指出其原因包括缺乏内部整合和标准之类的技术因素，还包括网络安全和隐私问题，以及对于存储在合作伙伴数据库中的信息访问和控制的不信任问题。在企业内部，对信息共享和新方法的抵制，以及公司缺乏开展协作商务的能力也是可能的原因。此外，就如何分担成本和收益达成一致，也可能是个问题。

最后，全球范围内的协作可能会因语言和文化差异以及预算不足等额外障碍而变得复杂。

克服协作商务的障碍

专业的协作商务软件可能会减少一些障碍。此外，随着公司更多地了解协作商务的好处（例如提升供应链的平稳性，降低库存和运营成本、提高客户满意度），预计将有更多的公司开展协作商务。新的方法，例如云计算及其变体和 Web 服务的使用，可以显著减少实施中的问题。使用基于开放源代码的协作 Web 2.0 工具也可以提供帮助。最后，在组织内部和组织之间建立合作文化至关重要。

协作流程和软件　有大量专门的方法和支持性的通信及协作的软件可用于支持协作商务。

4.9 节复习题

（1）定义协作商务。
（2）列出协作商务的主要类型和特点。
（3）描述一些协作商务的例子。
（4）描述协作商务的要素和过程。
（5）列出协作商务的一些主要障碍。企业如何克服这些障碍？
（6）如何在社交网络中实践 C2C？

管理问题

与本章有关的一些管理问题如下所示。

1. 我们应该使用哪种 B2B 模型进行电子采购？ 在评估各种上游 B2B 模型时，我们需要根据采购是直接材料还是间接材料，再匹配合适的电子采购目标与解决方案策略。企业应该对四个典型目标进行区分，包括：提高组织运营效率，降低价格，降低库存规模和缺货频率，以及降低管理费用。对于这些目标中的每一个，都应相应地设计适当的解决方案和系统。管理多家缺乏成熟系统的中小供应商是一个具有挑战性的目标。

2. 我们应该使用哪些 B2B 模型进行在线 B2B 销售？ 进行 B2B 销售的关键问题是如何与采用不同 EDI 和 ERP 系统的多位买方进行协调。企业应用整合软件（EAI）可以将不同买方使用的不同 EDI 格式的内部数据进行转换。将各种类型的 EDI 标准与 ERP 解决方案相结合也是另一个需要解决的问题。除合同管理外，B2B 营销人员还使用拍卖、出清和社交网络来提高销售业绩。

3. 我们应该选择哪些解决方案和供应商？ 供应商通常会开发和部署 B2B 应用程序，即使是大型组织。有两种基本的供应商选择方法：①选择诸如 IBM（ibm.com）、微软（microsoft.com）或甲骨文（oracle.com）等领先的供应商。使用该供应商的软件和程序，并根据需要添加合作伙伴。②寻找能够组合和匹配现有产品和供应商的整合商，为企业的需求创造"最佳解决方案"。

4. **什么是B2B的组织影响力？** B2B系统将通过重新定义采购部门的角色和程序来改变该部门的角色。采购部门的职能可能完全被外包出去。采购策略组合对于平衡战略采购项、现货采购项和设计供应商关系管理系统这三者来说，是非常必要的。

5. **什么是B2B中的道德问题？** 由于B2B电子商务要求共享专有信息，所以商业道德是非常必要的。员工不得访问交易系统中未经授权的区域，并且应当保护贸易伙伴的隐私。

6. **我们应该使用企业（封闭）社交网络，还是公共社交网络？** 这两种类型都有成功和失败的案例。一些大公司有两种类型的社交网络（例如，northwesternmutual.com）。在大多数情况下，最好使用linkedin.com和facebook.com等公共社交网络。

7. **哪些业务流程可以自动化？** 这个问题主要取决于公司、行业和价值链。但是，正如本章所述，供应链上的销售、采购和其他活动将是主要的目标。这些还包括支付（供应链金融）。此外，物流、装运和库存管理也很重要。

8. **引入电子协作有多困难？** 电子协作的技术问题可能是最简单的部分。而按协作要求改变组织内部的行为及其与贸易伙伴的互动可能是更大的挑战。新的协作可能需要变革管理，以处理诸如变革阻力等问题。此外，需要向合作伙伴明确指出合作双方各自的责任。最后，电子协作需要承担费用成本，需要在经济上和组织上被认可。然而，由于它涉及无形风险和收益，被认可可能并非易事。

9. **可以与商业合作伙伴共享多少信息？他们可以信任吗？** 许多公司正在共享预测数据和真实销售数据。但是，当涉及需要实时访问产品设计、库存和ERP系统的接口时，企业可能会非常谨慎。这是一个安全和信任的问题。共享的信息越多，协作效果就越好。但是，共享信息可能会导致一些商业机密的意外泄露。在某些情况下，企业的文化是抵制分享（部分员工不喜欢分享信息，即使在他们自己的组织内）。分享的商业价值需要根据其风险进行认真评估。

10. **谁能从供应商管理库存中受益？** 当部署供应商管理库存（VMI）系统时，卖方和零售商都会从中受益。但是，小供应商可能无法系统地监控和管理其客户的库存。在这种情况下，大买方需要代表其供应商支持库存管理系统。启动VMI时必须商定敏感问题。其中一个问题就是如何处理系统中产生的物品缺货问题。

本章小结

在本章中，你了解了以下与本章学习目标相关的电子商务问题。

1. **B2B电子商务的定义。** B2B电子商务包括企业之间的电子商务活动。在所有电子商务活动中，B2B活动占了77%~95%。B2B电子商务可以通过使用不同的模式来完成。

2. **B2B主要模式。** B2B非常多元化。它可以分为以下几个部分：以卖方模式（一个卖方对多个买方）、以买方模式（来自多个卖方的一个买方）和多方交易市场（多个卖方对多个买方）。每个细分市场包含多种商业模式。中介在一些B2B模式中发挥重要作用。

3. **卖方模式特点和模式。** B2B电子商务的卖方模式是指一个卖方（制造商或中介）向多个买方的在线直接销售。使用的主要技术是电子商品目录，其也允许客户进行高效的定制、配置和购买。此外，正向拍卖越来越受欢迎，特别是出清剩余库存时。卖方的拍卖可以在卖方自己的网站或中介的拍卖网站进行。卖活动可以伴随着全面的客户服务。电子商务允许在个性化目录中定制产品和服务。

4. 卖方中介。中介在 B2B 中的主要作用是为制造商和客户提供增值服务。中介也可以支持团购，进行拍卖，并汇总的商品目录。

5. 买方模式和电子采购的特点。如今，公司正在转向电子采购以加快采购速度，节省物料和管理成本，并更好地控制采购流程。主要的采购方式是反向拍卖（招标系统）、从网上商店和目录购买、谈判、从中介处购买卖方的目录、内部市场和团购、桌面购物、在多方交易市场或行业购物中心购买、以货易货。电子采购为节省大量成本和时间提供了可能性。

6. B2B 反向拍卖。反向拍卖是买方使用的一套招标系统，通过供应商互相竞争以获得买方需要的更好的价格来满足。拍卖可以在公司网站或第三方拍卖网站上完成。反向拍卖可以显著降低买方的成本，无论是产品成本还是招标过程中的时间和费用的成本。

7. B2B 聚合和团购。提高公司的议价能力和效率可以通过聚焦多个买方或卖方的方式来完成。例如，将供应商的目录汇总到买方的目录中，可以使采购公司更好地控制采购成本。在桌面采购中，员工有权在不需要额外批准的情况下购买一定数量的产品。员工可以查看内部目录，并在批准的供应商处按预先商定的价格在预算内进行购买。行业商场或大型分销商专注于一个行业（例如电脑）或工业 MRO。它们汇总了数千个供应商的目录。采购代理可以下达零件或材料的订单，并且由供应商或商场安排运输。通过团购汇聚购买者的做法非常受欢迎，因为它甚至可以让中小企业在购买时获得更好的价格。除了直接购买外，还可以通过易货来获取物品。

8. 多方交易市场的定义和主要类型。多方交易市场是一种电子交易市场，为众多买方、卖方和其他商业伙伴提供交易市场。公共电子市场的类型包括 B2B 第三方交易市场和联盟交易市场。多方交易市场可能是垂直的（面向具体产业）也可能是水平的。

9. 第三方交易市场。第三方交易市场隶属于独立公司，通常在高度分散的市场中运营。它们对所有人开放，因此被视为公共交易市场。它们试图与买卖双方均保持中立的关系。

10. Web 2.0 和社交网络时代的 B2B。虽然存在大量的 B2C 社交网络活动，但 B2B 活动才刚刚起步。其在使用博客和维基与供应商和客户协作方面取得了重大成功。大型企业使用社交网络来创建和促进业务关系。小型企业使用社交网络来征求专家意见。其他企业则用它来寻找商业伙伴，培养商业机会，招聘员工并寻找销售线索。

11. 协作商务。协作商务是指商业伙伴有计划地使用数字技术。它包括计划、设计、研究、管理和服务各种合作伙伴和任务，通常涵盖整条供应链。协作商务可以在不同的业务伙伴之间或者参与协作网络的许多合作伙伴之间进行。Web 2.0 工具和社交网络使得合作增加了一个可以改善沟通、参与和信任的社会化维度。目前有许多新工具，其中一些正在被添加到传统的协作工具中。更好的协作可能会改善供应链运作、知识管理以及个人和组织绩效。

⊙ 问题讨论

1. 解释一个基于商品目录的卖方市场如何运作，并描述其好处。
2. 讨论网上拍卖和商品目录销售的优缺点。
3. 讨论并比较集团采购聚合商可以使用的所有机制。
4. 桌面购买只能通过企业内部的电子市场来实现吗？
5. 比较私人拥有的多方交易市场和企业封闭电子交易市场。
6. 比较商品目录的外部和内部聚合。
7. 将社交商业与 B2B 团购相关联。
8. 比较机构买方与个人消费者。
9. 讨论以下话题：电子商务意味着从关注交易本身转向关注供应链成员之间的关系运作。

⊙ 课堂讨论和辩论话题

1. 讨论社交网络中的 B2B 机会。
2. 讨论 B2B 社交网络中的风险。
3. 讨论全球化如何与 B2B 相关。
4. 将 B2B 与市场营销的四个 P（产品、价格、渠道和促销）以及四个 C（内容、连接、交流和转化）相关联。
5. 讨论 B2B 中潜在的渠道冲突。
6. 阿里巴巴等网站的 B2B 目录对全球贸易的贡献是什么？潜在的限制是什么？
7. 辩论：有人说多方交易市场必须由第三方拥有，并且商业联盟不应该被允许担任第三方。
8. 讨论为什么在产生销售线索这方面，facebook.com 不如 linkedin.com。
9. 在课堂上，访问 youtube.com/watch?v=-nTkBh-sUIRQ 观看视频"数字世界中的 B2B 营销"。讨论其对渐进式营销经理的借鉴意义。
10. 研究廉价出清公司，主要是：liquidation.com、govliquidation.com 和 govdeals.com。调查这三者提供服务中的相似性和独特性。讨论其可以为使用这些服务的公司带来哪些附加值。

⊙ 在线练习

1. Tripadvisor.com 于 2010 年推出了 B2B 部门。查找有关客户企业使用其服务对该企商务客户的好处。
2. 访问以下网站：ariba.com 和 ibm.com。查看它们的产品和服务。分析它们是如何支持移动营销和社交商务的。
3. 将 B2B 业务模型与上述问题中提到的三个网站的服务进行匹配。
4. 访问 ebay.com，指出其与小型企业拍卖相关的所有活动，说明 eBay 提供哪些服务？然后进入 eBay Business&Industrial 区域。说明这是什么类型的电子交易市场？它的主要功能是什么？
5. 访问 ondemandsourcing.com 并使用免费注册查看产品演示。准备一份中小企业使用 ondemandsourcing.com 好处的清单。
6. 访问 bitpipe.com 并查找与电子采购相关的最新 B2B 供应商报告。找出本章未涉及的主题。
7. 访问 iasta.com 和 cognizant.com。调查它们为进行各种电子采购而销售的主要工具。列出每个工具，并对其进行分析。

8. 访问 blog.marketo.com，找到最近 8 个成功的社交 B2B 应用程序。准备一份涵盖该网站的主题列表，写一篇关于内容的简短摘要，包括提示和指南以及经验教训。

9. 访问 smallbusiness.yahoo.com/ecommerce，并对其中一个"成功案例"进行总结。

10. 访问 eprocurement.nc.gov，指出它提供哪些电子采购方法，每种方法有哪些好处。

11. 访问 equinix.com 并确定它提供的 B2B 服务。

12. 访问 cooperativeshift.com 或其他商务协作网站，并阅读有关电子协作的最新问题。准备一份报告。

13. 访问 opentext.com，阅读该公司关于协作商务的愿景并查看演示。在报告中解释公司如何促进协作商务发展。

⊙ 团队任务和项目

1. 阅读开篇案例，回答下列问题。
（1）阿里巴巴提供哪些商品目录服务？
（2）确定阿里巴巴的收益来源。
（3）查找关于其 2014 年 IPO 的信息。你认为对该公司的估值是否合理？
（4）访问 slideshare.net/yanhufei/case-study-alibaba-final-v-11 并查看关于 Alibaba.com 的案例研究，并在老师给出答案的基础上进行扩展。
（5）描述阿里巴巴的商业模式。
（6）访问 sa.alibaba.com，观看一段名为"阿里巴巴上的供应商评估"的视频，并总结其内容。
（7）访问 youtube.com/watch?v=6O747UHN9Mw，观看标题为" e-Riches 2.0-The Best Online Marketing Book by Scott Fox"的视频。你从这段视频中学到了什么？

2. 每个团队探索不同的社交网络中的 B2B 活动，并为课堂演示准备一份摘要文件。该文件应包括以下有关活动或方法的内容：
（1）所使用的机制和技术。
（2）对买方、供应商和其他人的好处（如适用）。
（3）对买方、供应商和其他人的限制（如适用）。
（4）指出推荐使用每种方法的情况。提示：查看 Leake et al.（2012）以及供应商的产品。

3. 每个团队寻找一个与阿里巴巴进行竞争的全球 B2B 中间商（例如，globalsources.com）。准备一份阿里巴巴和你所选择的竞争者为买卖双方提供的服务列表。

4. 访问 ariba.com，并了解其软件解决方案（例如，Ariba Commerce Cloud 可以用来促进企业间交易）。此外，还需考察阿里巴巴公司的采购和合同管理解决方案。在课堂上介绍你的发现。

5. 在课堂上研究 Ariba 的供应商网络，并将其与几个类似的网络（例如 IBM Sterling B2B 协作网络）进行比较。每个团队进行一次比较并在课堂上演示。

6. 访问 slideshare.net/Ariba/vision2020-the futureofprocurement，查看幻灯片演示文稿"愿景 2020：行业领先采购主管 2020 年的采购理念"，其由 Oka 和其他 13 位采购主管（2011 年）提供。小组分析几个贡献者的想法，并向班级介绍其亮点。

7. 在 youtube.com/watch?v=B FaJPeDQyIs&noredirect=1 上观看题为"电子采购案例研究：HOYER 集团"的视频。回答下列问题。

(1)霍尔集团面临着怎样的问题?
(2)有哪些软件要求?
(3)他们如何评估软件?使用什么标准?
(4)你从视频中学到了什么?

8. 课程研究 Ariba 的供应商网络,并将其与几个类似的网络(例如,IBM Sterling B2B 协作网络)进行比较。每个小组总结一个比较结果并向班级进行演示。

9. 访问 youtube.com/watch?v=bucxXpDvWDI,观看视频"小组讨论协作商务(Pt.1)@ Ariba LIVE 2011"(第二部分可选,网址为 youtube.com/watch?v= dV_KUJ0eVuE)。回答下列问题:
(1)买家看到什么好处?将这些好处与协作商务联系起来。
(2)电子商务如何用于支持协作商务?
(3)买方/供应商关系如何能够与协作商务共同培育?
(4)在课堂上进行类似的小组讨论。如有可能,请大买家出席并参加。
(5)如何使业务合作伙伴在线完成?
(6)Ariba 扮演了什么角色?(调查网站 ariba.com)
(7)你从这段视频中了解到电子商务和协作商务的哪些好处?

⊙ 章末案例

谢菲尔德大学的电子招标系统

位于英国谢菲尔德的谢菲尔德大学(sheffield.ac.uk)是一家领先的大型公共教学和研究机构,拥有超过 25 000 名注册学生和 5 300 多名员工(请参阅 sheffield.ac.uk/about/facts)。

谢菲尔德大学的研究成果在全世界都得到了广泛的认可。尽管名声卓越,但该大学的预算非常紧张,能为该大学节省了一大笔可观资金的领域便是采购。

由于要开展研究活动,谢菲尔德大学每年从大约 12 000 家供应商处购买超过 1.1 亿英镑的供应品,其中 4 500 家是正规供应商。大学需要一个电子系统,以尽量减少采购延误,标准化所有部门的采购流程,并减少可能发生的差错。此外,行政支出(例如邮政费用、雇员工资、影印成本)也非常高。截至 2005 年,该大学已将电子招标系统提升至其被政府授权的电子采购系统的一部分。

电子招标举措

发起电子招标倡议的采购部门的目标始终是支持该大学实现其使命。该举措还必须遵守公共采购条例。该系统基于一个名为 in-Tend(标准欧盟招标工具)的软件,并由用户、供应商、采购部门的工作人员和 IT 开发团队合作完成。

电子招标程序

采购部门通过门户网站 In-Tend Ltd. 与参与者进行沟通。In-Tend Ltd. 向注册供应商提供政策和公开招标信息,包括历史招标数据、合同和招标过程。该门户对用户非常友好,允许小型供应商参与投标。另外,该系统也非常安全。

过程

该大学有几十个需要购买材料和用品的部门。这些需求会提交给中央采购办公室(PO)以安排反向拍卖。PO 通过对订购流程进行标准化,并检索所有相关的现有信息系统来启动该项目。在对员工进行了广泛的测试和培训之后,小规模的招标工作已经在当地供应商中进行了测试。一旦 PO 对测试结果满意,则部署该系统,将其用于每年大约 200 次的招标。招标的项目既可以是物品,也可以是服务。

投标人可以下载所有需要的文件并以电子方式上传他们的投标书。电子流程也节省了资金,并且提高了对潜在投标人的支持水平。

PO 加强了与当地企业界的联系,以鼓励当地企业提交投标书(例如促进资格预审和便于发现当前的机会)。

资料来源:基于 CIPS Knowledge Works(2006);sheffield.ac.uk/procurement,sheffield.ac.uk/finance/regulations/p_flowchart 和 in-tendhost.co.uk/sheffield/aspx/Home(均访问于 2016 年 4 月)。

问题
1. 为什么公立大学需要遵守可能降低效率的政府法规?
2. 在 in-tend.co.uk. 网站上查找 In-Tend 软件的信息,并分析其受欢迎的原因。
3. 在此网站上检查提供给供应商的信息。分析招标如何为投标人提供公平的机会。
4 跟踪大学电子招标中的信息流动,撰写一份报告。
5. 此网站向内部员工提供了哪些采购服务?向供应商和其他外部公司或个人(例如股东)提供了哪些服务?

⊙ 在线文件

本章在线文件可以在 ecommerce-introduction-textbook.com 上找到。

W4.1　B2B 网络营销
W4.2　电子采购流程:买方视角
W4.3　应用案例:iMarketKorea
W4.4　虚拟展会和交易会

⊙ 参考文献

Bausa Peris, et al. *Golden Book of Good Practice*. Price Waterhouse, 2013.

Beard, M. *E-Commerce: A Collaborative Approach* [Kindle Edition]. Seattle, WA: Amazon Digital Services LLC, 2014.

Blur. "5 Global B2B Marketplaces That Can Help You Grow Your Business." *Blur Blog*, February 24, 2014.

Bodnar, K., and J. L. Cohen. *The B2B Social Media Book: Become a Marketing Superstar by Generating Leads with Blogging, LinkedIn, Twitter, Facebook, Email and More.* Hoboken, NJ: Wiley, 2012.

Brooks, M., J.J. Lovett, and S. Creek. *Developing B2B Social Communities: Keys to Growth, Innovation, and Customer Loyalty.* New York: Apress, 2013.

Browne, T. *The Social Trade Show: Leveraging Social Media and Virtual Events to Connect with Your Customers.* Hoboken, NJ: Que Biz-Tech, 2013.

Carr, D. F. "How Social Should Social Collaboration Be?" *Forbes Tech*, April 27, 2015. forbes.com/sites/davidcarr/2015/04/27/how-social-should-social-collaboration-be (accessed February 2016).

Charles, M. *China Wholesale Trader Secrets- The Rise of Alibaba.com and New Entrepreneurs [Kindle Edition].* Seattle, WA: Amazon Digital Services, 2014.

Chen, L. Y. "Alibaba Beats Estimates as Ma's Push into Rural China Pays Off." *Bloomberg Business*, January 28, 2016. bloomberg.com/news/articles/2016-01-28/alibaba-sales-beat-estimates-after-making-mobile-rural-inroads (accessed February 2016).

CIPS Knowledge Works. "The University of Sheffield e-Tendering Case Study." January 2006. globalpublicprocurement.org/Documents/Resources/White-Papers/Successful-e-tendering.pdf (accessed March 2016).

Demery, P. "A Deep Dive into B2B Web Marketplaces." *Internet Retailer*, May 22, 2015.

DiMauro, V. "Big List 2.0: The Top B2B Online Customer Communities 2014." *Leadernetworks.com*, August 9, 2014. leadernetworks.com/2014/09/big-list-of-b2b-communities.html (accessed February 2016).

E-Commerce Wiki. "B2B Exchanges." (Last modified by R. Pfont: June 2, 2013). en.ecommercewiki.info/fundamentals/market_places/exchanges (accessed March 2016).

Erisman, P. *Alibaba's World: How a Remarkable Chinese Company is Changing the Face of Global Business.* Shanghai: Palgrave Macmillan, 2015.

eMarketer. "B2B Marketing Trends Roundup." *SilverPop*, February 2016.

eProc.org. "Sustainable Electronic Procurement Case Study: Branas

Isaf Training." 2010 (no longer available online).

IBM. "Whirlpool's B2B Trading Portal Cuts Per Order Costs Significantly." G325-6693-00, 2000. White Plains, NY: IBM Corporation Software Group, Pub. 2000.

Leake, W., et al. *Complete B2B Online Marketing*. San Francisco, CA: Sybex, 2012.

McCafferty, D. "How Digital Partnership Drive Business Success." *Baseline*, January 1, 2015.

Monty, S. "How to Use Social Media at a Trade Show." *Scott Monty*, January 19, 2015. **scottmonty.com/2013/11/how-to-use-social-media-at-trade-show.html** (accessed May 2016).

Neff, J. "How Orabrush Got National Walmart Deal with YouTube Videos, $28 in Facebook Ads: Telling Walmart Employees They Have Bad Breath Leads to Distribution in 3,500 Stores." September 20, 2011. **adage.com/article/news/orabrush-national-walmart-deal-youtube-videos/229914** (accessed March 2016).

Oka, A., et al. "Vision 2020: Ideas for Procurement in 2020 by Industry-Leading Procurement Executives." 2011. **ariba.com/resources/library/vision-2020-the-future-of-procurement** (accessed March 2016).

Petersen, R. "33 Inspiring B2B Digital Marketing Case Studies." *Grow*, May 21, 2015. **businessesgrow.com/2015/05/21/b2b-digital-marketing-case-studies** (accessed February 2016).

Pick, T. "20 Brilliant B2B Marketing and Digital Business Stats and Facts." *Meltwater*, August 28, 2015. **meltwater.com/blog** (accessed February 2016).

Regal, D. *Revolutionizing the Checkout Process: Shoplet's E-Procurement [Kindle Edition]*. Amazon Digital Services, Seattle, WA: 2014.

Rockwell, M. "Experts Debate Value of Reverse Auctions." December 11, 2013. **fcw.com/articles/2013/12/11/experts-debate-value-of-reverse-auctions.aspx** (accessed March 2016).

SAP. "Standard VMI." *SAP's Help Portal*. 2016. **help.sap.com/saphelp_scm70/helpdata/en/48/03f69d67b34aa7e10000000a421937/content.html** (accessed May 2016).

Templeman, M. "How Facebook and Twitter fit into B2B Marketing." *Forbes.com*, July 23, 2015. **forbes.com/sites/miketempleman/2015/07/23/how-facebook-and-twitter-fit-into-b2b-marketing** (accessed February 2016).

Tepper, N. "Nearly All B2B Companies Use Twitter and LinkedIn to Increase Brand Awareness." *Internet Retailer*, August 31, 2015.

Ueland, S. "9 B2B Companies That Excel at Social Media." *PracticalEcommerce*, January 6, 2015.

Wirthwein, C., and J. Bannon. *The People Powered Brand: A Blueprint for B2B Brand and Culture Transformation*. Ithaca, NY: Paramount Market Publishing, Inc., 2014.

Young, D. "Wowo Transforms Through Food Service Buy." *Seeking Alpha*, June 8, 2015.

第 5 章
电子商务系统创新：从电子政务到电子学习、知识管理、电子健康和 C2C 商务

■ 学习目标

完成本章后，你将能够：
1. 描述电子政务的不同举措。
2. 描述电子政务活动和实施问题，包括政务 2.0 和移动政务。
3. 描述电子学习、虚拟大学和电子培训。
4. 描述电子书及其读者群。
5. 描述电子商务中的知识管理和传播。
6. 描述和讨论电子咨询系统。
7. 描述电子健康。
8. 描述电子商务中的 C2C 活动。

■ 开篇案例

康帕斯集团通过将经理人变成侦探来加强电子培训

　　康帕斯集团（compass-group.com）是英国的一家专门提供食品及支持服务的全球化公司；在 52 个国家设有分支机构和 47 万名员工。公司的支持服务包括安全服务、清洁服务、建筑运营和维护以及项目管理（请参阅 compass-group.com/Support-Services-wwd.htm and compass-group.com/ about-us.htm）。该公司拥有超过 10 000 个客户站点（2016 年数据）。

　　问题

　　公司区域经理通过财务绩效软件来分析趋势，并审查财务报表中与其职能相关的统计数据。通过确定问题的原因并解释预算中的异常偏差，从而可以对一些错误进行修正。但是，该公司发现这些经理在使用该软件时困难重重。因此，康帕斯公司决定与 City&Guilds Kineo 公司合作，使用 Kineo 学习解决方案（Kineo Learning Solutions）（kineo.com/solutions）中的财务软件对区域经理进行培训。然而，一些经理对电子培训（电子学习的一种应用）持怀疑态度。

因此，为了减少经理担忧并确保协作和软件的使用，康帕斯公司有必要说服他们了解这项计划的有用之处。

解决方案

为了培训区域经理，康帕斯集团决定采用一种有吸引力的方法，以低成本实现快速的集体培训。因此他们决定采用电子培训。

实施团队设计了一个"康帕斯侦探委员会"的游戏。参与的经理在游戏中扮演"侦探"的角色。根据现实中的职能范围，每个侦探都需要分析软件的性能并找到问题（"犯罪"）的解决方案。在解决问题的过程中，参与者将得到一些帮助，从而有助于其积累经验。参与者能够回答一些问题，例如如何对竞争对手的降价做出反应，或者如何确定预算偏差的严重响度（请阅读 kineo.com/case-studies/process-and-technical/compass-group-systems-training 上的案例研究）。

结果

在前 6 个月里，该项目取得了一些突出的成果：

- **提高了预期绩效**：大多数参与者都认为，得益于培训，他们的绩效可能有提高。
- **快速培训了大量人员**：与传统培训相比，电子学习能够培训更多的管理人员（以相同的成本和时间跨度）。
- **降低了成本**：与传统培训相比，康帕斯集团在 6 个月里节省了 495 000 英镑。

资料来源：基于 City&Guilds Kineo（2011）、Training Press Releases（2011）、compass-group.com 和 en.wikipedia.org/wiki/Compass_Group（均访问于 2016 年 3 月）。

案例经验教训

电子学习（和电子培训）是电子商务的一类应用，可以帮助组织以在线方式教授大量分布在不同地点的学生或员工，以确保他们能够有效地提升和处理工作。康帕斯集团的电子培训部分基于确保了员工了解培训对他们的业务、直接客户和最终客户重要性的基础之上。通过创建受训者参与其中的电子培训计划，该公司不仅降低了培训成本、成功地培训了员工，还激励了许多员工欣然接受电子培训。电子学习和电子培训是本章的主要内容。本章介绍的其他创新系统包括电子政务、电子书、知识管理、电子健康和 C2C（消费者对消费者）电子商务。

5.1 电子政务：概述

电子政务，又称电子政府、数字政务，是一个不断发展的电子商务应用领域，涵盖了许多主题。该领域的主要目标是将公共部门机构引入数字时代。有关概述，请参阅 Brown et al.（2014）。本节将介绍数字政务的几个关键问题。

5.1.1 定义和范围

电子政务（e-government）指的是利用各类信息技术，特别是电子商务技术，来改善政府服务和公共部门活动，例如为公民提供更方便的信息和服务，以及为公民和企业提供有效的政府服务，并改善政府雇员的绩效。它也是政府与公民、企业和其他主体进行互动，提升政策性交易效率（如购买和出售商品和服务）以及政府内部有效运作的高效方式。电子政务包括大量的活动。这点在新西兰的案例（在线文件 W5.1）和 en.wikipedia.org/wiki/E-Government 中有所体现。详情请参阅 Shark & Toporkoff（2008）。有关资源，请参阅 w3.org/egov。

请注意，电子政务也为提高政府内部运作的效率和有效性提供了机会。

电子政务包括以下主要类别：政府对公民（G2C）、政府对企业（G2B）、政府对政府（G2G）、政府内部效率和效益（IEE）以及政府对雇员（G2E）。表 5-1 提供了前四种类别的主要活动（另请参见数字政府战略（2012）和 Egov（2003））。有关美国电子政务活动范围的描述，请参阅电子政务战略（2012）和 whitehouse.gov/omb/e-gov。关于新加坡的电子政务，请参阅 egov.gov.sg。

表 5-1 电子政务绩效目标的典型类别

政府对公民（G2C）	政府对企业（G2B）
• 减少与政府互动所需的时间	• 增强企业查找、查阅和评论规则和法规的能力
• 为公民创建一个友好的、一站式访问政府服务的站点	• 通过在线税务申报和其他文档减轻企业的负担
• 减少寻找政府职能的时间	• 减少填写出口表格和查找相关信息的时间
• 减少公民寻找福利项目和确认资格的平均时间	• 减少企业开展遵从政府法规所需行政事务的时间
• 增加使用互联网查找娱乐信息的人数	
• 满足公众对信息的高度需求	
• 提升政府服务对公民的价值	
• 拓宽残障人士获取信息的渠道	
• 使公民从政府获得财政援助变得更容易、成本更低、更快速、政策更容易理解	
政府对政府（G2G）	**政府内部效率和效益（IEE）**
• 减少政府机构处理紧急事件所需的时间	• 增强政府员工培训计划的可用性
• 减少验证公共记录的时间	• 减少处理清关表格的平均时间
• 增加可用于电子应用的授权计划的数量	• 在每个机构内增加使用在线商旅服务的次数
• 提高国家、省、地方政府之间的沟通效率	• 减少联邦政府采购商品和服务的时间和管理费用
• 加强与外国合作伙伴（的合作）	• 更有效地规划 IT 投入
• 通过在政府机构中宣传、推广最佳实践，实现内部流程自动化，从而降低政府的成本	• 以更低的成本获得更好的服务
	• 削减政府运营成本

资料来源：基于 Egov（2003）和作者的经验。

● **示例：欧盟委员会**

欧盟委员会（European Commission）的数字议程网站（ec.europa.eu/digital-agenda/welcome-digital-agenda）是一个综合型电子政务系统的示例。它是欧盟实现其 10 年增长战略的七个标杆项目之一。该网站分为若干个主题——主要有生活和工作、公共服务、当前研究项目、智慧城市、电子健康和老龄化问题。详情请参阅 ec.europa.eu/digital-agenda/welcome-digital-agenda。

上述类别基于政府与之互动的不同实体。然而，这些实体也是相互关联的，如图 5-1 中虚线所示。

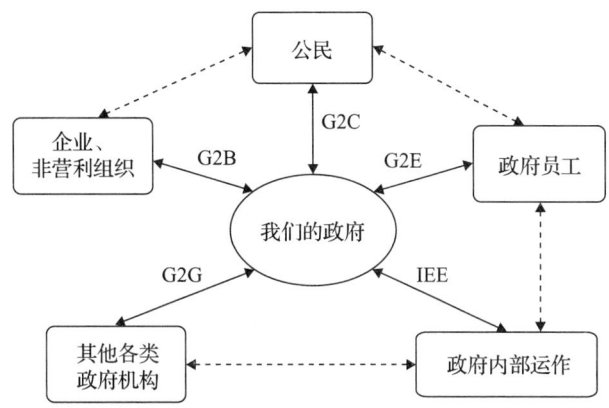

图 5-1　电子政务的活动类别

以下是对政府与各主要实体之间主要活动的简要描述。

5.1.2　政府对公民的电子政务

政府对公民（government-to-citizen，G2C）的范畴包括政府和公民之间通过在线方式进行的所有互动。G2C 可能涉及几十种不同的活动。其基本思想是使公民能够随时随地与政府进行在线互动。G2C 应用使公民可以向政府机构提问，并接收答复，纳税，缴纳费用和收到回执，以及安排服务，例如招聘面试和医疗预约。例如，在美国的许多州，居民通过 G2C 可以更新驾驶执照、缴纳违章罚款、预约验车时间和驾照考试时间——这些活动均在网上进行。

政府网站的主要功能是：宣传关于如何联络政府的信息，向市民发布公告，链接到其他网站，提供教育资料、刊物、统计资料、法律文件及数据库。G2C 服务的主要领域包括社会服务、旅游和娱乐、公共安全、研究和教育、表格下载、政府服务搜寻、税收申报、公共政策信息，以及关于健康和安全问题咨询等。如今，许多国家和地方政府可以在移动/无线设施上提供 G2C 服务。

G2C 服务的另一个领域是解决市民的问题。政府（或政治家）可以使用客户关系管理（CRM）类型的软件将查询和问题事件分配给适当的工作人员（如 ict.govt.nz 所示）。随后，客户关系管理的工作流软件可以被用来跟踪问题的解决过程。

请注意，有 20 多个国家（例如朝鲜、伊朗、叙利亚）出于政治、社会或其他原因封锁了一些网站。有关 G2C 的更多信息，请参阅 usa.gov/Citizen/Topics/All-Topics.shtml。

接下来我们将介绍两个 G2C 的热门示例。

1. 网络投票

在选举过程中，可能会出现差错、操纵和欺诈。在许多国家，有人会设法"操纵"选票。在另外一些国家，选举失败的候选人想要重新计票。就像一些在国家中已经发生的那样，投票可能会导致重大的政治危机。美国 2000 年和 2004 年总统选举中出现的问题加速了推行网络投票的趋势。

选举过程包括广泛的技术和社会活动，从选民登记和身份认证到投票，以及随后的结果统计。有关此过程的示例，请参见图 5-2。网络投票可以自动执行选举过程中的部分或全部步骤。

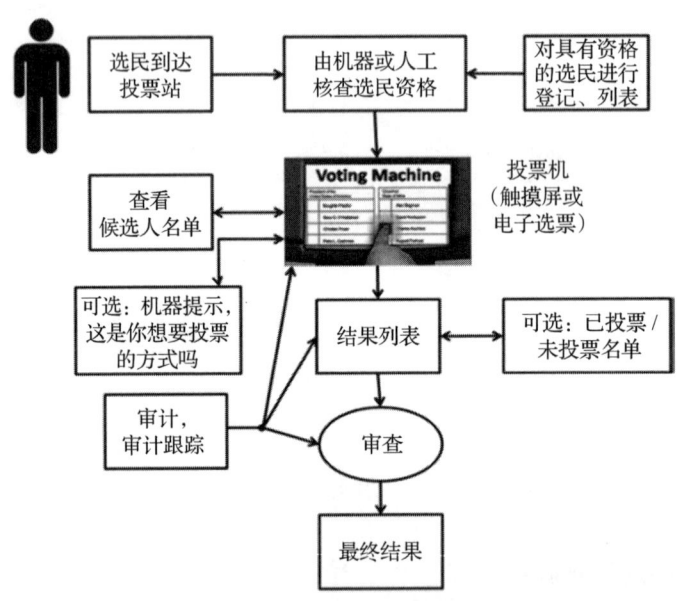

图 5-2 使用投票机的过程

全网络选举系统由于牵涉多种相关因素（如软件的专有性质）而广受争议。典型的问题包括向选民推销这套系统的困难性、复杂的审计过程以及在这个过程中某些环节的经验缺乏。

注：一个值得商榷的问题是网络选举中存在欺诈的可能性（Madden, 2015）。有关网络选举的更多信息，请参阅 en.wikipedia.org/wiki/Electronic_voting 和电子前线基金会（Electronic Frontier Foundation）(eff.org)。

2. 救济金电子发放

一个早期的电子政务应用是救济金电子发放（EBT）。自 20 世纪 90 年代初以来，它就投入使用，目前已被推广到许多国家。美国政府定期向公民发放数十亿美元的救济金。从 1993 年开始，政府试图将救济金直接转入收款人的银行账户。然而，超过 20% 的救济金领取人没有银行账户。为了解决这个问题，政府开始使用智能卡业务（参见第 11 章）。救济金领取人可以将他们领取的救济金转到智能卡上，并在自动柜员机（ATM）、POS 机上以及杂货店和其他商店中使用，如同其他预付费的银行卡一样。这样做的好处不仅在于降低了运营成本（从纸质支票转账每笔约 50 美分到电子转账每笔 2 美分），而且还减少了欺诈行为。随着生物识别技术（参见第 10 章）被融入智能卡和个人电脑中，官员预计欺诈行为会大幅度减少。自 2004 年以来，救济金电子发放已在美国各州实施。有关政府救济金电子发放的更多信息，请参阅 fns.usda.gov/ebt/gene-electronic-benefit-transfer-ebt-information。在若干发展中国家（例如印度、巴西），政府正在使用移动支付向公民发放救济金。

5.1.3 政府对企业的电子政务

各国政府力求实现与企业互动的自动化。虽然我们称其为**政府对企业**（government-to-business，G2B），但这种关系有两种方式：政府对企业和企业对政府。因此，G2B 指的是政府向企业销售产品或为企业提供服务的活动，反之亦然。G2B 的两项关键活动是电子采购和政府多余物资的拍卖。有关其他美国 G2B 针对企业和非营利组织的活动信息，请参阅 usa.gov/Business/Business-Gateway.shtml。

1. 政府电子采购

政府直接向供应商购买大量 MRO（维护、维修和运行，参见第 4 章）服务和其他材料。在许多情况下，国家法律要求使用报价请求（RFQ）（或招标）系统。多年来，这些报价请求都是手工完成的。如今，这些系统正在被转移到网上。这些系统利用反向（买方）拍卖系统，例如第 4 章所述的系统。政府全力支持这类系统。有关此类反向拍卖的其他信息，请参阅 GSA 拍卖（gsaauctions.gov）。有关 GSA 拍卖的概述和视频，请参阅 gsa.gov/portal/content/100747?utm_source=FAS&utm_medium=print-radio&utm_term=gsaauctions&utm_campaign=shortcuts。例如，在美国，向低收入居民提供住房的地方住房机构住房和城市发展部（HUD）也正在转向采用电子采购。

● **示例：GSA 电子采购**
美国总务管理局（gsa.gov）使用需求整合和反向拍卖等技术为联邦政府各部门采购物品（另请参见 governmentauctions.org 和 liquidation.com）。

● **示例：美国小企业管理局**
美国小企业管理局（sba.gov）为市场采购和网络连接开发了一项名为 PRO-Net（pro-net.sba.gov）的服务。利用这个可搜索的数据库，美国政府的采购官员可以查找小型、弱势企业或女性创业企业所销售的产品和服务。

2. 团购

许多政府机构也利用网络团购这种模式进行采购，这在第 3 章和第 4 章中有所描述，这种**数量折扣**，即供应商发布的订单价格随着订单数量的增加而降低。当政府买方通过发布产品请求启动团购，其他买方也能够浏览并加入该团购活动时，相似的方法也会出现。

3. 正向和反向电子拍卖

许多政府需要拍卖多余的设备或其他物品，从车辆到不动产抵押品。这些拍卖现在正在转向互联网。政府可以在政府网站上进行拍卖，也可以使用第三方拍卖网站，如 ebay.com、bid4assets.com 或 governmentauctions.org。美国总务管理局开设了一个资产拍卖网站（参见 gsaauctions.gov），在上面进行多余和缉获物资的实时拍卖。其中一些拍卖仅限于经销商，其他则向公众开放（参见 governmentauctions.org）。如第 4 章所述，政府更普遍地使用反向拍卖来采购商品和服务。

5.1.4 政府对政府的电子政务

政府对政府（government-to-government，G2G）的电子政务包括不同政府单位之间的在线商务活动，也包括某个政府机构内部的在线活动。其中许多活动旨在提高政府运作的有效性和效率。以下是来自美国的 G2G 示例。

- Intelink。Intelink 是一个在美国政府内联网中运行的计算机系统，包含许多美国情报机构共享的分类信息。仅供有授权的美国政府部门使用。

5.1.5 政府对员工以及内部效率和效益

各国政府正在向其内部引入电子商务。接下来将介绍其中两个领域。

1. 政府对员工的电子政务

与私人部门的组织一样，政府也希望在线向其员工提供服务和信息。**政府对员工**（government-to-employee，G2E）应用是指政府与其员工之间的电子商务活动。这些活动对于实现高效的新员工电子培训，提升技能和改善沟通效果以及协作活动的远程教育尤其有用。其他典型的服务包括：电子工资单、电子人力资源管理和电子招聘。

在线文件 W.5.1 中提供了 G2E 服务的示例。

2. 内部效率和效益

各国政府必须提高**内部工作效率和效益**（internal efficiency and effectiveness，IEE），以便始终将开支维持在预算之内并避免受到批评。不幸的是，并非所有的政府（或政府部门）都是高效的或能够产生效益的。自动化，包括电子商务在内，为显著改善政府运营提供了契机。以下示例说明了一些用于改进 IEE 的电子商务应用。

● 示例

美国管理和预算办公室（OMB）（whitehouse.gov/omb）提供了与 2011 财年"国会报告"相关的独立外部评估活动清单（见管理和预算办公室（2012））。

此清单包括以下主题：

- 联邦云计算计划管理。
- 创新的无线和移动应用平台。
- FedSpace（联邦员工的协作平台）。
- 联邦数据中心整合计划。

- 小型企业仪表盘。
- IT 仪表盘（也可通过移动设备访问）。
- Performance.gov（提供有关绩效改进活动信息的网站）。

此外，还有一些传统的 IEE 相关举措，如电子工资单、电子记录管理、电子培训、一体化采购和电子人力资源管理。

5.1.6 实施电子政务

像大多数其他组织一样，政府也希望进行数字化。因此，我们可以在政府机构中找到大量的电子商务应用。要了解此类实践和示例，请参阅 Mei Hua & Rohman（2015）、Wohlers & Bernier（2016）以及政府创新者网络（在 innovations.harvard.edu 网站上）。

本节探讨实施电子政务所涉及的一些趋势和问题（有关概述，参见 Chan et al.（2011））。请注意，在实施过程中，许多政府希望继续保持对数据和知识的使用及传播的控制，这是主要的执行障碍之一。

5.1.7 电子政务的转型

从传统的政府服务到全面实施电子政务的转型可能是一个漫长的过程。商业咨询公司德勤会计事务所进行了一项研究，确定了从传统政府向电子政府转型的六个阶段。这些阶段通常是循序渐进的，但也并不是一定的。本书作者添加了第七阶段，如在线文件 W5.2 所示。

所有主要的软件公司都提供电子政务的工具和解决方案。Cognos（一家 IBM 系公司，请参阅 ibm.com/software/analytics/cognos）就是其中之一。该公司还提供免费的白皮书。

5.1.8 电子政务 2.0 和社交网络

通过采用社交媒体工具和新的商业模式、拥抱社交网络以及用户参与，政府机构可以以合理的成本提高其在线活动的效率，以满足用户的需求。这样的倡议被称为电子政务 2.0。有关此主题的内容和应用的广泛报道，请参阅 Imholt（2015）和 Grogan（2015）。世界各地的政府机构都在尝试使用社交媒体工具，将其网页迁移到公共社交网站。各国政府还通过 Web 2.0 工具进行协作、传播信息、电子学习和公民参与。

● **示例**

美国海岸警卫队使用 YouTube，Twitter 和 Flickr 传播信息并讨论他们的救援行动。值得注意的是，美国联邦应急管理署（FEMA）的 Twitter feed（以前称为 "FEMA in Focus"）是一个传播 FEMA 相关信息的渠道。执法机构使用社交媒体（如 Facebook 和 Twitter）来追捕犯罪分子（有关示例，请参阅 digi-taltrends.com/social-media/the-new-inside-source-for- police-forces-social-networks）。有关政府机构如何扩大其社交媒体使用的详细信息，请参阅 federalnewsradio.com/445/3547907/Agencies-open-?the-door-to-innovative-uses-of-social-media。有关更多示例，请参阅 Grogan（2015）。

电子政务 2.0 的潜力

许多政府正在着手提出电子政务 2.0 倡议。在线文件 W.5.1 中提供了几个示例。

有关政府中社交网络的广泛资源列表（包括报告、应用和策略），请参阅 adobe.com/solutions/government.html?romoid=DJHAZ。有关电子政务的详细报道，请参阅 wisegeek.com/what-is-e-government.htm。

5.1.9 移动政府

移动政府（移动政务，M-government）是使用无线平台和移动设备（特别是智能手机）实施电子政务的应用程序。它主要采用 G2C 模式（例如，参见加拿大政府无线门户网站：mgovworld.org）。移动政府使用无线互联网基础设施和设备。因为它使政府能够接触更多的公民（例如，通过智能手机或 Twitter），并且它比基于有线的电子商务平台具有更高的成本效益，因此这是一项增值服务它在灾害（例如，紧急通知）中非常有用，速度很快（例如，在进行调查和民意调查时），并且公民使用起来也很方便。另外，政府可以雇用大量受无线设备支持的移动工作人员。

● **示例：檀香山的公共巴士**

移动政府项目的一个示例是位于夏威夷檀香山由政府运营的巴士定位系统（一个应用软件），名为"DaBus"（honolulu.gov/mobile）。通过你的手机，你可以获取超过 4 000 个巴士站中任何一辆巴士的预计到达时间。每辆巴士都配备有 GPS 设备（参见第 6 章），实时传送巴士的位置。系统随后计算巴士的预计到站时间。其他许多地方也有类似的系统（例如，新加坡的"IRIS"、美国的"NextBus"和英国的"JourneyPlanner"）。

移动政府可以随时随地帮助提供公共信息和政府服务，参见 usa.gov/mobileapps.shtml。在发生重大灾难的情况下，移动政府的具体应用示例就是向公众发出警报。

1. 移动政府的好处

移动政府的主要好处是：

- 接触更多的公民和员工（任何地点、任何时间）。
- 降低成本（例如，通过提高员工的生产率，降低预算）。
- 提高政府运作的现代化水平（例如，采用移动设备）。
- 员工可以使用自己的移动设备进行工作，以节省硬件和软件成本。
- 向公众提供优质、灵活的服务。
- 扩大信息公开传播的范围和提高信息公开传播的速度。

另外，移动商务的许多通用好处（第 6 章）也适用于移动政府。

2. 实施中遇到的问题

实施移动政府的代表性问题是：

- 可能需要昂贵的基础设施来补充现有的传统基础设施。无线系统需要更多的基础设施以及更多的信息流量（参见本章的章末案例）。
- 可能难以维护公共移动网络上的安全和隐私信息。
- 对于许多公民来说，移动设备太小或者太难操作。
- 在许多国家，缺乏使用无线传输数据的标准和法规。

5.1 节复习题

（1）定义电子政务。
（2）列出电子政务服务的四大类别。
（3）描述 G2C。
（4）描述电子投票如何工作。
（5）描述 G2B 活动的两个主要方面。
（6）政府如何在内部和与其他政府打交道时使用电子商务？
（7）如何将电子政务与社交活动联系起来？列出它潜在的好处。
（8）描述移动政府及其实施中的问题。

5.2 电子学习、电子培训和电子书

电子学习已经引起了越来越多的关注，特别是因为很多一流大学都正在实行这种教学方式，例如美国的麻省理工学院、哈佛大学、斯坦福大学和英国的牛津大学等。图 5-3 显示了推动传统教育向在线学习转变的力量。电子学习也正在发展为商业领域培训和知识创造的一种方法，并正在成为一项重要的电子商务活动。在本节中，我们将讨论与电子学习相关的几个主题。

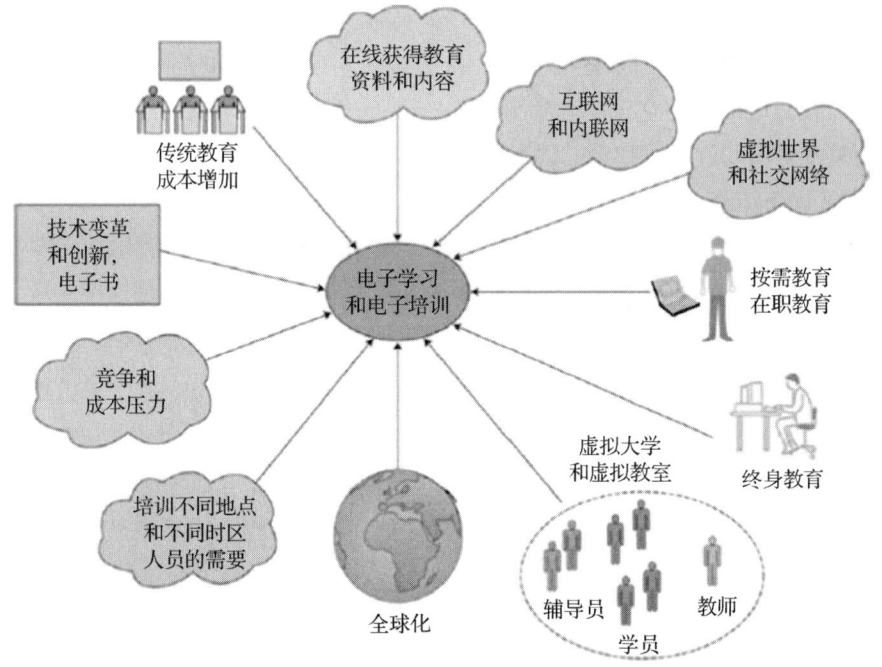

图 5-3　电子学习的驱动因素

5.2.1 电子学习的基础：定义和概念

电子学习（e-learning）有若干种定义。电子学习的工作定义是利用信息技术在线提供教育材料和方法，用于随时随地学习、教学、培训或获取知识（参见 people.howstuffworks.com/elearning1.htm, en.wikipedia.org/wiki/E-learning, webopedia.com/TERM/E/e_learning.html）。

电子学习比**在线学习**（online learning）这个术语更宽泛，在线学习通常指的是网络学习。而电子学习包括**移动学习**（mobile learning），后者是指教学资料以无线方式传输到智能手机、平板电脑或其他移动设备上（请参阅后续说明）。电子学习是基于计算机的教学、基于计算机的培训、在线教育等类似概念的代名词。

电子学习出现在各种电子支持的学习和教学活动中，从虚拟教室到移动会议。电子学习包括各种计算机辅助学习的方法，从通过 DVD 自学到大学提供的网络教育学位。电子学习还可能包括使用基于网络的教材和超媒体、多媒体光盘、学习和教学门户、讨论板、协作软件、电子邮件、博客、维基、聊天室、计算机辅助评估、教学动画、模拟、游戏、学习管理软件，等等。

一个比较有意思的例子是丹麦的赫勒鲁普学校。这所学校没有教室。学生以"做中学"的方式进行学习，甚至自行决定学习的最佳方式。关于这所学校的运作方式，请参阅 theglobeandmail.com/report-on-business/economy/canada-competes/no-classroomrooms-and-lots-of-technology-a-danish-schools-approach/article12688441 和 Millar（2013）。有关电子学习的更多信息，请参阅 en.wikipedia.org/wiki/E-learning。有关电子学习专业人员的社区和资源，请参阅 elearningguild.com。

移动学习

电子学习的一个特殊类别是移动学习，指的是使用移动设备进行电子学习或其他形式的教育。因此，人们可以在任何有移动设备的地方学习。移动学习解决无线环境中的通信和教学问题，特别关注讲师和教材可移动的情况。这种技术使学员比在线下环境更容易进行学习和协作。例如 MobileLearn（waldenu.edu/experience/learning/mobilelearn），这是一个由瓦尔登大学（waldenu.edu）提供的在线学习计划，而瓦尔登大学本身也是一个广泛使用移动学习的在线大学。一些离线大学也在使用移动学习。阿比林基督教大学（acu.edu）就是这样一所大学，该校的教师专注于使用平板电脑进行学习和教学（请参阅 acu.edu/technology/mobilelearning）。有关案例研究和资源的详细信息，请参阅 m-learning.org 和 en.wikipedia.org/wiki/M-learning。

5.2.2 电子学习的优缺点

电子学习对教学机构和学习者都有很多好处。然而，它也存在一些缺点，因此引起了人们的争议。

1. 电子学习的优点

在互联网时代，技能和知识需要不断更新换代（终身学习），以便跟上当今快节奏的业务和技术变革。这意味着有更多的人需要学习,这种学习经常是以非传统的方式进行的。由于以下功能和好处,电子学习支持这种学习方式。

- **教育**。学生可以在家学习,并在学校学习的同时不间断自己的工作。这样即使繁忙的家务劳动者也可以获得学位。
- **减少学习和培训时间**。电子学习将培训时间缩短 50%。
- **降低成本**。当课堂讲授被电子学习课程取代时,提供学习经验的成本可以降低 50%～70%。这包括减少聘用教师,无须教室,减少或无须花费在上课的通勤时间。
- **大量和多样化的学习者**。电子学习可以为来自不同文化背景和教育水平的大量人群提供培训,即使他们在不同的时区和地点。思科公司(cisco.com)等大公司为大量员工、客户和业务合作伙伴提供了在线培训课程。
- **创新式教学方式**。电子学习能够提供创新的教学方法,如特别的活动、与专家互动、与其他国家的学习者互动,等等。
- **测量和评估进展**。能够实时评估进度,发现学员面临的困难,并设计补救的方法。
- **自我调节和学习激励**。参与电子学习的学生通常是自我调节和自我激励的。这些特征可能会导致更高的内容记忆效率(比传统的讲座式培训高 25%～60%)。
- **学习内容的丰富性和质量**。电子学习可以使用高水平的教师,并使用丰富的多媒体教学支持。因此,学习过程可能会变得更加愉快。困难的内容可以变得很有趣,且容易理解。总的来说,学习质量可能会提高。
- **灵活性**。电子学习者可以根据自己的个人时间表调整学习的时间、地点、内容和进度。
- **持续更新和连贯的学习资料**。把知识印在教科书上,因为经济原因出版商几乎不可能每两三年就更新其内容,但是电子学习可以提供对最新知识的实时访问。由于教师和教材的差异被最小化,所以电子学习提供的学习资料可能比传统课堂学习中提供的有更高的一致性。
- **能够通过移动设备学习**。这有助于学习者随时随地进行学习,也便于老师和同学提供帮助。
- **专家知识**。与课堂上单个老师的知识相比,电子学习可能包括多位专家提供的知识,每位专家在其专业领域内准备一个教学模块。
- **自如的学习环境**。电子学习可以帮助那些不希望参加面对面小组讨论的学生与其他同学或老师进行互动。

电子学习对发展中国家可能非常有用。例如,牙买加取得的积极成果,请参阅 Thompson(2014 年)。有关 2014 年十大电子学习统计数据,请参阅 elearningindustry.com/top-10-e-learning-statistics-for-2014-you-need-to-know。关于如何使用电子学习进行教学,包括教材的准备,请参阅 Clark & Mayer(2016)。

2. 电子学习的缺点和面临的挑战

尽管电子学习对学习者和教学组织都有很多好处,但它还是有一些缺点,例如:

- **教师需要接受再次培训**。一些教师不了解如何通过电子手段进行教学,可能需要接受再次培训,而这需要成本。
- **需要添置设备和提供支持服务**。教学机构需要额外的资金来购买补充传统教学系统的电子学习系统。这些是创建、使用和维护电子学习的必要条件。
- **缺乏面对面的互动和校园生活方式**。许多人认为通过与"现场"教师和同伴进行互动而发生的知识启发不能通过电子学习得到完全复制。
- **评估和考试**。在高等教育中,有人批评,教授可能无法对通过电子学习完成学业的学生的情况进行充分评估。例如,教授没有办法知道学生是否真的完成了作业或考试(不过,在课堂外完成的所有作业都是如此)。
- **维护和更新**。虽然电子学习资料比传统的纸质教材更容易更新,但在使电子学习资料保持最新版本方面存在很多现实困难(例如,更新的成本、教师的时间)。由于不拥有网站资料的所有权,也不承担责任,所以要对电子学习资料的内容进行维护很困难。在线内容的开发者可能不是那些更新它的人。
- **需要可靠的有线和无线通信网络和设备**。个人隐私和系统安全都需要进行保护。
- **保护知识产权**。人们很难控制从电子学习平台上下载的版权作品的传播,且代价昂贵。
- **学生黏性**。如果缺少一些人为的反馈和干预,可能很难保证某些学生的积极性和学习热情。

企业电子学习的主要限制是:①创建和维护成本过高;②说服人们以新方式进行学习的困难性;③技术支持不足;④员工不愿为社会学习做贡献;⑤学习者可能更喜欢传统的课堂教学。

先进的技术可以减少部分上述和其他的缺点及限制。例如,一些在线软件产品提供帮助激发学生思维的功能。生物识别控制可用于验证进行远距离考试的学生的身份。但是,这些功能也会增加电子学习的成本。

5.2.3 远程学习和在线大学

所谓的**远程学习**(distance learning),也被称为**远程教育**,指的是教师和学生分隔两地的教育方式。这种情况使学生和教室之间的时间和空间实现了分离。有时学生在实地与其他学生会面一次或两次以便相互了解,或者会见教师或协调员,或参加考试。远程学习在全球各地的大学和学习机构中正得到广泛应用。很多知名大学通过这种模式授课和提供学位,这种模式也越来越被人们承认和接受。有关详情,请参阅 onlineeducation.net。

1. 虚拟大学:真正的学位

虚拟大学,指的是一种学生通过互联网在家上课的在线大学。目前,这个概念正在迅速扩大。在许多国家(从英国、以色列到泰国),有数十万名学生正在参加在线课程。许多实体大学,包括斯坦福大学和其他顶尖的大学,都提供以某种形式进行的在线教育。例如,麻省理工学院提供数千种在线课程(参见 ocw.mit.edu 上的课程)。每年,来自世界各地的数百万名独立学习者(学生、教授和自学者)登录麻省理工学院开放式课件网站(参见 ocw.mit.edu/about 和 ocw.mit.edu/about/site-statistics)。凤凰城大学(phoenix.edu)、国立大学(nu.edu)和马里兰大学(umuc.edu)等一些大学在全球范围内向学生提供数百种课程和数十个学位。加州虚拟校园(cvc.edu)提供了加利福尼亚一些大学和学院提供的数千个课程和在线学位课程的目录和链接(参见 cvc.edu/courses)。有关远程学习资源和在线大学的信息,请参阅 distancelearn.about.com。有关世界顶级在线 MBA 课程的列表,请参阅 onlinemba.com/rankings。

2. 电子学习中的创新

电子学习有许多创新,下面的示例就是其中一个。

● **示例:机器人参与电子学习**

2010 年 12 月,韩国大邱市将 29 台机器人引入 19 所小学。每个机器人高约 3.2 英尺⊖,旨在教授学生英语。这些机器人由韩国科学技术研究院(KIST)开发,可以借助轮子进行移动并用英语提问(见图 5-4)(详情请参阅 cnet.com/news/korean-schools-welcome-more-robot-teachers)。

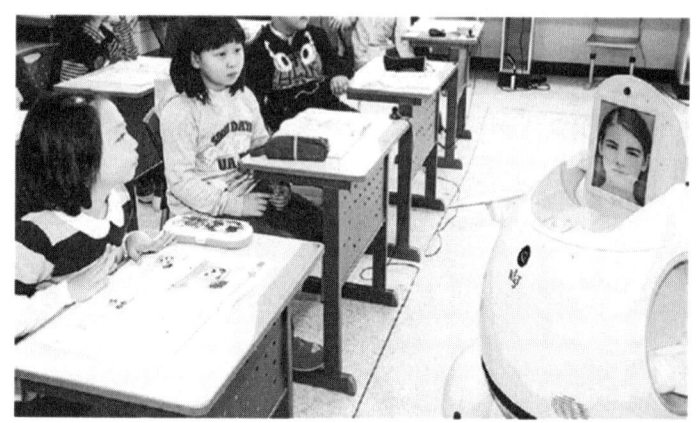

图 5-4 英语机器人老师 Engkey

资料来源:韩国科学技术研究院,经授权使用。

教师可以通过遥控器指挥机器人在教室周围移动,以便自己与学生的互动。机器人可以为学生读书,甚至可以跟着音乐"跳舞"。机器人屏幕上会显示出"老师"的面孔。实际上,这些授课是由一些有经验的菲律宾老师提供的,而他们的薪酬远远低于韩国教师。机器人设计使用了最有效和最新的教学方法(例如,使用多媒体游戏)。

机器人的摄像头检测到菲律宾老师的面部表情,并立即显示在它的屏幕上。学生们将更积极地参与到教学活动中,特别是那些害怕大声说话的害羞者。这些机器人也适用于英语教师短缺的偏远农村地区。

有关远程教育中机器人远程呈现的更多信息,请在 verizon.com/powerfulanswers/solutions/education 上观看两分钟的视频,并查看相关的文字介绍。

⊖ 1 英尺 = 0.304 8 米。

5.2.4 在线企业员工培训

与教育机构一样,许多商业组织也正在大规模地使用电子学习技术。不少企业,如 Cisco Systems(cisco.com),都提供在线培训。美国培训与发展协会的一项研究发现,近 1/3 的企业培训内容通过电子化形式提供。

促进企业开展培训的因素很多,培训渠道通常是内联网和企业门户网站。然而,学生也可通过互联网接受培训。企业培训有多种变体,其中之一是由 Citrix Systems(citrix.com)等软件公司提供的按需在线培训。在拥有多个站点的大型企业中,以及在家中进行学习的情况下,互联网将用于访问在线资料。有关在线培训和教育材料供应商的成功案例,请访问 adobe.com/resources/elearning 和 brightwave.co.uk。有关在线培训的全面指南,请参阅 Kaattari & Trottier(2012)。

● 示例:德莱赛兰

德莱赛兰是美国一家生产压缩设备的全球化公司。它在 26 个国家的 50 个不同地点拥有超过 5 500 名员工,他们使用 14 种不同的语言。由于企业发展和员工退休,公司需要进行广泛的培训。此前,该公司曾使用 600 多家培训供应商对员工进行培训。主要的挑战是技术发展产生的教材更新问题。利用 Coastal eLearning(training.dupont.com;现为杜邦可持续解决方案的一部分)的学习管理系统(LMS),该公司通过德莱赛兰大学部署了全面的在线培训计划,每年节省超过 100 万美元。关于该案例的研究,请参阅 training.dupont.com/pdf/case-study/dresser-rand-v1211.pdf。

通过电脑游戏培训新老员工

一种使用计算机模拟游戏进行员工培训的趋势正在兴起。

● 示例:万豪国际

万豪国际在 Facebook 上发布了一款游戏"我的万豪酒店",用于招聘和培训。玩家可以学习酒店和餐馆的运作方式。最初,万豪为厨房开发了一款游戏。玩家需要挑选用于制作不同食物的食材(基于价格和质量)。玩家还学会了如何从一组候选人中挑选员工,并就设备采购做出决策。此外,他们还能了解到不同食品的品质。

5.2.5 社交网络和电子学习

社交网络一经问世,就与学习息息相关。新术语"社交学习"也被称为电子学习 2.0,用以描述在社交网络中,通过社交软件工具促进的学习、培训和知识共享。社交网络环境促进了基于高科技的培训,使学习者可以与他人分享他们的经验。因此,有几家公司已经将社交媒体用于培训和发展目的(例如 advancinginsights.com)。社交学习基于社交学习理论。有关详情,请参阅 en.wikipe-dia.org/wiki/Social_learning_theory。

有些学生利用 Facebook、LinkedIn、Pinterest、Twitter 等与其他学生联系。例如,学习者可以一起学习、讨论题目或进行在线头脑风暴。不幸的是,网络可能会使学生分心以致难以专注于学习。一些公司利用社交媒体通过知识共享让员工参与小组学习。

有些社交网络（或社区）致力于学习和培训（例如 elearning.co.uk）。学习型社交网络的一个示例是 LearnHub（learnhub.com），该网站致力于国际教育。有学者认为，未来的电子学习就是社交学习。

社交网络技术具有以下有助于学习的功能：

- 在学习项目中连接所有学习者。它使人们能够实时联系以开展讨论、协作和解决问题。
- 使"社交"成为企业学习策略的一部分。
- 构建专家知识库。
- 吸引学习者参与。X 一代⊖和千禧一代工作者广泛使用 Web 2.0 工具来互相交流、与他人互动，从而使企业可以对其触达并使用社交网络对他们进行培训。
- 使用 Pinterest 等平台开发设计创意，并使用图像来提高学习技能。
- 在需要投票或请求补充的线下会议召开之前提供相关内容。这样可以丰富和促进课堂教学。
- 将学习者与相关资源联系起来，让他们评价和分享意见。
- 快速识别个人和团队的培训需求和实施中的问题。
- 让学习者相互提供社交支持。
- 改进并加快与学习相关的交流（例如，通过 Twitter）。

许多大学将电子学习和社交网络结合起来。此外，许多教授还为他们的班级注册博客和维基，并鼓励学生通过 Facebook 进行沟通和协作。

5.2.6　视觉互动模拟

一种有效的电子培训和电子学习技术是视觉互动模拟（VIS），它使用计算机图形显示来呈现评估替代解决方案对问题的影响。它不同于常规图形，其中用户可以操纵决策过程并查看干预结果。有些学习者在面对图形界面时表现更好，特别是当他们与界面交互时。例如，VIS 用于检查医生网络中的内科诊所环境的运作，以提供高质量的医疗护理。模拟系统可以识别出显著影响诊所运营的主要投入要素。如果管理得当，这些投入会降低成本，诊断的医疗水平也会提高。

VIS 系统提供以下主要潜在好处：

- 缩短学习时间。
- 帮助教师操作复杂的设备。
- 随时随地进行学习，并自主控制学习进度。
- 改善记忆效果。
- 降低整体培训成本。
- 记录学员的学习进度，并有针对性地改进。

⊖　"X 一代"指出生于 20 世纪 60 年代中期至 70 年代末的一代人。作者可能指的是 Y 一代（"90 后"）"X 一代"系笔误。——译者注

视觉交互模拟与虚拟现实密切相关（见第 2 章）。

5.2.7 电子学习管理系统

电子学习管理系统（learning management system，LMS），也称为**课程管理系统**，包含若干个用于管理电子培训和电子学习课程的软件应用，包括内容、日程安排、交付提示，等等。Capterra 公司开发的学习管理系统软件（capterra.com/learning-management-system-software）及类似系统具备以下功能：

- 提供学生与导师之间有效的互动。
- 集中化并自动进行计划管理。
- 使用自助服务和自助式电子学习服务。
- 创建并快速提供学习内容模块。
- 在线为所有电子学习资料提供单点接入。
- 帮助管理合规要求。
- 在可扩展的基于 Web 的平台上整合各个培训计划。
- 支持系统的可移植性。
- 提高电子学习的效率和效益。
- 内容个性化，且知识可以重复利用。

许多公司（例如 Saba Software，Inc.；saba.com/us/lms，SumTotal Systems；sumtotalsystems.com）提供有关电子学习及其管理的方法、软件、硬件和咨询服务。有关 LMS 的更多信息，请参见 en.wikipedia.org/wiki/Learning_management_system，并在 proprofs.com/c/category/lms 上观看题为"什么是学习管理系统？"的视频。请注意，电子学习管理系统可以控制学生在自学时所做的事情。例如，根据 Streitfeld（2013）的说法，教师可以了解学生何时跳页、遗漏的笔记，或未划下的重要段落。电子学习管理最有效的工具之一是黑板公司（Blackboard）(blackboard.com；现在与 WebCT 合并) 提供的。下面对其进行简要说明。

● **示例 1：黑板软件公司**

黑板软件公司是全球最大的教育机构课程管理系统软件供应商。其产品如何工作？教科书出版商在黑板上以标准格式发布书籍内容、课堂笔记、测验和其他材料。教师可以访问模块并将其传送到他们大学的黑板网站，方便学生浏览。

教授可以轻松地将书籍的内容整合到黑板公司的软件中。截至 2009 年，黑板软件公司还在全球范围内提供企业和政府员工培训计划，借以提高培训效率并降低成本。有关详细信息，请参阅 blackboard.com 和 en.wikipedia.org/wiki/Blackboard_Inc。

● **示例 2：Moodle**

与黑板公司相类似的是一个名为 Moodle 的大部分免费的开源系统（请参阅 moodle.org）。

5.2.8 电子书

电子书（E-book）是数字格式的书籍，人们可以在计算机、移动设备或专用设备（称为"电子阅读器"）上阅读它。一件关于电子出版的重大事件发生在 2000 年，当时斯蒂芬·金的著作《骑弹飞行》（*Riding the Bullet*）完全通过在线形式发表。只要 2.50 美元，读者就可以在亚马逊和其他电子书供应商那里购买该小说的电子版。短短几天内，该小说就销售了数十万册。然而，黑客攻克了安全防护系统，复制了这本书，并在网上免费发放（请参阅 book-businessmag.com/article/after-riding-bullet-12555/1#）。

此后，电子书的出版商变得更加老练，在线出版也变得更加安全。目前，有多种类型的电子书可以以各种方式传递和阅读。

- 通过专用阅读器。一些电子书必须下载到电子阅读器，例如亚马逊的 Kindle。
- 通过 Web 访问。读者可以在出版商的网站上在线阅读电子书，但无法下载。
- 通过网页以及智能手机下载。读者可以将书籍下载到电脑上。
- 通过通用电子阅读器。一些电子书可以下载到移动设备上，例如 iPad 或 iPhone。
- 通过 Web 服务器。电子书的内容被存储在一个 Web 服务器上，可以进行下载以便按需打印（本书稍后会讨论）。

大多数电子书要求以某种支付方式付款。读者可以在网站上下载电子书前付款，例如在亚马逊网站上购买 Kindle 版的电子书，或者在订购书籍的专门的 CD-ROM 版本时进行付款。如今，亚马逊公司提供数十万种电子书、电子报纸（包括国际版）和其他数字产品。这些电子读物比硬拷贝版本售价便宜（例如，新版本的图书可能要花费 10 美元或更少）。不少电子书还可以免费提供（例如，通过 free-ebooks.net 和 onlinebooks.library.upenn.edu）。

1. 阅读电子书的设备

用于阅读电子书的主要设备是电子阅读器。大多数电子阅读器都很轻巧（约 10 盎司⊖），便于携带。ebook-reader.com 上列出了主要的电子阅读器和平板电脑，并对它们进行了比较。

还有几种辅助工具可以帮助那些想要在线阅读大量资料的读者。例如，微软的 ClearType（microsoft.com/typography/Clear TypeInfo.mspx）和 Adobe 的 CoolType（adobe.com）可用于改善屏幕显示、颜色和字体大小。发光的屏幕可以帮助读者在黑暗中阅读（例如，Kindle Touch 和 Kindle Fire 具有内置光源）。

2. 组合电子阅读器和平板电脑

目前将电子阅读器与平板电脑结合起来的趋势是由亚马逊的 Kindle Fire 所倡导的。这个 7 英寸的便携式设备可让人们阅读书籍、杂志和文件，并听音频书籍。用户可以玩游戏、听音乐、看电影和电视节目等。Kindle 可通过 Wi-Fi 访问互联网，因此还可以访问社交网络和电子

⊖ 1 盎司=31.103 0 克。

邮件。最后，借助亚马逊的 Kindle 拥有者图书馆出借服务，拥有 Amazon Prime 的 Kindle 用户可以从数十万种书籍中选择他们想要借阅的图书，该功能完全免费且没有截止日期。

注意：平板电脑制造商也提供电子阅读器和平板电脑的组合。不同之处在于 Kindle Fire 等基于电子阅读器的产品的运算能力较差，而 iPad 等平板电脑的电子阅读功能较差，且价格较高。

3. 电子书的优点和不足

电子书想要流行起来，就必须为读者和出版商带来利益；否则，人们就没有动力从传统书籍转而阅读电子书。事实上，由于以下优势，电子书的销售正在爆炸式地增长。

- 能够将数百本书籍存储在小型移动设备上（外部存储可以存储更多）。
- 降低买方的成本。简单的电子阅读器设备成本低于 75 美元，而基于平板电脑的阅读器价格差不多 200 美元。
- 可搜索文本。可以通过链接轻松连接到 Web。
- 随时随地进行下载。基于平板电脑的模式为读者提供其他类型移动数据终端的许多功能。
- 便携性——可随身携带。
- 轻松集成来自多个来源的内容。
- 耐用性——它们比传统书籍更耐用（但如果你使用不小心，它们可能会发生损坏）；另外，读者不太会丢失它们（重申，你必须小心）。
- 能够缩放字体大小以便于阅读，并在需要时调整亮度。
- 拥有多媒体特性（音频、色彩、视频等）。
- 打印纸质拷贝的最低成本。
- 在明亮的阳光下具有良好的可读性（能够在户外阅读书籍）。
- 轻松地更新内容。
- 几乎没有磨损。
- 容易找到绝版书籍。

电子书向出版商提供的主要优势在于降低了生产、市场营销和分销（运输）的成本，这对书籍价格有着显著影响（电子教科书比印刷版本便宜约 50%）。其他好处包括可以进一步降低改版和重印的成本，可以接触更广的读者面，并且可以轻松地将几本书的章节组合起来以创建定制的教科书。因此教授们可以将不同书籍的材料（通常由同一个出版商出版）整合到一门课程中使用。

最后，电子书的轻便性减轻了人们的负重，特别是对于背着塞满书籍书包的学生来说。

当然，电子书也有一些不足之处：它们需要硬件和软件来支持，这对于一些读者来说可能是一笔不小的开支；有些人不习惯在相对较小的电脑屏幕上阅读大量资料；电子阅读器电池的续航能力不足；市场上有多种竞争的软件和硬件标准可供选择，令买方感到困惑。随着时间的推移，其中一些缺陷可能将被克服。

4. 最后一点：这是纸质书籍的终结吗

据亚马逊网站称，2011年，其网站上的电子书销量大大超过了精装书和平装书的销量（见 nytimes.com/2011/05/20/technology/20 amazon.html）。截至2014年，电子书销量超过了纸质书籍销量（针对所有出版商）。但是，根据 Nuwer（2016）的说法，电子书的销量已经趋于稳定。

尽管有这些限制，但电子书已经变得非常流行，尤其是由于功能完善的电子阅读器的出现。例如，即便是哈利·波特的书籍现在也有电子版本，而且它们还没有加密，因此读者可以将电子书在不同移动设备之间移动，甚至移动到个人电脑上。有关电子书和纸质书籍的比较，请参阅 thrall.org/docs/ebooksandbooks.pdf and en.wikipedia.org/wiki/E-book。

但问题是：大多数纸质书籍会被淘汰吗？这种趋势非常明显。纸质书籍的销量正在下降，而电子书的销量正在上涨。随着亚马逊向其的 Prime 会员提供 Kindle 书籍的免费借阅，我们预计将有更多的人阅读电子书。那么纸质书会消失吗？（请参阅 Vaughan-Nichols（2012）的讨论。）

5.2节复习题

（1）定义电子学习，并列出其驱动力和好处。
（2）列出电子学习的不足。应该如何克服？
（3）定义虚拟大学和远程学习。
（4）定义电子培训并描述如何运作。
（5）描述电子学习和社交网络之间的联系。
（6）列出一些在线学习工具，并描述"黑板"和可视交互模拟（VIS）。
（7）定义电子书。
（8）定义电子阅读器，并列出其主要功能。
（9）列出电子书对用户的主要优点和局限性。

5.3 知识管理、智能系统和机器人

在有关电子学习的讨论中，经常提到知识管理这个词。为什么？要回答这一问题，我们首先需要了解什么是知识管理。

5.3.1 知识管理概述

知识管理和电子学习都以知识为中心。不过，电子学习是利用知识来增强个人的学习，而知识管理则希望根本性地提升个人所在组织或团队的运作效果。知识是任何组织中最重要的资产之一，因此获取、存储、保护和重用（分享）知识显得尤为重要。这些都是知识管理的主要目的。因此，**知识管理**（knowledge management，KM）是指获取、创造、存储和保护知识，并不断地更新、传播知识并在需要时使用知识的过程（参见 en.wikipedia.org/wiki/Knowledge_management 和 Milton & Lambe（2016））。

组织中的知识可以从外部渠道和内部渠道获取，然后对其进行检查、解释、提炼并存储在被称为的组织知识库（企业知识库）之中。组织知识库的主要目的之一是方便知识的共享。

5.3.2 知识管理的类型和活动

组织知识蕴含在以下主要来源之中：①人力资本，包括员工具备的知识、能力、智力和创造力；②组织资本，包括积累的组织经验（如最佳实践、专利、手册、教材）；③客户和合作伙伴资本，包括与客户和业务合作伙伴合作的经验。

组织的知识必须妥善管理，并通过分享和传播加以利用。这是知识管理的主要目的，其主要任务如下：

- **创造知识**。随着人们获得更多经验（例如，反复试验）和接受更多教育，可以创造出知识。有时企业会从外部引进知识（例如，由供应商和顾问提供）。
- **获取知识**。现有的知识必须得到识别，并进行整理。请记住，有大量的知识没有被书面记录，还只是存在于人们的大脑之中。
- **提炼知识**。新知识必须置于合适的场景中，以便发挥作用。这就是为什么人类的洞察力（隐性特征）必须与显见的事实结合起来才能被其他人理解。
- **存储知识**。组织必须将有价值的知识以易于检索的格式存储在安全的知识库中。
- **更新知识**。知识必须保持最新状态。组织需要对其进行审核，以确认它的相关性和准确性；否则需要对其进行更新。
- **传播知识**。知识必须以适当的格式提供给组织中有需要且得到授权的任何人。

这些任务可以被看作一个循环过程，如图 5-5 所示。电子商务的目标就是实现知识管理活动的自动化，并协助组织使用已经存储的知识。

有关知识管理活动和工具的完整列表，请参阅 en.wikipedia.org/wiki/Knowledge_management 和 kmworld.com。

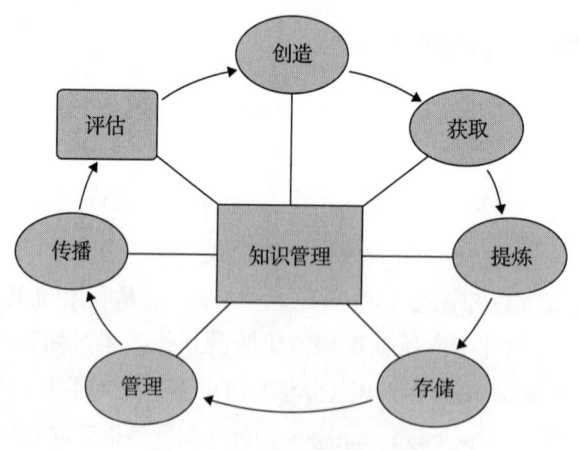

图 5-5　知识管理系统周期

5.3.3 知识共享

知识如果不适时更新和分享，它的价值非常有限。共享和分发知识的能力降低了单个用户的成本,并提高了其有效性。共享知识还可以降低风险和不确定性,并有助于问题的解决。Morin(2014)提供了 Infosys Technologies 公司知识共享系统的示例。

用于知识共享的软件工具

有许多知识共享软件工具。有人称之为"知识共享技术"。在本章和本书中,我们主要介绍以下内容:

- 专家和专业知识定位系统(5.3 节)。
- 知识管理系统(5.3 节)。
- 社交网络和 Web 2.0 工具(第 7 章)。

5.3.4 知识管理与电子商务的关系

组织需要知识管理系统提供的知识,以便更好地完成任务。

过去,知识管理和电子商务活动是相互独立的。但实际上,它们可以在一起使用,以实现互利。

● **示例**

根据 Britt(2013)的说法,"电子商务零售商正在使用知识管理解决方案来整合订单、库存、销售和其他交易信息,并改善客户反馈和提升整体电子商务体验。" Britt 提供了以下示例。

- 乖狗狗公司(Dog is Good Inc.)是一家"以犬类为主题"的服装商户,正使用 NetSuite 提供的知识管理系统辅助整合电子商务子系统(订购、库存、订单实施、会计和网上商店)。
- 每日在线闪购零售商爱帝丽(Ideeli)公司使用知识管理分析工具(ForeSee 的满意度分析软件)收集和分析客户反馈,以了解客户体验。
- 爱帝丽公司还使用知识管理分析(ForeSee 的移动分析解决方案)来识别常客们的需求(按移动设备细分)。因此,该公司调整了其电子商务战略。
- Retina-X 工作室的软件提供对手机、计算设备等活动的跟踪和监控。知识管理系统用于改进取消订单导致的电子商务退款处理过程。该公司转而使用 Avangate 公司的电子商务解决方案,该方案可以降低成本并改善客户服务。

一些管理者认为,知识管理一个与电子商务相关的重要作用是将电子商务和业务流程联系起来。具体而言,电子商务中产生的知识有助于加强三个核心流程:客户关系管理、供应链管理和产品开发管理。有关知识管理技术的更多信息以及如何将它们应用于业务部门的计划,请参阅 kmworld.com 和 knowledgestorm.com。

5.3.5 知识管理和社交网络

知识创造的主要场所是在线社区,包括社交网络。这是通过众包以及客户和员工的讨论和反馈来完成的。这个领域有几种模式。一个模式仅限于一家公司(请参阅在线文件 W5.3 中的 Caterpillar 知识网络)。知识也可以通过用户生成内容(参见第 7 章)和某些社交网络的"答复"

模块来创建。

Web 2.0 应用程序有助于汇总企业知识，促进沟通和协作，并简化最佳实践知识库的构建过程，具体如以下示例所述。

● **示例：IBM Jam Events**

自 2001 年以来，IBM 一直在使用社区进行在线头脑风暴会议、构思创意和问题解决。这些会话被称为"果酱事件"。根据他们的网页，"IBM 的果酱和其他 Web 2.0 协作媒体为协作创新提供了巨大的可能性……"（参见 collaborationjam.com）。每个果酱有着不同的主题。例如，一场名为"创新果酱"的 IBM 大型在线头脑风暴会议，吸引了来自 104 个国家和 67 家公司的 150 000 多名员工组成的社区以推出新业务（请参阅 collaborationjam.com）。

IBM 员工参与"创新果酱"发布会在《第二人生》⊖（Second Life，SL）中进行。IBM 的前首席执行官甚至创建了一个网络化身来代表自己。除了业务之外，IBM 果酱最近探讨的话题还包括社会问题。请参阅 collaborationjam.com/IBMJam。其他已探讨的主题包括水过滤新技术、3D 互联网和无网点银行业务。有关 IBM 果酱的历史，请参阅 collaborationjam.com/IBMJam。

5.3.6 通过电子方式查找专业知识和专家以及使用专家定位系统

在组织内部，专家建议可以通过各种方式提供。人的专业知识是很稀缺的资源。因此，企业试图以电子方式将其作为专家系统保存在企业知识库中。用户可以寻找专家本人来回答他们的问题，或者他们可以在知识库中搜索专业知识。

需要帮助的人可以在企业内部网上发布他们的问题（例如，使用特殊的问答平台，或者在论坛或博客中讨论他们的问题），或者在公共社交网络上，例如雅虎的问答（answers.yahoo.com）有一个"搜索答案"功能。同样，公司可能会获得如何解决问题或利用机遇方面的建议，并为参与者提供激励措施。几天内，网友们提供的答案可能会产生数百个有用的想法。这是一种头脑风暴。公司也使用众包来征求建议（见第 8 章）。

1. 由社交网络或门户网站上的网友提供的答案

若干社交网络（例如 linkedin.com）或互联网门户（例如 answers.yahoo.com）提供免费或"付费"的问答功能。

● **示例：雅虎问答**

雅虎问答（Yahoo! Answers，answers.yahoo.com）允许你免费发布一个问题。

本书的作者之一在上面发布了以下问题。

问题："我的雅虎邮箱被黑了。垃圾邮件发送者以我的名义向我的联系人列表中的所有人发送要钱请求。我应该怎么做？"答案（匿名）（投票选择的最佳答案）："垃圾邮件发送者可能

⊖ 这是一个在美国非常受欢迎的网络虚拟游戏。玩家可以在游戏中做许多现实生活中的事情，比如吃饭、跳舞、购物等。通过各种各样的活动，全世界各地的玩家可以相互交流。它由 Linden 实验室在 2003 年开发推出，因 2006 年年末和 2007 年年初主流新闻媒体的报道而受到广泛的关注。关于 IBM 通过 SL 进行知识管理和在线协作的中文资料请参见 https://www.ibm.com/developerworks/cn/opensource/os-social-secondlife/index.html。——译者注

通过钓鱼垃圾邮件获取了你的密码。更改你的密码。请在你进行账户设置时，检查你的备用电子邮件联系地址是否被篡改了。这可以用来获取新的密码。此外，请不要点击垃圾邮件中的链接。垃圾邮件的网页可以运行恶意脚本。这会在你的浏览器中运行，并可以利用当前在该浏览器中登录的邮箱发送垃圾邮件。"

雅虎提供的答案通常由志愿者无偿手动输入。但有时答案是自动生成的，如下一节所述。

2. 自动问答系统

除了人类提供的建议之外，越来越多的应用程序试图为用户的问题提供自动回复。下一节介绍的专家查询系统就是这类系统的一个示例。用户提出问题，计算机试图找到最能匹配问题的答案。自动问答（Q&A）系统的目标是找到与自然语言提问（例如英文、中文）相匹配的答案。

● **示例：搜索引擎建议**

Answers.com 属于特定类别的搜索引擎，其包含大量问题，每个问题都有预先生成的答案。计算机智能引擎试图将用自然语言提出的问题与具有相应答案的标准问题进行匹配。

问答系统与常见问题（FAQ）的不同之处在于，常见问题的内容相对固定且规模有限，主要关注于"最常问到的问题"。此外，常见问题是有选择性地罗列一些问题，而在问答系统中，用户会用自然语言提出非结构化的问题。

首先，计算机需要理解问题（例如，通过使用自然语言理解软件）。然后，计算机可以搜索匹配的答案。计算机有多种方法可以找到这些问题的答案。一种方法是基于智能代理（如基于知识的系统）使用人工智能（AI）。另一种比较普遍的方法是尝试基于历史案例自动推理出答案。

● **示例：IBM PureSystems**

IBM PureSystems 是基于云计算的智能计算机系统的专家集成系统，旨在帮助企业解决 IT 难题。详细信息请参阅 ibm.com/ibm/puresystems/us/en/index.html。

3. 与专家实时交流

与专家实时交流越来越受欢迎。例如，你不仅可以与不同领域的医生交流，也可以和其他的各种专业人士交流。许多公司提供实时交流工具（类似于雅虎通或 Facebook 的即时消息）。通常等待答复的时间都很短。

4. 与机器人聊天

你可以与使用一系列预编程问答集合的虚拟人物聊天。这样的服务会非常廉价（但可能不太精准）。随着知识库的扩充以及计算机自然语言理解能力的提高，答案的质量也会不断提高。例如，请参阅 TD Ameritrade 的虚拟投资顾问 Ted（tdameritrade.com/virtualclient/about.html）。

5. 专家定位系统

专家 / 专业知识定位系统（expert/expertise location systems，ELS）是交互式计算机系统，可帮助员工找到其组织内的专家，以便在短时间内帮助解决特定的关键业务或技术问题。专业知识定位系统旨在：

- 识别组织内部特定领域的专家。
- 帮助人们找到有关这些专家的信息,并与他们取得联系。
- 为员工提供职业发展建议。
- 为社交网络中的团队和团体合作提供支持。

此类系统的软件由诸如 IBM 和 RightNow Technologies(一家甲骨文系公司)等公司开发。有关这些系统的优势、功能和演示,请参阅 Hivemine AskMe(hivemine.com/products.php#why-askme)和 AskMe 的产品数据表。大多数专家定位系统都以类似的方式工作,探索知识库以寻找问题的答案(如果存在的话)或寻找合适的专家。一般过程如图 5-6 所示。

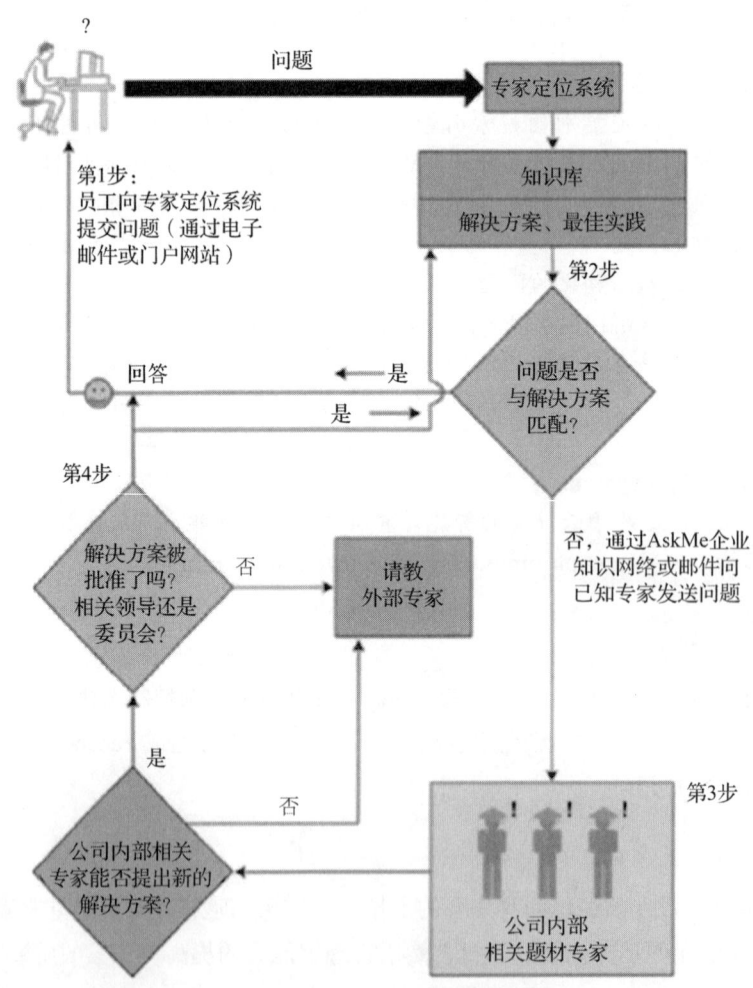

图 5-6 AskMe 的专家定位系统

该过程可分为以下四个步骤。

(1)员工向 ELS 提交问题。

(2)软件搜索其数据库,以查看是否有现成的答案。如果有,则将信息(研究报告、电子表格等)返回给员工;如果没有,该软件会搜索相关领域的专家的文档和储存的通信方式。

（3）一旦找到匹配的专家，系统会询问他是否能够回答该员工的问题。如果可以，这名专家负责提交回复；如果不能，他可以选择将该问题重新转发到下一个合适的专家，直到有人回复。

（4）在找到问题的答案后，将由企业顾问审核其准确性并将其发送给提问者。与此同时，这个问题及其答案将被添加到知识库中，以备将来遇到类似情况时参考。

6. 在社交网络中搜寻专业知识

搜寻专业知识（和专家）正在成为一个非常受欢迎的社交活动。人们利用公告栏、论坛和博客发布他们的问题，并等待回复。LinkedIn 有一项功能，即免费的"帮助论坛"，用户可以通过该论坛发布问题以获得论坛成员的帮助或者发起一场讨论。

5.3.7 知识和智能系统

使电子商务"更加智能化"的趋势日益明显。正如第 2 章所述，Web 3.0 假设系统将能够展现更多的智能特性。这意味着各种电子商务活动的自动化程度将会更高。例如，机器翻译已经在帮助人们在线购买那些以非其母语刊登广告的产品。同样，机器翻译可以帮助那些只会讲母语的人与其他语言的人进行实时交流。

更复杂的应用程序可以帮助客户回答用自然语言书写的问题。另一个领域是基于知识的系统（也称为专家系统）。这些系统可以帮助人们做出决定，甚至可以自己做出决定。例如，这样的系统可以批准或拒绝公司的在线购买请求（如果它们未经预先批准，或没有信用额度）。其他示例包括自动生成在线采购订单，加快订单履行。谷歌和 Facebook 都在尝试关于教机器如何学习（机器学习）并做出决定的项目。其他公司也在这样做（例如丰田），请参阅 Markoff（2015）。有关企业应用，请参阅 Dodge（2016）。

基于知识的系统对创新也很重要（请参阅 spigit.com），它们与分析和大数据处理领域有关。IBM 的 Watson Analytics 是该领域最先进的项目之一（例如，参见 Taft（2016）和 Niccolai（2015））。

2016 年 1 月，Facebook 首席执行官马克·扎克伯格宣布他的目标是在 2016 年创建一个基于人工智能的助手，这个助手可以在个人和商业活动及决策方面为扎克伯格提供帮助。他正在教一台机器理解他的声音，并遵循他的基本命令以及辨识人的面容。这些实际上都是智能机器人的功能。

● **示例：Pitney Bowes Inc. 正在通过 AI 变得更加智能**

Pitney Bowes Inc. 是一家总部位于美国的全球电子商务解决方案供应商，提供运输和邮寄产品、位置情报、客户参与和客户信息管理等领域的服务。该公司每年通过连接无边界的商业世界为数十亿次实体和数字交易提供动力。

今天，价格取决于每种产品的尺寸、重量和包装。价格计算产生的数据也被输入到算法中进行学习。因此收集的数据越多，计算越准确。该公司估计其算法的准确率能提高 25%。

电子商务中的机器人技术

机器人在电子商务中扮演着越来越重要的角色。最知名的也许是亚马逊的仓库应用程序

（见第 11 章）。机器人也广泛应用于按订单生产，可实现大规模定制（见第 11 章）。有关 Lowe's 公司的应用程序，请参阅 King（2014）。机器人扮演的角色是在线提供指导和信息，以及在物理世界（例如机场或其他公共场所）提供指导和信息。在某些情况下，机器人是自主运行的，它们甚至可以开车。在其他情况下，机器人与人类携手合作。有关 2015 年的应用案例，请参阅 Demaitre（2015）。

> **5.3 节复习题**
>
> （1）定义知识管理。
> （2）描述知识管理与电子商务的关系。
> （3）描述在线咨询服务的内容。
> （4）定义专家定位系统，并列出其好处。
> （5）社交网络如何提供咨询建议？

5.4 电子健康

电子商务的一个主要应用领域是电子健康。

5.4.1 定义

电子健康有很多定义（维基百科列举了约 51 个）。世界卫生组织（WHO）将电子健康定义为：电子健康是通过电子手段转移医疗和保健资源。它包含三个主要领域：

- 通过互联网和通信技术为医疗专业人员和客户提供健康信息。
- 利用 IT 和电子商务的力量改善公共卫生服务（例如，通过医疗人员的教育和培训）。
- 在医疗系统管理中实践电子商务。

WHO 的主要关切（who.int/trade/glossary/story021/en）是在全球范围内有效利用医疗资源，为患者提供更好和更安全的卫生保健。电子健康是一个非常广泛的领域（见 en.wikipedia.org/wiki/Ehealth）。电子健康正在彻底改变医疗保健（见 Elton & O'Riordan（2016））。有关在电子健康中使用人工智能的信息，请参阅 Estopace（2016）。

这里我们只涉及几个与电子商务直接相关的代表性领域。

5.4.2 电子病历系统

电子健康最早的应用之一是电子病历系统（EMR）。其目标是支持访问任何地点，甚至是其他城市和国家的患者医疗记录。随着网络的普及，这项应用正在迅速发展。例如，本书作者之一可以随时在网上查看本人在任何地点的所有血液检查结果和某些医疗记录。在一些领先的医院，只要医生看病需要，就可以随时提取病历。电子病历系统的一个问题是如何保护患者隐私并确保数据被恰当地使用。另外，研究人员对患者的医疗记录的访问也是一个问题。

5.4.3 医生系统

如今,医生可以即时访问患者记录。他们可以将订单直接下达到测试机构(包括内部和外部),也可以直接从药店订购药物、联系专家、远程安排患者出院,并查看远程的检测结果。要了解其他应用程序和全面报道,请参阅 Wachter(2015)。

5.4.4 患者服务

由于先进的电子医疗记录应用,今天涌现了大量的患者服务。患者足不出户预约会诊,以及随时随地查看测试结果已经变得稀松平常。随着支持快速访问信息的 Wi-Fi 网络的普及(请参阅本章的章末案例),患者可以享受更好的护理。有关机器人的使用,请参阅 Editors(2015)。患者可以在数百个网站上找到大量的信息,例如 WebMD.com。借助各类计算机系统,他们享受到了医药领域进步带来的福利。有关全面的报道,请参阅 Combs et al.(2016)。

5.4.5 社交媒体和商业

医疗保健行业在采用社交媒体和社交商业方面比较滞后。然而,正如 Lawson(2015)和梅奥诊所(Mayo Clinic Center)社交媒体中心(2012)所报告的,这种情况正在发生转变。医疗保健的参与者正在彼此积极地互动。患者报告他们的经历以便其他人学习。医生有他们自己的专业社交网络,其他照护者有类似的网络。诸如 WebMD 之类的医疗门户网站发布关于许多主题的信息,邀请公众评论。许多医疗保健提供商在 Facebook、LinkedIn 和其他社交网络上都有存在。大量博主对法律、医疗、政治、金融和其他相关主题发表意见。人们可以在吃什么,如何锻炼以及哪些处方药好用方面找到很多建议。当然,各种社交媒体上也有大量的广告。有关讨论,请参阅 Forbes(2014)。

5.4.6 医疗设备和患者监视

医疗行业正在使用大量的电子医疗设备。最知名的医疗设备包括协助手术的机器人、监测患者生命体征和残疾患者位置的传感器。通信技术在医疗设施中得到广泛应用(参见本章的章末案例)。被称为远程信息处理的远程医疗信息技术被用于诊断和治疗偏远地区患者的疾病(例如,在没有医生的农村地区)。一个未来的应用领域是物联网(见第 6 章),其中许多医疗设备和传感器将被组合用于新的医学治疗(请参阅 healthitanalytics.com/news)。患者监视等相关领域的应用可参见 Behr(2016)。

5.4.7 医学研究

计算机辅助通信提供了获取医学知识的途径,并帮助研究人员之间进行协作。这种协作可能会加速新的发现,并挽救许多患者的生命。有关大脑信号传输的示例,请参阅 enterprise-innovation.net/article/ ntudevelops-smart-chip-wireless-transmissions-brain- signals-1166441949。

5.4.8 行政目标

通过使用电子商务模式，例如电子采购、物品团购、社交网络广告，由 LinkedIn 和 Facebook 支持的招聘，卫生医疗服务者可以节省大量资金。有关卫生计划的示例，请参阅 zocdoc.com。另一个示例是使用预测分析来预测哪些员工可能生病（参见 Silverman（2016））。卫生保健机构可以使用 B2B 模式做出与供应链相关的医疗用品采购决策，从而节省大量资金（参见 Insitesoft（2015））。

5.4 节复习题

（1）定义电子健康。
（2）描述电子病历系统（EMR）的内容及其如此重要的原因。
（3）列出电子健康中的社交媒体和商业的特征。
（4）简要介绍主要的电子医疗应用。

5.5 消费者对消费者电子商务

消费者对消费者（C2C）电子商务有时被称为个人对个人（P2P）电子商务，指的是在个体消费者之间进行的电子交易。这些交易还可以包括中介机构，例如 eBay 或社交网站，用于组织、管理和促成 C2C 交易。C2C 活动可能包括分类广告、音乐和文件共享、职业发展和岗位匹配（例如，linkedin.com 和 careerone.com.au）、借贷（例如，lendingclub.com）和交友服务（例如，match.com）。

C2C 电子商务为网上购物和交易提供了一个新的维度。尽管这种交易在线下世界（报纸分类广告、车库销售等）非常普遍，但交易者的匿名性，特别是位于不同地方导致的信任问题，在线实施这种交易并不被看好。这个问题通过使用第三方支付提供商（例如，paypal.com）以及由 eBay 和其他机构提供支付托管或保险服务得以解决。C2C 电子商务的一个优势是可以降低买卖双方的管理和佣金成本。它还为许多个人和小企业主提供了一种以低成本销售他们的商品和服务的方式。

社交网络已经成为 C2C 活动开展的热门场所，例如通过 craigslist.org 或 Facebook.com 的分类广告和其他社交网络销售产品和服务。人们共享或销售音乐、以货易货、出售虚拟财产并提供个人服务。

5.5.1 电子商务：C2C 应用程序

许多网站提供关于个人之间的 C2C 活动的服务。接下来我们介绍几个代表性的应用。

1. C2C 拍卖

一个非常成功的 C2C 应用的例子是拍卖。在许多国家，拍卖网站的销售和购买正在迅速增长。大多数拍卖由中介机构管理（最著名的中介是 eBay）。消费者可以访问通用的拍卖网站

（例如 ebay.com 或 auctionanything.com），也可以使用专门的网站。此外，许多人使用专门软件进行自己的拍卖。例如，ProcurePort.com（请参阅 procureport.com/reverse-auction-services.html）提供的软件可以在线创建 C2C 反向拍卖社区。

2. 在 C2C 销售和购买

除了拍卖，eBay 还可以让个人以固定价格向其他人出售商品。亚马逊和 Etsy 也有类似服务（见第 3 章）。还有其他数百个网站为 C2C 交易提供便利，例如那些使用分类广告的网站。

5.5.2 个人对个人借贷

人们利用互联网进行直接的个人对个人借贷。一个典型的示例是 Lending Club Corp。有关情况，请参阅 Martin & Amy（2016）和 Cunningham（2015）。

1. 分类广告

基于互联网的分类广告相比报纸分类广告有几个优势。它们可以覆盖全国而不仅是当地的受众，并且可以快速轻松地进行更新。它们中的大多数是免费的或收费很少。这大大增加了可用商品和服务的供应量以及潜在买方的数量。C2C 分类广告最成功的网站之一是 craigslist.org，如第 2 章所述。分类广告还包括美国各地的公寓出租和办公地点出租广告（由 forrent.com 提供支持）。Freeclassifieds.com 允许人们免费购买或出售任何东西。许多报纸也在网上提供它们的分类广告。在某些情况下，将广告放入一个网站的分类广告版块会自动将其转发到众多合作伙伴的分类广告板块（称为交叉发布）。分类广告出现在数千个网站上，其中包括流行的社交网络，如 facebook.com/free.classi-fied 和 linkedin.com。

2. 个人服务

互联网上有大量的个人服务（如律师、便捷助手、税务规划、投资顾问、交友服务）。一些位于分类广告版块，另一些位于特定网站和目录中。有些服务是免费提供的，也有收取费用的。

注意：在网上寻找任何个人服务之前要格外小心，因为可能会遭遇欺诈或犯罪（例如，网上律师可能不是该领域的专家，甚至可能根本不是律师）。

3. 文件共享工具：Napster

事情要追溯到 1999 年。通过登录 Napster 等服务，人们可以下载其他人愿意免费分享的文件。这样的 P2P 网络使用户能够搜索其他人的硬盘以查找特定的文件，包括用户创建的数据文件或从其他地方复制的数据文件。数字音乐和游戏是访问量最大的文件；其次是电影、电视节目和视频。2002 年，Napster 拥有超过 6 000 万名会员，之后由于版权问题被迫停止服务。

Napster 和其他后继者们，都是一个能列出其他用户共享文件的目录。登录服务器后，用户可以在目录中搜索特定歌曲并找到文件所有者。然后，他们可以直接访问所有者的电脑并下载他们选中的歌曲。Napster 还提供连接数百万用户的聊天室。

但是，美国联邦法院认定 Napster 违反版权法，因为它使用户能够在不向音乐创作者支付版权费用的情况下获取音乐文件。在此裁决之后，2002 年 3 月，Napster 被迫关闭并申请破产。2011 年，Napster 被 Rhapsody（rhapsody.com）收购，后者是一家基于订阅的音乐下载网站。有关 Napster 的历史，请参阅 theguardian.com/music/2013/feb/24/napster-music-free-file-sharing。

许多免费的文件共享程序仍然存在（见第 12 章）。例如，更纯粹的 P2P 版本是 BitTorrent（bittorrent.com），它使得下载文件速度更快。要通过 P2P 网络访问游戏，请登录 TrustyFiles（trustyfiles.com）。尽管"免费午餐"确实很诱人，但请注意，免费下载有版权保护的资料通常是违法的。

4. C2C 社交网络活动和虚拟财产交易

社交网络中的 C2C 活动包括分享照片、视频、音乐和其他文件，交易虚拟财产，并开展其他活动。交易虚拟财产在虚拟世界非常流行。

5.5 节复习题

（1）定义 C2C 电子商务？
（2）列出 C2C 电子商务可以带来的好处。
（3）描述主要电子商务应用的特点。
（4）定义文件共享。
（5）列出文件共享涉及的法律问题（请参阅第 12 章中的海盗湾（Pirate Bay）案例）。

管理问题

与本章有关的一些管理问题如下所示。

1. 我们如何设计最具成本-效益的政府电子采购系统？ 电子政务规划可能会面临以下的问题：政府电子采购系统可以节省多少采购成本？该系统如何用于小批量采购？如何对待国外的投标人？如何防止非法贿赂？除成本之外，还需要考虑什么标准？如何设计在线和离线采购系统？如何在线宣传报价请求？应该如何构建拍卖和桌面采购活动的组合？政府可以使用商业 B2B 网站进行采购吗？企业是否可以利用政府电子采购系统进行自己的采购？所有这些都必须纳入有效的设计考虑中。

2. 如何设计电子学习知识源的组合？ 电子学习的服务有很多来源。电子学习管理团队需要设计在线和离线培训应用程序的组合，以及内部和外部知识来源（包括免费和付费）的组合。内部知识管理系统是大型企业培训材料的重要来源，而外部资源对于小型组织来说可能更具成本效益。显然，需要证明投资组合中每个项目的合理性，这涉及对供应商的选择。关于说明性案例研究，请参阅 brightwave.co.uk。

3. 我们如何将社交网络学习和服务融入我们的组织？ 随着企业社交网络活动的激增，管理者应该考虑如何将这些与企业系统（包括客户关系管理、知识管理、电子培训以及其他应用程序和业务流程）整合在一起。一个问题是如何平衡知识的质量与电子学习和培训计划中的知识范围。

4. 电子书平台会产生什么影响？如果电子书被读者普遍接受，那么在线图书销售的分销渠道可能会被颠覆。这个新平台还可能蚕食线下书籍零售业务。此外，还需要保护数字内容的知识产权，因为数字内容很容易被复制和传播（见第12章）。一般来说，将会出版更多的电子书，也会有更多的人阅读电子书。

本章小结

在本章中，你了解了与本章学习目标相关的以下电子商务问题。

1. **电子政务活动**。像任何其他组织一样，政府可以使用电子商务应用程序来节省大量费用并提高效率。值得注意的应用是使用逆向拍卖的电子采购、公民和企业之间的电子支付、多余物资的拍卖以及电子旅行和费用管理系统。政府还与其他政府开展电子业务。因此，政府可以用更少的钱更好地完成工作。

2. **对公民、企业和政府自身的业务实施电子政务**。世界各国的政府都在通过互联网为公民提供各种服务。这些举措提高了公民的满意度，并降低了政府提供公民服务（包括电子投票）的费用。各国政府也积极开展与企业的电子交易。最后，电子商务可以在政府内部进行。电子政务的发展可以通过使用无线系统实现移动政府来加强。此外，随着维基百科、博客、社交网络工具的应用，电子政务2.0正越来越受到欢迎。

3. **电子学习和电子培训**。电子学习是通过互联网和内联网等电子媒介传递教育内容。全球有数千个组织都在开展在线学历教育、终身学习课程和企业培训。目前，一个正在蓬勃发展的领域是通过虚拟大学提供远程学习，与此同时，虚拟大学也变得非常流行。这里其中一些是虚拟的，另一些则是以在线和线下相结合的形式提供。在线企业培训也正如火如荼地发展，有时会在正式的企业学习中心开展。实施过程分为几个步骤，始于网络，以社交网络上的活动结束。新的电子阅读器包含易于阅读的文本、搜索功能、丰富的媒体及其他功能。再加上电子书的低成本以及可在单个电子阅读器上存储数百本图书的功能，这些设备越来越受欢迎。

4. **电子书及其读者**。由于电子书给人们带来各种利益（亚马逊出售的电子书数量比纸质书还多），人们对电子书的兴趣越来越浓厚。电子阅读器和平板电脑制造商之间存在着产品功能不断增加的同时，价格反而在下降。电子书既可以用于愉快阅读，又可以用于学习。电子书可以在包括平板电脑在内的多种便携式设备上阅读。

5. **知识管理和传播**。知识已被公认为重要的组织资产。它需要被正确获取、存储、更新和共享。知识对于许多电子商务任务至关重要。知识可以以不同的方式进行分享。专家可以通过知识门户、电子邮件或聊天和讨论工具，以及社交网络（例如，通过用户生成的视频或文本）向非专业人士（收费或免费）提供知识。

6. **在线咨询系统**。各类在线咨询系统日益流行。有些是免费的，但大多数是收费的。用户必须注意他们收到的建议的质量。社交网络和门户网站提供各种不同质量的咨询服务。

7. **电子健康**。电子商务、移动商务和社交商务应用正日益渗透到医疗保健领域。实际上，B2B、B2C、电子商务，甚至是P2P服务都在世界各地实行。最为人熟知的是电子病例，它有助于在农村地区对患者进行快速护理和便捷获取患者的医疗记录。另一个众所周知的领域是患者监护应用,从全天候患者监控到改进医疗检测,让患者能使用更好的医疗设备,提高患者的满意度和舒适度。通过使用医疗门户,对患者的教育能得到极大的促进。医生可以快速访问所需的所有数据,并且可以通过电子方式传送医嘱。

社交媒体和网络以多种方式帮助患者和管理者,促进分享和协作。受益于电子商务的其他一些领域包括医疗服务的获取、维护和使用。电子商务支持许多行政流程和医学研究。但是,电子健康的一个主要问题是如何保护患者的医疗记录和隐私。

8. C2C 活动。C2C 是个人消费者之间进行的电子商务活动,主要包括拍卖(如 eBay)、分类广告、匹配服务、亚马逊上的专门网店以及文件共享。

⊙ 问题讨论

1. 讨论使用社交网络与传统电子政务门户的电子政务各自的优缺点。
2. 讨论电子投票的优缺点。
3. 讨论电子书的优缺点。
4. 讨论电子学习在企业培训环境中的优势。
5. 知识管理如何支持电子商务?
6. 有人认为 B2G 只是 B2B。你的观点是什么?
7. 比较 G2E 和 B2E 的异同。
8. 电子政务中的哪些业务活动属于内部活动?解释它们为什么被列为内部业务。
9. G2C 对公民和政府各有哪些好处?
10. IBM 的果酱行动与知识管理和社交网络有什么联系?
11. 知识管理与电子学习、电子出版、C2C 有什么联系?
12. 讨论电子健康的发展。

⊙ 课堂讨论和辩论话题

1. 讨论电子学习给大学生和 MBA 学生带来的利弊。
2. 讨论专家/专业知识定位系统相对于包含专家信息和知识的企业数据库的优势和劣势。专家定位系统和企业数据库可以结合使用吗?如何进行?
3. 许多政府(例如欧盟委员会)的主要举措之一是智慧城市(关于该技术,参见第 6 章)。讨论这些举措的内容并解释它们为什么是电子政务的一部分。
4. 辩论:电子书是否将取代传统书籍。
5. 辩论:是不是所有公司都要开展知识管理?
6. 辩论:分析电子投票的利弊。
7. 访问 en.wikipedia.org/wiki/E-Government 并找到"电子政务争议"部分,讨论优缺点,完成报告。
8. 辩论:电子学习真的有效吗?
9. 讨论联合国电子政务发展数据库的内容和好处(unpan3.un.org/egovkb)。
10. 讨论电子投票和手动投票。

⊙ 在线练习

1. 访问 e-learningcentre.co.uk、elearnmag.acm.org 和 elearningpost.com。确定当前的讨论问题并查找两篇与电子培训有效性相关的文章。撰写一份报告。此外，准备这些网站上提供的资源列表。

2. 访问 adobe.com 并查找其提供的电子学习、知识管理和在线出版的教程和工具。准备一个 PPT 介绍你的发现。

3. 找到组织中一个比较困难的业务问题。然后在 elance.com、linkedin.com、answers.yahoo.com 和 answers.com 上发布该问题。总结你收到的关于解决问题的各种答案。

4. 访问 blackboard.com 并查看 en.wikipedia.org/wiki/Blackboard_Inc。查找公司提供的主要服务，包括其社区系统，并撰写报告。

5. 阅读有关电子政务的最新消息。找到本章未涉及的举措。访问 gcn.com。

6. 访问 procurement.org 和 govexec.com。找到最近的电子政务采购举措并总结其独特性。

7. 访问 hivemine.com，查看它们的产品、解决方案、新闻和博客。你是否同意该公司的座右铭"让你的知识社交化并使其茁壮成长"？请解释你的答案。

8. 访问 amazon.com、barnesandnoble.com 和 sony.com，并找到它们销售的电子阅读器的最新信息。比较它们的功能并完成报告（请参阅 ebook-reader.com）。

9. 访问 mindjet.com。了解其如何支持协作。总结网站给参与者带来的好处。

10. 访问 chegg.com 和类似的学习平台。描述它们提供哪些服务。

11. 访问 guru.com 和 elance.com，并比较它们的产品。你更倾向于选择哪一家网站发布你的专业技能？为什么？

12. 找到两家支持 C2C（或 P2P）电子商务的公司（例如 egrovesys.com）。对它们的功能进行比较。

13. 美国政府在伊朗开设了虚拟大使馆。了解有关服务和伊朗政府对此的反应，并完成报告。

⊙ 团队任务和项目

1. 阅读开篇案例，回答下列问题。
（1）康帕斯集团在培训其管理人员时遇到的主要问题和次要问题各是什么？
（2）该公司如何克服经理们对电子培训的怀疑态度？
（3）该公司如何处理系统培训的复杂性？
（4）新型电子培训的成果是什么？
（5）你认为电子培训实施最重要的方面是什么？

2. 纽约市以其 2002~2013 年市长布隆伯格支持的大规模电子政务变革举措而闻名。找到有关布隆伯格完成任期后，这些举措对于公众的好处以及它们后续发展的相关信息。每个团队分析一个领域，并完成报告。

3. 组建四个团队，分别负责：G2C、G2B、G2E 和 G2G。每个团队将为一个小国家，如荷兰、丹麦、芬兰或新加坡等，准备一份指定领域内（例如 G2C）的电子政务活动描述。第五个团队将负责所选四个国家中所有电子政务活动的协调与合作，并完成报告。

4. 在 enterpriseinnovation.net/article/10-tech-trends-smart-government-759893589 上阅读 Gartner（2014）的"智慧政府的 10 项技术趋势"。寻找其他新的趋势。探索每一个趋势，找到政府如

何处理这些趋势的例子。然后将你的发现与 2016 年联合国的电子政府调查结果进行比较。准备课堂演示。

5. 讨论电子学习价值的利弊。合作准备一份总结。建议使用维基百科。

6. 每个团队分别负责以下网站：netlibrary.net 和 ebooks.com，并检查与其网站相关的技术、法律问题、价格和商业联盟。然后，每个团队以"电子书能否成功"为主题，准备一份报告（阅读 Nuwer（2016））。

7. 每个团队负责一个问答公司（例如 answers.com）。检查公司的产品，包括社交网络和游戏，向班级展示你的发现。

⊙ 章末案例

亨利·福特医疗系统利用 IT 和电子商务提供卓越的患者体验

亨利·福特医疗系统（HFHS）是一个非常全面的医疗系统，每年为底特律大都会区和其他几个城市的 220 万患者提供护理。HFHS 医疗系统包括五个医疗中心和 2.4 万名雇员。

挑战

该系统的使命是支持流动的员工、患者、保险公司、医生、访客和供应商的沟通和协作，并确保众多可移动医疗设备的运行。HFHS 需要一个庞大的电子网络。此外，还需要支持患者的数据流动，包括一些实时的数据流动（在护理点的数据可访问性）。所有这些都需要持续的隐私和安全保护。面临的挑战包括需要支持患者和访客所携带的大量移动设备。另外，移动设备和医学设备来自许多制造商，并且应用于许多领域（例如，X 光推车、B 静脉泵、移动式超声波和心电图机）。部分医疗设施位于 6 英尺厚的混凝土墙内，这使得射频（RF）信号困难以穿透。医院需要通过跨越墙壁的无线连接实现全面覆盖，这种覆盖需要不受干扰地工作，并实现大容量的无线流量。

解决方案

HFHS 决定安装先进的 Wi-Fi 系统。这需要对不同的软件和硬件，以及 Wi-Fi 接入点的位置和数量进行试验。

由此产生的解决方案可将超过 3 500 种生物医学设备集成到 Wi-Fi 网络中。这需要与设备的采购人员进行合作。为了支持无线传输，需要在超过 90 部电梯和许多楼梯走廊中安装接入点天线（分多年完成）。解决方案还包括使信号能够穿过铅墙和 6 英尺混凝土墙体。此外，该解决方案还能够连接患者和访客所携带的不同品牌的各种移动设备。该系统在多个地点总共部署了 60 多个 HFHS 站点，总体覆盖了超过 700 万平方英尺的设施。2016 年，共有超过 3 200 个接入点和 1 200 个安全传感器。除了 Wi-Fi 之外，HFHS 还使用多种电子商务信息系统，如飞利浦的 CareSage 预测分析和 3M 360 Encompass 系统。

结果

Wi-Fi 模式的成功体现在"医疗仪器促进协会"的一篇最佳实践文章中。患者满意度大幅度上升，医院员工和医生的工作效率及质量也大大提高。这些网络还使社区成员能够接收到医院发送的教育材料。Wi-Fi 使生物医学设备能够平稳运行，以便安全地访问所有需要的信息，并促进沟通、协作和团队合作，并且所有这些都符合规性要求。

资料来源：基于 Extreme Networks（2015）和 Philips Electronics PHG Company（2016）。

问题

1. 为什么 Wi-Fi 是唯一合理的解决方案？
2. 为什么这个项目如此复杂？
3. 这个项目的主要好处是什么？受益者是谁？

⊙ 在线文件

本章在线文件可以在 ecommerce-introduction-textbook.com 上找到。

W5.1 新西兰电子政务社交媒体活动

W5.2 电子政务转型的阶段划分

W5.3 应用案例：卡特彼勒公司将知识共享作为战略资产

⊙ 参考文献

Behr, A. "MocaCare's Latest Health Monitor tracks Blood Pressure, Oxygen Levels." *eWeek*, February 8, 2016.

Britt, P. "E-Commerce Buys into KM." October 2013. **kmworld.com/Articles/Editorial/Features/E-commerce-buys-into-KM-92023.aspx** (accessed March 2016).

Brown, A., J. Fishenden, and M. Thompson. *Digitizing Government: Understanding and Implementing New Digital Business Models (Business in the Digital Economy)*. New York, NY: Palgrave Macmillan, 2014.

Chan, C. M. L., R. Hackney, S. L. Pan, and T. C. Chou. "Managing e-Government System Implementation: A Resource Enactment Perspective." *European Journal of Information Systems*, vol. 20, 2011.

City & Guilds Kineo. "Compass Group Systems Training." 2011. **kineo.com/case-studies/process-and-technical/compass-group-systems-training** (accessed March 2016).

Clark, R. C., and R. E. Mayer. *e-Learning and the Science of Instruction*, 4th ed. San Francisco: Pfeiffer/Wiley & Sons, 2016.

Combs, C.D., J. A. Sokolowski, and C. M. Banks. *The Digital Patient: Advancing Healthcare, Research, and Education*. (Wiley Series in Modelling and Simulation) Hoboken, NJ: Wiley, 2016.

Cunningham, S. "Peer to Peer Lending Sites: an Exhaustive Review." *Lending Memo*, May 8, 2015. **lendingmemo.com/p2p-lending-sites** (accessed May 2016).

Demaitre, E. "Top Robotics Transactions of 2015" *Robotics Business Review*, December 31, 2015.

Digital Government Strategy. "Building a 21st Century Platform to better serve the American People." A Whitehouse Report, 2012. **whitehouse.gov/sites/default/files/omb/egov/digital-government/digital-government.html** (accessed April 2016).

Dodge, J. "Artificial Intelligence in the Enterprise: It's On." *Computer World*, February 10, 2016.

Editors. "Robotics Solutions Could Transform Pediatric Patient Care Delivery." *Healthcare Innovation*, May 27, 2015.

Egov. "E-Government Strategy: Implementing the President's Management Agenda for E-Government." April 2003. **sites.nationalacademies.org/cs/groups/pgasite/documents/webpage/pga_055959.pdf** (accessed March 2016).

Elton, J., and A. O'Riordan. *Healthcare Disrupted: Next Generation Business Models and Strategies*. Hoboken, NJ: Wiley, 2016.

Estopace, E. "AI Personal Health Assistant Now on Global Messaging Services." Enterprise Innovation, February 2, 2016. **enterpriseinnovation.net/article/ai-personal-health-assistant-now-global-messaging-services-902506163** (accessed February 2016).

Extreme Networks. "Case Study: Henry Ford Health System." *Extreme Networks Inc.*, 2015.

Forbes. "Transforming Healthcare Using an E-Commerce Model." *Forbes*, August 28, 2014.

Grogan, B. J. *33 Social Media Tips, Tricks & Shortcuts: Helping Digital Marketers in Government and Business Succeed*. Colorado Spring, CO: Van Sant Publishing LLC, 2015.

Imholt, S. J. *User Guide to Government 2.0*. San Antonio, Texas: Top Wing Books, 2015.

Insitesoft. "Medical and Healthcare Suppliers Have Big Growth Potential with eCommerce Websites." *Insitesoft*, October 20, 2015.

Kaattari, J., and V. Trottier. *Guide to Effective Technologies for Online Learning* [Kindle Edition]. Ontario, Canada, Community Literacy of Ontario, 2012 (revised and updated October 2013).

King, R. "Newest Workers for Lowe's: Robots." *The Wall Street Journal*, October 28, 2014.

Lawson, G. W. *Healthcare Social Media: Transformation 3.0*. Seattle, WA: CreateSpace Inc., 2015.

Madden, R. *Voting Fraud*. [Kindle Edition] New York: Guardian Press, 2015.

Markoff, J. "Toyota Planning an Artificial Intelligence Research Center in California." *The New York Times*, November 6, 2015. **gilesmorgan.wordpress.com/2015/11/06/toyota-planning-an-artificial-intelligence-research-center-in-california-by-john-markoff** (accessed February 2016).

Martin and Amy. "Peer to Peer Lending." *Money Saving Expert*, February 10, 2016.

Mayo Clinic Center for Social Media. *Bringing the Social Media Revolution to Health Care*. Scottsdale, AZ: Mayo Foundation, 2012.

Mei Hua, S. R. and I.K. Rohman. "Challenges in E-Government Implementation." *The Jakarta Post*, July 27, 2015.

Millar, E. "No Classrooms and Lots of Technology: A Danish School's Approach." June 20, 2013. **theglobeandmail.com/report-on-business/economy/canada-competes/no-classrooms-and-lots-of-technology-a-danish-schools-approach/article12688441** (accessed March 2016).

Milton, N. and P. Lambe. *The Knowledge Manager's Handbook: A Step-by-Step Guide to Embedding Effective Knowledge Management in Your Organization*. London, UK: Kogan Page, 2016.

Morin, J. *Infosys 94 Success Secrets – 94 Most Asked Questions On Infosys – What You Need To Know* [Kindle Edition]. Queensland, Australia: Emereo Publishing, 2014.

Niccolai, J. "IBM Watson Will Know What You Did Last Summer." *PC World*, September 23, 2015.

Nuwer, R. "If the Printed Word Become a Thing of the Past, It May

Affect How We Think." *BBC.com*, January 25, 2016. **bbc.com/future/story/20160124-are-paper-books-really-disappearing** (accessed February 2016).

Office of Management and Budget. "FY 2011 Report to Congress on the Implementation of the E-Government Act of 2002." March 7, 2012. **whitehouse.gov/sites/default/files/omb/assets/egov_docs/fy11__e-gov_act_report.pdf** (accessed March 2016).

Philips Electronics PHG Company. "Henry Ford Health System Is Eight U.S. Health System in Six Months Time to Adopt Philips Predictive Analytics Solution as Health System Seek to Identify At-Risk Elderly Patients at Home." *3M His*, February 9, 2016.

Shark, A., and S. Toporkoff. *Beyond e-Government and e-Democracy: A Global Perspective*. Scotts Valley, CA: BookSurge Publishing, 2008.

Silverman, R. E. "Bosses Harness Big Data to Predict which Workers Might Get Sick." *Dow Jones Business News*, February 16, 2016.

Streitfeld, D. "Teacher Knows if You've Done the E-Reading." April 8, 2013. **nytimes.com/2013/04/09/technology/coursesmart-e-textbooks-track-students-progress-for-teachers.html?pagewanted=all&_r=0** (accessed March 2016).

Taft, D. K. "Putting IBM's Watson Analytics to Work-From Law to Universities." *eWeek*, February 12, 2016.

Thompson, K., "Managers of E-Learning Project Tout Positive Results." February 13, 2014. **jamaicaobserver.com/news/Managers-of-e-learning-project-tout-positive-results_16006381** (accessed March 2016).

Training Press Releases. "Kineo and Compass Group Create Award-Shortlisted Systems Training E-Learning." October 26, 2011. **trainingpressreleases.com/news/kineo/2011/kineo-and-compass-group-create-award-shortlisted-systems-training-e-learning-** (accessed March 2016).

Vaughan-Nichols, S. J. "Good-Bye Books, Hello E-Books." December 27, 2012. **zdnet.com/good-bye-books-hello-e-books-7000009208** (accessed March 2016).

Wachter, R. *The Digital Doctor: Hope, Hype, and Harm at the Dawn of Medicine's Computer Age*. NY: Mc Graw-Hill, 2015.

Wohlers, T. E. and L. L. Bernier. *Setting Sail into the Age of Digital Local Government: Trends and Best Practices (Public Administration and Information Technology)*. NY: Springer, 2016.

第三部分
PART 3

新兴的电子商务交付平台

第6章 移动商务和物联网

第7章 社交商务：基础、社交营销和广告

第8章 社会化企业与其他社交商务话题

CHAPTER 6
第 6 章

移动商务和物联网

■ 学习目标

完成本章后,你将能够:
1. 讨论移动商务的增值属性、移动商务带来的收益和移动商务发展的基本驱动因素。
2. 描述移动商务的移动计算基础设施包括设备、软件和服务等。
3. 讨论移动商务在银行和金融服务中的应用。
4. 描述移动技术在企业中的应用。
5. 描述移动商务面向消费者和个人的应用,包括娱乐。
6. 定义及描述无所不在的计算和传感器网络。
7. 描述物联网及其主要的智能应用。
8. 描述可穿戴设备、谷歌眼镜、智能手表和健身追踪器。
9. 描述移动商务在实施中碰到的主要问题,包括安全和隐私等障碍。

■ 开篇案例

赫兹公司:全面实现移动商务

汽车租赁行业是一个竞争非常激烈的行业,赫兹公司(hertz.com)作为全球最大的汽车租赁公司,在 150 个国家大约 10 400 个地点与数百家公司进行竞争。激烈的竞争环境对公司利润产生了负面影响。随着智能手机的普及,赫兹公司需要不断地维护移动端的展示结果使得客户可以便捷地通过其移动网站与公司取得联系。赫兹公司的移动应用程序适用于 iPhone、iPad、Android 和 Windows 设备。

解决方案

赫兹公司率先推出了几款移动商务应用程序,以提高其竞争力。公司将移动商务嵌入到公司的全国无线网络中。此信息用于预订汽车,确认或更改预订以及其他与客户有关的服务(例如,查看租赁历史记录,将信用里程直接转至适当的用户忠诚计划等)。以下是赫兹公司的一些移动服务:

- 方便快捷的租赁方式。客户可以通过电话、电子邮件和网站(通过智能手机、平板电脑或桌面）进行预订。预订后几秒钟内，确认信息将通过电子邮件（或短信）发送给客户。当客户抵达目标城市后，会收到一条短信，告知客户预订的车在赫兹公司停车场的位置。在许多租赁点，可供租赁的汽车都配备了 RFID 系统。这样客户只要将赫兹密钥卡或密钥钥匙扣扫过 RFID 读卡器就可解锁车门。在另外某些地方，赫兹公司的现场工作人员通过手持设备确认预订信息，并将客户到达的信息无线传输到出租赁中心。然后，系统会给出汽车的所在位置。客户只需走到该停车点，然后把车开走即可。一些有趣的新功能，请参阅 Elliott（2013）。

- 及时还车。客户还车时，无须再到赫兹公司的办公地点排队等待。只要工作人员手持与无线系统相连的设备输入还车时间，系统就会计算租赁费用并打印收据。整个结账过程就在停车场内，时间大约只需要一分钟。

- NeverLost®GPS 导航系统。许多赫兹公司的汽车都配备了赫兹 NeverLost®GPS 系统（neverlost.com），这个系统包括显示屏和语音提示（例如会提示何时转弯）。地图（谷歌地图或 MapQuest）会显示路线和商业信息（例如，公共和消费者服务，包括最近的医院、加油站和餐馆的位置等）。赫兹公司还提供 MyExplore™NeverLost®Mobile Companion 应用程序（请参阅 neverlost.com/Products/ProductDetail?ProductName=hertz neverlostcompanion）。这个程序可以让用户通过智能手机制订旅行计划，并使用该应用程序在选定的城市内导航，如华盛顿特区和纽约。应用程序的功能还包括增强现实（将手机、相机变为活动地图）、社交媒体整合（在 Facebook 和 Twitter 等社交网络分享经历）和天气信息（获取实时的天气信息和五天内的天气预报）。赫兹公司还安装了内置摄像头，目的是升级其 NeverLost® 服务。有关更多功能，请参阅 finance.yahoo.com/news/navigation-solutions-hertz-neverlost-r-221503204.html。

- 其他客户服务。除了定位指南外，NeverLost® 系统还提供行车路线、紧急电话、城市地图、购物指南以及酒店、餐馆和其他消费者服务的顾客评论信息。赫兹公司的俱乐部会员可以在家里获取这些信息，他们可以把它们打印出来或将其下载到移动设备中。有关赫兹公司客户服务的更多信息，请参阅 Gingiss（2015）。

- 汽车定位。赫兹公司正在试验一种基于 GPS 的跟踪系统，该系统使公司能够在任何时间找到租用车辆的位置。此外，系统还能实时报告汽车行驶的速度。尽管该公司承诺收集到的信息的安全性，但许多人还是认为这是一种对隐私的侵犯。然而，也有一些租车者可能会因此感到安全，因为他们知道他们一直在被追踪。值得注意的是，目前（2016年3月），赫兹公司只是使用该系统来追踪被盗车辆以及确定车辆的归还时间。

- 赫兹 24/7（随需技术）。根据其网站所示，赫兹 24/7 全天候随需技术为那些想要短时间租车的客户（按小时或一天）提供自助服务，旨在更好地与汽车共享公司 Zipcar（zipcar.com）竞争。赫兹 24/7 手机应用程序可在 hertz.com/rentacar/productservice/index.jsp?targetPage=hertz mobilesite.jsp 上下载，并可用于查找租车点。此应用程序可在同一站点的 PC 和移动设备上使用。该应用程序包括共享乘车（例如公共交通与汽车租赁的费率比较）。

- Wi-Fi 连接。赫兹公司在美国、加拿大和其他一些国家的所有主要办事处均设有免费的高速上网接入。

- Hertz 移动应用程序（App）。通过针对 iPhone、iPad，Windows 和 Android 设备的不同用户开发的 Hertz 应用程序，客户可以在 App 上进行预订、搜索租车点位置、享受特别优惠，等等。请参阅 hertz.com/rentacar/productservice/index.jsp?target age=hertzmobilesite.jsp 上的 Hertz Mobile 网页。关于最近的移动应用程序，请参阅 PR Newswire（2014）。
- 社交媒体。赫兹公司积极参与社交网络应用。

有关上述细节，请参阅 Barris（2014）。

结果

尽管 2008～2012 年遭遇了经济困难，赫兹公司仍然保持着汽车租赁行业的领先地位。公司在 2008 年和 2009 年经历了利润下滑，但在 2010～2014 年重新实现了反弹增长。与大多数竞争对手相比，赫兹公司做得更好。赫兹的股价在 2009 年触底反弹，在 2010 年翻了三倍，并于 2011～2014 年持续攀升。目前，该公司正在扩大业务，同时由于推出移动应用，公司在客户中保持了良好的口碑。

资料来源：基于 Barris（2014）、Gingiss（2015）和 hertz.com（访问于 2016 年 4 月）。

案例经验教训

赫兹公司的案例说明了交通行业的某些移动应用可以帮助改善客户服务和公司的运营。这些应用程序在移动设备上运行，并由无线网络支持（这两个主题都将在 6.2 节讨论）。移动技术基于一些特殊的属性（见 6.1 节），这些属性使许多应用得以实现（见 6.3～6.7 节）。

赫兹公司的案例只是新兴移动和无线技术对商业和电子商务影响的一个示例。在本章中，我们将探讨各种新兴的移动和无线技术，以及它们在商业和社会领域的潜在应用。本章还将介绍一些前沿技术，包括移动企业、定位服务以及尖端技术。

6.1 移动商务：概念、主要领域、属性、驱动因素、应用程序和优点

如第 1 章所述，企业正在经历数字化。此外，许多企业也正在经历多地办公和全球化；移动通信的需求正在快速增长（参阅第 5 章的章末案例）。根据 GSMA（2013）的说法，移动行业已经是全球经济的主要贡献者。全球一半以上的人口已经拥有手机，其中绝大多数是智能手机。毫无疑问，这些都是移动商务的驱动因素。

有关定义、主题、关键问题等，请参阅 mobile info.com/mcommerce。

移动商务拥有自己的框架、属性、主要领域、概念和术语。这些为其使用者提供了许多好处。有关概述，请参见 youtube.com/watch?v=QtpTT pgpELg.V=QTPTT PGPELG，标题为"什么是移动商务"的视频。

计算机科学和电子商务最明显的趋势之一是移动计算正在呈指数增长。Gartner 公司每年都会编制一份年度十大战略技术趋势清单，这些趋势有可能在未来 3 年内使得个人、企业和 IT 组织受益。移动计算主题出现在 2010～2016 年的报告中。

6.1.1 基本概念、应用程度和主要领域

移动商务（mobile commerce），是指通过使用移动设备和无线网络开展电子商务。移动商务活动包括 B2C、B2B、移动政务和移动学习，以及信息和资金的转移。与普通的电子商务应用程序一样，移动商务是通过互联网、企业内联网、专用通信线路或其他无线网络使用移动设备进行的电子交易。例如，在自动售货机上买东西或通过 iPhone 支付税款可被视为移动商务。移动商务提供了向现有客户提供新服务的机会，并可随时随地吸引新客户加入电子商务。一开始，屏幕尺寸和带宽限制了移动商务应用的实用性。然而，随着智能手机和平板电脑的广泛使用，这种情况正在迅速改善。另外，如今消费者更接受掌上文化。此外，由于 3G 和 4G 网络的普及（以及 5G 即将推出），移动商务的推广正在加速。许多场所都提供免费的 Wi-Fi 无线上网服务。

请注意，移动电子商务与传统电子商务有很大的区别，并且经常使用特别的商业模式。这导致了许多新应用程序的涌现和购买者与销售者之间的关系发生变化。

1. 移动商务的应用程度

根据 2013 年 eMarketer 的一项研究，到 2017 年，将有约 25% 的美国在线零售交易会通过移动设备进行（参阅 mashable.com/2013/04/24/mcommerce-sales-forecast）。Forrester Research 预测，2014 年移动商务规模将高达 380 亿美元。InMobi 的报告发现，2014 年有 83% 的客户计划进行移动商务，比上一年增加 15%。

在本章中，我们主要介绍移动商务的一些显著属性和关键驱动因素、与移动商务相关的一些技术问题以及一些主要的移动商务应用程序。

2. 移动商务的主要领域

图 6-1 总结了移动商务的总体情况。

请注意，在该图中，左侧一栏列出了支持技术（例如设备、网络），中间一栏指明所产生的功能和属性。这些为显示在图右侧的应用功能提供了基础。在本节中，我们将描述这些属性并提供应用程序的概述。在 6.2 节中，我们将介绍主要技术的要素。

3. 移动和社交：强大的电子商务组合

移动商务是一个非常强大的平台，但如果与社交商务结合起来，正如我们将在第 7 章和第 8 章中描述的那样，它会变得更加强大。这种结合将会塑造电子商务的未来，并可能在未来成为电子商务的主要推动者。

6.1.2 移动商务的属性

本书中介绍的许多电子商务应用程序也适用于移动商务。例如，在线购物、电子旅行、电子学习、电子娱乐和在线游戏在移动 B2C 中越来越受欢迎。拍卖网站使用移动商务在拍卖过程中向投标人发送消息，政府鼓励移动政府（第 5 章），在 B2B 领域电子商务中的无线协作商务正在增加。一些支持新应用程序的关键属性只能在移动环境中使用。主要属性包括：

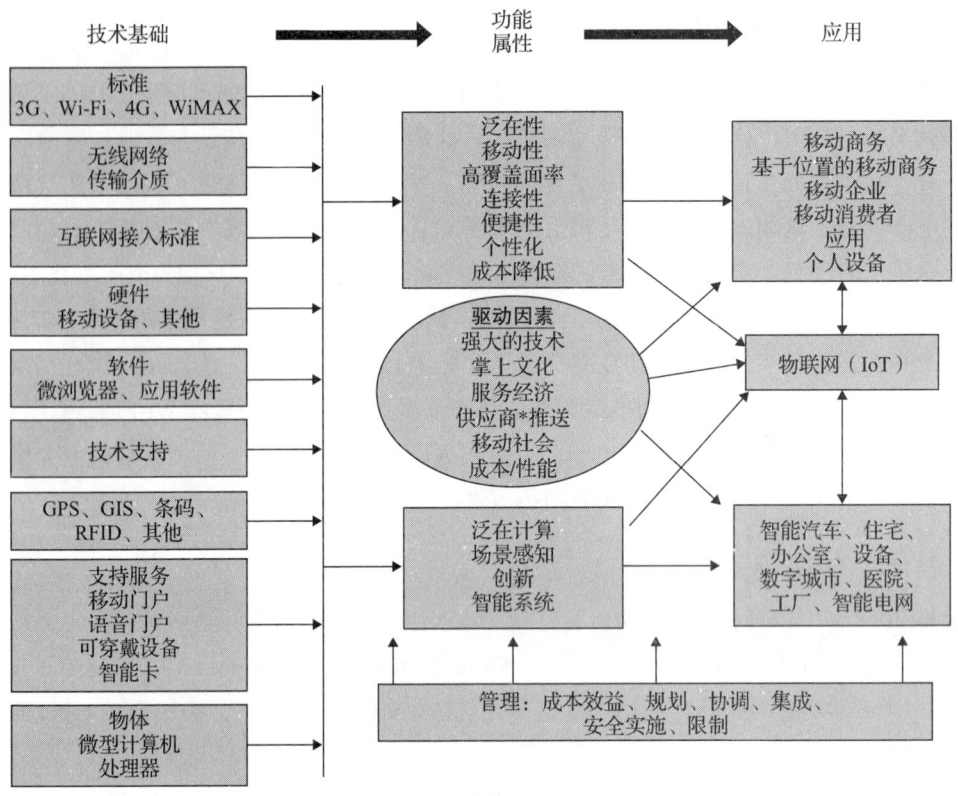

图 6-1 移动计算和移动商务的主要领域

- **泛在性**。泛在性意味着无处不在，尤其是在同一时刻。无线计算为泛在性提供了便利。鉴于提供 Wi-Fi 接入的场所的日益增加，以及大约一半的手机都是智能手机，泛在性的目标越来越容易达成。
- **便利性和功能**。使用移动设备可增强通信的便利性。移动设备的功能和可用性正在不断增加，同时其物理尺寸仍然很小，成本也很低。与传统电脑不同的是，移动设备几乎可以即刻快速连接到互联网。
- **互动性**。移动系统可以实现快速和轻松的互动（例如，通过 Twitter、平板电脑或智能手机）。
- **个人化**。移动设备是个人设备。虽然多个人可能共享同一台 PC，但一台特定的移动设备通常只由一个人使用。
- **区位化**。如果能实时掌握用户目前身在何处，就可向用户提供相关的移动广告、优惠券或其他服务。这种服务被称为基于位置的移动商务。

移动服务供应商通过提供基于上述属性的独特服务，将自己与有线供应商区分开来。移动商务的驱动因素如图 6-2 所示，在线文件 W6.1 也对其进行了讨论。

6.1.3 移动商务应用概述

存在成千上万种不同的移动商务应用程序。其中许多与有线环境中的类似，如第 3 章和第

4 章所述。其他类型则仅适用于移动设备。

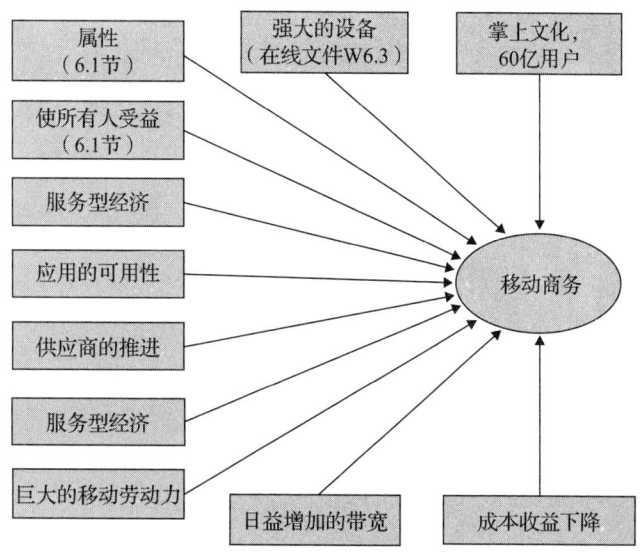

图 6-2　移动商务的驱动因素

为了简化我们的叙述，我们先将消费类应用程序添加到框架中，然后将本章中的应用程序划分为以下类别：

- 银行和金融服务，见 6.3 节。
- 移动企业应用程序，见 6.4 节。
- 消费者服务（包括购物）和娱乐，见 6.5 节。
- 泛在计算，见 6.6 节。
- 物联网（IoT）应用，见 6.7 节。
- 新兴应用：可穿戴设备、谷歌眼镜、智能电网和无人驾驶汽车，见 6.8 节。
- 第 7 章将介绍移动购物。
- 第 9 章将介绍移动营销和广告。
- 第 11 章将介绍移动支付。

我们按照摩托罗拉公司使用的框架对企业相关应用进行了分类。本章的章末案例展示了这个框架。注：Zebra Tech. 于 2014 年 4 月收购了摩托罗拉公司的企业解决方案业务。

根据这个框架，企业应用的创建应该满足特定的业务需求。在这些需求中，有些是通用的，而有些属于特定行业（见图 6-3）。这四个需求为：

（1）**工作现场的移动性**——对移动员工的支持。

（2）**交通工具的移动性**——对车辆的支持，以减少停工时间并提高有效性、效率和利用率。

（3）**仓库管理**——仓库内部运营的改进。

（4）**直营门店配送（DSD）路径计算**——通过执行预交付活动来增强效能（例如，通过将新货物的托运信息发送给接收方）来增强有用性。

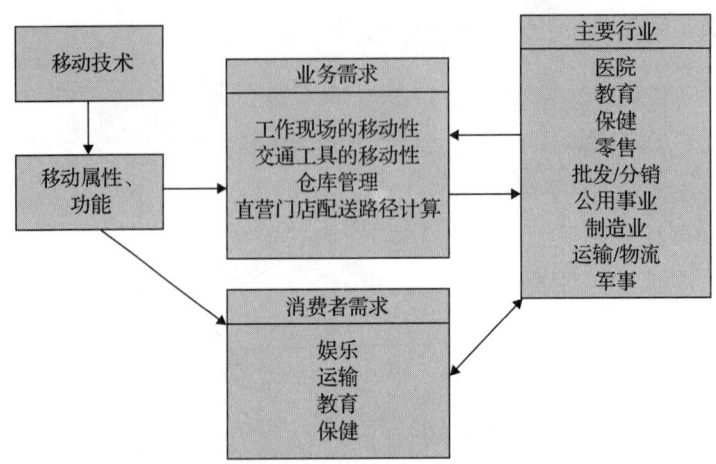

图 6-3 移动商务应用及其分类

本章从管理角度讨论了移动商务领域的技术和应用。一个相关例子,即泛在计算,将在 6.6 节讨论。

另外值得关注的是移动智能这个新兴领域(参见 Saylor(2012))。

6.1.4 移动商务的好处

移动电子商务对企业、个人和社会都有很多好处。因此,许多人认为电子商务的未来是移动应用(请观看标题为"电子商务的未来:移动应用程序"的视频,网址为 youtube.com/watch?v=kYSMP_RH67w)。

1. 对企业的好处

- 方便客户随时随地下单,以增加销售量。
- 允许基于位置的电子商务,以增加销售量(见 6.6 节)。
- 为广告和分发优惠券提供了新的渠道(覆盖范围更广)。
- 提高客户的忠诚度。
- 通过实时应用程序提高客户满意度。
- 通过使用物联网增强协作,增加广告、客户服务和销售量(见 6.7 节)。
- 支持多种企业应用(见 6.4 节)。
- 促进客户关系管理和协作。
- 减少员工培训时间和减少员工使用桌面帮助资源。
- 提高移动的员工的时间利用率和生产效率。
- 加快移动的员工之间的信息流动。
- 向移动设备直接提供数字化产品和服务。
- 缩短订单交付时间和履行周期。
- 允许更低的且有竞争力的价格。

2. 对个人和客户的好处

- 允许随时随地进行电子商务。
- 通过提供实时信息和其他辅助工具来协助购物。
- 在旅行途中，帮助组织进行沟通。
- 加快银行和金融服务。
- 随时随地提供丰富的媒体娱乐。
- 促进发现新朋友和知道现有朋友的位置。
- 提供通过移动设备进行交易的选项。
- 加快沟通（例如，查找某人、快速获得答案、在实体商店或通过购物比较网站或应用程序比较价格）。
- 为那些使用台式计算机成本比较高的国家增强了可承受性。
- 支持"智能"应用程序。

3. 对社会的好处

移动商务对社会有很多好处。例如，自动驾驶可以减少事故；智慧城市可以造福居民和游客。几乎任何领域，从医疗教育到司法，都会因此而受益。通过使用智能电网可以显著降低能源消耗。而通过使用无线传感器等可以减轻交通堵塞。

当然，移动商务也有一些限制，我们将在 6.9 节讨论。

6.1 节复习题

（1）定义移动商务。
（2）列出移动商务具有的五大增值属性。
（3）列出移动商务的八个主要驱动因素（见在线文件 W6.1 和图 6-2）。
（4）定义移动商务应用框架。
（5）列出移动商务应用的主要类别。
（6）列出移动商务包括的主要领域。
（7）列出移动商务的主要好处。
（8）列出主要的在线企业应用。

6.2 移动商务的基础设施：移动计算的组件与服务

移动商务的技术基础非常多元。在这里，我们专注于一些主要技术项目的讨论。

6.2.1 移动计算概述

在传统的计算环境中，用户被限制于固定位置的台式计算机。**无线移动计算**（wireless mobile computing，**移动计算**）可以打破这一限制，它允许用户在任何能连接到无线网络的地方使用移动设备完成计算。据 TechTarget Bitpipe 称，无线移动计算也称为游牧计算（nomadic computing），它将便携式计算设备（如笔记本电脑和掌上电脑）与移动通信技术结合起来，使用户能够在任何地点使用互联网访问存储在家用或办公计算机中的数据（请参阅 bitpipe.com/tlist/Wireless-Computing.html）。

本节将简要讨论移动计算系统的主要技术和应用领域。相关术语的详细列表，请参阅 en.wikipedia.org/wiki/Mobile_computing。关于移动计算的重要性和规模，请参阅 Gannes（2013）的研究，这项研究介绍了 2013 年 Meeker 互联网趋势的相关亮点。有关移动计算的介绍和历史，请参阅 slideshare.net/davidjlivi/introduction-history-of-mobile-computing 上的 Livingston 演示。

6.2.2 移动设备

移动设备有各种形状和大小，包括笔记本电脑、轻薄笔记本、平板电脑、智能手机、随身电脑和超便携个人计算机（UMPC）。不同移动计算机的区别在于其不同的功能，例如物理参数、形状和执行功能的参数。大多数主要的计算机制造商（惠普、苹果、戴尔、华硕、东芝、宏碁和联想）都生产超薄笔记本电脑和超便携笔记本电脑。

几年前，随身电脑、手机和其他移动设备各不相同，并具有独特的功能。今天，所有这些设备都在相互融合，从功能角度来看，有时很难区分它们。

移动设备也可能很大。有一些制造商提供特殊的手持设备，也提供 23 英寸笔记本电脑或移动工作站（例如戴尔、惠普和联想）。具体可以参阅 Weiss（2015）的研究。一些平板电脑具有 7 英寸或 13 英寸的屏幕。智能手机也有各种尺寸。

1. 智能手机

智能手机是一类具有互联网访问和类似 PC 功能的手机（如 iPhone）。

智能手机制造商有很多。值得注意的是，随着时间的推移和新功能的增加，智能手机还会变得"更加智能"。手机操作系统也多种多样，包括 Symbian、Google Apps、Android、Palm OS、Windows Mobile、Apple OS/X、RIM BlackBerry 和 Google 的 Chrome OS。与 PDA（掌上电脑）一样，智能手机配备了小屏幕、键盘、内存卡和存储卡。大多数智能手机都具有内置摄像头，其中还有一些支持 GPS 功能。

2. 平板电脑

平板电脑是一个快速发展的移动设备类别。随着苹果 iPad 及其竞争产品的相继推出，平板电脑在 2010 年获得了重大发展。所有这些平板电脑都使用虚拟键盘（但也可以连接便携式物理键盘）。此后，许多公司开始生产平板电脑，知名公司包括亚马逊、三星、惠普、戴尔、微软、HTC 和谷歌等。就像笔记本电脑一样，平板电脑可以通过 Wi-Fi 热点访问网络。iPad 的重量约为 1 磅（介于智能手机和小型笔记本电脑之间），其屏幕尺寸为 7.87 英寸（iPad mini 的重量为 0.73 磅）、11 英寸或更大。平板电脑正在取代企业和学校中人们使用个人电脑和笔记本电脑。平板电脑也正在取代许多学校的精装课本。平板电脑可用作电子阅读器，可用于访问互联网。同时平板电脑的价格正在下降,而其功能却正日益增加。例如,在印度,阿卡什公司⊖(Aakash)为学生提供价格低至 35 美元的平板电脑。

平板电脑也越来越受企业的欢迎。例如,Waste Management Inc.(wm.com)为其卡车司机提供 7 英寸平板电脑帮助他们寻找最佳的行驶路线。平板电脑的主要用处还在于促进沟通和协作。

3. 可穿戴设备

最小的移动设备是可穿戴设备。其实企业中已经使用了许多类似设备(例如,那些佩戴在员工手臂,头部或身体上并由员工携带的设备)。三星于 2013 年发布的 Galaxy Gear Smart-Watch,就是一个示例。2014 年 4 月,三星发布了 Gear Fit 设备,这是一款"健身追踪器与智能手表的混合体"。截至 2015 年年底,Fitbit Apple Watch 正在投入生产。有关可穿戴设备的更多信息,请参阅 6.8 节。

4. 其他移动设备

还有其他种类的移动设备。例如,微软提供带有可连接键盘的平板电脑,而戴尔则提供带键盘的可折叠平板电脑,结合了笔记本电脑和平板电脑的功能。在线文件 W6.2 中提供了一个代表性的移动设备列表。

5. 射频识别

射频识别(radio frequency identification,RFID)使得无线传输数据成为可能,它通常用于自动识别和追踪附着在物体上的标签。RFID 通过使用射频电磁场来实现这一点(见在线教程 T2)。大多数企业应用射频识别来进行物流管理和库存控制。有关详细信息,请参阅第 11 章。与电子商务相关的还有使用 RFID 实现移动支付。可以通过谷歌图像搜索关键字"RFID 应用",找到 RFID 应用相关的图片。另外,有关 RFID 的全面指南(例如白皮书、案例研究、定义),请参阅 impinj.com/guide-to-rfid/what-is-rfid.aspx 上的 RFID 技术入门。最后,对于 RFID 的 100 个用途,请参阅 rfid.thingmagic.com/rfid-blog/bid/52243/100-Uses-of-RFID。

6.2.3 移动计算软件和服务

移动设备提供了一些台式机不支持的功能。这些功能为新的应用提供了基础。

1. 移动门户和内容提供商

移动门户是移动设备访问互联网的门户。它结合了多个来源的内容,并可以为移动用户进行个性化设置。这些门户提供与桌面门户相似的服务。纯移动门户的一个示例是总部位于西班

⊖ 印度 Aakash 平板于 2011 年 10 月正式发布,12 月 14 日开始网络预订。Aakash 采用安卓 2.2 系统、7 英寸的触摸屏、2GB 外部记忆装置、2 个 USB 接口,内设 Wi-Fi 功能,电池续航能力为 3 小时,价格为每台 2 500 印度卢比(约合人民币 298 元左右),是当时世界上最便宜的平板电脑。Aakash 因被报道"35 美元平板电脑"而著名。虽然说是 35 美元,但实际上只有学生优惠价才是 35 美元(政府补贴了 15 美元)。——译者注

牙的Zed.com（芬兰电信公司Sonera的全资子公司）。日本最大的移动服务提供商是NTT DoCoMo开发的i-MODE⊖，其拥有超过6 000万名客户。移动门户提供的服务类似于桌面门户提供的服务（例如新闻、保健、体育和下载音乐）。移动门户有时提供收费服务。

2. 短信服务

短信服务（short message service，SMS），通常称为发消息，或者发信；该技术支持在无线设备之间传输短文本（最多140或160个英文字符）。与手机每分钟的通话费用相比，发短信的费用非常低。有限的信息长度促使用户使用缩略语来传达标准格式信息。这样的首字母缩略词的示例，包括"how are you"变成"HOW RU"或"HRU"，而"in my opinion"变为"IMO"。由于智能手机和微博（例如Twitter）的使用，发短信的模式在全球都很流行。

3. 多媒体消息服务

多媒体信息服务（multimedia messaging service，MMS）是一种新型的无线信息服务，向移动设备提供丰富的媒体内容，例如视频、图像和音频。彩信是短信的延伸（无须在短信捆绑费用之外再支付费用）。它支持比短信更长的消息。有关SMS和MMS之间的区别以及它们对移动营销的好处，请参阅mogreet.wordpress.com/2012/03/15/Understanding-mobile-marketing-what-is-sms-mms-message-marketing。

4. 基于位置的服务

使用基于位置的服务（LBS）的零售商可以使用全球定位系统（GPS）或其他定位技术来查找客户的位置，然后实时提供服务，例如推送产品和服务的广告以及优惠券。

GPS也用于应急服务、交通管理和其他应用中。

6.2.4 语音服务

人与人之间最自然的沟通方式就是通过声音。移动商务应用中的语音识别和语音合成有诸多优点，比如在输入过程中解放了双手和眼睛，在肮脏或移动的环境下可以更好地操作、更快地输入（人们讲话的速度比他们打字输入的速度快两倍），也为残疾人士使用移动商务应用提供了便利。

1. IVR系统

语音支持应用，如交互式语音应答（IVR）系统使用户能够通过任何类型的电话与计算机系统进行交互，从而进行信息请求和信息接收。这些系统自20世纪80年代以来就一直存在，

⊖ i-MODE是NTT DoCoMo于1999年推出的移动上网服务，是全世界最成功的移动上网模式之一。其最大的改变在于将原本以时间为主的计费方式，改变成以封包（下载量）为单位的计费方式，如此可以大幅降低使用者的上网费用，加速了移动互联网的普及。在技术上i-MODE与WAP类似，但是i-MODE巧妙绕过了WAP的标准壁垒，发展了一种简化版的HTML，即所谓的CWML，用以取代WAP使用的无线标记语言WML。——译者注

但随着基于人工智能的语音识别能力的不断提高，它们现在的能力变得越来越强大并且应用得越来越广泛。

2. 智能个人助理

如第 5 章所述，公司使用人工智能来理解自然语言。根据这个原理，大公司开发了智能个人助理。众所周知的智能个人助理产品有谷歌的 Now、微软的 Cortana、苹果的 Siri 和亚马逊的 Alexa。其他公司也创造一些竞争产品（例如 SoundHound）。请注意，这些产品已被集成到智能手表、智能电视和汽车中。

一个特别有意思的产品是亚马逊的 Echo，它是一款无屏幕的语音控制设备，与亚马逊的 Alexa 一起工作，并且在智能家居应用中表现出色。有关详细信息，请参阅 Rubin（2016）、Manjoo（2016）和 Mayo（2016）。

3. 语音门户

语音门户（voice portal）是一个带有音频接口，并可通过电话访问的网站。用户通过语音来发起信息请求，语音门户网站收到请求后会在 Web 上查找信息，再将其转换为计算机生成的语音以回复相关答案。例如，Bing Tell 语音助理（bing.com/dev/speech；一家微软系公司）允许用户请求从天气到当前交通状况的信息。IVR 和语音门户很可能成为通过语音提供移动商务服务的重要方式。语音门户应用在银行、医院、航空公司、政府和在线娱乐等服务中广受欢迎。Siri 是一种在 iPhone 上使用的类似服务，你可以通过语音发送命令，包括发送消息提问和接收答案。

注意：有些公司试图通过高空发射信号甚至从外太空发送信号来连接互联网（例如，在 money.cnn 上观看题为"从外太空透过互联网"的视频（网址为 money.cnn.com/video/technology/2014/02/26/t-beaming-internet-from-spaceouternet-cubesat.cnnmoney）。

此外，请注意移动云的增长（请参阅 prezi.com/dpnifer-apgzh/examples-of-mobile-cloud-computing）。

6.2.5 整合为一

前面提到的软件、硬件和电子通信等都可以通过管理系统连接起来，用来支持无线电子交易，如图 6-4 所示。该图清楚地显示了从用户（步骤 1）到交易完成（步骤 9）的信息流。

6.2 节复习题

（1）简述主要移动设备之间的一些主要差异和相似之处。
（2）简述移动设备提供的消息传送服务的类型。
（3）定义移动门户和语音门户。
（4）区分 MMS 和 SMS。
（5）定义 IVR。

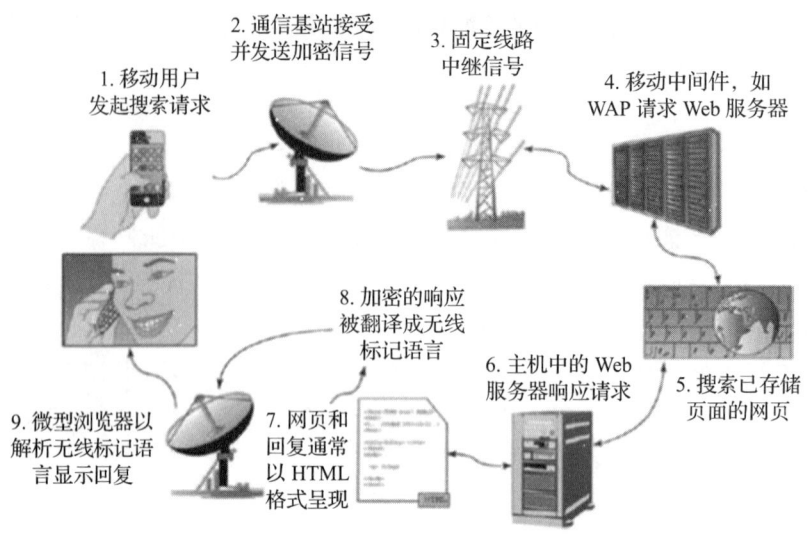

图 6-4 工作中的移动商务系统

6.3 移动金融应用

大多数移动金融服务都是其有线服务的移动版本。但是，它们可以随时随地使用。我们将这些服务分为两大类：手机银行和其他移动金融服务。第 11 章描述了移动支付。有关移动金融服务的概述，请参阅 ericsson.com/m-commerce/node/11。

6.3.1 移动银行

移动银行是通过移动设备进行的银行业务（主要通过智能手机、平板电脑、短信或移动网站）。智能手机和平板电脑的涌现，特别是 iPhone 和 iPad 的使用、普及，提高了手机银行业务的利用率。有关详细信息、概念模型以及移动银行解决方案面临的挑战，请参阅 Krishnan（2014）和 Nicoletti（2014）。目前一个流行的移动银行服务是移动存款支票。你在支票的正面和背面签字，拍下两面的照片，包括背面的背签，然后就可以提交。

在全球范围内，越来越多的银行正在提供移动版财务和会计信息以及移动版的交易功能。

● 示例

尽管互联网和短信是最为广泛使用的，但是大多数银行仍然通过各种渠道部署移动服务。由 Brandon McGee（bmcgee.com）编写的博客提供了全球多个银行网站的链接，这些银行可提供全面的无线金融服务。

比如，摩根大通银行的 Chase Mobile 应用程序和其他移动应用可以在它的官网（chase.com）上找到。

2014 年 2 月，mBank（mbank.pl/en）在波兰推出了手机银行平台。该应用程序允许用户访问银行服务，例如查看账户余额或信用卡限额（请参阅 telecompaper.com/news/mbank-launches-new-mobile-banking-app-in-Poland）。

美国第一信用社（American First Credit Union）提供许多移动服务，包括基于位置的服务。银行和金融服务的客户正在利用他们的手机获取当前的财务信息并执行实时交易。有关全面的报道，请参阅 Paulsen（2013）以及 Knowledge @ Wharton & Ernst & Young（2013）。

最后，移动支付（包括通过移动设备从银行账户中提出的支付）都通过智能手机照片存入支票变得非常流行（见第 11 章）。

6.3.2 其他移动金融应用

还有其他几个移动金融应用（可以在谷歌上搜索"未来移动金融"）。其中有两个应用如下所示。

1. 移动股票交易

有几家经纪公司提供广泛的移动服务和移动股票交易工具。

2. 房地产移动交易

房地产市场可以成为移动商务的理想应用场景，因为房地产经纪商和买方及卖方都在不断流动。大多数房地产经纪商为你的桌面或移动设备中的每处房产提供照片库；移动商务可以做的不仅仅是这些。让我们看以下两个示例。

● **示例：使用增强现实**

通过使用增强现实（见第 2 章），欧洲和美国的一些公司允许当你将智能手机对准某个城市的某些建筑物（例如巴黎）时，看到的该建筑物图像上赋予的额外信息。该技术与 GPS 结合能够让系统知道你的位置。

HomeScan 是由加利福尼亚州的 ZipRealty.com 开发的 iPhone 和 Mcintosh 的应用程序，允许潜在的房地产客户在移动环境中查找和查看房屋信息和下载房屋照片。有关 HomeScan 应用程序的更多信息，请参阅 ziprealty.com/iphone。HomeSpotter 提供了更为通用的应用程序。

其他还有几种移动房地产应用程序目前可用或正在开发，这些程序将谷歌地图和谷歌地球与移动应用程序结合起来。值得注意的是有些人反对其他人拍摄他们房屋的照片，他们认为这是侵犯隐私。

电子签名与房地产有关，但也经常在其他地方使用。领先的电子签名供应商是 DocuSign Inc.。

6.3 节复习题

（1）描述一些手机银行提供的服务。　　（3）描述房地产行业中的移动应用程序。
（2）列出一些电子银行带来的好处。

6.4 移动企业解决方案：从支持员工到改善内部运营

虽然 B2C 移动商务在媒体上有相当大的曝光度，但对于大多数组织而言，移动商务的最大收益可能来自企业的内部应用。这些移动应用程序主要支持那些大部分时间不在公司办公的员工。

大多数企业移动应用程序都包含在**企业移动化**（enterprise mobility）或移动企业中（Fitton et al.，2012）。企业移动化包括支持企业内移动计算应用的人员和技术（例如，设备和网络）。企业移动化是 Gartner 2013 年和 2014 年战略技术列表中的十大项之一。移动企业应用在 2016 年获得了良好的发展势头（参阅 Weiss（2015））。

6.4.1 移动企业的定义（企业移动化）

移动技术在企业中迅速扩散。在前面的章节中，我们介绍了几个面向业务的示例，我们在研究"移动企业应用程序"（或简称"移动企业"）。这个术语指的是企业中的移动应用程序（以区分消费者应用程序，如移动娱乐）。显然，有很多移动企业应用程序，如图 6-3 所示。

移动企业的工作定义

移动企业（mobile enterprise）是指在公司或其业务合作伙伴中使用移动应用程序的企业，这些移动应用用来改善企业内部员工、设施和相关供应链的运营。有关移动企业的全面描述，包括实施指南、最佳实践和案例研究，请参阅 Fitton et al.（2012）。该术语也被称为企业移动化。有关详细信息，请参阅 searchconsumerization.techtarget.com/definition/Enterprise-mobility。

要获得大量企业移动和企业移动化应用程序，请在谷歌上搜索。有关企业移动化的综合指南，请参阅 Sathyan et al.（2013）。此外，还可以通过谷歌图片搜索查找"企业移动化"。有关 Gartner 对企业移动性和 IT 影响的分析（及说明图），请参阅 gartner.com/doc/1985016/enter-prise-mobility-impact-it。

许多公司和专家认为移动化可以改变企业。有关这方面的全面介绍，请参阅 Fonemine（2014）。

6.4.2 移动企业应用程序的框架和内容

有几种专有框架用于对移动应用程序进行分类。例如，AT&T 企业业务（enterprise business）框架提供垂直行业、医疗保健、移动性和移动生产力等类别；摩托罗拉的框架也是为众人周知的。

6.4.3 移动员工

移动员工（mobile worker）通常被定义为每周至少离开主要工作地点 10 小时（或 25% 的时间）的员工。根据国际数据公司（IDC）的最新预测，美国移动员工人数将在未来 5 年内以平稳的速度增长，会从 2015 年的 9 600 万人增加到 2020 年的 1.54 亿人。截至预测结束，IDC 预计移动工作人员将占美国总人数的近 3/4（72.3%）。请参阅 idc.com/getdoc.jsp?containerId=

prUS25705415。

移动员工的示例包括销售团队、旅行专家和旅行经理、远程工作者以及在公司场所以外工作的维修人员或安装员工。这些人需要和那些在办公室工作的员工一样访问同一个办公室、应用程序和数据。在线文件 W6.3 介绍了支持不同领域移动员工的移动设备的示例（包括销售团队自动化），以及提供此支持时出现的问题。涵盖的主要应用领域类别包括销售团队自动化（salesforce automation，SFA）和现场团队自动化（fieldforce automation，FFA）。此外，在线文件 W6.3 还描述了车队和运输管理以及仓库管理，同样也可以参阅第 5 章的章末案例。

移动客户关系管理

这是一个不断发展的应用领域。有关概述、优点和案例研究，请参阅 powershow.com/view/1497bd-M2JiN/Mobile-CRM-a_Case_Study_powerpoint_ppt_presenta-tion；另请参阅 2015 年幻灯片：slideshare.net/Sage_software_solutions/mobile-crm-ppt-from-sage-softwaresolutions。

6.4.4 其他企业移动应用

其他移动应用程序也有成百上千个。例如，请参阅 Motorola Solutions Enterprise Mobility（motorolasolutions.com/US-EN/Enterprise+Mobility；现在已被 Zebra 并购）。

在医疗领域中流行的移动应用的示例是在诊所、医生办公室和医院中使用通信设备。有关马里兰州弗雷德里克纪念医院（Maryland's Frederick Memorial Hospital）及其使用松下笔记本电脑的有趣案例研究，请参阅 mobileenterprise.edgl.com/news/Panasonic-Laptops-A-Key-Player-in-Hospitals-Goals60630。

运输管理

另一个流行的移动应用领域是运输管理（例如卡车、叉车、公共汽车、货车）。在这方面，移动应用被用于与驾驶员沟通、使用控制系统、监视和调度。这些应用的示例可以在 Hertz Corp. 开放案例中看到。移动设备广泛用于机场、航空公司、交通控制系统和公共巴士系统等方面（请参阅在线文件 W6.4 中的 NextBus 案例）。

有关企业移动化和汽车移动化的重要性的示例，请参阅福特的新部门智慧移动化（Smart Mobility）。它既涵盖了企业的移动化应用，也包含了汽车的移动化应用（Austin，2016）。

6.4.5 2015 年及以后的趋势

很明显，移动应用程序的数量及其带来的好处正在日益增加。全球大型软件公司 Infosys（其口号是"建立明天的企业"（Building Tomorrow's Enterprise））提供了一篇题为"2014 年趋势：移动化案例集"的文章（请参阅 infosys.com/mobility）。该网站描述了企业移动化的挑战和机遇，并提供了大量与移动化相关的资源（例如案例研究、白皮书等）。

> **6.4 节复习题**
>
> （1）定义移动企业。
> （2）描述移动企业应用程序的内容。
> （3）定义移动员工。
> （4）列出移动员工的主要类别。
> （5）列出移动 SFA、FFA 和 CRM 的一些共同好处。（请参阅在线文件 W6.3。）

6.5 移动娱乐、游戏、消费者服务和移动营销

移动娱乐应用已经存在多年，但直到最近，由于无线设备和移动技术的发展，它们才得以迅速发展。消费者应用始于 20 世纪 90 年代，但在 2000 年后才真正快速发展。本节主要描述移动娱乐，并简要讨论消费者服务和移动购物的其他领域。

6.5.1 移动娱乐概述

关于移动娱乐的真正构成，以及哪些细分市场才是真正的移动商务，这存在一些争论。例如，假设你从网上购买一首歌曲并将其下载到你的电脑，然后将其下载到你的 MP3 播放器。这是一种移动娱乐形式吗？你将歌曲复制到智能手机而不是 MP3 播放器，这是一种移动娱乐形式吗？你购买歌曲并直接从网络将之下载到你的智能手机，这又是不是属于一种移动娱乐形式呢？有许多类似的"如果"。关于移动娱乐一个通行的定义是：移动娱乐是指通过无线网络在移动设备上提供的娱乐，或与移动服务提供商交互所产生的娱乐。

本节讨论一些移动娱乐的主要类型，包括移动音乐和视频、手机游戏、移动博彩、运动移动化。第 8 章介绍社交网络中的移动娱乐。

6.5.2 移动流媒体音乐和视频提供商

苹果是音乐和视频数字发行领域的领先者。自 2001 年以来，苹果为消费者提供了从 Apple iTunes 商店下载歌曲和视频的服务。iTunes 用户每年购买数十亿首歌曲。其他主要互联网音乐提供商是 spotify.com、youtube.com 和 pandora.com。值得注意的是，今天的手机可以显示模拟电视画面（在发展中国家很流行）。智能手机可以显示互联网上提供的任何节目。比如，使用 Dish Anywhere 移动应用程序，用户可以通过其智能手机或平板电脑访问互联网。使用 Sling Technology，客户可以在 iPhone、iPad、Android 设备和 Kindle Fire 上观看实时电视或 DVR 内容（请参见 dish.com/technology/dish anywhere）。奈飞有一个免费的应用程序，用户可以在移动设备（例如 iPhone、iPad、Android 设备）上观看奈飞的电视节目和电影。另外亚马逊网站为其 Prime 会员提供大量免费视频。

6.5.3 汽车娱乐

汽车里的娱乐内容直接来自互联网。例如，在 2014 年 3 月，苹果宣布正与一家大型汽车制造商合作开发 CarPlay 系统。该系统使 iPhone 可以连入汽车，司机可以通过语音命令或触摸

车辆仪表板屏幕来请求音乐。详情请参阅 Liedtke（2014）。JVC（"以新的移动方式体验应用程序"）允许你将 iPod 连接到 JVC 接收器，并"使用你最喜爱的应用程序观看直播。"JVC 功能仅适用于兼容的车载接收器和应用程序。有关 JVC 及其汽车移动功能的更多信息，请参阅 www3.jvckenwood.com/english/car/applink。

未来的应用机会还包括汽车诊断、驾驶员健康监测、基于驾驶行为的保险，甚至家长警报。一些汽车品牌已经提供通信、远程信息处理、社交网络和移动商务功能。

6.5.4 手机游戏

目前，针对不同类型的玩家开发的手机游戏多种多样。绝大多数玩家使用智能手机来操控手机游戏。许多 PC 游戏都可以在移动设备上操作。

例如，像《魔法风云会》(*Magic: The Gathering*) 这样的卡牌游戏的手机版本可以在线下载或已经计划推出手机版本。手机游戏可以分成以下几个类型。

- **按技术分类**。嵌入式系统、SMS/MMS、基于浏览器、J2ME、BREW、本地操作系统。
- **按玩家人数分类**。单人游戏或多人游戏（从少数人到多人）。
- **基于社交网络的分类**。使用智能手机，用户可以操作社交网络上可用的游戏，例如 Facebook 上的 FarmVille。

多个博客提供关于手机游戏市场现状的信息和讨论，其中包括各种游戏产品，以及用于开发游戏的技术和平台。其中最好的是 pocketgamer.biz。

手机游戏普及的驱动因素有以下几个方面。

- 移动设备的普及。使用智能手机的人越多，玩手机电子游戏的人也越多。
- 游戏与社交网络融合，尤其是 Facebook。
- 视频流质量提升，视频流数量也在增加。
- 支持游戏化运动。
- 内容提供商通过游戏附加和广告赚钱的能力正在增强。
- 下载复杂游戏的技术得到改进。
- 免费在线游戏的易获得性。

整个在线游戏市场的潜在规模是巨大的。这也解释了为什么有那么多的公司参与开发、传播和运营手机游戏。

增长的障碍

虽然市场发展迅速，但游戏发行商（尤其在中国和印度）正面临一些主要发展障碍。例如，缺乏标准，缺乏不同类型的软件和硬件支持以及成本增加。最新一代的游戏需要先进的功能，只能在高端移动设备上使用，并且至少需要 3G 网络。手机游戏的广告支出虽然一直在增长，但始终不高。

上述发展障碍的存在使得游戏发行商将注意力集中在苹果的 iPhone 和 iPad 以及类似的流行设备上。

6.5.5 移动博彩

与一些其他形式的移动娱乐不同，移动博彩有巨大的市场需求，但也存在一些特殊障碍。首先，移动博彩需要双向金融交易。其次，在线博彩网站面临重大信任问题。赌徒和博彩者必须相信该网站是值得信赖和公平的。最后，虽然立法和规章制度非常严格，但仍存在模糊地带，而且相关制度一直还在在变化。

尽管在线博彩在美国几乎所有的州都是非法的，但它仍正在蓬勃发展。2013 年，特拉华州和内华达成为美国第一批允许运营在线博彩的州，随后是新泽西州（2013 年 10 月，特拉华州成为第一个允许"全套"互联网博彩的州）。2014 年 2 月，特拉华州和内华达州签署了一项协议，允许州际在线博彩。请注意，联邦法律将在线赌博限制在每个州的玩家身上（这可以通过使用地理定位软件进行验证）。因此，如果一个州允许在线赌博，那么玩家只能在该州参与其中。截至 2014 年 2 月，10 个州正在考虑合法化或扩大在线博彩（至少 10 个州预期年内考虑允许在线博彩）（washingtonpost.com/blogs/govbeat/wp/2014/02/05/at-least-10-states-expected-to-consider-allowing-online-gambling-this-year）。然而，2014 年 3 月，国会通过一项法案禁止任何形式的互联网博彩，包括在已经合法的州（review-journal.com/news/new-bill-would-prohibit-internet-gambling-including-where-already-legal）。

6.5.6 体育运动移动化

有许多体育移动化应用程序（例如，见第 1 章关于 NFL 的案例）。

以下是一些独特的体育移动化应用程序的典型范例。

- 耐克和苹果联合推出了名为 Nano 的 iPod 运动鞋（耐克的最畅销产品），该鞋可以计算锻炼过程中消耗的卡路里数量。这项功能是通过无线传感器完成的。除了消耗的卡路里之外，用户还可以获取有关他们跑步距离的信息。传感器收集的数据传输给跑步者的 iPod 和耳机。此外，Nike+iPod 系统还提供音乐和语音娱乐功能，包括针对不同体育主题的播客。有关详细信息，请参阅 Frakes（2010）。
- 可以在移动设备上查看个性化的体育直播赛事。用户可以选择要观看的赛事。未来，系统甚至可以在多场同时举行的体育比赛中预测用户的首选赛事。在移动设备上观看体育赛事直播正变得非常流行。当然要享受这一点可能会需要支付一些资费代价。
- ESPN 的 SportsCenter 提供 WatchESPN，用户可以在桌面或移动设备上观看 ESPN 的节目。
- Eventbrite eventbrite.com 是一家为在线赛事管理提供多个应用程序的公司（例如，创建门票、宣传赛事、管理赛事入口）。

6.5.7 服务行业消费者应用

大量的移动应用程序正用于不同的服务行业。这里有两个示例。

1. 医疗保健

移动设备在医疗保健领域无处不在，如下所示。

- 通过使用手持设备，医生可以从办公室或患者床边直接向药房提交处方。此外，医生可以要求检测、访问医疗信息、扫描计费项目，并检查服务的成本和费用。
- 远程设备不仅可以监视在家的患者的生命体征，还可以调整正在运行的医疗设备。这可以通过使用传感器完成。
- 为了减少错误，移动设备可以更加有效地管理、追踪和验证为输血而采集的血液。承诺治疗中心（酒精和药物康复）使用免费的移动应用程序（适用于 iPhone 的 iPromises）作为虚拟康复工具（例如，美国和加拿大的 AA 会议列表、添加好友、跟踪进度等）。虽然该项目不会为公司带来收入，但它可以改善 Promises 在患者和医生中的口碑。

有关更多应用，请参阅 motorolasolutions.com/US-EN/Business+Solutions/Undustry+Solutions/Healthcare(now Zebra)。

2. 酒店管理

从旅行预订到确保酒店房间的安全，存在许多应用程序。例如，双向无线通信、无线热点解决方案、食品安全检查、停车场管理、资产定位和管理、客户服务、酒店安全和安保、娱乐、库存管理，等等。有关详细信息，请参阅 motorolasolutions.com/en_us/solutions/hospitality.html。酒店业务中受益于无线系统的一个领域是餐厅业务。

- **示例：海豚快餐**

  海豚快餐公司在明尼苏达州经营着 19 家汉堡王特许经营店。该公司使用无线系统简化运营，来控制成本并提高员工和客户满意度，满足合规性的要求。该系统包括餐厅和公司无线网络中的免费无线网络。这样客户可以在等待和用餐期间使用自己的移动设备。而管理人员则使用移动设备来提高效率。无线系统还用于改善场所的安全性（例如视频监控）。安全的互联网访问受 VPN 保护，从而可以阻止不适当内容的进入。无线系统还运营、操控着支付网关和 POS 终端。

  注意：在许多提供全方位服务的餐厅中，还有一些额外的应用程序，如客户在手持设备上订购的订单将直接发送到厨房和收银台，以及通过移动设备通知排队的顾客前来用餐。Ziosk 是通过平板电脑提供电子菜单、食物下单、娱乐和付款的移动程序的供应商。

3. 平板电脑和餐厅的其他移动设备

全球的几家餐厅正在推出平板电脑或智能手机作为纸质菜单的替代品。例如，Au Bon Pain 在他们的几个地点使用 iPad 点餐。一种选择是为客户提供内置菜单的 iPad。这样他们可以直接将订单提交给厨房。使用平板电脑，客户可以自己点餐并提供信用卡信息。看起来，使用平板电脑也可以促进客户关系，因为自主订购可以加快服务速度并减少订购错误。

● **示例：元气寿司**

这家总部位于日本的公司在亚洲几个国家以及加州和夏威夷都有餐厅。如果你喜欢寿司，你应该尝试在任何地点的元气寿司。当你坐在柜台上时，你会看到一台无线平板电脑。使用平板电脑，你可以找到你想要订购的食品和饮料（以照片形式按类别列出）。在平板电脑上完成你的选择后，系统会将订单摘要列表会返回给你以供最终确认。一旦你确认了平板电脑上的订单，订单中的食物就会通过火车般的托盘交付给你。你拿起订购的食物，按下一个按钮就可以将托盘送回厨房，你便能享受美食！它速度快、干净，且无差错。

4. 其他行业

几乎所有行业都存在移动系统和应用程序。例如，在移动政府和移动学习方面也存在着广泛的应用程序（见第 5 章）。本章章末的摩托罗拉案例（医院和制造业）提供了两个有趣的应用。美国国土安全部应用了许多设备，交通运输行业和军队也是如此。在农业领域，无线设备甚至可以指导拖拉机在夜间工作。

6.5.8 移动营销：购物和广告

移动营销是指利用无线设备进行的所有营销传播活动。总体来说，移动营销的使用正呈指数级地增长。有关增长的统计数据，请参阅 Strout（2015）。

1. 移动购物

通过智能手机或平板电脑进行在线购物可以更加轻松。要使用移动购物，用户需要下载 ADCentricity Corporation 或 adMobile Corp. 提供的移动购物平台。iPhone 的许多应用程序为广告和购物提供了便利。例如，你可以下载开市客手机 App，以便轻松兑换优惠券。有关企业智能手机应用程序的列表，请参阅 iPhone 应用程序。Wishpond Technologies Ltd.（2014）展示了智能手机购物者如何在他们的设备上参与不同的购物相关活动（例如，搜索价格、搜索评论）。

Facebook 上一个非常流行的应用程序是它的"商店"。在 Facebook 上有成千上万的商店。2015 年，Facebook 推出了零售购物部分（请参阅 wired.com/2015/10/facebook-testing-shopping-section-app）。

有关移动广告和购物的示例，请参阅 CSS Author（2014）。

● **示例：达美航空**

达美航空为许多航班提供飞行中的 Wi-Fi 连接（称为 Delta Connect）。通过 Delta Connect，用户可以免费使用许多购物和娱乐网站，包括 eBay。通过支付一定象征性的费用购买 Wi-Fi 手机通行证，用户就可以通过智能手机连接到互联网，并发送和接收手机短信，查看电子邮件以及浏览网页。有关 Delta Connect 和 Wi-Fi Mobile Pass 的更多信息，请参阅 delta.com/content/www/zh_CN/traveling-with-us/onboard-experience/entert-ment.html#wifi。其他航空公司也提供类似的功能。

另外，消费者使用移动设备来定位商店、比较价格和下订单。例如，中国消费者可以在微信内购买（Millward，2014）。中国最大的电子零售商淘宝和天猫在 2014 年提供特别折扣，以鼓励购物者用他们的智能手机应用中进行购买。同时在社交网络中使用短信也大大方便了购物者的推荐和建议（见第 7 章和 Butcher（2011））。要了解移动购物如何完成，请访问亚马逊、彭尼百货、塔吉特、REI 和 Crate & Barrel，下载它们的购物应用程序。

● **示例：麦德龙集团**

麦德龙集团（AG）正在为德国莱茵贝格的"未来商店"提供适用于高容量移动电话的移动应用。其网站称，移动购物助理（MSA）"是一个软件包，允许客户独立扫描物品，获得当前价格信息并快速了解其商品价值"。MSA 提供产品描述和图片、定价信息和商店地图的信息。它还可以在物品放入购物车之前对它们进行扫描，计算物品的总成本。在结账时，MSA 允许购物者通过使用 MSA 将扫描数据传送到付款终端来"付款"。有关麦德龙"未来商店计划"和 MSA 功能的更多信息，请参阅 future-store.org/internet/site/ts_fsi/node/25216/Len/index.html。麦德龙已经对"未来商店"购物者的反馈和满意度进行了调查。结果表明，顾客满意度更高并且比以前更频繁地光顾商店。有关 2016 年移动营销指南，请参阅 ebooks.localytics.com/2016-app-marketing-guide#new-page。

2. 移动广告

移动广告的增长速度比移动购物更快。第 9 章将会详细介绍这个主题。

6.5 节复习题

（1）简要描述移动娱乐各个细分市场的增长模式。
（2）讨论移动音乐市场的基本组成部分。
（3）列出手机游戏市场发展的主要障碍。
（4）讨论阻碍移动博彩发展的一些关键法律问题。
（5）描述在运动和餐厅中使用移动应用。
（6）描述一些酒店管理移动应用程序。
（7）描述移动购物和广告。

6.6 泛在计算

许多专家认为，计算演变的下一个重要步骤将是泛在计算（Ubicom）。在一个无处不在的计算环境中，系统中的几乎每个对象都具有处理能力（即微处理器）并与无线或有线网络（通常是互联网或内联网）连接。通过这种方式，这些对象既可以通信又可以处理信息本节简述了泛在计算，并简要介绍了一些相关的应用程序。

6.6.1 泛在计算概述

泛在计算是一个综合性领域,包含许多主题(例如,请参阅 en.wikipedia.org/wiki/Ubiquitous_computing)。在这里,我们只介绍与电子商务有关的要点。

1. 定义和基本概念

泛在计算(ubiquitous computing,Ubicom)具有嵌入相关系统的计算能力,这种计算通常不可见,可能是移动也可能是静止的。它是一种人机交互的形式。相较而言,移动计算通常体现在用户拥有的可见设备中(例如,智能手机)。泛在计算也被称为嵌入式计算、增强计算或普普适计算。它们区别是围绕着移动性概念展开的。普适计算(pervasive computing)嵌入在环境中,通常不可移动。而泛在计算具有高度的移动性。因此,智能家居中的大多数智能家电代表有线的普适计算,而具有嵌入式计算的移动对象(例如服装、汽车和个人通信系统)代表了泛在计算。然而,在本章中,我们把普遍(pervasive)和无处不为(ubiquitous)的两个词当作等同的术语来对待,并且我们将交替使用它们。

2. 场景感知计算

场景感知计算(context-aware computing)技术能够预测人们的需求并提供满足需求的选择(有时甚至在最终用户发出请求之前)。场景感知系统基于该用户的数据进行学习和训练(例如位置和偏好)。无论最终用户是何种类型,系统都可以感知不同环境所需的个性化数据。在前面引用的 2014 年预测中,Gartner,Inc. 将情景感知列为十大未来技术之一。请参见 gartner.com/technology/research/top-10-technology-trends。

一般而言,场景感知技术有望提高生产力并带来许多新的应用。卡内基梅隆大学是该技术商业应用研究领域的领导者。有关物联网(IoT)的更多信息(例如,定义、历史),请参阅 whatis.techtarget.com/definition/Internet-of-Things。

物联网将包括许多日常事物的连接,从智能电网到智能家居、衣服、城市,等等,都是可以联网的。

6.6.2 从理论到实践

泛在计算是物联网的基础,这在 6.7 节中有描述。这里我们描述智能电网的主题。在 6.7 节中,我们将描述更多的应用程序。泛在计算技术是许多智能应用的关键。下面介绍一些示例。

智能电表和电网

泛在计算的一个简单应用示例是使用智能电表来测量用电量。使用智能电表不需要挨家挨户去抄写电表。另外,智能电表还可以优化电力消耗。

据美国能源部称,智能电网(smartgrid.gov)是利用数字技术进行管理的一种电力网络。与互联网一样,智能电网由控制器、计算机、自动化以及新技术和设备共同工作组成,这些技术与电网协同工作,通过快速响应变化的电力需求来提高效率。

与智能电网相关的好处包括：

- 更高效的电力传输。
- 在电力干扰后更快恢复电力。
- 降低公用事业的运营和管理成本，并最终降低消费者的用电成本。
- 降低高峰需求，这也有助于降低电费。
- 加强大规模可再生能源系统的整合。
- 更好地整合用户拥有的发电系统，包括改进可再生能源系统的安全性。
- 有利于实现零碳排放目标。

美国能源部（DOE）下属的电力输送和能源可靠性办公室提供了大量关于智能电网的信息（参阅 energy.gov/oe/technology-development/smart-grid）。据美国能源部称，智能电网设备用传感器收集现场设备数据，并与网络运营中心之间进行双向数字通信。智能电网的重要组成部分如图 6-5 所示，其中的信息来自 en.wikipedia.org/wiki/Smart_grid。

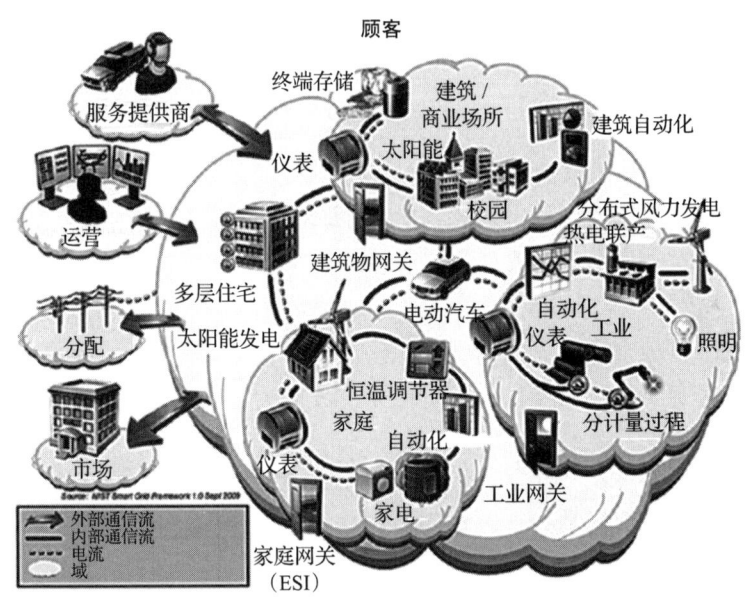

图 6-5 智能电网环境

资料来源：National Institute of Standards and Technology, U.S. Department of Commerce, nist.gov/smartgrid/upload/FinalSGDoc2010019-corr010411-2.pdf accessed April 2016).

智能电网可以促进智能家居和智能家电的应用。更多相关内容，请参阅 edf.org/climate/smart-grid-overview and smartgrid.gov。

案例 6-1

大数据分析帮助人们避免交通阻塞：INRIX 的电子商务应用

INRIX（inrix.com）使司机能够获得实时的交通信息。司机可以下载适用于 iOS 和 Android

的 INRIX-XD Traffic 应用程序。海量数据的预测分析基于从消费者、环境（如道路建设、事故）和政府处获得的大量数据，这些数据来源包括：

- 驾驶员服务（例如雷达）收集的实时交通流量和事故信息。
- 参与的运输的公司和超过 1 亿名拥有具有 GPS 功能的智能手机的匿名志愿者司机收集的数据的实时报告。
- 道路、天气状况和预测。
- 交通拥挤情况（例如道路维护）。

INRIX 使用专有分析工具和公式处理收集的信息。处理后的信息用于进行流量预测。例如，它可以为未来 15～20 分钟、接下来的几个小时和接下来的几天创建预期交通流量和延迟的图像。这使司机能够提前规划他们的最佳路线。截至 2016 年，INRIX 在全球 41 个国家和主要城市实现覆盖，并分析来自 100 多个来源的交通信息。这项服务与数字地图结合使用。在西雅图，交通信息通过智能手机和高速公路上的颜色代码进行传播。智能手机还显示估计的道路清障时间或预计可能堵塞的时间。截至 2016 年年底，该公司覆盖全球约 500 万英里⊖的公路，实时向司机推荐最佳路线。

INRIX 系统为以下决策提供建议：

- 运输的可选路线。
- 去上班或其他地方的最佳时间。
- 如何重新规划路线以避免刚刚发生的事故拥挤。
- 根据交通状况支付高速公路费用。

使用的技术包括：

- 嵌在路面下的磁感应探测器。
- 闭路电视摄像机和雷达监控交通状况。
- 公共安全和交通信息。
- 关于自由出入流量的信息。
- 收费队列。

根据他们的网站，INRIX 已经与 Clear Channel Radio 合作，通过车载或便携式导航系统、广播媒体以及无线和基于互联网的服务将实时交通数据直接传输到车辆。Clear Channel 的全面交通网络遍布 4 个国家的 125 个大都市区。有关 INRIX 合作伙伴及其服务的更多信息，请参阅 inrix.com/partners.asp。

INRIX Traffic 应用程序（可通过 inrix-traffic.com 下载）适用于所有智能手机，并支持 10 种语言，包括英语、法语、西班牙语和匈牙利语。对于 INRIX 的免流量功能，请参阅 inrixtraffic.com/features。

资料来源：基于 inrix.com, inrix.com/inrix-traffic-app, and inrix.com/why-inrix/customers-partners

---

⊖ 1 英里＝1.609 344 千米。

（访问于 2016 年 4 月）。

问题
1. 为什么这项服务被视为移动商务？
2. 传感器在系统中扮演什么角色？
3. 公司的收入模式是什么？
4. 进入公司网站并找到其提供的其他服务。

6.6.3 泛在计算中的实施问题

对于泛在计算系统的广泛部署，需要克服与移动计算相关的许多技术、道德和法律障碍（见 6.9 节），以及泛在计算所特有的一些障碍。

在非技术性问题中，个人隐私的泄露可能是最受关注的问题。在某些情况下，隐私保护组织表示担心嵌入物品特别是零售物品中的标签和传感器可以追踪这些物品的所有者或购买者。更大的问题是标签，传感器和其他设备处理的信息可能被滥用或处理不当。

6.6 节复习题

（1）定义泛在计算。
（2）描述智能电网及其内部传感器的作用。
（3）描述一个智能家居。
（4）泛在计算在哪些地方侵犯个人隐私？

6.7 物联网和移动商务

自 2014 年以来，物联网（IoT）这个话题一直备受关注。尽管它的应用还在不断涌现，但它在包括电子商务在内的许多领域已显现了具备了价值创造和创新的巨大潜力（例如，参阅 Manyika et al.（2015））。在本节中，我们将介绍物联网的基本要素及其与电子商务相关的潜在应用。其中大部分是在移动电子商务领域。有关物联网对电子商务的影响，请参阅 Constantinou & Sellebraten（2015）和 Mehra（2015）。

6.7.1 物联网的要点

物联网（IoT）是一个发展中的术语，有着多种定义。一般来说，物联网指的是具有嵌入式微处理器的物体（包括人、动物、物品）通过无线连接到互联网。也就是说，它使用了泛在计算。分析人士预测，到 2020 年，将有超过 500 亿台设备连接到互联网，成为物联网的中坚力量。Oracle 的产品管理副总裁彼得·乌茨施耐德（Peter Utzschneider）在接受采访时讨论了这种颠覆性技术的挑战和机遇（参阅 Kvita（2014））。

将移动设备嵌入各个地方，并将所有设备连接到互联网，可以实现用户和事物之间的广泛通信。这种交互为许多应用打开了大门。对于物联网的商业应用，请参阅 Jamthe（2015）。此外，请查看"物联网联盟"（iofthings.org）及其年度会议的相关资料。有关这项技术，请参阅 Holler et al.（2014）的研究。

定义

物联网有许多定义。维基百科提供的定义如下所示。

物联网（IoT）是嵌入了电子、软件、传感器和网络连接的物理对象、设备、车辆、建筑物和其他物品所组成的网络，使对象能够收集和交换数据。物联网允许通过现有的网络基础设施远程感知和控制对象，为更直接地将物理世界整合到计算机系统中创造机会，从而提高效率、准确性和经济效益；当物联网增加了传感器和执行器时，该技术就成了更普遍的网络物理系统的一个实例，比如智能电网、智能家居、智能交通和智慧城市等技术应用。每个事物都可以通过其嵌入式计算系统进行唯一识别，且能够在现有的互联网基础设施中进行交互操作。

根据 Miller（2015）的说法，物联网是一个连通的生态系统，它具有互联网的特征，其中：

- 可以连接大量物体。
- 每个事物都有唯一的定义（IP 地址）。
- 能够自动接收、发送和存储数据。
- 通过无线互联网传送。
- 建立在机器到机器（M2M）的通信之上。

6.7.2 物联网应用程序的结构

物联网当中的物体是指汽车、家用电器、医疗设备、计算机、健身追踪器、硬件、软件、数据、传感器等各种物体和设备。连接"事物"并允许它们进行交流是物联网应用程序的必要组成部分；但对于更复杂的应用程序，我们还需要包括控制系统和业务模型在内的其他组成部分。物联网使"事物"能够通过网络以无线方式感知或被感知。房间中的温度控制系统是非互联网的。另一个非互联网的示例是道路十字路口的交通灯：摄像头拍摄来自每个方向的汽车数量，控制系统根据编程规则调整灯光变化时间。稍后，我们将介绍一些基于互联网的应用程序。物联网系统的主要目标是提高生产力、速度和生活质量。

6.7.3 物联网的主要优势

根据 Basu & Didyala（2014）和 Miller（2015）的报道，物联网的主要优势是：

- 创造新的收入来源。
- 优化资产利用率。
- 改善可持续性。
- 提高工人的生产力。
- 物联网正在改变和改善一切（McCafferty，2015）。
- 系统将预测我们的需求。

- 人们会做出更明智的购买决定。
- 更高的准确性。
- 快速识别问题（甚至在问题发生之前）。
- 通过自动化流程降低成本。
- 增强即时信息可用性。
- 快速和廉价的跟踪。
- 加快问题解决和恢复。
- 支持设施集成。

6.7.4 物联网的驱动因素

以下是物联网的主要驱动因素。

- 500亿～750亿美元的"物品"，可能会相互连接（到2020～2025年）。
- 连接自主的"事物"和系统（例如汽车）。
- 宽带互联网更广泛地应用。
- 连接设备的成本正在下降。
- 创造更多创新设备并将它们连接起来（例如，参阅Fenwick（2016））。
- 更多传感器内置于设备中。
- 飞速增长的智能手机的普及率。
- 可穿戴设备无处不在。
- 移动数据的传输速度在增加（60 HTz）。
- 物联网相关通信协议正在开发中（例如WiGig）。
- 客户对物联网的期望值正在上升。

6.7.5 物联网的工作原理

以下是物联网的综合过程。在很多情况下，物联网仅遵循这一过程的一部分。

图6-6中解释了该工作流程。互联网生态系统（图中的顶部）包含了大量的内容。传感器和其他设备从生态系统收集信息。这些信息可以被存储及（或）处理（包括数据挖掘）。分析将信息转化为知识及（或）智力。机器学习可能有助于将知识转化为决策的支持因素（由人员及（或）机器制定）。

这些决策有助于创建创新的应用程序、新的商业模型以及改进业务流程。这些会导致"行动"可能会影响原始的或其他事物。

值得注意的是，大多数现有的应用程序都位于图的上半部分，这被称为"传感器到洞察"，意思是选择创造知识过程。然而，现在，重点正在转向整个周期，即传感器到行动（sensor-to-action）的过程（见Ricktun（2016））。

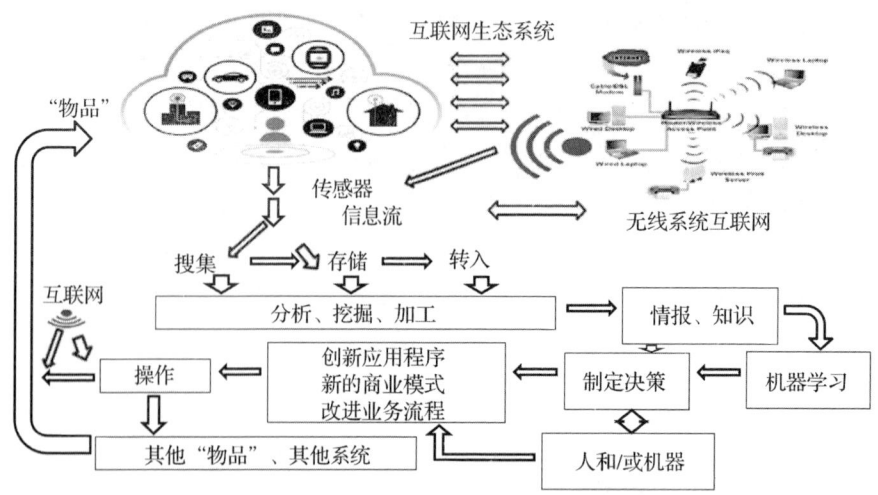

图 6-6　物联网的工作原理

6.7.6　物联网应用示例

我们从一个众所周知的示例开始。你的冰箱可以感知目前的食物存储水平，并在库存低时给你发短信（传感器到洞察）。有一天，冰箱将能够自己下订单，支付费用，并安排交货（传感器到行动）。

以下是现有应用的一些示例。

物联网的现有应用

以下应用示例与 Koufopoulos（2015）的电子商务研究有关。

- 希尔顿酒店。客人可以使用智能手机直接登记入住客房（不需要在大堂办理入住手续，也无须钥匙）。其他酒店也将会采取此类措施。
- 福特汽车。用户可以通过语音连接到应用程序；自动支付加油费和预订星巴克咖啡的功能即将上线。
- 特斯拉。当需要维修时，特斯拉的软件会自动安排工作人员去取，并将其送到特斯拉的工厂。
- 尊尼获加。这家威士忌公司在巴西的父亲节时在互联网上上线了 10 万瓶威士忌酒。使用智能标签，买方可以创建个性化视频。父亲们可以在社交网络上分享视频。同时，父亲们购买威士忌会有一些优惠。
- 苹果。使 iPhone、Apple Watch 和 Homekit 的用户通过使用 Apple Pay 能够简化购物流程。
- 星巴克云网络。该系统将客户的喜好传达给咖啡制作者。该系统还可以监控员工的表现、改进食谱、跟踪消费模式，等等。

Jamthe（2015）和 Miller（2015）报告了大量的物联网消费应用。以下是更多应用示例。

● **示例 Nest：一家谷歌系公司**

物联网应用的领先制造商是谷歌旗下的 Nest 公司。该公司的产品支持可编程自学习、传感器驱动和 Wi-Fi 连接。2016 年春季，该公司推出三款产品：

- 学习恒温器。该设备了解人们喜欢什么样的温度和湿度，并相应地控制空调和加热器。Nest 声称它能为用户平均节省 13% 的能源，2 年内节省的能源费用足以购买该设备。
- 烟雾探测和警报器。该设备会自动进行自我测试并持续使用大约 10 年。它由智能手机控制。
- Nest.com。这是一个基于网络摄像头的系统，可以让你从智能手机或台式电脑中查看你离开家后家中的情况。当没有人在家时，系统自动开启。你可以监视你的宠物、宝宝等。该系统有一个记录器，可以让你及时查看过去的状态。

许多公司正在尝试用于零售（B2C）、B2B 运营、运输、物流、工厂仓储等的物联网产品。有关详细信息，请参阅 Miller（2015）和 Jamthe（2015）。

在所有与消费者相关的产品中，有三个最为重要：智能家居和家电、智慧城市和智能汽车。

6.7.7 智能家居和家电

在智能家庭中，电脑、冰箱、洗衣机、干衣机、电视机和安全系统等家用电器相互连接，用户可通过智能手机或互联网对它们进行远程控制。

在美国，数以千计的家庭已经使用这些系统，而其他国家也正在仿照。目前，智能家居系统支持许多不同的任务：

- 灯光。用户可以从任何地方管理他们的家庭照明。
- 能源管理。用户可以通过遥控器远程控制家里加热和冷却系统以调节房屋内的温度（例如 Nest）。
- 水控制。WaterCop（watercop.com）是一种通过传感器监测有无漏水情况，从而减少水浪费的系统。该传感器发现漏水后会向水阀发送信号，致使水阀关闭。
- 家庭和高级社区的安全。家庭安全保护系统可以通过编程提醒你的财产上发生的与安全有关的事件。摄像头也支持家庭安全保护，你可以实时远程查看你家中的财产状况。传感器还可用于家中检测入侵者、监测工作设备，等等。

安全措施通常用来辅助生活设施，这在老年社区和那些独立生活的老年人中很常见。例如，iHealthHome 触摸屏系统收集数据并与公司的软件进行通信。他们的网站宣称，这是一个可供专业护理人员和独立生活的社区综合监测和通信的系统。家庭护理人员和医生可以远程查看患者的健康数据。利用这项技术，iHealthHome 可以提醒老年人每日预约的事项，使互联网对老年人有用。iHealthHome 还提醒老年人服药、监测血压，并与护理人员保持联系。

- 家庭娱乐。音频和视频设备可以编程以响应遥控设备。例如，位于家庭房间的立体声系统可以遥控操作家中任何其他地方的扬声器进行播放。基于家庭自动化，用户使用一个遥控器或按一个按钮就能实现多种功能。

- 智能设备。根据 smartgrid.gov，智能家电是一种根据用户喜好或来自公用设施或第三方能源服务提供商的外部信号，实现自动或远程控制的，包括智能交流的设备。智能设备可以利用家庭区域网络与用户住宅内的其他设备或其他通道与公用系统进行通信。

有关家庭自动化的更多信息，请参阅 smarthome.com/sh-learning-center-what-can-i-control.html。要查看用于家庭控制的各种应用程序，请参阅 smarthome.com/ android_apps.html。

6.7.8 智慧城市

智慧城市的想法始于 2007 年前后，当时 IBM 启动了他们的"智慧地球"项目，思科也开始了"智慧城市和社区"的项目。其理念是，在智慧城市中，数字技术（主要是基于移动的）有助于为公民提供更好的公共服务，更好地利用资源，减少负面的环境影响。有关资源，请参阅 ec.europa.eu/digital-agenda/en/about-?smart-cities。Townsend（2013）提供了一个广泛的历史背景介绍和目前的技术应用研究。他提供了以下示例："在西班牙的萨拉戈萨，一张'公民卡'可以让你免费使用城市的 Wi-Fi 网络、解锁自行车、进入图书馆，并支付你回家的公交车费用。在纽约，市民科学家组成的队伍在当地下水道中安装了传感器，在雨水径流覆盖系统时发出警报，并将水引流倾倒到当地水道中。"根据 Editors（2015）的报道，到 2016 年，智慧城市将把 16 亿个物体连接起来。

在许多国家，政府和其他机构（例如谷歌）正在开发智慧城市应用程序。例如，印度计划开发 100 个智慧城市。

更多关于物联网的研究和实例，请参阅 ptc.com/internet-of-things/customer-success, divante.co/blog/internet-e-commerce、Greengard（2016）和 Kuntz and Becker（2015）。

注意：更多关于物联网的研究和示例，请参阅 ptc.com/internet-of-things/customer-success. divante.co/blog/internet-e-commerce、Greengard（2016）和 Kuntz & Becker（2015）。

与智慧城市相关的是智能工厂（Libelium，2015）。在智慧城市中，人们可以找到已联网的自动驾驶汽车（参阅 Hamblen（2016）和 6.7.9 节）。

6.7.9 智能汽车

智能汽车，也被称为无人驾驶汽车，机器人驱动汽车或自动驾驶汽车。目前，智能汽车已经出现在几个地方的道路上了。这个概念是由谷歌（名为 Google Chauffeur）发起的，现在它正在成为现实，美国的一些州已经做好允许它上路的准备了。这些汽车是电动的，它们可以减少排放、事故和交通堵塞。这不亚于一场科技革命（例如，参阅 Neckermann（2015））。Greenough（2015）估计，到 2020 年，将有 1 000 万辆这样的汽车在美国上路。迄今为止，这些汽车正在全球多个城市进行测试。

智能汽车拥有可以防止碰撞的传感器系统，并且可以完全自主。（今天，它们仍然需要一个人类安全驾驶员）。智能汽车的推出有许多执行层面的问题，包括法律问题、成本、侵犯隐私等。尽管存在这些问题，但几家汽车制造商已经准备好尽快销售这类汽车（例如，宝马、奔驰、特斯拉，当然也包括谷歌）了。有关更多信息，请参阅 Bridges（2015）。

> **6.7 节复习题**
>
> （1）定义物联网。
> （2）解释物联网的主要组成部分。
> （3）列出物联网的主要好处。
> （4）列出物联网的主要驱动因素。
> （5）解释物联网的工作原理（见图 6-6）。
> （6）提供一些与消费者相关的物联网应用。
> （7）描述智能家居和家电。
> （8）描述智慧城市。
> （9）定义自动驾驶汽车。

6.8 可穿戴计算和智能小工具：手表、健身追踪器和眼镜

在本节中，我们将简要介绍几个与无线计算相关的新主题。

6.8.1 可穿戴计算应用和设备

由于物联网的扩张，可穿戴计算和设备在 2015~2016 年得到了重大发展。有关的全面介绍，请参阅 Chamberlin（2014）的研究。自 20 世纪 90 年代中期以来，可穿戴计算设备已经在工业中得到使用。典型的设备是绑在手腕上的无线计算机、安装在头上的数码相机、连接到腰带的移动设备，等等。当三星公司推出一款安装在手表上的电脑（智能手表）时，可穿戴计算设备的个人消费市场就开始流行起来；苹果公司在 2015 年 4 月发布了苹果手表。谷歌也已经发布了名为 Android Wear 的类似 Nexus⊖的一个可穿戴平台。

可穿戴设备越来越受欢迎。例如，正在兴起的通过可穿戴设备对慢性病患者进行医疗跟踪。同时，你只需要 130 美元，就可以在狗的项圈上放置一个设备来跟踪其行动。

Vijayan（2014）表示："可穿戴电脑，如健身带、数码眼镜、医疗设备和智能手机将彻底改变人们收集、传递和使用信息的方式。许多新兴技术都有望为用户带来潜在的革命性好处。但是与大多数连接互联网的设备一样，可穿戴设备的日益普及也带来了隐私和安全的问题。"Vijayan 展示了七种物联网设备及其可能带来的隐患。这些物联网设备包括：数码眼镜（例如，谷歌眼镜等）、可穿戴/嵌入式医疗设备、警察摄像头（Cop Cams）、智能手表、智能服装和健身手环/活动监视器。我们在本节稍后介绍一些内容。

Dale（2014）描述了一种可以读取大脑活动的可穿戴式头带。加拿大公司 Interaxon 开发了名为 Muse 的设备（请参阅 interaxon.ca/muse）。2014 年，亚马逊开设了可穿戴设备专卖频道。

6.8.2 企业可穿戴设备

前面主要介绍了作为主要是个人消费产品的可穿戴设备。一些公司正在使用企业应用程序。

⊖ Nexus 是谷歌公司旗下品牌，Nexus 系列产品是以谷歌公司原生 Android 为操作系统的智能手机、平板电脑等电子数码产品。——译者注

其实，大量可穿戴设备已经在企业中使用了很长时间。有关产品、制造商案例研究和应用的报告，请参阅 2016 年标题为"企业可穿戴技术案例研究：跟踪"的白皮书。它包含 40 种不同的应用，请参阅 tractica.com/resources/white-paper/enterprise-wearable-technology-case-studies。

根据普华永道的报告："可穿戴设备拥有如此巨大的前景，是因为它们为在特定环境中工作的员工提供了一种免提的作业方式，例如跨行业公司可以为配备智能徽章或可穿戴显示屏的工作人员提供量身定制的即时工作培训。在工业环境中，护目镜、挂绳或传感器嵌入式服装可以帮助执行重复性或危险任务的工作人员提高生产效率并降低受伤的概率。"请参阅 pwc.com/us/en/advisory/business digital technology trends wearables.html。

注意：可穿戴设备受到严重的隐私和安全问题的困扰。有关讨论，请参阅 Maddox（2016）。

当前技术水平

日本是开发可穿戴设备的领先国家之一。例如，Patrizio（2014）的研究中指出："日本的一所大学展示了一款佩戴在耳朵上的小型个人电脑，其体积并不比蓝牙耳机大多少，但可以通过眨眼或者动舌头的方式进行控制。"

有关 2016 年的最新技术状况，请参阅 McDowell（2016）的研究。有关可穿戴设备及其应用的幻灯片，请参阅 Khillare & Bobade（2016）的研究。

下面介绍三种代表性设备：智能手表、健身追踪器和智能眼镜。

6.8.3 智能手表

智能手表是一款电脑化腕表，功能超越了计时的范畴。今天，智能手表是可穿戴的计算机。许多人使用移动操作系统运行移动应用程序。有的智能手表可以用作便携式媒体播放器；有的还具有完整的智能手机功能。

像其他电脑一样，智能手表可以从内部或外部收集传感器的信息。它可以控制，或者通过其他设备或计算机检索数据。它可能支持蓝牙、Wi-Fi、GPS 和通信技术等无线技术。

有关具体功能，请参阅智能手表制造商的网站，例如苹果、谷歌、Pebble、索尼、三星等。2016 年的评论，请参阅 Lamkin（2016）。有关概述，请参阅 en.wikipedia.org/wiki/smartwatch。有关购物的能力，请参阅 Arthur（2015）。智能手表的一个特殊类别是健身（或活动）追踪器。一些手表可以作为医疗设备使用（例如，苹果的 Kardia，参阅 Broussard（2016））。

6.8.4 健身（活动）跟踪

活动跟踪器是一种设备或应用程序，用于监控和跟踪与健康和健身相关的指标，如步行或跑步距离、卡路里消耗量、心跳，甚至睡眠质量。今天，这些设备中的很多都是可穿戴设备，可能会连接到计算机。有关概述，请参阅 en.wikipedia.org/wiki/activity_tracker。对于 2016 年的主要制造商（例如 Fitbit、Jawbone、Misfit 和 Garmin），请参阅 Stables（2016）。

值得注意的是，一些追踪器和普通智能手表一样看起来非常时尚（例如，Fibit Blaze）并且还在变得越来越时尚。

6.8.5 数码（智能）眼镜

数字眼镜是一种头戴式光学设备，看起来像普通的眼镜。它由谷歌率先推出（请参阅 en.wikipedia.org/wiki/Google_Glass）。该设备显示互联网信息，并响应语音命令。智能眼镜与虚拟现实和增强现实密切相关（见第 2 章）。其中最知名的是谷歌眼镜。关于 2016 年最好的智能眼镜，请参阅 Lamkin（2016b）。

谷歌眼镜

根据 Petroff（2013）的说法，谷歌眼镜（和其他"智能眼镜"）提升了员工的生产效率，尤其对于那些需要双手执行复杂任务的人员（例如外科医生、技术人员），可能因此会在 2017 年后每年为公司节省 10 亿美元。此外这些设备还可以被用于保险代理商对损坏的财产录像，同时检查更换成本。智能眼镜的几项优点与所有可穿戴设备的优点相同。

有些人喜欢谷歌眼镜，也有一些人持否定意见。研究公司 Toluna 2014 年进行的调查发现，由于隐私和安全问题，72% 的美国人不想佩戴谷歌眼镜（请参阅 mashable.com/2014/04/07/google-glass-privacy）。谷歌正试图实现他们所称的"关于谷歌眼镜的 10 个神话"。

谷歌的智能眼镜（Google Glass） 2012 年，谷歌推出了眼镜项目，它将智能手机的主要功能嵌入到类似虚拟现实眼镜的可穿戴设备中。谷歌眼镜具有类似智能手机的显示屏，可让你使用智能手机的基本功能（如传递消息、收发电子邮件）并实现免提。有关谷歌眼镜功能的更多信息，请参见 gizmag.com/google-glass-review/30300。谷歌眼镜的 Field Irip 应用程序现在可以实现通过语音命令激活（mashable.com/2014/04/29/field-trip-google-glass-update）。

美国、日本和韩国的其他公司（例如索尼）都在制造智能眼镜。值得注意的是经过采用 Ray-Ban 和 Oakley 顶级眼镜品牌的外观设计，会使谷歌眼镜变得更加时尚了。

6.8 节复习题

（1）描述可穿戴计算设备。
（2）列出可穿戴设备的好处。
（3）描述智能眼镜，并解释为什么有些人反对智能眼镜的应用。
（4）描述智能手表。
（5）定义健身追踪器。

6.9 移动商务中的实施问题：从安全和隐私到移动商务中的其他障碍

在讨论移动应用程序之前，需要考虑几个问题。在这里，我们只讨论其中的几个。尽管移动商务在改变许多公司业务模式上具有巨大的潜在收益，但也有一些障碍阻碍了移动商务应用程序的部署。移动商务发展的主要障碍是安全性、性能、可用性、成本效益、缺乏明确战略、与有线 IT 整合困难以及难以定制化应用程序。在本节中，我们仅从安全性问题开始讨论其中的一些障碍。有关实施问题的更多信息，请参阅移动商务的三部分视频。第一部分的标题是"移动商务：第一部分，我们现在在哪里？"（youtube.com/watch?v=aO--a5yhJCg）；第二部分的标题是"移动商务：第二部分，革命"（youtube.com/watch?v=fBlLxVeCouo）；第三部分的标题是"移动商务：第三部分，如何使移动商务工作"（youtube.com/watch?v=DsDGNLjYPxQ）。

6.9.1 移动商务的安全和隐私问题

2004 年，Cabir 成为第一个感染手机的已知无线蠕虫病毒。它通过蓝牙设备传播。此后，对于手机（包括智能手机）的攻击的数量迅速增加。有关 Cabir 蠕虫的更多信息，请参阅 f-secure.com/v-descs/cabir.shtml。

目前运行的大多数具有互联网功能的手机都在硬件中嵌入了基本软件。这使恶意软件编写变得困难。但是，随着智能手机和平板电脑功能的增加，来自恶意软件攻击的威胁也随之增加。智能手机的广泛使用使从互联网下载病毒成为可能。尽管移动商务与普通电子商务有一些相同的安全问题（见第 10 章），但它们之间还是有一些差异的。

保密性、认证、授权和完整性（见第 10 章）的基本安全目标对移动商务和电子商务同样重要，但在移动无线情况下，这些目标更难以确保。具体而言，移动商务交易通常通过无线和有线的网络来进行。尽管各个网络之间的协同工作很困难，但必须在每个网络上保持适当的安全级别。

通常，IT 和电子商务安全中使用的许多防御机制也适用于移动商务。但是，鉴于移动安全的独特性，可能需要额外的防御方法。例如，有许多防盗应用程序可以帮助你找到你的手机，并保护你的个人数据免受盗用。有关物联网的安全保护，请参阅 Hu（2016）。

隐私

侵犯隐私是与使用移动计算技术有关的主要问题之一，尤其是基于位置的服务、跟踪、射频识别和场景感知应用程序（有关隐私问题的讨论，请参阅第 10 章）。与此相关的是安全问题，特别是打击欺诈问题，参见第 10 章的介绍。

6.9.2 移动商务的技术障碍

移动应用的导航系统必须快速才能实现快速简便的搜索和购物。同样，信息内容需要满足用户的需求。与移动计算技术相关的其他技术障碍包括有限的电池寿命和对家用电器的传输干扰。表 6-1 列出了这些局限。请注意，随着时间的推移，技术限制正在减少。

表 6-1 移动计算的技术局限

局限	描述
带宽不足	足够的带宽对于广泛的移动计算是必要的，而且它必须便宜。实现这一点需要几年的时间，直到 4G 和 LTE 成为许多地方的常态。Wi-Fi 解决了短程连接的一些问题
安全标准	通用标准仍在制定中。要达到足够高的标准可能需要几年时间
能量消耗	电池寿命越长，设备越好（不断提高）
传输干扰	天气和地形，包括高楼，可能会限制信号接收。2.4GHz 范围可能会干扰蓝牙和 Wi-Fi 802.11b 的传输

(续)

局 限	描 述
GPS 精度	高层建筑可能限制使用基于位置的移动商务
潜在的健康危害	来自蜂窝射频发射的潜在健康损害（例如癌症）正在研究中。已知的健康危害包括手机上瘾、拇指过度使用综合征以及在驾车时使用手机（例如发短信）造成的事故
人机界面	有些人，尤其是老人或有视力问题的人，在使用手机中的小型显示器和键盘时可能会遇到困难
复杂性	许多附加组件和功能可能会使设备难以使用

6.9.3 移动计算和移动商务中的失败

与许多新技术一样，移动商务的新兴应用有许多失败的例子，因为该移动电商公司最后遭遇了失败。因此预测和应对可能的失败并从失败中吸取教训是很重要的。

6.9.4 在移动商务中的道德、法律、隐私和健康问题

移动设备在商业和社会中越来越多地使用，引发了个人、组织和社会必须着手解决新的道德、法律和健康问题。

一个工作场所中的问题是移动设备可能使员工彼此分隔。一些员工难以适应移动商务环境，因为他们更喜欢面对面交流。

移动设备的个人性质也引发了道德和法律问题。大多数员工在家中和工作时都有台式计算机，他们可以轻松地将业务和个人工作分开。然而，除非携带两部手机，否则将手机的工作和个人生活分开并不容易。"自带设备"（BYOD）的概念正在迅速传播，引发了管理、监控和安全问题。例如，如果组织有权在自己的网络上监控电子邮件通信，它是否也有权监控公司拥有的或 BYOD 智能手机上的语音通信？

一个广为人知的但未经证实的潜在风险是蜂窝射频发射引发的潜在健康问题（例如癌症）。手机上瘾也是一个问题。

其他伦理、法律和健康问题包括监督员工行动是否符合道德规范。最后，在实施一些移动商务应用程序时存在侵权和保护隐私的问题。

6.9.5 企业移动管理

根据 TechTarget 的报告，**企业移动管理**（enterprise mobility management，EMM）是"一种确保和帮助业务人员使用智能手机和平板电脑的全方位方法"。它包括数据和访问安全、物理设备跟踪和配置以及应用程序管理（请参阅 i.zdnet.com / whitepapers / SAP_Enterprise_ Mobility_for_Dummies_ Guide.pdf）。由于越来越多的工作人员将智能手机和平板电脑带入企业，因此有必要支持这些设备的运行。这是企业移动管理的场景。随着越来越多的人在应用中使用移动设备，移动管理已成为一项重大且具有挑战性的任务。

移动性管理可以分为以下几个方面：

- **移动设备管理**（mobile device management，MDM）。一些公司允许他们的 IT 部门全面控制所有移动设备。其他一些公司则主要依靠用户自己维护设备（请参阅本节后面关于 BYOD 的讨论）。特殊软件可以帮助公司开发他们的 MDM。
- **移动应用程序管理**（mobile application management，MAM）。与 MDM 类似，MAM 试图控制公司中的所有应用程序。
- **移动信息管理**（mobile information management，MIM）。这是一个涉及云计算的新领域。

与此相关的是两个特定领域："自带设备"和移动应用程序。接下来简要介绍这些。

1. "自带设备"问题

移动设备在企业中的激增带来了"自带设备"的问题。许多员工喜欢将他们的个人设备用于与工作有关的活动（例如，他们的 iPhone 用于收发公司邮件、进行旅行预订）。他们将设备带到工作场所，并使用这些设备访问公司的网络。BYOD 可以为公司节省资金。另外，从安全到偿付政策，再到技术支持，还有许多实施的问题。

关于 BYOD 的管理和控制有很多建议。Gartner，Inc.（gartner.com）和 Forrester Research，Inc.（for-rester.com）等主要咨询公司提供了有关 BYOD 的免费白皮书、网络研讨会和报告。

2. 移动应用程序及其管理

据 WhatIs.com 称，移动应用程序"是一种专门用于小型无线计算设备（如智能手机和平板电脑）而非台式机或笔记本电脑的软件应用程序"。移动应用程序的设计考虑了设备的需求和限制，并利用了设备具有的任何专业功能。

移动应用程序在消费者和企业内部都非常流行。例如，截至 2016 年春季，在苹果的应用商店中，用户可获得约 120 万个获准上架的应用程序。McKendrick（2014）提出了 6 种将更多移动应用程序引入企业的方法。

建立（或携带）你自己的应用程序（BYOA） BYOA 是指由用户而不是由软件开发人员创建应用程序，BYOA 的趋势正在延续。不幸的是，BYOA 也带来了安全挑战。有关移动应用程序开发实践的实用指南，请参阅 Salz & Moranz（2013）。

3. 其他管理问题

其他几个问题与移动性管理有关。例如，投资回报率测算、确定移动平台、培训、预算和成本控制以及论证等问题。另一个问题关于整合、协作和沟通。这方面一个有趣的问题是如何处理数据流量的不断增加（参阅 Knight（2015））。

4. 结论

尽管存在很多障碍，但移动商务快速增长，电子商务本身增长得还要快。其中可穿戴设备和物联网增长最快。有关 2016 年的移动商务趋势，请参阅 Moovweb（2016）。

6.9 节复习题

（1）区分移动商务安全与电子商务安全。
（2）讨论移动商务的一些技术限制。
（3）描述移动设备对组织、健康和隐私问题的潜在影响。
（4）描述流动性管理。
（5）定义 BYOD 及其挑战。
（6）描述移动应用程序。它们为什么如此受欢迎？

管理问题

与本章有关的一些管理问题如下所示。

1. 你的移动电子商务战略是什么？ 移动商务由以下要素组成：对内部业务流程的支持，现有电商客户服务的扩展，供应商和其他业务合作伙伴的可用性，以及将基于 Web 的服务扩展到智能手机和平板电脑用户。在移动商务领域取得成功的关键在于明确你的整体电子商务和移动商务业务战略，包括确定聚焦哪些细分市场、处理它们的顺序，以及哪些可用的移动技术能成为支撑战略的关键部分，以上这些都对战略至关重要。

2. 是否有明确的技术获胜者？ 在移动设备中，答案是肯定的。很多人喜欢智能手机或平板电脑等一体机设备。虽然设备和支持硬件的多样性仍然令人困惑，但问题的关键是要选择一个合适的平台和基础设施来支持大多数用户的现有需求。尽管移动电商在营销、支付、制造和服务中变得非常流行，但是物联网电子商务应用程序仍处于起步阶段。

3. BYOD 应如何管理？ 自从员工开始在工作中携带和使用自己的移动设备以来，设备管理变得非常复杂。移动设备由不同的制造商制造并使用不同的操作系统。再加上成千上万的应用程序，你需要一个良好的系统和策略来管理 BYOD。有关管理 BYOD 的综合策略，请参阅 cisco.com/c/en/us/solutions/byod-smart-solution/overview.html and Reisinger（2013）。

4. 如何准备物联网？ 这取决于物联网应用的发展。目前有几个组织上和技术上的问题（例如，参阅 Deichmann et al.（2015）的建议）。向新技术的过渡可能很复杂。另外，论证物联网应用的正当性可能很困难。

5. 首先应执行哪些应用？ 尽管对各种移动商务应用（尤其是基于位置的服务）没有衡量的标准，但移动应用必须能像其他任何商业技术一样用投资回报率、成本效益分析、潜在成本降低以及效率提升等来衡量。诸如支持移动员工队伍、车队和仓库等企业应用产生了很高的回报。实施者需要记住的是，移动商务平台是年轻一代最喜欢的平台。了解为什么日本和韩国的移动电子商务的普及率相比拥有同等水平的通信基础设施的其他国家更高对实施者来说也很重要。实施过程还包括移动设备管理的主题（请参阅 Oliver（2008））。

本章小结

在本章中，你了解了以下与本章学习目标相关的电子商务问题。

1. 什么是移动商务，其增值属性和基本驱动因素有哪些？ 移动商务是通过无线电信网络与移动设备进行的电子商务活动。移动商务是电子商务的一个补充。移动商务可以通过利用其独特的属性：广泛性、便利性、互动性、个人化和区位化，帮助企业改善其对客户的价值。目前，移动商务增长受到以下几个因素的推动：大量的移动设备用户、日益发展的青年掌上文化、以服务为导向的客户需求、供应商营销、移动设备价格下降、移动员工规模的扩大、性价比的提高和带宽的增加。

2. 支持移动商务的移动计算环境是什么？ 移动计算环境由三个关键要素组成：移动设备、无线网络和服务。虽然移动计算设备的大小和功能各不相同，但它们正朝着一体化设备迅速发展，以克服一些低可用性的限制，如过小的屏幕尺寸、有限的带宽和有限的输入功能。即使移动设备有其局限性，但也可以提供一系列支持服务，主要是 SMS、语音和基于位置的服务，这些服务将移动商务与电子商务区分开来。

3. 金融和银行应用。 金融服务行业（如电子银行）中的许多电子商务应用都可以通过无线设备进行。大多数移动金融应用程序都是有线应用程序的无线版本，并且可以通过 SMS 或移动 Web 系统进行。移动银行和移动支付就是这种活动的示例。世界各地的银行越来越多地为其客户提供移动服务，例如用移动设备进行支付、查看支付支票、比较银行服务、转账和定位分行。

4. 企业移动应用程序。 主要应用是支持各种类型的企业员工（例如销售人员、维修人员和现场人员）。其他领域包括移动客户关系管理、库存管理和无线工作调度等。这些应用即使在短期内也能提供高投资回报。其他领域的应用还包括车队和运输管理以及仓库应用。

5. 消费和个人应用以及移动娱乐。 移动娱乐是增长最快的移动商务市场之一。移动娱乐包括移动音乐、游戏、博彩、成人娱乐以及专门的用户生成内容。其中，手机音乐是最大的一部分，手机视频是增长最快的。尽管受到各政府机构的法律限制，移动博彩仍在快速增长，同时体育移动化也在快速增强。使用移动应用的服务行业包括卫生保健、酒店、公共安全、犯罪预防和国土安全。

6. 泛在计算。 物联网（IoT）就在我们身边，而且涉及许多嵌入式和不可见处理器的尖端未来科技。这些系统以多种形式出现，尤其是那些具有场景感知能力的系统，它们支持了智能且有用的应用。这些传感器相互关联支持了智能电网、智能家居、智能建筑、智能汽车等智能应用。

7. 物联网。 泛在计算应用可能会改变我们的生活和工作方式。它基本上是一个由传感器组成的系统，从连接到云端的设备（例如汽车、人、计算机）收集信息。收集到的信息会被处理，结果将被传达给人员或计算机。在高级系统中，处理后的信息会自动转换为操作。物联网的实施范围从智能家居、智能家电到智能汽车、自动 B2C 服务和 B2B 服务，等等。由于该技术处于起步阶段，它也面临技术、法律和组织方面的问题。

8. 谷歌眼镜、智能手表和健身追踪器。 可穿戴设备越来越重要，因为它们涉及物联网并能够提高企业的生产力。可穿戴设备可改善业务流程和沟通。它们解放了人们的双手，因此改善了业务流程。它们可以通过语音甚至大脑来控制。当可穿戴设备连接到互联网时，可以获得最大的收益。谷歌眼镜（以及类似的智能眼镜）是一款受到广泛关注设备。一方面这些智能眼镜可以提高生产效率，但另一方面很多人也担心隐私会有可能受到侵犯。可穿戴设备和其他移动设备是智慧城市的重要组成部分。智慧城市的设计者旨在改善政府对公民的服务质量和居民的生活质量。

9. **安全和其他实施问题**。尽管移动商务应用的潜在好处是巨大的，但是它们的实施也面临许多挑战，包括技术中断和网络覆盖率方面的差距，慢速移动网络和应用程序造成的性能问题；如何管理和保护移动设备，如何管理移动网络带宽等。移动计算环境对安全性提出了特殊挑战，包括需要通过户外和多个连接的网络来确保传输安全。最大的技术挑战与移动设备的可用性和技术变化有关。最后，需要考虑使用移动商务尤其是在工作场所的移动商务环境中可能引发的隐私问题，例如法律、道德和健康问题。

⊙ 问题讨论

1. 讨论移动电子商务如何扩大电子商务的版图。
2. 你认为本章列出的哪些移动电子商务限制会对短期移动商务增长造成最大的负面影响？哪些限制的影响将在 5 年内减弱？哪些不会？
3. 讨论自动驾驶汽车的优点和局限性。
4. 讨论对手机银行整体增长至关重要的因素。
5. 为什么很多流行的移动博彩网站位于小岛国？
6. 讨论物联网如何促进市场营销。
7. 讨论移动商务相对于传统电子商务的优势。
8. 讨论如何在 Facebook 上销售产品。

⊙ 课堂讨论和辩论话题

1. 讨论在社交网络上进行移动商务的潜在好处和弊端。
2. 讨论移动商务的战略优势。
3. 谷歌完成了对 AdMob(google.com/ads/admob) 的收购，部分是为了与苹果的 iAd 竞争。讨论 AdMob 与 iAd 的战略意义。
4. 讨论跟踪工作人员动向的问题。与此相关的是追踪人员和汽车的隐私问题。讨论它们各自的利弊。
5. 讨论公司在工作时间内，在公司设备或者员工自带设备上检查员工的电子邮件和语音通信的权利问题。
6. 调查餐厅中使用移动设备的情况，并讨论取消纸质菜单的可能性。
7. 搜索移动商务的可用性问题，可从 baymard.com/mcommerce_usability 开始。
8. 研究谷歌眼镜的演变，完成一个报告。参考 redmondpie.com/the-evolution-of-google-glass-in-two-years-since-its-inception-image 中的谷歌眼镜的发展介绍。该设备对用户有什么好处？（请参阅 golocalworcester.com/business/smart-benefits-vision-coverage-for-google-glass-is-clear）将之与竞争对手的产品进行比较。
9. 找到有关 IBM "智慧城市" 的信息。这项举措对这些城市居民有什么好处？（请参阅

ibm.com/smarterplanet/us/en/samrter_cities/overview)。

10. 查找有关思科"BYOD智能解决方案"的信息。讨论这个方案的好处，以及在中小公司使用此方案的可能性。

11. 查找"物联网"的最新应用并讨论它们的可用性。

12. 线下实体零售商越来越多地在店内追踪购物者。讨论这个应用的好处和必要的保护措施（例如，客户如何拒绝被跟踪）。作为客户的你在什么情况下会允许被跟踪？

13. 加入iotcommunity.net的讨论。完成报告。

⊙ 在线练习

1. 研究4G和5G的状况。你可以通过搜索转到Verizon Wireless（请参阅verizonwireless.com/wcms/consumer/4g-lte.html）来找到相关信息。根据你的发现准备一份关于4G和5G状态的报告。

2. 你被要求在当地整合一个Wi-Fi热点目录。有许多网站，例如hotspot-locations.com，可以提供在特定区域查找热点的搜索功能。列出提供此功能的地点列表。

3. Juniper Research已经发布了涉及移动娱乐市场不同细分市场的白皮书（例如手机游戏）。访问Juniper Research（juni-perresearch.com）并下载其中一个细分市场的白皮书。以白皮书为指导，撰写你对所选择的细分市场的总结，包括市场规模、主要供应商、促进和阻碍其增长的因素以及细分市场的未来。

4. 访问meetup.com并查看它的移动应用程序。完成一个总结。

5. 查找有关适用于移动设备的谷歌地图的信息。另外，请查看谷歌SMS和其他关于谷歌应用程序的功能。根据你的发现完成报告。

6. 访问mobile.fandango.com并查找它提供给移动客户的服务。完成报告。

7. 访问IBM的智慧城市挑战赛（smartercities-challenge.org）。查找与IBM与智慧城市计划有关的最新活动。然后访问麻省理工学院城市科学媒体实验室（cities.media.mit.edu）并查找其最新的智慧城市项目。最后，访问欧洲智慧城市（smart-cities.eu）。撰写有关智慧城市主要项目的报告。

8. 进入Facebook并找到其便于移动购物的所有功能。另请参见shopify.com/facebook。完成报告。

9. 分别在平板电脑和PC上进行搜索并进行比较。完成报告。

⊙ 团队任务和项目

1. 阅读开篇案例，回答下列问题。

（1）如果你可以通过iPhone（或iPad）等智能手机和便携式GPS获取几乎相同的信息，你是否真的需要购买NeverLost GPS服务（费用为13.99美元/天）？请解释原因。

（2）赫兹公司的哪一个移动应用可以被视为移动企业，哪一个可以被视为移动客户服务？

（3）在这个案例中，识别基于财务和营销的应用。

（4）向赫兹公司提供移动应用有什么好处？

（5）作为一名顾客，你如何看待赫兹公司随时知道你的位置？

（6）输入neverlost.com并确定最近的服务。查看它的指导手册。完成报告。

2. 每个团队都应该研究企业移动设备的主要供应商（诺基亚、京瓷、摩托罗拉、谷歌、黑莓等）。每个团队将研究每家公司提供的设备的功能，然后将结果呈现给其他同学。演讲的目的是说服其他同学购买该公司的产品。

3. 每个团队应探讨移动商务在以下领域的商业应用：金融服务（包括银行业务）、股票、保险、市场营销和广告、旅行和运输、人力资源管理、公共服务、餐厅和医疗保健。每个团队将根据自己的发现向班级汇报。

4. 每个团队都应该选择以下领域之一：家庭、汽车、电器或其他消费品（例如服装），并研究如何使用嵌入式微处理器。将来如何使用它们来支持以消费者为中心的服务？每个小组将根据其发现向全班提交一份报告。

5. 每个团队调查一个主要的智能个人助理，并向班级介绍其能力和优势。准备一个比较分析，并将它与亚马逊的 Echo 关系起来。

6. 印第安纳大学拥有 8 个校区，拥有超过 11 万名学生和 1.8 万名员工，包括教职员工和支持人员。信息系统使用许多 BYOD 移动设备。访问 citrix.com/products/enterprise-mobi-lity.html，并阅读有关印第安纳大学的故事。观看标题为"印第安纳大学客户故事"的视频，并进一步搜索大学如何控制移动设备的安全。完成报告（从 uits.iu.edu/page/bcnh 上的大学 IT 服务开始）。

7. 无线城市和社区可以改善人们的生活，甚至可以减小数字鸿沟。查找研究和应用无线（或智能）城市的信息。检查几个国家（例如印度有几百个城市正在变得"聪明"）的做法。另请参阅 IBM 的全球活动（TAFT, 2014）。将此作为一个课程项目，其中不同团队涵盖不同的主题和国家/地区。

8. 通过 youtube.com/watch?v=398EztRwPiY 观看标题为"技术进步推动今日的移动商务"的视频，并回答以下问题。
（1）移动商务提供哪些电子商务服务？
（2）讨论移动商务在零售业中的作用。
（3）讨论移动商务战略的缺乏 VS 移动商务战略的广泛接受。
（4）为什么移动商务市场如此分散？
（5）为什么零售商将大部分 IT 预算用于移动商务？
（6）讨论移动商务对零售商之间竞争的影响。
（7）管理移动技术有哪些困难？
（8）移动支付有哪些优势？
（9）研究移动支付的主要方法和供应商。

⊙ 章末案例

摩托罗拉企业：医院和制造商的无线解决方案

摩托罗拉（motorola.com）是全球最大的提供移动企业产品的公司之一。该公司的多元化业务将在下文进行分类。

产品与服务

大量的产品和服务是可用的。这里我们只介绍部分产品和服务。

企业主要产品

2015年，摩托罗拉的主要企业产品包括：条形码扫描仪、交互式终端、移动计算机、平板电脑、RFID产品、原始设备制造商（OEM）产品、双向无线电和传呼机、企业语音和数据服务以及无线局域网解决方案（接下来描述）。

有关详细信息、优点、案例研究，请参阅Motorola Solutions Wireless LAN Zebra Technologies, Inc.（zebra.com/us/en/products/networks/wireless lan.html）。

主要的无线解决方案

2014年，摩托罗拉提供的主要无线解决方案包括：室内定位、远程访问、无线语音、移动应用服务、BYOD、云无线、无线视频和移动数据卸载。

其无线局域网产品有：访问、管理和安全相关的产品。

有关详细信息、优点和案例研究，请参阅Motorola Solutions Wireless LAN Zebra Technologies, Inc.（zebra.com/us/en/products/networks/wireless-lan.html）。

行业服务

摩托罗拉服务于许多主要行业，包括：制造业、零售业、酒店业、医疗保健、教育、公用事业、石化、运输和物流以及批发分销。

多伦多北约克综合医院（Toronto's North York General Hospital）隶属于多伦多大学，是一家有三个院址的教学医院，拥有5 000名员工、医生和志愿者。为了提高护理质量（例如确保患者接受正确的药物治疗），医院推出了包含重要无线子系统的电子医疗系统。

该系统称为eCare，是基于无线网络和先进的电子移动护理点的系统。例如，它包括一个计算机化的订单输入提供商、一个高速电子药品管理系统，拥有通信和安全的网络访问功能。所有这些都提高了患者的安全和护理质量。该系统也促进了医院工作人员的团队合作。

要阅读案例研究，请参阅motorola-latinamerica.hosted.jivesoftware.com/servlet/jive servlet/download/2452-1-6216/mot_north_york_general_hospital_casesearch_uuen_.pdf。另请参阅摩托罗拉医疗解决方案（motorola solutions.com/us-en/business+solutions/industry+solutions/healthcare）。

供应链实例：日本Yodobashi相机

Yodobashi公司是日本最大的电子产品零售商之一。它有19家商店，超过85万件商品，新产品几乎每天都会到货。这些产品由数百家制造商和分销商提供。公司库存水平必须足以满足客户需求并避免销售损失。因此对供应链、仓库和库存的有效管理是该公司成功的关键因素。

该公司正在使用摩托罗拉基于RFID的仓库管理解决方案，该解决方案可实时运行。RFID标签粘贴在由供应商处来的所有产品的包装箱上。RFID阅读器在入口处检测到这些信息，并将信息自动发送给仓库管理系统。其结果是降低了仓储运营成本，获得了实时信息流，最大限度地减少了与库存相关的问题，并提高了客户满意度和销售额。

资料来源：摘自摩托罗拉网站根据以下案例删改："电子TLC：多伦多医院通过eCare项目提高患者安全"和"Yodobashi相机部署RFID仓库管理"（均访问于2016年3月）。

问题

1. 登录motorolasolutions.com和zebra.com，找到类似于上述与餐厅、游轮、销售队伍自动化和教育相关的案例研究。将无线系统与每种情况的好处联系起来。

2. Yodobashi相机使用附在盒子和容器上的标签。进行谷歌搜索以查找其他可以标记物体

3. 多伦多北约克综合医院增强患者安全性的方式有哪些？
4. 查找摩托罗拉竞争对手提供的所有企业应用程序。完成报告。

在线文件

本章在线文件可以在 ecommerce-introduction-textbook.com 上找到。

W6.1 移动商务的驱动程序

W6.2 移动设备的代表性列表

W6.3 移动员工和移动商务支持

W6.4 应用案例：NextBus-Superb 客户服务

参考文献

Arthur, R. "Are We Really Going to Shop from the Apple Watch? What Retail Apps are Trying to Achieve." *Forbes.com*, May 7, 2015.

Austin, L. "Ford Motor Co. (NSYE:F) Energetically Grow and Invest in Emerging Mobility Services-VeriFone Systems (NSYE:PAY)." *Senecaglobe*, (News Item) March 12, 2016.

Barris, M. "Hertz App Blends Travel Planner, GPS to Enhance Rental Experience." *Mobile Marketer*, August 13, 2014.

Basu, A and P. Didyala. "The Internet of a Billion Things." *The Economy Times*, August 31, 2014.

Bridges, R. *Driverless Car Revolution: Buy Mobility, Not Metal*. [Kindle edition] Seattle, WA: Amazon Digital Service, 2015.

Broussard, M. "AliveCor Announces Apple Watch 'Kardia Band' for Medical Grade EKG Analysis." March 16, 2016. **macrumors.com/2016/03/16/alivecor-apple-watch-kardia-band** (accessed March 2016).

Butcher, D. "Guide to Smart SMS Marketing." A Mobile Marketer Presentation. White paper (2011). **neustar.biz/enterprise/docs/whitepapers/digital-marketing/how-retailers-can-use-sms-to-drive-sales.pdf** (accessed April 2016).

Chamberlin, B. "Wearable Computing: A 2014 Horizon Watching trend Summary Report." *IBM Expert Network*, April 7, 2014. **slideshare.net/HorizonWatching/s11-wearable-computing-2014-horizon-watching-trend-summary-report-01apr2014** (accessed March 2016).

Constantinou, A. and M. Sellebraten. "The Internet of Things is About to Reshape E-Commerce." *Vision Mobile*, December 9, 2015. **visionmobile.com/blog/2015/the-internet-of-things-is-about-to-reshape-e-commerce** (accessed March 2016).

CSS Author. "10 of the Great Examples of Mobile Friendly Ecommerce Sites." December 22, 2014. **cssauthor.com/great-examples-mobile-friendly-ecommerce-sites** (accessed March 2016).

Dale, B. "This Wearable Device Reads Your Brain Waves. Is There a Market for It?" February 10, 2014. **fortune.com/2014/02/10/this-wearable-device-reads-your-brain-waves-is-there-a-market-for-it/?** (accessed April 2016).

Deichmann, J., M. Roggendorf, and D. Wee "Preparing IT Systems and Organizations for the Internet of Things." *Insights & Publications*, November 2015.

Editors. "Smart Cities Will Use 1.6B Connected Things in 2016." *Enterprise Innovation*, December 21, 2015.

Elliott, C. "What Will Your Next Rental Car Know about You? Everything." August 14, 2013. **elliott.org/blog/what-will-your-next-rental-car-know-about-you-everything** (accessed April 2016).

Fenwick, N. "IoT Devices Are Exploding on the Market." *Information Management*, January 19, 2016.

Fiegerman, S. "Report: U.S. Mobile Commerce to Hit $144 Billion This Year." May 12, 2014. **mashable.com/2014/05/12/mobile-commerce-sales** (accessed April 2016).

Fitton, C., et al. *Enterprise Mobility for Dummies*. Ontario, Canada: John Wiley, 2012. (A free download is available from SAP).

Fonemine. "Can Mobility Transform Your Business?" *MobileForce*, March 24, 2014. **corp.fonemine.com/mobility-transform-business** (accessed April 2016).

Frakes, D. "iPod Nano (Sixth Generation, Late 2010)." September 7, 2010. **macworld.com/article/1153921/6G_iPod_nano.html** (accessed April 2016).

Gannes, L. "The Best of Mary Meeker's 2013 Internet Trends Slides." May 29, 2013. **allthingsd.com/20130529/the-best-of-mary-meekers-2013-internet-trends-slides** (accessed April 2016).

Gingiss, D. "Focus on Customer Service: Hertz [PODCAST]." *Social Media Today*, October 21, 2015.

Greengard, S. "A Healthy Approach to the Internet of Things." *Baseline*, February 12, 2016.

Greenough, J. "10 Million Self-Driving Cars Will Be on the Road by 2020." *Business Insider*, July 29, 2015.

GSMA. "Mobile Industry: Major Contributor to the Global Economy." A Mobile Economy White paper, *Enterprise Innovation*, March 12, 2013. **enterpriseinnovation.net/whitepaper/mobile-industry-major-contributor-global-economy** (accessed April 2016).

Hamblen, M. "Innovators Can Air Quality Sensors on Bicycles, While Wireless Connections Help Pave the Way for Driverless Cars." *Computer World*, February 22, 2016.

Holler, J., et al. *From Machine-to-Machine to the Internet of Things: Introduction to a New Age of Intelligence*, Salt Lake City, UT: Academic Press, 2014.

Hu, F. *Security and Privacy in Internet of Things (IoTs): Models, Algorithms, and Implementations*. Boca Rota, FL: CRC Press, 2016.

Jamthe, S. *The Internet of Things Business Primer*. Sudha Jamthe Stanford, 2015.

Khillare, G., and S.A. Bobade. "Wearable Computing Devices and Its Application." 2016. **slideshare.net/gautamkhillare90/wearable-computing-devices-its-appllcation** (accessed March 2016).

Knight, K. "Mobile Roundup: Mobile Data to Skyrocket." *BizReport*, March 20, 2015.

Knowledge@Wharton and Ernst & Young. *Mobile Banking: Financial Services Meet the Electronic Wallet* [Kindle edition with Audio/Video]. Philadelphia, PA: Knowledge@Wharton, 2013.

Koufopoulos, J. "9 Examples of the Internet of Things That Aren't Nest." *Percolate*, January 23, 2015. **blog.percolate.com/2015/01/9-examples-internet-things-arent-nest** (accessed March 2016).

Krishnan, S. *The Power of Mobile Banking: How to Profit from the Revolution in Retail Financial Services*. Hoboken, NJ: Wiley, 2014.

Kuntz, C. and R. Becker. "Monetizing the Internet of Things: Creating a Connected Customer Experience." *Zuora Inc.*, 2015. **slideshare.net/Zuora/monetizing-the-internet-of-things-creating-a-**

connected-customer-experience (accessed April 2016).

Kvita, C. "Navigate the Internet of Things." January/February 2014. **oracle.com/technetwork/issue-archive/2014/14-jan/o14interview-utzschneider-2074127.html** (accessed April 2016).

Lamkin, P. "Best Smartwatch 2016: Apple, Pebble, Samsung, Sony, Tag and More." *Wareable.com*, March 21, 2016a. **wareable.com/smartwatches/the-best-smartwatches-in-the-world** (accessed March 2016).

Lamkin, P. "The Best Smartglasses 2016: Sony, Vuzix and More." *Wareable.com*, March 21, 2016b. **www.wareable.com/headgear/the-best-smartglasses-google-glass-and-the-rest** (accessed March 2016).

Libelium. "Smart Factory: Reducing Maintenance Costs and Ensuring Quality in the Manufacturing Process." *Libelium World*, March 2, 2015.

Liedtke, M. "Apple Hopes Carplay Will Drive Further Success." March 5, 2014. **irishexaminer.com/ireland/apple-hopes-carplay-will-drive-further-success-260832.html** (accessed April 2016).

Maddox, T. "The Dark Side of Wearables: How They're Secretly Jeopardizing Your Security and Privacy." *Tech Republic*, February 10, 2014.

Manjoo, F. "The Echo from Amazon Brims with Groundbreaking Promise." *The New York Times*, March 9, 2016.

Manyika, J., M. Chui, P. Bisson, J. Woetzel, R. Dobbs, J. Bughin, and D. Aharon. "Unlocking the Potential of the Internet of Things." *Insights & Publications*, June 2015.

Mayo, B. "Amazon Releases New 'Amazon Tap' and 'Echo Dot', More Competition for Apple's Siri Voice Assistant." *9to5Mac*, March 3, 2016.

McCafferty, D. "How the Internet of Things is Changing Everything." *Baseline*, June 6, 2015.

McDowell, M. "CES 2016: The Best of Wearable Technology." *WWD*, January 11, 2016.

McKendrick, J. "6 Ways to Bring Mobile Apps into the Enterprise Fold." January 13, 2014. **zdnet.com/6-ways-to-bring-mobileapps-into-the-enterprise-fold-7000025091** (accessed April 2016).

Mehra, G. "Internet of Things Helping Ecommerce." *Practical Ecommerce*, October 8, 2015.

Miller, M. *The Internet of Things: How Smart TVs, Smart Cars, Smart Homes, and Smart Cities are Changing the World*. 1st edition, Indianapolis: Que Publishing, 2015.

Millward, S. "Starting Today, Chinese Consumers Will Be Able to Buy Almost Anything Inside WeChat." March 5, 2014. **techinasia.com/wechat-adds-payment-support-for-brands-and-retailers** (accessed April 2016).

Moovweb. "7 Mobile Commerce Trends for 2016." January 4, 2016. **moovweb.com/blog/mobile-commerce-trends-2016** (accessed March 2016).

Neckermann, L. *The Mobility Revolution: Zero Emissions, Zero Accidents, Zero Ownership*. San Francisco, CA: Matador Publishing, 2015.

Nicoletti, B., *Mobile Banking: Evolution or Revolution?* Houndmills, UK: Palgrave Pivot, 2014.

Nield, D. "How It Works: We Explain How Your Fitness Tracker Measures Daily Steps." *Wearable.com*, March 20, 2016.

Oliver, M. *Mobile Device Management for Dummies (An e-Book)*. New York: Wiley & Sons, 2008. (Available in.pdf format at **energy-central.com/download/products/Mobile_Device_Management_for_Dummies_05012008.pdf** (accessed April 2016).

Patrizio, A. "Japan Produces Its Own Wearable PC." March 5, 2014. **itworld.com/mobile-wireless/408274/japan-produces-its-own-wearable-pc** (accessed April 2016).

Paulsen, S., (ed.) *Mobile Financial Services: Consumer Use of Mobile Payments and Banking*. Happauge, New York: Nova Science Pub., Inc., 2013.

Petroff, A. "Google Glass May Save Firms $1 Billion." November 11, 2013. **money.cnn.com/2013/11/11/technology/google-glass-report/index.html?iid=s_mpm** (accessed April 2016).

PR Newswire. "Hertz Debuts A Redesigned and Improved Mobile App." January 21, 2014. **ir.hertz.com/2014-01-21-Hertz-DebutsA-Redesigned-And-Improved-Mobile-App** (accessed April 2016).

Ricktun, P. "Internet-of-Things Becomes Internet-of-Everything." *Information Management*, February 5, 2016.

Reisinger, D. "BYOD: A Cost-Saving Must-Have for Your Enterprise." February 11, 2013. **cioinsight.com/it-strategy/tech-trends/slide-shows/byod-a-cost-saving-must-have-for-your-enterprise-02** (accessed April 2016).

Rubin, B. F. "Echo Effect: How Amazon's Alexa Will Give Voice to More Devices." *CNet.com*, March 11, 2016. **cnet.com/au/news/echo-effect-how-amazons-alexa-will-give-voice-to-more-devices** (accessed March 2016).

Salz, P. A., and J. Moranz. *The Everything Guide to Mobile Apps: A Practical Guide to Affordable Mobile App Development for your Business*. Avon, MA: Adams Media, 2013.

Sathyan, J., et al. *A Comprehensive Guide to Enterprise Mobility*. Boca Raton, FL: Taylor and Francis Group, 2013. (A CRC Press publication)

Saylor, M. *The Mobile Wave: How Mobile Intelligence Will Change Everything*. New York: (Da Capo Press, a Member of the Perseus Books Group)/Vanguard Press Edition, 2012.

Stables, J. "Best Fitness Trackers 2016: Jawbone, Misfit, Fitbit, Garmin and More." *Wearable.com*, March 7, 2016.

Strout, A. "13 Mobile Marketing Stats You Need To Know." *Marketing Land*, June 8, 2015.

Taft, D. K. "How IBM is Making Cities Smarter Worldwide." *eWeek*, June 13, 2014.

Townsend, A. M. *Smart Cities: Big Data, Civic Hackers, and the Quest for a New Utopia*. New York: W.W. Norton & Company, 2013.

Vijayan, J. "7 Hidden Dangers of Wearable Computers." February 25, 2014. **itworld.com/slideshow/142017/7-hidden-dangers-wearable-computers-406874** (accessed April 2016).

Weiss, T. R. "Janam's New Mobile Handheld Business Computer Handles RFID UHF Tags." *eWeek*, July 7, 2015.

Wishpond Technologies Ltd. "New Trends of Mobile Users and Their Shopping Behaviour." A White paper, 2014. **corp.wishpond.com/mobile-marketing-resources/new-trends-of-mobile-users-and-their-shopping-behaviour** (accessed April 2016).

CHAPTER 7
第 7 章

社交商务：基础、社交营销和广告

■ 学习目标

完成本章后，你将能够：
1. 定义社交商务并描述其根源和演变。
2. 描述社交商务领域的范围、驱动因素和内容。
3. 总结社交商务带来的好处和存在的局限性。
4. 描述社交购物的主要模式。
5. 解释如何在社交网络环境中进行广告和促销活动。
6. 描述社交网络如何促进客户服务、客户支持和客户关系管理（CRM）。

■ 开篇案例

索尼如何利用社交媒体来改善客户关系管理

在过去几年中，索尼这家巨型消费电子生产商一直在挣扎。现在索尼借助社交媒体，使这种情况得到改善。

问题

索尼公司（sony.com）面临三星（samsung.com/us）、夏普（sharpusa.com）、LG（lg.com/us）和其他大型全球性公司的激烈竞争。这场竞争随着近年来经济发展放缓而愈演愈烈。面对竞争压力，2008~2012年索尼的总收入每年都在下降。在2009年和2012年，索尼更是遭受重创，导致其股价从2010年和2011年的35美元/股下降到2012年年底的9.57美元/股。2013年，由于东京证券交易的复苏，索尼的股价有所上涨。消费电子领域的产品已经相当成熟，质量和价格的差异并不大。因此，这一领域的竞争差异化战略聚焦于客户服务。索尼正试图利用社交媒体社区和创新行动举措做到这一点。

解决方案：社交媒体项目

索尼公司开始将社会化客户关系管理作为改善客户服务的工具。根据Jack（2013）的研究，索尼借助社交渠道将客户支持和直接营销计划进行了有机结合。索尼的客户体验管理团队负责管理各项举措。该团队组建了索尼的社区网站（community.sony.com），该网站是客户交流和支持信息的中心枢纽。它包括创意板、讨论组、博客、Twitter 提要和其他内容生成渠道。该网站还用于宣传市场营销活动。

以下是具有代表性的活动，其中许多是在索尼欧洲市场进行的（参见 Taylor（2013））。

- 活跃的社区，一些是针对特定产品的，其他则针对整个索尼品牌。公司的员工和消费者都加入了这些社区。这些社区成员互相帮助并提供反馈。客户服务人员则"倾听"反馈意见并利用这些信息改进服务。
- YouTube 视频为客户提供使用索尼产品的培训。
- 使用 Lithium Social Web 软件，监控相关站点的正负面评论信息。这使索尼能够改善运营，解决问题并抓住机遇。
- 索尼的社区网站上有一个特殊的"客户关系"标签，便于与客户进行沟通。
- 公司在主要社区中创建了一系列客户支持的互动站点，包括 Facebook（facebook.com/sony）、Twitter "Sony Support USA"（twitter.com/sony support usa）、Tumblr（sony.tumblr.com）和 YouTube Sony 支持频道 "Sony Listens"（youtube.com/user/sony listens）。
- 在社区中，公司的员工将演示如何快速有效地解决问题。例如，有关 "How To" 视频和技术支持等有一个 "专家" 的选项卡。请参见 community.sony.com/t5/Meet-Our-Experts/bg-p/experts。
- 索尼正在利用其所有社交媒体渠道（包括 LinkedIn）主动吸引用户并及时提供客户服务（参见 Sony（2016））。
- 索尼电子集成 Pinterest 向社区成员发送有关其产品的信息（详见 Eckerle（2013）和 blog.tailwindapp.com/lessons-from-sony-on-pinterest）。

索尼监控社交媒体的对话并进行情感分析（Brand24，2015），以改善客户服务和进行产品改进与设计。索尼正在使用社交媒体广告来吸引客户参与。有关索尼如何使用社交网络的概述，请参阅 Moth（2013）。最后，来自 Reevoo.com 的软件帮助索尼自动将评论从一种语言翻译成另一种语言。

结果

在完成大多数社交商务活动部署之后，索尼在 2014～2015 年取得了重大成绩。实际上，索尼早在 2013 年就已经实现了一些改进。例如，根据 Jack（2013）的研究，社交媒体改进了索尼和用户之间的沟通效率，导致"点击量"增加了 22%（在某些情况下超过 100%）。其他结果包括：

- 增强了客户对索尼的信任（Jack，2013）。
- 网页浏览量、会话率和参与活动量（例如发布）增加了 100%（Jack，2013）。
- Pinterest 上的慈善公告板的追随者数量增长 200%（Eckerle，2013）。
- 客户服务与促销推广相结合，为索尼创造了新的收入来源。
- 2014 年 3 月，索尼旗下的 PlayStation 在 Twitter 上拥有约 250 万名粉丝，在 Facebook 上拥有 3 500 万名粉丝。有关 Plastation 和社交媒体的案例研究，请参阅 Brand24（2015）。

资料来源：基于 Jack（2013）、Taylor（2013）、Eckerle（2013）、Reevoo（2014）、Brand24（2015）和 Sony（2016）。

案例经验教训

索尼案例表明，一家公司不仅可以使用社交媒体进行广告和销售，还可以提供出色的客户服务。在竞争激烈的市场中，客户服务可以成为重要的战略工具。索尼通过社交网络、博客（例如 Twitter 和 Facebook 粉丝页面）补充了它的传统客户服务。它专注于改善与客户的沟通和互动。社交媒体工具和平台提供的客户服务更具互动性、及时性和直接性。此外，该系统促进了真正的基于对话的沟通。这种服务对客户很重要，并有助于公司的成功。在本章中，我们将介绍社交商务基础知识并描述其内容和优势。我们还描述了三个主要领域：社交购物、社交广告和社会化客户关系管理。

7.1 社交商务：定义和演变

社交商务一词在第 1 章中有定义。**社交商务**（social business，SB）也称社交商业，是指通过社交媒体实施的电子商务交易。

7.1.1 社交商务的定义

由于这是一个涉及多个学术和专业学科的新领域，对社交商务领域的内容和界限没有一致的定义或描述。无论其定义如何，该领域在美国和其他地方都在迅速发展。有关 2015 年和 2016 年的数据和趋势，请参阅 Bennett（2014）。有关该技术的影响，请参阅 ShopSocially（2013）。Bennett（2014）的信息图可以表现出该领域的重要性。更多讨论，请参阅 bazaarvoice.com/research-and-insight/social-commerce-statistics。

7.1.2 社交商务的演变

社交商务来自几个领域的整合，如图 7-1 所示。例如，Marsden & Chaney（2009）展示了社交媒体如何为销售做出贡献，使其成为社交商务应用。

如前所述，社交商务主要源于 Web 2.0 技术的发展。这些商业应用包括社交网络中的活动以及博客和维基等社交软件的使用。商业全球化是社交商务的主要推动力。它促使员工、合作伙伴和客户在全球范围内进行协作。Web 2.0 应用为此类协作创建了一个有效且高效的平台。Web 2.0 是社交媒体的主要贡献者，同时它也是社交商务的主要推动力。有关细节，请参阅 Turban et al.（2016）的研究。

移动计算和智能手机的发展和快速增长也促进了社交商务的发展。移动商务是社交商务模型的基础，例如基于位置的应用程序、社交网络、消费者和公司社交联系。

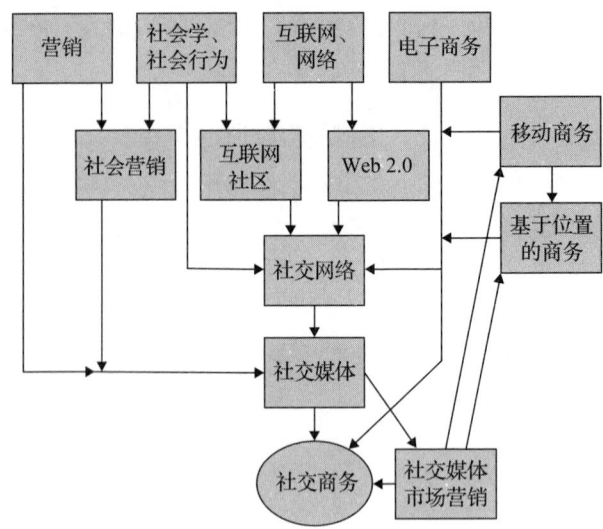

图 7-1 社交商务的主要来源

社交商务的主要重点是其营销方向。传统的营销活动在 20 世纪 90 年代中期开始向互联网营销转变,当时公司开始建设网站并使用电子邮件对线下的产品活动进行广告宣传。随着网络的发展,营销人员使用互联网来促进电子商务交易。在此之前,营销人员手握品牌信息,通过广告和其他方式持续向客户及潜在客户单方面提供广告信息。而随着社交媒体的出现,营销传播已经转变为与互联网用户的双向对话,因此许多营销策略为了支持开展社交商务而发生改变。

完整的(免费)关于社交商务的指南,请参阅 pixlee.com/download/the-complete-guide-to-social-commerce。表 7-1 列出了社交商务与电子商务的主要区别。

有关社交商务发展历史里程碑的历史演示和信息图,请参阅 socialtimes.com/social-commerce-infographic-2_b84120。

表 7-1 电子商务与社交商务之间的主要差异

属 性	电子商务	社交商务
主要目标	交易	社交互动
主要活动	发布	联系
内容	公司生成	用户生成
问题解决	公司专家、顾问	众包
合作	传统的统一通信	Web 2.0 工具
产品信息	网站上的产品描述	同行产品评论
交易市场	电子零售商(例如亚马逊)和直营制造商商店(例如戴尔)	社交网络(Facebook 商务),协作市场
定位	大众营销,细分	行为定位,微观细分
客户关系管理	卖方/制造商支持	由同行、供应商及雇员提供的社会支持
在线营销策略	网站销售	多渠道,直接在社交网站上
集成	系统集成	混合和系统集成
数据管理	报告和分析	分析

7.1 节复习题

（1）定义社交商务并列出其主要特征。
（2）追踪社交商务的发展。
（3）描述电子商务和社交商务之间的主要区别。

7.2 社交商务领域的内容

社交商务领域的内容非常多元化。例如，Indvik（2013）提供了该领域的七种类别。

7.2.1 社交商务的范畴和主要构成

社交商务的范畴覆盖多个学科（参见 Marsden（2010）提供的 PPT 和 Liang & Turban（2011/2012））。大多数社交媒体活动都围绕着电子营销，尤其是营销传播、广告技术、促销和公共关系，通常表现为社交媒体营销活动。然而，该范畴正出现在其他一些领域，特别是被称为社交企业或企业 2.0 的活动。Liang & Turban（2011/2012）说明了图 7-2 中的社交商务范畴，信息图表仅描述了这里的一些领域。本书中提供了关于该图中的其他活动的讨论。

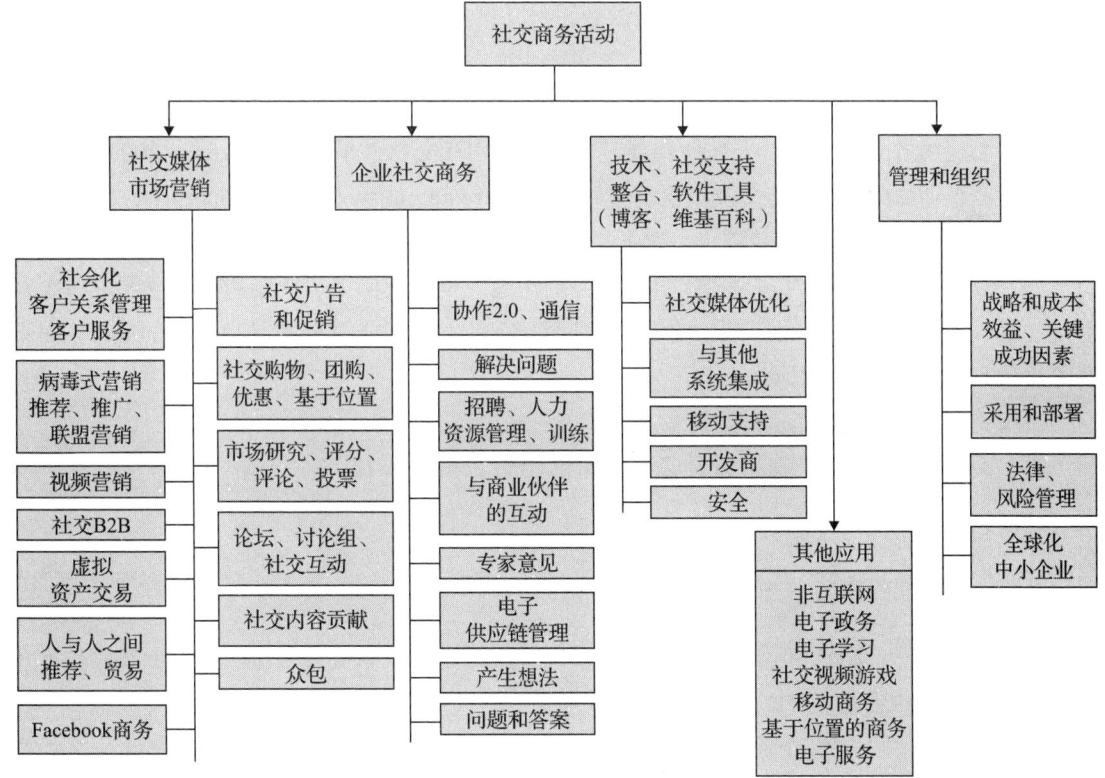

图 7-2 社交商务的主要范畴

有关详细讨论，请参阅 Marsden 的幻灯片"品牌的社交商务机会"（slideshare.net/paulsmarsden/social-commerce-the-opportunity-for-brands）。有关社会化商务及其使用情况的统计信息，请参阅 bazaarvoice.com/research-and-insight/social-commerce-statistics 上的"社会化商务统计"。社交商务有关专业教科书，请参阅 Turban et al.（2016）。我们接下来将介绍社交商务、社交媒体营销和企业 2.0 中的两大要素。

7.2.2 社交媒体营销

社交媒体营销（social media marketing，SMM）是使用社交媒体进行营销传播，并使用了社交媒体的其他营销工具的一种应用。社交媒体营销促进社交商务、建立品牌、修复社交媒体中受损的品牌声誉，并促进长期客户关系的发展，等等。

最受益社交媒体的行业，请参阅 Carranza（2015）。有关 2016 年社交媒体和社交媒体营销发展的 50 位专家的预测，请参阅 Gil（2015）。本书第 4～7 章介绍了社交媒体营销的各种主题。有关信息图，请参阅 Wood（2014）。

7.2.3 企业 2.0

此外，主要的社交商务类型是**企业 2.0**，也被称为**社交媒体企业**，越来越多的公司使用它来在企业内部进行多种社交媒体和社交商务活动（例如，产生创意，解决问题，联合设计和招聘）。

企业 2.0 有多种定义。最初的定义将该术语与 Web 2.0 和协作联系起来。一个精练的定义是"……公司内部或公司与其合作伙伴或客户之间使用社交软件平台"（McAfee，2009）。

注意：企业 2.0 的更多定义及概念请参阅 slideshare.net/norwiz/what-is-enterprise-20 上的题为"什么是企业 2.0"的幻灯片演示。以下是企业 2.0 的主要特征：信息流动的便利性、敏捷性、灵活性，以及用户驱动的内容生成、自下而上的沟通、全球化团队、模糊边界、透明度、大众分类（而不是分类法）、开放标准、按需（而非预定）活动。同样重要的是扁平化的组织（而不是等级化）和较短的上市周期。

一篇关于社交企业的综合性文章，请参阅 hbr.org/topic/social-enterprise。

更多关于企业 2.0 的信息，请参阅第 8 章和 Chui et al.（2013）。

社交企业应用程序示例

社交企业应用程序的一些示例包括以下内容：

- 戴尔、索尼、IBM 和其他许多公司征求大量员工、客户和业务合作伙伴关于如何改善其业务运营的想法（如戴尔的 IdeaStorm 网站）。
- 超过 50% 的大中型企业使用 LinkedIn 和 Facebook 发布招聘职位并寻找潜在员工。
- 百思买通过基于 Twitter 的系统提供最先进的客户服务，数千名员工被用来回答客户的问题，有时几分钟之内客户就能得到答复。

7.2 节复习题

（1）描述社交商务的主要组成部分。
（2）定义社交媒体营销。
（3）描述企业 2.0。

7.3 社交商务的好处和局限性

许多从业者和研究人员认为，社交商务正在对组织和行业产生重大影响。时尚产业已经受到了重大影响。

一些调查（如 Leggatt（2010））已经证实，社交商务为企业带来了巨大的经济和战略利益。总体来说，社交商务的收益分为三类：对客户的好处、对零售商的好处和对其他类型企业的好处。以下将描述部分内容。

7.3.1 对客户的好处

社交商务的成功取决于其对客户的好处。其主要优点如下所示：

- 很容易从朋友和其他客户那里获得推荐（例如，通过 Twitter、社交网络讨论组和产品评论网站）。建议增强客户的信心和信任度，以帮助其更好地决定购买产品和服务。
- 客户可以享受特别优惠（例如，通过团购）以节省大笔费用。
- 采购更符合客户的特定需求、偏好和期望。这增加了满意度并减少了产品选择决策时间。
- 客户可以很容易地使用社交商务技术。
- 社交商务更适合使用移动互联网的生活方式。
- 增强对供应商的信任（通过更紧密的关系）。
- 社交商务允许客户帮助其他客户（社会支持）。
- 客户可以从供应商处获得更好的客户服务。
- 客户可以结识新朋友（例如旅行）和进行在线社交。
- 客户在购买决策的过程中，可以获得丰富的相关信息。
- 客户可以与他们无法接触的个人和企业建立联系。

7.3.2 对零售商的好处

零售商是社交商务的主要受益者。例如，全球约 50% 的企业通过社交网络发现新客户。此外，约 30% 的公司投资社交网络以获取和留存老客户。

零售商可以通过以下方式从社交商务中受益：

- 可以收集消费者提供的有关市场传播策略和产品（服务）设计的反馈信息。
- 供应商获得免费的口碑营销（参见第 3 章和第 4 章）。

- 增加网站流量（回顾开篇案例），增加收入和销售额。
- 随着协作筛选和其他社会影响力方法的使用，增加销售额（参见第 3 章和第 4 章以及 trendwatching.com/trends/TWINSUMER.htm）。
- 有关零售商福利的更多信息，请参见 youtube.com/watch 上题为"社交媒体是在线零售商的强大工具"的视频。请参见 outube.com/watch?v=1ByDmQICXs4，另可参见 Spencer et al.（2014）。

● **示例：Beratta Inc.**

贝雷塔①（Beratta Inc.）在 2013 年通过使用 ShopSocially②提供的社交商务平台将社交商务引入其电子商务商店，从而增加了 15% 的收入。详情请参阅 2013 年 12 月 23 日的新闻稿"Popular Firearms Manufacturer"，以及新闻稿"贝雷塔通过社交商务获得了 15% 的销售增幅"（digitaljournal.com/pr/1655392）。

7.3.3 对其他类型企业的好处

除了增加销售和收入之外，企业还可以通过几种方式从社交商务中受益（见第 8 章）：

- 通过对大量候选人的广泛接触进行更快速、成本更低的招聘活动。
- 通过创新方法降低成本，例如利用员工和商业伙伴的集体智慧（见第 8 章"众包"）。
- 培养更好的外部关系，例如与合作伙伴和渠道分销成员合作。
- 增强企业内部和业务合作伙伴之间的协作并改善沟通（例如，通过使用博客、微博和维基）。
- 培养更好的内部关系（例如，通过提高员工的生产力和满意度）。
- 由其他企业和专家为小型企业提供免费咨询（例如，通过 LinkedIn Croups）。
- 了解社交商务系统的安装和运行通常并不昂贵。
- 在需要时，迅速找到内外部专家（例如，参见 guru.com）。
- 快速低成本地进行市场调查，并从客户、员工和业务合作伙伴处获得反馈。
- 增加市场份额和利润率。
- 通过对话和社交媒体推广来建立品牌。
- 在细分领域，以低成本打开品牌市场。
- 在线管理公司和品牌声誉。
- 在线建立拥有积极口碑的品牌社区。
- 加强客户服务和支持。

---

① 贝雷塔是世界上最古老的枪械制造商之一。其美国分公司成立于 1977 年，目前在马里兰州的工厂和弗吉尼亚州的仓库拥有约 300 名员工。——译者注

② ShopSocially，2010 年创建于美国加州山景城，是一个功能强大的 SaaS 社交商务平台。通过其提供的社交商务程序，可以帮助客户实现收入增加、新客户获取、SEO 排名提升、Facebook 粉丝群增长等。ShopSocially 赢得了多个奖项，并且在社交商务案例研究中受到了 Facebook 的推荐。——译者注

- 增加公司网站和实体店的流量和销售量。
- 通过在线监测对话来促进市场调查。
- 提高搜索引擎结果上的公司和品牌的排名。

此前清单中的潜在好处可能会提高生产力和价值，并可能形成企业的战略优势，因此应鼓励公司开展社交商务尝试。第 4~8 章介绍了一些成功的应用。

7.3.4　社交商务：IBM 的一种方法

上面提到的企业福利使企业自愿转向 IBM 所称为的"社交商务"。**社交商务**（social business）是"一种接纳人群网络来创造商业价值的业务"（IBM，2011）。许多人认为这个词相当于社交商务，并且可以互换使用。但是，IBM 更关心的是其结构和运营。

IBM 将社交媒体战略性地整合到各种业务流程（如采购）中，并正在开发一种组织文化来支持整合过程，以快速实现不同凡响的结果。有关详细信息，请参阅 ibm.com/social-business/us/en。

7.3.5　新的或改进的商业模式

社交商务提供创新的电子商务商业模式。一些是新的，而另一些则是对常规电子商务模式的改进（例如团购）。如 7.4 节所述，大量的社交商务模式属于社交购物领域。在企业商业领域中还有其他几种新模式（参见第 8 章）。这里有一些简单的示例：

- 购物商业模式包括社交媒体网站上的"立即购买"小插件。
- 将买方和卖方放在一起的在线软件代理，比如 TripAdvisor 将用户引导到在线旅游网站预订酒店房间。
- 内容赞助，在支持内容开发的网站（例如 YouTube）上销售广告。
- 众包模型允许公司通过吸引客户来设计他们的产品或标志。
- 在社交网络中推动关于公司网站流量的促销活动，例如竞赛、折扣和下载免费音乐或软件。
- 以 LinkedIn 为代表的社交网络招聘。
- 由博客、维基和众包推动的协作模式（参见第 8 章中的示例）。

大量的初创企业创造了上述以及其他的商业模式。例如，Webkinz（webkinz.com）创造了一个围绕儿童的虚拟宠物的商业世界；IZEA Inc.（izea.com，社交赞助的先驱）创建了一个市场，用于将广告商与社交媒体内容创建者（例如博主）连接起来。

有关社交商务创造的商业机会，请参阅 Moontoast（2013）。对于时尚界的新商业模式，请参阅 Knopf（2012）和 businessoffashion.com。

7.3.6 实施社交商务的担忧与局限

尽管社交商务为组织提供了许多机会，但其实施可能涉及一些潜在风险和复杂的问题，例如新旧信息系统的整合等。对高层管理人员而言，具有代表性的风险因素包括伴随社交商务存在的安全和隐私问题、欺诈的可能性、法律问题、用户生成内容（UGC）的质量以及员工在工作时间内时间浪费等，公司也可能在社交媒体和评论网站上失去对其品牌形象和声誉的控制，这可能会影响其产品的销售。采用企业 2.0 的主要障碍是对于变化的抗拒、难以衡量的投资回报率，以及难以与现有 IT 系统和安全机制集成起来。

7.3 节复习题

（1）列出社交商务对客户的主要好处。
（2）列出社交商务对零售商的主要好处。
（3）列出社交商务对除零售商以外的其他公司的主要好处。
（4）描述新的或优化的社交商务商业模式。
（5）描述社交商务的一些担忧和限制。

7.4 社交购物：概念、利益和模型

参与购物是社交网络的一个自然领域。虽然社交网络购物才刚刚开始发展，但其潜力巨大。领导社交购物活动的是 Facebook 和谷歌（Knight，2016）。在本节中，我们将介绍社交购物的基本要素。

7.4.1 社交购物的定义和驱动因素

购物本质上是一种社交活动。**社交购物**（social shopping）（也称为销售 2.0）是使用包括五个社交网络在内的社交媒体工具和平台在线购物。这关乎与朋友分享购物体验。社交购物融合了电子商务和社交媒体。因此，社交商务采用社交媒体的关键特征（例如讨论组、博客、推荐、评论），并在购物前、购买过程中和购物后使用它们。

Turban et al.（2016）给出了社交购物的概述。

1. 社交商务的驱动因素

以下是社交购物的主要驱动因素。有关社交购物的更多信息，请通过谷歌搜索社交购物。另请参阅 Kimball（2013）和 webtrends.about.com/od/web20/a/social-shopping.htm。

- 访问社交网络的大量人群可以吸引广告客户。
- 朋友提出的推荐和建议的数量越来越多，访问的速度和方便程度也越来越高。
- 需要通过竞争（例如，通过差异化）满足社会化客户。
- 具有使用互联网的知识和能力的社会化客户的出现（例如，查找评论和比较价格）。
- 需要与业务合作伙伴协作。

- 一些新业务模式提供的巨大折扣（例如，秒杀）。
- 以社交为导向的购物模式（例如，团购）。
- 当你身处某些社交网络进行购物时所获得的便携性（例如，来自 Facebook 的 "购买" 按钮）。
- 使用 Twitter 和智能手机实时与朋友沟通的便捷性。

2. 社交购物的概念和内容

社交购物是在社交网络（例如，Polyvore、Wanelo）、供应商的社交导向商店、特殊中介商店（例如，Groupon.com）和社交网络中完成的。买方是信任和/或享受社交购物的社会化客户。正如本节后面将会讲到的，有许多社交购物模式利用了 Web 2.0 工具以及社区。购物的性质正在发生变化，尤其是品牌服装和相关产品。例如，流行品牌由电子零售商销售，如盖璞（gap.com）、Shopbop（shop-bop.com）和 InStyle（instyle.com）。此外，Stylehive（stylehive.com）和 Polyvore（polyvore.com）等时尚社区也有助于推广本季最新的时尚收藏品。购物者登录 Net-A-Porter（net-a-porter.com）等网站购买名牌服装。他们还可以登录诸如 ThisNext（thisnext.com）等网站，创建个人资料以及关于他们最喜爱的品牌的博客。关于社交商务的实际问题，请参阅 digitalintelli-gencetoday.com/social-shopping-101-a-practitioners-prime。

社交购物的部署有两种基本做法：

（1）将社交软件、应用程序和功能（例如，投票）添加到现有的电子商务网站。

（2）将电子商务功能（例如，电子目录、支付网关、购物车）添加到社交媒体和网络站点，许多供应商在这些网站上提供它们自己的商品。

3. 为什么购物者愿意去社交

许多购物者在购买之前希望听到别人的建议。因此，他们向朋友征求建议或使用社区购物的概念。

社区购物（communal shopping）（也被称为协作购物平台）是一种购物方式，购物者可以邀请朋友和其他他们信任的人来为他们提供购物建议。这会使人们对购买或不购买决策更有信心（这种现象被称为"随波逐流效应"）。例如，请在 bloomberg.com/video/eden-s-communal-shopping-experience-?ExvmRAIhTE2AZapKKd5aVA.html 上观看视频"社区购物体验中的新边界"。

4. 社交商务中的角色

人们在社交媒体和电子商务中扮演以下角色：

- **连接器**。这些人通过互相介绍而认识，并进行联系。连接器试图影响人们购买。顾问和关联人员扮演着这个角色。
- **销售人员**。和线下销售一样，销售人员主要是影响购物者购买。他们与买方联系紧密，因此可以给买方留下深刻的印象。

- **咨询者**。这些咨询者向专家、朋友和内行寻求有关购物和服务的建议与信息。
- **内行**。内行是在某些领域被大家公认的,但非官方的专家,可以向咨询者提供积极或消极的建议。
- **自主购物者**。这些人独自工作,不喜欢被影响。
- **其他**。大多数人不属于上述任何一类。

主要影响者是朋友、其他消费者、销售人员、连接器和内行(专家)。

5. 社交购物的好处

社交商务的许多好处(参见 7.3 节)也是社交购物的好处。其他好处还有:

- 你可以在购物时进行社交。
- 你可以发现你从未听说的产品或服务(例如,参见 thisnext.com)。
- 你可以轻松快捷地与供应商(品牌)代表进行交流(例如,stylehive.com 上的博客提供的功能)。
- 对网上购物的信心和信任可能会因与朋友的互动与参与而增强。
- 你可以通过团购、每日特价等获得超级优惠。加入 Groupon 只是为了看每日超级优惠。
- 你可以与朋友、粉丝和其他人交换购物技巧。因此,你可以从别人的经验中学到技巧。
- 你可以构建和分享心愿单。
- 你可以和志同道合的人一起购物。

因此,在你购物之前,请咨询社交购物渠道。对于更多的好处,包括对卖方的,请参阅 Turban et al.(2016)。

请注意,社交购物网站可能会通过广告、实际销售佣金、与零售商共享客户信息以及联盟网络营销产生额外收入。

在许多情况下,社交媒体营销的使用在财务上是合理的。有关示例的免费电子书,请参阅 Petersen(2014)。

注意:Pinterest 和 Twitter 都直接或间接地为部分或全部这些商业模式提供活动。有关 Twitter 这方面的信息,请参见 business.twitter.com/teitter-101。

6. 社交购物网站中的哪些元素值得期待

根据社交购物模式提供的产品和相关信息以及支持信息系统,人们可以在一个站点中找到各种元素。以下是帮助购物者做出购买决定的主要因素:

- **视觉分享**。照片、视频和其他图像使得购物者可以直观地分享他们的产品体验。
- **在线讨论**。评分、评论、互动、推荐、博客有助于购物者讨论产品的功能和优势。
- **产品展示及使用**。这些演示了如何通过视频、博客和分步说明来使用产品。
- **指南**。指南由经验丰富的消费者、专家或员工创建,并通过案例研究、推荐信、视频和信息提供支持。

7.4.2 加入社交媒体的传统电子商务网站

除了纯粹的社交购物网站，还有许多传统的电子商务网站添加了社交媒体工具。一个典型的示例是亚马逊，它增加了建议、评论、评分等功能。

● **示例：雀巢互动社交商务网站**

全球食品和饮料制造商雀巢公司于 2011 年 9 月在德国推出了一个互动式在线社交商务平台，与消费者互动，同时提供更多产品访问渠道。根据 fdbusiness.com/tag/germany，雀巢市场（"Markt-platz"）网站是德国第一个食品和饮料制造商的社交商务平台。消费者可以在线购买产品（包括大部分雀巢或销售其产品的零售商店无法提供的在国外销售的雀巢产品），还可以对每种产品进行评估、评分、推荐和提问。该网站支持双向沟通服务。购物者可以在网站上提交对新产品的建议。通过在线提供超过 2 000 种产品（截至 2016 年 2 月）和 78 种不同品牌，雀巢德国公司每年的网站访问量约为 220 万次。

该公司希望让其客户参与其中，并帮助雀巢市场蓬勃发展。

雀巢市场的访问者可以使用各种详细标准搜索产品，包括味道、包装、颜色、特定场合或饮食偏好。每种产品的营养信息也可以在网站上找到。雀巢市场网站由 Facebook 页面支持，该页面提供了有关公司品牌、食品和烹饪的讨论空间。有关详细信息，请参见 nestle.com/media/newsandtfeatures/pages/nestle-pilots-social-commerce-with-new-interactive-site-for-german-consumers.aspx。要了解公司的战略、愿景和经验，请访问 e-commercefacts.com/background/5166-nestle-marketplace。

7.4.3 社交购物的主要类型和模式

近年来出现了大量的社交购物模式和策略，其中许多是由 Groupon.com 等初创公司创建的。有些是电子商务通用模式的扩展，还有一些则是社交购物特有的。这些模式可以独立或组合使用，也可以内嵌于社交网络。我们将它们分为以下几类。

对于这些，有几个购物辅助工具，我们在详细介绍其中一些类别后将对其进行描述。

- 团购。
- 低价购买（秒杀），如每日特价优惠。
- 实时购物。
- 社区和俱乐部。
- 市场。
- 创新模式。
- 购买虚拟产品和服务。
- 基于位置的购物（在 7.5 节中介绍）。
- 购物展示网站（如 YouTube）和游戏网站。
- 点对点模式（如放贷）。
- 私人在线俱乐部。
- B2B 购物。

1. 团购

第 1 章介绍的 B2C 团购模式在许多国家（包括美国）都不受欢迎或很少被使用。然而，在其他国家（如中国），团购却取得了很大的成绩。这种模式的问题在于，即使有团购网站作为中介连接供应商和消费者，形成购物小组也是非常困难的。此外，即使成功组织了一个购物小组，除非进行大量谈判协商，否则关于折扣的协商可能会很难进行。为了吸引购物者，像 LivingSocial 和 BuyWithMe 这样的团购网站在短时间内提供重大折扣或特价优惠。这些创业公司充当中介机构与供应商谈判交易。团购与每日交易密切相关（秒杀）。社会商务的方式使原本不太成功的电子商务模式得以复兴，并经常与秒杀相结合。

注意：该模型目前（2016 年）在美国并不太受欢迎，但在中国很受欢迎。

团购在中国　团购在中国非常受欢迎。2013 年 12 月，全球约有 1 000 家团购公司活跃在中国，估计有 1.4 亿购物者。例如，lashou.com 在中国 100 多个城市运营。主要的团购公司有 Wowo Ltd. 和美团。

过程　根据 Madden（2010）的数据，几年来，中国买方组织团体购买产品（例如汽车）。小组组长与潜在卖方讨价还价。有时领导者带领整个采购团队进行面对面的集体谈判。

到 2014 年，所有主要的中国互联网公司都已经推出或计划推出团购和秒杀交易。其中包括百度、新浪、腾讯和阿里巴巴。

2. 低价购买（秒杀）

短期低价交易通常是离线进行的，以吸引已经在商店中的人，或供应商为某一天或几天（在报纸、广播和电视中）特价销售做推广，或在特定日期的特定时段内进行"售卖"销售。当在线完成后，这个模式会发生几种变化，并且经常与其他模式一起提供给购物者。

秒杀销售网站的一个常见战略是专注于一个行业。例如，gilt.com 专注于设计服装、珠宝、箱包和高档家居摆设。

Woot.com（一家亚马逊公司）提供与其交易相关的社区信息。例如，有一个"关于今日低价的讨论"的 Woot 博客，主要讨论过去的低价交易、折扣新闻，以及有多少社区成员购买了哪种产品和产品数量。网站提供成员的推荐。Woot 被认为是电子产品极客最喜欢的地方。因此，Woot 不仅是一个品牌，也是一种文化。其他有趣的秒杀公司有 Jetsetter（一家 TripAdvisor 公司）和 Rue La La，秒杀可能会提供高达 80% 的折扣。

3. 实时在线购物

社交网络上的购物者可以邀请他们的朋友同时在不同地点在线购物。使用 Facebook 电子邮件（或其他网络）或 Twitter，他们可以互动讨论与购物相关的话题并提供意见。

一起购物网站　数十个网站支持"一起购物"模式。例如，Select2bon 允许你在聊天室中加入讨论，创建一个心愿单，与朋友实时在线购物，找到灵感、想法和建议，与朋友一起开创现场陈列室，并访问该网站专业的最新与时尚相关的产品。关于详细信息和解释，请参阅 select-2gether.com/about/help。

Coshopping Coshopping 是一款 IBM 的软件工具，可让两位网上购物者实时浏览商店、查看产品、一起聊天。它还可以让客户服务中心的员工与客户进行实时互动。

4. 在线社交购物社区

根据 Lee（2014）的观点，"购物社区将志同道合的人聚集在一起讨论、分享和购物"。社区平台和论坛将人们、企业和其他社区联系起来。迄今为止，时尚社区是最受欢迎的（例如，Polyvore、Stylefeeder 和 ShopStyle）。其他购物社区围绕食物、宠物、玩具等进行组织。例如，Listia（listia.com）是一个在线社区，用于在使用虚拟货币的在线拍卖过程中购买和出售旧物品或新物品以及时尚物品。DJdoodleville（djdoodleville.com）是一家专门从事艺术和手工艺销售的网上购物社区。

关于社交购物社区的总结，请参阅 digitalinnovationtoday.com/speed-summary-ijec-social-commerce-special-edition-social-shopping-communities。

5. 购物社区的示例

有许多网站可以被归类为纯粹的购物社区。一个主要的示例是 polyvore.com，案例 7-1 将介绍它。

◎ 案例 7-1 社交商务应用

Polyvore：社交购物的一个趋势

根据 Polyvore 的网站和 Crunchbase（crunch-base.com），polyvore.com 是一个专注时尚和潮流趋势的在线社区网站，用户有权发现和开发自己的风格并设定时尚趋势。用户通过创建在 Web 上共享的"集合"来实现这一点。该公司与 Calvin Klein（calvinklein.com）、兰蔻（lancome-usa.com）和 Coach（coach.com）等知名品牌以及 Net-a-Porter 等零售商合作推动产品参与其中；其网站上的用户生成的时尚产品则由社区成员及 Lady Gaga 和 Katy Perry 等名人进行评判。今天，该公司也在使用移动技术。例如，它有一个 iPad 应用程序，具有许多功能（见 blog.poly-vore.com/2014/02/new ipad 和 iphone updates clip to.html）。注意：一些名人，如 Lady Gaga，在网站上发布自己的产品进行销售。

Jacobs（2010）以及 Grant（2013，信息图）详细描述了现已实现盈利的 Polyvore 的故事。用户使用网站上免费提供的特殊编辑器设计衣服。这些"设计"可以在 Polyvore 网站、Facebook 和 Twitter 上发布和分享。商家（例如设计者）可以通过以下方式免费使用该网站：①创建档案，②上传现有产品，③创建设计。

一旦商家创建了档案并上传产品，Polyvore 鼓励商家通过审查和评估这些产品与其他社区成员进行交流。Polyvore 认为，商家的活动将得到回报。为了方便实际购物，这些设计被链接到了创作者的网站。

Polyvore 可以被视为一个众包时尚运营，反映了许多人的创造力和意见，因此，它可以被视为反映了当前的时尚趋势（他们现在对室内设计也做一样的事）。2015 年，Remix 创建了一个应用程序来帮助那些想要浏览或购买，而不是设计服装的用户（请参阅 Perez（2015b））。

根据 TrueShip（2016）的统计，Polyvore 每月有超过 2 000 万个用户向该网站提交 220 万件商品，每月创造约 250 万套时尚套装，并且每月的浏览量达到 10 亿次。用户花费数小时浏览、追踪喜爱的时尚趋势，提问并分享想法。许多人认为 Polyvore 是发现或评估时尚潮流的最佳场所，由公司管理的竞赛促进了这一趋势的发展。2015 年，雅虎收购了 Polyvore。

Polyvore 可以与 Pinterest 一起使用，以增加网站的流量。

资料来源：基于 Jacobs（2010）、Perez（2015b）、polyvore.com/cgi/about 和 crunchbase.com/organization/polyvore（均于 2016 年 3 月访问）。

问题

1. 如何使用 Polyvore 编辑器创建设计（请参阅 Polyvore 发布的标题为"如何在 Polyvore 编辑器中创建设计"的短片，imeo.com/7800846）。
2. 公司在 2013 年增加超模 Tyra Banks 作为投资者。对这种添加的逻辑进行分析。
3. 评论创建 Remix 的逻辑。
4. 阅读 Jacobs（2010）并解释人们在 Polyvore 创建的内容和方式。同时，确定本网站成功的关键因素。
5. 解释 Polyvore 产品管理副总裁的发言："我们的使命是实现时尚民主化。"
6. 在这种情况下确定购物社区的所有功能。

6. 私人网上购物俱乐部

法国的 Vente-Price 是第一家私人网上购物俱乐部。该俱乐部专注于设计师产品。一般来说，该俱乐部以极高的折扣（高达 80%）进行奢侈品牌的秒杀活动。奢侈品牌通过该俱乐部来清算过季商品、过剩的库存或特殊样品。消费者因奢侈品有极高的折扣而喜欢这个俱乐部。

这种商业模式成功的关键在于，与团购模式相比，并非每个人都可以购物。仅限会员的模式实现了多重目标。在一定程度上，它是一种让会员感觉像 VIP 一样的营销手段，而且有助于俱乐部的健康发展。

- **示例：私人俱乐部**

  一些私人俱乐部（或"仅限会员"）是："Beyond the Rack"（beyondtherack，在美国和加拿大开展促销活动）、Gilt Groupe（gilt.com）、Rue La La（ruelala.com）、亚马逊的 Buy VIP（buyvip.com，在欧洲开展）、Ideeli（ideeli.com）和 BestSecret（bestsecret.com）。请注意，现在要尽量减少与百货公司的冲突，奢侈品牌现在可以在塔吉特（target.com）等商店以互联网价格提供精选商品。

7. 其他创新模式

社交商务中有数百家初创企业。以下是一些典型的示例：

- Wanelo。这个热门的社交购物市场（尤其对年轻购物者来说）结合了书签和产品分享。会员可以跟随其他人进行时尚购物。Wanelo（wanelo.com）是一个基于在线社区的电子商务网站，它将来自众多商店的产品汇集到一个板式（Pinboard-style）平台上。它还在

iTunes 和 Google Play 以及 Facebook 粉丝页面上提供应用程序。有关 Wanelo 的更多信息，请参阅 mashable.com/2013/11/05/wanelo-social-shopping。

- RealGifts。Facebook 有一项名为"RealGifts"的服务，允许人们将真实的礼物送给他们的朋友。人们在 Facebook 上聚在一起购买对方的礼物（Wrapp 可让你用智能手机发送礼品卡）。
- 虚拟礼物。虚拟礼物的社交网络市场正在迅速增长。Facebook 在其市场销售虚拟礼物。
- 从朋友那里获得帮助。要获得朋友的帮助，你可以访问诸如 shopsocially.com 等网站。你可以发布问题、分享购买物经历，等等。
- 无须离开 Facebook 即可购物。有几种方法可以使用 Facebook 粉丝页面进行购物，所以粉丝不必离开 Facebook。在功能实现方面需要考虑付款和安全问题（请参阅 facebook.com/auc-tionitems）。
- 社交拍卖。Facebook 现在有一个 eBay 卖方的商店应用程序，被称为"拍卖物品"（以前称为"易趣物品"），成员可以向他们的朋友发送私人邀请，邀请他们到其商店。拍卖物品应用程序有多种语言版本。
- 众包购物建议。你可以从许多人（人群）那里获得建议，就像 CloudShopper 所做的那样。CloudShopper 允许用户接收他们朋友给出的建议。用户在 Facebook 上选择产品并谈论他们感兴趣的产品。该公司还提供有关比较选定产品的价格和价格提醒的服务。有关详细信息，请参阅 cloudshopper.com.au。
- 帮助卖方和博主销售产品。Etsy 是一个面向社交的市场，它可以帮助博主和卖方（主要是艺术家），通过让他们直接向消费者销售产品来实现其业务的货币化。
- 活动购物。有很多网站可以帮助你在朋友的协助下购买特殊活动（例如婚礼）。这种模式存在许多变体。

7.4.4 社交购物辅助：从推荐到评论、评分和市场

除了典型的电子商务购物辅助工具，如类似亚马逊的比较引擎和推荐（见第 3 章），社交商务还有一些特殊的辅助工具。

1. 社交商务中的建议

在线客户使用购物辅助工具（如 nextag.com 等价格比较网站），查看产品评论网站（如 epinions.com）以及研究其他来源。审查和参与社交网络论坛是另一种比较价格和阅读产品及服务评论的方式。为此，可以使用多种社交商务模式和工具。我们在这里介绍两大类。

2. 评分和评论

朋友，甚至是不认识的人（如专家或独立的第三方评估人员）的评分和评论通常可供社交购物者使用。此外，任何客户都有机会提供评论并参与相关讨论。客户在 bazaarvoice.com/solutions/conversations 上可以找到一些进行评级和评论的工具。示例是：

- 客户评分和评论。客户评分很受欢迎。人们可以在供应商的产品（或服务）网站（如 Buzzillions），或独立评论网站（如 TripAdvisor）和/或客户新闻推送（如 Amazon.com，Epinions）上找到它们。客户评分可以通过投票或民意调查来总结。
- 客户推荐。客户体验通常发布在供应商的网站和 tripadvisor.com 等第三方网站上。许多网站鼓励讨论（如 bazaarvoice.com/solu-tions/conversations）。
- 专家评级和评论。评级或评论也可以由领域内的专家生成并出现在不同的在线出版物中。
- 赞助评论。这些由付费博主或领域内的专家撰写。广告商和博客通过搜索诸如 sponsorreviews.com 之类的网站来找到彼此，这些网站将博主与营销人员和广告商联系起来。
- 对话式营销。人们通过电子邮件、博客、在线聊天、讨论组和推文进行交流。监测对话可能会为市场调查和客户服务产生丰富的数据（如戴尔所实施的，参见戴尔的社交媒体指挥中心）。
- 视频产品评论。评论可以通过使用视频生成。YouTube 提供上传、查看、评论和分享评论的功能。
- 博主评论。这是一个值得怀疑的方法，因为有些博主付费发表评论，并且自身带有偏见。当然，也有许多博主享有公正的名声。

● 示例：Maui Jim

Maui Jim（mauijim.com）是一家设计高品质偏光太阳镜的设计公司。该公司正在使用 Bazaarvoice 的评级和评论，使客户能够对自己的太阳镜和配件进行评级。

该公司依靠口碑营销宣传其产品并帮助购物者。他们会邀请一些客户分享他们对特定太阳镜款式、适合度和质量的看法。当客户搜索这款太阳镜时，就会收到邀请。Maui Jim 向客户发送一封电子邮件，要求他们查看产品，该公司在其选定的社交网站的网页上发布了评论。

3. 社交建议和推荐

推荐引擎允许购物者接收其他购物者的建议并向其他人提供建议。

社交购物可以将社交网络平台中的推荐与实际销售结合起来。社交建议与评分和评论密切相关，有时也与它们整合在一起。

● 示例：ThisNext

ThisNext（thisnext.com）是一个社交商务网站，社区成员在其中推荐他们最喜爱的产品，以便其他人可以找到理想的或独特的商品并进行购买决策。ThisNext 使用口碑、社交体验和个性化推荐来促进购物。为了协助完成购物决策，该社区包括专家、博主、时尚专家和潮流引领者。ThisNext 还为博主、设计师和购物者开发了一套购物工具。有关详细说明，请参阅 thisnext.com/company。

将推荐与营销传播和购物结合起来是有道理的。与传统的在线产品评论相比，此类别的网站允许购物者接收建议并向特定的朋友提供建议，而传统的在线产品评论则包含由未知购物者提供的建议。此外，这些网站出售广告空间、提供优惠券，还有一些网站提供与本地商家交易的自动返现奖励。

有时候，社交推荐会嵌入到提供购物工具的社交购物门户中，并将评分和评论捆绑在一起。常用的推荐方法是：

- 社交书签。推荐的产品、服务等都有书签，因此社交网络的成员可以轻松找到它们。
- 个人社交建议。这些基于找到具有相似属性的人。通过分析这些客户的实际购买记录，可以得出关于通用的和有针对性的建议（例如，参见苹果的 Near Me，流行的基于用户当前位置的应用程序），亚马逊推荐以及 Snoox（"你的朋友对所有事情的建议"）。
- 推荐计划。联盟计划（例如，亚马逊联盟（affiliate-program.amazon.com）、苹果的 iTunes 联盟计划（apple.com/itunes/affili-ates）为转介新客户付费）。有关推荐计划的更多信息，请参阅 slideshare.net/getambassador/building an effective referral program。
- 匹配算法。咨询公司和供应商（如奈飞）根据相似性算法提供建议（如第 3 章所述）。

4. 推荐网站的说明性示例

下面是一个典型示例。

Buzzillions（buzzillions.com）是用户生成的产品评论网站。它从其母公司 PowerReviews（由 Bazaarvoice 收购）获得评论，而 PowerReviews 是一家专门为电子商务网站提供客户评论软件的公司。它还导入了使用其他第三方供应商或拥有内部审查系统的公司的产品评论。该网站提供了一些用于标记和研究评论的有用工具。它还提供排名。到 2016 年，它有超过 1 700 万条产品评论。

Buzzillions 的商业模式是：将 Buzzillions 的销售流量或产品线索卖给使用 PowerReviews 的商家网络。换句话说，Buzzillions 的读者阅读从许多其他网站导入的评论，然后他们可以点击感兴趣的产品，从而阅读有关这些产品的更多信息，并可能在卖方的网站上进行消费。

该公司的独特之处在于：

（1）排名基于客户的反馈。该公司提供了缩小搜索范围的工具，但消费者必须阅读评论，看看产品是否适合他们。

（2）Buzzillions 鼓励所有评论，包括正面或负面评论。除非评论被审查认定亵渎或违反公司的条款，否则都将在网站上显示。

（3）Buzzillions 不销售产品，尽管该公司在该网站上列有零售合作伙伴，供消费者直接联系。

5. 关于社会化评论和建议的一些顾虑

有些人质疑评论和建议的准确性。在一些网站中，虚假评论和声明被怀疑占总评论的 30%~40%。例如，请参阅 en.wikipedia.org/wiki/Yelp 上的"针对企业主的指控"。还有一个关于企业付钱给评论网站以操纵评论的问题。另一个问题是,如果评审人数较少,则可能会出现偏差(正面或负面)。有关讨论,请参阅 Barnett(2015)。

7.4.5 其他购物辅助和服务

除了建议和市场之外,还有几个网站提供社交购物辅助工具,如以下示例所示。

1. Yelp:购物者的最佳助手

Yelp(yelp.com)是一家运营本地指南的公司,该指南根据用户的评论和推荐,帮助人们在特定城市找到从商家到餐馆的各种服务。通过这种方式,它将人们与当地企业联系起来。被称为"Yelpers"的社区成员撰写企业评论,然后评估它们。Yelpers 还会查找活动和特别优惠,并且可以相互"交谈"(例如,请参阅 yelp.com/talk)。

该网站也是企业宣传其产品和服务的地方(因发布"Yelp 交易"而向 Yelp 付费)。Yelp 也可通过移动设备访问。该网站提供了很多社交网络功能,如论坛、发布照片和创建团体,Yelp 的用户还可以拥有"粉丝"。Yelp 拥有一个公司博客(yelpblog.com),以及一个面向全球精英 Yelpers 的社区博客(yelpblog.com/section/yelp-community)。经常积极参与网站活动的 Yelpers 可以申请成为"精英分队"成员(请参阅 yelp.com/elite)。

Yelp 是如何工作的 用户在特定位置寻找业务。Yelp 的搜索引擎找到附近可提供服务的企业,并向用户提供企业评级、其他用户对其的评论。

Yelp 与谷歌地图连接以显示商家位置并进一步帮助发现相关业务。将社交功能添加到用户评论会创建一个声誉系统,网站访问者可以看到好的和坏的。有关声誉管理的主题,请参阅 http://seofriendly.com/search-engine-marketing-and-reputation-management/。更多关于 Yelp 运营的消息,请参阅 computer.howstuffworks.com/internet/social-networking/networks/yelp.htm 上的"Yelp 如何运行"。有关更多消息,请参阅 yelp.com/faq and en.wikipedia.org/wiki/Yelp。

请注意,一些购物辅助工具既可用于在线购物,也可用于离线购物场景。例如,借助实体店(如 Kohl's)中的触摸屏 PC,你就可以在店内检查目录并将你订的物品发送到你的家中。

2. 协作评论

ProductWiki 等网站的结构类似于维基百科,因此每个用户都可以为该网站做出贡献。这类网站的目标是创建一个全面的资源收集系统。这些公司认为,有必要为产品信息建立一个公正、准确且基于社区的资源。这些网站使用协作评论,对消费者提交并投票的产品进行利弊选择。其结果是产生一个全面的评论,它考虑了很多人的意见,并突出了产品的最重要方面。一个协作性的审查由两个部分组成:简短的陈述和投票。社区成员分别提交自己的具体陈述,并对根据利弊分开的特定陈述进行投票,从而轻松了解每种产品的优缺点。

3. 处理投诉

如前所述,客户已经学会如何使用社交媒体来表达他们的抱怨。英国的一项调查显示,客户更可能通过社交媒体进行投诉，请参阅 xlgroup.com/press/new-survey-finds-customers-increasingly-likely-to-use-social-media-to-complain。另请参阅 wptv.com/dpp/news/science_tech/facebook-fb-twitter-twtr-used-to-complain-get-answers。

7.4.6 社交市场和直销

社交市场这个术语是指使用社交媒体工具和平台，并充当买卖双方之间的在线中介的市场。在理想情况下，社交市场应该能够像 Polyvore 一样推动会员自己的创作。

社交市场的一些示例包括：

- Craigslist。Craigslist（craigslist.org）可以被认为是一个社交市场，除了支持社交活动（会议、约会、活动）外，它还提供在线分类广告。
- Fotolia（fotolia.com）是提供免版税照片、图像和视频剪辑的社交平台。2014 年，该网站上有 3 100 多万张图片。它为艺术家、设计师和其他创意人士提供服务，他们通过图片、论坛和博客表达自我。买方可以合法购买图像和照片（每次或定期支付一次），然后按照他们的意愿使用它们（例如，转售、修改）。有关详情，请参阅 us.fotolia.com/Info/AboutUs。
- Flipsy。任何人都可以使用 Flipsy（flipsy.com）展示、购买和出售书籍、音乐、电影和游戏。它的设立是为了满足对免费和值得信赖的媒体市场的需求。Flipsy 不收取佣金以增加交易量。购买物品的付款由第三方处理，例如 PayPal。
- Storenvy。Storenvy（storenvy.com）是一个独特业务和照片的市场。卖方不花钱，只需简单的流程（无须编程经验）就可创建个性化的网店。卖方有能力使网站像他们希望的那样友好，让客户有机会与卖方以及其他客户进行互动。
- ShopSocially。ShopSocially（shopsocially.com）是一个消费者对消费者的购物营销传播和经验分享平台。这个平台还能让购物者向他们的朋友推荐产品。ShopSocially 将网上购物和社交网络的概念结合起来，创造了一种新的在线社交购物的商业模式。用户可以通过 Facebook、Twitter 和电子邮件向朋友索取购物信息。购物问题、他们的答案和朋友分享的购物组合可以创造出强大的体验和购物知识库。有关零售商的详细信息和优势，请参阅 shopsocially.com。

1. 在社交网络中直接销售

社交网络中直销的数量显著增加，主要体现在 Facebook 平台上。以下是一个示例。

● 示例：音乐家如何通过社交网络开展在线销售

许多音乐家和其他艺术家过去常常投资制作自己的 CD、T 恤和其他物品，然后再将其出售。现在有一个免费的社交商务解决方案。Audiolife Inc.（一家联盟娱乐公司，为艺术家提供网上商店（一人一个），艺术家（卖方）可以直接与潜在买方互动。这种安排还允许艺术家"按订单生产"和销售商品。

为了吸引粉丝订购产品，艺术家们会在任何大型社交网站（例如Facebook）上发布自己的Audiolife选择。每个订单，即使是其中的一部分，都会被转发给艺术家进行制作。Audiolife安排支付和给买方发货。到2012年，Audiolife在全球推出了近100 000家网络商店，为30万名艺术家提供服务，其中包括已经成名的艺术家。Audiolife于2012年5月被Allince Entertainment收购。

● **示例：购买按钮的工作方式**

继Facebook之后，其他社交网络和零售商推出了"购买按钮"，例如Twitter、Pinterest、Instagram（Kuchler，2015）、谷歌等。

2. 面向社交的个人对个人（P2P）销售、购买、租赁或交易

当个人进行在线交易时，他们可能会通过一些社交元素来进行交易。例如，有些人认为craigslist.org是一个面向社交的虚拟社区，altim-etergroup.com也是如此。这里有一些示例。

P2P借贷 P2P借贷正在迅速增长，以使一个人可以直接借钱给另一个人。在这个过程中，他们彼此了解。一家初创公司创建了一个向有需要的人（通常是短期）出租物品的社区。Snapgoods.com帮助这些人通过互联网彼此连接。

P2P共享（也称为协作消费） SnapGoods促进P2P共享。像Swap BabyGoods.com和Swapmamas（swapmamas.com）这样的网站可以帮助人们分享在自己院子里种植的水果或在公共土地上找到的果树，这些业务原本只有规模非常小的市场。分享和租赁的趋势正在蓬勃发展，特别是在经济衰退时期，并且在资源使用方面具有"环保"意义。还有社交方面的分享，可以让人们与他人建立有意义的联系（详见Walsh（2010））。

P2P共享模式存在多种变体。有些人分享汽车（乘车分享，例如优步和Lyft），其他人则邀请旅客在家免费住宿，或者在短时间内交换房屋。LendingTree是另一家允许潜在借款人从多个贷款人处获得快速报价的公司。有关P2P借贷的案例研究，请参阅在线文件W7.1。

2013年5月，谷歌投资P2P投资网站lendingclub.com。该公司在2015年取得成功，并在纽约证券交易所上市。

7.4.7 在虚拟经济中购买虚拟商品

越来越多的购物者在线购买各种虚拟产品和服务。**虚拟商品**（virtual good）是真实或虚构商品的计算机图像。这些包括但不限于Second Life的财产和商品（例如给你的虚拟形象配置虚拟手机）以及在社交网络上的多人游戏（例如Facebook上的FarmVille）中销售的大量商品。

1. 虚拟经济

虚拟经济（virtual economy）是虚拟世界中存在的新兴经济体，在虚拟经济世界中，人们

频繁交换与互联网游戏或虚拟商业相关的虚拟商品。人们的主要目的是娱乐。但是，有些人交易他们的虚拟商品或财产。虚拟资产可以是由虚拟对象、人物或用户账户控制的任何资源。有关这些资产的特性，请参见 en.wikipedia.org/wiki/Virtual_economy。

2. 为什么人们购买虚拟商品

人们出于几个原因购买虚拟商品。例如，很多人购买虚拟资产是因为他们无力购买现实世界中的资产。根据 Savitz（2011）的说法，在任何国家进行此类采购都有四个重要原因：

（1）创造特殊的体验。
（2）产生情绪。
（3）小额购物使人们更快乐。
（4）虚拟商品成本低、麻烦少。

7.4.8 实时在线购物

在实时在线购物中，购物者可以登录网站，然后通过智能手机或电脑立即与 Facebook 或其他社交网络连接，也可以通过 Twitter 或电子邮件邀请他们的朋友和家人。朋友们一起在线购物，交流想法和经验。

一些实时购物平台就是 Facebook 的社交图形购物平台。此外，还有 BevyUP 和 Samesurf。这些使多个用户能够实时分享他们的体验。

有关 Facebook "喜欢" 和社交插件如何帮助企业网站的更多信息，请参阅 searchengineland.com/by-the-numbers-how-facebook-says-likes-social-plugins-help-websites-76061。

注意：Facebook 正在考虑建立一个购物商场与亚马逊网站竞争。Facebook 将为商场增添浓厚的社交气息（参见 King（2015））。

7.4.9 社交购物在不久的将来

想象一下这种情况：一旦你踏入实体商店，零售商会要求你在移动设备上登录 Facebook。Facebook 的许多合作伙伴都有自定义的 Facebook 应用程序（合作伙伴应用程序），用户可以通过他们手机上的应用程序商店进行下载，包括黑莓和 Windows 手机（请访问 facebook.com/mobile）。

通过这种方式，用户可以在他们的手机上收到定制的建议。你可以预期，你店内的朋友会以电子方式表明哪些衣服可能最适合你（例如，使用 "喜欢"），然后你就可以迈开步伐并找到要购买的东西。那么风险呢？隐私是许多人关心的问题，但对于经常与他人分享经验的 "千禧一代" 来说，这一点并不重要。另外，有时候人们不需要在店内屏幕上显示他们的完整身份。请在 youtube.com/watch?v=R_TAP0OY1Bk 上观看一个标题为 "购物的未来" 的相关视频。

例如，当你走进百货公司的更衣室时，镜子会反映你的形象，但你也可以在交互式展示中看到名人穿某种服饰（你喜欢的和某些特定的）的形象。网络摄像头还会将佩戴该物品的消费者的图像投射到网站上，供所有人查看。这就在商店内的消费者与商店外的他们的社交网络（朋友）之间建立了互动。该系统背后的技术使用 RFID（射频识别）技术，纽约市的 Prada 商店已经尝试用这种技术，向顾客展示哪些鞋子和钱包会和他们在更衣室里试穿的衣服相互搭配。你可以在 youtube.com/watch 上观看一个名为"未来商店'智能更衣室'"的视频。请注意，由于隐私问题，Prada（和其他公司）停止了他们的 RFID 实验。

> **7.4 节复习题**
>
> （1）定义社交购物并描述其驱动因素。
> （2）列出社交购物的主要好处。
> （3）列出社交购物的主要模式，并简要描述它们的功能。
> （4）描述评分、评论和建议。
> （5）定义团购。
> （6）定义与营销相关的社交社区和社交俱乐部。它们如何工作？
> （7）定义社交市场。那里发生了什么？
> （8）描述主要的购物辅助工具。
> （9）描述购买虚拟商品。
> （10）描述不久的将来的社交购物。

7.5　社交广告：从病毒广告到微博和其他促销活动

许多社交商务公司目前的主要收入来源是广告。原因在于，看到社交网络中的大量成员和访问者以及他们在那里花费的时间，已经为广告商提供了在这些网络中大力投放广告并进行促销的动机和理由。像其他社交商务活动一样，广告在公共和私有公司拥有的社交网络中都可以完成。

许多广告商在 Facebook、YouTube、LinkedIn、Instagram、Pinterest 或 Twitter 上投放广告。尽管社交媒体活动可能会对实际的在线零售业务产生较小的影响，但它们在提高品牌知名度方面可能会带来巨大收益。数百万公司在所有主要社交网络上都有公司主页。

7.5.1　社交广告和社交应用

社交商务中的大多数广告都是由广告商付费的品牌内容。这些分为两大类：社交广告和社交应用程序。

（1）社交广告。这些展示广告和横幅广告投放在社交网络中的社交游戏和讨论板上。

（2）社交应用程序。这些应用程序支持社交互动和用户贡献。与社交广告相比，这些应用程序的实施更为复杂。

Facebook 在其网站上拥有数十万款第三方软件应用程序。一个流行的应用领域是旅行。例如，一个特定的应用程序是"我去过的地方"，其中包括用户访问过或希望访问的地点的地图。你可以计划旅行、组织团体旅行，并查找和评价付费或免费的住宿（例如，在 Couchswap）。这些信息可以出售给面向旅行的供应商，而这些供应商反过来将他们的产品推销给 Facebook

会员。特别令人感兴趣的是Tripadvisor的"我访问过的城市"及其互动地图。

7.5.2 病毒式（口碑）营销和社交网络

病毒式营销是指人们通过电子口碑（WOM）方法，告诉其他人（通常是他们的朋友）他们喜欢或不喜欢的产品。病毒式营销和广告有多种变化，它在电子商务和社交商务中扮演着重要角色。有关更多信息，请参阅Logan（2014）和Turban et al.（2016）。

年轻人特别擅长病毒式营销。如果会员喜欢某种产品或服务，口碑广告有时会以数百万人的速度迅速传播，并以最低的成本向公司的广告客户推广。例如，当YouTube首次启动时，该网站在几个月内几乎没有传统广告，但数百万人加入了口碑传播。关于"WOM的力量"，请参阅bazaarvoice.com/research-and-insight/social-commerce-statistics 和Wilde（2013）；关于使用Instagram获取客户的示例，请参阅Smith（2015）。

1. 病毒式博客

许多零售商正在使用博客来实施口碑营销。当病毒式营销由博主完成时，它被称为病毒式博客。通过使用Twitter等工具，病毒式博客可以非常有效（例如，使用谷歌搜索"戴尔使用Twitter推动销售"）。

请注意，付费博主可能会偏袒那些雇用他们的人。这可能是博客读者关心的问题。

2. 其他病毒式营销方法

病毒式营销在大多数社交网络中是通过内部电子邮件、短信、转发视频、故事和特别优惠完成的。另外，还有其他新颖的方法可以实施病毒式营销。

7.5.3 基于位置的广告和社交网络

基于位置的广告和营销是移动商务的商业模式。该模式通过客户手机中的GPS了解客户的位置。一旦供应商知道一个人接近某个企业，供应商便可以发送文字、电子邮件甚至打电话提供打折产品、优惠券或服务。这种有针对性的基于广告的商业模式在传统的电子商务中并不太成功。顾客对此不感兴趣，并且由于隐私问题，那些使用GPS的顾客会将其关闭了。

随着社交网络的引入，情况发生了变化。基于位置的营销的性质改变为社交、娱乐和奖励，广告是作为附加服务而来的。基于位置的广告产生的交互次数明显多于非目标广告。该技术基于地理定位和地理社交网络。

1. 地理社交网络

地理社交网络（geosocial networking）是具有位置感知功能的社交网络。这使社交网络能够将用户与本地企业、人员或事件连接起来。可以通过追踪手机或接收提供位置的短信来识别客户的位置。

2. 基于位置的社交网络技术

基本思想是拥有 GPS 功能的智能手机的用户可以让他们的朋友知道他们在哪里。用户还可以检查朋友推荐的位置或远程"检查"他们的位置。用户可能会允许接收广告。

3. Foursquare 及其竞争对手

几家初创公司在地理定位市场上进行激烈的竞争。其中最主要的一家是 Foursquare。

Foursquare 是如何工作的 Foursquare 适用于所有主流的智能手机，用户也可以使用 Foursquare 移动网站。无论采用哪种方式，Foursquare 都会在你的许可下找到你的位置，并提供一张地图，将你的位置标记为"签到"。此信息可以在你的许可下传送给你的朋友和供应商。howstuffworks.com/internet/social-networking/net-works/foursquare.htmFoursquare 提供了 Foursquare 如何工作以及如何加入的详细说明。

你可以在任何地点使用 Foursquare 签到。当你的朋友获悉你的位置时，他们就可以建议你在周围某个地方观光或者购物。

Foursquare 提供激励措施，鼓励用户以数字方式"签到"他们的位置。签到位置将会显示在 Twitter、Facebook 和其他社交网络上。

商业模式的变化 2014 年 4 月，Foursquare 对业务模式进行了重大改变。该公司改变了签到的方式，以向用户显示他们的哪些朋友正在附近（通过一个称为"Swarm"的应用程序）。该公司还开展了当地推荐活动，与 Yelp 竞争。有关示例，请参阅在线文件 W7.2。

4. 关于基于位置的社交网络的隐私问题

基于位置的广告和社交网络在寻找用户的位置或显示其个人资料和购物习惯方面，存在一些隐私问题。

选入与退出 用户可以通过选择加入或退出来允许公开自己的位置。"加入"是基于权限的系统，需要用户注册。然后 Foursquare（或类似的公司）就可通过获得朋友或供应商许可，访问用户的信息并与用户取得联系。"退出"是一种将用户从组中排除的选项。因此，如果用户希望退出，从系统中删除自己即可。

5. Facebook 的位置提示应用程序

此应用程序使用你手机中的定位服务来显示你当前所在地点的更多信息。该应用以地点页面和朋友创建的帖子为基础。Facebook 还使用该应用提出的建议并可能投放广告。现在，当你访问某个地方时，该应用将显示海报和照片（请参阅 Tam（2015））。最近，公司开始使用 Instagram 投放广告（请参阅 Smith（2015））。

7.5.4 使用 YouTube 和其他社交演示网站投放广告

将视频用于广告正在成为一项主要的成功策略。卖方通过在社交网络或公司门户网站的产品页面上添加短视频，来介绍新产品或改善品牌形象。

病毒视频

病毒视频（viral video）是指一个人迅速转发给其他人的任意视频，这类视频有时还会被推荐观看。社交网络是传播这类视频的理想场所，由于互联网共享（主要通过视频共享网站、电子邮件、短信、博客等）而变得流行。这种方法成本很低。

在第9章中，我们将主要通过它们的病毒式影响力来介绍视频在广告宣传中的使用。在这里，我们简要描述病毒视频如何与社交商务协同工作。社交媒体在视频病毒式传播时可能最为强大，因为它很能抓住人们的眼球（例如搞笑）。人们将视频或其网址转发给他们的朋友和熟人。结果是，许多人观看了可能包含广告或展示品牌LOGO的视频。某些视频可以在一周内得到数百万次点击。当然，大品牌在这里占主导地位。例如，2012年最知名的病毒视频是耐克、Visa、美泰和三星等制作的视频。

病毒视频为什么可行　在YouTube上看到的搞笑视频通常通过Facebook、Twitter或电子邮件共享。这些共享又依次通过来自收件人的相同频道共享。

可以在blog.socialmaxi-mizer.com/youtube-business-use-cases上找到一些有趣的示例。

7.5.5　使用Twitter作为广告和营销工具

Twitter和其他一些微博客网站已经为其网页添加了社交网络功能，例如创建个人资料和粉丝及朋友列表。卖方可以联系这些朋友开展强大的口碑营销。

Twitter正在变得更加商业化。该公司在2010年推出了第一款广告产品——"推特推广"，并最终获得4 500万美元的广告收入。部分原因是维珍美国、可口可乐、福特和Verizon等品牌愿意尝试这个想法。Twitter在2015年的收入约为22亿美元，高于2014年的14亿美元。公司可以发布有关其业务和产品的推文，包括促销活动。这样，它们可以吸引Twitter上的关注者访问它们的商店。Twitter可能有助于传播广告，从而增加销售额。Twitter的软件套件通过在商家添加新产品或创建促销活动时发布"推文"，帮助商家联系其Twitter关注者。有关成功的示例，搜索"Twitter简单演讲者"和"Twitter SBL发布"。Twitter已经是全球第二大社交网络平台（2015年8月约有13亿名注册用户），请参阅mediabistro.com上的报告。这可能有助于微博客网站与Facebook为吸引广告客户而竞争。

最后，这里还有更多可以在Twitter上做生意或做广告的方法，分别是：

- 招聘和求职。这些可以通过直接联系或通过中介进行。
- 品牌展示。公司可以将自己的博客、展示广告和营销传播显示在Twitter上。博主可以展示他们的能力。
- 市场调查。通过听推文，公司可以了解客户和竞争对手的想法。此外，公司可以积极参与讨论。
- 提供优惠。公司可以为选择关注的人提供促销政策、优惠券和折扣。例如，美国运通将客户的账户与客户的Twitter账户同步，以向客户提供来自商户的折扣。
- 协作。Twitter提供组织内部和组织之间的有效协作。

- 客户服务。如 7.5 节所述，Twitter 可以促进客户关系管理和客户服务。
- 使用专业人员增强公司在 Twitter 上的影响力。Twitter 被许多专业人士所使用，其中一些人在社交商务领域中很有影响。公司可以与这些专业人士和活跃的博主进行互动。
- 成本效益。使用 Twitter 与客户和业务合作伙伴进行交流非常划算。美国服装公司就是一个示例，该公司正在使用 Twitter 来征求和讨论广告的想法。

Twitter 主要的成功因素是其移动性。大多数人通过移动设备发送推文。事实上，其大部分广告收入来自移动广告。

7.5.6 社交媒体广告中其他创新的方式

社交广告的一个主要目标是增加网站和实体站的流量，如第 1 章中开篇星巴克的案例所述。有很多创新的方法可以做到这一点。3dCart（3dcart.com）列出了以下内容：在你公司的 Facebook 页面上刊登你的 Facebook 商店广告，在你的产品页面上放置一个链接到客户故事的"赞"按钮，并在 Facebook 上使用社交电子邮件营销；通过 Twitter 使用客户故事宣传你的商店；在 YouTube 上的视频中做广告；使用移动应用；社交书签将改善你的产品页面与访问者的沟通。

- 为你的公司使用 Facebook 页面，并添加 Facebook 商店。客户将成为你业务的"粉丝"，以检查更新并与具有类似兴趣的其他人会面。
- 关于业务和任何促销或者新产品等的推文。
- 向客户推送信息，以便让他们了解新产品等最新信息。
- 在你的网站上加入视频（例如 YouTube）。
- 添加社交书签到你的产品页面，以便退货。
- 支持移动应用程序。
- 将赞助故事添加到你的产品中（例如，佳得乐（Gatorade）品牌在 6 个月内使用其"任务控制"活动赢得了 120 万次对话）。

有关以上各项的详细信息，请参阅 blog.3dcart.com/7-social-commerce-tools-to-increase-traffic 和 Offerpop（2014）。

有关 ZIPCAR 如何在 Facebook 上使用社交活动将流量推送到其网站，请参阅 Belosic（2015）。

1. 品牌的变化规则

2010 年 12 月版《哈佛商业评论》将主题定为社交媒体推出的新品牌规则。其中有四篇文章讨论社交网络如何帮助你建立或摧毁你的品牌。

2. 使用博客

博客是一种 Web 2.0 工具，被认为在市场沟通、信息传播、建议和产品讨论（包括即将推出的产品）方面非常有效。例如，商家可以发布关于新产品的想法来开始讨论并收集意见。公司可以将博客添加到公司的 Facebook 页面（或其他社交网络页面）以及公司的内部网站。另外，公司可以在博客页面上放置点击横幅广告。

3. 使用优惠券

优惠券在社交商务中可以以多种方式分发。一种方法是通过部署基于位置的广告和社交网络来分发优惠券。一旦供应商知道你的位置以及如何发送电子邮件或发短信给你，就可以向你发送目标优惠券。另一种方法是在公司的 Facebook 优惠页面上提供优惠券。这是通过 Facebook 提供的优惠。Groupon 公司就使用优惠券（请参阅本章的章末案例）。

4. Facebook 优惠

该功能允许公司在它们的 Facebook 页面上发布优惠券。粉丝和其他用户可以"认领"这些优惠（点击"获得优惠"），这些优惠将成为移动新闻源。所有 Facebook 优惠都会通过电子邮件发送给要打印或与朋友分享的用户。Facebook 优惠可以是每日优惠和其他类型的优惠。

5. 使用 Snapchat

Snapchat 正在成为广告和销售的重要场所。有关概述，请参阅 Quensenberry（2016）。

6. 移动广告

移动广告是一个快速发展的领域。它指的是智能手机和其他移动设备上的广告。移动广告收入方面的竞争正在加剧，特别是随着智能手机使用量的增加。广告商开始将广告附加到视频片段上（请参阅第 9 章）。最后，广告商使用微博，特别是 Twitter，来吸引更多的观众。

7.5 节复习题

（1）描述社交商务中的广告。
（2）定义社交广告和社交应用。
（3）定义病毒式营销。
（4）描述病毒博客。
（5）定义地理定位和地理社会网络。
（6）基于位置的广告如何工作？
（7）列出 LBS 广告的一些顾虑。
（8）描述病毒式视频。
（9）如何将 Twitter 用于广告？
（10）描述移动广告。

7.6 社会化客户服务和客户关系管理

客户服务环境正在发生重大变化。这种变化既体现在客户与组织互动的方式上，也体现在公司员工与客户互动的方式上。有关概述，请参阅 Goldenberg（2015）。

这些变化源于社交媒体的引入。人们可能会认为客户服务与社交商务之间的联系并不大。但是，事实恰恰相反。管理客户关系是实施社交商务的主要业务挑战。

7.6.1 社交网络如何帮助客户

据说一条充满愤怒的推文可以摧毁一个品牌,但是一条好评性质的推文可以纠正一个问题。由于客户服务质量差,许多客户已经结束了与供应商的关系。让我们来看看Facebook如何帮助一家公司改变政策。

● 示例

Facebook的合唱团是如何结束这一乐器行李禁令的呢?

澳航的政策要求将大型乐器存放在货舱内,但这一政策有时会导致乐器损坏。在遭受了1 200美元的萨克斯管的损失之后,澳大利亚的Jamie Oehlers在2010年秋季组织了一场Facebook活动,以说服航空公司改变这一政策。当有人投诉时,公司的标准回应是向客户发送道歉信,但通常这些政策不会改变。然而,超过8 700名用户(包括该国交响乐团的成员)联合起来,在Facebook上发布了类似事件和损坏乐器的图片,并表示如果航空公司不改变其政策,他们将抵制澳航。澳航宣布,他们将听取客户的意见,并最终修改了政策,允许携带配有硬壳箱体的仪器登机,只要它符合航空公司的长度和重量限制。有关澳航新政策的信息,请参阅qantas.com/travel/airlines/carry-on-baggage/global/en。

这个故事不是偶然事件,类似的故事经常出现在媒体上。一个众所周知的案例是"United Breaks Guitars",该案例还被写入一本书中,并拍摄成视频。已经有1 500多万人观看了这个视频,请参阅youtube.com/watch?V=5YGC4ZoqZoO。

7.6.2 社会化客户关系管理

客户关系管理(customer relationship management,CRM)是一种客户服务方式,专注于建立长期和可持续的客户关系,为客户和商家创造价值。在线交付时,它被称为在线客户关系管理(在线教程T1)。一个开展在线客户关系管理的主要领域就是社会化客户关系管理。

1. 定义

社会化客户关系管理(social customer relationship management,SCRM)(也称为CRM 2.0)是由社交媒体(例如Web 2.0工具、社交网站)支持的客户关系管理,旨在通过对话、共享和其他交互方式来吸引客户,以便为所有参与者提供好处并增强彼此间的信任。社会化客户关系管理基于社交媒体,支持公司提出的优化客户体验以及建立信任和忠诚度的既定目标。要取得成功,需要考虑与客户和企业之间交互相关的人员、业务流程和技术。像客户关系管理一样,社会化客户关系管理的一个主要目标是建立信任和品牌忠诚度。

社会化客户关系管理是客户关系管理的延伸,而不是替代品。它增加了两个维度:社交媒体和人。它旨在使用社交媒体工具与客户进行对话。社会化客户关系管理的一个重要目标是为卖方增加利益(例如,增强顾客对卖方的信任、忠诚度并增加销售额)和顾客(例如,更好更快的服务,以及更多的参与)。社会化客户关系管理是业务战略的一部分,用于解决公司如何适应社会化客户的问题,以及他们对与其互动的公司的期望问题。有关社会化客户关系管理的详细介绍,请下载Fagan(2014)提供的免费电子书。有关社会化客户关系管理的全面报道,请参阅 Lacy et al.（2013）和 Goldenberg（2015）。

2. 社会化客户关系管理的组成部分

社会化客户关系管理的主要元素和特征如图 7-3 所示。如图所示，这些特征是由社交网络驱动的社交客户的基础。社会化客户的需求与不使用社交媒体的客户的需求不同。例如，社会化客户希望通过互联网与供应商进行交流。这种交流由社交媒体提供，这是社会化客户关系管理的主要元素。社交环境也是社会化客户关系管理的主要元素，因为它是社会化客户交互的源泉。

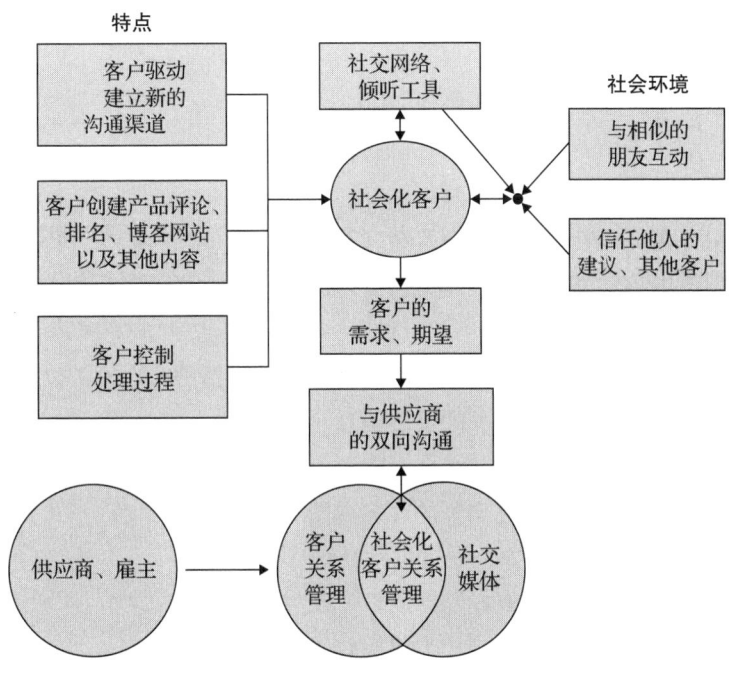

图 7-3　社会化客户关系管理的元素

7.6.3　如何为社会化客户服务

被授权的客户被称为**社会化客户**（social customers）(见第 1 章)。这些客户通常是社交网络中的会员，进行社交购物，了解他们作为购物者的权利以及如何利用他们的优势。社会化客户选择与公司互动的模式。这些客户受到朋友、专家和家人的影响。商家必须了解社会化客户与传统客户的不同之处，并为他们提供基于社交的客户服务（详情请参阅 Goldenberg（2015））。

社会化客户服务的方法和指南

公司如何为社交媒体客户提供服务？公司正在寻找这个问题的答案，不仅是因为他们害怕社交网络成员发布的负面评论，更是因为他们看到了一个机会，可以让客户参与提供有关如何改善客户服务和运营的反馈和想法。此外，公司可以征求客户的反馈意见，以提高客户的忠诚度，从而使他们自己的客户服务人员在工作中更加顺利。关于如何做到这一点，请参阅 Fagan（2014）。社会化客户关系管理可以使用程序、指南和软件（例如，请参阅 Goldenberg（2015））。

7.6.4 社会化客户关系管理的好处

社会化客户对组织提出了新的要求。但是，社交媒体工具很好地满足了这些要求，成本通常很低。社交媒体提供了参与和协作，如果实施得当，最终会为组织带来竞争优势（请参阅Turban et al.（2016））。

社会化客户关系管理为客户（c）和企业（e）提供以下潜在好处（注：案例7-2解释了其中的几个好处（iRobot，本章后面将会介绍）。这些好处都标有"i"）。

有关其他好处，请参阅 Fagan（2014）。

- 快速解决客户问题（c）。
- 提供有效和高效的业务——客户协作（c）(e)。
- 提高公司的声誉（e）(i)。
- 更好地理解客户的需求（e）。
- 提供集中、直观且易于使用的客户关系管理应用程序（e）。
- 由于客户创建内容和 WOM，因而提供更好的营销、更好的定位以及改进的产品或服务（e）。
- 以更快的速度和更低的成本为改进产品和客户服务，提供客户输入以进行市场调研（e）。
- 快速向客户提供有关产品或服务的更多信息（c）(i)。
- 提高信任度和忠诚度（e）。
- 可提供比传统客户关系管理更完整的客户视图（e）。
- 降低整体客户服务成本（例如，通过自助社区）（e）。
- 使销售人员能够快速方便地查找销售线索（e）。
- 开发新的收入机会并将新客户转化为回头客（c）。
- 通过教会 CRM 员工使用分析和协作 2.0 技术，提高其工作效率（e）。
- 通过从社交网络中获得的知识共享，提高员工绩效（e）。
- 通过使用社交媒体平台为客户提供参与机会，提高客户满意度（c）(i)。
- 通过更有效的活动将销售线索转化为机会（e）。

案例 7-2 电子商务应用

iRobot 使用社交媒体进行多渠道社会化客户关系管理

iRobot（irobot.com）由麻省理工学院的三位机器人专家于1990年研发出来，致力于将实用机器人变为现实，并设计和制造了一些世界上最重要的非军用机器人。根据他们的网站，2015年，iRobot 创造了 6.17 亿美元的收入。iRobot 为政府、国防和安全、全球军事和民防部队、商业应用、工业和家庭使用制造机器人。公众对 Roomba 吸尘机器人最为熟悉。由于其产品的技术性质，公司的客户可能需要专门的支持和服务。在他们的客户关怀网站上，该公司提供自我诊断、支持视频实时聊天、产品常见问题解答转到"客户帮助"和输入问题并自动接收答案等服务（例如，请参阅 homesupport.irobot.com/app/answers/list/session/l3rpbwvvmtqwmdqznjk4ns9zawqvodjsx1zbvww%3d）。但是，有些国内市场的客户可能需要更多的技术援助，因为许多人刚开始使用机器人。该公司的目标是扩大家庭市场的产品销售。因此，他们必须为缺乏经验的客户提供广泛的帮助。该公司支持社区并提供讨论板、社区搜索和实时聊天功能。

社会化客户关系管理：在向他们学习的同时服务于客户

iRobot 在 Oracle RightNow Inc. 的帮助下利用 CRM 系统（请参阅 oracle.com/us/products/applications/rightnow/overview/index.html 上的 Oracle Service Cloud）。该系统使客户能够通过多种不同的通信渠道联系 iRobot 的服务组，包括电子邮件、实时聊天、社交网络和 Web 自助服务。这样，iRobot 可以及时响应任何在线客户通信，而不管客户使用何种渠道。所有这些都需要以低成本完成。因此，有必要自动化服务。

特殊的社交媒体活动

iRobot 客户可以在 homesupport.irobot.com 上发布服务和支持请求或投诉，也可以联系服务台；客户也可以相互沟通。公司监控这些消息并尝试提供即时响应。iRobot 试图通过监测各种社交渠道（例如社交网络论坛）中的相关对话来找出有问题的客户的身份。一旦确定，iRobot 会私下与客户沟通以解决问题。

社交媒体导向的活动与 RightNow 管理的知识库中的文档和视频相结合。该公司使用 RightNow 的监控工具来识别发布评论的客户。有些客户可能会提供他们的真实姓名。公司鼓励匿名客户直接与 iRobot 联系。关于公司如何倾听社交媒体，请参见 informationweek.com/software/social/roomba robots listen to social media/d/d-id/1100404?。有关播客，请参阅 money-basicsra-dio.com/2013/04/irobot-social-media。

快速响应问题非常重要，因为正如前面讨论的，客户可以使用 YouTube 或 Twitter（该公司在 Twitter 上开展促销活动，如赠品和游戏）吸引相当多的关注，以宣传他们的抱怨。除了解决问题之外，公司还从客户那里获得有价值的反馈，从而改进产品和服务。

iRobot 在 Facebook、Twitter、Pinterest、YouTube 和 Tumblr 上都有业务。该公司利用这些网站传播信息并收集客户反馈和投诉。

资料来源：基于 irobot.com/About-irobot.aspx（访问于 2016 年 3 月）。

问题

1. 术语多渠道服务支持的含义是什么？多渠道的好处是什么？
2. 在 iRobot 上与社交媒体相关的活动有哪些？这些活动有什么好处？
3. 描述公司如何倾听客户的抱怨，以及如何解决问题。

7.6.5 社会化客户关系管理的发展

现在你已经对客户关系管理、在线客户关系管理和社会化客户关系管理有了基本的了解，我们可以看看社会化客户关系管理的演变以及社会化客户关系管理和在线客户关系管理之间存在哪些差异。社会化客户关系管理可以被看作在线客户关系管理的延伸。大多数在线客户关系管理软件公司，例如 Salesforce Inc.（salesforce.com），都在其产品中提供社交媒体功能。但是，在线客户关系管理和社会化客户关系管理之间存在一些显著差异。这些差异可见于 slideshare.net/JatinKalra/e-crm-112520123741 与 Turban et al.（2016）及第 7 章。今天的社会化客户关系管理在很多情况下都是由移动设备提供的（请参阅 Goldenberg（2015））。

7.6.6　Cipriani 的多维展示

Fabio Cipriani（2008）根据以下方面概述了客户关系管理（客户关系管理 1.0）和社会化客户关系管理（客户关系管理 2.0）之间的区别：内涵结构、客户接触点、业务处理建模、技术和组织思维。图 7-4 显示了客户关系管理 1.0 和客户关系管理 2.0 之间的区别。

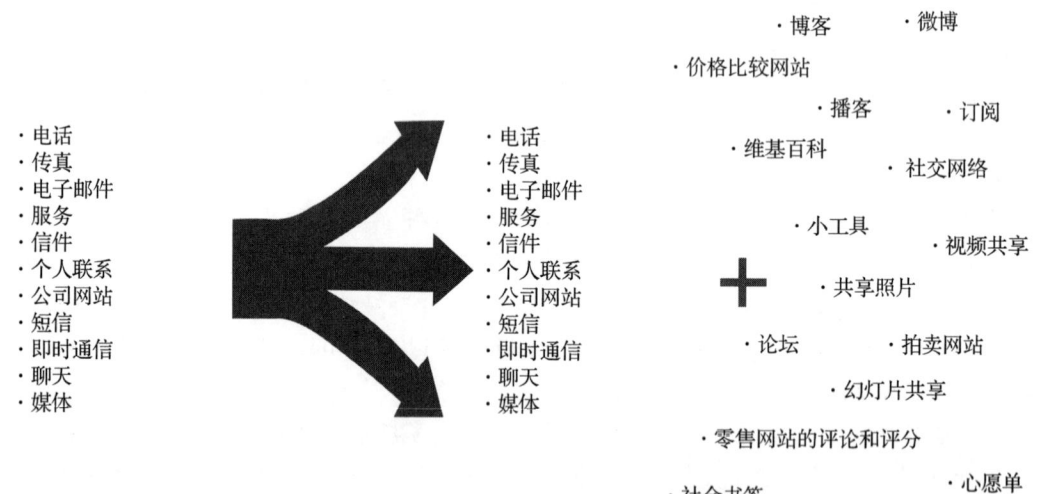

图 7-4　客户关系管理与社会化客户关系管理的接触点

资料来源：Courtesy of F. Cipriani, "Social CRM: Concept, Benefits, and Approach to Adopt," November 2008. slideshare.net/fhcipriani/social-crm-presentation-761225 (accessed March 2016). Used with permission.

● **示例：获取对客户关系管理的满意度**

"Get Satisfaction"（getsatisfaction.com）是一个平台，客户可以互相交流并发表意见和投诉。通过论坛，他们可以快速解决他们的问题。每个社区围绕四个主题进行组织：

（1）提问。客户可以回答彼此的问题。

（2）分享想法。客户按主题、产品、供应商，提供汇总反馈。

（3）报告问题。搜索查看是否有人发布了类似问题，发布你的问题。

（4）好评。客户可以在上面表扬产品或供应商。Get Satisfaction 向感兴趣的供应商免费提供有关客户的对话信息。

Get Satisfaction 提供有关客户与感兴趣的供应商的对话信息，不收取任何费用。

Get Satisfaction 支持社区的示例，请参阅 getsatisfaction.com/safarichallenge。

结论

实施社会化客户关系管理需要赋予员工权力，这意味着可能需要一套新的员工技能。很长一段时间以来，营销人员都认为，一切都始于消费者的需求。通过社会化客户关系管理和所有社交媒体产品的讨论，营销人员现在必须学习如何将这一理念融入他们的策略。

7.6.7 社会化客户服务和客户关系管理的实施示例

实现社会化客户服务有多种模式和方法。首先让我们看看 Safeway 在这方面正在做什么。

● **示例1：Safeway 如何提供社会化客户服务**

Safeway 是一家大型杂货连锁店，拥有一个虚拟客户俱乐部。会员可以享受店内折扣，还可以通过电子邮件接收优惠券和促销广告。会员还可以接收包含健康新闻和食谱、购物技巧等在线时事通信信息。为了拓展服务，Safeway 邀请他们的客户成为自己的 Facebook 粉丝，并在 Twitter 上关注自己。这可以让客户和会员掌握独家的促销信息。此外，会员可以关注其他 Safeway 购物者并分享信息。

在他们的"Just for U"计划中，购物者可以在点击特定优惠券（比如牛奶）时获得数字优惠券和个性化订单特权优惠；然后，当他们购买牛奶时，他们会得到 10%~20% 的折扣。购物者再也不需要收集纸质优惠券了。更多相关信息，请参阅 safeway.com/shopstores/justforu-faq.page。

此外，客户可以访问该公司的博客"今日在 Safeway！"，该公司的员工在上面发布了花卉、面包和其他类别的商品图片。Safeway 的专家还会发布有关营养、环境可持续性等方面的信息。虚拟客户俱乐部的会员可以在博客上发表评论（但是仅限原创内容）。

● **示例2：REI Adventure**

REI Adventure 是一家快速发展的探险旅游公司，其拥有一个旅行计划部门，负责销售户外服装和装备。它将那些想要与其他具有相似兴趣的，要到特定目的地旅行的客户聚集在一起，并制订详细的团队旅行计划。该旅行计划由人工编制，然后邮寄给客户。因此，REI Adventure 启动了以 Salesforce Sales Cloud 系统为主的自动化解决方案。该系统分为两部分：一部分针对员工，另一部分针对客户。这两部分基本上都是社会化客户关系管理系统。它允许为团队中的个人制订旅行计划。该系统具有友好的界面，所有文件都可以快速在线发送。总体而言，客户对该系统非常满意，员工可以为更多的客户提供服务，客户可以在目的地探险时相互交流，详情请参阅 Brown（2016）。

● **示例3：百思买如何使用 Twitter 提供实时客户服务**

百思买是一家大型电器零售商。该公司使用他们的 Twitter 账户（@twelpforce）与客户进行互动。

百思买在 Twitter 上授权了其技术支持服务（称为 Geek Squad）和其他企业员工（总共 4 000 名

参与者）。在那里，任何发现客户在 Twitter 提问的员工都可以回复客户。答案在网站上对所有人可见，且允许其他员工添加信息。

有关其他示例，请参阅 socialmediatoday.com/tags/customer-service。

社交网络有助于小型公司的客户服务

目前提供的大多数示例都涉及大型公司。那些小型公司呢？显然，有些应用是中小企业负担不起的。但是它们也可以部署许多其他应用程序。

- 示例：Teusner 葡萄酒

Teusner 葡萄酒（teusner.com.au）是澳大利亚的一家小型三人精品酒庄。通过使用 Twitter，该公司仅需一人就可以运营整个营销部门。

- 与葡萄酒行业中有影响力的人开展有关葡萄酒的在线对话。
- 发送推文给在线讨论 Teusner 葡萄酒（例如，社区中）的用户，并对他们尝试这些葡萄酒表示感激。
- 通过在线对话与客户建立初步信任关系。
- 邀请人们参观酒庄并品尝葡萄酒。
- 为美国和加拿大的潜在客户提供购买澳大利亚葡萄酒的建议。
- 监控来自客户的实时在线反馈。
- 鼓励客户与客户之间的社交媒体对话。
- 使用 Twitter 发布客户评论。
- 与 Twitter 粉丝分享所有信息。
- 在 Instagram 上上传照片并收集"赞"。

所有这些都是在一家小公司内完成的，几乎不需要任何费用。请参见 dottedlinecollaborations.com/social-media/case-study-using-twitter-attract-new-customers。

大公司有必要整合营销、客户服务和社交网络。

7.6.8 声誉管理系统

并非所有社交网络上的帖子都是正面的。问题在于，公司在看到负面评论时，他们会如何处理（请参阅 Christman（2014）的概述）。

公司不能阻止人们在社交平台（包括 Facebook 页面）上发布负面评论。如果一家公司阻止这种发布负面评论，它将消除其粉丝的潜在积极评论，从而失去了积极的口碑和客户反馈。如果公司删除这些帖子，那么发布者和其他人可能会进行报复。信誉管理方面一个可能的解决方案是以积极鼓励的方式来设计评论空间。一个声誉系统应该：

- 建立对卖方的信任。
- 提升产品和服务的质量。
- 保持客户忠诚度。

有关全面报道，请参阅 reputationinstitute.com。

7.6 节复习题

（1）定义社会化客户并描述他们的特征（请参阅第1章）。
（2）为什么以及如何通过社交网络授权客户？
（3）定义社会化客户关系管理。
（4）社会化客户的需求是什么？
（5）列出5~8个社会化客户关系管理的好处。
（6）区分社会化客户关系管理与传统客户关系管理。
（7）描述一个声誉管理系统。

管理问题

与本章有关的一些管理问题如下所示。

1. 社交商务如何影响企业？ 社交营销可以改变许多购物者做出购买决定的方式。社交商务将通过增加互动、参与度和协作来改变B2B和B2C。它将改变业务流程、公司对待客户和员工的方式，甚至可能引起组织重组。受其影响最为强烈的是广告、病毒式营销、协作和品牌认知方面。其次，在提供客户服务、开展市场调查和组织协作方面，它的影响力也非常巨大。欲了解更多信息，请参阅Jamieson（2014）。

2. 公司是否需要赞助社交网络？ 虽然赞助社交网络可能听起来不错，但执行起来可能并不简单。社区成员需要服务，而这需要成本。最困难的任务是找到一个与你的业务相匹配的现有社区。在许多情况下，社交网络的成本可以通过其对广告的贡献来证明。但是，社交网络服务提供商需要创建各种收入模式来维持可持续服务。创造收入是社交网络服务提供商面临的最具挑战性的问题。

3. 小企业加入Facebook是否明智？ 答案取决于企业和你想要达到的目标。对那些需要不断接触客户和/或供应商的人来说，这可能会有所帮助。Facebook目前对直销可能不是很有帮助。然而，加入Facebook成本很低，因此值得考虑。中小企业的一个主要问题是社交网络中的松散安全问题。有关此问题的全面介绍，请参阅entrepreneur.com/article/239539。

4. 如何处理虚假评论和假冒追随者？ 不幸的是，有很多假冒的追随者。其中一些假冒的追随者是公司为了提高形象专门花钱聘请的；其他人则是竞争对手雇用的。企业可以使用专门的软件来检测这些假账户。当公司决定在哪宣传广告时，这些虚假的数据可能会误导公司。这个问题将在第8章中讨论。

5. 我们是否应该通过社交网络进行销售？ 对于大多数情况，答案是肯定的。企业只需将其视为增加销售的额外渠道。至于使用哪种模式，取决于产品、竞争对手和潜在风险。有关战略和实施，详见第12章。有关理由，请参见Petersen（2014）的案例。

本章小结

在本章中，你了解了以下与本章学习目标相关的电子商务问题。

1. 社交商务的定义和演变。 社交商务（SC）是指在社交媒体环境中进行电子商务。它可以被看作在社交网络中使用社交媒体工具完成活动的电子商务子集。它运行在社交媒体、电子商务、电子营销的交叉点上，并支持来自社会心理学、市场营销、社会学和信息技术等学科的理论。

2. 社交商务的范围、内容和驱动因素。社交商务是一个综合性的领域，主要由社交媒体营销（广告、市场研究和客户服务）和社会化企业（解决问题、招聘和协作）组成。它还包括社交娱乐、社交游戏和众包。社交商务是由庞大的社交网络、Web 2.0 工具以及社会化客户的出现所驱动的。

3. 社交商务的好处和局限性。社会商务为客户、零售商和其他企业提供了大量的好处。客户可以获得更优惠的价格，更好的客户服务，还可以获得朋友的社交支持（例如产品推荐）。他们也可以找到新朋友，并建立新的联系。零售商可以接触更多的客户，获得快速反馈，改善与客户的关系，走向全球，并使用免费的口碑营销传播。这对企业也有好处。企业可以进行快速和廉价的市场调查，招募来自全球各地的员工，在需要时进行创新、协作和寻找专家。

4. 描述社交购物。社交购物是指由社交媒体支持且涉及朋友和在线社交媒体社区的在线购物。主要的驱动力是大量的社交网络人士、对朋友建议的依赖性、为买方获得大幅折扣的可能性、卖方销售量的增加、社交导向的购物模式，以及社会化客户的增加。

5. 如何在社交网络中进行广告和促销活动。社交商务的主要推动力是看到巨大潜在市场的广告商投入的资金。广告投放可以通过多种方式完成。对于公司来说，使用口头传播几乎是免费的，但它可能是危险的（例如负面评论）。横幅广告及其他付费广告及社交搜索模式的使用为社交网络（主要是谷歌和 Facebook）带来了数十亿美元。市场上存在大量的广告应用程序。此外，博客可以提供积极的（但有时是消极的）评论。许多公司已经开展了特殊活动，让社区成员参与广告相关活动（玩游戏、投票、产生想法等）。另外，Pinterest、Twitter 和 YouTube 上的广告也越来越流行。

6. 开展社会化客户服务和客户关系管理。当客户关系管理平台涉及社交媒体（例如，Web 2.0 工具和社交网站）时，CRM 被称为社会化客户关系管理。社会化客户关系管理为客户、供应商和公共机构提供了许多好处，其中包括增强的授权客户与供应商、服务提供商之间的关系，以及向客户提供更好的服务。社会化客户关系管理的演变可以从以下五个维度来描述：内涵结构（例如结构和重点）、触点（例如使用社交媒体工具）、业务流程（例如如何倾听客户）、技术（例如面向社交的工具）及组织思维（例如交互模式）。这种演变是由社交网站的爆炸性使用、社会化客户的兴起，以及购买者对社交建议的重视所推动的。社交网络大大提升了客户的权利，因此他们可以快速获得关注以及解决方案。组织一场 Facebook 投诉闪电战并不困难。客户可以提出改进建议并对其进行投票。

⊙ 问题讨论

1. 比较社交计算和传统计算。
2. 讨论社交媒体中的社交元素。
3. 讨论社交商务对电子商务的贡献。
4. 比较 Polyvore 和 Pinterest。

5. 讨论人们购买虚拟商品的原因。
6. 讨论传统在线供应商如何在它们的网站中添加社交网络功能。
7. 在什么情况下你会相信专家的而不是朋友的推荐？
8. 营销人员如何使用社交网络进行病毒式营销？
9. 为什么广告客户对社交网络如此感兴趣？
10. 讨论 P2P 交易中可能存在的欺诈问题。
11. 讨论用户生成的评论和建议的缺点。

⊙ 课堂讨论和辩论话题

1. 辩论：社交购物者的隐私风险。
2. 辩论：社交媒体对购买的影响是否被高估。首先，在 baselinemag.com/c/a/Intelligence/Social-Media-Influence-On-Purchasing-Overrated-660095 上观看题为"社交媒体对购买过度的影响"的幻灯片。
3. 辩论：未来，所有的电子商务都将是社会化的。
4. 辩论：目前许多线上和线下的零售商与其他组织（例如报纸）都有每日优惠板块。但只有在互联网上才更为常见。是否需要中介？
5. 讨论社交购物对人际信任的影响（请参阅 Bazaarvoice.com（2011））。
6. 你为什么认为 Wanelo 很受欢迎？
7. 调查 Facebook 优惠券。病毒式服务有什么潜力？移动新闻推送的优势是什么？解释 Facebook 优惠券与 LivingSocial 之间的竞争。

⊙ 在线练习

1. 登录 smartmobs.com，转到 blogroll。找到三个与社交商务相关的博客，并总结它们的主要特点。
2. 登录 thisnext.com。该网站有哪些功能？你喜欢什么，不喜欢什么，为什么？
3. 登录 salesforce.com 并确定公司支持的所有社会化客户关系管理活动，尤其是那些与 Chatter 产品相关的活动。完成报告。
4. 登录 salesforce.com/dreamforce/DF14。查找有关处理社会化客户关系管理的话题。写一个总结。
5. 登录 bazaarvoice.com。总结其主要服务。检查 SocialConnect。
6. 登录 tkg.com/social-media-marketing。准备一份关于社交购物的信息列表。
7. 登录 select2gether.com。你可以从本网站获得哪些服务？
8. 登录 powerreviews.com。将其活动与类似网站的活动相比较。
9. 登录 deal-of-the-day-review.toptenreviews.com。总结你所学到的经验。
10. 登录 socialshoppingnetwork.org。查找与本章相关的材料。完成报告。

⊙ 团队任务和项目

1. 阅读开篇案例，回答下列问题。
（1）索尼使用哪些社交媒体工具和平台？

（2）每种工具如何促进客户服务？

（3）社会化客户关系管理对索尼有什么主要好处？

（4）将索尼的 Pinterest 应用与社会化客户关系管理联系起来。（首先进入 community.sony.com。）

（5）查找与客户关系管理相关的活动，并总结。

（6）转到索尼社区并提问，获得结果，并总结四个经验。

2. Facebook 正在提供越来越多的营销工具（例如，Open Graph、Social Plug-ins）。确定其提供的所有工具。每个小组可以在以下几个受 Facebook 影响的业务领域中，选择一个进行关注：广告和搜索引擎优化（SEO）、购物、市场调研、客户服务、客户关系管理等。做一个课堂演示。

3. 每个小组在以下通过 Facebook 和 Twitter 进行广告投放和推广的公司中，选择一两家，然后查找并总结它们使用的广告方式以及它们如何进行广告投放。这些公司包括：可口可乐、星巴克、福特、百事可乐、李维斯、迪士尼、维多利亚的秘密、iTunes、丰田、索尼或宝洁。完成报告。

4. 全班将对中国和印度的团购现状进行调查。亚洲团购的前景如何？（建议先从 Madden 的文章《不使用优惠券的中国式团购》着手，网址为 adage.com/article/global-news/advertising-china-group-buying-discounts-groupon/147641，同时研究中国的 WoWo Ltd.。）

5. 全班阅读 Gil（2015），并对文中的 50 条预测进行归类。研究进展并提交报告。

⊙ 章末案例

Groupon：公司会繁荣吗

Groupon 这个名字是英文 group 和 coupon 这两个单词的组合。Groupon 成立于 2008 年 11 月，在 2012 年之前一直被认为是增长最快的公司（以销售额计）。最初，Groupon 在美国特定地区提供团购和每日优惠（每天一笔高折扣优惠）服务。截至 2014 年，Groupon 在全球 48 个国家为 500 个市场提供服务。

机遇

Groupon 是一家初创公司，主要通过电子邮件提供特价优惠。其想法是，当用户听到有一个很大的折扣时，他们会把这个消息转发给可能购买的朋友（利用"社交"元素）。最初，参与销售的买方越多，创建团购，折扣就会更大。但是，这个模型已经改变，下面将会描述。

解决方案

为了利用这个机会，Groupon 开发了一种独特的商业模式。

1. 初始商业模式与策略

根据 Groupon（groupon.com）的说法，该公司在其服务的每个城市都提供名为"Groupons"的特别销售。广告的交易时间有限（通常为 24～72 小时），并可供所有注册会员使用。据 Groupon 的客户服务部门称，过去 Groupon 的政策是保证参与的商家有一定的销售量。换句话说，只有在足够的人（即"组"元素）购买了特定的 Groupon 时，客户才会得到折扣。如果 Groupon 不符合承诺的配额，则卖方不需要履行交易，也不需要向 Groupon 支付任何佣金，并且客户不需要花钱。

Groupon通常以卖方创收的某个百分比收取广告和促销费用。零售商可以使用该系统来促进他们的业务，获得新客户并在淡季促销（例如，在夏末进行清算等促销活动）。图7-5说明了最初的过程，即团购和快速交易模型的组合。今天，它基本上是一个秒杀（每日）交易。商家愿意为大量购物者提供50%～80%的折扣的原因是商家的营销和间接成本较低，而他们的市场份额却增加了。

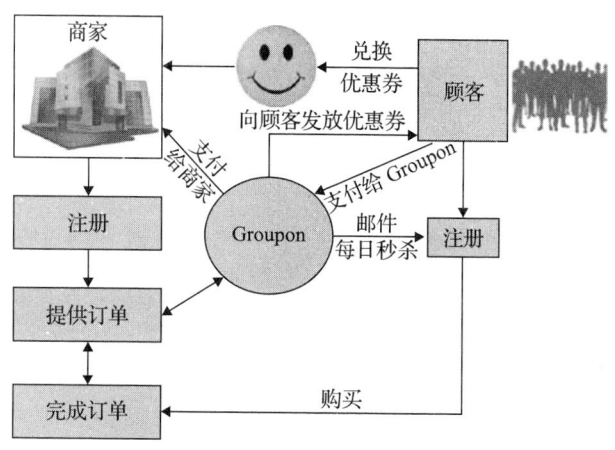

图7-5 Groupon的商业模式和流程

Groupon的商业战略是与愿意提供大幅折扣的优质商家合作。Groupon使用传统的电子邮件和社交网络（例如Facebook、Twitter、Pinterest）来促销这些交易。交易可直接通过电子邮件发送给会员，但对当前每日优惠感兴趣的客户可以访问Groupon网站（Groupon Goods；groupon.com/goods）。Groupon提供了一个"推荐朋友"计划，在该计划中，购买者可以为他们参与第一笔交易的每个朋友赚取10美元（请参阅groupon.com/referral）。

2. 好处和扩展

对客户的主要好处是：

- 大幅折扣（50%～80%）。
- 发现新的或专门的服务和产品。
- 有关每日优惠的交易由Groupon提供。
- 向家人和朋友提供有用的建议。

商家的主要好处是：

- 可以快速销售更多数量并清算商品。
- 节省广告和营销费用（例如，通过使用病毒式广告）。
- 获得回头客（如果客户喜欢交易和服务，他们就会回来）。
- 降低客户获取成本。
- 了解并与位于邻近地理区域的供应商合作。

3. 模式的局限性

较小的供应商可能无法完成由Groupon生成的大量订单。例如，东京的一家餐厅出售500

组Groupons进行传统的新年晚宴，但由于订单的巨大需求，该公司无法及时处理订单。很明显，Groupon的一些交易对于供应商来说太大了，客户抱怨延迟交货和订单在"糟糕的情况下"到达。

针对这一问题，Groupon高层制定了一些公式来帮助合作的供应商，以确定如何满足消费者需求，以及提供多少优惠券（将订单限制在合理的数量内）。

另一个限制是一些企业可能无法在交易中盈利，甚至可能遭受损失。最后，尽管Groupon和类似公司可以创造大量收入，但可能会带来巨大开支，提供了更多交易而实际上却损失了资金。因此，这种模式的盈利能力受到很多人的质疑，特别是在竞争激烈的情况下。

Groupon正试图发展成为不仅仅是一项日常业务。作为其分支的一部分，2013年11月，Groupon开设了一个名为Groupon Goods（groupon.com/goods）的电子商务"市场"（在线零售网站），该网站侧重于打折产品。

这些交易还有一个时间限制（3~7天）。2011年，Groupon与Expedia（expedia.com）合作推出Groupon Getaways（groupon.com/getaways），侧重于折扣旅行（酒店、旅游等）。

Groupon还有一个名为Groupon "Reserve"的计划（groupon.com/reserve），参与该计划的餐厅在有空桌时会给予用餐者折扣。与通常的购物网站购票不同，通过Groupon Reserve购买优惠券，你可以在线预订，然后出席就餐。

截至2016年3月，超过50%的Groupon北美交易已在移动设备上完成（请参阅groupon.com/mobile）。

4. 竞争

与任何成功的业务一样，有很多公司试图复制Groupon的成功模式。全球范围内有数千个类似的网站。例如，仅在中国就有超过1 000家类似的公司，但许多公司都没有成功。尽管如此，截至2013年11月，Groupon唯一的重要竞争对手是由亚马逊支持的LivingSocial（livingsocial.com），并与谷歌产生竞争。Google优惠（plus.google.com/+GoogleOffers/posts）可在Google+上使用。其他值得注意的竞争者包括Gilt City（giltcity.com）、Gilt Groupe（gilt.com）、Woot!（woot.com；亚马逊的独立子公司）和HomeRun（homerun.com；可在全美以及与三个欧洲国家销售）。Yipit（yipit.com）是一个基于电子邮件的"每日交易收集器"，它收集来自每日优惠网站（如Groupon）在你所在的城市的产品优惠信息。只需告诉Yipit你想要什么，当有匹配的优惠信息时，它们会提醒你。Groupon仍然控制着美国所有每日优惠中超过50%的交易。

Groupon未来可能的竞争对手包括雅虎、亚马逊、Yelp以及美国当地和全国性的报纸。最后，一些主要零售商、制造商和服务提供商（例如沃尔玛、Home Depot）独立提供每日优惠。

竞争中的因素 鉴于其庞大的规模和资源，与Groupon竞争是一项挑战。因此，竞争对手使用诸如专注于小众市场的策略，其针对小型统计人口中的消费者，诸如一种产品，或一个行业（例如，体育赛事门票，crowd-seats.com、旅行、食品和时尚）。另外，一些网站集中在他们具有竞争优势的小区域（例如，城市，请参阅scorebig.com）。有几个网站已经合并（例如Facebook Deals）或被另一家公司收购。例如，BuyWithMe由Gilt Groupe购买；Buy.com由日本公司Rakuten.com Shopping（rakuten.com）购买；私人旅游网站Jetsetter（jetsetter.com）于2013年被TripAdvisor收购。截至2014年3月，Groupon已经收购了30个网站，包括现在被称为"Blink by Groupon"的酒店预订网站Blink（blinkbooking.com）。2014年1月，Groupon

宣布已经收购了韩国的"Ticket Monster"电子商务公司（LivingSocial 的子公司）。

5. 近期发展

2015 年，该公司由于亏损，在 9 个国家裁员了 1 100 人，并关闭了业务。（关于此次裁员，请参阅 Lunden（2015））。Groupon, Inc.（2016）在其新闻 16.3 节中报告了其为重新盈利所做的重大努力。其中有：

- 移动和 Web 工具属于一个品牌 Groupon Merchant。
- Groupon Merchant 平板电脑应用程序为商户提供了多种有用的功能（请参阅 Lunden（2016））。
- 添加了几项功能以加快交易速度。
- 扩大旅行交易（请参阅 groupon.com/Getaways）。

此外，Groupon 还推出了自己的食品配送业务（Perez, 2015a）。Groupon 正在使用社交媒体宣传其业务。

● **示例：香蕉保护器的风靡**

为了推广 Cultures Containers 公司出售的产品，Groupon 开始了一场病毒式推广活动。Groupon 为塑料香蕉保护器提供了 3 件装的优惠。Groupon 引导了关于该产品的谈话，以增强民众的好奇心。这场病毒式浪潮受到了《福布斯》、*AdWeek*、*Mashable*、《美国杂志》和 *Buzzfeed* 的关注。有关详细信息，请参阅 Kissmetrics（2015）。

结果

2010 年，Groupon 拒绝了谷歌 60 亿美元的收购要约。该公司于 2011 年 11 月 4 日上市，共筹集 7 亿美元。第一天它的股价飙升了 31%，使得 Groupon 的估值达到了约 160 亿美元。此后，由于市场对其盈利能力的担忧，其股价下跌。Groupon 在 2013 年第一季度之前一直亏损。在 2015 年遭遇重大亏损之后，公司在 2015 年年底和 2016 年开始复苏。

资料来源：基于 grouponworks.com/merchant-resources（访问于 2016 年 3 月）。

问题

1. 卖方很难与 Groupon 做生意。Groupon 下架了许多商家的应用程序。你为什么认为 Groupon 非常严格，这项政策将如何影响竞争？

2. 一些人声称 Groupon 是一个电子邮件列表，向广告商收取接收他们的优惠券（称为 Groupons）的费用。评论这一看法。

3. Groupon 正在改变其商业模式，从优惠券转向折扣销售。评论这种商业模式。

4. 撰写关于 Groupon 在竞争激烈的环境中的生存机会的报告。检查其收入模式和扩张计划。查看股市分析师关于该公司的报告。

5. 详细了解 Groupon 的订单履行情况（例如，处理订单数量、控制交付以及处理市场营销和竞争对手的能力）。完成报告。

6. Groupon 也从事 B2B 业务。搜索网络，了解 Groupon 是如何做到和取得成功的。

在线文件

本章在线文件可以在 ecommerce-introduction-textbook.com 上找到。

W7.1 申请案例 社会货币借贷：Zopa 和 Prosper
W7.2 成功的基于位置的应用程序示例

参考文献

Barnett, S. "Let's Kill Fake Reviews: How to Make Feedback Fair." *Social Media Today*, June 15, 2015.

Bazaarvoice.com. "Social Commerce Stories." 2011 (archived).

Belosic, J. "How the World's Largest Car-Sharing Company Uses Social Campaigns to Drive Traffic to their Website." *Social Media Today*, June 16, 2015.

Bennett, S. "U.S. Social Commerce- Statistics & Trends [Infographic]." *eWeek*, August 19, 2014.

Brand24. "What You Can Learn from Sony PlayStation Social Media Monitoring." *Blog.brand24.net*, February 11, 2015. blog.brand24.net/what-you-can-learn-from-sony-playstation-social-media-monitoring (accessed March 2016).

Brown, A. "A Company That Plans Adventure Trips Turns to a Cloud-Based CRM System to Eliminate Paper, Improve Customer Satisfaction, Save Money and Increase Business." *Baseline Magazine*, February 24, 2016.

Carranza. A. "7 Industries That Benefit Most from Social Media." *Social Media Today*, June 16, 2015.

Christman, C. "Reputation Management through Social Media and Online Reviews." March 3, 2014. business2community.com/crisis-management/reputation-management-social-media-online-reviews-0798051#Ff2BmOZPvqxPedKB.97 (accessed May 2016).

Chui, M., M. Dewhurst, and L. Pollak. "Building the Social Enterprise." *McKinsey Quarterly*, November 2013. mckinsey.com/insights/organization/building_the_social_enterprise (accessed March 2016).

Cipriani, F. "Social CRM." November 2008. slideshare.net/Subbuinblr/social-crm-by-fabio-cipriani-presentation (accessed March 2016).

Eckerle, C. "Social Email Integration: Sony Electronics Nets 3,000 Clickthroughs from Email to "Pin" on Pinterest." Case Study. April 23, 2013. marketingsherpa.com/article/case-study/sony-nets-3000-clickthroughs-pinterest (accessed March 2016).

Fagan, L. "Free Ebook: How Social CRM Connects You to Customers," April 3, 2014. salesforce.com/blog/2014/04/free-ebook-social-crm.html (accessed May 2016).

Gil, C. "Social Media Marketing: 50+ Predictions for 2016." *Social Media Today*, December 31, 2015.

Goldenberg, B. *The Definitive Guide to Social CRM: Maximizing Customer Relationships with Social Media to Gain Market Insights, Customers, and Profits*. London, UK: Pearson FT Press, 2015.

Grant, R. "A Look at Polyvore's 20M Users" An Infographic. February 21, 2013. wearesocial.net/blog/2013/02/polyvores-20m-users (accessed March 2016).

Groupon, Inc. "Groupon – Deals, Coupons &Shopping: Discounts on Local Restaurants, Events, Hotels, Yoga & Spas." *News Version 16.3*, February 22, 2016. itunes.apple.com/us/app/groupon-deals-coupons-shopping/id352683833?mt=8 (accessed March 2016).

IBM. The Social Business: Advent of a New Age, White Paper #EPW 14008-USEN-00, February 2011. ibm.com/smarterplanet/global/files/us__en_us__socialbusiness__epw14008usen.pdf (accessed May2016).

Indvik, L. "The 7 Species of Social Commerce." *Mashable*, May 10, 2013.

Jack, D. "2013 Forrester Groundswell Entry- Sony Electronics: Support Channels Show Dramatic Improvements in Consumer Engagement and Help Boost Sales." *Lithium Technologies*, August 27, 2013 (ed. September 3, 2013). community.lithium.com/t5/Lithium-s-View-blog/2013-Forrester-Groundswell-Entry-Sony-Electronics-Support/ba-p/100214 (accessed May 2016).

Jacobs, A. "Fashion Democracy." *The New Yorker*, March 29, 2010.

Jamieson, C.M. *The Small Business Guide to Social CRM*. Birmingham, UK: Packt Publishing, 2014.

Kimball, M. "Social Media: Changing the Way Your Customers Shop Online [Infographic]." September 10, 2013. (Note: The Infographic was created by MarketMeSuite on September 8, 2013.) mediabisro.com/alltwitter/social-media-shopping_b50440 (accessed March 2016).

King, H. "Facebook Is Taking on Amazon with Shopping Pages." July 16, 2015. money.cnn.com/2015/07/16/technology/facebook-buy (accessed May 2016).

Kissmetrics. "How Groupon Hacked Social Media with the Banana Bunker." *Kissmetric Blog*, 2015. blog.kissmetrics.com/howgroupon-hacked-social-media-with-banana-bunker (accessed March 2016).

Knight, K. "Social Roundup: Facebook, Google Leading the Way." *BizReport*, January 27, 2016.

Knopf, E. "E-Commerce Week/The Rise of New Business Models." *E-Commerce Week,* January 18, 2012.

Kuchler, H. "Pinterest and Instagram Launch 'Buy Buttons.'" *Financial Times*, June 2, 2015.

Lacy, K., et al. *Social CRM Dummies (For Dummies (Business & Personal Finance))*, Hoboken, NJ: John Wiley & Sons, 2013.

Leggatt, H. "Survey: Small Businesses Find Success with Social Networking." July 9, 2010. bizreport.com/2010/07/survey-small-businesses-find-success-with-social-networking.html (accessed March 2016).

Lee, I. *Trend in E-Business, E-Services, and E-Commerce: The Impact of Technology on Goods, Services, and Business Transactions*. Hershey, PA: IGI Global, 2014.

Liang, T.P., and E. Turban. "Introduction to the Special Issue: Social Commerce: A Research Framework for Social Commerce." *International Journal of Electronic Commerce*, Winter 2011–12.

Logan, N. *Go Viral!: The Most Effective Viral Marketing Strategies to Launch Your Online Business* [Kindle Edition]. Seattle, WA: Amazon Digital Services, Inc., 2014.

Lunden, I. "Groupon is Laying Off 1,100 at a Cost of $35M, Shutters Operations in 7 Countries." *TechCrunch*, September 22, 2015.

Lunden, I. "Groupon Launches New Merchant App That Puts the Daily Deal Front and Center." *TechCrunch*, March 15, 2016.

Madden, N. "China Pioneers Group Buying Discounts without Groupon." December 14, 2010. adage.com/article/global-news/advertising-china-group-buying-discounts-groupon/147641 (accessed March 2016).

Marsden, P. "Presentation: Social Commerce." Slide presentation, June 7, 2010. digitalintelligencetoday.com/presentation-social-commerce-what-are-we-waiting-for (accessed March 2016).

Marsden, P., and P. Chaney. *The Social Commerce Handbook: 20 Secrets for Turning Social Media Into Social Sales*. New York: McGraw-Hill, 2012.

McAfee, A. *Enterprise 2.0: New Collaborative Tools for Your Organization's Toughest Challenges*. Boston: Harvard Business School Press, 2009.

McCafferty, D. "Social Media Influence on Purchasing Overrated." September7,2011.baselinemag.com/c/a/Intelligence/Social-Media-Influence-On-Purchasing-Overrated-660095 (accessed March 2016).

Moontoast. *The Social Commerce Opportunity, How Brands can Take

Advantage of the Next Evolution (A free e-book). Boston, MA: Moontoast, 2013.

Moth, D. "How Sony Uses Facebook, Twitter, Pinterest and Google+." *Econsultancy*, May 29, 2013.

Offerpop. "50 Social Marketing Campaign Ideas." Free eBook from Offerpop,2014. **offerpop.com/resources/ebooks/50-social-marketing-campaign-ideas-look-book** (accessed May 2016).

Perez, S. "Groupon Launches its Own Food Delivery Business, Groupon to Go." *TechCrunch*, July 30, 2015a.

Perez, S. "Polyvore Launches Remix, A New App for Style Advice and Shopping." *TechCrunch*, April 7, 2015b.

Petersen, R. "166 Case Studies Prove Social Media ROI (Free eBook)." *BarnRaisers*, April 27, 2014. **barnraisersllc.com/2014/04/166-case-studiess-prove-social-media-roi** (accessed March 2016).

Quensenberry, K. "Snapchat has Grown Up: What You Need to Know as a Marketer." *Social Media Today*, March 07, 2016.

Reevoo. "New Automated Translation Tool Brings Immediate International Social Commerce Benefits to Sony, 2014. **realwire.com/releases/New-automated-review-translation-tool-brings-immediate-international-social-commerce-benefits-to-Sony** (accessed March 2016).

Savitz, E. "Four Reasons Why Virtual Goods Make Us Happy." *CIO Network*, October 25, 2011. **forbes.com/sites/ciocentral/2011/10/25/four-reasons-why-virtual-goods-make-us-happy** (accessed March 2016).

ShopSocially. "Social Commerce Is Making an Undeniable Impact in 2013." July 31, 2013. **prweb.com/releases/2013/7/prweb10980191.htm** (accessed March 2016).

Smith, B. "How to Use Instagram for Business [Infographic]." *Social Media Today*, January 6, 2015. **socialmediatoday.com/content/how-use-instagram-business** (accessed March 2016).

Sony. "Company News." *Social Media*, Periodical, March 2016. **sony.com/en_us/SCA/company-news/social-media.html** (accessed March 2016).

Spencer, S., et al. *Social eCommerce: Increasing Sales and Extending Brand Reach*. Sebastapol, CA: O'Reilly Media, 2014.

Tam, D. "Facebook Dives Deeper into Yelp, Foursquare World with Place Tips." *CNET*, January 29, 2015.

Taylor, J. "Social CRM Case Study: Sony Europe Creates a Community of Super Fans." *OurSocialTimes*, May 14, 2013.

TrueShip. "Polyvore Statistics Illustrate Rise of Social Giant." **trueship.com/blog/2016/01/12/polyvore-statistics-illustrate-rise-of-new-social-giant/#.VuzHselrI2w** (accessed March 2016).

Turban, E., et al. *Social Commerce*. New York: Springer, 2016.

Walsh, B. "Borrow, Don't Buy: Websites That Let Strangers Share." *Time Magazine*, December 5, 2010.

Wilde, S. *Viral Marketing within Social Networking Sites: The Creation of an Effective Viral Marketing Campaign* (Google eBook). Munchen, Germany: Diplomica Verlag, 2013.

Wood, T. "The Marketers Guide to the Social Media Galaxy," (Infographic January 2, 2014. **business2community.com/infographics/marketers-guide-social-media-galaxy-infographic-0729381** (accessed March 2016).

第 8 章

社会化企业与其他社交商务话题

■ 学习目标

完成本章后，你将能够：
1. 理解社会化企业及其变体的概念。
2. 描述商业导向的公共社交网络及其特点和优势。
3. 描述可以在企业内部进行的主要社交商务活动以及这种非公共的社交网络的特点。
4. 讨论在线就业市场，包括参与者和优势。
5. 回顾社交商务活动及其与电子娱乐和游戏的关系。
6. 描述社交游戏和游戏化。
7. 定义众包和众筹，并描述它们在社交商务中的用途。
8. 描述社交协作及其好处，并评论社交商务的未来。

■ 开篇案例

非公共企业网络如何将 CEMEX 转变为社会化企业

CEMEX（cemex.com）是一家总部位于墨西哥的跨国建筑材料公司，主要以水泥和预拌混凝土而闻名。他们在美洲、欧洲、非洲、中东和亚洲的 58 个国家开展业务，并与约 108 个国家保持贸易关系。

问题

2008~2012 年全球经济放缓，尤其是建筑活动的大幅减少，促使 CEMEX 尝试用大量传统方式来降低成本和提高生产力。但是，这还不够。此外，高层管理人员正在寻找促进创新的方法。鉴于公司的全球性，高层管理层意识到他们需要提高公司内部和外部的协作以促进创新。

解决方案

最近，许多公司已经实施了企业 2.0 平台，其中包括社交媒体工具以及社交网络服务机制。CEMEX 决定顺应这一趋势。公司希望充分利用其全球数千名员工拥有的集体才智，使得其他人在需要这些知识时可以随时获取。

CEMEX 创建了一个名为 Shift 的内部非公共社交协作平台，通过让员工分享信息和共同解决问题来促进创新，提高效率和协作。Shift 将社交网络的一些最佳功能与知识管理（KM）和协作技术（使用 IBM Connection 及其语言翻译功能）集成在一起。Shift 包括许多内部社区：每个社区都是由兴趣相似的人组成的。

结果

主要结果是员工的合作方式发生了重大变化。员工们更愿意合作；员工们互相帮助，分享更多的信息和知识，获得更多授权，灵活性更高。使用内部网络促进了更好的内部协作。

项目进展得越快，推向市场的时间也就越快，因此业务流程得到了改善。总之，公司成功地利用了员工的集体才智和技能。一个内部社区——"21 世纪的机构"受到挑战，建议 CEMEX 应该关注的战略主题是保持建筑行业的领先地位。作为回应，这个拥有 400 名成员社区提出了应对挑战的创新思路、策略和战略。总体而言，Shift 在第一个月结束时吸引了 5 000 名用户。到 2013 年，Shift 有 2.5 万名用户和 500 多个小组。到 2014 年，公司股价上涨超过 300%。

资料来源：基于 Garcia et al.（2011）、Hinchcliffe（2012）和 Donston-Miller（2012）。

案例经验教训

CEMEX 案例展示了一个成功的公司内部的非公共社交网络，其主要目标是促进全球数千名员工之间的协作，并通过内部众包来促进创意产生。使用 Web 2.0 工具后，协作变得高效，带来的一个主要结果是灵感的激发，以及对这些促进公司创新的构想进行的评估和实施。本章介绍非公共社交网络在企业内部支持的主要活动以及公共商业网络的结构和好处。本章还介绍了基于网络的就业市场、社交娱乐、游戏和游戏化、众包和众筹，以及社交协作等问题。

8.1 社交商务与社会化企业

社交商务的一个主要趋势是向企业层面转移。这一趋势与社交商务的概念有关。我们来定义两个术语。

8.1.1 定义：社交商务和社会化企业

社会化企业的概念有多个名称、定义和解释。这个概念有时会与社交商务的相关概念混淆。通常，人们可以区分出这两个经常互换使用的概念。我们来解释一下。

1. 社交商务

社交商务是商业营利或非营利组织的名称，旨在实现一些社会目标，如改善人类福祉，而不仅仅是盈利。SocialFirms UK（socialfirms.org.uk）提供了几个其他的定义（他们称之为社会化企业）。他们援引以下英国政府的定义："社会化企业是一种以社会目标为主要目的的企业，其盈余被重新投资于企业或社区，而不是向股东和所有者提供利润。"About.com 区分了两种类型的社交商务：第一种类型指"追求社交目的而非追求利润"的公司，另一种类型是指那些"利用社交媒体推动其业务目标"的公司（请参阅 webtrends.about.com/od/web20/a/social-media.htm）。

上述第二种类型是社会化企业的基础。总之，我们认为社交商务主要是围绕社会目标建立的，而社会化企业则使用社交网络来帮助实现其商业目标。一个致力于社交商务的主要组织（自称为"社会化企业"）是社会化企业联盟（请参阅 se alliance.org/what is social enterprise）。

社会化雇员 成功的社交商务需要授予员工权利（例如，使用 IBM Connections）。有关 IBM、AT&T 和其他大型企业如何实施这一点的资料，请参阅 Burgess & Burgess（2013）。

2. 社会化企业（企业 2.0）

社会化企业（social enterprise）是指利用社交媒体工具和平台，在组织中开展社交活动，主要目标是商业或非营利活动（如政府）的机构（请参阅 Ridley-Duff & Bull（2015））。

近年来，社会化企业已成为一个流行词。有关示例，请参阅 socialenterprise.us/about/social-enterprise。

社会化企业应用正在迅速增加。它们被冠以不同的名称，主要是社会化企业和企业 2.0。企业应用程序是在企业内部，在公司的非公共社交网络或门户网站上运行的。它们也可以在公共社交网络上进行，包括纯商业导向的网络（如 LinkedIn）和其他网络，主要是 Facebook 和 Twitter。主要的应用程序用于招聘、协作和解决问题。企业社交能力促进新型协作，激励业务升级，并支持更多供应商应用程序。

大多数员工每周至少使用一次社交媒体进行商业活动。正如本章后面将要介绍的那样，公司正在争取采用几种创新方式。

有关社会化企业的其他定义、特点和讨论，请参阅 centreforsocialenterprise.com/what-is-social-enterprise。

有关社会化企业的综合描述，请参阅 Ridley-Duff & Bull（2015）。

3. 更复杂的定义

除了上述定义之外，还有一些更复杂的定义，如下所示。

社交商务论坛的定义 社交商务论坛将社交商务定义为"一个通过制定战略、技术和流程来系统性地使其生态系统中所有个体（员工、客户、合作伙伴、供应商）参与进来的组织，其最终目标是最大化共同创造的价值"（2012.socialbusinessforum.com/what-is-social-business）。论坛还讨论了这一定义的含义及其在组织内外的相关性。请注意，这里强调利用技术高效创造价值。

为了更好地理解这一概念，建议观看以下三个有趣的视频：

（1）"社交博士桑迪·卡特：如何成为社会化企业？"，见 youtube.com/watch?v=OZy0dNQbotg。

（2）"如何成为社会化企业？"，见 youtube.com/watch?v=3HOv017SVAO。

（3）"IBM 社交商务"，采访社交计算传播者 Luis Suarez，见 youtube.com/watch?v=enudW2gHek0&feature=related。

请注意，我们对社会化企业的定义基于社交媒体工具和平台的使用。一个与此相关的话题是商业网络（business network）。

8.1.2 商业网络

商业网络是社会化企业的核心组成部分。商业网络是指一群具有专业商务关系的人，例如卖方与买方、买方与供应商以及专业人士和他们的同事之间的关系，例如CEMEX的21世纪社区。在本章中，我们用买方来称呼为企业购买某种商品的代理商（例如采购代理商）。这样的人员网络可以形成商业社交网络，这些网络是建立在社交关系上的以商业为导向的网络，这种网络可以存在于线下或者线上。例如，机场或高尔夫球场等公共场所为具有良好社交技能的人进行新的面对面商业会晤提供了机会。同样，互联网被证明是一个建立关系网络和连接的好地方。在本书中，我们讲述了在线网络。最知名的网络是LinkedIn（linkedin.com）。有关商业社交网络的讨论，请参阅Bughin & Chui（2013）。

商业社交网络的类型

有三种主要类型的商业社交网络：①公共网络，如LinkedIn，由独立公司拥有和运营，并且开放给任何人来建立商业网络，例如，这些网络连接了卖方和买方或雇主和潜在雇员。②在公司内部运营的非公共网络，如开篇案例中的CEMEX。这些网络通常仅限员工使用，有时开放给商业伙伴。联合服务协会（USAA）就是一个示例，员工有一个可以向同行寻求帮助的内部社交网络。③公司拥有和主办的网络，它们由公司控制但向公众开放，通常用于与品牌相关的网络（例如星巴克和戴尔）。

8.1.3 企业社交网络的好处与局限性

社交网络吸引商业用户的原因有很多。例如，网络可以很容易地找到人并发现公司信息，了解使公司运转的关系和沟通模式，并在大型组织中创建共同文化。

1. 企业社交网络的好处

成为社会化企业的主要好处是：

- 提升企业内部和企业与商业伙伴之间的协作。
- 促进知识分配（增加获取专业知识的机会）。
- 建立更好的客户和员工关系。
- 促进招聘和留住员工。
- 增加业务和营销机会（例如，结识新的潜在商业伙伴和客户）。
- 降低运营、沟通和差旅成本。
- 增加销售额和收入（例如，更多销售线索）。
- 提高客户满意度。

- 降低营销和广告成本。
- 提高员工和组织绩效。
- 培养内部和外部关系。
- 收集员工的反馈意见。
- 建立有效的员工队伍。
- 提高决策能力,包括预测能力。
- "侦察"竞争对手(情报收集)。
- 寻找专家和建议(内部和外部)。
- 改善客户服务和客户关系管理。
- 加速创新和竞争优势。

有关其他好处的详细信息,请参阅 Bughin & Chui(2013)和 8.2 节。

广泛使用社交媒体的企业可以从中获益,这些好处可以在之前的清单中找到。企业还可以转化为社会化企业。有关详情,请参阅 ibm.com/social-business/us-en。

有关如何为社会化企业选择最佳组织模式,请参阅 Terpening(2015)。

2. 障碍和局限

一些局限会降低社会化企业发展的速度,比如信息安全和信息污染。请参阅 slideshare.net/norwiz/what-is-enterprise-20。

8.1.4 企业如何使用 Web 2.0 工具

各种公司使用 Web 2.0 工具的方式各不相同。典型的用途是:提高获取知识的速度,降低沟通成本,提高接触内部专家的速度,降低旅行成本,提高员工满意度,降低运营成本,缩短产品/服务推向市场的时间,以及增加新产品或服务成功创新的数量。

Web 2.0 工具在企业之外的用途包括招聘,提出解决方案、联合设计、供应链问题协作和市场沟通。有关电子书,请参阅 World Library(2015)。

> **8.1 节复习题**
>
> (1)定义社交商务并将其与社会化企业联系起来。
> (2)IBM 如何定义社交商务?
> (3)定义商业网络。
> (4)列举组织希望成为社会化企业的五个原因。

8.2 商业导向的公共社交网络

社交网络活动在公共和/或非公共社交网站进行。例如,LinkedIn 是一个商业导向的公共网络,而 Facebook 主要是一个用于社交活动的公共社交网络。然而,Facebook 允许其成员进行商业导向的活动。

"我的星巴克创意"（ideas.starbucks.com）是一个由星巴克公司主办、向公众开放的社交网络示例。相比之下，CEMEX 的内部社交网络 Shift（参见本章开篇案例）仅对公司员工开放，被视作非公共的网络。在本节中，我们将集中讨论公共社交网络。

以下是商业导向的公共社交网络的一些示例。

- Google+。自 2011 年开始运营的 Google+（"使用一个谷歌账户登录谷歌旗下的所有应用"）将自己定位为商业导向的社交网络。在运营的第四年，它拥有超过 110 万的用户。有关概述，请参阅 martinshervington.com/what-is-google-plus。
- LinkedIn。如本章章末案例所示，linkedin.com 是最领先的商务导航网站之一，被称为最受欢迎的商业网络。
- LinkedIn 以多种语言显示内容并提供客户服务，其中包括英语、西班牙语、法语和塔加路语等，并计划未来会考虑提供其他语言。

与 LinkedIn 相似的其他几个网络包括中国的若邻网（wealink.com）、印度的雷迪夫网（rediff.com）、瑞典的国际高潜能网（International High Potential Network、iHipo、ihipo.com），以及俄国的 Moikrug（我的圈子）(moikrug.ru)。

有许多专注于特定行业或专业类型的公共商业导向网络，例如创业女性网络（connectw.org）。

企业家网络

一些商业导向的公共网络专注于创业活动。下面列出了几个示例。

Gottlieb（2015）列出了 42 个企业家社交网络。下面是一些更详细的内容：关于企业家社交网络如何运作，请参阅 Martin et al.（2015）。

- Biznik（biznik.com）。Biznik 是一个企业家和小企业主的社区，致力于通过分享想法和知识来互相帮助。他们的座右铭是"合作胜过竞争"。根据 biznik.com 的说法，他们的政策是成员必须在网站上使用自己的真实姓名，Biznik 通过面对面会议来增加互动。
- EFactor（efactor.com）。EFactor 是世界上最大的企业家网络（遍布 222 个国家的 240 个行业，会员超过 190 万个），为成员提供人员、工具、市场营销服务和专业知识以取得成功，并建立真实、可靠和持久的关系（2011 年数据）。会员与志同道合的人及投资者建立联系。
- Startup Nation（startupnation.com）。这是一个创业者和专家的社区。社区参与者在帮助人们创办和经营新企业。分享知识和想法是它的主要目标。
- Inspiration Station（Inspiration Station）。Inspiration Station 是小企业和初创企业的最佳门户网站之一。它不仅为企业主提供了大量有用的信息，还是一个非常好的社区，可供你充分利用，还能和来自全球各地的其他企业家保持联系。

> **8.2 节复习题**
> （1）区分非公共商业导向和公共商业导向的社交网络。
> （2）列出并简要描述公共商业导向的网络。
> （3）定义企业家网络并列举两个示例。

8.3 企业社交网络

越来越多的公司创建了企业内部的社交网络。一些网络可能是非公共的，只能由其员工、前员工和商业伙伴使用。其他网络对公众开放，尽管这些网络主要是由他们的客户使用。非公共网络被认为是安全的（"由防火墙保护"），并且通常被称为企业社交网络。这种网络有几种形式，取决于其目的、行业、国家等。关于网络化企业的演变，请参见 Bughin & Chui（2013）。

8.3.1 社会化企业应用分类

以下术语在企业网络中经常使用。大多数将在本章中讨论。

1. 网络和社区建设。进行网络和社区建设需要员工、管理人员、商业伙伴和客户。
2. 众包。从人群中收集想法、见解和反馈（例如，员工、客户和商业伙伴；参见 8.7 节）。"销售人员成功社区"（Salesforce Success Community）（success.salesforce.com）和"我的星巴克创意"（My Starbucks Idea）（mystarbucksidea.force.com）就是示例。
3. 社交协作。使用维基、博客、即时消息、协作办公文档以及出于其他特定目的的基于网页的协作平台，如 Laboranova，进行协同工作和解决问题。
4. 社会化出版。这是在企业中创建用户生成的内容，所有人都可以访问（例如，slideshare.net、youtube.com）。
5. 社会观点和反馈。从企业的内部和外部社区中获得对特定问题的反馈和意见。

1. 企业社交网络的特征

像任何社交网络一样，企业社交网络使员工能够创建个人资料并和他人进行互动。通过鼓励成员之间的互动，公司可以促进协作和团队合作，并提高员工的满意度。有关更多好处，请参阅 zdnet.com/blog/hinchcliffe。

有关更多信息，请参阅《国际社会与人文计算》杂志。有关其他提示和资料，请参阅 socialcast.com。

2. 一个非公共企业网络的示例

在第 1 章的开篇案例中，我们介绍了星巴克主办的企业网络。我们还在第 7 章中描述了索尼和 iRobot 主办的企业社交网络。许多其他公司也拥有各种企业网络。以下是另一个非公共网络的示例。

● **示例：IBM 的商业和专业社区**

The Greater IBM Connection（ibm.com/ibm/greateribm）是一个 IBM 内部社交网站，它使 IBM 员工和前 IBM 员工可以在个人和专业层面上与他们的工作伙伴建立丰富的联系。该网络帮助员工建立新的联系，关注当前的朋友和同事，并和过去共事过的人员（包括退休人员）重新建立联系。当员工加入网络时，他们会看到个人资料页面。他们可以在其个人资料页面上编辑个人状态，并在"MyIBM"一栏中输入任意信息，让 IBM 的其他人知道他们在哪里，他们在做什么，甚至是他们在想什么。到 2016 年，约有 460 000 名 IBM 员工使用该平台相互联系。

员工还可以使用网络发布照片、创建列表和组织活动。如果用户正在举办活动，他们可以在网络上创建活动页面并邀请人参加。该页面还可以作为散布事件传闻的地方，并通过评论功能让人们讨论它。

除了社交目标之外，网络团队创建这个网站还能帮助 IBM 员工应对建立专业关系的挑战，这一点对于在大型分布式企业中工作至关重要。该网络可以帮助 IBM 员工发现具有共同兴趣或符合项目技术需求的人员。更多地了解某人，有助于建立联系，包括个人层面和专业层面，并可以吸引人们了解其他人正在进行的项目和活动。该网络还可以为管理人员评估员工决定是否让其晋升提供有价值的见解。

IBM 网络与本章后面引用的 IBM 社交商务创新项目息息相关。此外，它也与 IBM 的社交软件平台有关。

注：Gartner Inc. 在 2015 年将 IBM 列为社交软件的领导者。

8.3.2 企业社交网络如何帮助员工和组织

企业社交网络可以通过以下一种或多种方式帮助员工：

（1）快速获取知识、技术诀窍和"人际知识"（knowwho）。当人们列出他们的技能、专业知识和经验时，企业社交网络可以帮助企业快速找到具有特定知识和技能的人员。

（2）扩充社交联系和扩大关系。企业社交网络可帮助管理人员和专业人员在线上社区与他人保持互动，及时了解他们的个人信息，从而更好地了解他人。这样的互动和关于他人的信息可以缩短公司里的社交距离。

（3）建立自我品牌。人们可以按照他们想要被知道的方式来创建自己的个人资料。这有助于他们在公司内推广自己的个人品牌。

（4）推荐、证明和基准。企业社交网络可以帮助员工准备和展示他们的工作推荐及证明，并且还可以与他们的同事进行比较。

对组织的好处

8.1 节介绍了企业社交网络对组织和员工的好处。此外，从长远来看，对员工的好处可以发展为组织的收益。

8.3.3 企业社交网络支持服务

企业可以使用各种服务和供应商来支持他们的社交网络。下面有两个示例。

- **示例 1：Socialcast**

  VMware 旗下的公司 Socialcast 是一家提供社交网络平台的在线供应商。通过 Socialcast 的社交网络平台，企业让员工创建他们的个人资料，并使用它们来促进与同事的协作和交流。2016 年，该公司在 190 个国家拥有数万名客户。该平台将人与知识、想法和资源联系起来。

- **示例 2：Socialtext**

  Socialtext（socialtext.com）是企业社交软件的供应商，提供一整套基于网络的应用程序，包括社交媒体工具和平台。该公司还提供 Web 安全服务。企业可以通过使员工参与企业战略和运营的讨论而获益。有关详情，请参阅 socialtext.com/about。

- **示例 3：Yammer：协作平台**

  Yammer, Inc.（yammer.com）是微软旗下的一家公司。根据其网站，Yammer 是一个非公共的社交网络，可帮助员工跨部门、跨地点、跨商业应用程序进行协作，超过 500 000 家公司在使用 Yammer（2016 年数据）。Yammer 将人们聚集到同一个地方进行对话、沟通内容和业务数据。通过 Yammer，你可以轻松地联系同事，获取信息，与团队成员协作并在工作中产生影响力。它用于组织内部或组织成员与预先指定组之间的沟通与协作。

  主要特征　Yammer 社交网络允许用户进行以下操作（主要从资料 products.office.com/en-us/yammer/yammer-overview 中整理而来）：

  - 使用企业微博进行交流。利用微博展开对话，阅读帖子，并实时与同事积极协作。
  - 创建个人资料。介绍你的专业知识、工作经验和联系方式。你也可以上传照片、图片和文档。这将有助于你与他人分享信息，并且让其他人更容易找到你。
  - 管理群组。创建新群组，也可以加入私人或公共群组，然后讨论问题或与群组成员协作（查询并加入群组，邀请团队成员加入并开始协作）。
  - 进行安全和私人的消息传递。与一个或多个同事创建一个私人对话框，类似于你可以在 Facebook 上进行的操作。你可以使用 Yammer 的安全功能来保护消息。
  - 创建外部网络。创建与商业伙伴协作的外部网络。
  - 创建公司目录。创建包含所有员工的目录。
  - 存档数据。将所有在线对话存档，以便完全搜索。
  - 使用管理工具。通过一系列增强管理控制功能的构件，使 Yammer 网络顺畅运行。
  - 使用标签。标签可以标记公司网络中的内容和信息，使内容更易于搜索和整理。
  - 整合应用程序。在 Yammer 中安装第三方应用程序以增加公司网络的功能。
  - 部署移动功能。该功能可以使员工随时随地连接公司网络。下载免费的 iPhone、黑莓手机、Android 和 Windows Mobile 应用程序。

请注意，2016年，微软改进了Yammer，详情请参阅Buckley（2015）。

8.3.4 企业如何与社交网络交互

企业可以通过多种方式与公共和/或非公共社交网络进行交互。接下来介绍如图8-1所示的主要界面。

- 使用现有的公共社交网络（如Facebook）创建页面和微型社区；宣传产品或服务，并发布建议请求、职位空缺等请求。
- 创建一个内部的非公共社交网络，用于员工和退休人员或/和外部人员（如客户、供应商、设计师）之间的沟通和协作。员工可以在其公司的社交网络中创建虚拟会议室，在这些网络中部署应用程序以共享信息或进行协作。
- 在商业导向或专业的社交网络（如LinkedIn或Sermo）中开展商业活动。
- 为社交网络提供服务，例如软件开发服务、安全服务、咨询服务等（如甲骨文、IBM、微软）。
- 使用Web 2.0软件工具，主要是博客、维基、工作站、微博（Twitter）和团队会议室，并为内部和外部用户创建创新的应用程序。
- 创建和/或参与社交市场（如Fotolia、us.fotolia.com，现在隶属于Adobe公司）。

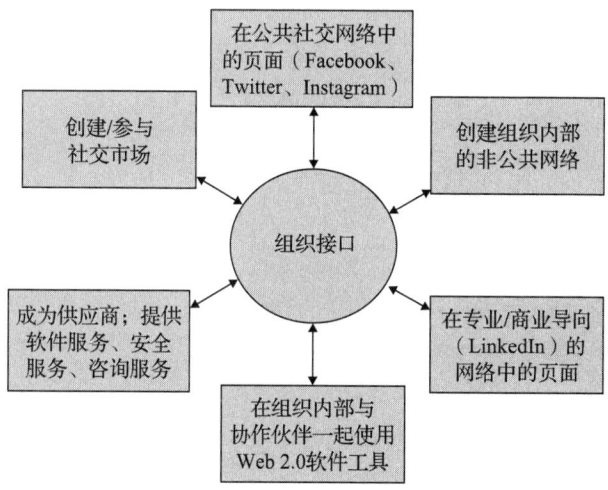

图8-1 社交网络的主要界面

8.3节复习题

（1）定义企业（非公共）社交网络。
（2）列出企业社交网络的主要特征。
（3）描述IBM内的企业社交网络。
（4）列出企业社交网络对组织的好处。
（5）描述Yammer并确定其与社交网络的关系。
（6）列出公司与社交网络交互的不同方式。

8.4 基于社交网络的就业市场

社会网络中的一个主要企业活动领域，无论是非公共的还是公共的，都与求职和招聘有关。

8.4.1 社会招聘

在某些领域寻找适合的员工可能是一项艰巨的任务。为了完成这项任务，公司向招聘者或第三方在线招聘公司支付相当可观的费用。

如果求职者在网上积极地进行搜索并发布简历，那么他们很可能会被招聘者发现。此外，许多所谓的被动求职者，他们没有积极寻找新的工作，也被新公司雇用了。因此，无论主动求职者还是被动求职者，都必须在网上保持一个积极的形象，尤其是在 LinkedIn 和 Facebook 上。

招聘者和求职者都在转向新的招聘平台，在线社交网络，主要是 LinkedIn、Facebook 和 Twitter。其中，Twitter 公司推出了一款名为 TwitJobSearch（twitjobsearch.com）的搜索引擎，来支持用户搜索雇主发布在 Twitter 上的职位。企业招聘人员浏览在线社交网络、博客和其他来源，以识别和查找有关潜在员工的信息。

显然，在线就业市场有好处，但它也同样为雇主带来了很高的离职成本，因为它使得员工可以寻找更好的工作机会。此外，在网上寻找职位候选人比大多数人想象的要复杂得多，主要是因为社交媒体网站上有大量简历。为了便于招聘，高级招聘人员使用电子辅助工具，如通过视频远程面试候选人。招聘人员使用社交媒体工具和多个社交网站来更快地找到候选人。一些招聘人员向面试的候选人发送加 Facebook "好友" 的邀请函。然而，出于道德考虑，这可能是一个有争议的做法。

Facebook 有许多功能可以帮助人们找到工作（请参阅 jobcast.net，了解求职者和雇主之间的联系；acebook.com/social jobs 介绍了 Facebook 与美国劳动部之间的协作，可以帮助你了解社交工作伙伴关系）。

LinkedIn 提供了类似的服务。LinkedIn 的搜索引擎可以帮助雇主快速找到合适的人选。如果想要找到其他国家的员工（或工作职位），人们可以使用 LinkedIn 或 Xing（xing.com）。一个有趣的全球招聘社区是 EURES（ec.europa.eu/eures），它专门在欧洲进行在线招聘。

最近，越来越多的人使用移动招聘工具，尤其是 Twitter，它是人们寻找工作的辅助手段。以下是移动招聘工具提供的功能：

（1）搜索发布的职位。
（2）关注求职专家。
（3）关注并了解你所在领域的人员。
（4）与人打交道，并寻求帮助。
（5）与目标公司的人员联系。

有关如何使用社交媒体来帮助你找到新工作的信息图，请参阅 mashable.com/2013/01/23/social-media-your-next-job-infographic。

使用社交网络进行招聘和求职

大多数公共社交网络，特别是那些商业导向的社交网络，有利于招聘和求职。例如，招聘是 LinkedIn 的一项主要活动，也是网站发展的驱动因素（请参阅本章的章末案例）。为了保持竞争力，企业还必须关注全球人才市场。幸运的是，公司可以使用全球社交网站来寻找目标人才。大企业正在利用其内部社交网络，在企业内部为空缺职位寻找人才。此外，一些人声称社交媒体显著地改变了招聘流程（例如，请参阅 Huff（2014））。关于如何利用社交媒体来给招聘者留下深刻印象，请参阅 AOL（2014）。

根据 Jobvite 对社交招聘网站的调查，94% 的公司使用或计划使用社交媒体招聘和雇用新员工，而 78% 的企业通过社交媒体雇用了至少一名候选人。其中，LinkedIn 的招聘成功率非常高，为 92%；Facebook 成功率适中，为 24%；Twitter 成功率较低，仅为 14%。有关具体内容，请参阅 web.jobvite.com/rs/jobvite/images/Jobvite_Social Recruiting2013.pdf。

正如前面所述，LinkedIn、Facebook、Google+ 和 Craigslist 提供职位列表，与 Monster 等非社交网络的在线招聘者进行竞争。其他一些社交网络也提供职位列表。

请注意，尽管 90% 以上的招聘人员在寻找和研究合格的候选人时使用社交网络，但近 69% 的人因为候选人在社交网站上发布的内容而拒绝了他们。对于求职者来说，在社交媒体上保持个人信息安全（或尽可能保密）非常重要。在职员工的另一个问题是，很多时候雇主会通过社交网络发现他们的员工正在其他地方寻找工作。进行游戏化招聘，请参阅 Greenberg（2013）。有关社交媒体求职的详细指南，请参阅 Waldman（2013）。

求职者须知：正确编辑你在互联网上的个人资料，这一点非常重要。有关应该怎么做和哪些不该做的建议，请参阅 Bernstein（2015）。

8.4.2 虚拟招聘会和招聘活动

虚拟招聘会是以较低成本快速找到合格候选人的新途径。它需要在特殊的专业网站（例如，on24.com、expos2.com 和 bra-zencareerist.com）或雇主的网站上完成。

以下是几个示例：

- IBM 有了一个非洲的领导职位空缺。为了迅速吸引合格的员工，它在 ON24 网站上开展了招聘会。有关完整的故事报道，请参阅 on24.com/case-studies/ibm-job-fair。
- 西欧宝洁公司利用 INXPO 平台举办年度虚拟招聘会议。该活动非常成功，并被其他欧洲公司视为典范。密歇根州定期举办虚拟职业招聘会，使得求职者和招聘人员可以在线会面。最近一次是在 2015 年 11 月举行的。

员工培训

一些公司使用企业社交网络进行培训。Black and Decker 借助由用户生成、发布在 YouTube 上的视频来帮助使用其产品的用户。这些视频有助于缩短培训时间。

> **8.4 节复习题**
> （1）列出社交网络对求职者的好处。
> （2）列出社交网络对企业招聘人员的好处。
> （3）列出 LinkedIn 等社交网络提供的特殊服务。
> （4）描述虚拟招聘会。

8.5 社交娱乐

Web 2.0 技术的丰富媒体功能，吸引成千上万聚集在社交网络中并且对在线娱乐感兴趣的人的能力，创新的社交媒体工具的可利用性，以及 Web 2.0 的创造性和协作性都促进了社交娱乐的发展（例如，Gangnam Style 是 YouTube 在 2012 年和 2013 年观看次数最多的视频）。Web 2.0 工具也有助于点播娱乐的激增。最著名的娱乐应用是流媒体音乐（例如，iTunes、apple.com/itunes）。Spotify、潘多拉和谷歌的"All Access"（play.google.com/about/music）也很受欢迎。当前的趋势是免费提供音乐点播，使得听众能够随时随地享受他们想听的音乐。Jurgensen（2014）对当前和未来的数字音乐提供了全面报道，包括关于提供者和玩家的信息。最后，Facebook 和 Twitter 进入这个领域。本节将介绍一些以娱乐为中心的社交网络，以及社交商务中与娱乐有关的其他问题。请注意，这类社交网络面临的主要问题是版权侵犯，我们将在第 12 章中详细讨论这个话题。

8.5.1 娱乐和社交网络

大部分的社交网络都专注于娱乐领域，或者至少涉足该领域。2016 年著名的示例是 Vimeo、奈飞和 MySpace。MySpace 与索尼 BMG 和其他大型媒体公司签署了一项授权协议，允许其成员免费访问流式视频、音乐和其他娱乐内容。以下是使用 Web 2.0 应用程序进行娱乐的代表性示例。

1. Mixi

在日本，Mixi, Inc. 是一个访问量很高的社交网络服务网站，即使用户必须被邀请才能加入。Mixi 的目标是允许用户与兴趣相同的其他用户建立友谊。该网站拥有约 2 700 万名会员和 100 多万个小型的好友社区和兴趣社区。Mixi 正在走向全球，而 Facebook 正在日本超越它。

2. Last.fm

Last.fm（last.fm）不仅仅是一个互联网电台。它被认为是一个在线音乐库，提供免费的音乐流媒体、视频和歌词等。它还向听众推荐音乐。当用户使用 Last.fm 插件收听个人音乐，收藏或收听 Last.fm 互联网广播时，就会创建个人音乐档案。截至 2016 年，普通会员是免费的；高级会员需每月支付 3 美元。截至 2013 年，该网站支持 12 种主要语言，并于 2006 年荣获最佳音乐社区网站数字音乐奖。

3. 潘多拉

与 Last.fm 类似，潘多拉（pandora.com）是为音乐爱好者喜爱的网站。它主要作为个人收音机。该网站基于以用户为中心的音乐推荐。潘多拉可以基于用户对特定艺术家、歌曲或流派的搜索，创建个性化的"电台"。

4. 网络电视剧和流媒体电影

网络电视剧类似于常见的电视剧（如肥皂剧）。网络电视剧的数量正在增加，其中一些已经在 DVD 上提供。例如，《铁杉树丛》《纸牌屋》和《约翰·尼迪纳摩》。

5. Hulu

Hulu（hulu.com）提供广告支持的流媒体点播视频，这些视频主要来自 NBC、Fox、迪士尼（包括 ABC 节目）和其他网络和工作室的电视节目和电影。根据版权法，Hulu 只能向美国和其他一些国家的用户提供视频。Hulu 提供 Flash 视频格式的视频。此外，Hulu 以类似于谷歌站点（Google Sites）、福克斯（Fox Interactive Media）和雅虎（Yahoo! Sites）的方式提供高清电视节目和电影。用户可以点击"Facebook"按钮，将自己喜欢的视频分享到 Facebook 上，即使他们没有将自己 Hulu 和 Facebook 账户关联起来。Hulu 是最受欢迎的互联网视频网站之一（请参阅 nielsen.com/us/en/newswire/2013/binging-is-the-new-viewing-for-over-the-top-streamers.html）。Hulu 通过广告商赞助，提供部分服务免费。它还提供一款名为 Hulu Plus 的软件，提供优质节目视频并支持在多种设备上观看，收费为 8.99 美元 / 月。但是，这项服务也包括一定数量的广告推送。有关它们的产品，以及 Hulu 与 Hulu Plus 之间差异的更多信息，请在 hulu.com/plus 上点击"常见问题解答"的选项。

广告和订阅是大多数流媒体娱乐网站的主要社交商业模式。

6. Funny or Die 和 Cracked.com

Funny or Die（funnyordie.com）是由演员威尔·法瑞尔（Will Ferrell）等创作的喜剧视频网站。与其他病毒视频网站不同，该网站鼓励会员对他们观看的视频进行投票。如果观众认为视频很有趣，就会投出"有趣"的投票。然后，视频会得到一个分数，即投"有趣"票数的观众在所有观众中的比例。如果视频在 100 000 次观看后，获得 80% 或更高的"有趣"投票，它就会获得"不朽"的称号。如果视频在 1 000 次观看后，只获得 20% 或更少的"有趣"投票，则它会被判"死亡"，并被降级到该网站中的隐藏区域。

另一个搞笑网站（其中包括视频）Cracked.com 也使用众包来从互联网人群中收集素材。

8.5.2 多媒体演示和共享网站

多媒体共享可以通过多种方式完成，其目的是娱乐、广告、培训和社交。以下是在各个领域中有代表性的分享类型和相应的公司：

- 摄影和艺术分享，Flickr、Instagram、Picasa、SmugMug、Photobucket。
- 视频分享，YouTube、Vimeo、Metacafe、Open-film、日本的 Niconico（nicovideo.jp；现在也有英文版）。
- 直播，Twitch.tv、Livestream、Skype、Ustream。
- 移动社交网络，Path、Liveme。
- 音乐和音频分享，ccMixter、FreeSound、Last.fm、MySpace、Reverb-Nation、The Hype Machine（hypem.com/popular）。
- 演示文稿分享，SlideSnack、SlideShare、authorSTREAM。

- 媒体和娱乐平台,Kaltura 开源视频(corp.kaltura.com/Video-Solutions/Media-and-Entertainment)。
- 虚拟世界,Second Life、The Sims、Active-worlds、IMVU。
- 游戏分享,Miniclip、Kongregate。

请注意,这些网站中有很多具有社交网络的某些功能。因此,它们可能被称为社交网络。此外,其中大多数通过广告和/或订阅产生收入,包括来自移动设备。

> **8.5 节复习题**
> (1)将社交网络与流媒体音乐联系起来。　　　　　播流视频)。
> (2)描述你可以在网上观看视频的方式(点　　(3)描述一些多媒体演示网站。

8.6 社交游戏和游戏化

社交游戏(social game)是在互联网上,大部分是在社交网络或虚拟世界中玩的多人视频游戏。游戏玩家可以对抗电脑或互相攻击。许多社交游戏是"大规模"的多人在线游戏(称为 MMOG 或 MMO),它们能够同时支持数百到数千个玩家。MMOG 玩家可以与世界各地的其他玩家进行竞争、协作,或仅做互动。许多游戏机,包括 PSP、PlayStation 8、Xbox 860、Nintendo DSi 和 Wii,都可以联网使用。此外,基于 Android、iOS、webOS 和 Windows Mobile 等操作系统的移动设备和智能手机的 MMO 游戏数量也在不断增加。可以说,社交游戏非常热门。

8.6.1 社交网络游戏

社交网络游戏(social network game)是基于社交网络的视频游戏,通常涉及多个玩家。社交(网络)游戏可能与这些游戏的社交方式无关。然而,一些游戏具有社交元素,例如教育公众、赠送礼物、帮助他人或分享游戏策略。

为了使游戏更具社交性,游戏应该促进和鼓励玩家对游戏外部环境的参与和交流,通过社交网络运行或者与之结合,并使用该网络来增强玩家之间的游戏体验。

● **示例:Facebook 上的热门游戏**

玩家可以在 Facebook 上的数千种游戏中进行选择。有些游戏的玩家人数为 5 000 万~1.5 亿人。每个最受欢迎的游戏都吸引了数千万个玩家。Facebook 2014 年 2 月热门游戏名单包括:Candy Crush Saga(2014 年最受欢迎)、FarmVille、FarmVille 2、CityVille、Bejeweled Blitz、Pe Rescue Saga、Criminal Case、Texas HoldEm Poker、Words with Friends 和 Bubble Safari(请参见 Facebook 上的 gamehunters.club/top games/)。

代表性的 Facebook 游戏开发商主要包括 King、Zynga、Social Point 和 Pretty Simple。请注意,玩更多的赌场型游戏成为一种趋势。为了增强游戏体验,一些平台利用玩家的社交图谱(social graph)。

要了解更多关于社交游戏的信息，请参阅 www.museum-stuff.com/learn/topics/Social_network_game。

8.6.2 社交游戏的商业方面

要了解各种游戏及其属性和商业可能性，我们建议观看 youtube.com/watch?v=xCWsgBHY_VU 视频"社交媒体游戏：全球游戏化是生活和商业的新范式"（youtube.com/watch?v=xCWsgBHY_VU）。该视频展示了社交游戏在广告、营销和培训方面的机会。另外，请访问该领域的主要供应商 Zynga 的网站（zynga.com）。2013 年第四季度，Zynga 拥有约 2.98 亿名访客。Facebook 花了 4.5 年时间，才达到 Zynga 在 2.5 年内达到的访问量水平。然而，Zynga 的收入被大大高估，导致它的股价大幅下跌。就收入而言，Facebook 游戏提供的人均月收入很少。Electronic Arts 是 Zynga 的竞争对手，它有一些游戏，其产生的收益是其他游戏的 3~5 倍。两家公司都已经开始注重移动端游戏的开发。例如，适用于 iPad 和 iPhone 的 FarmVille2 游戏现已上市。

有关 YouTube 和玩家之间的关系，请参阅 Hutchinson（2015）。

8.6.3 教育社交游戏

下面的示例显示，游戏也可以是起到教育作用。我们可在 ecogamer.org/environmental-games 上找到适合成人和儿童的关于环境方面的应用程序（例如，用于平板电脑）。

● **示例 1：鼓励减少污染的游戏**

菲律宾制造的 Facebook 游戏 *Alter Space* 旨在教育人们如何减少污染。具体来说，它为玩家讲解关于碳足迹和清洁能源的概念，以及人们如何为实现一个更干净的世界做出贡献（现已停用）。

● **示例 2：经济和金融游戏——《帝国大道》**

《帝国大道》(*Empire Avenue*)(play.empire.kred) 是一款社交媒体股市模拟游戏，其中个人和企业之间互相买卖虚拟股票。股票可以是个人的，也可以是公司的等。股价根据股票的交易活动以及玩家对主要社交网络的影响来确定。交易是通过奖励积分完成的，积分被称作 Eaves 和 Vees。在游戏中，有一些财务数据需要用户决策的内容，比如股息、发行的股票数量和股票价格等。在游戏中，帝国有很多版本。奖励积分也可以用作虚拟货币来玩社交市场的游戏。玩家可以通过网上流行的社交网络（例如 Facebook、Twitter、Instagram）进行互动。玩家的交际次数越多，获得的虚拟货币就越多，他的帝国就会变得越大。几个大品牌已经在使用该网站（例如丰田、AT&T、奥迪和福特）。有关详情，请参阅 businessesgrow.com/2014/01/08/how-empire-avenue-crushed-my-soul 上的"帝国大道"。

游戏玩家帮助科学家

几十年来，科学家们无法解开一种类似于艾滋病病毒的酶的化学链。然而，华盛顿大学的研究人员创建了一个"以有趣为目的"的项目 Foldit，该项目将科学问题转化为对抗性的电脑游戏。

游戏玩家被分成小组，并且被要求利用他们解决问题的技巧，来建立科学家多年来无法找到的蛋白质的三维模型。玩家在短短的三周内就准确解决了化学链问题（请参阅 balita.com/online-gamers-crack-aids-enzyme-puzzle）。有关 Foldit（"解决科学难题"）的更多信息，请参阅 fold.it。

8.6.4 游戏化

一些社交游戏的设计可以让玩家在游戏环境中与供应商或品牌建立联系。这只是**游戏化**（gamification）的一个方面，它涉及将游戏引入社交网络中。游戏化也可以被视为将社交网络活动引入在线游戏中。这里我们关注的是那些与社交商务和电子商务相关的应用程序。有关更多定义和限制，请参阅 Gamification Wiki（en.wikipedia.org/wiki/Gamification）以及 Duggan & Shoup（2013）。

社交活动对于在线游戏来说并不陌生。例如，玩家们共同认同游戏规则。另外，玩家之间需要信任。不同于原先，目前的社交游戏整合了传统多人游戏和社交网络。鉴于有如此多的人玩在线游戏，供应商鼓励玩家（例如通过奖励）进行一些操作，例如解决问题或协作，并不令人惊讶。供应商也利用游戏作为广告平台。有关游戏化框架，请参阅 Chou（2012）。

根据 Lithium 白皮书（2011）和 Florentine（2014），企业可以利用游戏化创建优质的社交客户体验，如增强忠诚度、建立信任、加速创新、提供品牌参与度，以及增加相关知识。有关如何使用游戏化来吸引员工，请参阅 Hein（2013）。

有关社交游戏和游戏化的商业可能性和策略，请参阅 Zichermann & Linder（2013）。

有关更多信息，请参阅 powerreviews.com/assets/new/ebooks/pow-erreviews_essential_social_playbook.pdf 上的名为《社交基本手册：将社交转化为销售的 8 个步骤》的电子书。

8.6 节复习题

（1）描述在线游戏。
（2）描述社交网络中的游戏。
（3）讨论社交游戏的商业方面。
（4）定义游戏化。将其与社交商务相关联。

8.7 众包和众筹

第 2 章描述了众包的基本要点。其中，众包的一个主要的能力就是促进解决问题。

8.7.1 众包作为分布式问题解决的赋能者

众包实际上描述了一组处理外包工作过程的工具、概念和方法，包括向一个被称为"群体"的潜在解决者社区请求解决问题和产生想法。

众包不仅仅是头脑风暴或构思过程，它还使用成熟的技术，将重点放在群体的创新、创造力和解决问题的能力上，当然，这些都仅限于众包组织者最感兴趣的问题范畴。有关众包的概述，请观看杰夫·豪尔的视频"众包"（youtube.com/watch?v=F0-UtNg3ots），crowd-sourcing.org 以及 Brabham（2013），还可以在 youtube.com/watch?V=HLGHKYJ8XO 上观看 Brabham 的视频"众包作为解决问题的模式"。

1. 众包模式

Howe（2008）将众包的应用分为以下四类：

（1）集体智慧（或智慧）。在这里，人们在解决问题，并提供新的见解和创意来对产品、流程或服务做出创新。

（2）集体创造。在这里，人们在创造出各种类型的内容并与其他人共享（付费或免费）。这些内容可以用于解决问题、进行广告或积累知识。这可以通过将大型任务分解成小部分来完成（例如，贡献内容来创建维基百科）。

（3）集体投票。在这里，人们对想法、产品或服务发表自己的意见和评价，并对提供的信息进行评估和过滤。一个示例就是对"美国偶像"进行投票。

（4）集体支持和资助。在这里，人们为社会事业做出贡献、提供支持，其中可能包括自愿付出努力和时间，提供捐助和小额融资。

Chaordix Corp.（chaordix.com）将众包分为以下三种模式：

（1）保密型。个人提交想法，由公司选择获胜者。想法对所有参与者是不可见的。

（2）协作型。个人提交想法，众人评估想法，并挑选获胜者。想法对所有参与者都是可见的。

（3）小组选择型。个人提交想法，众人逐渐发展想法，专家组选出候选方案，众人投票选出获胜者。

Crowdsortium 是一个行业从业者社区，其使命是通过最佳实践和教育来推动众包行业的发展。

众包也有可能成为政府和非营利组织通过社区参与来解决问题的机制。城市和交通规划是众包的主要领域。其中一个项目是利用众包鼓励公众参与盐湖城交通系统的规划过程。另一个众包应用在政府问题解决上的著名示例是美国专利和商标局的"对等专利社区的专利审查项目"，请参阅 peertopatent.org。

目前，许多追求进步的公司和组织认识到可以挖掘众人的智慧来获得最佳答案和最具创新性的思想的价值。

众包可用于多种用途。有关概述，请参阅 Zoref（2015）。

8.7.2 众包的过程

第2章中简要介绍了众包的过程，它依赖于具体问题的模型和所用的方法，因应用而异。但是，即使执行细节有所不同，大多数企业应用众包的程序仍包含以下步骤。主要步骤基于第

2 章中描述的通用过程。它们是：

（1）确定你想调查或完成的任务（问题）。
（2）选择目标人群。
（3）将任务向人群广泛传播（像星巴克和戴尔一样，在公开通知中经常把任务分发给身份不明的人群）。
（4）让群众参与完成任务（例如构思）。
（5）收集用户生成的内容（这可能包括提交解决方案、投票、提出新想法等）。
（6）评估提交材料的质量——由发起众包请求的管理者、专家或众人来评估。
（7）接受或拒绝解决方案。
（8）补偿人群。

有关详细的幻灯片演示，请参阅 Leimeister（2013）。

8.7.3 成功部署众包系统：一些代表性的示例

以下是已实施的众包系统中的一些代表性示例。

- 戴尔的 IdeaStorm（ideastorm.com）可以让客户为他们偏好的戴尔产品功能进行投票，包括对新功能。戴尔正在使用面向技术的人群，如 Linux（linux.org）社区。众人提交想法，有时社区成员对它们进行投票。
- 宝洁公司的研究人员在 innocentive.com 和 ninesigma.com 网站上发布问题，并向解决问题的人提供现金奖励。宝洁公司使用其他众包服务提供商，如 yourencore.com。
- 亚马逊的 Mechanical Turk（mturk.com）是一个分发那些需要利用人力智能工作的大型任务的市场。这些大型任务被分割成独立的子任务（称为人工智能任务（human intelligence tasks，HIT)），由寻求帮助的公司发布。然后，亚马逊安排参与者（Mechanical Turk），每个参与者都被分配一个小的子任务，并在工作完成时获得报酬。有关详细信息，请参阅 mturk.com。
- Facebook 使用众包将其网站翻译成超过 65 种不同的语言。超过 4 000 名志愿者完成从英文网站到法语网站的翻译，只用了 1 天时间；然而，Facebook 需要聘请专业翻译团队来监督整个众包过程，以确保翻译结果的准确性。
- 加拿大矿业公司 Goldcorp（goldcorp.com）无法找到足够的黄金。2000 年，该公司向公众发起了公开招募会，提供地质数据，并对提出最佳方法的参与者奖励 575 000 美元。利用提交的想法，该公司发现了价值 30 亿美元的黄金。
- Frito-Lay（fritolay.com）用众包设计了一个成功的年度"超级碗"（Super' Bowl）广告活动。
- 许多人认为维基百科（wikipedia.org）是众包的"鼻祖"，当然它也是世界上最大的众包项目。

- **示例1：爱彼迎如何拍摄电影**

爱彼迎是全球度假租赁市场（190个国家）。它使用众包供应商Vines，成功制作了一个时长4.5分钟的电影，并在圣丹斯频道播出。该项目首先向爱彼迎社区推特了一个由vines创建的故事板，邀请社区成员参与活动。根据Gioglio（2015），征求Vines的场景花了6天时间，在此期间，爱彼迎让Twitter作为"导演"，在twitpic上发布图片指导，告诉大家如何选出不同的图像剪辑。在每个简短的列表发布后，粉丝们有48小时来提交他们的作品，并有机会获得100美元的爱彼迎信用额度。在整个活动过程中，44个独特的Vines照片被投放到爱彼迎社区。最后，爱彼迎收集了超过750份创意，其中超过100份被收录在短片中。

- **示例2：卓越创新网——众包市场**

根据其网站，卓越创新网（Innovation Excellence）(innovation-excellence.com）是一个跨国社交市场，在170多个国家拥有约1 000 000名注册专家。人们可以以解决问题者或研究机构的身份，创建个人档案，建立专业联系，并与同事（需要付费）、同辈和朋友联系。如果你是问题解决者，并且只想在卓越创新网上解决问题，那么你可以选择想要披露的信息并决定谁可以看到。在卓越创新网上，用户可以把活动分享给其他社交网络上的联系人。你可以开发自己的网络或加入卓越创新网中已有的众多网络之一。用户可以与有共同兴趣的人见面，并关注他们朋友的活动。在了解到他们的朋友在做什么之后，人们可以选择与他们的朋友竞争或者协作来解决问题。

注意：成千上万的志愿者使用众包在灾害地区进行搜寻，例如菲律宾的台风和找出失踪的马来西亚MH370飞机。

8.7.4 众包和众筹的工具

为启动众包计划，企业和开发人员可以利用众包工具和平台，如NineSigma、InnoCentive、YourEncore、yet2、UserVoice、Get Satisfaction和IdeaScale。

众筹和Kickstarter

为了不同目的从众人中筹措资金越来越受欢迎，这个领域中有几家初创公司在这一领域开展业务。一家值得注意的公司是Kickstarter。关于其如何帮助小企业，请参阅YouTube上2013年发布的视频youtube.com/watch?v=xudOhEYIwyU。

众筹的示例 越来越多的创业公司正在利用众筹为企业筹集资金。这里有四个示例：

- 电影制作人扎克·布拉夫（Zach Braff）使用Kickstarter为他的2013电影筹集资金，请观看youtube.com/watch?v=CIyJtcxjWhw上的视频"使用Kickstarter为下一部电影筹集资金"，请参见（youtube.com/watch?v=CIyJtcxjWhw）。
- 扎克·布朗（Zach Danger Brown）于2014年7月在Kickstarter上为他的"土豆沙拉"理念筹得52 000美元。有关详细信息，请参阅Root（2014）以及有关这项筹款在全球走向如何的视频（abcnews.go.com/GMA/video/zach-danger-browns-potato-salad-kickstarter-global-24464503）。
- 数字音乐网红Kawehi正通过Kickstarter筹集资金来推广她在夏威夷的音乐项目。有关详细信息，请参阅 Russo（2014）。
- Next Thing Co. 于 2015 年 5 月使用 Kickstarter 从 15 000 人那里筹集了 70 万美元。该公司吹嘘说他们将生产 9 美元的电脑。详情请参阅 Della Cava（2015）。

对于八个成功的 Kickstarter 活动，请参阅 Serino（2015）。关于众筹战略指南，请参阅 Stegmaier（2015）。

关于众筹的工具，请参阅 Roth（2016）。

8.7 节复习题

（1）定义众包。
（2）列出七个众包模型。
（3）列出众包过程的主要步骤。
（4）描述 Kickstarter 和卓越创新网的能力。

8.8 社交协作（协作 2.0）和未来的社交商务

Web 2.0 和社交媒体在企业中的主要应用之一就是在协作领域，有些人甚至把 Web2.0 等同于企业协作。社会协作有很多用途，一个重要的用途是产品设计。

8.8.1 社交协作要点

商业协作可以被定义为人们与其他人一起工作以达到共同的结果或目标。对于许多社交协作的图片，请在谷歌上搜索"社交协作图片"。

社交协作（social collaboration）是指由社交媒体工具和平台支持的社区内部和社区之间的协作。这些流程可以帮助人们互动并共享信息，以实现共同目标。它也被称为协作 2.0。协作 2.0 被认为是社会化企业的一个主要元素，可以提供相当多的好处（例如，参见 IBM Software Group（2011）中的示例）。有关实施社交协作的内容，请参阅 Carr（2013）。有关社交协作的综合报告，包括收益和经验教训，请参阅 Avanade（2013）。

1. 社交协作（协作 2.0）

协作通过让人们更高效地工作来提升商业价值。所有类型和规模的企业都可以使用维基和其他社交软件工具来有效地处理各种任务和活动。协作有助于解决业务问题并发现新的机会，尤其是在社交媒体工具的帮助下（详见 Morgan（2012））。社交网络中的协作既可以在内部发生，可以在不同部门员工组成的虚拟团队中进行，也可以在外部发生，在与供应商、客户和其他商业伙伴一起工作时进行。例如，通过使用维基和博客，协作发生在论坛和其他类型的小组中。有关社交协作的好处，请参阅 Buckley（2015）。有关协作 2.0 在企业中的应用，请参阅 Turban et al.（2016）。

如图 8-2 所示，社交协作有多个维度。

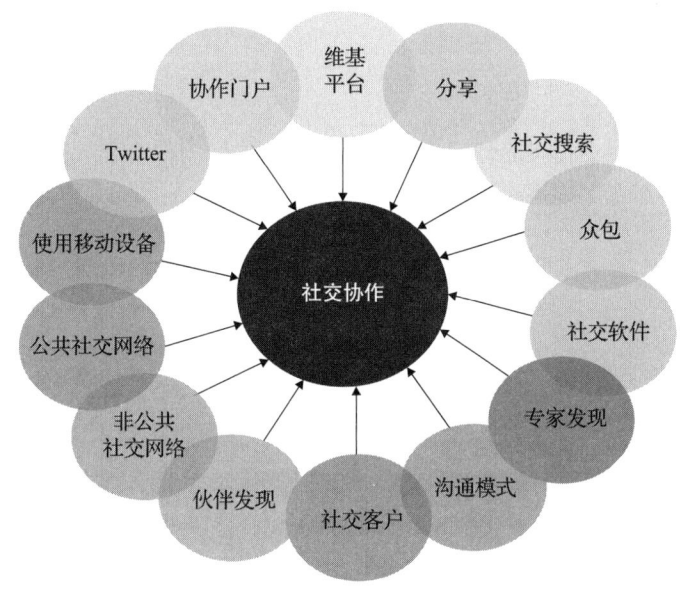

图 8-2 社交协作的各个方面

有人认为，未来人们将主要使用 Web 2.0 工具而不是电子邮件进行协作。有关讨论，请参阅 thefutureorganization.com。

大量 Web 2.0 工具被用于支持社交协作，支持思想分享、交流，共同处理相同的文档，等等。Web 2.0 工具的范围从维基延伸到虚拟世界。有关 Walgreens 公司通过创建内部网来促进员工协作的故事，请参阅 rightpoint.com/case-studies/ Walgreens。Dunay（2014）在网络研讨会上介绍了如何使用企业社交网络进行内部协作。

社交媒体支持协作的工具、理念和流程在不断发展，这使得员工和管理人员能够更充分地参与到协作过程中。此外，社交协作改善了组织文化。

社交协作主要由以下方面支持：

- 维基百科、博客和微博（例如 Twitter）。
- 协作社区（论坛和讨论组）。
- 早期典型的 Web 2.0 技术。
- 众包。
- 其他工具（例如 Yammer）。

大多数协作软件供应商正在将 Web 2.0 工具添加到他们的协作套件中（例如 Binfire Inc.）。

2. 在企业内部使用博客和维基

在第 2 章中，我们提供了一些企业内部使用博客和维基的示例。这些工具的使用范围正大扩大。公司使用博客和维基进行以下活动：

- 项目协作和沟通。

- 准备过程和程序文件。
- 解决常见问题。
- 进行电子学习和电子培训。
- 创建提供新创意的论坛。
- 确定公司特定的动态词汇表和术语。
- 与客户协作。

毫无疑问，上面列表中的大部分活动都与协作有关。有关其他信息，请参阅 zdnet.com/blog/hinchcliffe（涉及多个博客）。

3. 使用 Twitter 来支持协作

Twitter 已被企业广泛用于支持协作。Twitter 广泛用于企业与客户及潜在客户进行的互动以及协作。

4. 移动商务在社交协作中的作用

如第 6 章所述，移动商务在迅速发展。大部分企业社交应用程序可以在无线设备上使用，尤其是用于沟通和协作的应用程序。

5. 社交网络中的问题和答案

个人和公司都可以在问答的"提问"功能中发布问题。例如，在 LinkedIn 社区中：转至帮助论坛并使用主页上的发布模块提出问题，随后社区就会向你提供答案。你也可以在主页上的"分享框"中提问。许多其他专业网络及其内部团队可以为帮助决策提供建议和支持材料。这些服务可以是付费的或免费的。例如，根据医生社交网络"Sermo"（sermo.com；"社交媒体遇上医疗保健"），一个专为医生设计的大型在线社区，"存在一个应用程序，允许医生使用任何 Web 或移动设备来撰写和讨论紧急及其感兴趣的患者病例。根据市场测试，该应用程序几乎可以确保收到多位同事的反馈。其中典型的问题包括请求或建议的诊断，而回复中最具洞察力的治疗方案，往往是由医生之间的协作而产生的（参见 sermo.com/who-we-are/press-releases-view/3）。

6. 社交协作工具套件

有几家公司提供社交协作工具套件，既可以作为独立产品，也可以作为现有协作套件中的附加工具。

- **示例 1：IBM Connections**

IBM Connections 提供了诸如论坛、维基和博客等工具以及高级社交分析等新功能，使用户能够扩展他们连接和参与的网络。有关详细信息，请参阅 ibm.com/press/us/en/press-release/32949.wss 上的新闻稿"IBM 推出新的软件和社交商务咨询服务"。

你可以在 IBM Jam Events 页面（collaborationjam.com）下载许多免费白皮书。IBM 拥有约 20 000 个内部博客（用户超过 100 000 人）。SocialBlue（Facebook 的内部克隆版）的成员

超过70 000人。LinkedIn上有350 000名成员（截至2016年1月），超过500 000名是众包参与者。今天这些数字可能更大。IBM还提供支持创新所需的工具。

● **示例2：思科WebEx会议中心（原Cisco Quad）**

根据思科网站的说法，思科WebEx是一个专为当今的员工而设计的企业协作平台。它的特点是社交、移动、视觉和虚拟功能。WebEx使人们能随时随地获得所需的信息和专业知识。知识和想法很容易在整个企业中共享，并且团队可以跨越地理和组织的边界进行协作。

WebEx Meetings是适用于所有主流智能手机和平板电脑的通用应用程序。有关WebEx其他的社交功能，请参阅webex.com/products/web-conferencing.html#pricing。

有关供应商名单、它们使用的工具，以及常规场景中支持的协作和通信类型。有关社交协作的好处，请参阅Buckley（2015）。

8.8.2 社交商务的未来

在确定社交商务的合理性和策略时，我们需要考虑未来。许多研究人员和顾问都在推测未来。预测多种多样：从"社交商务将统治电子商务"到"它是一个流行词，并且很快就会消失"。请参阅Gebauer（2015）的132个案例研究（包括成功案例和失败案例）。考虑到Facebook、Twitter、Pinterest、YouTube、社交游戏、社交购物和社交广告的普及，人们很难支持那些关于社交商务的消极预测。目前看来，移动社交商务将成为电子商务增长的主要领域。此外，一些社交购物和社交协作模式可能会非常成功。在企业领域，由于云计算的影响，有一种趋势是"社交即服务"，而不是仅仅将社交看作一种应用程序。

社交商务的未来在很大程度上取决于社交媒体的趋势。关于2016年的一些趋势，请参阅Levy（2016）。

结论：IBM的沃森计算机和社交商务

人们对社交商务的未来有很多看法。但是这里，我们决定以IBM的沃森超级计算机作为本章的收尾，而不是介绍这些看法。2011年2月，IBM的沃森在智力问答竞赛节目《危险边缘》（*Jeopardy*）的8天联赛中战胜了两个世界冠军。这是在社交商务和智能计算领域的一个巨大成就。在IBM的专家集成系统（Pure Systems）等智能系统的帮助下，沃森将能够完成越来越多的事情。根据ibm.com/smarter-planet/us/en/ibm，沃森可能会协助人们进行以下与社交商务相关的任务。

- 个人投资顾问。个人将无须再投资研究。你所要做的就是说明你的投资目标，沃森将在检查完所有需要的输入数据后做出推荐。给定你的目标，沃森就可以弄清楚你需要什么，建议你购买或抛售的股票。经你的同意后，沃森可以帮你完成交易。
- 语言翻译。在电子商务中，为了利用全球机会，我们有时需要将网站翻译成其他语言，以便呈现给海外客户。我们也需要它来将自然的人类语言翻译成电脑能够理解的语言。现在的自动机器翻译还不是很理想，但它正在被改进。像IBM的沃森这样的计算机系统，拥有功能强大的自然语言处理器，随着时间的推移，它们会变得更好，从而提供更好的机器翻译。
- 客户服务。提供技术支持对于企业成功至关重要（例如，请参阅第 7 章中的 iRobot 案例）。沃森的智慧将为那些需要帮助的人提供自动指导，让他们完成所有必要的步骤。该服务将始终如一，质量上乘，且可以实时提供。
- 问答服务。对于你提出的任何商业、医疗、法律或个人问题，沃森将提供最佳答案。它可以回答任何问题及后续问题。
- 匹配。沃森可以匹配卖方和买方、产品和市场、求职者和工作机会、以货易货的交易伙伴、P2P 借贷参与者，或任何你可以想到的其他匹配。例如，沃森将能够为你找到一个符合你既定目标的伙伴。IBM 的沃森与 IBM 的智慧地球活动相关（请参阅 ibm.com/smarterplanet/us/en/ibmwatson）。

8.8 节复习题

（1）定义社交协作。
（2）简要列举和描述社交协作的主要好处。
（3）列出社交协作的工具。
（4）描述社交协作与社交商务的未来的关系。

管理问题

与本章有关的一些管理问题如下所示。

1. 部署社交商务可能涉及哪些道德问题？ 使用社交商务可能导致一些道德问题，如隐私和责任制度。另外，一些失误可能会给用户和公司造成伤害。另一个重要的伦理问题是人的判断，这往往是社交商务的一个关键因素。人的判断可能是主观的或带有偏见的，因此可能导致不道德的后果。公司应为系统构建者和用户提供道德规范。有一些道德问题涉及创意的实施和其他与解决问题有关的考虑。需要考虑的一个问题是，组织是否应该采用能节省生产力但却不符合道德标准的设备。另一个道德问题是使用从众包的人群中提取出的知识。另一个相关问题是，当其他人使用员工所提供的知识时，公司是否应该对该员工提供补偿。这个问题与动机问题有关，也与隐私有关。是否应该告知人们是谁贡献了这些知识？

2. 如何应对社交商务风险？ 根据应用程序的不同，在实施社会商务时可能存在几个风险。例如，为了保护社交商务开源系统的安全性，你需要咨询你的内部安全专家，并且你可能需要一些外部的法律建议。此外，企业还面临信息污染以及有偏或伪造的用户生成内容的风险。对于大型项目，你可能还需要一个顾问来调查和评估相关风险。权衡社交媒体的好处与安全性等其他潜在风险是一个重大的战略问题。

3. 我们应该成为一个社会化企业吗？ 这取决于预计的成本和收益。另外，企业可以引入社会化企业的一些特征，但不是全部特征。例如，使用众包就可能非常有益。社交协作也可能有效地降低成本。

4. 非公共的内部社交网络怎么样？这样的项目可能会带来很多好处，它可以与众包的内部活动，以及与商业伙伴的社交协作相结合。大多数成功的内部网络用于创意构想、内部协作、招聘和公共关系。

5. 我们应该尝试游戏化吗？在大多数情况下，等待并观察其他公司的结果是明智的。游戏化的部署需要熟练的员工。在某些应用中，游戏化的好处可能很大。但在大多数情况下，我们目前还不确定。正如一个人所说："试试吧，你应该会喜欢它。"

本章小结

在本章中，你了解了以下与本章学习目标相关的电子商务问题。

1. **社会化企业**。在企业中开展社交网络活动可以带来实质性收益。存在两种类型的社交网络：公共的和非公共的。非公共网络是公司拥有的；它可能具有受限的访问权限，或者可能向公众开放。公共网络（例如 LinkedIn）主要用于招聘、联络、协作和营销沟通。非公共的内部社交企业使用协作 2.0、社会化客户关系管理、社交营销媒体等。你甚至可以"监视"你的竞争对手（参见 entrepreneur.com/article/229350）。这一切都意味着与员工、客户和商业伙伴的关系得到改善，同时也可以显著降低成本，提高生产力和实现竞争优势。

2. **商业导向的公共社交网络**。继 LinkedIn 和 Xing 成功之后，陆续出现了许多商业导向的公共网络。其中著名的网络是 Viadeo（us.viadeo.com/en）和 Google+。从招聘到市场调查和广告，应用程序也不尽相同。最值得注意的是电子商务。公共网络中的一项主要活动是外部协作，此外还存在一些企业家网络。

3. **主要的企业社交商务活动**。目前，协作、沟通以及社区建设是主要的企业社交商务活动。另外，通过收集创意和寻找专家来解决问题变得越来越重要。与此相关的是知识创造和管理。公司在企业网络中招聘、培训和开展其他人力资源管理活动。许多家公司还使用企业社交网络与客户、供应商和其他商业伙伴进行互动。

4. **在线就业市场及其好处**。在线就业市场正在迅速增长，每天有数千个就业岗位与求职者相匹配。在线就业市场对于雇主的主要好处是能够以低成本接触大量求职者，在线提供详细信息，在线接受申请，甚至进行技能测试。此外，通过使用智能软件代理，招聘者可以更快地检索简历并与职位匹配。许多招聘机会都发布在互联网上，帮助求职者获得就业机会。求职者也可以发布他们的简历让招聘者查找。通过社交网络招聘，尤其是通过 LinkedIn 和 Facebook 进行招聘的人数正在迅速增长。

5. **社交商务、娱乐和游戏**。富媒体、用户创建的内容以及具有共同兴趣的社区和小组，为第二代在线娱乐提供了许多可能性。除此之外，无线网络的革命和移动设备功能的提升，能够支持 Web 2.0 工具和社交网络活动，你将发现一个新的令人兴奋的在线娱乐世界，从音乐、视频到喜剧。

6. **社交游戏和游戏化**。许多基于互联网的游戏都包含一些社交活动。玩家集体同意这些规则并充当社区成员。像 King 和 Zynga 这样的公司创造了能在 Facebook 和其他社交网络上玩的游戏。这只是游戏化的一个方面，另一方面是将社交媒体引入游戏。

7. **众包和众筹**。企业中的众包主要用于创意生成、投票和问题识别。内容创建和更新项目都属于这一类活动，例如志愿者将 Facebook 网站翻译成法语和德语。众筹是只向大众筹集资金的一项应用。

8. **社交协作和社交商务的未来**。许多人认为社交协作（协作 2.0）是社交媒体支持的主要活动。支持的活动范围可从联合设计延伸到问题解决。

9. **社交商务的未来**。人们普遍认为，社会商业将迅速发展，但有些人不同意。IBM 的创新（尤其是沃森计算机和智慧商务）是社交商务的主要推动力。

⊙ 问题讨论

1. 公共的商业导向网络和非公共的企业社交网络有何不同？
2. 讨论众包在创意产生和其他企业活动中的作用。
3. 企业社交网络是助推器还是浪费时间？企业社交网络有哪些缺陷？展开讨论。
4. 众包如何降低商户的风险？
5. 如果公司决定使用公共社交网络，可能会面临哪些风险？
6. 讨论社交协作如何支持商业活动。
7. 游戏化如何应用于商业？
8. 比较社交协作和众包。

⊙ 课堂讨论和辩论话题

1. 辩论：众人是否应该具备给定任务的专业知识？
2. 一些人声称使用社交协作速度可能很慢并且效果不佳。其他人则表示反对。对这个问题展开辩论。
3. 员工或客户利用众包产生创意的这种众包做法正在变得流行。不过，有人说这只是一个电子意见箱。其他人则表示反对。展开讨论。
4. 登录 quara.com，询问社会化企业的利益和局限性。撰写一份报告。
5. 辩论：企业应该为外部活动（例如营销、客户关系管理）建立内部社交网络，还是使用现有的公共社交网络？
6. 研究游戏 *Grand Theft Auto*。为什么这个游戏如此受欢迎？游戏里面有没有社交元素？
7. 为什么需要一个特殊的企业家网络？什么功能使这个网络变得有效？
8. 如果公司决定使用公共社交网络，可能会面临哪些风险？
9. 查看 Socialtext（socialtext.com）的功能。讨论如何在零售、制造和金融服务领域的小型企业中使用此平台。
10. 你会用 monster.com 或 linkedin.com，还是传统机构来招聘高层管理人员？为什么？
11. 众筹变得非常受欢迎。查找有关其成功的最新信息。实施众筹有哪些挑战？

⊙ 在线练习

1. 登录 xing.com 和 linkedin.com 并比较它们的功能。
2. 登录 pandora.com。了解如何创建和与朋友分享音乐。

3. 查看一些众筹网站，例如 Kickstarter 和 GoFundMe，并比较它们的流程。查找关于中国众筹的信息。你认为到 2025 年这个市场可以达到 500 亿美元吗？撰写一份报告。

4. 在 quara.com 上发布有关社交商务未来的问题。总结答案和评论。

5. 登录 innocentive.com。描述这个网站的工作原理。列出他的主要产品和服务，确定好处和挑战。

6. 登录 hulu.com/plus。为什么它是在线娱乐服务？它对观众有什么好处？

7. 登录 gaiaonline.com 并查找所有社交导向的活动。撰写一份报告。

8. 登录 gillin.com/blog 并查找与社交商务技术的企业应用程序相关的信息。撰写一份报告。

9. 登录 brazen.com/about 检查 Brazen 提供的服务，将这些服务与在 expos2.com 上主办的虚拟活动进行比较。

10. 比较 jobserve.com 和 aspiremediagroup.net 中有关招聘解决方案的内容。区分提供给员工的服务和提供给雇主的服务。撰写一份报告。

11. 确定一个困难的商业问题。在 linkedin.com 和 answers.com 上发布问题。总结你收到的结果或提议，来解决这个问题。

12. 登录 huddle.com 并进行交互式演示（需要注册）。另外，请在主页面上观看视频。撰写社交协作活动报告。

⊙ 团队任务和项目

1. 阅读开篇案例，回答下列问题。
（1）描述 CEMEX 的 Shift 的驱动因素。
（2）描述其主要好处。
（3）将案例与协作 2.0 和众包联系起来。
（4）进入 Garcia et al.（2011）并查看补充视频。准备对其中一个视频的总结。

2. 众包模型与设计师协作，如下所示：①公司概述了他们需要设计的内容；②公司将这个设计大纲变为一项竞赛（例如，专业设计师之间、业余设计师之间，或业余设计师和专业设计师之间）；③获胜者由管理层、顾问或众人选出。这是以很低的成本完成的。
（1）如果这种模式变得越来越普遍，它将如何影响设计行业？
（2）竞赛的目的是什么？
（3）有些人认为业余爱好者可以做得最好。其他人不同意。查找信息并对此进行讨论。
（4）将这种情况与 Polyvore 网站模型进行比较。展开讨论。

3. 有人认为游戏化是未来的主要社交商务技术。在 badgeville.com/wiki/External_Resources 上，查找更多资源，撰写一份关于游戏化在电子商务和社交商务中的现有应用和潜在应用的报告。

4. 所有学生在 LinkedIn 上注册成为会员。
（1）每个团队成员加入两个 LinkedIn 群组并观察他们的活动。
（2）全部加入电子商务小组（group-digest @ LinkedIn.com）。关注小组里的一些讨论。就 LinkedIn 小组的价值在班里进行联合展示。

5. 调查流媒体音乐服务领域的竞争情况（例如，调查 Spotify、亚马逊、苹果、谷歌）。撰写一份报告。

6. Yammer、Huddle、Chatter 和 Jive Software 是基于云的社交网络服务。人们认为它们非常有用，并取代了传统的企业工具。调查这个问题并撰写一份报告。

章末案例

LinkedIn：首要的商业导向的公共社交网络

让我们看看LinkedIn（linkedin.com），这个全球最大的专业网络。LinkedIn是一个商业导向的全球性社交网站（已提供23种语言），主要用于专业社交。截至2016年1月，它拥有来自200个国家和地区的约4.14亿名注册用户。到2016年年底，其有220万个不同的群组，每个群组都有特殊的兴趣。LinkedIn可用于寻找工作、人员、潜在客户、服务提供商、学科专家和其他商业机会。该公司在2010年开始盈利，预计2016年收入将接近30亿美元。该公司于2011年1月首次公开募股，其股票是股市中表现最好的股票之一。LinkedIn的一个主要目标是允许注册用户保留专业联系人列表（请参阅en.wikipedia.org/wiki/LinkedIn），即与他们有关系的人的列表。每个用户的网络中的人被称为联系人。用户可以邀请任何人成为联系人，无论这些被邀请者是不是LinkedIn用户。当人们加入LinkedIn时，他们会创建个人简介来总结他们的专业成就。这个简介使得招聘人员、前同事和其他人更容易找到他们。会员还可以结识新朋友，并找到协作和市场推广的机会。

LinkedIn基于"连接程度"的概念。联系网络包括用户的直接连接（称为一级连接），连接到一级连接的人（称为二级连接）和连接到二级连接的人（称为三级连接）。连接程度"图标"显示在联系人的姓名旁边。借助关系网络，专业人士可以通过信任的联系人，了解到他希望知道的人的情况。LinkedIn的管理员本身也是会员，每个人都有数百个连接（请参阅Elad（2014）和linkedin.com）。

"门控访问方式"指的是与任何专业人士联系时需要预先存在的关系或相互联系人的介入，旨在建立网站用户之间的信任。

可搜索的LinkedIn群组功能允许用户通过加入校友、行业、专业人士或其他相关团体来建立新的业务关系。

LinkedIn在帮助求职者和雇主找到彼此方面尤其有用。根据Ahmad（2014）的统计，全美94%的招聘人员使用LinkedIn来检索潜在的候选人。求职者可以列出他们的简历，寻找公开的职位，检索公司的简介，甚至查看招聘经理的档案。申请人还可以发现与现有联系人（人员）的联系，这些联系人可以将他们介绍给特定的招聘经理。他们甚至可以看到谁查看了他们的个人资料。有关详细信息，请参阅linkedin.com/company/linkedin/careers和linkedin.com/jobs。有关求职者的LinkedIn指南，请参阅Boone（2015）。

公司可以使用该网站发布职位空缺，找到并招聘员工，尤其是那些可能没有积极寻找新职位的员工。

使用LinkedIn的快捷使用方法

LinkedIn主要被称为招聘、求职和建立联系的平台。然而，网络中有许多营销、广告、销售等机会（例如，请参阅Cole（2015））。会员可以要求其他人为他们写推荐信（认可）。有关机会列表，请参阅linkedintelligence.com/smart-ways-to-use-linkedin。

为取代2013年停止使用的LinkedIn Answers，用户可以通过linkedin.com/help/linkedin/mobile-apps获得新服务。

2011年，LinkedIn推出"LinkedIn广告"，这是LinkedIn版本的Google AdWords，是一种基于文本的自助服务广告产品，可让广告商接触到他们选择的目标专业观众（请参阅LinkedIn在linkedin.com/help/linkedin/mobile-apps上的常见问题解答）。有关Ads和AdWords之间的比较，请参阅 shoutex.com/linkedin-directads-vs-google-adwords-2。

根据 Ahmad（2014）的统计，LinkedIn "访客到潜在客户"的转化率比 Facebook 和 Twitter 高 3 倍。

截至 2014 年，LinkedIn 可以通过使用计算机算法确定潜在员工与潜在工作的匹配度，从而为其提供与可用职位匹配的工作。

LinkedIn 还可以用于多种营销策略，例如，创建特殊群组以促进对事件的兴趣，购买付费媒体空间以及查看竞争对手的行为（例如，linkedin.com/about-us）。请注意，约 75% 的 LinkedIn 会员位于美国境外。例如，许多用户位于巴西、印度、英国和法国。LinkedIn 上有超过 150 万名教师，他们将 LinkedIn 用于教育目的。

如前所述，LinkedIn 是一家上市公司。它一上市就迅速取得了成功，因为在交易的第一天股价几乎涨了两倍。相比之下，主要在线招聘公司 Monster 在 2011 年股价暴跌超过 60%，主要是由于投资者担心 LinkedIn 会抢走 Monster 的业务。

LinkedIn 不断给其网站添加功能。例如，2014 年，该公司推出了有助于提高位置相关性的功能。

移动应用

LinkedIn 于 2008 年 2 月推出了移动版本，用户可通过移动设备使用网站中的大部分功能。移动服务支持多种语言，包括中文、英文、法文、德文、日文和西班牙文（关于移动设备和支持的语言，请参阅 linkedin.com/help/linkedin/mobile-apps）。

LinkedIn 的一些资源

以下是 LinkedIn 上的一些有用资源：https://blog.linkedin.com/，mylinkedinpowerforum.com。

有关 LinkedIn 的成功案例，请参阅 Elad（2014）和 cbsnews com/news/linkedin-5-job-search-success-stories。

资料来源：基于 Elad（2014）、Ahmad（2014）、Bernstein（2015）、en.wikipedia.org/wiki/LinkedIn 和 press.linkedin.com/about-linkedin（均访问于 2016 年 3 月）。

问题

1. 登录 linkedin.com 并浏览网站。你认为这个网站为什么如此成功？
2. 什么功能与招聘和求职有关？
3. 调查以发现该公司的收入来源。准备一份清单。
4. 几家公司试图复制 LinkedIn，但收效甚微。你认为 LinkedIn 为何能占据统治地位？
5. 加入 LinkedIn 上名为"电子营销协会网络"的群组（免费；它是一个私人组织，因此你必须申请才能加入），并观察这个群组在社交媒体和商务上的活动，观察一周。撰写一份报告。
6. 研究 LinkedIn 上伪造个人资料的问题。

参考文献

Ahmad, I. "How to Boost LinkedIn Engagement [Infographic]." *Social Media Today*, January 3, 2014.

AOL. "How to Use Social Media to Impress Recruiters." *AOL Jobs*, October 27, 2014.

Avanade. "Achieving Social Collaboration Success." A white paper from Accenture and Microsoft, 2013. **avanade.com/~/media/documents/enterprise-social-collaboration-pov.pdf** (accessed April 2016).

Bernstein, B. *How to Write a KILLER LinkedIn Profile... and 18 Mistakes to Avoid*. Madison, WI: The Essay Expert, 2015.

Boone, R. S. *LinkedIn: Guide To Making Your LinkedIn Profile Awesome: 25 Powerful Hacks for Your LinkedIn Profile to Attract Recruiters and Employers (Career Search... Profile, LinkedIn Makeover, Career Search)*, Kindle edition. Seattle, WA: Amazon Digital Services, 2015.

Brabham, D. C. *Crowdsourcing*. Cambridge, MA: The MIT Press, 2013.

Bughin, J., and M. Chui. "Evolution of the Networked Enterprise: McKinsey Global Survey Results." *McKinsey Quarterly*, March 2013.

Buckley, C. "Understanding the Business Benefits of Social Collaboration." *Beezy, Business Culture*, September 2015.

Burgess, C., and M. Burgess. *The Social Employee: How Great Companies Make Social Media Work*. New York: McGraw-Hill, 2013.

Carr, D. F. *Social Collaboration for Dummies*. New York: For Dummies, 2013.

Chou, Y. "Octalysis: Complete Gamification Framework." October 2012. **yukaichou.com/gamification-examples/octalysis-complete-gamification-framework** (accessed April 2016).

Cole, J. *Go From Zero to Hero on LinkedIn: Jump Start Your Prospecting Success in as Little as 7 Days*, Kindle edition. Seattle, WA: Amazon Digital Services, 2015.

della Cava, M. "$9 Computer Killing it on Kickstarter." *USA Today*, May 11, 2015.

Donston-Miller, D. "Social Business Leader Cemex Keeps Ideas Flowing." *Informationweek.com*, November 5, 2012. **informationweek.com/enterprise/social-business-leader-cemex-keeps-ideas-flowing/d/d-id/1107226** (accessed April 2016).

Duggan, K., and K. Shoup. *Business Gamification for Dummies*. Hoboken, NJ: For Dummies, 2013.

Dunay, P. "Social Media Organization: What are the Best Practices for Internal Collaboration?" *Social Media Today*, January 23, 2014. **socialmediatoday.com/webinar/social-organization-what-are-best-practices-internal-collaboration** (accessed April 2016).

Elad, J. *LinkedIn for Dummies*, 3rd edition. Hoboken, NJ: Wiley & Sons, 2014.

Florentine, S. "How Gamification Makes Customer Services Fun." *Computer World*, March 3, 2014.

Garcia, J. G., L. Martinez, and A. S. Vicente. "Shift Changes the Way CEMEX Works." A Winner Paper in the 2011 "Management Innovation eXchange Project." September 2, 2011. **management-exchange.com/story/shift-changes-way-cemex-works** (accessed April 2016).

Gebauer, S. "132 Social Media Case Studies—Successes and Failures." *The Social MS*, April 2015. **blog.thesocialms.com/132-social-media-case-studies-successes-and-failures** (accessed March 2016).

Gioglio, J. "Airbnb Releases First Short Film Crowdsourced from Vines." *Convince and Convert*, 2015. **convinceandconvert.com/social-media-case-studies/airbnb-releases-first-short-film-crowdsourced-from-vines** (accessed March 2016).

Gottlieb, M. "42 Leading Social Networking Sites for Business Professionals and Entrepreneurs You May Not Know." *LinkedIn Pulse*, April 25, 2015.

Greenberg, A. "Recruiting Solutions for 2014-Gamification" December 29, 2013. **recruitingdivision.com/the-recruiting-solutions-for-2014-gamification** (accessed March 2016).

Hein, R. "How to Use Gamification to Engage Employees." *CIO.com*, June 6, 2013. **cio.com/article/2453330/careers-staffing/how-to-use-gamification-to-engage-employees.html** (accessed April 2016).

Hinchcliffe, D. "Social Business Success: CEMEX." February 1, 2012. **zdnet.com/article/social-business-success-cemex** (accessed April 2016).

Howe, J. *Crowdsourcing: Why the Power of the Crowd Is Driving the Future of Business*. New York: Crown Business, 2008.

Huff, T. "How Social Media Changed the Hiring Process." August 10, 2014. **socialmediatoday.com/content/how-social-media-changed-hiring-process** (accessed March 2016).

Hutchinson, A. "Why YouTube is Seeking to Win over Gamers with YouTube Gaming." *Social Media Today*, June 16, 2015.

IBM Software Group. "The Compelling Returns from IBM Connections in Support of Social Business: Five Stories." Thought Leadership White Paper, New York: IBM Corporation EPW 14010-USEN-00, 2011.

Jurgensen, J. "An Ode to Joyful Streaming." *The Wall Street Journal*, January 4–5, 2014.

Leimeister, J. M. "Crowdsourcing as a New Way of Organizing Work." *A slide show*, September 25, 2013. **boeckler.de/pdf/v_2013_09_25_leimeister.pdf** (accessed March 2016).

Levy, A. "5 Social-Media Trends to Watch in 2016." *Fool.com*, February 10, 2016.

Lithium. "Gamification: Delivering Winning Social Customer Experiences." *Lithium Technologies Inc.*, White Paper, 2011.

Martin, R. L., et al. *Getting Beyond Better: How Social Entrepreneurship Works*. Boston: Harvard Business Review, 2015.

Morgan, J. *The Collaborative Organization: A Strategic Guide to Solving Your Internal Business Challenges Using Emerging Social and Collaborative Tools*. New York: McGraw-Hill, 2012.

Ridley-Duff, R., and M. Bull. *Understanding Social Enterprise: Theory and Practice*, 2nd edition. Thousand Oaks, CA: Sage Publications, 2015.

Root, A. "Potato Salad Tops $50k in Pledges." July 8, 2014. **crowdsourcing.org/editorial/potato-salad-tops-50k-in-pledges/32674** (accessed March 2016).

Roth, J. *Crowdfunding: How to Raise Money for your Startup and Other Projects! (Crowdfunding, Funding, Raise, Business, Money, Startup, Guide, Capital)*. Publisher: John Roth, 2016.

Russo, J. "Talking Story with Kawehi on Her Upcoming Hawaii Tour." July 1, 2014. **mauitime.com/entertainment/talking-story-with-kawehi-on-her-upcoming-hawaii-tour** (accessed March 2016).

Serino, L. "8 Kickstarter Campaigns that Nailed It (and How You Can, Too)." *ECommercefuel*, May 29, 2015. **ecommercefuel.com/kickstarter-campaign-tips** (accessed March 2016).

Stegmaier, J. *A Crowdfunder's Strategy Guide: Build a Better Business by Building Community*. Oakland, CA: Berrett-Koehler Pub., 2015.

Terpening, E. "How to Choose the Best Organizational Model for Social Business." *Altimeter Group*, September 2015.

Turban, E., et al. *Social Commerce*. New York: Springer, 2016.

Waldman, J. *Job Searching with Social Media for Dummies*, 2nd edition. Hoboken, NJ: John Wiley and Sons, 2013.

World Library. *Social Enterprise Handbook*. (e-book), World Public Library, 2015. **worldlibrary.org/articles/Social_enterprise** (accessed March 2016).

Zichermann, G., and J. Linder. *The Gamification Revolution: How Leaders Leverage Game Mechanics to Crush the Competition*. New York: McGraw-Hill, 2013.

Zoref, L. *Mindsharing: The Art of Crowdsourcing Everything*. Westminster, UK: Portfolio, 2015.

第四部分
PART 4

电子商务的支持服务

第 9 章　电子商务中的营销和广告

第 10 章　电子商务安全和欺诈问题及其保护

第 11 章　电子商务支付系统和订单履行

CHAPTER 9
第 9 章

电子商务中的营销和广告

■ 学习目标

完成本章后，你将能够：
1. 描述影响在线消费者行为的因素。
2. 解释如何分析消费者行为以提供个性化服务。
3. 了解电子商务环境下的消费者市场。
4. 描述网络广告的目标和特点。
5. 描述网络广告的主要方法。
6. 了解移动营销的概念和技巧。
7. 描述各种在线广告策略和促销类型。
8. 了解一些实施问题。

■ 开篇案例

市场研究有助于 Del Monte 改善狗粮

问题

Del Monte 公司立足于竞争非常激烈的全球食品行业。除了生产供人食用的罐装水果和蔬菜之外，Del Monte 公司还生产宠物食品，如 Gravy Train、9 Lives 和 Meow Mix。在竞争激烈的全球食品行业中，该公司通过市场调研，不断寻求创新方式来增强自己的竞争优势。随着社交媒体的快速发展，该公司决定针对社交媒体来开展市场研究。公司的主要目标是决定如何最好地利用基于社交媒体的市场研究来支持其多样化的产品线，例如狗粮。

解决方案

基本的思路是首先通过社交网络与爱狗人士进行沟通和合作。由于企业的 IT 部门无法进行社交网络研究，因此 Del Monte 公司的宠物用品部门决定利用 MarketTools, Inc.（metrixlab.com）的洞察网络。注意，MarketTools, Inc. 是一家专门提供按需市场调查的公司。

通过以前的研究，Del Monte 宠物用品部门将部分狗主人社区确认为他们的一个细分市场，并希望对该细分市场进行更加深入的了解。为了与数以百万的狗主人建立联系，洞察网络为 Del Monte 宠物用品部门提供了与消费者直接互动的联系。为了确定消费者感兴趣的关键点，洞察网络使用其专有软件来监控博客圈中数以百万的相关博客，以及社交网络论坛，然后对这些信息进行分析，并预测消费者行为趋势。这种分析通常通过使用计算机化的工具来完成，例如监测消费者互动、分析消费者情绪及社交分析软件（请参阅 Killekar et al.（2013））。

利用社交媒体，Del Monte 可以更好地进行市场调研。传统的做法是使用调查问卷或焦点小组，但是这些方法不仅昂贵而且难以找到高质量的参与者。使用社交媒体，Del Monte 可以以更低的成本收集大量相同的数据，现在他们需要做的只是监控客户对话、收集数据并对大量信息进行分析。该专有软件还有助于创建子组、产生想法和创意，分析结果能帮助 Del Monte 了解其客户，并以此来规划营销活动、沟通策略和客户服务应用程序。这些结果还有助于评估营销活动所取得的成果、业务流程完成目标的情况，并更好地评估所提出的新活动的合理性。

实践

上述方法首先被用来帮助改善公司的狗粮 Snausages Breakfast Bites。为了获得线索，Del Monte 依靠其爱狗者的社区，通过监控客户博客和向客户发布问题以激发讨论，Del Monte 使用文本分析方法调查宠物狗与它们主人之间的联系。Del Monte 从分析中得出：拥有小型狗的人应该是 Snausages Breakfast Bites 的主要购买者。该公司还发现，宠物所有者的年龄不同，其观点也大不相同。根据此发现，公司生产了一小部分改进后的狗粮样品，并且在市场上进行了测试。然后，基于社交媒体和传统研究方法的分析结果，公司又对产品的设计决策进行修改。此外，营销推广也进行了调整。新产品卖得更好，因为狗喜欢它们。最后，这种新方法还巩固了爱狗人士的社区，因为消费者对自己的建议能被考虑感到很高兴。

结果

产品的生命周期缩短了 50%，仅需要 6 个月，并且 Del Monte 能够制定出更好的市场沟通战略。此外，该分析还帮助公司更好地了解客户和他们的购买行动，有利于预测市场趋势，识别和预测机会。

资料来源：基于 Greengard（2008）、Big Heart Pet Brands（2012）、Wikinvest（2016）和 MarketTools，Inc.（2008）。

案例经验教训

开篇案例表明，通过市场研究，企业可以得到更好的产品开发和营销战略的见解，这有利于企业面对激烈的市场竞争。在这种情况下，该公司通过社交媒体在线收集数据；MarketTools 公司通过监督来自博客、留言板和在线媒体网站的 5 000 多万次会话，以找到"客户的声音"。然后对收集到的数据进行分析，分析结果帮助 Del Monte 改进了它的狗粮，并制定了新的营销策略。正如案例所示，在线市场调查关系到消费者行为、购买决策、行为营销和广告策略等。所有这些主题都在本章中讨论。

9.1 在线消费者行为

面对日益激烈的竞争环境，卖方试图了解消费者的需求，并影响消费者使之购买他们的产品和服务。无论是线上经营还是线下经营，获得新顾客和留住老客户对企业来说都是获得成功的关键因素。这对在线企业来说显得极其重要，因为绝大多数与顾客的互动都是在线进行的。

有关影响消费者行为的因素的汇总，请参阅 iresearchservices.com/5-common-factors-influencing-consumer-behavior。

9.1.1 在线消费者行为模型

数十年来，市场研究人员试图了解消费者购物行为，并开发了各种模型来总结他们的发现。消费者行为模型旨在帮助供应商了解消费者如何做出购买决策。通过了解消费者的决策过程，企业可以更好地改进产品设计或广告来更好地影响买方的决策。

消费者可以分为两类：个体消费者和组织购买者，其中组织购买者包括政府、私营公司、分销商和非营利组织。这两种类型的购买者往往具有不同的购买行为，其分析方法也不同。在本章中，我们主要关注个体消费者。个体消费者行为模型通常包含影响买方决策过程和制定购买决策过程的内部和外部影响因素。图 9-1 显示了一个消费者行为模型。

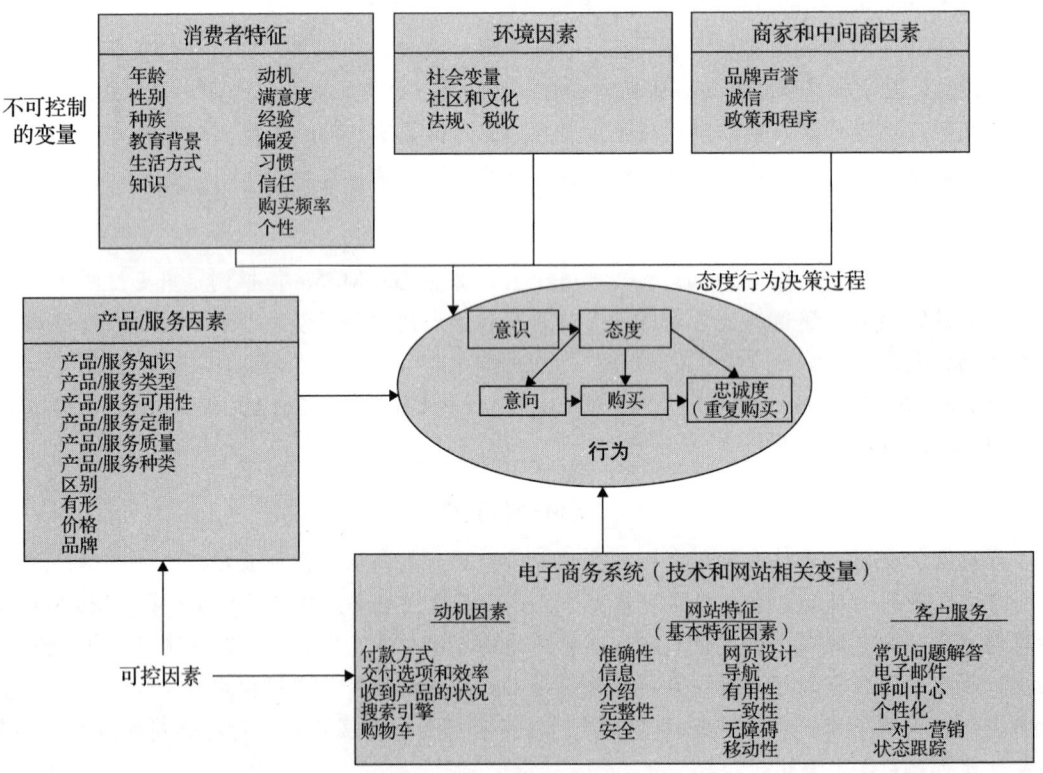

图 9-1 在线消费者行为的电子商务模型

- 影响因素。影响购买决策的因素主要分为五个方面，即消费者因素、环境因素、零售商和中间商因素、产品或服务因素（包括市场刺激因素）及电子商务销售系统。前三个维度不受卖方控制，而后两个维度则主要由卖方控制，如图 9-1 所示。

- 态度－行为决策过程。消费者行为模型的第二部分是决策过程，该过程通常始于商品的认识和积极态度，以买方决定购买和/或再购为结束（参见图9-1中的椭圆部分）。良好的态度会导致更强的购买意愿，进而导致实际的购买行为。以往的研究表明，态度、购买意愿、实际购买行为之间存在很强的关系。

9.1.2 主要影响因素

消费者购买行为的主要影响因素分为以下几类：

1. 消费者因素

如图9-1中左上角所示，消费者（个人）特征，指的是消费者的人口统计因素、个人喜好和行为特征。一些网站提供有关客户在线购买习惯的信息（例如，emarketer.com、clickz.com和comscore.com）。这些网站跟踪的主要人口统计数据是：性别、年龄、婚姻状况、受教育程度、种族、职业和家庭收入。这些因素可与互联网使用情况和电子商务数据相关联。根据他们的购买信心和知识水平，人们发现男性和女性对信息的感知有所不同。营销人员还研究了诸如性格和生活方式特征等心理变量。一些研究表明，购物体验对消费者在网络上购买和重复购买的态度及意愿有着显著性影响（例如，Chiu et al.（2014））。

2. 商家和中间商相关因素

在线交易也可能受到提供产品或服务的商家的影响。这一系列因素包括了商家信誉、交易规模、商户的信任等。例如，客户在亚马逊（基于信誉）购买东西比从一个不知名的商家处购买更加安全。营销策略和广告等其他因素也可以发挥重要作用。

3. 产品或服务因素

第二组因素与产品或服务本身有关。消费者做出购买决定受交易中产品或服务性质的影响。这些可能包括产品的价格、质量、设计、品牌和其他相关属性。

4. 电子商务系统

由商家提供的用于在线交易（例如，安全保护、支付方式等）的电子商务平台和上网设备的类型（例如，移动设备和桌面PC）也可能会产生影响。电子商务设计因素可分为支付和物流方面的支持、网站功能和消费者服务。Liang & Lai（2002）将它们归类为激励因素和保健因素，他们发现，在吸引顾客方面，激励因素比保健因素更加重要。在这里包含的另一个因素是电子商务的类型。例如，移动商务中的消费者行为可能是独特的，在社交平台中的购物行为也可能是不同的。

- 激励因素。激励因素是网站提供的，用来直接支持购买过程的功能因素（例如，搜索引擎、购物车、付款方式）。
- 保健因素。保健因素是网站提供的，帮助网站正常运行和使用的功能（例如，导航功能、显示添加到购物车的商品）；其主要目的是保护消费者不受交易过程中的风险或意外事件影响（例如，安全保障和网站技术故障）。

5. 环境因素

交易发生的环境可能会影响消费者的购买决策。如图 9-1 所示，环境变量可以分为以下几类：

- 社会。人们会受到家庭成员、朋友、同事和时尚潮流的影响。因此，社会变量（如客户代言人、口碑）在电子商务中发挥着重要作用。电子商务中特别重要的是互联网社区和讨论组，人们通过聊天室、电子公告栏、Twitter 和新闻组进行交流。Liang et al.（2011~2012）的研究显示，在线社区的社交支持会显著增强在线购买意向。
- 文化/社区。不同国家的文化对购买行为也会产生不同的影响。例如，住在靠近加利福尼亚硅谷和住在尼泊尔山区的消费者的购买意愿就会大不相同；中国的消费者可能与法国的消费者不同；农村消费者可能与城市消费者也不尽相同。Bashir（2013）对巴基斯坦的电子产品网上购物进行了全面研究。
- 其他环境变量。其中包括公共信息、政府规章制度、法律，以及情境因素等。例如，税率可能会对在线购物产生影响（请参阅 Einav et al.（2014））。

最近，人们开始关注移动环境中的客户行为。了解更多相关信息，请参阅 www.mobile-marketer.com。

9.1 节复习题

（1）描述在线消费者行为模型的主要组成部分。
（2）列出一些影响消费者行为的主要个人特征。
（3）列出购物环境的主要环境因素。
（4）列出并描述五个主要的商家相关变量。
（5）描述购物决策过程模型中态度、意图和实际行为之间的关系。

9.2 个性化和行为营销

由于互联网为客户分析提供了大量数据，因此一对一营销成为现实。一对一营销包含三种通用策略：个性化、行为定向和协同过滤。

9.2.1 电子商务中的个性化

个性化是基于客户的偏好和个人需求，将广告内容和供应商的服务与客户进行匹配。网站上的个性化内容有助于提高转换率（请参阅 searchenginewatch.com/article/2334157/How-Personalizing-Websites-With-Dynamic-Content-Increases-Engagement）。匹配过程主要基于用户的基本信息描述了用户偏好、行为和人口统计信息。它可以直接通过从用户那里获取信息来生成。例如，以通过使用 Cookies 观察人们在互联网上做什么。Cookies 是一种数据文件，通常在用户不知情的情况下被放置在他们的计算机硬盘上。或者，可以根据消费者以前的购买记录来构建用户基本信息。用户基本信息可以通过市场调查得出，也可以以相似的消费者购买信息进行推断。

一对一匹配可以通过协同过滤等方法完成（本节稍后会讨论）。许多供应商提供个性化工具来帮助获取和保留顾客，例如 Magnify360（magnify360.com）。

1. 数据收集 Cookies

Cookies 是从网站发送并存储在消费者计算机指定区域的小文件。它们允许公司保存某些信息以供将来使用。使用 Cookies 是一种流行的方法，可让计算机看起来更加智能并简化互联网访问过程。根据 Webopedia 的说法，"Cookies 的主要目的是识别用户，并使为他们预先定制自己的网页成为可能"（webopedia.com/TERM/C/cookies.html）。

Cookies 是好还是坏？答案是"两者皆有"。当用户重访亚马逊或其他网站时，他们的名字会直接展现出来。亚马逊通过使用 Cookie 来了解用户的身份。如果网站使用 Cookies 就能知道用户什么时候重新访问网站，同时供应商可以向消费者提供大量的个性化信息。Cookies 可以为营销人员提供丰富的信息，然后针对特定的用户投放特定的广告。因此，广告获得更高的"点击率"，用户可以查看与其相关的信息。Cookies 还可以防止重复性的广告，因为供应商可以防止消费者重复看到相同的广告。最后，数据挖掘公司（例如 SPSS 和 Sift）可以分析 Cookies 中的信息，以便公司能够更好地满足其客户的需求。

但是，有些人反对 Cookies，因为他们不喜欢"某人"在互联网上观看他们的活动。这些用户可以禁用它们。另外，一些消费者可能希望保留"友好"的 Cookies。例如，许多网站通过访问 Cookies 来识别他们的用户，这样用户就不需要每次访问站点时重新输入登录信息。

如果用户不喜欢 Cookies，可以删除它们。有关从 Internet 浏览器（例如，Internet Explorer、Google Chrome、Firefox）中删除 Cookies 文件的说明，请参阅 whitecanyon.com/delete-cookie.

2. 使用个性化技术增加销售额

为了增强客户满意度和顾客忠诚，供应商为客户提供个性化服务已经成为常态。亚马逊就是一个很好的示例，它提供了许多个性化的服务，其中最常见的服务就是产品推荐。亚马逊根据买方的购买和浏览历史以及具有类似采购历史的其他客户的采购历史记录自动生成此类推荐。

公司更了解他们的客户将促进个性化服务的开展。TowerData（tower-data.com）提供了帮助企业了解更多关于客户信息的服务，这样企业就可以提供个性化内容（请访问 intelligence.towerdata.com）。有关个性化网站的 40 种最佳方式的免费电子书，请参阅 qubitproducts.com/content/40-best-ways-to-personalize。

9.2.2 行为营销和协作过滤

营销的一个主要目标是通过向客户提供准确的产品或服务来提高客户价值。将广告与客户进行匹配的最流行方式之一是行为营销，即在网上识别客户行为并据此设计营销计划。

1. 行为定向

行为定向（behavior targeting）是使用消费者浏览行为信息和其他有关消费者的信息来设计个性化广告，这些广告可能比大众广告更能影响消费者。它还假定具有类似基本信息和相似购物行为的用户可能具有类似的产品偏好。谷歌测试了其"基于兴趣的广告"项目，使广告与消费者更相关并对其更有用。行为定向工具的代表厂商是 predictad.com、criteo.com 和 conversantmedia.com。此外，行为定向的主要方法是协同过滤。

2. 协作过滤

当新客户光顾一家企业时，如果这家企业能够在无须询问或查看他们之前记录的情况下，就可以预测出他们感兴趣的产品或服务，这将会非常有用。其中一种方法就是**协作过滤**（collaborative filtering）。通过专用算法，协同过滤自动将许多具有类似特征的顾客偏好和活动连接起来，以预测新客户的偏好，并向他们推荐产品。可以参阅有关卡内基梅隆大学协作过滤的 119 张幻灯片的免费教程 Cohen（n.d.）。许多商业系统都基于协同过滤功能。

亚马逊的"购买此产品的顾客也购买了……"就是协作过滤产生的典型声明，它旨在通过显示其他类似消费者的购买偏好说服消费者购买推荐的产品。

3. 其他方法

除了协同过滤之外，下面还介绍了几种用于识别用户个人资料的其他方法。

基于规则的过滤　一家公司通过多项选择问题向消费者询问他们的偏好，并使用收集到的信息构建预测客户需求的模式。根据这些信息，协同过滤系统会衍生出行为和人口统计规则，例如，"如果客户的年龄大于 35 岁，并且收入高于 10 万美元，请展示 Jeep Cherokee 广告；否则，请展示马自达 Protégé 广告。"

基于内容的过滤　这种技术允许供应商通过他们购买或打算购买的产品的属性来识别顾客偏好。了解客户的偏好后，供应商将向用户推荐具有类似属性的产品。例如，系统可能会向对数据挖掘感兴趣的客户推荐文本挖掘书籍，或者在消费者租用动作影片后推荐更多该类别的影片。

基于活动的过滤　过滤规则也可以通过在 Web 上记录用户活动来构建。例如，供应商可能希望找到每月访问书店超过三次的潜在客户。这可以通过分析网站的访问记录和活动来完成。有关数据收集、针对性的广告和 104 家收集数据的公司（包括信息图表）的全面讨论和更多信息，请参阅 Madrigal（2012）。

4. 协作过滤中的法律和伦理问题

在使用协作过滤的过程中，一个主要问题是在未经用户同意或不知情的情况下从用户那里收集信息，在许多国家（例如美国）是非法的，因为这违反了隐私法。然而基于权限的做法解决了这个问题。事实上，Karthikeyan & Balamurugan（2012）的实证研究表明，基于许可的协作过滤能够在移动广告中让消费者产生更好的积极态度。

5. 社会心理学与行为营销中的变形

定义人们如何处理信息的认知方式，已经成为网络营销和广告营销的主题。它的基本原理是，具有不同认知风格的人在网站设计和营销信息方面有不同的偏好。具体而言，尝试将Web设计与用户的偏好相匹配，这可以使个性化的广告信息更有效。麻省理工学院设计了一个同理心网站，用于了解用户如何处理信息，然后对应到每位访问者的认知风格。

> **9.2节复习题**
> （1）定义并描述个性化的好处和成本。
> （2）定义Cookies并描述其价值和缺点。
> （3）定义行为营销目标及在网上寻找一个示例应用。
> （4）定义协同过滤及在网上寻找一个示例应用。
> （5）解释如何使用Cookies和行为定向完成一对一广告。

9.3 电子商务市场研究

为了更有效地进行销售，进行适当的市场调查，以找到关于消费者和产品的信息和知识是非常重要的。市场研究人员的目标是确定营销机会和问题，为营销策划提供投入，了解如何影响采购流程以及评估促销和广告的成功与否。市场调查旨在调查网上客户的行为（请参阅Strauss & Frost(2014)）。市场研究人员收集有关竞争、法规、定价、策略和消费者行为的信息。

9.3.1 在线市场研究的目标和概念

电子商务市场的调查可以通过传统方法进行（例如，亲自调查、焦点小组访谈），或者通过使用互联网来完成。基于互联网的市场研究往往更快，使研究人员能够接触偏远或多样化的受众群体。此外，市场研究人员可以以更低的价格在网上进行大型研究。例如，电话调查每次可能花费50美元，而且它们的质量可能很差。如果需要几百名受访者，这种成本可能会高达数千美元。而在线调查一方面所花费的成本只是相同规模下的电话调查成本的一小部分，并且效率更高；另一方面，在线调查中可以实现提高样本量，从而提高结果的准确性。McDaniel & Gates(2012)全面回顾了在线市场研究技术、方法、工具、问题和相关道德问题。

市场营销人员在电子商务市场调查中寻找什么

通过查看客户的个人资料，包括网上行为，营销人员就有可能预测客户的在线购买行为。例如，公司想知道为什么有些消费者在网上购物，而其他人却不。可用于预测消费者在线购买行为的主要因素是（按重要性降序排序）：用户查询过的产品信息、相关电子邮件数量、订单数量、订购的产品/服务以及消费者的性别。

在线市场研究试图回答的典型问题是：特定个体的购买模式是什么？特定团体的购买模式是什么？我们如何才能从那些刚刚浏览的人中识别那些真正的买方？什么是最佳的网页设

计？了解这些问题的答案可以帮助卖方正确地投放广告、定价、设计网站并提供适当的客户服务。在线市场研究可以提供数据来帮助回答这些问题。有关 Web 上市场研究的更多信息可以在 www.inc.com/guides/biz_online/online-market-research.html 上找到。

9.3.2 代表性的市场研究方法

要进行在线营销，首先需要知道客户想要什么或需要什么。这些信息可通过以下方式收集：

- 在线索取客户信息（例如，通过访谈、问卷调查、焦点小组使用或博客）。
- 通过使用事务日志和 Cookie 来观察客户在 Web 上做什么。
- 使用数据、文本和 Web 挖掘或协同过滤技术来分析可用数据。

1. 数据收集和分析

收集在线数据的具体方法包括发送电子邮件、网站上的问卷调查、监控社交网络中的对话，以及追踪客户在网上的活动。

2. 在线调查

在线调查是收集电子商务数据的主要方法，被认为是最具成本效益的调查研究模式。它还具有其他几个优点，包括较少的准备工作和较低的管理成本、更好地控制填写问卷的过程（这可能会导致更少的响应错误，并且更容易跟进），并且在问卷设计中具有更大的灵活性。另外，时间周期可以更短。然而，在线调查也存在一些局限性，包括缺乏匿名性、无响应导致数据错误、报告偏差和数据隐私性差等。

基于网络的调查　一种特殊类型的在线调查是通过在选定的网站上放置问题并且邀请潜在的消费者回答来实现的。例如，马自达北美分公司使用了一项基于网络的调查来帮助设计 Miata 系列。网络调查可能是被动的（填写问卷）或交互式的（受访者下载调查问卷、添加评论、提出问题和讨论问题），调查可能包括以上两种方法。

在线焦点小组　一些研究公司创建了高质量的网络访问者小组，并让他们参加在线焦点小组。使用预选的焦点小组参与者有助于克服某些研究局限性（例如小样本量和报告偏差），这些局限性有时会限制基于 Web 的调查的有效性。

3. 直接聆听客户

公司可以直接询问客户对产品或服务的看法，而不是使用焦点小组。公司可以使用聊天室、社交网络讨论组、博客、维基、播客和消费者网络论坛与消费者互动。例如，玩具制造商乐高公司利用一家市场研究公司在电子公告板上开展了一个直接调查，数百万访客阅读彼此的评论并分享关于乐高玩具的意见。研究人员每天对这些回应进行分析，并将信息提交给乐高公司；奈飞公司也正在不断使用这种方式，并且鼓励客户报告他们的喜好。一些软件可以帮助企业直接从客户那里获得反馈，请参阅媒体分析和营销解决方案的领先提供商 insightexpress.com。

4. 社交网络和其他 Web 2.0 环境中的数据收集

社交网络和 Web 2.0 环境提供了新的令人兴奋的收集数据的机会，如下所示。

- 投票。人们喜欢投票（例如，美国电视节目《美国偶像》（*American Idol*），或在某些问题上发表意见，例如人们对艺术家和政治家的产品、服务、表演等提出意见。投票在社交网络中很受欢迎。
- 博客。博客可以提出问题或激发他人表达意见。
- 聊天。社区成员喜欢在公共聊天室聊天，通过跟踪成员的聊天，你可以收集会话数据。
- Twitter。关注 Twitter 上的信息可以激发灵感。
- 在线聊天。在这里，你可以实时收集客户的实时交互式数据。
- 聊天机器人。这些可以部分交互，你可以分析通信日志。有时候人们在与机器人聊天时更加诚实。
- 集体智慧。这是一种社区头脑风暴，它被用于鼓励沟通的众包。
- 查找专业知识。在 Web 2.0 环境中经常可以找到专业知识，且很多时候它是免费提供的（例如，雅虎问答）。
- 大众分类法⊖（Folksonomy）。这种社交标签使数据更易于查找和访问。
- 视频、照片和其他富媒体中的数据。共享这些媒体的地方拥有着宝贵的数据。
- 论坛。社交网络中的小组使用论坛，成员们就许多主题交换意见。

● **示例：小米在中国的社交媒体数据收集**

小米公司（mi.com/en）是一家设计和销售智能手机及消费电子产品的中国公司。三年来，该公司获得了空前的发展，成为中国五大智能手机品牌之一。成立仅三年，即在 2013 年，它销售了 1 870 万部智能手机。其成功的关键是有效利用社交媒体作为一种营销的工具。小米在社交媒体网站上吸引粉丝。例如，该公司在 2014 年组织了一次闪购活动，利用社交媒体告诉粉丝即将进行的销售。据该公司全球营销总监认为，社交媒体对小米来说非常重要，因为它是与粉丝互动的最直接、最有效的方式。在不到一年的时间内，市场营销网站已经拥有了超过了 600 万个注册用户（称为"米粉"）。该公司通过分析小米网站上的用户贡献，设计出一个名为 MIUI 的用户界面。小米的第一款智能手机型号于 2011 年 8 月发布，获得超过 30 万份预购订单。两年后，该公司在 2013 年的销售额达到 50 亿美元，并开始进入其他电子产品市场。小米的成功故事显示了社交媒体市场研究的重要性。截至 2014 年 11 月，小米论坛（bbs.xiaomi.cn）拥有来自 3 000 万名会员所发布的 221 万个帖子。有关小米及其参与社交媒体的更多信息，请参阅 https://thenextweb.com/asia/2014/04/09/xiaomis-social-media-strategy-drives-fan-loyalty-books-it-242m-in-sales-in-12-hours。

5. 观察在线客户动态

为了避免在线调查中的一些问题，尤其是在人们提供错误或者是有偏见的信息时，一些营销人员选择通过观察他们的行为而不是向他们提问来了解客户。使用事务日志（日志文件）或

⊖ Folksonomy 是由 "Folks" 和 "Taxonomy" 组合而来，指一种由使用者以任意关键字进行分类的协同工作，现有 "分众分类法""通俗分类法""大众分类法""民众分类法""俗民分类法"等不同的翻译名称。——译者注

Cookies 可以跟踪消费者的在线行为。这使基于活动的过滤得以完成。

事务日志　事务日志（transaction log）（Web 应用程序）是一种用户文件，用于从计算机日志中记录用户在公司网站上的活动。可以使用日志文件分析工具（例如，甲骨文提供）对事务日志进一步分析，以了解在线访问者的活动，比如他们访问网站的频率。

请注意，随着用户在各个网站之间切换，会建立自己的点击流行为，这就是他们在互联网上的移动模式。这个模式可以在他们的交易日志中看到（请参阅即将进行的点击流分析的讨论）。

Cookies 和网络爬虫　Cookies 和网络爬虫（Web Bug）是事务日志方法的一种补充。Cookies 允许网站将数据存储在用户的个人设备上。当客户返回之前访问的网站时，网站可以通过 Cookies 了解客户的行为。网站可以通过显示其用户名来欢迎他，或者发送有针对性的广告。有关 Cookies 的全面说明（包括示例和隐私问题），请参阅印第安纳大学知识库（https://kb.iu.edu/d/agwm）。Cookies 常常与网络爬虫相结合，这些网络爬虫是 Web 页面或电子邮件中出现的（通常不可见）的微小的对象。网络爬虫传输关于用户的信息和他在监控站点上的移动信息（例如，查明用户是否浏览了网页上的某些内容）。许多人认为 Cookies 和网络爬虫是对用户隐私的侵犯。

间谍软件　间谍软件（spy ware）是一种软件，它可以像病毒一样在你不知情的情况下进入你的计算机，然后，让外部人收集有关你浏览习惯的信息。最初设计它是为了让免费软件开发者通过其产品赚钱，间谍软件通常与下载到用户计算机上的免费软件捆绑在一起。许多用户没有意识到他们正在使用免费软件下载间谍软件。针对间谍软件的最佳防御措施是安装杀毒软件，使其检测并清除任何病毒或其他有害的入侵。

6. Web 分析和挖掘

Web 分析涉及对互联网数据和活动相关的监测、收集、测量及评估以及报告任务（例如，请参阅 Provost & Fawcett（2013））。Web 分析有助于我们了解和优化网站使用情况。例如，零售商进行市场调研就可以进行这种分析。具体可参阅 IBM Coremetrics（ibm.com/software/marketing-solutions/coremetrics；现在是 IBM Enterprise Marketing Management 的一部分）。公司也可以使用 Web 分析软件来改善其网站的外观和操作。Web 分析可以提供来自客户的快速反馈，帮助营销人员决定推广哪些产品。

有关数据、文本和 Web 挖掘的教程，请参阅 mydat-amine.com、tutorialspoint.com/data_mining/index.htm 和名为"数据挖掘简介 1/3"的视频（youtube.com/watch?v=EtFQv_B7YA8）。

有关使用的详细信息和方法，请参阅 Clifton（2012）。Web 分析的一种特殊类型是点击流分析，或者点击分析。

点击流分析　点击流数据（clickstream data）记录了用户访问了哪些网站、访问顺序以及访问时间。这是通过跟踪每个访问者所做的一系列"点击"来完成的。通过分析保存在特殊数据库或数据仓库中的点击流数据，企业可以发现哪些促销活动是有效的和哪些细分群体会对特定产品感兴趣等。

有几家公司提供能够进行这种分析的工具。例如，Webtrends, Inc.（analytics.webtrends.com）的 Analytics 10 提供了几种用于分析点击流数据的高级工具（https://www.webtrends.com/productssolutions)。此外，clickstreamr.com 配置谷歌分析（Google Analytics）标准并可用于此类分析。

Web 挖掘 Web 挖掘（Web mining）是指将数据挖掘技术用于 Web 内容和 Web 文档中，以便发现隐藏的模式和关系。Web 挖掘有可能改变我们访问和使用 Web 上可用信息的方式。对于社交网络的挖掘，请参阅 Russell（2013）。

9.3.3　网上市场研究的局限性及克服方法

在线市场调研也存在技术和行为方面的局限性。在线市场研究的一个技术问题是海量数据。因此，要正确使用数据，需要对其进行组织、编辑、压缩和汇总。然而，这样的任务可能代价高昂且耗时。其中一个解决方案是通过使用数据仓库和数据挖掘来自动化处理。在线教程 T3 和 Sharda et al.（2015）称这个处理的基本要素，即商业智能。

在线研究方法行为上的局限性是报告偏差、难以控制的样本代表以及 Web 跟踪的道德性和合法性。由于基于网络的调查通常使用"公开电话"来招募受访者，因此很难确定响应率，而且对受访者的控制也非常有限。基于网络调查的匿名性可能会鼓励人们在回复中更加诚实。然而，匿名可能会导致一些有价值信息的缺失，例如关于受访者的人口统计、偏好和行为的信息。为了克服上述局限性，在线市场调查方法需要进行仔细和严格的设计，没有专业知识的小公司可能将其市场研究外包给具有专业市场研究部门和专业知识的大型和经验丰富的公司。

市场研究中的隐私问题

有时，在客户不知情的情况下对其进行数据收集，可能构成对隐私的侵犯。有关概述、指南和标准，请参阅 esomar.org/knowledge- and-standards / codes-and-guidelines.php 和 marketingresearch.org/issues-policies/mra-code-marketing-research-standards。

9.3.4　生物识别和智能手机营销有助于市场研究

因为许多家庭有多个用户，收集的数据可能不代表任何一个人的偏好（除非我们确信每个设备只有一个用户，就像智能手机一样）。潜在的解决方案是使用生物识别或智能手机去访问个人。

生物特征（biometric）是个人独特的生理或行为特征之一，这可用来对个体进行身份验证。通过将这项技术应用于计算机用户，我们可以提高安全性并了解用户的个人资料。问题是怎么做。事实上，有些程序可以通过生物特征识别技术来识别用户，并且这些程序正在迅速传播。请注意，利用该技术进行市场调查涉及社会和法律的可接受性。

移动市场调查（mobile market research）是一种通过手机、智能手机和平板电脑等移动设备收集数据的方法。收集信息的典型方法是通过应用程序、短消息系统（SMS）、WAP、移动网站和基于位置的服务。移动市场研究的一个主要优势是它几乎可以在任何时间和任何地点进行调研。但是它也存在局限性，即很难定义采样范围，如果没有用户的移动设备，就无法访问样本。隐私保护是进行移动市场调查的另一个关键问题。因此，一个名为 ESOMAR 的组织发布了进行移动市场研究的指导方针（esomar.org）。

> **9.3 节复习题**
>
> （1）描述市场研究的目标。
> （2）描述事务日志和点击流分析的作用。
> （3）定义 Cookies、网络爬虫和间谍软件，并描述它们如何用于在线市场调查。
> （4）描述隐私问题与在线市场研究的关系。
> （5）描述在线市场调查的局限性。
> （6）描述生物识别和智能手机如何改善市场研究。

9.4 网络广告

网络广告在电子商务中扮演着非常重要的角色。互联网广告增长非常迅速，尤其是在 B2C 领域，而且公司不断改变其广告策略以获得竞争优势。由于互联网提供的互动性，使得在线广告可以直接通过响应式广告来进行品牌建设。根据由专业服务网络普华永道（pwc.com）进行的 2014 年 IAB 互联网广告报告，仅 2013 年美国在线广告收入就达到了创纪录的 428 亿美元，较上一年相比增长了 17%，而 2013 年美国的移动广告增加了 110%，达到 71 亿美元（请参阅 https://www.iab.com/wp-content/uploads/2015/05/IAB_Internet_Advertising_Revenue_Report_FY_2013.pdf）。互联网广告收入超过了 401 亿美元的广播电视和 344 亿美元的有线电视。

其中，搜索、展示 / 标题广告和移动广告是三种最流行的网络广告。社交媒体广告是另一个快速增长的领域。市场研究机构 eMarketer（2013）报告称，2013 年社交媒体广告收入为 44 亿美元，比 2012 年增长 42.9%，并预计 2014 年将增长 30%。所有这些数据都表明了在线和移动广告的快速增长趋势。在本节中，我们将重点介绍通用的网络广告。

9.4.1 网络广告概述

广告是将广告传递给互联网用户，以影响人们购买产品或服务。传统广告（也称为营销传播）是一种非个人化的、单向的大众传播。电话营销和直接邮件广告试图克服大众广告的缺陷，但它们不仅昂贵，而且响应率也不高。例如，直邮广告的费用约为每人 1 美元，回复率仅为 1%～3%。这使得每个响应者的成本在 20 美元（对于 5% 响应率）到 100 美元（对于 1% 响应率）的范围内，因此，只有高价产品（例如汽车）才能采用这种方式。

直接邮寄广告的一个问题是广告商对收件人知之甚少。虽然各种特征（例如年龄、收入、性别）对市场细分有一点帮助，但并未解决问题。互动营销的理念使营销人员和广告客户能够直接与客户互动。

在互联网上，消费者可以点击广告以获取更多信息或发送电子邮件来提问。客户可以与商家（人或化身）或社交网络聊天室中的同伴聊天。互联网使真正的一对一广告成为可能。

广告周期

许多公司都将广告视为一个周期性的过程，如图 9-2 所示。周期性的过程需要一个计划来确定一个活动的目标受众以及如何到达该受众。对已经结束的活动进行分析有助于公司了解此次活动的成败。然后，公司可以将这些知识用于规划未来的活动。

在我们描述网络广告实施周期中的步骤之前，让我们学习一些基本的互联网广告术语。

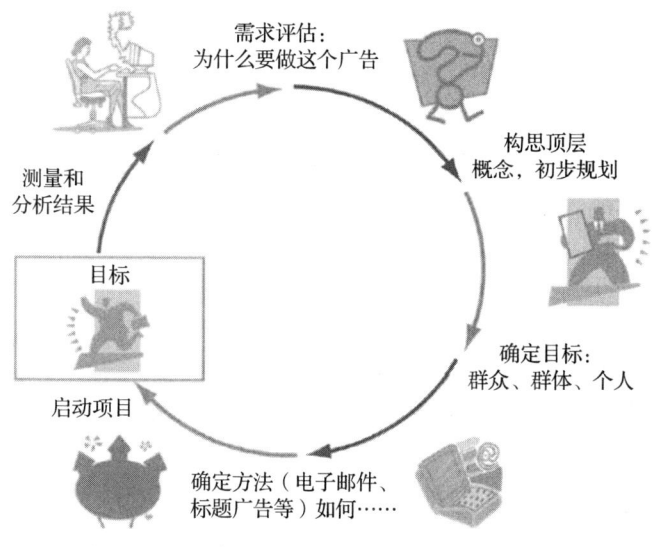

图 9-2　广告周期

9.4.2　基本的互联网广告术语

当你阅读网络广告的相关资料时，将会用到以下术语及其定义。

- 广告浏览量。用户在特定时间段内进入其上有标题广告的页面的次数，称为展示次数或网页浏览量。
- 按钮。链接到网站的小标题广告，可能包含可下载的软件。
- 点击（广告点击）。每次访问者点击广告标题访问广告的次数。
- 千次展示费 CPM，（每千次展示费用，即千次展示）。广告商每展示一个标题广告页面 1 000 次所支付的费用。
- 转化率。实际购买的点击率占比。
- 点击率 / 比率（CTR）。看到横幅广告并点击的访客的百分比。
- 点击。来自网页或文件的数据请求。
- 登录页。查看者点击链接后所指向的页面。在网络营销中，此页面用于将浏览者转换为买方。
- 页面。一种 HTML（超文本标记语言）文档，可能包含文本、图像和其他在线元素，例如 Java 小应用程序和多媒体文件，可以静态或动态生成。

9.4.3　为什么投放互联网广告

主要的传统广告媒体是电视、报纸、杂志和广播，然而，市场正在发生变化，许多消费者在互联网上花费更多时间（大约每年增长 25%），并使用移动设备。互联网广告正受到越来越多的关注,在2013年,互联网广告的广告收入超过了广播电视、有线电视和报纸的广告收入,我们可以预见这一趋势将持续下去。因此,网络广告是未来的明智选择。

1. 在线广告及其优势

与传统媒体广告相比,互联网广告的主要优势在于能够与客户进行一对一的互动,以及使用富媒体(例如视频)吸引注意力的能力。此外,广告易于更改,且与广告相关的成本通常较低。与传统媒体相比,互联网是目前发展最快的传播媒介,截至2016年4月,全球网民数量已接近31.7亿(详见 https://www.statista.com/topics/1145/internet-usage-worldwide),广告商也对这样一个快速增长的社区产生极大的兴趣。

网络广告迅速增长的其他原因包括:

- 成本。在线广告通常比传统媒体中的广告便宜。
- 媒体丰富。网络广告可以包括丰富多样的媒体(例如视频、动画)。另外,广告可以结合游戏和娱乐。
- 易于更新。可以快速且经济地完成更新。
- 个性化。网络广告可以是一对一的,也可以是针对人群细分的。
- 基于位置。通过使用无线技术和GPS,网络广告可以实现位置定位。
- 链接到购物地址。从在线广告链接到供应商的网店很容易,通常只需点击一下即可完成。

2. 传统与在线广告

每种广告媒体,包括互联网,都有其优点和局限性。Pfeiffer & Zinnbauer(2010)将传统广告与互联网广告(包括社交网络)进行了比较。最近,这些结果在包括 Bilos et al.(2014)在内的许多研究中得到了验证。他们的结论是,互联网广告不仅具成本效益,而且其商业影响比传统广告更大。

电视和在线广告之间的协同效应,可以比任何媒介都更能吸引关注。人们已经发现,电视广告增强了27%的品牌知名度,而电视和网络的联合宣传则将品牌知名度提高到了45%;电视广告增加了2%的购买意愿,而电视和在线广告联合宣传则将之增加到了12%。

互联网广告对报纸的影响是毁灭性的。许多报纸正在消失、合并或亏损。其中一个解决方案就是"像《纽约时报》"那样,增加数字广告。

互联网广告受到诸如屏幕尺寸、空间和政策的限制。

9.4 节复习题

(1)定义网络广告和与之相关的主要术语。
(2)描述网络广告增长的原因。
(3)介绍新兴的互联网广告方式。
(4)列出网络广告的主要优点。
(5)绘制并解释广告周期。
(6)描述网络广告对报纸和电视的广告的影响。

9.5 投放在线广告的方法：从电子邮件到搜索引擎优化和视频广告

投放在线广告方法很多，有关列表和说明，请参阅 https://en.wikipedia.org/wiki/Online_advertising。接下来，我们主要讨论三大类广告。

9.5.1 广告的主要类别

广告可以分为三大类：分类广告、展示广告和互动广告。

1. 分类广告

这些广告通常使用文字，但最近加入了图片。分类广告根据类别进行分组（例如汽车、租赁），并且是三类广告中最便宜的。

分类广告可以在特定网站（例如，在 craigslist.org 和 superpages.com 上查看分类广告）、在线报纸、电子市场和门户网站上找到。在大多数情况下，发布常规尺寸的分类广告是免费的，但是如果要将它们放大、添加颜色或加入其他明显的特征则就需要付费。有关示例，请参阅 traderonline.com 和 advertising.microsoft.com。

2. 展示广告

展示广告主要使用图形、标识、颜色或特殊设计的插图。这些广告通常不存在分类，但可以组合在一起。展示广告在广告牌、黄页和电影中很受欢迎，它们在互联网上也变得非常流行。所有主要基于搜索的广告公司（例如谷歌、雅虎、微软）都将其在线广告位置用于展示广告。

3. 互动广告

互动广告主要使用在线或离线互动媒体与消费者进行互动并推广产品、品牌和服务。这通常是通过互联网进行的，通常使用视频作为传送媒介。

每个类型的广告都有不同的变体。接下来介绍主要方法。

9.5.2 标题广告

标题广告（banner）是在网页上展现广告的一种方法（嵌入页面中的文字、LOGO 等）。标题广告经常链接到广告商的网页。当用户"点击"标题广告时，他们会跳转到广告商的网站。标题广告的设计必须吸引消费者的注意力。标题广告通常包含图像，有时还包括视频剪辑和声音。标题广告也包括弹出式标题广告，它是一种网络上比较流行的广告方式。

标题广告存在多种尺寸和类型。其中，标题广告的尺寸由互动广告局（IAB）（iab.com）进行标准化，以像素为单位进行衡量。**随机标题广告**（random banner）随机出现，而不是由于用户采取了某种行动。希望推出新产品（例如新电影或 CD）或宣传品牌的公司通常会使用随机标题广告。**静态标题广告**（static banner）则是有规则的、固定停留在网页上。最后，当附属网页被激活时，**弹出式标题广告**（pop-up banner）会显现在一个单独的窗口中。

如果广告商知道掌握了某个访问者的信息，例如他的个人资料或者他们感兴趣的领域信息，就可以尝试将特定的标题广告与该访客匹配起来。显然，这种有针对性的**个性化标题广告**（personalized banner）通常是最有效的。例如，Conversant（conversantmedia.com）正在开发适合目标客户需求的个性化标题广告。

实时标题广告（live banner）是在广告弹出时可以创建或修改内容的广告，它不是像标题广告那样需要提前编辑好。它们通常是富媒体，有关其详细信息和示例，请参阅 https://en.wikipedia.org/wiki/Live_banner。

1. 标题广告的优点和局限性

标题广告的主要优势在于，通过点击标题广告，用户可以直接转到广告商的网站，直接访问该网站的购物页面。使用标题广告的另一个优势是可以为单独的浏览者或浏览者的市场群体进行定制。在许多情况下，客户被迫在等待页面加载时看到标题广告，或者在他们获得所需要的页面之间看到（一种称为强制广告的策略）。最后，标题广告可能包含引人注目的富媒体。

标题广告的主要缺点是成本。如果一家公司的目标是一个成功的营销活动，则需要为在高流量的网站上放置标题广告支付高昂的费用。

然而，观众似乎已经对标题广告产生了一定的免疫力，并且选择对它们视而不见。随着时间的推移，点击率一直在下降。由于这些缺点，在页面上放置标题广告的位置至关重要（例如，右侧比左侧好、顶部比底部好）。诸如中国的 QQ.com 和淘宝网等公司已经建立了行为实验室来追踪消费者的眼球运动，以了解屏幕位置和网页设计如何影响观众的注意力。广告拦截工具用户也可在浏览器上安装，以便在访问网页时删除所有标题广告。这也减少了点击量。

2. 标题广告交换和标题广告交易市场

标题广告交换（banner swapping）意味着公司 A 同意显示公司 B 的标题广告以换取公司 B 显示公司 A 的标题广告。这可能是最便宜的标题广告形式，但难以安排。公司必须找到能够产生足够数量相关流量的网站。然后，联系网站的所有者/网站管理员并询问公司是否有兴趣交换标题广告。由于个人交换难以安排，许多公司都使用专门的标题广告交易市场。

标题广告交易市场（banner exchange）是允许多个网站交换标题广告空间的市场。这样的中介机构为此类交易活动找到合作伙伴。涉及多家公司的标题广告匹配可以提供更高的匹配度，并且比只有两家公司交易更容易安排。例如，A 公司可以有效地显示 B 的标题广告，但 B 显示 A 的标题广告效果不佳，但是 B 可以显示 C 的标题广告，C 可以成功显示 A 的标题广告。这种交换涉及许多公司。

9.5.3 弹出式广告和类似广告

网上浏览时最令人讨厌的现象之一是不断增加的弹出式广告和类似广告。**弹出式广告**（pop-up ad）也称为自我复制广告，由于当访问者访问或离开网站时自动启动新的浏览器窗口，因此会出现一个弹出广告，也称为广告生成。弹出式广告覆盖用户当前的屏幕，可能很难关闭。它们可以立即获得用户的关注，但对于它们的使用是有争议的。许多用户强烈反对这种广告方式，他们认为这种广告具有侵犯性。大多数浏览器提供了一个选项，允许浏览器阻止弹出式广告。法律也试图控制弹出式广告，因为它们基本上是一种垃圾邮件。广告商还会使用其他策略，其中一些非常具有侵略性，其使用也不断增加。这些策略可能伴随着音乐、语音和其他富媒体。

1. 弹出式视频

随着免费视频的流行，视频播放之前会出现了一些弹幕广告，有些可以跳过，有些不能。这些广告通常持续10～20秒。这些弹出式广告可能与你想观看的视频内容相关，也可能不相关。有时，视频广告会有一种激励，称为激励式视频广告（incentivized video ad），稍后将对此进行介绍。

2. 电子邮件广告

电子邮件营销（E-mail marketing）是指使用电子邮件向用户发送商业信息。电子邮件营销可能以不同的格式或不同的目的出现。典型的电子邮件营销格式是：

（1）电子邮件中附加了广告信息。
（2）发送电子邮件是为了促进供应商—客户关系（CRM 类型）。
（3）发送电子邮件以获取新客户。
（4）通过微博或其他社交媒体平台发送消息。

电子邮件可能会与简短的音频或视频剪辑结合使用以推广产品；一些邮件给用户提供可以点击进行购买的链接。所有主要零售商，包括百货公司和超市都会发送优惠券和特别优惠。航空公司、银行、教育机构和其他任何可以收到你的电子邮件的人都会向你发送电子邮件广告。

3. 电子邮件广告的主要优点和局限性

电子邮件广告的主要优势是：

- 这是一种低成本且有效的方法。
- 广告商可以接触到大量的确认用户。
- 大多数互联网用户每天都会检查或发送电子邮件。因此，广告可以快速到达客户。
- 电子邮件是一种可以将广告和客户服务结合起来的交互式媒体。
- 电子邮件广告可以包含与任何网站的直接链接，因此它们和标题广告相似。
- 消费者可能更有可能回复相关的电子邮件，尤其是在其提供折扣或特价销售链接时。

Ellis（2013）使用信息图表解释了电子邮件营销在获取和保留客户、增加销售额以及客户关系管理方面的好处。

局限性 电子邮件广告的一个主要局限性是，这些邮件通常被视为垃圾邮件处理，并被用户的垃圾邮件控制软件屏蔽。一般来说，如果没有收件者的许可，使用电子邮件发送广告（有时泛滥的广告）会被认为是垃圾邮件。

随着电子邮件数量的增加，消费者筛选和阻止信息的趋势也在上升。今天，大多数电子邮件服务允许用户阻止来自特定来源的邮件，或自动将某些广告视为垃圾邮件过滤掉。

4. 实施电子邮件广告

一个分段的电子邮件地址列表对于一家公司来说可能是一个非常强大的工具，有助于它将一群具有共同特征的人作为目标。在很多情况下，邮件列表基于会员和忠诚计划，例如航空公司的飞行常客奖励计划。有关如何创建邮件列表的信息，请访问 topica.com。

电子邮件也可以发送到移动设备。尤其是移动电话，为广告客户提供了一个真正的机会，让他们可以随时随地与消费者进行互动和一对一的广告宣传。现在，电子邮件广告针对的不仅基于用户的个人资料，还基于他们在任何时间点的物理位置。

电子邮件恶作剧　电子邮件恶作剧非常受欢迎。其中一些已经持续多年（例如 Neiman Marcus 的 cookie recipe、尼日利亚信件、国土安全收银员检查骗局）。其中一些是骗局。详情请参阅美国联邦贸易委员会（ftc.gov）。

欺诈　欺诈可能发生在电子邮件广告中。例如，一个人可能会收到一封电子邮件，说明他的信用卡号码无效，除非提供另一个信用卡号，否则他的 MSN 服务将被终止。为防止这种欺诈行为，请参阅 scambusters.org。

9.5.4　搜索引擎广告和优化

搜索引擎是大多数人找到信息的良好机制，因此也是一个很好的在线广告平台。将在线广告放置在显示查询搜索引擎结果的网页上称为搜索广告。如果搜索结果包含你的公司和产品，那么这是一个免费的广告。问题在于搜索结果可能包含数千个项目，并且你的产品可能不在结果的第一页或第二页上。请注意，搜索广告包括移动搜索和社交网络搜索（请参阅 pipl.com）。搜索引擎广告的两种主要形式是关键字广告和网址列表。

1. 关键字广告

关键字广告是指呈现的广告与用户搜索的关键字有关，而这个关键字事先是广告客户购买了的，它包括"点击付费广告"（PPC）。企业首先选择与他们自己的广告相匹配或会被搜索的关键词，当所选关键字被用户搜索时，该广告与搜索结果一起出现在屏幕上。该广告与用户兴趣的高度相关，这可以大大增加广告被观看和可能采取行动的可能性。有关如何运作的示例，请参阅 google.com/adwords/how-it-works/ads-on-google.html。谷歌正在使用两种主要的方法（稍后将描述）来实施其广告策略。事实上，谷歌的 90% 以上的收入来自广告（2014 年数据）。

2. URL 列表

大多数搜索引擎公司允许企业免费提交他们的网址，以便搜索引擎可以搜索这些网址。搜索引擎蜘蛛爬过每个网站，索引其内容和链接，该网站随后被列为未来搜索结果的候选网站。由于有相当多的搜索引擎，使用这种方法的广告商应该尽可能多地使用适当的搜索引擎来注册他们的网址。在某些情况下，即使公司没有将自己的网址提交给搜索引擎，也可能会搜索到网址。

网址列表的主要优点是列表可以与搜索主题高度相关。这是谷歌成功的关键,我们稍后将会提到。使用搜索引擎作为广告工具的第二大优势在于它是免费的,任何人都可以将网址提交给搜索引擎并显示在列表上。搜索某一特定产品的用户将看到一份提及产品的网站列表。

但是,网址列表有几个缺点。主要的一点是很难(或昂贵)让你的广告出现在搜索引擎生成的列表中的一个好位置。搜索引擎为用户的每次查询找到大量相关的网页,一个特定公司的网站将被发现并包含在搜索引擎显示列表顶部(比如前 10 个项目)的机会非常渺茫。因此,许多公司提供服务来帮助广告客户改善搜索结果的位置(通常指向第一页),这就是所谓的搜索引擎优化。

3. 搜索引擎优化

搜索引擎优化(search engine optimization,SEO)是在搜索引擎显示结果页面上提高公司或品牌可见度的过程。在理想情况下,公司的相关广告应该在结果页的第一页的前 5~10 位。公司雇用搜索优化工具或尝试自行优化,搜索引擎优化可以增加公司网站访问的人数,因此公司愿意为此服务支付费用。关于如何做到这一点,请参阅 Harris(2014)。搜索引擎优化是针对所有类型的在线搜索,包括视频搜索、社交网络搜索和图片搜索。根据 Google AdWords 的说法,"要让用户在搜索你的产品或服务时展示你的广告,你选择的关键字必须与人们使用的字词或词组相匹配,或者与你的客户访问网站内容相关"。图 9-3 显示了搜索引擎优化的一般过程。欲了解更多详情,请参阅 Amerland(2015)和 https://blog.kissmetrics.com/minimalist-seo/。

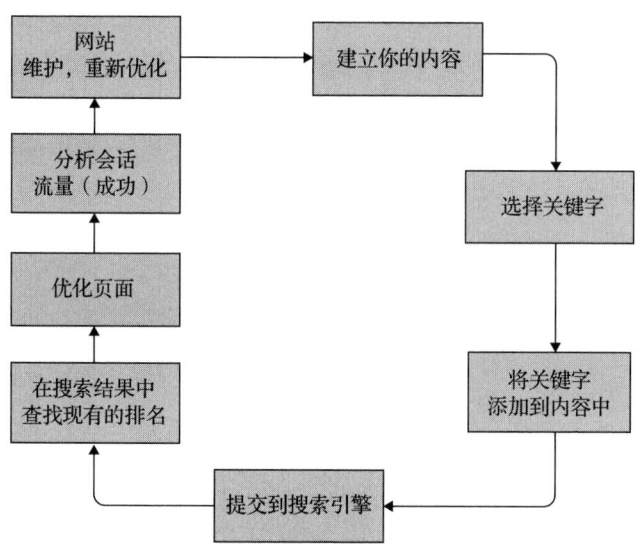

图 9-3 搜索引擎优化的过程

赞助广告(付费收录) 除了优化你的网页以使其显示在搜索结果的第一页上之外,你还可以购买关键字广告以使你的网页显示在搜索结果的第一页上。这被称为付费收录或赞助广告。你支付的金额决定了你的广告将显示在结果的第一页、页面顶部或右侧。谷歌使用拍卖(首页出价)向广告商出售最佳位置。

在 searchenginewatch.com 上可以找到更多关于改进网站在各种搜索引擎中的列表的提示。

9.5.5 谷歌：网络广告之王

谷歌为其客户提供了几种搜索引擎广告的方法，并从中赚取了数十亿美元的收入和利润。谷歌使用一种行为营销算法来确定用户在搜索信息时的兴趣，然后将（匹配）广告发送给他们，并不断改进其匹配算法（请参阅 Williams（2013））。

谷歌的主要广告平台由两个程序组成：谷歌的 AdWords 和 AdSense，并且可以通过谷歌分析支持。

1. 谷歌的主要广告方法：AdWords 和 AdSense

AdWords 和 AdSense 的工作机制如下：

谷歌的 AdWords

AdWords 是一项针对赞助广告的广告项目。当你使用谷歌搜索某些内容时，你都会注意到具有彩色背景的网址，该网址的右侧或页面顶部标题为"赞助商链接"，这些包括谷歌的 AdWords 参与者。根据谷歌的说法，这些网址是由广告客户创建的，他们选择与品牌相关的一些关键词汇。他们还选择他们想花多少钱来"购买"这些关键条款（每日花费上限）。谷歌使用排名算法将广告客户选择的关键字词与搜索者的搜索活动进行匹配。通常，如果搜索者输入选定的关键字，标题广告将出现在赞助商链接列中。然后，如果搜索者点击广告（转到广告商的页面），则广告客户根据约定的费率（从预付费预算中支付）进行计费。谷歌的 AdWords 是一种"按点击付费"类型的广告。你只有在用户点击你的广告时才支付费用。它的工作原理是：你首先可以制作广告并选择关键字（你也可以定位广告）；当用户使用关键字在谷歌上进行搜索时，你的广告可能会显示在搜索结果旁边；你可以获得更多的客户。

由于所有广告客户都希望他们的广告出现在搜索结果的第一页上，因此谷歌设计了一个竞价系统，用于决定哪些广告被显示在何处以及如何计算费用。

尽管 AdWords 取得了成功，但 AdWords 本身并不提供最佳的一对一定位。在许多情况下，可以通过补充的程序——AdSense 获得更好的结果（两者都在移动设备上提供）。

谷歌的 AdSense

谷歌的 AdSense 是一个附属程序，换句话说，网站发布商可以通过在其网站上展示有针对性的谷歌广告来赚钱。与谷歌合作，参与的网站所有者（发布者）可以将搜索引擎添加到他们自己的网站中，然后，当有人搜索与关联网站内容相关的字词时，他可以看到谷歌广告，如果感兴趣的话，他可以跳转到到由谷歌制作的广告主的文本、视频或图像广告页面。展示的广告与联盟企业内容的匹配基于谷歌的专有算法。这种匹配算法相当准确。成功的关键在于联盟页面与广告的质量和外观，以及联盟网站的受欢迎程度。成千上万的公司和个人参与了联盟计划。谷歌向联盟机构提供分析工具和程序，帮助广告发布者将访问者转化为客户。当访客点击广告时，谷歌的联盟公司就可以赚到钱。广告商支付费用给谷歌，谷歌与联盟公司分享来自广告客户的收入。

因为 AdSense 广告比其他广告的侵扰性小，而且内容通常更有针对性，已成为在网站广告的流行方法。有关使用 AdSense 的网站的示例，请参阅 rtcmagazine.com。

谷歌的成功归因于匹配的准确性，网络中大量的广告客户能够使用多种语言的广告能力以及广告的清晰度。谷歌提供多种类型的 AdSense 计划，详见 webopedia.com/TERM/A/adsense.html。eBay 和雅虎提供竞争性计划，请参阅 partnernetwork.ebay.com 上的 eBay 合作伙伴网络。有关 Adsense 如何工作的概述，请参阅 google.com/adsense/start/how-it-works.html。

病毒式营销（广告） 病毒式营销（viral marketing）（**病毒式广告**（viral advertising））指的是电子口碑（WOM）营销——传播信息、故事或某些媒体，这是一种营销策略，公司鼓励人们传播关于产品或服务的信息和意见。它可以通过电子邮件、文本消息、聊天室、即时消息、社交网络（例如 Facebook）、讨论组或微博（例如使用 Twitter）等发布消息来实现，它在社交网络中特别受欢迎。一个病毒式营销的例子就是：让人们将一个好产品的消息转发给朋友。病毒式营销已经离线使用了好几代，但现在，在网络上，它的传播速度和广度都在成倍增加，并且是对供应商来说成本很低，因为发邮人通常不用支付任何费用。该过程类似于使用自我复制过程的计算机病毒的传播，病毒信息可能以短信、视频剪辑或互动游戏的形式出现。

一家广告公司向互联网用户免费提供有价值的东西，鼓励他们与他人分享，以便尽可能多的人看到消息。例如，广告商可能会将一个小的电子游戏或嵌入赞助商电子邮件中的视频分发给成千上万的人，希望他们能够将其转发给更多的人。病毒式营销也被用于 Hotmail（现已关闭）的免费电子邮件服务，这是一项免费的电子邮件服务，在最初 18 个月，它的用户数量从 0 增加到 1 200 万，并在大约 4 年内增至 5 000 万。通过 Hotmail 发送的每封电子邮件都向收件人发送了一个嵌入式广告，以鼓励用户注册一个免费的 Hotmail 账户。Facebook 的初始声誉也是以类似的方式实现的，但速度更快。病毒式营销如果使用得当不仅效率高而且效果也很好，并且相对便宜。网络口碑营销（eWOM）还可以影响消费者对产品的判断。有关其他详细信息，请参阅 learnmarketing.net。有效的病毒式营销策略的六个步骤，请参阅 Wilson（2012）；有关策略，请参阅 Wright（2014）。

网络口碑营销构成了多种活动，可以将其划分为特定的类别（请参阅 Wilde（2013））。一类是"程度较高"的网络口碑营销（例如，病毒式营销、电子推荐营销），另一类是"程度较低"的营销（例如，社交网络、品牌社区）。

网络口碑营销的一个缺点是许多客户抱怨收到未经请求的电子邮件，并将其比作电话营销。消费者可能会使用垃圾邮件拦截器来过滤未经请求的、看起来像垃圾邮件的电子邮件。有关全面的评论，请参阅 Wilde（2013）。

病毒性营销传播的信息可能有不同的格式和用途。一个典型的形式就是为说服消费者而发送的产品或服务的文本消息，另一种形式是视频广告，我们将在下面讨论这个话题。在线视频可参见 Scott（2013）。

Line 和移动活动 诸如 Line 和微信这样的移动信息平台已经创建了一个消息应用程序，其中包含可爱而有趣的"聊天表情"。这些表情是根据个人市场的口味进行本地化和量身定制的。Line 通过应用内的游戏（60%）产生收入，其次是表情购买（20%），这本质上是大型的"表情符号"（2013 年第三季度数据）。用户可以从 Line 免费下载表情（适用于 Android 设备和 iPhone），并将其附加到文本或聊天消息中。用户可以从 Line Store（store.line.me）获得表情。现在，"Line Creators Market"可供那些希望在店内设计、制作和销售表情的人使用。

2. 视频广告

视频广告是指将广告插入到视频或常规在线内容中。互联网广告局（IAB）认为视频广告很重要，并创建了一个主题指南以及补充的文件记录（见 slideshare.net/hardnoyz/iab-guide-to-video-advertising-online）。视频广告在互联网电视节目中很常见。

视频广告增长速度很快，主要是由于 YouTube 和类似网站的流行。在线视频每年增长近 40%，而电视观看量持续下降。有关统计信息，请参阅 https://www.marketingcharts.com/。

视频广告出现在整个网络上，既作为未经请求的弹出式广告，也允许你查看有关产品的演示或信息，视频广告在 Web 2.0 环境和社交网络中已经非常流行。在朴载相（Psy）的《江南 Style》（*Gangnam Style*）视频中可以看到，视频广告对流行内容的影响。该视频在 YouTube 上发布后的 6 个月内被观看次数超过了 12 亿次。在这种情况下，任何广告赞助商都会获得巨大曝光率。2016 年 IAB 报告显示，2016 年数字视频广告收入增长至 1 000 万美元，相比 2014 年增长了 85%。有关统计数据，请参阅 iab.com/wp-content/uploads/2016/04/2016-IAB-Video-Ad-Spend-Study.pdf。视频受欢迎的主要原因是几乎所有使用互联网的人都在观看在线视频。视频也可以在所有移动设备（例如智能手机、平板电脑）上观看，并且可以在 Twitter 上发布。社交媒体和宽带移动接入可能性的增加也是在线视频使用人数增长的原因。在飞机和其他公共交通工具上观看移动设备上的视频已经非常流行。

在网络广告中加入视频的方法主要有两种：①将产品视频嵌入到每个常规产品页面中，并添加产品细节；②可编辑式视频允许消费者发现产品。许多零售商正在向其电子商务网站添加特定产品的视频。有关视频营销和广告的完整概述，请参阅 Daum et al.（2012）的研究。根据思科的调查，大多数大型在线零售商正在使用视频来帮助销售产品。Forrester Research 发现，大多数主要零售商正在将产品视频作为其营销策略的核心。根据统计，2014 年 11 月有 1.92 亿美国人观看了视频广告，约 60% 的观众会在观看视频广告后的某个时候访问广告中的品牌网站。有关详细信息，请参阅 ramp.com/enterprise/video-statistics-2015。

该领域的一些领先公司是 YouTube、Metacafé、VEVO 和 Hulu。图 9-4 展示了视频广告的 IAB 模型。有关谷歌视频广告平台的信息，请参见 google.com/ads/video。

几乎任何你点击的视频之前都会有一个 10~30 秒的广告，而这些广告只能在部分时间跳过。这种"强制观看"的广告之所以有效，是因为人们在看电视节目时习惯看商业广告。更多的电视节目通常被上传到互联网时带有广告。

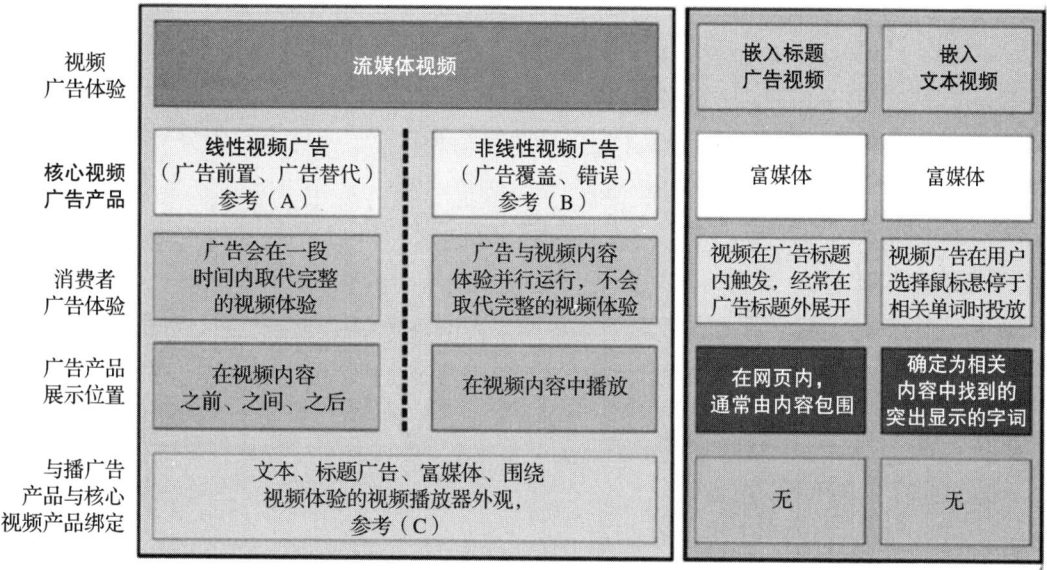

图 9-4 视频广告的 IAB 模型

资料来源：Interactive Advertising Bureau. "A Digital Video Advertising Overview." January 2008. iab.net/media/file/dv-report-v3.pdf (accessed April 2016). Used with permission.

3. 病毒视频

病毒视频（viral video）是通过在线信息共享过程迅速传播的视频。这些视频在电子邮件、短信、博客、讨论论坛等转发后变得流行。通过这种方式，人们可以分享更多其关注的视频，有时会在短时间内吸引数百万观众。用于分享病毒视频的热门网站包括 YouTube（youtube.com）和 Vimeo（vimeo.com）。有关热门的病毒视频广告，请参阅 www.visiblemeasures.com/insights/charts/adage。

观众会因为喜欢（或不喜欢）该病毒视频而将其转发给其他人，并迅速在互联网上传播关于它们的信息。营销人员通过在视频中插入广告或在演示开始之前使用广告作为弹出式广告来使用病毒视频（请参阅 adage.com/section/the-viral-video-chart/674）。请注意，如果对视频的反应是肯定的，那么"嗡嗡"声可能很有用，但负面反应会损害品牌形象。*Baseline* 杂志定期提供包含 10 个最佳病毒式营销视频的列表。有关病毒式营销视频的案例研究（2013 年最佳病毒视频），请参阅 digitalstrategyconsulting.com/intelligence/2013/12viral_video_marketing_case_studies_the_best_virals_of_2013.php。

4. 消费者生成的视频

许多公司都在利用用户原创的视频来制作他们的在线广告，甚至是他们的电视广告。

YouTube 是视频广告的最大平台。它拥有数十亿的视频并且还在迅速增长。YouTube 允许特定的营销人员将带有广告的视频上传到网站。谷歌的 AdSense 广告分发网络还提供了支持广告的视频剪辑功能。广告客户使用病毒视频的另一种方式是发起比赛（请参阅 onlinevideocontests.com）。

● 示例：轰动超级碗

多力多滋每年举办一次线上比赛，邀请粉丝们制作自己的多力多滋广告。获奖者获得高达100万美元的奖金，他们的广告也会投放于"超级碗"中。2010年，多力多滋邀请百事可乐成为他们第四届比赛的一部分，获得了超过3 000份参赛作品。2013年，比赛转移到Facebook上进行，吸引了超过3 500份的提交意见和超过1亿次的浏览量。2013年，多力多滋首次在全球范围内举行比赛，向全球的粉丝开放。这产生了巨大的广告效应。

5. 交互式视频

交互式视频（interactive video）术语是指用于将用户交互与视频混合的技术。互动由计算机控制，用于娱乐、广告或教育活动。交互式视频备受欢迎的原因主要有：

- 加大的带宽加快了视频的下载速度。
- 现成的可搜索视频的搜索引擎。
- 媒体和广告商都增加了视频的使用。
- 竞赛和礼物等激励措施，促进了交互式视频的使用。

以下是交互式视频的代表性类型：

视频点击 VideoClix.tv 和 Clickthrough.com 开发的工具允许观看视频的用户点击视频中的任何人、地点、标题广告等。

实时互动视频 在实时互动视频中，你可以实时看到某些事件，并且有时会与视频中的人进行互动。例如，通用电气在其年度会议的实时网络直播期间以标题广告的形式呈现公司的年度报告。观众能够与主持人进行互动，提出问题或发表评论。

● 示例：交互式化妆室

Metail.com 创建了一个交互式在线视频更衣室，它包括各种各样的女性时尚和风格。动画模型会呈现你选择的品牌，你可以控制它们的移动（例如，翻转它们）。有关详细信息，请参阅 metail.com。

9.5.6 广告中的增强现实

增强现实（AR）可以被广告商和营销商使用，特别是在时尚行业。

AR 应用程序的示例 en.wikipedia.org/wiki/Augmented_reality 上提供了几个交互式应用程序的示例，包括房地产和建筑、产品和工业设计、旅游等。像日产、百思买、迪士尼和汉堡王等公司已经尝试在广告中使用 AR。有关更多示例，请参阅 Russell（2012）。

服装、时尚和珠宝行业的零售商正在使用这种技术，因为在他们的行业中，可视化至关重要。例如，ClothiaCorp 结合了 AR 和实时商品推荐。它允许购物者"试穿"服装并实时与家人和朋友分享"他们的样子"。

9.5.7 在聊天室和论坛中做广告

聊天室可用来做广告。例如，Mattel 公司将大约 1/3 的芭比娃娃卖给收藏者。这些收藏家使用聊天室来发表评论或提问，随后由 Mattel 公司的员工回答。本章中的小米案例为其产品设计和广告运行智能手机论坛。

广告商有时使用在线虚拟运动（例如，在雅虎、ESPN 等处可用）向特定的体育迷（例如，美国国家橄榄球联盟或美国职业棒球大联盟的球迷）发送广告。在线虚拟体育运动每个月都会吸引数百万访客。

9.5 节复习题

（1）定义标题广告并描述其优点和限制。
（2）描述标题广告交换和标题广告交易市场的区别。
（3）描述有关弹出式广告和类似广告的问题。
（4）解释电子邮件如何用于广告。
（5）描述搜索引擎优化技术及其设计目的。
（6）描述谷歌的 AdWords 和 AdSense。
（7）描述视频广告及其日益流行的趋势。
（8）描述增强现实广告。

9.6 移动营销和广告

移动设备的快速发展为电子商务营销和广告提供了一个新的舞台。例如，包括智能手机在内的手机与台式机和笔记本电脑的比例大约为 2∶1，并且还在不断增长。eMarketer 2016 年的估计表明，全球年度移动广告支出增长了 105%，2016 年达到 1 010 亿美元，比 2013 年增长了 430%。这代表了在线移动营销和在线广告的巨大机遇（请参阅 emarketer.com/Article/Mobile-Ad-Spend-Top-100-Billion-Worldwide-2016-51-of-Digital-Market/1012299）。

9.6.1 移动营销和移动商务

移动营销和广告通常被认为是移动商务和移动营销的一个子集。移动营销采用多种形式，例如使用 SMS（如 Twitter）以及游戏和视频。接下来介绍它们的主要元素。

1. 定义移动营销

移动营销通常被定义为使用移动设备和无线基础设施作为营销和广告的手段。营销人员通过无线信息渠道访问潜在客户。移动营销协会（mmaglobal.com）为包括智能手机、平板电脑在内的所有移动设备提供广告、应用、消息、移动商务和 CRM 的定义。

移动营销包括销售、市场调查、客户服务和广告，所有这些都由移动计算提供支持。公司可以设计竞赛，让顾客来描述新产品的质量，卖方可以发布优惠券和促销活动。由于移动技术提供了供应商与消费者之间的直接链接，所以可以使广告具有互动性。

2. 移动广告

IAB（2014）将**移动广告**（m-advertising）定义为"通过无线移动设备（例如黑莓、iPhone、Android 等）、功能手机（例如低端手机能够访问移动内容）和媒体平板电脑（如 iPad、三星

Galaxy 平板电脑等）发布的广告"。移动广告包括简单的文本消息传递到智能交互式消息传递。它涉及几个关键的参与者，例如广告商、移动广告网络、移动应用和移动设备。

图 9-5 显示了移动广告的工作原理。公司聘请移动广告客户制作移动广告并指定促销标准。然后，移动广告被发送到移动广告网络。原始网络将这些广告转发到多个移动网络，并跟踪这些广告的分布和响应。该广告将通过适当的移动设备和应用访问移动用户。用户的回应通过移动网络传送给广告商和公司。

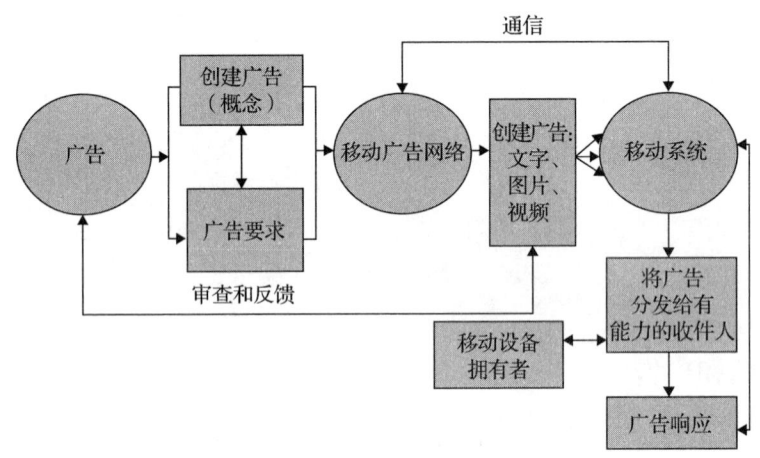

图 9-5 移动广告的工作原理

3. 交互式移动广告

交互式移动广告是指通过移动设备（主要是平板电脑和智能手机）发送交互式营销内容。"交互式"一词表明这是一种双向沟通，可能包括客户响应（例如下订单或提问）。有关全面的指南，请参阅 iab.com/guidelines/iab-measurement-guidelines 上的 IAB 移动网络广告测量指南。

4. 移动广告的类型

移动广告可能以不同的形式出现，最流行的是短信。其他形式包括富媒体广告、广告游戏以及在移动设备上的电视节目和电影中出现的广告。

短信广告 短信广告是以短信形式发送的商业信息，由于智能手机和 4G 网络日益普及，短信的移动广告正在迅速增长。几个主要的移动广告门户网站都是由几个私人移动广告公司或门户网站推出的（例如日本的 D2）。

短信广告的一个优点是用户可以在任何地点、时间、快速、私下发送信息。但是，一个主要的缺点是短信可能会打扰和惹恼收件人。

基于位置的广告 位置敏感型企业可以利用此功能提供基于位置的广告。一个很好的示例就是谷歌地图，当搜索到一个位置时，它可以显示附近的便利店、加油站、酒店和餐馆。其中一些是付费广告。

病毒移动营销 病毒式营销也可以部署到移动平台。这被称为病毒式移动营销。一种典型的方法是为移动设备开发和传播应用程序。

5. 移动营销和广告活动

有四类最基本的在线活动：信息、娱乐、抽奖和优惠券。这些分类重点关注以下六个目标中的一个或多个：

(1) 建立品牌意识。提高客户识别和记住品牌的能力。
(2) 改变品牌形象。改变顾客对品牌的看法。
(3) 促进销售。刺激对产品或服务的更快或更大的追求。
(4) 提高品牌忠诚度。提高消费者回购某品牌产品或服务的承诺。
(5) 建立客户数据库。收集有关移动设备、网络数据或客户档案的数据。
(6) 刺激移动口碑。鼓励客户通过他们的移动设备与其他客户分享广告。

显然，这些表现出与传统营销方法相同的活动和目标。目前，短信和电子邮件是用于向移动设备发送广告的主要方法。但是，更丰富的内容和广告正随着网络带宽的增加而不断扩大影响范围。

最近由零售商开展的移动营销活动非常成功。例如，"光棍节"（2014 年 11 月 11 日）的销售额超过 90 亿美元，其中 43% 来自移动设备（见 market-watch.com/story/alibabas-singles-day-bigger-than-black-friday-2014-11-10）。其中，超过 50 亿美元为阿里巴巴公司的天猫和淘宝平台上销售。

9.6.2 移动营销实施指南

尽管像直销协会这样的组织已经制定了互联网营销的行为规范，包括使用移动媒体，但大多数行业内的权威人士都认为，这些规范并不适合移动商务的动态特性。因此，需要移动媒体行业为移动广告制定一套指导方针和"最佳实践"，如来自移动营销协会（MMA；mmaglobal.com）的全球行为准则体现了行业推广的行为类型。该准则的基本原则包括四个部分：通知、选择和同意、自定义和约束、强制执行和问责。大型广告公司的实际策略，请参阅 Eslinger（2014）和 Rowles（2013）。

9.6.3 支持移动广告的工具

大量的应用程序、工具和方法可用于支持移动商务中的广告。有数以百万的应用程序是为基于 iPhone 和 Android 的移动设备开发的，这些可以从应用程序商店（例如 Google Play 和 Apple Store）下载。应用程序包括查找产品、地点或事件等功能。有关详细信息和营销术语表，请参阅 https://www.brandify.com/。

9.6.4 移动广告趋势

对移动广告的未来有几个积极的预测。entrepreneur.com/slideshow/254425 提出了以下五个重要趋势。

（1）内容营销将改善移动营销体验。
（2）人们所垂涎的不再是大数据，而是关于移动设备的准确数据。
（3）移动视频正在不断增长，并且按位置定位是关键。
（4）虚拟现实将创造新的广告形式。
（5）除跨屏外，移动营销人员将统一屏幕并与店内触点进行对应。

● **示例：创新的表情广告**

除了这五大趋势之外，我们也看到了移动社交媒体的重要性，例如 wechat.com。诸如表情之类的创意广告方法也提供了新的广告方式。一个有趣的表情是一个小图像（像一个"表情符号"），可以用来显示特定的情绪，如高兴、喜欢、讨厌等，Line 用户非常喜欢它。Line 允许企业以固定成本开发一套八款有趣的赞助表情（带有公司标志或广告信息）。Line 用户可以从 Google Play 和 iTunes 下载免费聊天表情。以台湾大同电子公司为例。该公司推出的男孩角色符号和表情符号在上线 24 小时内就产生了 100 多万名活跃用户。

注意：有关移动广告的相关文件包，请参阅 http://mashable.com/category/mobile-advertising 和 Mobile Commerce Daily（mobilecommer-cedaily.com）以及《移动商报》(*Mobile Commerce Daily*, mobilccommer-cedaily.com)。

9.6 节复习题

（1）定义移动营销，至少提供三种定义。为什么有这么多定义？
（2）什么推动了移动广告的发展？
（3）描述短信在移动广告中的作用。
（4）定义交互式移动广告。
（5）描述移动广告的过程。
（6）定义病毒式移动营销。
（7）区分传统媒体和移动营销或广告活动。
（8）移动广告的发展趋势是怎样的？

9.7 广告策略和促销

多种广告策略可以在互联网上使用。在本节中，我们将介绍一些主要策略和实施问题。

9.7.1 许可广告

对于通过电子邮件发送大量广告给消费者的一种解决方案，是采用许可广告或许可营销（或允许使用的方法），即用户向供应商注册并同意接受广告（请参阅 returnpath.com）。例如，本书的作者之一为了可以随时了解电子商务领域正在发生的事情，同意通过电子邮件接收大量的电子商务通信，并知道其中有一些会包含广告。作者还同意接收来自某些研究公司、报社、旅行社等的电子邮件，这些也会包括广告。供应商基于用户的许可，发布并发送对用户有价值的（通常是免费的）信息。值得注意的是，有些供应商要求消费者允许向他们发送其他用户的建议，但这些供应商并不询问用户是否可以使用他们的历史采购数据来创建建议。

9.7.2 其他广告策略

有线和无线广告系统都存在许多广告策略。有关示例，请参阅 www.opentracker.net/article/online-advertising-strategies 和 ultracart.com/resources/articles/ecommerce-advertising。

1. 关联营销和广告

关联营销（affiliate marketing）是一种"基于绩效的市场营销"，主要用作联盟组织的收入来源和作为卖方的营销工具。在本章开始时，我们介绍了谷歌的 AdSense，它就是关联营销的一个示例。事实上，供应商的标志放在许多其他网站上也是免费广告。如亚马逊，其标识可以在超过 100 万个联盟网站上看到！此外，CDNow（亚马逊网站的子公司）和亚马逊网站都是"付费观看"或"收听"广告的先驱，这些广告也用于附属营销。

联盟网络 关联广告成功的关键在于有一个良好的联盟合作网络。**联盟网络**（affiliate network）是广告主（联盟企业）和商家（联盟网站）相互协作而共同创建的一个网络市场。会员网络的示例是 Rakuten LinkShare（Linkshare.com）和 Conversant 的 CJ 联盟（cj.com）。对于 2016 年最佳联盟营销网络，请参阅 mthink.com/best-cps-affiliate-networks。

2. 广告作为商品：付费让人们观看广告

在某些情况下，人们通过向广告商支付费用（金钱或折扣）来观看广告（也称为"广告作为商品"）。例如，在 CreationsRewards 中用 Bing 搜索网页的人可获得 Bing 奖励（如获得观看视频、玩游戏的奖励）；HitBliss 应用程序为你看广告支付费用（但你必须付出关注）。消费者通常需要对所浏览的材料表现出一定的个人兴趣，然后根据他们的个人兴趣获得有针对性的广告。每个标题广告都标有奖励金额，如果消费者观看此广告，就可以收到这笔奖励。如果感兴趣，消费者点击标题广告进行观看，并且在通过一些测试以确保他们观看内容之后，消费者将得到报酬。读者可以对他们阅读的内容进行分类和选择，而广告商可以改变付款方式以反映读者的阅读频率和热情。付款方式可能是现金（例如，每条标题广告 50 美分）、信用卡或产品折扣。这种方法也适用于智能手机。

3. 个性化广告

定制广告可能解决互联网中太多无关广告的问题。网络营销的核心是客户数据库，其中包括注册的客户数据和从网站访问中收集到的信息。公司可以采用一对一的方式向消费者发送定制的广告，通过此功能，营销经理可以根据用户个人信息自定义显示广告。

4. 广告的收入模式

2000～2002 年，许多网络公司的倒闭都是收入模式造成的。该模式将广告收入作为唯一或主要的收入来源。因此，许多小门户网站失败了，而存活下来的几个大门户网站在这个领域占据了主导地位，如谷歌、Facebook、AOL 和雅虎。然而，即使这些大流量的网站也是在 2004 年之后才开始显示出巨大的利润的，而太多的网站则是与有限的广告资金进行竞争。因此，几乎所有的门户网站都在增加其他收入来源。

但是，如果小心，可以发现，一个小网站可以专注于一个小众领域而得以生存。例如，NFL Rush（nflrush.com）就做得很好，它通过专注于 NFL 球迷，主要是 6～13 岁的孩子，产生了数百万美元的广告和赞助费。该网站提供全方位的互动以及赢得奖品的机会，吸引了数百万的访问者。它会指引你前往每个球队的美国国家橄榄球联盟商店，在那里 Visa 和美国银行等赞助商为免费游戏和奖金提供现金。

收入模式中的一个重要组成部分是点击付费广告（PPC）公式。

点击付费广告（pay per click，PPC）是一种流行的互联网广告支付模式，广告商只有在用户点击广告时才支付网站费用。相关费用是支付给搜索引擎和其他网站的（例如联盟网站）。有关如何节省使用 PPC 的成本的提示，请参阅 advertise.com/ad-solutions / contextual / overview。

5. 选择你自己的广告形式

AdSelector 是 2010 年创建的一种模式，可让消费者选择自己的广告。AdSelector 允许消费者在视频剪辑中选择他们喜欢的那些广告（有两个或三个选项）。这种模式在 Hulu 领导下，主要用于在线视频。据调查，喜欢这个选项的用户点击广告的概率是普通用户的两倍。最近，视频内容流媒体服务 Hulu.com 开始使用类似的系统，允许观众在节目开始之前选择他们想观看的广告（Hulu LLC，2015）。

6. 用于广告的实时 Web 事件

实时网络活动（音乐会、表演、访谈、辩论、网络广播、视频）如果做得好，可以产生巨大的公众兴奋，并让网站产生大量流量。一些成功的实时 Web 活动的最佳实践是：

- 仔细规划内容、观众、交互级别和时间表。
- 尽可能多地包含富媒体。
- 通过电子邮件、社交媒体网站和流媒体进行适当的促销活动，并进行适当的线下和在线广告。
- 准备高质量的交付。
- 分析受众反馈，以便进行改进。
- 全球性事件可以让产品在不同的地点亮相。

注意：基于网络的研讨会（通常称为网络研讨会）在推广知识密集型产品方面越来越受欢迎。

9.7.3 广告本地化

网络营销的范围相当广泛，广告可能在世界各地观看，这是一个优势，但也可能是一个缺点，因为文化差异可能会导致不同地区对同一信息产生不同解读。因此，广告消息的本地化是广告商的一个重要考虑因素。

电子商务中的本地化是指为适应某个地区或国家的 Web 环境而对 Web 内容媒体产品和广告材料进行转型和改编，其通常按照一套国际准则进行。

一个重要方面是语言本地化。网页翻译（请参阅 lionbridge.com）只是本地化的一个方面，其他方面（如文化）也很重要。例如，一家在白色背景上展示其产品的美国珠宝制造商惊讶地发现，在一些首选蓝色背景的国家，这种展示可能不吸引客户。

如果一家公司针对全球有数百万潜在客户的市场，它必须努力将其网页进行本地化。影响网页进行本地化的主要因素有：

- 许多国家以英语进行商业活动，但所用的英语在术语、拼写和文化方面可能有所不同（例如，美国、英国和澳大利亚）。
- 如果没有适当的翻译程序，重音字符不能转换为英文和其他语言。因此，翻译可能不准确。如果文本包含重音字符，则重音在转换为英文时会消失，这可能会导致翻译不正确。
- 硬编码的文本和字体无法更改，因此它们将保留在原始格式中的转换材料中。
- 图形和图标在不同国家的观众看起来不同。例如，美国邮箱类似于欧洲的垃圾桶。
- 翻译成亚洲语言时，必须解决重大的文化问题。例如，如何以文化上正确的方式解决老年人的问题。
- 美国写成月／日／年（如 08/06/2016）的日期格式，而在其他许多国家／地区的日期格式则是日／月／年（如 08/06/2016）。因此，根据作者所在位置，"6/8"会有两个含义（6月8日或8月6日）。
- 在多份不同的文件中，文件翻译的一致性可能很难实现。

9.7.4 制订在线广告计划

对于大多数企业来说，在线广告是应对竞争的必需品。有了这么多不同的媒体和广告方法，一项挑战是在预算内制定一个有效的广告计划。图 9-6 说明了用于构建和维护广告计划的由六个步骤组成的生命周期过程。

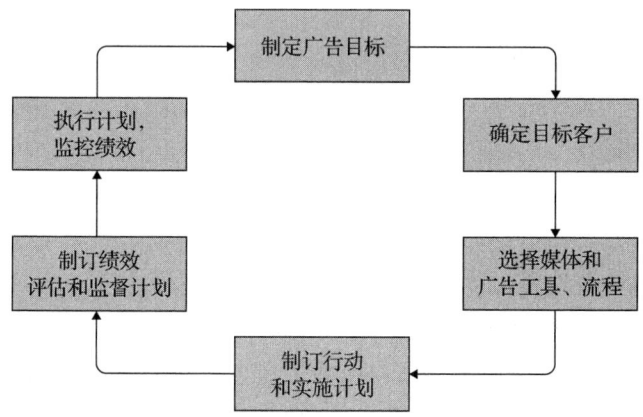

图 9-6　广告计划的生命周期

（1）确定广告项目的目标：目标需要具体，例如，是为了获得品牌知名度、提高网站访问量还是提高收入。

（2）确定目标客户：必须为广告计划确定目标客户。正如我们在本章中所讨论的，客户细分对降低成本和提高效率非常有用。根据活动的性质，细分可以基于人口统计或其他标准。

（3）选择媒体和广告工具：一旦选择了目标客户，就应该选择适当的媒体和工具来访问目标客户。例如，许多公司使用移动社交媒体来提升它们在台湾年轻人中的品牌知名度。

（4）制订行动和实施计划：在选择媒体和工具之后，必须规划若干实施计划，例如预算、广告时间框架、广告设计（例如视频）等。

（5）制订业绩衡量和监测计划：为确保广告支出不被浪费，绩效衡量和监测计划必须在计划实施之前制订。绩效评估必须明确界定并客观衡量。

（6）执行计划和评估绩效：在广告计划获得批准后，必须注意其执行情况，最后，必须对其绩效进行评估，以确定最初的计划是否实现。有关制订促销计划的信息，请参阅 Sauer（2013）；有关移动营销的信息，请参阅 Brocato & Fairbrother（2013）。

9.7.5 在 Facebook 上打广告

2012 年，Facebook 从广告中赚取数十亿美元。例如，用户的"喜欢"可以出现在针对朋友的广告中。有关 45 个"技巧和窍门"，请参阅 Marrs（2014）。

请注意，其他社交网站如 Google+、Instagram、Twitter 和 Pinterest 也会刊登广告。在社交媒体上进行广告是网络营销的一种趋势。

9.7 节复习题

（1）描述许可广告。
（2）描述视频广告及其突然增加的现象。
（3）讨论关联营销的过程和价值。
（4）广告作为商品战略如何运作？
（5）描述其他类型的在线广告方法。
（6）定义本地化。列出本地化网页的主要问题。
（7）描述选择你自己的广告形式。
（8）描述广告计划的六步流程生命周期。

管理问题

与本章有关的一些管理问题如下所示。

1. 我们关注创造顾客价值吗？ 了解客户，特别是他们需要什么，以及如何满足这些需求，这是以消费者为中心的营销的关键部分。在开展数据库营销、一对一营销和客户关系营销之前，了解客户是不可能的。我们用什么工具来满足和留住客户，监控整个营销、销售、维护和后续服务过程？我们是否有效地将资源集中于 VIP 客户（例如，给予他们更高的优先级）？

2. 我们使用哪种互联网营销或广告渠道？ 越来越多的在线方法可供广告商选择。这些包括标题广告、搜索引擎、视频广告、博客、社交网络等。

3. 我们用什么指标来指导广告商？ 大量的信息来被开发出来，用来指导广告商在哪里做广告、如何设计广告等。诸如千次展示费（CPM）、点击率、用户黏性和实际购买率等具体指标可用于评估广告的有效性并计算企业在在线广告活动中的投资回报率。其中，这些指标的测量可以由第三方监测公司进行监测，例如，移动营销协会和 IAB 制定了衡量移动广告投放的行业标准。

4. 我们对网络广告的承诺是什么？ 一旦公司致力于在网络上投放广告，就必须记住，一个成功的项目需要市场营销、法律和 IT 部门的协作。此外，还需要与非网络广告的协调以及高层管理人员的支持。

5. 我们是否应该整合我们的互联网和非互联网营销活动？ 许多公司正在整合他们的电视和互联网营销活动。例如，一家公司的电视或报纸广告将观众或读者引导至他们的网站，他们那里使用被称为富媒体的短视频和声音广告。由于标题广告的点击率在许多网站上低于 0.5%，因此需要整合诸如离线和在线营销等创新技术来提高点击率/比率。

6. 谁来进行市场调查？ B2C 需要广泛的市场研究，这可能是昂贵且难以执行的。因此，公司可能需要外包部分或全部市场研究活动。如果公司拥有大规模的客户数据库，对内部数据库本身的研究可能是一项重要的市场研究活动，数据挖掘技术可能对此有所帮助。

7. 我们应该使用手机优惠券吗？ 消费者和广告商对移动优惠券感到很好奇，但其目前的使用率仍然很低。广告商还没有感受到推出全国性优惠券的压力，但它们应该开始计划。Forrester Research Corp. 声称 Instagram 是社交互动之王。手机优惠券越来越受欢迎。手机优惠券的优势在于，你可以在需要时看到它们。向商家展示优惠券就足以获得折扣（不需要打印优惠券）。一般来说，手机优惠券的好处大于它们的限制。

许多大型零售商（例如沃尔玛）在其网站上提供优惠券。较小的公司可以使用在其数据库中拥有许多公司优惠券的中间机构。

8. 网络营销应该考虑哪些道德问题？ 在网络广告的使用中涉及一些道德问题，如受到广泛关注的一个问题是垃圾邮件，另一个问题是销售邮件列表和客户信息。有人认为，公司不仅在发送销售清单之前需要征求客户的同意，而且还应该将通过销售清单得到的利润与客户分享。未经个人同意使用 Cookies 被许多人认为是不道德的，广告的负面影响也需要考虑。

本章小结

在本章中，你了解了以下与本章学习目标相关的电子商务问题。

1. 影响网上消费者行为的因素。 电子商务中的消费者行为与任何消费者行为类似，但它具有一些特征。这些特征在基于刺激的决策模型中做了描述，该模型包括消费者的个人特征、环境特征、产品/服务特征、商家和中间商以及电子商务系统（物流、技术和客户服务）。所有这些特征和系统相互作用，影响决策过程并产生最终的购买决策。

2. 在线个性化。 使用个性化的网页，客户可以与公司互动，实时了解其产品或服务，或获得定制的产品或服务。公司可以允许客户自行配置他们想要的产品或服务，定制也可以通过将产品与客户个人信息进行匹配来完成。而且，个性化包括产品（服务）的建议和交付客户需要的内容。

3. 电子商务消费市场研究。 在线市场研究中存在几种有效和经济的研究方法。数据收集的两种主要方法是①收集客户自愿提供的信息；②使用 Cookies、事务日志或点击流数据来追踪互联网上的客户移动数据,并发现他们的兴趣。通过消费者分类来进行市场细分也是一种有效的电子商务市场研究方法。然而,在线市场研究也存在一些局限性,如使用不正确样本影响数据准确性和样本的代表性。

4. 网络广告的目标和特点。网络广告试图吸引浏览者访问广告客户的网站。在广告客户的网站上,消费者可以接收信息,与卖方进行交互(例如,与在线代表聊天),并且在很多情况下,他们有机会轻松下订单。借助网络广告,广告商可以对广告进行定制,以适合具有相似兴趣的人群(分类),甚至个人(一对一)。此外,网络广告可以互动,易于更新,可以以合理的成本产生数百万美元浏览量,并提供动态演示和富媒体。

5. 主要的在线广告方法。标题广告是最受欢迎的在线广告方式。其他常用的方法是弹出式广告和类似广告、电子邮件(包括发送到移动设备终端的电子邮件)、分类广告、向搜索引擎注册网址以及在聊天室中进行的广告。其中一些与通过搜索引擎获得的搜索结果相关,例如关键字广告(特别是在谷歌上)。社交网络通过用户细分、病毒式营销、用户生成广告等方式创造了新的营销机会。最后,视频广告也越来越流行。

6. 移动营销。移动设备使用的增加,创造了随时随地接触到个人的机会。尽管手机屏幕尺寸较小,但广告客户使用巧妙的设计不仅可以显示标题广告,还可以显示视频广告。移动广告是为年轻一代设计的,其中主要包括了互动。年轻一代在病毒式广告方面尤其活跃。

7. 各种广告策略和促销类型。主要的广告策略包括与搜索结果(文本链接)相关的广告策略、联盟营销、金钱或其他类型的激励措施以促进客户查看广告、病毒式营销、以一对一方式定制广告以及在线活动和促销活动。网络促销与离线促销类似,它们包括赠品、比赛、测验、娱乐、优惠券等。定制化和交互性是网络广告与传统广告最显著的区别。营销项目本地化以满足不同文化的独特需求也很重要。

8. 实施。在许可营销中,客户愿意接受广告以换取特殊(个性化)信息或金钱奖励。广告管理涉及广告活动的规划、组织、控制及执行。考虑到文化因素,广告需要进行本地化处理。市场调研也可以通过收集、分析博客的反馈、社交网络中的聊天、朋友的推荐、阅读成员的意见等来进行。用户生成的广告内容、病毒式营销和更好的细分功能可以增强广告效果。

⊙ 问题讨论

1. 如何描述客户在线搜索 iPhone 的购买决策流程?网店可以做些什么来吸引这位顾客在他们的商店购买?

2. 为什么个性化成为电子商务的重要元素?可以使用哪些技术来了解消费者行为?如何使用个性化来提升客户服务?举个示例。

3. 观看视频"无论你想去哪里"(宝马官网;youtube.com/playlist? list=pl53450a123a3adce2),和 Burger King 的"标志和比赛"(youtube.com/watch?v=qab5PH43sok),也可以寻找一些相关的文章。写一份报告,说明是什么让这些视频如此成功。

4. 讨论为什么标题广告在互联网广告中很受欢迎。哪些产品可能适用于或不适合标题广告?

5. 讨论将公司网址提交给各种搜索引擎的优势和局限性。

6. 解释为什么在线广告管理至关重要。管理自己的在线广告计划的公司主要关注什么?

7. 解释使用聊天机器人的优点。有什么缺点吗?查找关于它们对在线消费者购物行为的影响的信息。

8. 讨论在营销和广告中使用软件代理的好处。讨论网上讨价还价的代理商（可以与潜在客户互动以确定折扣价格的代理商）是否可以帮助网上商店的销售。

9. 讨论关于个人在线消费者行为的三种数据收集方法的优点和局限性。

10. 讨论视频广告在社交网络环境中的好处。

⊙ 课堂讨论和辩论课题

1. 有人说人们来到社交网络是为了进行社交，因此他们会忽略、禁用或不接受广告。其他人则表示人们不介意这些广告，但他们会忽略这些广告。对此进行讨论。

2. 你对使用视频、移动设备和社交网络作为广告平台的公司有何看法？对此进行讨论。

3. 辩论：未来，传统广告（电视、报纸、广告牌）会不会消失？

4. 辩论：奈飞、亚马逊和其他人将历史购买视为其推荐系统中的输入。有人认为这是对隐私的侵犯。

5. 有些人声称他们信任传统媒体广告（例如报纸）而不是在线广告（例如 Richter（2014））。其他人不同意。辩论这个问题。

⊙ 在线练习

1. 访问 homedepot.com 并检查公司是否（以及如何）为客户提供服务。查看他们的虚拟设计。特别是检查"厨房和浴室设计中心"等自助式配置，将此与市场研究联系起来。

2. 检查市场研究网站（例如，nielsen.com）。讨论什么会激励消费者向该公司给出的市场研究问题提供反馈。

3. 登录 mysimon.com。分享你的经验，比如你提供的信息可能会如何被公司用于特定行业（例如服装）的市场营销。

4. 登录 marketingterms.com 并按关键字和类别进行搜索。看看他们的营销术语。检查本章中任何 10 个关键术语的定义。

5. 登录 2020research.com、infosurv.com 和 marketing-sherpa.com 并确定有关消费者行为市场研究的领域。写下你的发现摘要。

6. 登录 yume.com 并查找其视频广告活动和报告。总结你的发现。

7. 登录 selfpromotion.com 和 nielsen-online.com。网站提供哪些关于互联网流量管理、Web 结果和审计的服务？每项服务有哪些好处？比较所提供的服务和其成本。

8. 登录 adweek.com、wdfm.com、ad-tech.com、adage.com 和其他在线广告网站上发现互联网广告的新进展。根据你的发现撰写报告。

9. 登录 clickz.com 并查找其市场研究主题。总结你的发现。

10. 登录 adobe.com/marketing-cloud.html。该产品如何帮助网站进行优化？它提供了什么其他服务？

11. 你认为哪些资源对 target-marketingmag.com、clickz.com、admedia.org、mar-ketresearch.com 和 wdfm.com 最有用？描述你从这些网站中找到的在线营销的有用信息。

12. 登录 zoomerang.com 并了解它如何促进在线调查。调查各种产品，包括那些补充调查的产品。完成报告。

13. 登录 pewinternet.org 和 pewresearch.org。它们进行的哪些研究与 B2C 有关？对 B2B 来

说呢？完成报告。

团队任务和项目

1. 开篇案例任务

阅读开篇案例并回答以下问题。

（1）Del Monte 在社交网络上做广告的动机是什么？

（2）将社交网站的能力与市场研究活动联系起来（具体到——对应）。

（3）将案例中使用的方法与计算机化和非计算机化的焦点小组进行比较。

（4）如何将收集的数据用于电子商务？

2. 苹果正在通过收购移动广告公司 Quattro Wireless 以及启动 iAd 移动设备平台来对抗谷歌。研究苹果进军该领域以及苹果与谷歌较量的原因。给全班的同学做一个报告。

3. 视频广告领域正在迅速发展，许多公司引入了创新的模型和服务（例如，参见 yume.com）。全班将检查可用的主要模型和服务，包括 Twitter 上的移动广告和视频剪辑。完成报告。

4. 每个团队选择一种广告方式，并对广告行业的主要参与者进行深入调查。例如，直接发电子邮件相对便宜。访问 thedma.org 以了解直邮信息；还可以访问 ezinedirector.com 和类似网站。每个团队都要准备并提出一个关于其方法为何优越的论点。

5. 在这个练习中，每个团队成员将登录 pogo.com 和类似的网站，玩游戏并赢得奖品。将游戏与广告和营销联系起来。完成报告。

6. 登录 autonlab.org 并下载进行数据挖掘分析的工具（这些下载是免费的）。完成一份关于这些工具功能的报告。

7. 观看 youtube.com/watch?v=Hdsb_uH2yPU 上的视频"开始分析：解读和处理你的数据"，并回答以下问题：

（1）视频所指的指标是什么？

（2）如何使用谷歌分析？

（3）分析能为竞争情报做出什么贡献？

（4）为什么在网站上花费的平均时间如此重要？

（5）可以支持哪些决策？

（6）你从视频中学到了什么？

（7）将 Bing 的内容广告与谷歌的 AdSense 进行比较。做一个汇报。

章末案例

强生公司使用新媒体营销

问题

强生公司是全球最大的医疗保健产品公司。2016 年，该公司在全球拥有超过 126 500 名员工。公司面临的主要问题是其生产和营销必须遵守严格的全球政府法规。在互联网时代，公司使用在线通信工具来联系和支持其客户是非常重要的。此外，该公司拥有约 30 000 个互联网域名。在过去的几年里，强生公司广泛应用了互联网媒体（公司称为"新媒体"），因此取得了显著的业绩提升。

使用新媒体渠道

使用新媒体，强生（jnj.com）多年来一直在增加在线活动和策略。下面介绍他们的一些战略：

- Web 1.0 阶段。

1996 年，强生在互联网上首次亮相，并以静态小册子的形式展示其产品。2014 年发展到包括约 30 000 个域名。

- Web 2.0 阶段。

（1）Kilmer House（kilmerhouse.com，强生的第一个博客）。在 2006 年，该公司在使用 Web 1.0 超过 10 年后，推出了第一个 Web 2.0 广告工具。博客是公司进入 Web 2.0 时代的一种自然方式。

（2）JNJ BTW（第二个博客 Web 2.0）。2007 年，该公司在推出基尔默之家后一年推出了第二个博客。这个博客承诺成为"公司的声音"。JNJ BTW 成为与强生有关主题的场所。它还提供关于医疗保健和 JNJ 产品的公共教育。

（3）YouTube 上的 JNJ 健康频道。强生公司正在制作有关健康的视频。2008 年 5 月，该公司发布了两个 JNJ 健康测试视频："询问南希——前列腺癌"和"肥胖和胃旁路选项"[⊖]，数十万观众观看了该视频。有数百名观众发表了他们的评论。对强生来说，该网站已成为与消费者互动的绝佳工具。

（4）Twitter 和 Facebook。2009 年 3 月，该公司启用了一个 Twitter 频道。2009 年 4 月，该公司创建了其首个 Facebook 页面。该页面包含有关该公司的传记信息。Twitter 和 Facebook 还可以作为"桥接工具"，将观众整合到 JNJ BTW 中，以获取更多有关强生公司的详细信息。

- 移动广告活动。

截至 2007 年，强生已经整合了几项移动广告活动。

（1）该公司针对与微软数字广告解决方案合作的即时消息用户开发了一款名为 *Saving Momo* 的游戏。

（2）强生公司的 Zyrtec 和 iPhone 2.0。Zyrtec 是一种流行的非处方过敏药物。根据 Butcher（2009）的报告，Zyrtec 在 2008 年的销售额达到 3.159 亿美元。2009 年，强生与 The Weather Channel（TWC）一起开展了一项移动广告活动，在 TWC 移动应用上放置了互动式 Zyrtec 标题广告。然后强生扩展到一个新的平台——TWC 的升级的 iPhone 应用程序。

（3）新兴市场的战略策略。为了进入移动设备可能是客户唯一访问互联网手段的这个蓬勃市场，强生公司正在部署各种移动信息和市场营销活动以赢得客户的信任（Johnson，2012）。

- 社交媒体。

强生公司在使用社交媒体方面非常活跃。例如，在该公司的主要 Facebook 页面（facebook.com/jnj）上，提供该公司的健康信息的链接（在 J&J 频道上）。英文版中有超过 625 000 万个"喜欢"，最受欢迎的城市是巴西圣保罗（2014 年 8 月的数据）。J&J Twitter 上最活跃的账户是 @JNNews。最后，强生公司正在使用社交媒体来挽救生命（Olenski，2013）。

结果

使用各种新媒体的密集型运动已经在财务和管理方面带来了显著的绩效改善。

（1）根据 Ploof（2009）和 Johnson（2012），计算使用新媒体的投资回报率（ROI）的因素之一是公司的声誉。公司的声誉是确定使用新媒体的投资回报率的一个因素。YouTube 提供了一些可用性指标，例如随时间变化的观点、趋势和观众留存率，这些都有助于管理团队做出更好的决策。

[⊖] 胃旁路手术指一系列类似的、用于治疗肥胖症的外科手术，其共同特征为：手术首先将胃部分为上下两个部分——较小的上部和较大的下部，然后截断小肠，重新排列小肠的位置，改变食物经过消化道的途径，减缓胃排空速度，缩短小肠，降低吸收。——译者注

（2）移动广告已被证明非常有效。2007年，ACUVUE的一个为期一个月的活动，通过为Windows Live Messenger创建一个名为Saving Momo的共享游戏推出了一款新产品。该游戏被玩了200 000次，同时下载了约30万个人的表情（用于IM）。这一活动带动了销售，改善了目标市场与品牌的联系，并对品牌产生了积极的病毒式影响。强生将使用呼叫网络作为另一种吸引消费者的选择，使用户更容易获得免费试用ACUVUE的机会。

资料来源：基于Butcher（2009）、Johnson（2012）、Microsoft Advertising（2009）和Ploof（2009）。

问题

1. 确定强生采用的在线广告行为，并将其与本章所述的方法联系起来。
2. 在互联网上搜索关于强生在YouTube上开展营销活动的更多详情。
3. 搜索互联网，以查找有关强生在Facebook和Twitter上开展营销活动的更多详情。
4. 通过互联网搜索关于强生在移动设备上开展营销活动的更多详情。
5. 概述强生在线营销活动的主要优势。

参考文献

Amerland, D. *Google Semantic Search: Search Engine Optimization (SEO) Techniques That Get Your Company More Traffic, Increase Brand Impact, and Amplify Your Online Presence* (*Que Biz-Tech Series*), New York: Que Publishing, 2015.

Bashir, A. "Consumer Behavior towards Online Shopping of Electronics in Pakistan." *Seinäjoki University of Applied Sciences*, Thesis, Winter 2013. theseus.fi/bitstream/handle/10024/53661/Thesis.pdf (accessed April 2016).

Big Heart Pet Brands. "Cats Asked for It by Name: Meow Mix Jingle Returns!" March 13, 2012. prnewswire.com/news-releases/cats-asked-for-it-by-name-meow-mix-jingle-returns-142459995.html (accessed April 2016).

Bilos, A., I. Ruzic, and I. Kelic. An Enterprise Odyssey. *International Conference Proceedings: 1195–1207.* Zagreb: University of Zagreb, Croatia Faculty of Economics and Business, June 8–11, 2014.

Brocato, C., and J. Fairbrother. *Mobile Marketing: Strategies for Mobile Consultants to Build a Profitable Local Marketing Business.* Seattle, WA: CreateSpace Independent Publishing Platform, 2013.

Butcher, D. "Johnson & Johnson's Zyrtec Runs Mobile Banner Campaign on App." March 31, 2009. mobilemarketer.com/cms/news/advertising/2938.html (accessed April 2016).

Chiu, C.-M., E. T. C. Wang, Y. H. Fang, and Y. H. Huang. "Understanding Customers' Repeat Purchase Intentions in B2C E-Commerce: The Roles of Utilitarian Value, Hedonic Value and Perceived Risk." DOI: 10.1111/j.1365-2575.2012.00407.x *Information Systems Journal*, Volume 24, Issue 1, (2014).

Clifton, B. *Advanced Web Metrics with Google Analytics*, 3rd edition. Hoboken, NJ: Sybex, 2012.

Cohen, W. W. "Collaborative Filtering: A Tutorial." *Carnegie Mellon University* (n.d.). Available for download at google.com/url?sa=t&rct=j&q=&esrc=s&source=web&cd=1&ved=0ahUKEwiBhduAgZLMAhWMHD4KHRSMBlkQFggdMAA&url=https%3A%2F%2Fwww.cs.cmu.edu%2F~wcohen%2Fcollab-filtering-tutorial.ppt&usg=AFQjCNGxEZhzDumFZBRKESQ2gpqB9kAPBw&cad=rja (accessed April 2016).

Daum, K. et al. *Video Marketing for Dummies.* Hoboken, NJ: Wiley, 2012.

Einav, L., D. Knoepfle, J. Levin, and N. Sundaresan. "Consumer Behavior in Online Shopping is Affected by Sales Tax." *London School of Economics and Political Science*, January 14, 2014. blogs.lse.ac.uk/usappblog/2014/01/14/sales-tax-internet (accessed April 2016).

eMarketer. "Online Retailers Move Past Discounts to Earn Deeper Customer Loyalty." March 11, 2013. emarketer.com/Article/Online-Retailers-Move-Past-Discounts-Earn-Deeper-Customer-Loyalty/1009719 (accessed April 2016).

Ellis, D. "Why Every Company Needs Email Marketing [Infographic]." July 12, 2013. socialmediatoday.com/debraellis/1591966/why-every-company-needs-email-marketing-infographic (accessed April 2016).

Eslinger, T. *Mobile Magic: The Saatchi and Saatchi Guide to Mobile Marketing and Design.* Hoboken, NJ: Wiley, 2014.

Greengard, S. "Del Monte Gets Social." *Baseline Magazine*, July 30, 2008.

Harris, C. *SEO Top Secret: How to Get Top Ranking on the First Page of Google by Search Engine Optimization (Simple Online Marketing)*, [Kindle Edition]. Seattle, WA: Amazon Digital Services, 2014.

Hulu, LLC. "Patent Issued for Video Ad Swapping in a Video Streaming System." (2015). *Marketing Weekly News*, 485.

IAB. *IAB Internet Advertising Revenue Report: 2013 Full Year Results.* April 2014.

Johnson, L. "Johnson & Johnson Exec: Mobile Is More Strategic Than Promotional." Mobile Marketer, May 18, 2012.

Karthikeyan, N., and T. Balamurugan. MBA PGDHRM. (2012). Mobile Marketing: Examining the Impact Of Interest, Individual Attention, Problem Faced and Consumer's Attitude on Intention to Purchase. *Interdisciplinary Journal of Contemporary Research in Business*, 3(10), 809–821.

Killekar, O., H. Shah, and A. Kolge. (2013). Social Media Metrics, Tools & Analytics. *PRIMA*, 3(2), 35–47.

Liang, T.-P., and H.-J. Lai. "Effect of Store Design on Consumer Purchases: An Empirical Study of Online Bookstores." *Information & Management*, 39, no. 6 (2002).

Liang, T.-P., Y. T. Ho, Y. W. Li, and E. Turban. "What Drives Social Commerce: The Role of Social Support and Relationship Quality." *International Journal of Electronic Commerce*, Winter 2011–2012.

Madrigal, A. C. "I'm Being Followed: How Google—and 104 Other Companies—Are Tracking Me on the Web." February 29, 2012. theatlantic.com/technology/archive/2012/02/im-being-followed-how-google-151-and-104-other-companies-151-are-tracking-me-on-the-web/253758 (accessed April 2016).

MarketTools, Inc. "Del Monte Foods Turns to Dog Owners to Unleash Innovation." A case study, May 2008. classmatandread.net/565media/DelMonte.pdf (accessed April 2016).

Marrs, M. "45 Fabulous Facebook Advertising Tips & Magic Marketing Tricks." January 30, 2014. wordstream.com/blog/ws/2014/01/30/facebook-advertising-tips (accessed April 2016).

McDaniel, C. Jr., and R. Gates. *Marketing Research*, 9th ed. Hoboken, NJ: Wiley, 2012.

Microsoft Advertising. "Johnson & Johnson ACUVUE® Case Study." Compendium 2009. [Greater Asia Pacific] **advertising.microsoft.com/asia/WWDocs/User/Asia/ResearchLibrary/CaseStudy/GAP%20Case%20Study%20Compendium_2009_Final.pdf** (accessed April 2016).

Olenski, S. "How Johnson & Johnson is Using Social Media to Save Lives." July 10, 2013. **forbes.com/sites/steveolenski/2013/07/10/how-johnson-johnson-is-using-social-media-to-save-lives** (accessed April 2016).

Pfeiffer, M., and M. Zinnbauer. "Can Old Media Enhance New Media? How Traditional Advertising Pays Off for an Online Social Network." *Journal of Advertising Research*, (March 2010).

Ploof, R. *Johnson & Johnson Does New Media*. e-book, June 15, 2009. **ronamok.com/ebooks/jnj_case_study.pdf** (accessed April 2016).

Provost, F. and T. Fawcett. Data Science for Business: What You Need to Know About Data Mining and Data-Analytic Thinking. North Sebastopol, CA: O'Reilly Media, 2013.

Richter, F. "Consumers Still Trust Traditional Media Advertising Over Online Ads." January 8, 2014. **statista.com/chart/1473/consumer-trust-in-advertising** (accessed April 2016).

Rowles, D. *Mobile Marketing: How Mobile Technology is Revolutionizing Marketing, Communications and Advertising*. London, UK: Kogan Press, 2013.

Russell, M. "11 Amazing Augmented Reality Ads." January 28, 2012. **businessinsider.com/11-amazing-augmented-reality-ads-2012-1?op=1** (accessed April 2016).

Russell, M. A. *Mining the Social Web: Data Mining Facebook, Twitter, LinkedIn, Google+ GitHub, and More*, 2nd ed. North Sebastopol, CA: O'Reilly Media, 2013.

Sauer, J. "Planning Online Promotions in 15 Easy Steps." March 4, 2013. **jeffalytics.com/planning-online-promotions-15-steps** (accessed April 2016).

Scott, D. M. *The New Rules of Marketing & PR: How to Use Social Media, Online Video, Mobile Applications, Blogs, News Releases, and Viral Marketing to Reach Buyers Directly*, 4th ed. Hoboken, NJ: Wiley, 2013.

Sharda, R., et al. *Business Intelligence and Analytics: Systems for Decision Support,* 10th ed. Upper Saddle River, NJ: Pearson Education, 2015.

Strauss, J., and R. Frost. *E-Marketing*, 7th ed. Upper Saddle River, NJ: Pearson Education, 2014.

Wikinvest. "Del Monte Foods Company." 2016. **wikinvest.com/wiki/Del_Monte_Foods_Company_(DLM)** (accessed April 2016).

Wilde, S. *Viral Marketing within Social Networking Sites: The Creation of an Effective Viral Marketing Campaign* (Google eBook). Munchen, Germany: Diplomica Verlag, 2013.

Williams, A. *SEO 2014 & Beyond: Search Engine Optimization Will Never be the Same Again! (Version 2.0)*. Seattle, WA: CreateSpace Independent Publishing Platform, 2013.

Wilson, R. F. "The Six Simple Principles of Viral Marketing." May 12, 2012. **webmarketingtoday.com/articles/viral-principles** (accessed April 2016).

Wright, T. *Fizz: Harness the Power of Word of Mouth Marketing to Drive Brand Growth*. New York: McGraw-Hill, 2014.

CHAPTER 10
第10章

电子商务安全和欺诈问题及其保护

■ 学习目标

完成本章后，你将能够：

1. 了解电子商务信息系统安全的内容及其重要性。
2. 掌握电子商务安全的主要概念和术语。
3. 了解主要的电子商务安全的威胁、安全漏洞和技术攻击。
4. 了解互联网欺诈、网络钓鱼和垃圾邮件。
5. 描述信息安全保障原则。
6. 描述包括访问控制在内的电子商务网络的主要保护技术。
7. 描述各种控制和特定防御机制。
8. 描述消费者和卖方免受欺诈的保护方法。
9. 讨论电子商务安全的企业实施问题。
10. 理解为什么阻止计算机犯罪如此困难。
11. 讨论电子商务的发展方向。

■ 开篇案例

纽约州立大学Old Westbury学院如何管控互联网的使用

纽约州立大学Old Westbury学院（oldwestbury.edu）是位于纽约州长岛的一所规模较小的美国大学。学院有3 300名学生和122名全职教师。互联网访问对教师和学生都至关重要。

问题

学院不限制用户在其网络中使用的设备类型，例如笔记本电脑、平板电脑和智能手机，也不限制使用设备的目的。因此，学生、教师和网络很容易受到各种安全问题的影响。在学院鼓励将社交媒体用于协作、分享和学习的情况下，其中许多安全问题都来自社交媒体网站，例如Facebook和YouTube。

社交媒体逐渐成为恶意软件开发者的主要目标。由于大量下载，社交媒体已经成为网络犯罪分子植入病毒和入侵系统的理想场所。网络钓鱼者通过使用社交工程技术欺骗用户点击或下载这些恶意软件。

由于学生和教师使用上网终端设备多种多样，学院网络安全管理没有取得成功。具体来说，在终端上使用智能代理作为防护的尝试失败了，因为学生反对在他们的计算机上安装这些代理软件。

学院曾制定过计算机使用规定和政策，但这些规定及政策只针对早期的计算机环境。由于原有规章无效，学校决定制定新的计算机使用规章，以适应当前技术的发展需求。

由于教师和学生过度下载视频，带宽占用成为一个大问题。非教育相关活动的带宽占用有时会干扰正常的课堂教学或科研需求。

解决方案

所有学生、教师、员工都配备一个上网的用户 ID。接下来，学校实施了一项新的计算机使用规定。该规定已明确传达到所有用户，并通过以下方式来执行，包括监控每个用户 ID 的使用情况，监测网络流量和实施行为分析。

新规定政策涵盖了所有用户、所有设备和所有类型的使用情况，包括移动设备和互联网。根据纽约州立大学 Old Westbury 学院（2014），该政策声称用户在涉及电子邮件或其他在线私人信息（包括互联网使用记录）时不应期待获得完全的隐私，大学收集了这些信息内容。鉴于通过 ID 可以识别用户的类型（例如学生或教师），这样就可以利用设置分配带宽的优先级来实现有效管理。

利用政策规定来控制互联网的使用，Old Westbury 学院不是个案。社交媒体管理（socialmediagovernance.com）是一个网站，它提供社交媒体所关注的计算资源控制的工具和指导说明。

结果

调整后的系统时刻监控网络性能，并在发生策略偏差时自动向管理者发送警报（例如过度使用）。此外，它还能够实施行为分析并报告用户的行为变化。

系统通过电子邮件联系用户并提醒存在的问题，甚至在一定情况下可以阻止用户的网络访问。这时，用户可以去学生计算机实验室解决问题。

但 Old Westbury 学院只有在课程进行时才能控制带宽。

资料来源：基于 Goodchild（2011）、SUNY（2014）和 oldwestbury.edu（均访问于 2016 年 4 月）。

案例经验教训

本案例展示了两个问题：可能的恶意软件攻击和带宽不足。这两个问题都会降低纽约州立大学计算机系统的有效性，影响学生的学习、教师的教学和科研。解决方案实现了大学可以监控用户在校园网上的时间、任何异常的浏览活动，并在需要时采取适当的行动，充分展现了组织使用的防御机制。新的规定政策与学生隐私相冲突——安全系统的一个典型情况是安全性越强，用户的隐私和灵活性就越少。在本章中，我们将介绍信息系统攻击和防御这些攻击之间的广泛领域。我们还将介绍电子商务中的欺诈问题以及组织可用于部署安全措施的策略和政策。

10.1 信息安全问题

信息安全是指保护信息系统、数据和程序免受旨在破坏、修改或降低系统性能及其操作的任何行为的活动和方法。在本章中,我们将简要描述与电子商务和IT相关的通用信息安全问题和解决方案。本节将考察安全问题的性质、问题的危害程度,并介绍一些信息安全的基本术语。有关概述,请参阅John(2016)和Smith(2015)。

10.1.1 什么是电子商务安全

计算机安全通常指对数据、网络、计算机程序、计算机电源和计算机化信息系统组成部分的保护。存在很多种攻击方法以及很多种防御模式,使得计算机安全成为一个涉及内容非常广泛的领域。对计算机的攻击及对攻击的防御可能会影响个人、组织、国家或整个互联网。计算机安全的目的就是防止、修复或至少最小化攻击的影响。

信息安全一直被美国和其他许多国家列为最高管理层关注的问题之一。图10-1说明了各种研究中引用最重要的信息安全中的主题。

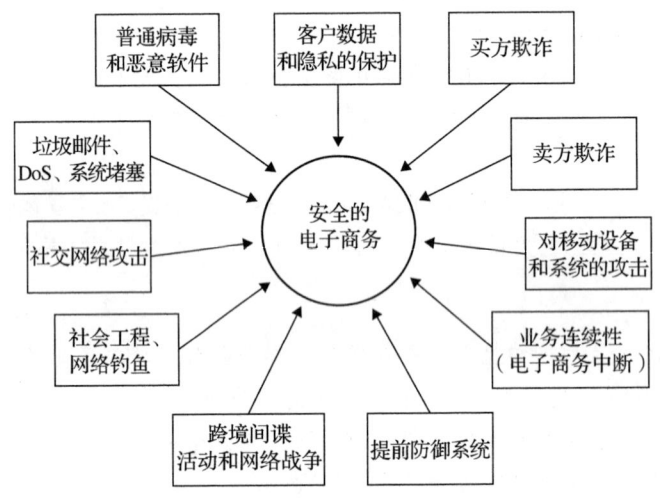

图10-1 主要的电子商务安全管理问题

1. 美国计算机安全现状

几家私营和政府机构每年都会试图评估美国的计算机安全状况,其中值得注意的是CSI年度报告,下面将对此进行介绍。

IBM、Symantec和其他组织定期发布全面的年度安全调查。

这些调查除了有关组织安全问题外,还涉及个人安全问题。

2. 个人安全

网络欺诈主要针对个人。松懈的安全措施可能意味着会对人身安全造成危险,因为性侵犯者可以在互联网上寻找受害者。

3. 国家安全

美国国土安全部（DHS）负责保护美国计算机网络，具体包括以下内容：

- 网络安全防范和国家网络警报系统。通过此计划，计算机用户可以保持了解网络威胁的最新情况。
- 美国计算机应急准备小组（由美国 CERT 运营）。它提供有关漏洞和威胁的信息，主动管理国家的网络风险，并运行维护一个提供漏洞技术说明的数据库。
- 国家网络响应协调组（NCRCG）。它由 13 个联邦机构的代表组成，阅览、评估威胁并就突发事件提出建议，包括分配联邦资源。
- CyberCop 综合门户。这是一个为执法部门和政府官员设计的、在安全的环境中可使用互联网来互相协作和共享敏感信息的门户网站。

根据 Goldman（2013）的报告，黑客越来越多地攻击美国最关键的基础设施（例如电力、核能和水等基础设施）。2012 年，一群身份不明的黑客入侵一些天然气管道公司的企业系统，窃取了企业控制系统工作的数据。高盛还声称，根据行业研究人员的说法，许多公司选择不公开网络攻击事件。

2013 年 2 月 17 日，奥巴马总统签发了打击网络战的行政命令。这一命令"使联邦机构拥有更大的与公共部门共享'网络威胁'信息的权力"。

4. 2014 年和 2015 年的安全风险

近期主要的安全风险是：

- 日益增长的网络间谍和网络战（下面讨论）威胁。
- 现在的安全攻击也针对移动终端，包括智能手机、平板电脑和其他移动设备。企业移动设备已经成为一个特定的攻击目标。
- 攻击社交网络和社交软件工具。用户生成内容是恶意软件的主要来源。
- 对自带设备办公（bring your own device, BYOD）的攻击。
- 身份盗用的爆炸式增长，增加了使用被盗身份进行犯罪的数量。
- 利润动机，只要网络犯罪分子能够赚钱，安全威胁和网络钓鱼攻击就会继续增加。
- 社会工程工具正在迅速增加，例如通过电子邮件进行网络钓鱼。
- Cybergang 整合，"地下群体"正在成倍增长并日益壮大，特别是在互联网欺诈和网络战中。
- 面向业务的垃圾邮件（包括基于图像的垃圾邮件）。
- 使用间谍软件工具进行攻击（例如，使用拒绝服务攻击方法）。
- 对诸如云计算、物联网和虚拟化等新技术的攻击。
- 攻击网络和移动应用程序。

本章其余部分涵盖了上面列表中的主要内容。根据 Lawinski（2012）的报道，对企业的攻击主要对象是高管（25%）、共享邮箱（23%）和销售人员（12%）。虽然大多数攻击是针对大型企业（50%）的，但黑客攻击也针对中型企业（32%）和小型企业（48%）。另外，受影响的公司中的93%属于医疗保健或IT行业。我们假设2015～2016年的数据是相似的。

有关更多信息，请参阅 sans.org、baselinemag.com/security、enisa.europa.eu/activities/risk-management 以及 Information Systems Security Certification Consortium（isc2.org）。

10.1.2 移动设备的安全风险

移动设备主要的安全问题是：设备的丢失，其中含有大量敏感信息（66%）；被恶意软件感染的移动设备（60%）；从移动设备盗窃数据（44%）；用户下载恶意应用程序（33%）；身份盗用和其他的用户个人损失（30%）。

10.1.3 跨境网络战争和网络间谍

使用计算机攻击信息系统和网络上的其他计算机的活动正在迅速增加，也变得越来越危险。

1. 网络战争

据联合国犯罪与司法研究所（Unicri）称，网络战争指的是一个国家、地区或国际组织为了对另一个国家的计算机网络其中的行为造成损害或破坏而渗透到。然而，更广泛的定义声称，网络战争还包括"网络流氓行为"、网络破坏行为或网络恐怖主义行为。网络攻击通常通过病毒、DoS或僵尸网络完成。

- 网络战争在大多数国家属于非法活动，包括以下主要威胁：网络间谍活动和安全泄露行为——通过利用互联网获取敏感或分类性质的国家资料和信息（例如，通过恶意软件利用网络漏洞）。
- 破坏——蓄意使用互联网破坏在线通信。
- 对监控和数据采集（SCADA）网络和国家计算基础设施（NCI）的攻击。例如，在2015年，黑客袭击了德国议会的计算机网络（Troinovski，2015）。

有关概述，请参阅 Singer & Friedman（2014）。

网络间谍 网络间谍是指使用计算机系统进行未经授权的间谍活动。间谍活动是指未经信息持有者（个人、团体或组织）允许而获取相关信息的行为。网络间谍在大多数国家属于非法活动。

2. 攻击的类型

网络攻击可以分为相互关联的两大类：

（1）企业间谍活动。许多袭击目标是与能源相关的公司，因为他们的内部信息更有价值。据调查，近一半的发电厂和其他基础设施公司都被"狡猾的对手"渗透，这些攻击者的共同动机就是勒索。外国黑客攻击了伊利诺伊州的自来水厂控制系统，导致水泵失灵，同时还未经授权访问系统数据库。涉案攻击者的互联网 IP 地址被追溯到俄罗斯境内。另据 2012 年 4 月 23 日的《华尔街日报》报道，有人针对伊朗石油生产和炼油厂发动了网络攻击。网络攻击者在 2012 年侵入沙特阿美公司的 3 万台计算机，并使得沙特国家石油公司的网络瘫痪，但未能中断天然气或石油输出。

2011 年，东欧的网络盗贼（称为"Rove 集团"）在被捕之前，控制了 100 多个国家至少 400 万台电脑。攻击者非法使用恶意软件并重新配置互联网流量。这些网络盗贼在被捕之前偷走了 1 400 万美元。同时，黑客还袭击了美国政府机构和大公司。

（2）政治间谍和斗争。政治间谍活动和网络战争的数量正在急剧增加。有时候，这些涉及企业间谍活动。2014 年，美国黑客在伊利诺伊州利用 DDoS 恶意软件攻击了克里米亚公民投票的官方网站。几天后，俄罗斯主要政府网站和国家媒体网站也遭到了 DDoS 恶意软件的攻击。

- 示例 1

2010 年 12 月，据说伊朗的核计划遭到了来自美国和以色列的电脑程序的袭击。这次攻击是成功的，因为它给伊朗核计划造成了重大物理损害，将其拖延数月甚至数年。这次攻击是使用名为 Stuxnet 的复杂电脑蠕虫进行的。这是一个国家为实现特定目标而创造武器的一个示例，否则这样的攻击可能只能通过常规物理武器来实现。很显然作为报复，伊朗人和亲巴勒斯坦的黑客袭击了艾尔（以色列的国家航空公司）和该国的证券交易所。据信伊朗也是 2012 年 11 月袭击美国多家银行的幕后主使。

- 示例 2

一个名为 GhostNet 的疑似间谍网络入侵了 103 个国家的计算机系统，包括大使馆和外交部的计算机系统。

- 示例 3

2014 年发生的最复杂的网络间谍事件之一是可疑的俄罗斯间谍软件 Turla，该软件曾被用来攻击美国和西欧的数百台政府计算机（参见 Apps & Finkle（2014））。

上述事件说明了一些信息安全系统的无效性。有关如何开展网络战争，请参阅 forbes.com/sites/quora/2013/07/18/how-does-cyber-warfare-work。

10.1.4 电子商务安全问题的驱动因素

有很多驱动因素（和抑制因素）会导致电子商务的安全问题。在这里，我们描述几个主要的因素：互联网的脆弱设计、利润诱导的犯罪趋势、无线革命、互联网地下经济、电子商务系统的动态性、内部人员的角色以及攻击的复杂性。

1. 互联网的脆弱设计

互联网及其网络协议从未考虑防范网络犯罪分子。它们被设计为在可信的环境中协助实现基于计算机的通信。但是，互联网现在是一个全球性通信、搜索和交易的开放平台。此外，互联网的设计是为了达到最大效率，而根本就不考虑安全性问题。尽管有着不断的改进，但互网在根本上仍然是不安全的。

2. 计算机化医疗数据的传播

随着医疗和卫生保健数据计算化的需求增长，信息泄露的危险也逐渐增加，请参阅 Greengard（2016）。

3. 利润诱导的犯罪趋势

现在，计算机犯罪行为的性质发生了明显的转变。在电子商务的早期，许多黑客只是想通过破坏网站来获得声誉或名声。在线文件 W10.1 说明了罪犯不会为了利润而去攻击系统的案例。但如今出现了更多的罪犯，他们更老练。最流行的犯罪行为是窃取个人信息，如信用卡号码、银行账户、互联网 ID 和密码。隐私权信息交换机构（privacyrights.org）称，每年有数百万条包含个人信息的记录被泄露。今天的罪犯甚至利用数据换取赎金，试图勒索受害者。2016 年，一家医院被迫支付赎金（通过比特币）以取回其未备份的数据（请参阅 Winton（2016））。CryptoLocker 是用于此类犯罪的新型勒索软件木马（请参阅 usatoday.com/story/news/nation/2014/05/14/ransom-ware-computer-dark-web-criminal/8843633）。

Lemos（2016）提供的幻灯片，展示了 2016 年的网络犯罪趋势，其中包括勒索软件和网络间谍。

我们注意到笔记本电脑、平板电脑和智能手机被盗的原因有两个：一方面是为了出售硬件（例如，到典当行和 eBay 销赃），另一方面是尝试获取所有者的个人信息（例如，社保号码、驾照详细信息等）。2014 年 1 月，一位前可口可乐员工偷走了多台笔记本电脑，里面包含公司现有和过去员工共 74 000 人的个人信息。该公司没有制定任何应对数据丢失的预案，也没有对笔记本电脑进行加密。

数据盗窃和其他犯罪的主要驱动因素是可以从盗窃中获得丰厚的利润。目前，被盗的数据在黑市上大量出售，这将在下面介绍。

4. 计算机无处不在

如第 6 章所述，从家到单位、学习场所、娱乐场所等，计算机无处不在。甚至，你的汽车都可能被黑客入侵（参见 Pagliery（2014b））。

5. 无线活动量和移动设备数量增加

无线网络比有线网络更难以保护。例如，许多智能手机都配备了近场通信（NFC）芯片，作为移动支付所必需的部件。另外，BYOD（见第 6 章）也可能会产生安全问题。黑客可以相对容易地利用智能手机和相关设备（例如蓝牙）的功能发动攻击。

6. 攻击者的全球化

许多国家（例如俄罗斯、尼日利亚、伊朗和印度）都有网络攻击者。有关伊朗攻击美国多家银行的示例，请参阅 Nakashima & Zapotosky（2016）。

10.1.5 暗网与地下经济

暗网（darknet）可以被看作一个独立的互联网，可以通过常规的互联网和 TOR 网络连接（TOR 网络是一个在互联网上保证隐私和安全的 VPN 网络）来访问。暗网通过使用非标准协议（IP 地址未列出）来严格限制对可信任人员（"朋友"）的访问。暗网允许匿名上网，但暗网的内容无法通过谷歌或其他搜索引擎访问。TOR 技术用于文件共享（例如，在众所周知的海盗湾）。暗网常被用于发表不同政见和进行非法交易，如销售毒品和通过文件共享盗用知识产权，后者又被称为互联网地下经济。2014 年 11 月，欧洲和美国的执法机关关闭了许多 TOR 网站，但似乎他们至今没有破解 TOR 加密信息。2015 年，美国政府关闭了一个名为 Darkode 的被盗个人数据交易市场，请参阅 Victor（2015）。

1. 互联网地下经济

互联网地下经济（Internet underground economy）包括数千个交易被盗信息网站组成的电子市场，其中进行着被盗信用卡号、社保号、电子邮件地址、银行账号、社交网络 ID 和密码等非法交易。被盗数据以每件不到一美元到几百美元的价格售卖给垃圾邮件制造者或犯罪分子。购买者使用它们发送垃圾邮件或进行非法金融交易，例如，将其他人的钱转入自己的账户或支付垃圾邮件发送者的信用卡账单。据估算，地下市场所有交易中约有 30% 是由信用卡盗刷完成的。Symantec 公司估计，每年售卖的信用卡和银行信息的潜在价值约为 10 亿美元。41% 的地下经济市场在美国，13% 的市场在罗马尼亚。有关地下经济的数据讨论，请参阅 Goodman（2016）。

2. 地下经济中的按键记录

按键记录（keystroke logging）（**键盘记录**（key logging））是使用设备或软件程序通过键盘按键实时追踪和记录用户活动的过程（无须用户知情或同意）。由于密码和用户名等个人信息是通过键盘输入的，键盘记录器可以使用按键记录来获取它们。

3. 社交网络的爆发

社交网络的巨大增长以及平台和工具的激增使得防止黑客攻击更加困难。社交网络很容易成为网络钓鱼和其他社会工程攻击的目标。

4. 电子商务系统的动态性及其内部人员的行为

随着一系列创新发展，电子商务系统处于不断的变化之中，安全问题也随之而来。近年来，我们在社交网络和无线系统的新领域遇到了许多安全问题（本书后面会深入探讨一些问题）。值得注意的是，组织内部人员（为受攻击组织工作的人员）几乎要为一半的安全问题负责。组织经常招入新员工，也带来了安全威胁。

5. 攻击的复杂性

网络犯罪分子正在利用技术创新不断优化他们的攻击武器。此外，罪犯正在组织聚集成非常强大的团队，如 LulzSec 和 Anonymous。网络犯罪分子也会随着安全性提高而不断改变攻击策略（他们正在快速适应不断变化的环境）。

6. 网络犯罪的代价

目前，尚不清楚网络犯罪造成的损失到底是多少，因为许多公司不公布自己的损失。然而，惠普企业安全部的《2013 年网络犯罪成本研究：全球报告》指出，每家受调查公司的网络犯罪平均成本为每年 720 万美元，与前一年的全球网络成本研究相比增长了 30%。数据泄露对组织来说可能会产生非常高的成本。有关组织受到网络攻击的影响，请参阅 Kavilanz（2013）。有关网络攻击成本的信息图，请参阅 Alto（2016）。

10.1 节复习题

（1）定义计算机安全。
（2）列出 CSI 最近一次调查的主要结果。
（3）描述互联网脆弱的设计。
（4）描述一些金钱利益导致的计算机犯罪。
（5）描述互联网地下经济和暗网。
（6）描述电子商务系统的动态性。

10.2 电子商务安全基本问题及其概览

为了更好地理解安全问题，我们需要了解电子商务和 IT 安全中的一些基本概念。我们从一些经常涉及的安全问题的基本术语开始。

10.2.1 基本安全术语

在 10.1 节中，我们介绍了一些关键概念和安全术语。在本节中，我们将按字母顺序介绍电子商务安全问题的主要术语。

业务连续性计划：灾害发生后能保持组织业务继续运转的计划。业务中的每个功能都应具备有效的恢复能力计划。

网络犯罪：在互联网上实施的犯罪行为。

网络罪犯：在互联网上故意进行犯罪的人。

漏洞：利用漏洞可能导致潜在的成本增加，以及产生损失或损害。

欺诈：使用欺骗手段或设备剥夺他人财产或其他权利的商业活动。

恶意软件（有害软件）：有害程序或软件的通称。

网络钓鱼：试图通过伪装成可信实体机构来获取敏感信息的欺诈过程。

风险：漏洞被认识和利用的可能性。

社会工程：使用诡计欺骗用户泄露信息或执行危及计算机、网络的非技术性攻击行为。

垃圾邮件：垃圾信件的电子等同物。

脆弱性：软件或其他机制中，能够威胁到资产的机密性、完整性或可用性（回顾 CIA 模型）

的弱点。它可以直接被黑客用来访问系统或网络。

僵尸：受到垃圾邮件发送者、黑客或其他犯罪分子控制，被恶意软件感染的计算机。

这些术语的定义由 webopedia.com/TERM 提供。

10.2.2 电子商务安全战场

电子商务安全的本质可以被看作攻击者和防御者之间的战场以及防御者的安全需求。这个战场包括以下组成部分，如图 10-2 所示。

- 攻击、攻击者及其策略。
- 位于安全脆弱区域，并受到攻击的资产（目标）。
- 安全防御、防御者及其方法和策略。

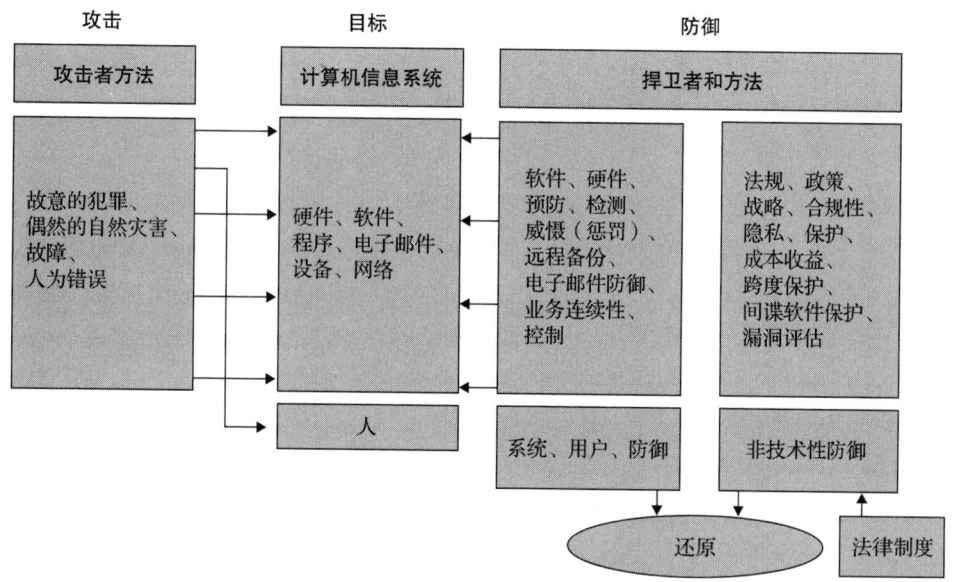

图 10-2 电子商务安全战场

10.2.3 威胁、攻击和攻击者

包括电子商务在内的信息系统很容易受到无意和有意的威胁。

1. 无意的威胁

无意的威胁分为三大类：人为错误、环境危害和计算机系统故障。

人为错误

硬件、软件或信息系统的设计中可能会出现人为错误。它也可能发生在编程（例如忘记考虑闰年因素）、测试、数据收集、数据输入、授权、系统操作和指令等过程中。同时，疏忽、过期的安全程序或员工培训不足，或者未更换密码或与其他人共享密码，也可能会导致错误的发生。

环境危害

这些包括自然灾害和人类控制之外的其他环境因素，例如大规模自然灾害事故，包括地震、风暴、飓风、暴风雪或沙尘暴、洪水、停电或电压强烈波动、火灾（最常见的危害）、爆炸、放射性沉降和水冷系统故障。计算机资源也可能因诸如烟雾和水等副作用而受到损害。

计算机系统故障

导致故障的因素可能有制造不良、材料缺陷、内存泄漏以及网络陈旧或维护不当。其他从缺乏用户经验到测试不足的因素也可能导致无意的故障。另一个示例是亚马逊的云服务（Amazon's Cloud（EC2）），作为主机服务器运行了许多重要的网站（例如Reddit、爱彼迎、Foursquare）。2012年6月和10月，云服务因公司数据中心出现问题而崩溃。2012年7月，恶劣天气袭击北弗吉尼亚州数据中心，导致该系统崩溃，奈飞、Foursquare、Dropbox、Instagram和Pinterest等网站停摆。

2. 故意攻击和犯罪

网络罪犯会实施故意攻击，攻击类型包括：盗窃数据，不适当地使用数据（例如，改变数据或出于欺诈目的），盗窃笔记本电脑和其他设备设施或计算机程序来窃取数据，针对计算机或其信息系统的蓄意破坏或捣乱行为，破坏计算机资源，恶意软件攻击造成损失，创建和散播病毒，互联网诈骗造成经济损失。其中，大部分内容将在10.3节和10.4节中描述。

3. 网络罪犯与作案手段

使用电脑和互联网进行的故意犯罪被称为网络犯罪；实施网络犯罪的人是网络犯罪分子（简称罪犯），包括黑客和骇客。**黑客**（hacker）是指某人未经授权访问计算机系统。**骇客**（cracker）（也称为"黑帽黑客"）是具有丰富计算机经验的且更具破坏性的恶意黑客。一些黑客组织（如国际组织匿名组织）在渗透各种组织方面被认为是不可阻挡的，即使是入侵美国政府机构（包括美国陆军和能源部）。危险之处在于，一些公司可能不会采取最低限度的预防措施来保护他们的客户信息，只要有机会他们就将攻击事件归咎于网络犯罪分子。

犯罪分子使用各种方法实施攻击。有些人使用计算机作为攻击武器；有些人攻击由目标决定的计算资产。对于黑客简史（附图），请参阅 i-programmer.info/news/149-security/3972-a-short-history-of-hacking.html。

黑客和骇客可能会招募不知情的人，包括公司内部人员，来协助他们实施犯罪。例如，在恶意软件 Bytes Unpacked 中，"钱骡"（money mule）是受害者账户的本地人员，他们可以非法接收和转移资金，但不太会引起银行管理机构的警觉。

"这些'钱骡'接收资金，然后将它们转移给网络犯罪分子。"由于"钱骡"被用来转移赃物，他们可能面临刑事指控并成为身份盗用的受害者。臭名昭著的黑客 Kevin Mitnick 使用社会工程作为他进入计算机系统的主要方法，而入狱服刑。

有关电子商务网站免受黑客攻击和欺诈的 10 条提示，请参阅 tweakyourbiz.com/technology/2014/01/20/10-tips-to-protect-an-ecommerce-website-against-hacking-and-fraud。

● **示例：孟加拉国银行**

黑客在孟加拉国中央银行的计算机系统中安装了恶意软件，使他们能够连续数周观察如何从银行的美元账户中提取资金。黑客当时试图窃取约 10 亿美元，但是他们在纽约联邦银行从孟加拉国转走 8 000 万美元后被阻止。详情请参阅 Reuters（2016）。

10.2.4 脆弱区域的攻击目标

如图 10-2 所示，攻击目标可以是人员、计算机或信息系统。欺诈通常旨在窃取资金或其他资产，如房地产。计算机也被用来骚扰人们（例如网络欺凌）、损害人的声誉、侵犯人的隐私等。

1. 被攻击的脆弱区域

信息系统的任何部分都可能受到攻击。个人电脑、平板电脑或智能手机很容易被盗窃或受到病毒和/或恶意软件的攻击。用户可能成为各种欺诈行为的受害者。数据库可能受到未经授权的入侵者的攻击，数据在计算机系统的许多部分都非常脆弱。例如，数据可能被复制、更改或被盗。网络可能受到攻击，传输的信息流可能被停止或改变。计算机终端、打印机和其他任何设备都可能被以不同的方式破坏。软件程序也可以被操纵，流程和政策可能会改变，等等。总之，脆弱区域经常受到攻击。

2. 漏洞信息

漏洞是指攻击者通过漏洞发现系统中存在弱点，然后利用该弱点进行攻击。漏洞为攻击者创造了破坏信息系统的机会。MITRE 公司发布了一个名为常见漏洞和暴露（CVE）的公共安全漏洞（cve.mitre.org）字典。当网络犯罪分子利用漏洞时，可能会导致该漏洞被暴露。请参阅 technet.microsoft.com/en-us/library/dd159785.aspx 上微软有关威胁和漏洞的指南。

攻击电子邮件　最容易攻击的目标之一是用户的电子邮件，因为它通过不安全的互联网传播。

攻击智能手机和无线系统　随着移动计算的爆炸性增长，由于移动设备比有线系统更加脆弱，攻击智能手机和平板电脑变得越来越流行。根据 Fink（2014）的说法，黑客通过佩戴数字眼镜可以窃取你的手机密码。

RFID 芯片的脆弱性　这些芯片无处不在，例如信用卡和美国护照。卡被设计为从一定距离（非接触式）读取，这也造成了安全漏洞。当你在钱包或口袋中携带信用卡时，任何使用 RFID 读卡器的人都可以在适当的距离外读取卡上的 RFID 信息。在 youtube.com/watch?v=vmajlKJlT3U 上观看视频"如何以 8 美元的价格破解支持 RFID 的信用卡"。

3. 商业 IT 和电子商务系统中的漏洞

漏洞可能具有技术性质（例如，未加密的通信、安全程序和防火墙的使用不足），或者可能具有组织上的缺陷（例如，缺乏用户培训和安全意识，以及窃取数据和不适当使用公司电脑的内部人员）。

4. 盗版视频、音乐和其他受版权保护的资料

在网络上非法下载、复制或传播音乐、视频、书籍、软件和其他知识产权相对容易。在线盗版发生在从对等网络下载非法软件时。一个事例是现场体育赛事的盗版，导致体育联盟和媒体公司损失数百万美元的风险投资收入。这些机构正联手游说政府加强版权立法并对违法者提起诉讼。有关在线盗版的事实和统计信息，请参阅 articles.latimes.com/2013/sep/17/business/la-fi-ct-piracy-bandwith-20130917。

10.2.5 电子商务的安全要求

良好的安全性是电子商务成功的关键因素。

以下安全要求用于确保成功和最大限度地降低电子商务交易风险：

- 认证。认证是用于验证（确保）电子商务实体真实身份的过程。电子商务的实体可以是个人、软件代理、计算机程序或电子商务网站。对于电子消息、身份验证，会验证消息的发送者/接收者是不是该人或组织声称的人（能够检测到与你有业务往来的人/实体的身份）。
- 授权。授权是准许经认证的人员访问系统并在这些特定系统中执行某些操作。
- 审计。当用户/程序访问网站或查询数据库时，产生的各种信息、日志会被记录到特定文件中。而在交易过程中，通过维护或重现事件的访问顺序，获取操作时间以及操作者的过程被称为审计。
- 可用性。确保系统和信息对用户而言随时可用，确保网站功能持续有效。可用性需要适当的硬件、软件和流程来保证。
- 不可否认性。与认证密切相关的是不可否认性，这可以保证在线客户或贸易伙伴不会错误地拒绝（否认）自己的购买、交易、销售或其他义务。不可否认性涉及若干保证，包括提供发件人的发货证明、发件人和收件人的身份证明以及运送公司的机构证明。

身份认证和不可否认性是防范网络钓鱼和身份盗用的潜在防御手段。为了保护和确保电子商务交易的可信性，数字签名或数字证书常被用来验证发件人和交易时间，从而使买方不能否认已授权的交易或认为交易从未发生过。

10.2.6 防御：防御者、策略和方法

每个人都应该关心安全。然而，企业中的信息系统部门和安全供应商提供技术，而管理方面则提供行政管理措施。这些活动措施是通过用户遵循的安全和策略程序完成的。

1. 电子商务防御计划和战略

电子商务安全策略（EC security strategy）是由多种方法构成的多层次防御。该防御旨在威慑、预防和检测未经授权进入组织计算机和信息系统的行为。**威慑方法**（deterrent methods）是使犯罪分子从思想上放弃攻击某一特定系统的对抗措施（例如，可能的威慑方法是被抓住和被惩罚的现实期望）。**预防措施**（prevention methods）有助于阻止未经授权的人员访问电子商务系统（例如，通过使用身份认证设备和防火墙，或使用入侵防护，即被 TechTarget 定义为"网络安全中先发制人的方法，用于识别潜在威胁并对其进行迅速响应"）。**检测方法**（detection measures）有助于发现计算机系统中的安全漏洞，通常被用来查明入侵者是否正在试图（或已企图过）侵入电子商务系统，而不管他们是否已成功实施，是否仍在破坏系统，以及造成了什么损害。

信息保障　确保客户进行在线购物时安全可靠，是改进在线用户体验的关键部分。**信息保障**（information assurance，IA）是为保护信息系统及其流程免受一切风险而采取的措施。

2. 可能的惩罚

通过严厉惩罚被抓住的犯罪分子来威慑罪犯，是防御的组成部分。与 10 年前相比，法官们正在给予网络罪犯更多更严厉的惩罚。例如，2010 年 3 月，一名联邦法官判处 28 岁的 TJX 黑客 Albert Gonzalez 入狱 20 年，因为他窃取了数百万的信用卡和借记卡号并出售获利。这种严厉的判刑向黑客发出强有力的警告信息，并强化了安全防御。不幸的是，在很多情况下，由于惩罚太轻而无法震慑网络犯罪分子。

3. 防御方法和技术

按不同的方式分类，有数百种安全防御方法、技术和供应商，因此针对它们的分析和选择比较困难。本章稍后会介绍其中一部分。

恢复　在安全战役中，每个安全事件都有赢家和输家，但是打赢安全战争很困难。这是由多方面因素导致的。另外，组织和个人通常在安防被攻破后采取恢复措施。在发生灾难或重大系统攻击事件时，及时迅速的恢复尤其重要。组织需要信息系统完全恢复来保证其业务的持续性，并且需要快速恢复。以上都是通过激活业务连续性和灾难恢复计划来实现的。

由于电子商务和网络安全的复杂性，限于篇幅，我们只选择几个重要主题进行描述。对于那些有兴趣更全面掌握和了解安全知识的读者，请参阅 Pearson / Prentice Hall 出版的系列丛书，或在网上搜索相关知识。

10.2 节复习题

（1）列出五项主要电子商务安全条款。
（2）描述主要的无意的安全危害行为。
（3）列举五个有意的电子商务安全犯罪示例。
（4）描述安全战场，说明有谁参与以及如何参与。可能的结果是什么？
（5）定义黑客和骇客。

(6）列出所有的安全要求并定义认证和授权。
(7）定义不可否认性。
(8）描述脆弱性并提供一些潜在攻击的示例。
(9）描述在电子商务安全系统中的威慑、预防和检测。
(10）定义安全策略，说明为什么需要它。

10.3 恶意软件攻击的技术方法：从病毒到拒绝服务攻击

罪犯攻击信息系统和用户有很多种方法，这里我们仅介绍主要的代表性方法。

实践中区分两种常见类型的攻击非常有用，一是技术类型（我们将在本节中讨论），另一是非技术（或组织）类型（我们将在10.4节中讨论）。

10.3.1 技术和非技术攻击概述

软件和系统知识都可以被用来进行技术攻击。杀毒软件和防火墙使用不足，以及通信未加密都是造成技术漏洞的主要原因。

组织攻击是指网络或计算机的安全没有受到重视，例如缺乏适当的安全意识培训。我们将金融欺诈、垃圾邮件、社会工程（包括网络钓鱼）以及其他欺诈方法归为非技术类。社会工程的目标是通过说服不知情的人披露个人信息，获得对系统或信息的未经授权的访问，从而被犯罪分子用来实施欺诈和其他犯罪。10.4节描述了主要的非技术方法。

10.3.2 主要技术攻击方法

黑客经常利用各种软件工具（不幸的是，这些软件工具可以通过互联网随时随地获得，并附有关于如何使用它们的教程），来掌握存在的漏洞以及攻击过程。主要的技术攻击方法如图10-3所示，接下来将对其进行简要介绍。其实，还有很多其他攻击方法，危害非常严重，例如"大规模SQL注入"。

10.3.3 恶意软件（恶意代码）：病毒、蠕虫和特洛伊木马

恶意软件（或有害软件）作为软件代码，被设计成在传播中未经所有者知晓或同意的情况下感染、更改、破坏、删除、替换原有数据或信息系统。恶意软件是一个综合术语，用于描述任何恶意代码或软件（例如，病毒是恶意软件的"子集"）。恶意软件攻击是最常见的安全漏洞攻击。受恶意软件感染的计算机系统会听从犯罪分子的命令，并执行诸如发送垃圾邮件或窃取用户存储的密码等指令。

恶意软件包括计算机病毒、蠕虫、僵尸网络、特洛伊木马、网络钓鱼工具、间谍软件工具以及其他恶意和不需要的软件。根据Harrison & Pagliery（2015）的统计，每天有近百万个新的恶意软件威胁会产生。

1. 病毒

病毒是被犯罪分子植入计算机、破坏系统的编程软件，当被感染的主机程序运行时病毒就会激活。病毒有两个基本功能。首先，它有一个传播的机制。其次，它可以在激活后进行破坏活动。有时一个特定的事件就可以触发病毒的执行。例如，米开朗琪罗的出生日期触发了米开朗琪罗病毒。2009年4月1日，全世界都在等待一种名为Conficker的病毒。2014年，一个名为"Pony"的病毒感染了成千上万台计算机，用于窃取比特币和其他货币（参见Finkle（2014））。最后，Finkle报告说，一个名为Agent BTZ的病毒袭击了俄罗斯、美国和欧洲的超过40万台电脑。这次大规模的攻击虽然不成功，但病毒一直在传播。有关计算机病毒的工作方式，请参见computer.howtuffworks.com/virus.htm。

| 恶意软件（病毒、蠕虫、木马） |
| 非法访问 |
| 拒绝服务攻击 |
| 垃圾邮件和间谍软件 |
| 劫持（服务器、网站页面） |
| 僵尸网络 |

图 10-3　主要的安全技术攻击方法（按重要性递减顺序排列）

现在基于网络的恶意软件非常流行。病毒攻击是最常见的计算机攻击。图10-4说明了病毒攻击的过程。

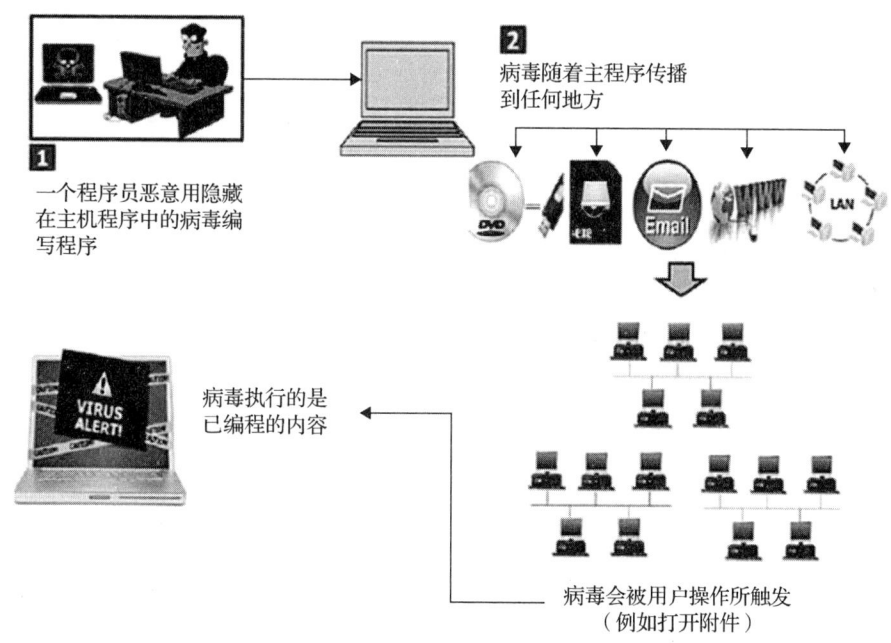

图 10-4　计算机病毒如何传播

病毒非常危险，特别是对于小公司来说。2013年，黑客通过CryptoLocker病毒获取了许多公司的电脑文件并威胁要删除其内容，从而勒索了多家企业。

有关病毒的教程和信息，请参阅Scott（2014）和Dawn Ontario（n.d.）。关于2001～2015年最可怕的病毒，请参阅Van Allen（2016）。此外，在微软教程中，你将学习如何识别计算机病毒，如何知道自己是否感染了病毒，以及如何保护自己免受病毒的侵害（请参阅微软安防中心,网址为 microsoft.com/security/default.aspx)。

2. 蠕虫

与病毒不同,蠕虫可以自我复制(具有独立性,即不需要任何主机或人员激活)。蠕虫使用网络传播、感染计算机或手持设备,甚至可以通过即时消息或电子邮件传播。另外,与通常被限制在特定目标计算机中的病毒不同,蠕虫可以感染网络中的许多设备,降低网络的整体性能。思科声称,"蠕虫要么利用目标系统上的漏洞,要么利用某种社会工程手段来欺骗用户执行它们"。由于蠕虫传播比病毒传播要快得多,它们可能更危险。

宏病毒和微虫 宏病毒(macro virus)(宏蠕虫(macro worm))是附加到数据文件而不是可执行程序(例如 Word 文件)的恶意代码。据微软称,宏病毒可以攻击 Word 文件以及其他任何使用编程语言的应用程序。当打开或关闭文档时,病毒可能会传播到计算机系统上的其他文档中。有关 Word 宏病毒的信息,请参阅 support.microsoft.com/kb/187243/en 上的 Microsoft 支持。与病毒非常相似的计算机程序是蠕虫和特洛伊木马。

特洛伊木马 特洛伊木马(Trojan horse)程序似乎是无害的,甚至看起来很有用,实际上却包含隐藏的恶意代码。用户被诱骗运行这一受感染的文件,从而使主机受到攻击,包括从插入弹出窗口到删除文件、传播恶意软件等破坏主机系统的措施。这个名字来源于希腊神话中的特洛伊木马。传说在特洛伊战争期间,特洛伊城被赠送了一匹大木马作为送给女神雅典娜的礼物。特洛伊人将此木马拖曳入城。夜间,躲藏在空心马中的希腊士兵打开了特洛伊城的大门,放入了希腊军队。最终,希腊军队夺取城市并赢得战争。

木马病毒仅通过用户交互传播(例如,打开伪装成 Verizon 发来的电子邮件),并且存在许多木马变种(例如 Zeus、W32)。

- **示例 1:Trojan-Phisher-Rebery**

2006 年,一种名为 Trojan-Phisher-Rebery 的特洛伊木马变种程序被用来从 125 个不同国家窃取数以万计的身份信息。Rebery 恶意软件是银行特洛木马的一个案例,它被编程设计为当用户访问某些网上银行或电子商务网站时,对其进行破坏。有关描述金融木马现状的信息图,请参阅 Symantec(2014)。

- **示例 2:针对 WordPress 的 DDOS 攻击**

2014 年 3 月,黑客利用僵尸网络攻击超过 162 000 个 WordPress 网站。鉴于 WordPress 为全球博客网站中 17% 提供服务,任何攻击都可能造成严重破坏。

3. 一些安全漏洞:Heartbleed 和 Crytolocker

2013~2014 年,人们发现了两个危险的计算机漏洞。

Heartbleed 根据 Russell(2014)的报告,"Heartbleed 是 OpenSSL 中的一个缺陷,大多数网站都需要使用开源加密标准来传输用户想要保护的数据。当你发送电子邮件或在即时消息软件上聊天时,它基本上为你提供了一条安全线路。"

潜在的危害可能非常严重。理论上,任何保存在活动内存中的数据都可以通过这个漏洞导出。黑客甚至可以窃取加密密钥，从而读取加密的消息。大约 6.5 亿个网站可能受到影响。而专家提供的唯一建议是更改在线密码。

Cryptolocker　Cryptolocker 于 2013 年 9 月发现，是一种勒索软件木马程序。这种恶意软件有很多可能的来源（包括电子邮件附件），通过加密你在计算机上的文件，导致你无法读取以上文件。恶意软件的所有者要求被勒索者提供比特币或以类似的难以追踪的支付方式，来换取解密数据。

有关被勒索时如何处理以及如何保护自己的信息，请参阅 Cannell（2013）。

4. 拒绝服务攻击

根据 Incapsula 公司的说法，**拒绝服务**（denial-of-service，DoS）攻击是"通过暂时中断或挂起主机和互联网的服务连接，从而使用户无法使用服务器或网络资源的恶意尝试"。这会导致系统崩溃或无法及时响应服务请求，因此该站点不可使用。其中一种最流行的 DoS 攻击类型是黑客使用"无用流量"进行洪泛攻击，使得系统超载，从而阻止用户访问他们的电子邮箱、网站服务器等。

注意：DoS 攻击是由一台计算机和一个互联网连接引起的恶意攻击，而 DDos 攻击涉及许多设备和多个互联网连接（稍后讨论）。攻击者还可以使用垃圾电子邮件在你的电子邮件账户上发起类似的攻击。启动 DoS 攻击的常见方法是使用僵尸（被劫持）计算机，这样黑客就可以在计算机所有者不知情的条件下通过远程控制操控被劫持的计算机。僵尸计算机（也称为"僵尸网络"）对受攻击的网站发起了大量的请求，制造 DoS 攻击。例如，DoS 攻击目标社交网络，尤其是 Facebook 和 Twitter。在线文件 W10.1 中描述了这种攻击的示例。

DoS 攻击可能难以阻止。幸运的是，安全领域的专家已经开发出了打击它们的工具。

注意：2014 年，一个名为 Lizard Stresser 的黑客组织提供通过 DoS 来使得任何网站崩溃的服务，收费为 3 美元（请参阅 Goldman（2014b））。

5. 僵尸网络

据微软安防中心称，僵尸网络（也称为"僵尸军队"）是一种恶意软件，罪犯传播这种软件感染互联网上大量被劫持和控制的计算机。这些受感染的计算机会形成一个"僵尸网络"，导致个人计算机在用户不知情的情况下"通过互联网执行未经授权的任务"。未经授权的任务包括发送垃圾邮件和电子邮件消息，攻击计算机和服务器以及进行其他类型的欺诈，这些任务都减慢了用户计算机的运行速度（microsoft.com/security/ resources / botnet-whatis. aspx）。

每台进行攻击计算机都被视为"肉机"（computer robot）。2010 年，由受到 Zeus Trojan 感染的 75 000 个计算机构成的僵尸网络，被用于实施诈骗、发送垃圾邮件、欺诈或仅破坏系统（如在线 W10.1 中描述的医院病例）。僵尸网络以不同的形式出现，可能包括蠕虫或病毒。著名的僵尸网络包括 Zeus、Srizbi、Pushdo/Cutwail、Torpig 和 Conficker。

● **示例：Rustock**

Rustock是一个僵尸网络，由大约100万台被劫持的个人计算机组成，多年来一直在逃避以免被发现。该僵尸网络每天发送300亿封垃圾邮件，在受害者访问的网站上放置"陷阱"广告和链接。垃圾邮件发送者把电脑的更新伪装成讨论板上的评论，这使得它们很难被安全软件发现。微软是帮助用户打击并关闭Rustock的公司之一。2013年，微软和联邦调查局"中断"了超过1 000个用于窃取银行信息和个人身份信息的僵尸网络。微软和联邦调查局一直在试图取缔影响位于90多个国家的数百万人的恶意软件网络"Citadel"。有关恶意僵尸网络攻击的分析，请参阅Katz（2014）。

家电"僵尸网络" 物联网（IoT）也可能被黑客入侵。由于家电连接互联网，它们可能成为被黑客入侵和控制的计算机。2013年12月～2014年1月发生的家电攻击涉及多台电视机和至少一台冰箱，被称为第一个家电"僵尸网络"和第一次物联网攻击。黑客入侵超过10万台家用电器，并用它们向全世界的企业和个人发送超过75万封恶意电子邮件（请参阅Bort（2014））。

6. 恶意广告

根据Techopedia，恶意广告是"用于传播恶意软件的互联网广告形式"。恶意广告是通过在相对安全的在线广告中隐藏恶意代码而实现的（请参阅techopedia.com/definition/4016/malvertising）。

请注意，黑客正在增加恶意广告攻击。例如，在2013年，谷歌禁止了40多万个隐藏恶意软件的网站广告（请参阅Yadron（2014））。最后强调一下：如果你收到一封电子邮件，祝贺你赢得大笔奖金并要求你"查看附件"，切记一定不要点击！

10.3 节复习题

（1）描述非技术性和技术性网络攻击的区别。
（2）恶意代码的主要形式有哪些？
（3）导致恶意代码增加的因素有哪些？
（4）定义病毒并解释其工作原理。
（5）定义蠕虫和特洛伊木马。
（6）定义DoS，说明其如何实施攻击。
（7）定义服务器。
（8）描述僵尸网络攻击。

10.4 非技术方法：从网络钓鱼到垃圾邮件和欺诈

正如10.1节所讨论的那样，互联网犯罪正在向以非法获利为目的转变。这些犯罪行为都既借助了技术方法（例如通过恶意代码获取机密信息并被用于从网上银行账户窃取资金），又借助了非技术性方法（例如社会工程方法）。

10.4.1 社会工程和欺诈

社会工程是由一系列方法组成的，其中犯罪分子利用人类心理说服或操纵人们泄露个人隐私信息，从而可以为非法活动收集信息。黑客也可能试图访问用户的计算机，并在其中安装恶意软件达到控制该计算机的目的。主要的社会工程攻击有网络钓鱼（有很多子方法，通常是网络钓鱼者发送一封似乎来自合法来源的电子邮件）、假托或冒名（例如声称朋友发送的借钱的电子邮件）和转移盗窃（社会工程师说服快递公司他是包裹的真正收件人，并将收件地址"重新"转到另一个社会工程师可以收到包裹的地址）。从受害者处获得的信息（例如通过网络钓鱼），被用于主要是为了获得经济利益的犯罪，如图 10-5 所示。未修补漏洞的增长率和电子邮件诈骗/网络钓鱼活动的数量正在迅速增加。

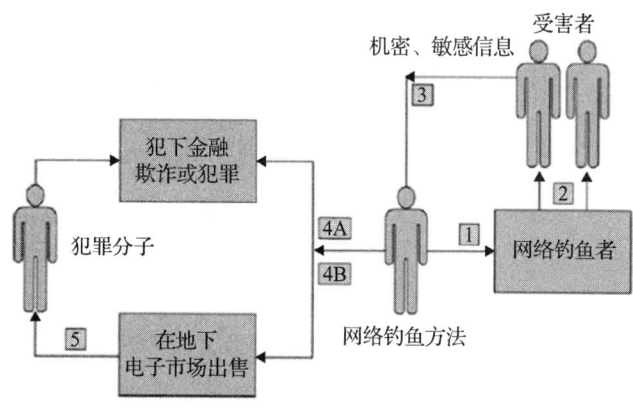

图 10-5　社会工程：从网络钓鱼到金融欺诈和犯罪

如图 10-5 所示，钓鱼者（或其他罪犯）通过使用社会工程、物理盗窃等方法获取机密信息。窃取的信息（例如信用卡号码、用户身份）被窃贼用于谋取经济利益的欺诈行为，或者在地下互联网市场上出售给另一群利用这些信息实施金融犯罪的罪犯。详情请参阅 Wollen（2016）。在本节中，我们将介绍如何使用社会工程中的网络钓鱼方法。

10.4.2　社会网络钓鱼

在计算机安全领域，网络钓鱼是从可信计算机用户那里获取信用卡或银行等个人机密信息的欺诈过程。网络钓鱼者假借合法的、知名的、流行的公司、银行、学校或其他公共机构，发送电子邮件、即时消息、评论或文字消息。用户被以上信息指引进入被攻破的网站，进而可能被欺骗提交个人隐私信息（例如被要求"更新"个人信息）。有时候，钓鱼者会安装恶意软件来自动提取相关信息。请阅读 Swann（2012）的一部很有趣的小说《网络安全警报呐喊》（*Marlins Cry A Phishing Story*）。图 10-6 说明了网络钓鱼的过程。

有关什么是网络钓鱼以及如何识别它的讨论，请参阅 ehow.com/how_7350964_recognize-phishing.html。EMC / RSA（2014）通过统计和预测，提供了对网络钓鱼攻击的综合介绍。Casti（2014a）描述了奈飞上的一种网络钓鱼骗局，用户被骗联系假冒客户服务代表并透漏个人账户数据。诈骗者现在又瞄准了其他公司（如 AT&T 和 Comcast），通过虚假赞助广告将用户吸引到假冒的网站（Casti，2014b）。关于 2015 年的网络钓鱼攻击，请参阅 Lemos（2016）。另请参阅 Forrest（2016），理解为什么网络钓鱼变得更加危险。

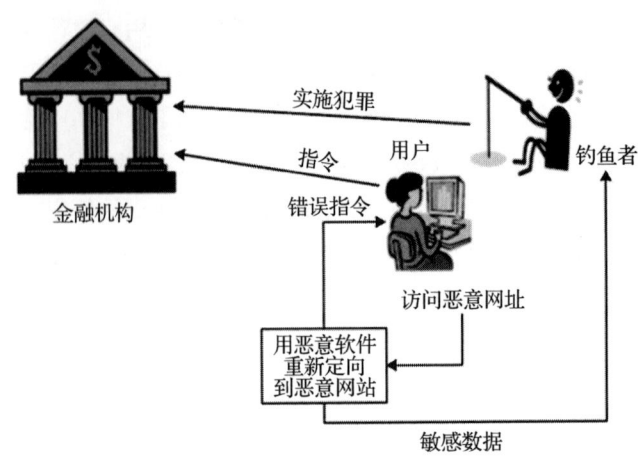

图 10-6 如何完成网络钓鱼

销售盗窃的信息,就像出售其他任何赃物一样,是有利可图,且势不可挡的。不幸的是,潜在的电子商务客户将"潜在的欺诈风险"和"不信任你不认识的在线商家"列为他们不进行在线购物的主要原因。

- **示例:塔吉特安全泄露**

塔吉特公司 2013 年的安全泄露起始于网络钓鱼攻击,最终导致了数百万客户的借记卡和信用卡数据被盗(请参阅 Schwartz(2014))。黑客利用塔吉特公司的一名供应商员工的身份进入塔吉特公司的安全系统并安装恶意软件,从而获得了每张卡的使用数据。当塔吉特公司的员工刷客户的卡时,安装的恶意软件就会获取购物者的信用卡号码。一旦黑客获准访问数据,他们就能够窃取 4 000 万个信用卡和借记卡号码以及 7 000 万条地址、电话号码和其他个人信息。想进一步了解黑客如何入侵,以及塔吉特公司如何防止黑客入侵的信息图,请参阅 Smith(2014)。

10.4.3 互联网上的欺诈和骗局

网络钓鱼是许多欺诈的第一步。买卖双方看不到对方的电子商务环境有利于欺诈。互联网上存在很多类型的欺诈(请参阅 fbi.gov/scams-safety/fraud/internet_fraud)。欺诈对网上零售商和顾客来说都是一个问题。幸运的是,每次欺诈事件的实际损失增加,而事件数会减少,因此总的经济损失可能下降。访问 dmoz.org/society/issues/fraud/internet 了解更多。有关讨论,请参阅 10.7 节。

1. 典型的在线欺诈攻击示例

以下是在互联网上实施的一些特有的欺诈攻击。

- 本书的作者之一曾在网上发布出租房子的广告,当时有些假装来自英国和南美的"医生"和"护士"申请租住。他们同意为短期租赁支付高价,并声称将用支票支付。他们询问作者是否会接受 6 000~10 000 美元的支票,并将余额 4 000~8 000 美元寄回。当被告知可以,但只有在他们的支票被清算后才能返还差额之后,这些租客再也没有回复。
- 英国和俄罗斯的敲诈勒索犯罪已经从网上体育博彩网站勒索了数十万美元。任何拒绝支付"保护费"的网站都受到 DoS 攻击的威胁。

有关欺诈的全面讨论，请参阅 CyberSource（2013）。有关社会工程、网络钓鱼以及其他在线获取机密信息的欺诈性方法，请参阅 Pontrioli（2013）。

诈骗类型　以下是一些有代表性的诈骗类型（请参阅 spamlaws.com/scams.html）：文学诈骗、陪审员职责诈骗、银行诈骗、电子邮件诈骗、彩票诈骗、尼日利亚骗局（或"419"欺诈）、信用卡诈骗（多种类型）、在家工作诈骗、国税局电子邮件诈骗和免费度假诈骗。在 fbi.gov/scams-safety/fraud/internet_fraud 上可以找到更多信息。

2. 电子邮件诈骗

电子邮件诈骗是最常见的骗局类型，因为它们很容易实施。Dog Breed Info Center（dogbreedinfo.com; n.d.）在网上（dogbreedinfo.com/internetfraud/scamemailexamples.htm）发布常见示例。这些示例既有教育性又有趣味性。最危险的是电子邮件诈骗，它们看起来像来自知名组织（银行、电信公司），告诉你必须提供信息以保持你的账户可用。据称由雅虎发送的电子邮件示例如下。

雅虎账户

验证警报！（KMM69467VL55834KM）

尊贵的会员：

由于雅虎账户太多，雅虎将关闭所有未使用的账户。你必须填写下面的登录信息并回复邮件来确认你的电子邮件账户，否则你的账户将在 24 小时内因安全原因暂停服务。

雅虎身份信息

姓名：.....................................
雅虎 ID：...................................
雅虎邮件地址：.................
密码：.....................................

会员信息

性别：.....................................
出生日期：...................................
职业：.....................................
国家：.....................................

如果你是雅虎账户高级订阅者，我们将退还你的高级订阅中未使用的资金。退款将通过我们为你提供的结算账单中的信用卡实现。所以请确保你的结算信息是正确和最新的。欲了解更多信息，请访问 payments.mail.yahoo.com。

按照本表中的说明操作后，你的账户将不会中断，并将继续正常使用。

我们感谢你成为雅虎账号用户。

此致

雅虎客户支持部

你收到的任何要求提供个人详细信息的电子邮件很可能是一个骗局或网络钓鱼尝试，因为

合法组织已经拥有你所有的个人信息。来自雅虎的关于如何在线自我保护提示，请参阅雅虎安全（safety.yahoo.com）。

10.4.4　十大攻击和补救措施

IT 安全网站 Secpoint.com 提供了十大与安全与相关的攻击类型列表：顶级病毒、间谍软件、垃圾邮件、蠕虫、网络钓鱼、黑客攻击、黑客和社会工程策略。此外，该网站还提供 IT 安全资源的相关页面，例如十大黑客，十大安全提示和工具；与反钓鱼、反 DoS、反垃圾邮件等相关的页面。欲了解 SecPoint IT 资源中前十名的垃圾邮件攻击，请访问 secpoint.com/Top-10-Spam-Attacks.html。

10.4.5　身份盗用和身份欺诈

根据美国司法部网站，**身份盗用**（identity theft）是一种犯罪行为。它指的是非法获取和使用他人身份从事涉及欺诈或欺骗的犯罪行为（例如，为了经济利益）。受害者可能遭受严重损害。在许多国家，假冒他人的身份是犯罪行为。据美国联邦贸易委员会（ftc.gov）称，身份盗用是电子商务消费者最关心的问题之一。据 FTC 统计，身份盗用每年影响超过 1 200 万个美国人，造成的损失超过 550 亿美元，并且以每年约 20% 速度递增。请观看 2013 年的一部有趣的喜剧电影《身份盗用》，它就专门介绍了这一问题。

- 示例

根据 Constantin（2016）的统计，身份盗窃者从美国 IRS 文件中窃取了 100 000 个社保号码和其他个人数据。

身份欺诈

身份欺诈是指冒充另一个人的身份或创造一个虚构的人，然后非法使用该身份进行犯罪。典型的活动包括：

- 以受害人的名义开设信用卡账户。
- 使用虚假身份进行购买（例如，使用他人的身份购买商品）。
- 商业身份盗用是使用他人的商业名称获得信贷或达成合伙关系。
- 冒充另一人来实施犯罪。
- 用假身份进行洗钱（如有组织犯罪）。

有关信息和保护，请参阅 idtheftcenter.org。

10.4.6　网络银行抢劫案

网络攻击对象有个人以及组织，还包括银行。

● 示例：Secureworks.com

Secureworks.com 揭露了以下支票欺诈行为：俄罗斯网络犯罪分子使用"钱骡"（那些认为自己是为了合法工作而注册的人）、2 000 台计算机和高超的黑客手段窃取了 5 家公司的支票图像档案，然后把钱汇到海外。

接下来，骗子打印了仿造的支票，这些钱由"钱骡"存入自己的账户。然后，他们被命令将钱汇入（转移）俄罗斯的一家银行。像往常一样，"钱骡"是无辜的人，他们被雇用并收买去做赃款转移。有些"钱骡"开始怀疑这种行为的合法性，并向当局报告了这起骗局。

10.4.7 垃圾邮件攻击

垃圾电子邮件（E-mail spam）（也称为垃圾邮件）发生在大多数身份识别消息通过电子邮件发送给大量收件人（有时是数百万条未经请求的电子邮件）的情况。2009 年 4 月 Symantec 称，公司网络中超过 90% 的邮件是垃圾邮件。近 58% 的垃圾邮件来自僵尸网络，其中最严重的是来自 Dotnet 的。由于垃圾邮件过滤系统的改进，现在（2016 年）的情况好多了。垃圾邮件发送者可以购买数百万个电子邮件地址，然后格式化地址，剪切、粘贴邮件内容并点击"发送"。生成、发送和自动发送垃圾邮件的群发电子邮件软件称为 Ratware。这些消息可能是广告（购买产品）、诈骗或只是令人讨厌的病毒。有关垃圾邮件的当前统计信息，请参阅 securelist.com/statistics。Securelist 是一个综合性站点，提供垃圾邮件和病毒的定义、词汇表和威胁信息。截至 2013 年，每天超过 1 300 亿封垃圾邮件被发送，但它的增长率已趋于稳定。特别值得注意的是，大约 80% 的垃圾邮件都是由不到 200 个垃圾邮件发送者发送的。这些垃圾邮件发送者主要使用间谍软件和其他辅助工具发送未经请求的广告。这些垃圾邮件的发送者正变得越来越狡猾（请参阅 Kaiser（2014））。

垃圾邮件典型案例

每个月，Symantec 都会提供一份题为"垃圾邮件现状：月度报告"的报告。该报告提供了当前流行的诈骗案例、垃圾邮件分类、来源国、数量等信息。

10.4.8 间谍软件

间谍软件（spyware）是犯罪分子未经用户同意擅自安装的跟踪软件，用来收集有关用户的信息并将其提供给广告商或其他第三方。一旦安装，间谍软件程序就会跟踪并记录用户在互联网上的所有行为。间谍软件可能包含重新定向 Web 浏览器活动的恶意代码，间谍软件也可能会降低上网速度并破坏程序的功能。间谍软件通常是在用户下载免费软件或共享软件时被安装的。有关某些政权如何利用间谍软件来监控记者的信息，请观看一段题为"埃塞俄比亚政府监视美国记者"的视频，详情请参阅 Timberg（2014）。

10.4.9 社交网络促进了社会工程

根据丹麦 IT 安全公司 CSIS 的一项研究，社交网站非常有利于黑客和骗子获取用户信任。

1. 黑客如何攻击社交网络

黑客利用包含个人信息的社交网络（特别是 Facebook）的可信环境发起不同的社会工程攻击。不幸的是，许多社交网站在轨迹追踪方面的安全控制记录不佳。越来越多的社交网站被用作窃取用户个人数据的平台。

● **示例**

以下是社交网络安全问题的一些示例：
- 用户不知不觉中在个人主页，甚至在朋友页面中植入恶意代码。
- 大多数反垃圾邮件解决方案无法区分网络中的真实请求和犯罪请求。这使犯罪分子能够轻易获得有关网络成员的个人信息。
- Facebook 和其他流行的社交网站提供多个免费、有用、吸引人的应用程序，这些应用程序可能被设置了较低的安全性。
- 骗子可能会创建一个伪造的个人账号，并将其用于网络钓鱼骗局。

2. 社交网络和 Web 2.0 中的垃圾邮件

社交网络之所以吸引垃圾邮件发送者，一方面是因为潜在收件人数量众多，另一方面是因为互联网和社交网络平台的安全性较低。垃圾邮件发送者特别喜欢攻击 Facebook。另一个比较严重的问题是博客垃圾。

自动博客垃圾 博客上自动生成的商业广告（一些真实的和一些假冒的）泛滥，从药物到赌博下注的垃圾信息应有尽有。博客作者可以使用一些工具，来确保是人而不是自动化系统在他们的博客上发布评论。

3. 搜索引擎垃圾和垃圾博客

搜索引擎垃圾（search engine spam）是一种技术，它能够创建称为垃圾站点的页面，使得搜索引擎能够提供有偏见的搜索结果，以便大幅提高某些页面的排名。类似的策略涉及使用 splog（垃圾博客站点的简称），它是由垃圾邮件制造者专为广告而创建的博客。垃圾发送者创建许多 splog 并将其链接到向他支付费用的网站以增加那些页面的排名。正如第 9 章提到的，公司正在寻求搜索引擎优化（SEO），这是通过上述技术进行的不道德行为。

● **示例**

社交网络中的垃圾邮件攻击的一些示例如下所示。
- 社交网络中的即时消息通常容易受到垃圾邮件攻击。
- Cluley（2014）介绍了 Twitter 用户如何受到网络钓鱼和垃圾邮件攻击。

10.4.10 数据泄露

数据泄露（data breach）（也称数据丢失）是一种安全事件，其中数据被非法获取，然后发布或处理。数据泄露的目的有很多。例如，美国军方人员使用 USB 下载机密信息，然后在互联网上发布它们。对于数据泄露驱动因素和如何自我保护，请参阅 Goldman（2014a）。有关最可怕的数据泄露事件，请参阅 TechRepublic Staff (2015)。

迄今为止，我们讨论内容集中在攻击方面。10.6 节提供了防御机制，包括与垃圾邮件和其他网络犯罪相关的机制。首先，让我们来看看确保信息安全所涉及的内容。

10.4 节复习题

（1）定义网络钓鱼。
（2）简述网络钓鱼与金融诈骗的关系。
（3）简要描述一些网络钓鱼策略。
（4）描述垃圾邮件及其实施方法。
（5）定义垃圾博客并解释如何赚钱。
（6）为什么社交网络会遭到攻击以及如何被攻击？
（7）描述数据泄露。

10.5 信息保障模型和防御策略

信息保障（IA）模型被称为**中情局安全三合会**（CIA security triad），它是用来识别发生问题的领域并评估组织信息安全的参考标准。该模型的使用包括三个必要的属性：机密性、完整性和可用性。接下来，我们介绍该模型（相关讨论，请参阅 whatis.techtarget.com/deini-tion/Conidentiality-integrity-and-availability-CIA.）。

注意：信息保障模型可以适用于多个电子商务应用程序。例如，确保供应链安全至关重要。

10.5.1 机密性、完整性和可用性

电子商务的安全和成功水平可以通过以下属性来衡量：

(1) **机密性**（confidentiality）是数据保密和隐私的保证。也就是说，数据只向授权人员披露。机密性是通过使用多种方法（例如加密和口令）实现的。
(2) **完整性**（integrity）是保证数据是准确的，而且不能被改变过。完整性属性能够检测并阻止数据或消息传输过程中未经授权的创建、修改或删除。
(3) **可用性**（availability）是保证能访问任何相关的数据、信息网站或其他电子商务服务，并且这些访问是随时随地、实时可用的，而信息必须真实可靠。

10.5.2 认证、授权和不可否认性

这三个概念与信息保障模型紧密相关：认证、授权和不可否认性。具体概念是：

- 认证是一种安全措施，用来确保数据信息、ECD 参与者和交易以及所有其他电子商务相关对象有效。认证需要验证，例如，可以通过验证特定的人知道的事物（例如密码）、拥有的东西（例如令牌）或独一无二的特征（例如指纹）来认证他。

- 授权要求将登录时由个人或程序提供的信息与所请求的访问相关的存储信息进行比较。
- 不可否认性是确保电子商务交易中的一方不能否认（或反驳）电子商务合同的有效性并确保其在交易中履行其义务的概念。根据美国国家信息系统安全局（INFOSEC）的术语表，不可否认性是"确保数据发送方提供了交付证明并且在接收方拥有发送方身份证明的情况下，没有人可以否认处理了这些数据"。

注意：10.2 节中的关键术语列表。有些来源列出了更多的概念（例如 Techopedia）。

为了确保这些属性，电子商务应用加密、数字签名和证书等技术。例如，使用数字签名使得人们很难否认他们参与了电子商务交易。

在电子商务中，随着旧方法过时，需要持续使用更新或改进的方法以确保信用卡号码的机密性、交易信息的完整性、买卖双方的身份认证以及交易的不可否认性。

10.5.3 电子商务安全战略

电子商务安全需要强调 IA 模型及其组件。在图 10-7 中，我们介绍了高级别保证的定义及其控制的电子商务安全框架。其中主要类别是监管、财务和营销业务。图中仅列出了关键区域。

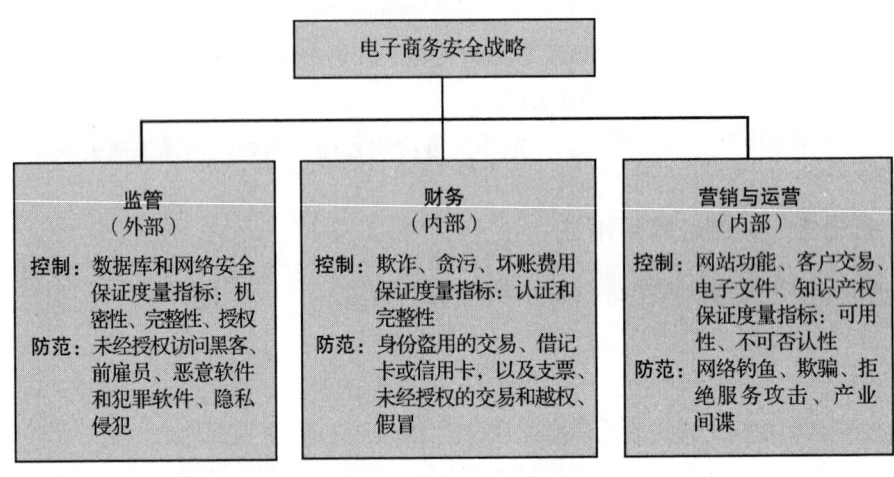

图 10-7 电子商务安全策略框架

10.5.4 电子商务系统防御

我们将防御分为以下八类。

（1）对计算系统、数据流和电子商务事务的访问保护。本部分包括三个主要内容：访问控制（包括生物识别）、内容加密和公钥基础设施（PKI）。

这道防线在一起使用时提供了全面的保护。入侵者即使穿透防火墙，进入访问控制，也只能看到加密的材料。

（2）电子商务网络防御。这主要包括防火墙保护。防火墙将公司网络和计算设备与安全性较差的互联网隔离开来。为了让互联网更安全，我们可以使用虚拟专用网络。除了这些措施之外，使用入侵检测系统是明智之举。受保护的网络意味着接收到的那些通常未加密的电子邮件受到保护。另外，还需要防止通过网络传输的病毒和其他恶意软件。

（3）常用、管理和应用程序控制。这些通过建立准则、检查程序等来保护计算资产的各种保护措施。

（4）防范社会工程和欺诈。针对垃圾邮件、网络钓鱼和间谍软件使用多种防御方法。

（5）灾难预防，业务连续性和风险管理。这些主题是由软件支持的管理问题。

（6）实施企业范围的安全计划。要部署上述防御方法，需要使用适当的实施策略。

（7）进行漏洞评估和渗透测试（见下文）。

（8）数据备份。

要全面掌握信息保护的各个方面，请参阅 Harwood（2015）。

为了实施上述防御措施，首先进行一些评估，然后进行计划和执行。两种可能的评估是漏洞评估和渗透测试。

1. 漏洞评估和安全需求

实施安全策略的一项关键任务是找出现有安全策略和解决方案的弱点和优势。这是风险评估的一部分，可以通过不同的方式完成。这里有两项代表性的建议：

（1）对电子商务系统进行漏洞评估。漏洞评估是识别和评估易受攻击的计算机系统存在问题的过程。电子商务系统包括在线订购、通信网络、支付网关、产品数据库、欺诈保护等。最关键的漏洞是那些可能会导致业务中断或关闭的漏洞。例如，DoS 攻击可能阻止订单的生成；病毒攻击可能阻止通信。评估将确定防御机制的需求和优先级。有关漏洞评估及其流程的概述，请访问 searchmidmarketsecurity.techtarget.com/definition/vulnerability-analysis。

（2）进行渗透测试（可以通过雇用黑客来实施）来发现系统的漏洞和安全弱点。这些测试设计旨在模拟外部攻击（也被称为"黑盒"测试）。相对而言，软件开发公司进行集中的"白帽"测试、其中涉及对系统（硬件和软件）的仔细检查。其他类型的渗透测试包括靶向测试、盲测和双盲测试。

有关更多信息，请参阅 searchsoftwarequality.tech-target.com/definition/penetration-testing。

2. 渗透测试

渗透测试（penetration test）是一种评估计算机系统漏洞的方法。它可以通过手动完成，允许专家充当黑客来模拟恶意攻击。该过程检查攻击者可能找到并利用的弱点（易受攻击的点）。发现的任何弱点以及潜在的影响和建议的解决方案，都会提交给管理层。渗透测试可以成为综合安全审计的一个步骤。

可以使用几种方法来执行渗透测试（例如自动化过程）。另外，许多软件工具可用于此目的。有关浏览和教程，请访问 pen-tests.com 和 coresecurity.com/penetration-testing-overview。渗透测试的更多相关信息，请参阅 Maxwell（2016）。

10.5 节复习题

（1）定义信息保障。列出其主要组成部分。
（2）定义机密性、完整性和可用性。
（3）定义认证、授权和不可否认性。
（4）列出电子商务战略的目标。
（5）列出电子商务系统中的八种防御类别。
（6）描述漏洞评估。
（7）定义渗透测试。

10.6 保护信息系统和电子商务

不管信息系统的性质如何，信息系统防护都是相似的，并在很多书中都有描述（例如，请参阅 Andress（2014））。

我们把安全中重要内容分为三类：①访问控制、加密和 PKI；②电子商务网络的安全性；③一般控制、垃圾邮件、弹窗和社会工程。在 10.7 节中，我们会介绍欺诈保护。

Scott（2016a）在"网络安全 101"系列书中全面报道了网络安全威胁和防御。Scott（2016a）主要涵盖非技术领域，而 Scott（2016b）主要涵盖技术领域。Harwood（2015）提供了一本防范网络攻击的综合性书籍。

10.6.1 防御 I：访问控制、加密和 PKI

在本节中，我们将介绍以下主题：访问控制方法、生物识别系统、加密和 PKI 加密。有关防御的概述，请参阅 Cloud（2015）。

1. 访问控制

访问控制（access control）决定谁（人、程序或机器）能够合法使用组织的计算资源（哪些资源，何时使用以及如何使用）。

授权和认证 访问控制涉及授权（有权访问）和认证，也称为用户标识（用户 ID），即证明用户是他声称的用户。每个用户都有一个与其他用户区别开来的独特标识。通常，用户标识与密码一起使用。

认证 在用户被识别后，用户必须被认证。认证是验证用户身份和访问权限的过程。用户身份的验证通常基于一个或多个能够区分个体的特征。

2. 生物识别系统

生物识别认证（biometric authentication）是一种根据可度量的生物或行为特征或生理信号来测量和分析人员身份的技术。

生物识别系统（biometric system）通过在数据库中搜索个人的生理、生物或行为等基本特征进行可能的匹配来识别先前注册的用户，或者该系统可以通过将测量的个体生物特征与先前存储的版本进行匹配来验证人的身份。

生物特征的示例包括指纹、面部识别、DNA、掌纹、手部几何图形、虹膜识别，甚至气味/香味。行为特征包括语音 ID、打字节奏（击键动力学）和签名验证。其中一些的简要描述如所示。

- 拇指指纹或指纹。请求访问的用户的拇指或指纹（指纹扫描）与包含授权人员指纹的模板（例如用在 Apple Pay 上的指纹验证）相匹配。
- 视网膜扫描。在请求访问者的视网膜中血管的模式与存储在源数据库中的授权人员的视网膜图像之间进行匹配。
- 语音识别（语音认证）。在接入者的语音模式和被授权人员的存储语音模式之间进行匹配。
- 面部识别。通过计算机软件来查看某人的图像或视频，并将其与存储在数据库中的图像进行比较（被亚马逊和阿里巴巴采用）。
- 签名识别。请求访问者的签名与存储的真实签名匹配。

请注意，阿里巴巴使用面部识别进行在线支付。你只需使用智能手机扫描面部即可完成支付（详情请参阅 Kan（2015））。亚马逊也在使用类似的系统（Hinckley，2016）。

其他生物识别类型有热红外面部识别、手部几何形状和手部静脉识别、有关人体特征和成本效益分析的比较，请访问 findbiometrics.com/solutions。

3. 加密和单密钥（对称）系统

加密是将数据编码成一种形式（称为密文）的过程，对于未经授权的人来说解密或弄懂这些数据，将是十分困难、昂贵或耗时的。所有加密方法都有五个基本组成部分：明文、密文、加密算法、密钥和密钥空间。

明文（plain text）是一种人类可读的文本或消息。**密文**（cipher text）是一个被加密的明文。**加密算法**（encryption algorithm）是用于加密或解密消息的一组过程或数学算法。通常，该算法不是加密过程的秘密部分。**密钥**（key）(**密钥值**（key value））是用于加密（或解密）消息的算法的秘密部分。关于加密算法如何运作，请参阅 computer.how-stuffworks.com/encryption.htm。

加密的主要好处如下：

- 允许用户在他们的笔记本电脑、移动设备和存储设备（例如 USB 闪存驱动器）上传输数据。
- 在人员和数据不在现场时保护备份媒体。
- 允许使用高度安全的虚拟专用网络（VPN，请参见 10.7 节）。
- 执行关于谁有权处理公司特定数据的政策。
- 确保遵守保护隐私的法律和政府法规，并降低诉讼风险。
- 保护组织的声誉和机密。

加密有两个基本选项：对称密钥系统（加密密钥和解密密钥相同）、非对称密钥密码系统（两个密钥）。

4. 对称（私钥）密钥加密

在**对称（私钥）密钥加密**（symmetric（private）key encryption）中，相同的密钥用于加密和解密明文（见图10-8）。文本的发送者和接收者必须共享相同的密钥而不能将其泄露给任何其他人，从而使其成为所谓的专用系统。

创建复杂的密钥只是其中一个要求。在个人和组织之间转移密钥可能会使其不安全。因此，在电子商务中，需要使用PKI系统。

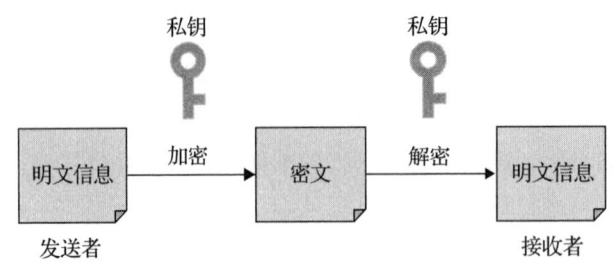

图10-8　对称（私钥）密钥加密

5. 公钥基础设施

公钥基础设施（public key infrastructure，PKI）是用于保护数据流和信息交换的综合框架，可克服单密钥系统的一些缺点。例如，对称单密钥加密需要消息的发送者将密钥告知消息的接收者。发送消息的人（例如供应商）可能需要将密钥分发给数千个接收者（例如购买者），然后密钥可能就无法保密。PKI解决方案使用公钥和私钥，以及创建高度安全系统的附加功能。除了密钥之外，PKI还包括数字签名、散列函数和数字证书。

公开（非对称）密钥加密（public（asymmetric）key encryption）使用两个密钥——一个是所有人都知道的**公钥**（public key），而另外一个是只有其所有者知道的**私钥**（private key）。两个密钥必须一起使用。如果消息使用公钥加密，则只有相应的私钥才能解密消息（反之亦然）。例如，如果某个人想要将采购订单发送给供应商并使其内容保密，则发件人使用买方的公钥加密该消息。当唯一能够读取采购订单的供应商接收到订单时，供应商可以使用对应的私钥对其进行解密。

PKI过程：数字签名和证书颁发机构　**数字签名**（digital signature）是纸上个人签名的电子等同物。因为通过认证来确定使用公钥的发件人身份，所以它们很难被伪造，数字签名在法律上被认为与纸上签名具有同等效力。要查看数字签名的工作原理，请访问 searchsecurity.techtarget.com/definition/digital-signature。

证书颁发机构　独立的第三方证书颁发机构（certificate authorities，CA）发布数字证书或SSL证书，这是一种用于唯一标识个人和网站身份认证并启用加密通信的电子文件。该证书包含个人信息和与公钥及加密方法有关的其他信息，以及证书数据的哈希签名。

安全套接字层　PKI系统通过电子商务协议SSL，安全性得到进一步保护。使用SSL的PKI使电子商务非常安全，但对用户来说很麻烦。目前使用的主要协议之一是安全套接字层（SSL）。基于SSL的传输层安全（TLS）已成功实现。有关更多详细信息，请参阅 searchsecurity.

techtarget.com/definition/Transport-Layer-Security-TLS。

在下一部分中，我们重点讨论公司的数字周界——网络。

10.6.2 防御 II：保护电子商务网络

有几种技术可以确保组织的网络边界不受网络攻击或入侵的损害，并且如果组织的边界受到破坏，入侵能够被迅速检测到并被快速打击。

1. 防火墙

防火墙（fire wall）是内部可信网络（或 PC）与不可信互联网之间的屏障。防火墙旨在防止未经授权的访问和来自专用网络（例如内联网）的访问。从技术上讲，防火墙由硬件和软件组成，从而隔离开私人计算机网络（例如局域网）与公共网络（互联网）。防火墙的设计主要是为了防止远程登录、通过后门访问的入侵、垃圾邮件以及不同类型的恶意软件（例如病毒或宏病毒）。防火墙有几种形式和方式。比较流行的防御系统是 DMZ。DMZ 可以通过两种不同的方式进行设计：使用单防火墙或双防火墙。有关智能防火墙，请参阅 Teo（2016）。

双重防火墙体系结构：DMZ 在 DMZ 在 DMZ 体系结构中（DMZ 代表隔离区），互联网和内部用户之间有两个防火墙。一个防火墙位于互联网和 DMZ 之间（边界防火墙），另一个位于 DMZ 和内部网络之间（见图 10-9）。所有公共服务器都放置在 DMZ 中（在两个防火墙之间）。通过这种设置来应用防火墙规则：允许可信任的合作伙伴访问公共服务器，但内部防火墙可以限制所有传入连接。

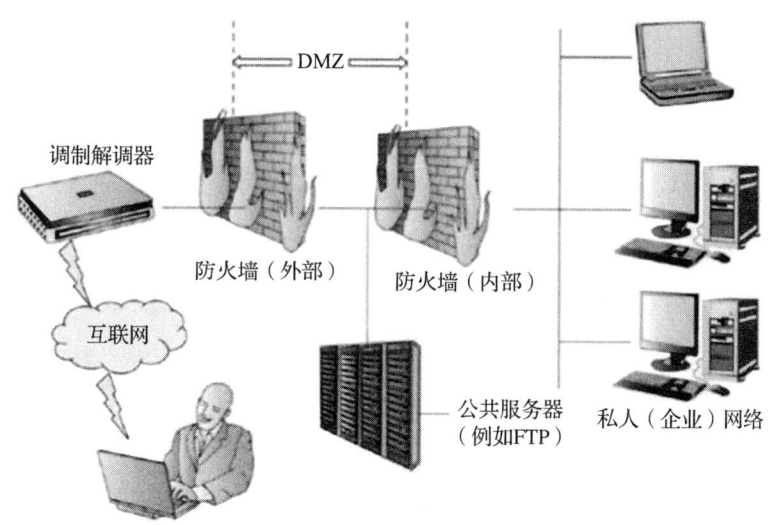

图 10-9　DMZ 架构的两种防火墙

2. 虚拟专用网络

假设一家公司想要建立一个 B2B 应用程序，向供应商、合作伙伴和其他人提供访问其内部网站数据的权限，而且还允许访问包含在其他文件（例如 Word 文档）中或以往系统中的数据（例如大型关系数据库）。传统上，与公司的通信将通过安全但昂贵的增值专用线路或通过连接调制解调器的拨号线路或远程访问服务器（RAS）进行。不幸的是，使用免费的互联网可能并不安全。一种更安全的互联网访问方式是使用 VPN。

虚拟专用网络（virtual private network，VPN）是指以一种更安全的方式来使用互联网传输信息。VPN 通过使用加密和其他安全功能来保证信息安全，就像专用网络一样。例如，VPN 验证所有使用网络的用户身份。有关 VPN 的详细信息，请参阅 searchenterprisewan.techtarget.com/definition/virtual-private-network。

3. 入侵检测系统

无论组织如何受到保护，它仍然可能成为安全攻击的目标。例如，大多数组织都有防病毒软件，但它们很容易受到新病毒的攻击。这就是为什么组织必须不断监控可能和实际的安全漏洞。这些监测可以通过使用入侵探测器来完成。

入侵检测系统（intrusion detection system，IDS）是一种由软件和/或硬件组成的设施，用于监控计算机网络和计算机系统的活动，以便检测和定义未授权及恶意的企图，包括网络和系统的访问、操作和/或禁用操作等。有关详细信息、技术、优点和局限等，请参阅 searchsecurity.techtarget.com/guides/Introduction-to-IDS-IPS-Network-intrusion-detection-system-basics。

4. 应对 DoS 攻击

如前所述，DoS 攻击旨在利用各种无用的信息攻击网站，从而阻塞网站。DoS 攻击发现越快，防御就越容易。DoS 攻击迅速增长。因此，尽早检测入侵会非常有帮助。由于存在多种类型的 DoS 攻击（例如 DDoS），因此也有几种防御方法。有关示例，请参阅 learn-networking.com/network-security/how-to-prevent-denial-of-service-attacks。入侵检测软件能够识别 DoS 攻击类型，从而使防御更容易、更快捷。

10.6.3 防御 III：一般控制、垃圾邮件、弹窗和社会工程控制

IT 安全管理实践的目标是防护信息系统。防御策略需要多个控制措施。

控制的主要类型是：①**一般控制**，旨在保护所有系统应用程序；②**应用程序控制**（application controls）用于防卫应用程序。在本节和下面的章节中，我们将讨论这两组信息系统控制的代表类型。在本节的后面，我们介绍如何缓解垃圾邮件和欺诈。

1. 一般、行政和其他控制

一般控制的主要类别是物理控制、行政控制和其他控制。下面提供一般控制的简要说明。

物理控制　物理控制保护计算机设施和资源，包括计算设施所在的物理区域。这些控制措施可防范自然灾害、犯罪攻击和一些人为错误。

所有主要的安全厂商都提供网络访问控制软件（例如，请参阅 symantec.com/endpoint-protection）。

行政控制　行政控制由管理层定义，涵盖指导方针和合规的发布、监控。

2. 防止垃圾邮件

发送垃圾邮件特征包括推销宣传、看起来像个人的合法电子邮件，并绕过过滤系统（违反了 2003 年美国《CAN-SPAM 法案》）。但是，为了避免被发现和识别，许多垃圾邮件发送者使用被劫持的 PC 或垃圾邮件僵尸来隐藏他们的身份。要保护你的系统免受传播范围很大的僵尸网络攻击。

3. 保护电脑免受弹出式广告的侵害

弹出窗口和类似的广告方法的使用正在迅速增长。有时广告会出现在屏幕上，并很难被关闭。其中部分广告可能是消费者允许的营销协议的一部分，但大多数都是未经许可的。针对未经许可的弹出广告，用户可以做些什么呢？关于这个问题请参阅以下资源。

Panicware 公司的 Pop-Up Stopper 免费版（pop-up-stopper-free-edition.software.informer.com）、Softonic 的 Pop up Blocker（pop-up-blocker.en.softonic.com/download）和 AdFender（adfender.com）；其他的需要收费。有关列表，请参阅 snapfiles.com；有关 Windows 的拦截软件列表，请参阅 download.cnet.com/windows/popup-blocker-software。许多互联网服务供应商和主要浏览器制造商（例如谷歌、微软、雅虎、Mozilla）都提供阻止弹出窗口的工具。

4. 防止其他社会工程攻击

随着越来越多的社会工程攻击通过网站和社交网络出现，需要更好的安全保护。开源环境和技术的交互性也会带来风险。因此，电子商务安全成为任何成功的社交网络实施的必要条件。

社交网络涵盖许多不同的应用程序和服务。因此，有很多方法和工具可用来保护这些系统。许多解决方案都是技术性的，不属于本书论述的范围。

防止网络钓鱼 由于网络钓鱼方法很多，所以相应防御方法也很多。Symantec（2009）和 FTC 的消费者信息提供了说明性示例，网址为 consumer.ftc.gov/articles/0003-phishing。有关风险和欺诈的深入讲解，请参阅 sas.com/en_us/insights/risk-fraud.html。

防止恶意广告 据 TechTarget 称，恶意广告"是互联网上的广告，它能够通过恶意软件感染浏览者的电脑"。微软通过对恶意广告发布者采取法律行动来打击恶意广告。

5. 防范间谍软件

为了应对出现的间谍软件，也产生了大量的反间谍软件。反间谍软件法律在许多司法管辖区都可用，通常针对在用户不知情的情况下安装的任何恶意软件。美国联邦贸易委员会向消费者提供感染间谍软件后的建议。有关详细信息和资源，请参阅 ftc.gov/news-events/media-resources/identity-theft-and-data-security/spyware-and-malware。

6. 防止网络战

这些攻击通常来自国外，使得防止网络战成为一项艰巨的任务。美国政府正在开发能挖掘社交媒体网站信息以预测网络攻击的工具。这些工具将监控 Facebook、Twitter 和其他社交网站，来监控上面的内容。以上过程是自动化实现的。

10.6.4 业务连续性和灾难恢复

灾害可能会在没有警告的情况下发生。谨慎的防御措施是制订业务连续性计划，主要由灾难恢复计划组成。这样的计划描述了重大灾难恢复过程的细节，例如所有（或大部分）计算设施或数据丢失。

● **示例：恶意软件攻击后医院支付赎金**

好莱坞长老会医疗中心在英国支付了17 000美元的赎金，而敲诈勒索人无法被识别（请参阅第11章关于比特币的描述）。黑客加密了医院未备份的数据。该医院因其灾难恢复计划失败，因此没有其他选择（每家医院管理），只能支付赎金。详情请参阅 Jennings（2016）。

10.6 节复习题

(1) 定义访问控制。
(2) 列出认证系统的基本要素。
(3) 定义生物识别系统并列出实施它们的五种方法。
(4) 定义一个对称（单密钥）加密。
(5) 列举对称加密系统的一些缺点。
(6) 列出 PKI 的关键组成部分。
(7) 描述 PKI 过程。
(8) 数字签名如何工作？
(9) 描述数字认证。
(10) 列出防火墙的基本类型，并简要介绍一下。
(11) VPN 如何工作以及它如何使用户受益？
(12) 简要描述 IDS 的主要类型。
(13) 定义一般控制。列出各种类别。
(14) 如何防范垃圾邮件？
(15) 如何防止弹出窗口？
(16) 如何防范网络钓鱼、间谍软件和恶意广告？

10.7 保护消费者和卖方免受网上欺诈

互联网欺诈是电子商务中的一个主要问题，并且正在迅速加剧。欺诈主要针对消费者，但也有一些针对卖方和商家。各国政府特别希望向公众宣传各种欺诈行为，特别是针对老年人的欺诈。美国联邦调查局等机构提供了常见欺诈的一般信息（请参阅 fbi.gov/scams-safety/fraud/internet_fraud）。联邦调查局还在 ic3.gov 运行维护互联网犯罪投诉中心 IC3。由于社交商务、电子商务以及移动商务的混合（Frenkel，2016），互联网诈骗问题越来越严重（约25%的消费者是受害者）。有关情况，请访问 paypal.com/c2/webapps/mpp/paypal-safety-and-security。

IC3 试图做的工作就是通过向公众通报互联网诈骗和发布公共服务公告来保护电子商务消费者。

10.7.1 消费者（买方）保护

消费者保护对于任何商业的成功至关重要，特别是电子商务中买卖双方之间不是面对面的交易。联邦贸易委员会（FTC）在美国执行《消费者保护法》，提供了一个常见的在线诈骗列表。此外，欧盟和美国正在试图制定消费者保护联合政策。有关详情，请参阅 tacd.org 上的 Trans Atlantic Consumer Dialogue。

1. 安全保护的代表性提示和来源

代表性列表如下所示。

- 用户应确保他们直接进入公司的官方网站（例如沃尔玛、迪士尼和亚马逊等）而不是通过链接进入。
- 检查任何陌生网站的地址、电话号码和传真号码。打电话询问销售人员以了解公司介绍和产品细节。
- 通过当地商业机构（bbb.org）或 TRUSTe（truste.com）调查卖方。
- 调查卖方网站的安全程度以及它的组织结构。
- 在购买之前检查退款保证、担保和服务协议。
- 将在线价格与常规商店的价格进行比较，价格太低可能不太真实。
- 问问朋友对网站的了解。找到证明和认可（小心，有些可能有偏见）。
- 找出出现纠纷时可以采取的补救措施。
- 咨询国家消费者联盟欺诈中心（fraud.org）。
- 检查 consumerworld.org 网站上提供的资源。
- 亚马逊提供全面的安全保护，请参阅 payments.amazon.com/merchant。

除了这些提示之外，消费者和购物者在互联网上也享有以下机构描述权利。

- 联邦贸易委员会（ftc.gov）：保护美国消费者。滥发的电子邮件应转至 spam@uce.go。有关提示和建议，请参阅 ftc.gov/tips-advice。
- 联邦政府在线安全（usa.gov/online-safety）。
- 全国消费者联盟欺诈中心（fraud.org）。
- 联邦公民信息中心（gsa.gov/portal/category/101011）。
- 美国司法部（justice.gov）。
- 互联网犯罪投诉中心（ic3.gov）。
- 美国律师协会在 safeshopping.org 上提供网上购物提示。
- 商业改善局（bbb.org）。
- 美国食品和药物管理局在线提供有关购买药品和医疗产品的信息。
- 直销协会（thedma.org）。

有关如何发现假冒网站和产品的具体提示，请参阅 Horowitz（2015）。

免责声明：这是关于消费者权利的一般信息。具体到个人应该如何进行，这不是法律建议。如果你需要特定的法律建议，请咨询律师。

2. 第三方保证服务

一些公共组织和私营公司也试图保护消费者。以下只是一些示例。

第三方中介保护 管理电子市场的中介试图保护买方和卖方。一个很好的示例是 eBay，它提供了一个广泛的保护计划（请参阅 eBay 的退款保证（pages.ebay.com/coverage/index.html）和争议解决中心）。

TRUSTe 的 "Trustmark" TRUSTe（truste.com）是一家营利性公司，其宗旨是要确保"企业遵守有关在其网站上收集和使用个人信息的最佳实践"（请参阅 truste.com/about-TRUSTe）。

TRUSTe 计划是自愿的，使用 Trustmark 的许可费用由卖方支付，具体数额取决于在线业务的规模。

商业改善局 商业改善局（BBB；bbb.org）是一家非营利性组织，主要由会员资助，收集并提供商业报告，供消费者在购买前查看。BBB 每年接受数百万次查询，还处理针对企业的客户纠纷。

Which? 在欧盟的支持下，Which?（which.co.uk）通过确保在线交易商在其网络交易机制下遵守预置的准则，为消费者提供保护。这些准则概述了诸如产品信息、广告、订购方法、价格、货物交付、消费者隐私、收据、纠纷解决和安全等问题。

WebTrust 印章 WebTrust 印章计划与 TRUSTe 类似，由美国注册会计师协会发起赞助。

消费者评估 大量的网站包括消费者提供的产品和供应商评估。例如，在 Yelp！上，社区成员对企业进行评分和评论。

3. 计算机欺诈和滥用法案

计算机欺诈和滥用法案（CFAA）于 1984 年通过并经过多次修订，是电子商务立法的重要里程碑。最初，CFAA 的范围和意图是保护政府计算机和金融业计算机免受外部人员的盗窃。1986 年，CFAA 进行了修改，对侵权行为进行了更严厉的处罚，但它仍然只保护联邦政府或金融机构使用的计算机。随着互联网范围的扩大，CFAA 应用范围也逐步扩大。

10.7.2 卖方保护

互联网使买卖双方更容易参与电子商务诈骗活动。卖方必须得到保护以抗衡如下客户。

- 拒绝承认自己下单的客户。
- 下载版权软件并将其出售给他人的客户。
- 为其购买的产品和服务提供欺诈性付款信息（虚假信用卡或错误支票）的客户。
- 使用其他卖方的名字来冒充卖方（请参阅 CyberSource 年报）的客户。
- 使用原真实卖方的名称、商标和其他独有特征，甚至是类似网址的其他卖方。
- 消费者和犯罪分子的支付欺诈行为。

卖方也可能遭受来自竞争对手的非法或不道德的攻击。

● **示例**

美国加利福尼亚北部地区法院（案件号 10-1455-HRL）针对 McAfee 提起集体诉讼，原告声称从 McAfee 网站购买 McAfee 软件后，发现了一个看起来像 McAfee 的网页的欺骗性弹出式广告（来自 McAfee 的合作伙伴之一），页面显示感谢他们购买软件。弹出式广告要求他们点击"立即试用"按钮，他们认为他们正在下载自己刚刚购买的软件，但在不知情的情况下，他们收到了为期 30 天的 Arpu, Inc. 试用订阅（非 McAfee 产品）。他们后来发现 McAfee 将客户信用卡/借记卡和账单信息发送给 Arpu（客户在试用期后每月会被收费 4.95 美元），并向通过 McAfee 网站"试用"Arpu 的每位客户收取未披露的费用，另见 courthousenews.com/2010/04/08/McAfee.pdf。

卖方可以做什么

例如，Chargeback Stopper（chargebackstopper.com）和 Chargeback Protection（chargeback-protection.org）等公司为商家提供了一个信用卡号码数据库，该数据库中记录了对这些信用卡的"退款指令"。卖方可以通过访问数据库的信息来决定是否继续销售。未来，信用卡行业正计划使用生物识别技术来管理电子商店盗窃行为。另外，卖方可以使用 PKI 和数字证书，尤其是 SET 协议来帮助防止欺诈。

其他可能的解决方案包括：

- 使用智能软件识别有问题的客户（或者在小公司中手动执行此识别措施）。例如，一种技术涉及对信用卡账单和请求的送货地址进行比较来识别问题客户。
- 识别警告信号（例如设置红旗），以表示可能存在欺诈性交易。
- 要求账单地址与寄送地址不同的客户给他们的银行打电话，将备用地址添加到他们的银行账户中。只有这样做，零售商才会同意将货物运送到备用地址。
- 要求客户披露信用卡验证码。
- 延迟发货，直到收到货款。

有关商家如何保护自己免受欺诈的进一步讨论，请参阅 CyberSource。有关减少互联网商户信用卡欺诈有 10 项措施（请参阅 fraudlabs.com/docs/fraudlabs_white_paper.pdf）。

10.7.3 市场和社交网络服务保护

像 eBay、雅虎、亚马逊和阿里巴巴这样的交易平台都面临着卖方试图在网上销售假冒产品的问题。对于阿里巴巴来说，这个问题尤其突出，因为阿里巴巴的商业模式是连接卖方和买方（与亚马逊网站相反），这些买方主要购买产品并将其零售给消费者。市场平台试图打击假货，但这不是一件容易的事。

Facebook 和其他转向商业化的社交网络正面临虚假账户的问题。有关问题和解决方案，请参阅 Jones（2016）。

10.7.4 保护买方和卖方：使用电子签名和其他安全特性

电子签名是帮助区分合法交易和欺诈交易的一种方法。

电子签名（electronic signature）是"手写签名的电子等同物"（pcmag.com/encyclopedia/term/ 42500 / electronic-signature）。电子签名提供了高度的安全性，并被大多数法律实体认可为等同于手写签名。所有电子签名均以数字形式表示。以电子签名形式签署的电子文件、合同与纸质文件、合同一样具有法律约束力。

1. 认证

在消费者和商家没有物理接触的在线环境中，双方无法看到彼此，因此对每个人进行身份的真实性验证是非常必要的。但是，用户如果能够确定网络另一端人的身份，那么可能会出现更多的电子商务应用。例如，学生可以从任何地方在线进行考试，而无须监考人员；政府行政收费人员的欺诈可能性将被最小化。买方可以确认卖方是谁，卖方也可以知道买方的真实身份。在线求职面试也十分准确，因为申请人冒充他人几乎是不可能的。总体而言，对网上交易和电子商务的信任将大幅增加。认证可以通过包括生物识别技术在内的多种方式实现。

2. 欺诈检测系统

存在大量欺诈检测系统，例如使用数据挖掘来进行信用卡欺诈。CyberSource 还开发了几种用于检测欺诈的工具。有关详细信息，请参阅 Cyber Source 的定期报告和 authorize.net/resources/files/fdswhitepaper.pdf。

10.7 节复习题

（1）列举消费者保护措施。
（2）描述第三方保证服务。
（3）卖方要做什么来保护自己免受欺诈？怎么做？
（4）描述电子签名的类型。谁可以受到保护？为什么？
（5）描述认证。

10.8 实施企业电子商务安全

既然你已经了解了威胁和防御，我们可以讨论一些安全实施问题，从阻止计算机犯罪和信息系统故障是困难甚至不可能的原因开始。

10.8.1 电子商务安全管理的驱动因素

电子商务和社交商务的爆炸性增长，网络犯罪分子的策略不断变化、增加，以及保险公司的法规要求和需求，推动了全面的电子商务安全管理。其他驱动因素如下所示。

- 组织必须遵守的法律和法规。
- 全球电子商务的广泛应用。人们与外国人做生意时需要更多的保护。
- 信息资产已成为许多企业运营的关键。
- 新的和更快的信息技术在整个组织中共享。组织合作是必要的。
- 攻击和防御的复杂性需要全组织范围的协作解决。

10.8.2 高级管理层的承诺和支持

电子商务安全战略和计划的成功取决于高级管理层的承诺和参与。许多安全实践形式是不受欢迎的，因为它们不方便、限制性强、耗时且昂贵。除非是强制性实施，否则人们可能不会把安全实践作为组织机构的首要工作。

因此，有效的企业级电子商务安全和隐私模型应该从高级管理层的承诺和支持开始，如图10-10所示。该模型将电子商务安全（以及更广泛的IT安全）视为承诺与支持、政策与培训、程序与执行以及各种工具的组合，并被作为一个持续的执行过程。

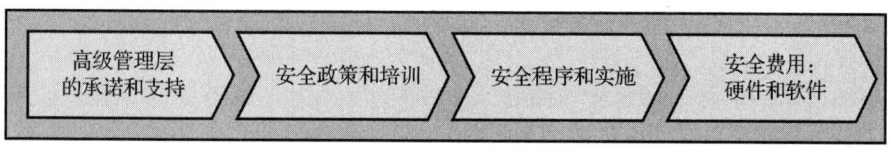

图 10-10　企业级电子商务安全和隐私保护模型

10.8.3 电子商务安全政策和培训

一个重要的安全任务是制定组织的安全政策，以及特定安全和电子商务活动的流程，如访问控制和保护客户数据。顾客应该：

- 知道数据正在被收集，以及何时完成。
- 允许数据被收集。
- 掌握如何控制和使用数据。
- 被告知所收集的个人信息不会与其他组织分享。

为了防止犯罪分子利用社交媒体，你可以：

- 制定政策和程序以利用商机，而承诺提供客户保护。
- 教育员工和其他人什么是可以接受的和什么是不可接受的。

据 sans.org 称，网络智能是一个重要的防御工具。

10.8.4 电子商务风险分析与伦理问题

电子商务安全程序要求评估处于风险中的数字和金融资产，包括成本和运营这两个考虑。

相关评估是进行商务影响分析。**商业影响分析**（business impact analysis，BIA）指的是分析组织的电子商务活动功能（例如电子采购、电子订购）失效的影响。一旦计算出这些风险，组织应将其防御策略的重点放在最大的风险上。

伦理道德问题

实施安全计划引发了一些道德问题。首先，一些人反对监测任何个人的活动。实施某些控制措施被有些人认为是对言论自由或其他公民权利的侵犯。Gartner 集团进行的一项调查发现，即使在 2001 年 9 月 11 日的恐怖袭击事件发生后，只有 26% 的美国人同意建设国家 ID 数据库。许多人甚至认为使用生物识别技术也是侵犯隐私。

处理好个人隐私与安全困境是困难的。还有其他道德和法律义务可能要求公司"侵犯员工的隐私"并监督他们的行为。特别是，IT 安全措施需要防范损失、债务和法律纠纷。

10.8.5 为什么阻止互联网犯罪很难

以下是互联网犯罪难以阻止的主要原因。

1. 购物不方便

高强度的电子商务安全性可能会使网上购物变得不方便，并且可能会延长购物时间。因此，购物者可能不喜欢一些安全措施。

2. 商业伙伴间缺乏合作

信用卡发行结构、供应商、位置，特别是国外 ISP 和其他业务合作伙伴之间可能缺乏合作。如果源 ISP 配合并暂停黑客的访问，那么黑客很难成功访问系统。

3. 购物者的疏忽

许多网上购物者没有采取必要的（但不方便的）预防措施，以避免成为身份盗用或欺诈的受害者。

4. 忽视电子商务安全最佳实践

许多公司没有谨慎的 IT 安全管理或员工安全意识淡薄。在美国，许多威胁普遍产生自对恶意软件和黑客攻击缺少防范意识的用户。

5. 设计和体系结构问题

众所周知，在电子商务设计和预实施阶段，预防漏洞比稍后缓解问题花费的成本要少得多。不幸的是，这样的预防措施并不总是能得到实施。即使是微小的设计错误，也会增加黑客攻击的可能。

6. 在商业实践中缺乏应有的谨慎

造成问题的另一个原因是许多业务流程在执行时缺乏应有的谨慎（例如众包）。**适应谨慎**

的标准（standard of due care）是公司合理预期为保护公司及其资源免受可能风险而采取最低的惯例做法。有关主要调查，请参阅 PWC（2013）。

10.8.6 保护移动设备、网络和应用程序

随着移动设备和移动商务的爆炸式增长，保护这些系统免遭本章前面所述的安全问题和新的安全问题成为主要任务。

1. 移动安全问题

典型的安全问题包括未加密的无线传输，移动设备上缺少防火墙或密码，或连接到不安全的 Wi-Fi 网络等。

Reisinger（2014）列出了其他安全问题，例如数据盗窃和解锁越狱设备。BYOD 的激增也给企业带来了威胁（请参阅 Westervelt（2013））。

2. 防御

为了保护移动系统，有必要实施 10.6 节中描述的工具和程序，并对其进行修改以适应移动环境。联想（2013）提供了一个实用的降低安全风险的检查清单。最后，一个主要问题是盗窃移动设备。两种解决方案可以起作用：首先，自动安全功能只允许所有者使用他们的设备；其次，所有智能手机将自动毁灭功能作为强制功能（定于 2015 年实施）。2016 年，该功能仍然只在加利福尼亚州启用。

10.8 节复习题

（1）如果高级管理层不重视电子商务安全，那么这会对电子商务产生怎样的影响？
（2）列出使用风险暴露方法进行电子商务安全计划的好处。
（3）为什么每家公司都要实施可接受的使用政策？
（4）为什么需要电子商务安全培训？
（5）列出阻止互联网犯罪很难的主要原因。

管理问题

与本章有关的一些管理问题如下所示。

1. 企业在制定安全计划时应遵循哪些步骤？ 安全管理是一个持续的过程，涉及三个阶段：资产识别、风险评估和实施。通过积极监控现有的安全政策和程序，公司可以确定哪些是成功或不成功的，哪些应该被修改或取消。但是，监控业务流程和业务环境的变化并相应地调整计划也很重要。通过这种方式，组织可以保持其安全策略和措施处于最新状态。

2. 组织是否应该关注内部安全威胁？ 除了恶意软件外，内部人员的违规行为可能比外部人员犯下的行为更为频繁。B2C 和 B2B 网站都是如此。电子商务网站的安全策略和措施需要解决

内部安全威胁。此外,内部人士可能成为安全犯罪的受害者。因此,企业应该教育员工,尤其是新员工,让他们了解这类威胁。

3. 建立强大的电子商务安全的关键是什么? 大多数关于安全的讨论都侧重于技术,如声称"所有消息都应该加密"。虽然技术很重要,但除非员工采用,否则没有安全性解决方案是有用的。确定业务需求是创建安全解决方案的第一步。业务需求反过来决定信息需求。

本章小结

在本章中,你了解了以下与本章学习目标相关的电子商务问题。

1. 电子商务信息安全的重要性和范围。 电子商务要获得成功,它必须是安全的。不幸的是,由于存在许多无意和有意的危险,这不是一项容易的任务。安全事件和违规行为造成电子商务交易中断并增加在线业务成本。互联网设计是脆弱的,随着电子商务的应用和数量的增加,网络犯罪的诱惑力正在增强。犯罪分子正在扩大行动,创造一个进行被盗重要信息交易的地下经济。需要采取一种策略来处理昂贵的防御技术和操作,其中包括培训、教育、项目管理和安全策略执行能力。由于威胁不断变化,电子商务安全仍将是一个不断发展的学科。因此,电子商务需要适应形势的发展。电子商务安全战略需要被提出来,以优化电子商务安全计划的效率和效力。

2. 基本的电子商务安全问题。 安全问题被视为攻击者与攻击和防御者与防御之间的战场。双方都有许多变体,也会发生许多可能的交锋情况。电子商务站点的所有者需要关注多重安全问题:身份验证,验证交易中参与者的身份;授权,确保特定个人或流程对特定系统或数据有访问权限;审计,能够确定是否已采取特定行动以及由谁操作。

3. 威胁、漏洞和技术攻击。 电子商务网站面临各种各样的攻击。攻击可能是非技术性的(社会工程),在这种情况下,犯罪分子会诱使人们泄露敏感的个人信息。攻击也可能是技术性的,在这种情况下,软件和系统专业知识被用来攻击网络、数据库或程序。DoS 攻击针对特定计算机和网站发送大量数据,从而阻止其运行。恶意代码攻击包括病毒、蠕虫、特洛伊木马或它们的组合。在过去几年中,恶意软件出现了新的趋势,如 Blackhole 和 ZeroAccess(请参阅 Wang(2013))。新的趋势包括新攻击手段的速度和数量得到提高,以及发现漏洞和发布攻击(利用漏洞)之间的时间间隔缩短。最后,新趋势包括越来越多地使用机器人发动攻击;对移动系统、社会网络和 Web 应用程序的攻击增加;转向利润驱动的攻击。

4. 互联网欺诈、网络钓鱼和垃圾邮件。 在各种互联网犯罪中,值得注意的是身份盗用及误用、股市欺诈、快速致富诈骗和网络钓鱼。网络钓鱼试图通过伪装成可信实体来获取有价值的信息。个人信息是从人们身上提取出来(或者是偷来的),然后卖给犯罪分子,犯罪分子用它来实施金融犯罪,比如把钱转到自己的账户上。另一相关领域是通过垃圾邮件来发送未经请求的广告或销售信息。

5. 信息保障。 信息保障模型表示通过确保机密性、完整性和可用性来进行数据和计算机系统保护的管理过程。保密性是数据隐私的保证。完整性是保证数据的准确性或者没有被篡改。可用性是保证授权用户需要时可以顺利、可靠地访问数据、网站或电子商务系统和应用程序。

6. 电子商务访问控制和通信保障。 在电子商务中，贸易伙伴之间的通信问题是至关重要的。在很多情况下，电子商务参与者不认识他们相对应的商业伙伴，所以他们需要进行安全的通信，并存在良好的信任。信任始于交易涉及的各方的身份验证，即在交易中识别交易各方以及他们被授权执行的操作。认证可以通过用户已知的东西（例如密码）、拥有的东西（例如入场卡）或生理特征（例如指纹）来建立。生物识别系统可以确认一个人的身份。指纹扫描仪、虹膜扫描仪、面部识别和语音识别是生物识别系统的示例。

7. 不同的控制机制和特殊的防御机制。 主要控制方法是一般性的（包括生理特征、访问控制、生物识别、管理控制、应用控制以及安全和合规性内部控制）。每种类型都有几种变化形式。

8. 互联网上的欺诈行为，以及如何保护消费者和卖方免受其侵害。 之所以需要保护，是因为买方和卖方之间没有面对面的接触；欺诈的可能性很大；缺少充分的法律约束；新的问题和骗局不断出现。一些私营和公共机构试图提供所需的保护，以建立电子商务成功中至关重要的信任。值得注意的是电子合同（包括数字签名）、赌博控制以及州际、州内和国际交易中应向谁支付什么样的税款。互联网上没有销售税的做法正在发生变化。各国开始征收互联网交易的销售税。许多程序用于保护消费者。除了立法之外，联邦贸易委员会还试图教育消费者，让他们知道主要的骗局是怎样的。在网站上使用印章（如 TRUSTe）可以提供帮助，以及供应商采取的提示和措施。卖方可能被买方、其他卖方或罪犯欺骗。可以采取的保护措施包括使用联系人和加密（PKI）过去犯罪分子的数据库，与其他卖方分享信息，教育员工以及使用人工智能软件。

鉴于实施互联网诈骗的方式很多，要防止所有这些欺诈行为是很困难的。欺诈保护由公司、安全供应商、政府法规以及最重要的消费者教育共同组成。了解犯罪分子最常用的方法是防御的第一步。请记住，大多数罪犯都非常有经验，他们能够发明新的和聪明的攻击方法。

9. 企业范围的电子商务安全。 电子商务安全程序是不方便的，昂贵的，冗长的，而且永远不会结束。实施一种将电子商务安全看作承诺、人员、流程和技术相结合的综合性的深入防御模式是至关重要的。一个有效的计划始于高级管理层的承诺和预算支持。这确定了电子商务安全对组织至关重要的基调。其他组成部分是安全策略和培训。安全程序必须明确界定。积极的合规激励措施可以起到帮助作用，并且强制执行对违规行为的惩罚。最后一步是根据管理团队定义的政策和程序部署硬件和软件工具。

10. 为什么阻止网络犯罪如此困难？ 网络犯罪的责任或羞耻可以归咎于罪犯、受害人和组织。网上购物者未能采取必要的预防措施以避免成为受害者。安全系统设计和架构仍然非常脆弱。组织可能无法在业务或招聘和实践中足够谨慎，从而为安全攻击打开了大门。每个电子商务企业都知道，信用卡被盗、数据泄露、网络钓鱼、恶意软件和病毒永不终结都是安全威胁，而且这些威胁必须得到全面和战略性的解决。

11. 电子商务的未来。 电子商务正在稳步快速增长，扩大到包括新产品、新服务、新商业模式和新的国家。最显著的增长领域是 O2O 商务、移动商务（主要是由于智能手机应用程序）、基于视频的营销以及社交媒体和网络。从智能应用到可穿戴设备等几种新兴技术正在促进电子商务的发展。另外，有几个因素正在减缓电子商务的传播，如安全和隐私问题、有限的带宽以及缺乏某些电子商务领域的标准。

⊙ 讨论问题

1. 设想黑客如何欺骗人们透露自己的亚马逊账户 ID 和密码。黑客做到这一点的具体方法有哪些？利用这些信息可以实施什么犯罪？
2. B2C 电子商务网站和社交网络继续遭受 DoS 和 DDoS 攻击。这些攻击是如何执行的？为什么防止这些攻击十分困难？网站可以采取哪些措施来缓解此类攻击？
3. 如何实施僵尸网络、身份盗用、DoS 攻击和网站劫持？它们为什么对电子商务如此危险？
4. 讨论消除网上金融诈骗的困难。
5. 访问 zvetcobiometrics.com。讨论网站上这些产品相对于其他生物识别技术的好处。
6. 搜集关于宙斯特洛伊木马病毒的信息。讨论为什么它能够有效地窃取财务数据。为什么很难防范这个特洛伊木马？
7. 访问国家漏洞数据库（nvd.nist.gov）并查看 5 个最新的 CVE 漏洞。对于每个易受攻击的漏洞列举其发布日期、CVSS 严重性、影响类型以及具有此漏洞的操作系统或软件。
8. 完成移动商务中使用生物识别技术状况的报告（见 nxt-id.com）。
9. 检索"网络战"的几个定义，并讨论该定义的主要属性。
10. TRUSTe 对电子商务做出了哪些贡献？

⊙ 课堂讨论和辩论话题

1. 企业希望与商务合作伙伴分享其客户数据，并向其商业客户提供市场数据访问权。可以使用哪些类型的安全组件（例如防火墙、VPN）来确保合作伙伴和客户可以访问账户信息，而未经授权的用户则不能访问？什么类型的网络管理程序将提供适当的安全性？
2. 为什么打击网络罪犯很困难？金融机构、航空公司和其他具有大量用户的电子商务企业可以采取哪些策略？
3. 所有电子商务网站都面临着共同的安全威胁和脆弱性。你是否认为 B2C 网站面临的威胁和漏洞不同于 B2B 网站？解释一下原因。
4. 为什么控制网络钓鱼如此困难？如何来应对？请讨论。
5. 辩论："最好的策略是投入少量资金，而且只投资于经过验证的技术，如加密和防火墙。"
6. 辩论：地下互联网市场可以控制吗？为什么可以或者为什么不可以？
7. 辩论：为了保护电子商务安全，收集你的指纹或使用其他生物识别技术是否属于侵犯个人隐私？
8. 机场人体扫描引起争议。讨论这个问题的正反两方面，并将其与电子商务安全性相关联。
9. 讨论在 Facebook 上提供信用卡详细信息的问题。你会这样做吗？
10. 讨论 Lemos（2016）指出的最近的安全趋势。
11. 在 FBI 网站上搜集身份盗用和身份犯罪话题。总结热点信息。

⊙ 在线练习

1. 你的 B2C 网站安全问题已经被一种新的创新方法入侵了。列出你要向哪个组织报告此事件，以便他们提醒其他站点。你如何做到这一点，你需要提供什么类型的信息？
2. 访问至少两个提供 IP 查询功能的网站，以确定你的计算机 IP 地址。你可以使用搜索引擎来定位网站或访问 ip-adress.com 或 whatismyipaddress.com。搜索结果会显示哪些其他关于你的连接的信息？基于这一发现，黑客将如何使用这些信息？

3. 搜索"组织机构身份盗用"。将组织机构身份盗用与个人身份盗用进行比较。公司如何保护自己免受身份盗用的损害？请写一份报告。

4. Symantec 年度互联网安全威胁报告提供了有关互联网安全中的攻击趋势和漏洞的详细信息。获取最新报告，并总结报告中针对攻击和漏洞的主要结论。

5. 使用谷歌搜索 5 个不同国家的地下互联网活动的示例。准备一份摘要。

6. 访问 verisign.com（一家 Symantec 的公司）并查找有关 PKI 和加密的信息。请写一份报告。

7. 访问网站 hijackthis.com。该网站提供了什么信息？请写一份报告。

8. 访问 blackhat.com。找出该网站的主要内容。描述一些网站的活动。

9. 访问 ftc.gov 并确定互联网上一些典型的欺诈和诈骗类型。请列出 10 种。

10. 访问网站 scambusters.org。确定并列出其反欺诈和反诈骗活动。

⊙ 团队任务和项目

1. 阅读开篇案例，回答下列问题。
（1）为什么该学院有安全问题？这是什么类型的问题？
（2）社交媒体应用程序的安全问题是什么？
（3）为什么自动化（基于代理的）解决方案不成功？
（4）为什么电脑使用政策无效？
（5）什么是带宽问题？
（6）描述新的安全政策。它为什么有效？
（7）讨论适用于本案的隐私问题。

2. 通过查看 ftc.gov 提供的示例、Symantec 最新的关于垃圾邮件状况的报告，以及来自 IBM、VeriSign、McAfee 和其他安全公司的白皮书，指派团队报告最新的主要垃圾邮件和诈骗威胁。

3. 在网站 searchsecurity.techtarget.com/video/Cyberattacks- and-extortion 上观看题为"网络攻击和勒索"的视频。回答下列问题：
（1）为什么现在网上有很多勒索行为？它们是如何实施的？
（2）目标电子邮件攻击涉及什么？
（3）什么是 SQL 注入攻击？

4. 数据泄漏可能成为一个主要问题，请找出一些主要的防御方法，并调查一些主要的安全厂商（例如 Symantec）的建议。根据这个主题，查找白皮书和网络研讨会。请写一份报告。

5. 为每个团队分配一种打击网上欺诈的方法。每种方法都应涉及不同类型的欺诈（例如银行业务）。方法包括识别可疑的电子邮件，处理 Web 浏览器中的 Cookies，信用卡保护，保护无线网络，使用网络钓鱼过滤器为浏览器安装反钓鱼保护等。

⊙ 章末案例

银行如何阻止欺诈、垃圾邮件和网络犯罪

据说，多达 90% 的钓鱼者是针对金融机构的。让我们看看一家银行如何保护客户信息安全。

BankWest of South Dakota (bankwest-sd.com)

作为一家私营公司，银行可以忽视短期利润。同时，银行提供最大限度的客户关怀和员工教育计划。然而，一个挑战性的问题是：客户经历的社会工程事件数量不断增加。Kitten（2010）

报道的BankWest员工发现的一些诈骗案例如下：

- 甜心计划。银行客户与海外用户之间可能存在长期的在线关系。海外用户试图说服客户拨款、分享银行账户信息以及开立联名账户。
- 信件、邮政服务或电子邮件。通过电子邮件通知银行客户赢得了大笔现金（例如抽奖）。黑客声称为发放资金，客户必须预先支付一些处理费用。
- 电话诈骗。自称政府机构的人员在电话中以检查需要为由，要求客户提供个人信息，而这些重复的电话要求提供不同的个人信息内容（例如社保号码）。电话诈骗通常以老年客户为目标，并依赖社会工程师与客户建立融洽关系的能力。
- 手机诈骗。一位客户被告知其借记卡已被盗用，并要求客户提供卡的详细信息以便及时更换。

该银行现在在其网站上提供有关社会工程机制的信息（参见bankwest sd.com/etc.htm）。在客户进入分行时，员工引导客户并提供有关欺诈机制的信息。该银行还制订了"员工奖励计划"（稍后将进行介绍）。

为了提高客户对互联网安全的信心，打击社会工程的企图至关重要。根据Kitten（2010）的说法，"该银行的信息安全团队定期参加研讨会，参加与社会工程和其他欺诈计划相关的论坛。立即与员工分享收集到的信息，以便让整个银行团队掌握新的、即将发生的欺诈威胁。所有工作人员还必须完成由银行设计的关于诈骗机制检测的在线培训。"

根据Kitten（2010）的说法，培训计划还包括：

- 能够识别手机诈骗，尤其是诱使客户泄露敏感信息的自动诈骗（例如诱骗企图）。
- 当员工点击链接或打开文件附件时，能够识别钓鱼电子邮件并发出预警。
- 进行月度培训和以员工为导向的社会工程机制现场演示。

员工奖励

识别诈骗的员工可以获得奖励证书和小额奖金；他们的经理会收到相关通知，员工也会因为自己被认可而感到自豪。

结果

该银行信息安全管理员称，尽管安全机制数量没有减少，但报告此类安全机制问题的雇员人数却大幅增加。

要阅读BankWest关于如何防范身份盗用、网络钓鱼等安全技巧。

资料来源：基于Kitten（2010）和BankWest（2016）。

问题

1. 结合10.2节、10.3节和10.4节中的攻击方法，请列出BankWest面临的主要安全问题。
2. BankWest通过哪些方法帮助阻止诈骗，避免造成损害？
3. 根据BankWest存在的问题及其解决方案，你能否提出更好的防御机制？

⊙ 在线文件

请访问网站ecommerce-introduction-textbook.com，以获取本章在线文件。

W10.1 应用案例：西雅图医院如何避免僵尸网络攻击。

参考文献

Alto, P. "Infographic: The Real Cost of Cyberattacks." *Enterprise Innovation*, March 21, 2016.

Andress, J. *The Basics of Information Security, Second Edition: Understanding the Fundamentals of InfoSec in Theory and Practice*. Rockham, MA: Syngress Pub., 2014.

Apps, P., and J. Finkle. "Suspected Russian Spyware Turla Targets Europe, United States." *Reuters.com U.S. Edition*, March 7, 2014. reuters.com/article/2014/03/07/us-russia-cyberespionage-insight-idUSBREA260YI20140307 (accessed April 2016).

BankWest. "About Us." bankwest-sd.com/about.htm (accessed April 2016).

Bort, J. "For the First Time, Hackers Have Used a Refrigerator to Attack Businesses." *Business Insider*, January 16, 2014.

Cannell, J. "Cryptolocker Ransomware: What You Need to Know." October 8, 2013. blog.malwarebytes.org/intelligence/2013/10/cryptolocker-ransom (accessed April 2016).

Casti, T. "Phishing Scam Targeting Netflix May Trick You With Phony Customer Service Reps." *The Huffington Post Tech*, March 3, 2014a. huffingtonpost.com/2014/03/03/netflix-phishing-scam-customer-support_n_4892048.html (accessed April 2016).

Casti, T. "Scammers are Targeting Netflix Users Again, Preying on the Most Trusting among Us." *The Huffington Post Tech*, April 17, 2014b. huffingtonpost.com/2014/04/17/netflix-comcast-phishing-_n_5161680.html (accessed April 2016).

Cloud, J. *Internet Security: Online Protection from Computer Hacking*. North Charleston, USA: CreateSpace Publishing Platform, 2015.

Cluley, G. "Phishing and Diet Spam Attacks Hit Twitter Users." *Cluley Associates Limited*, January 9, 2014. grahamcluley.com/2014/01/phishing-diet-spam-attacks-hit-twitter-users (accessed April 2016).

Constantin, L. "Identity Thieves Obtain 100,000 Electronic Filing PINs from IRS System." *IDG News Service*, February 10, 2016.

CyberSource. *14th Annual 2013 Online Fraud Report*, CyberSource Corporation (2013).

Dawn Ontario. "Virus Information: Guide to Computer Viruses." n.d.

Dog Breed Info Center. "Examples of Scam E-Mails." n.d. dogbreedinfo.com/internetfraud/scamemailexamples.htm (accessed April 2016).

EMC/RSA. "2013 A Year in Review." Report # JAN RPT 0114, January 2014. emc.com/collateral/fraud-report/rsa-online-fraud-report-012014.pdf (accessed April 2016).

Fink, E. "Google Glass Wearers Can Steal Your Password." *CNN News*, July 7, 2014. money.cnn.com/2014/07/07/technology/security/google-glass-password-hack (accessed May 2016).

Finkle, J. "'Pony' Botnet Steals Bitcoins, Digital Currencies: Trustwave." *Reuters.com US Edition*, February 24, 2014. reuters.com/article/2014/02/24/us-bitcoin-security-idUSBREA1N1JO20140224 (accessed April 2016).

Forrest, C. "Phishing Gets More Dangerous: New Report Analyzes the Weapons of Choice." *TechRepublic*, January 27, 2016.

Frenkel, K. A. "2016 Has the Markings of a Perfect Storm for Fraud." *CIO Insight*, January 28, 2016.

Goldman, D. "Hacker Hits on U.S. Power and Nuclear Targets Spiked in 2012." January 9, 2013. money.cnn.com/2013/01/09/technology/security/infrastructure-cyberattacks (accessed April 2016).

Goldman, D. "Data Breach Roundup: January 2014." February 14, 2014a. esecurityplanet.com/network-security/data-breach-roundup-january-2014.html (accessed April 2016).

Goldman, D. "Take Down Any Website for $3." *CNN News*, December 31, 2014b. money.cnn.com/2014/12/31/technology/lizard-squad-attack (accessed April 2016).

Goodchild, J. "Policy-Based Security and Access Control." April 5, 2011. csoonline.com/article/2128022/mobile-security/case-study-olicy-based-security-and-access-control.html (accessed April 2016).

Goodman, M. *Future Crimes: Inside the Digital Underground and the Battle for our Connected World*. New York: Anchor Reprint, 2016.

Greengard, S. "Breaches of Health Care Data: A Growing Epidemic." *Baseline*, February 12, 2016.

Harrison, V., and J. Pagliery. "Nearly 1 Million New Malware Threats Released Everyday." *CNN News*, April 14, 2015.

Harwood, M. *Internet Security: How to Defend Against Attackers on the Web (Jones & Bartlett Learning Information Systems Security & Assurance)*, 2nd edition. Burlington, MA: John Bartlett Learning, 2015.

Hinckley, S. "Pay by Selfie? Amazon Says Your Portrait Can Protect Online Purchases." *CSMonitor*, March 15, 2016.

Horowitz, D., and A. Horowitz. "Online Merchandise Scams Target Students." *The Costco Connection*, December 2015.

Jennings, R. "This Hollywood Hospital Didn't Backup Its Data? 'Ransomware' Payday for Evil Hackers." *Computerworld*, February 18, 2016.

John, A. *Internet Security*. Publisher: Self-Publishing, 2016.

Jones, M. "Facebook Tests Tool that Identifies Fake Accounts." *Value Walk*, March 24, 2016.

Kaiser, T. "Hackers Use Refrigerator, Other Devices to Send 750,000 Spam Emails." January 17, 2014. dailytech.com/Hackers+Use+Refrigerator+Other+Devices+to+Send+750000+Spam+Emails+/article34161.htm (accessed April 2016).

Kan, M. "Alibaba Uses Facial Recognition Tech for Online Payments." *Computer World*, March 16, 2015.

Katz, O. "Analyzing a Malicious Botnet Attack Campaign through the Security Big Data Prism." January 6, 2014. blogs.akamai.com/2014/01/analyzing-a-malicious-botnet-attack-campaign-through-the-security-big-data-prism.html (accessed April 2016).

Kavilanz, P. "Cyberattacks Devastated My Business!" (Last updated May 28, 2013). money.cnn.com/gallery/smallbusiness/2013/05/28/cybercrime/index.html?iid=Lead (accessed April 2016).

Kitten, T. "Case Study: How to Stop Scams." July 14, 2010. bankinfosecurity.com/case-study-how-to-stop-scams-a-2748 (accessed April 2016).

Kravets, D. "How China's Army Hacked America." May 19, 2014 arstechnica.com/tech-policy/2014/05/how-chinas-army-hacked-american-companies (accessed June 2014).

Lawinski, J. "Security Slideshow: Malicious Attacks Skyrocket as Hackers Explore New Targets." *CIO Insight*, May 7, 2012.

Lemos, R. "Phishing Attacks Continue to Sneak Past Defenses." *eWeek*, February 11, 2016.

Lenovo. "Lenovo Recommends 15 Steps to Reducing Security Risks in Enterprise Mobility." White Paper, August 2013. Available for download in.pdf format at techrepublic.com/resource-library/whitepapers/lenovo-recommends-15-steps-to-reducing-security-risks-in-enterprise-mobility/post (accessed April 2016).

Maxwell, D. *Hacking: Bootcamp—How to Hack Computers, Basic Security and Penetration Testing (Hacking The Common Core)*. [Kindle Edition] Seattle, WA: Amazon Digital Services, 2016.

Nakashima, E., and M. Zapotosky. "U.S. Charges Iran-Linked Hackers with Targeting Banks, N.Y. Dam." *The Washington Post*, March 24, 2016.

Pagliery, J. "Drug Site Silk Road Wiped Out by Bitcoin Glitch." *CNN Money*, February 14, 2014a. money.cnn.com/2014/02/14/technology/security/silk-road-bitcoin (accessed April 2016).

Pagliery, J. "Your Car Is a Giant Computer- and It Can Be Hacked." *CNN Money*, June 2, 2014b.

Pontrioli, S. "Social Engineering, Hacking the Human OS." December 20, 2013. blog.kaspersky.com/social-engineering-hacking-the-human-os (accessed April 2016).

PWC. "Key Findings from the 2013 US State of Cybercrime Survey." June 2013. pwc.com/en_US/us/increasing-it-effectiveness/publications/assets/us-state-of-cybercrime.pdf (accessed April 2016).

Reisinger, D. "10 Mobile Security Issues that Should Worry You." *eWeek*, February 11, 2014.

Reuters. "Malware Suspected in Bangladesh Bank Heist." *Fortune.com*, March 12, 2016. fortune.com/2016/03/12/malware-bangladesh-bank-heist (accessed April 2016).

Russell, K. "Here's How to Protect Yourself from the Massive Security Flaw That's Taken over the Internet." *Business Insider*, April 8, 2014.

Schwartz, M. J. "Target Breach: Phishing Attack Implicated." *Information Week Dark Reading*, February 13, 2014. **darkreading.com/attacks-and-breaches/target-breach-phishing-attack-implicated/d/d-id/1113829** (accessed April 2016).

Scott, J. *Cybersecurity 101: What You Absolutely Must Know!- Volume 1: Learn to be Pwned, Thwart Spear Phishing and Zero Day Exploits, Cloud Security Basics and Much More.* [Kindle Edition] Seattle, WA: Amazon Digital Services, 2016a.

Scott, J. *Cybersecurity 101: What You Absolutely Must Know!- Volume 2: Learn JavaScript Threat Basics, USB Attacks, Easy Steps to Strong Cybersecurity, Defense Against Cookie Vulnerabilities, and Much More!* [Kindle Edition] Seattle, WA: Amazon Digital Services, 2016b.

Scott, W. *Information Security 249 Success Secrets- 249 Most Asked Questions on Information Security- What You Need to Know.* Brisbane, Queensland, Australia: Emereo Publishing, 2014.

Singer, P. W., and A. Friedman. *Cybersecurity and Cyberwar: What Everyone Needs to Know.* 1st Edition, New York: Oxford University Press, 2014.

Smith, C. "It Turns Out Target Could Have Easily Prevented Its Massive Security Breach." March 13, 2014. **bgr.com/2014/03/13/target-data-hack-how-it-happened** (accessed April 2016).

Smith, R. *Elementary Information Security*, 2nd edition. Burlington, MA: Jones Bartlett, 2015.

SUNY College at Old Westbury. "Website Privacy Policy Statement." 2014. **oldwestbury.edu/policies/website-privacy-policy-statement** (accessed May 2016).

Swann, C. T. *Marlins Cry a Phishing Story.* Spokane, WA: Cutting Edge Communications, Inc., 2012.

Symantec. "Infographic: The State of Financial Trojans 2013." Updated January 8, 2014. **symantec.com/connect/blogs/state-financial-trojans-2013** (accessed April 2016).

Symantec. "Web-Based Attacks." White paper, #20016955, February 2009. **symantec.com/content/en/us/enterprise/media/security_response/whitepapers/web_based_attacks_02-2009.pdf** (accessed April 2016).

TechRepublic Staff. "The 15 Most Frightening Data Breaches." *TechRepublic*, October 29, 2015.

Teo, F. "Monitoring Your Internal Network with Intelligent Firewalls." *Enterprise Innovation*, January 18, 2016.

Timberg, C. "Foreign Regimes Use Spyware against Journalists, Even in U.S." February 12, 2014. **washingtonpost.com/business/technology/foreign-regimes-use-spyware-against-journalists-even-in-us/2014/02/12/9501a20e-9043-11e3-84e1-27626c5ef5fb_story.html** (accessed April 2016).

Troinovski, A. "German Parliament Struggles to Purge Hackers from Computer Network." *The Wall Street Journal*, June 12, 2015.

Van Allen, F. "The 18 Scariest Computer Viruses of All Time." *TechRepublic*, January 22, 2016.

Victor, D. "Authorities Shut Down Darkode, a Marketplace for Stolen Personal Data." *New York Times*, July 15, 2015.

Wagstaff, K. "Why Is the U.S. Going After Chinese Hackers? Jobs?" *NBC News*, May 19, 2014.

Wang, R. "Malware B-Z: Inside the Threat from Blackhole to Zero Access." A Sophos White Paper, Sophos Ltd., January 2013. **sophos.com/en-us/medialibrary/Gated%20Assets/white%20papers/sophos_from_blackhole_to_zeroaccess_wpna.pdf** (accessed April 2016).

Westervelt, R. "Top 10 BYOD Risks Facing the Enterprise." July 26, 2013. **crn.com/slide-shows/security/240157796/top-10-byod-risks-facing-the-enterprise.htm** (accessed April 2016).

Winton, R. "Hollywood Hospital Pays $17,000 in Bitcoin to Hackers: FBI Investigation." *Los Angeles Times*, February 18, 2016.

Wollen, J. "10 Social Engineering Exploits Your Users Should Be Aware Of." *TechRepublic*, January 27, 2016.

Yan, S. "Chinese Man Admits to Cyber Spying on Boeing and Other U.S. Firms." *Money CNN News*, March 24, 2016.

Yadron, D. "Newest Hacker Target: Ads." *The Wall Street Journal Tech*, January 31, 2014. **online.wsj.com/news/articles/SB10001424052702303743604579350654103483462** (accessed April 2016).

CHAPTER 11
第11章

电子商务支付系统和订单履行

■ 学习目标

完成本章后，你将能够：
1. 描述跨境电子商务以及电子商务支付和履行中出现的问题。
2. 描述零售业的重大变革及其对电子商务支付的影响。
3. 讨论在线使用的不同支付卡及处理模式。
4. 讨论智能卡的不同类别和潜在用途。
5. 描述在线小额支付的问题和解决方案。
6. 理解 PayPal 和第三方支付网关。
7. 理解移动支付的主要类型和模式。
8. 描述数字货币和虚拟货币的差异和主要特征。
9. 定义电子商务订单履行，并描述电子商务订单履行的流程。
10. 描述电子商务订单履行的主要问题。
11. 描述电子商务订单履行问题的各种解决方案。

■ 开篇案例

跨境电子商务：与"天猫全球"合作

问题

在电子商务条件下，"世界有很多机会（牡蛎）你都可以利用"。电子商务可以超越国界，向日益增长的国际市场提供产品和服务。但问题正如莎士比亚的《温莎的风流娘们儿》原文所描写的一样，可能需要一把利剑才能打开像牡蛎一样的世界。

买方向另一个国家的批发商或卖方在线采购就是所谓的国际电子商务或**跨境电子商务**（cross-border e-commerce），这两个概念是同义词。有时，研究者和从业人员细化了跨境电子商务的定义，排除了那些使用同一语言、货币和边界开放的国家之间的电子商务贸易（Goodale，2014）。例如，美国和加拿大之间的贸易被视为国际贸易，因为他们的货币和财政法规不同，货物的自由流通也受到法律的限制，而欧盟许多邻国之间的贸易被认为是国内贸易，因为他们使用同一货币（欧元）和支付协议（SEPA，见11.3节），并相互开放边界。欧盟国家中有多种语言，他们通常共用一种或几种语言。当几个国家地理位置相近，语言、支付系统和货币通用时，跨境商务的许多关键障碍就被消除了。

埃森哲和阿里研究院（中国阿里巴巴集团的研究机构）最近的一份报告（Alizilia，2015）显示，2015年全球跨境B2C交易量约为3 000亿笔，约占全球所有B2C交易的16%。这是全球3.6亿名B2C购物者的购买总量，这些购物者仅占当年所有在线购物者数量的25%。总之，每七笔中交易中只有一笔是跨境交易，每四位买方中只有一位做过跨境购买。

根据对全球29个国家24 000个成年消费者的调查数据（PayPal，2015），美国和中国是迄今为止最受世界几乎每个地区欢迎的在线跨境购物地。唯一例外的是西欧国家，这些国家的在线购物者往往在该地区内进行跨境采购。从买方的角度来看，拥有强烈跨境采购倾向的国家（超过70%的在线采购是跨境的）分散于全球，包括加拿大、爱尔兰、奥地利、以色列、尼日利亚、新加坡和澳大利亚。而跨境采购倾向最弱的国家包括美国、英国、德国、荷兰、波兰、土耳其、日本、韩国和中国。

到2020年（Alizilia，2015），预计跨境交易的前景将大幅改变。2015～2020年，跨境交易的复合增长率接近30%，交易量届时将达到1万亿笔左右。这将占全年在线交易总量的30%左右。到那时，估计有20亿名在线购物者，其中约有1/2进行跨境购物。对于商家和卖方来说，这些预测描绘了一个遍布机会的图景（"牡蛎"）。它也为银行和支付服务提供商提供了重要的机会。那么，"利剑"在哪儿？怎样才能利用好这个机会？

解决方案

假设一个商家想要扩展他的在线B2C专业服装和服饰业务，使之面向海外买方。事实上，服装和服饰的跨境采购量远远超过其他产品。尽管如此，在国际市场上卖服装会有多难？随着英语和信用卡在互联网上成为事实上的标准，似乎大多数商家可以通过简单地增加对国际信用卡和交付的支持来参与跨境电子商务。虽然这可能适用于世界上某些地区的少量交易，但经验告诉我们，这其实连大多数电子商务零售商处理的销售交易的平均值都达不到。

Pymnts（2015）最近对10个国家的180个在线B2C商家样本进行的研究评估了已成功参与国际B2C交易企业的特征，以及这些企业参与跨境交易的准备程度。根据他们对60项特征的分析，最重要的发现就是前十大商家都具有"当地化思维"。这些商家设法让国际客户认为他们就像在国内一样。他们提供多种语言、多种货币和多种支付系统。他们为不同国家的客户定制页面（例如地址和电话字段等简单的东西），支持各种设备访问，尤其是移动设备。他们简化了结账流程，省去了对大量用户配置文件的需求。他们还提供免费送货和鼓励重复购买的奖励。

Pymnts（2015）的第二个重要发现是样本中绝大多数企业远未做好参与跨境交易的准备。这项研究考虑了目前世界上有195个国家，共有6 500种语言和180种货币，以及各不相同的海关程序、物流、物理基础设施以及其他监管和法律体系。

将潜在的跨境客户视为"本地"客户，几乎是不可能完成的任务。由于跨境销售需要解决的障碍和问题如此相互交织，很难以分阶段的方式或零碎的方式对此进行解决。这就是为什么大多数企业刚开始只向少数几个国家提供一小部分产品或服务清单。此外，许多公司并不在目标国家设立本地法律实体，也不为每个国家提供完全本地化的服务，而是与熟悉跨境贸易，并已拥有服务于广泛跨境消费者群体的网站开展合作。

以下是开市客（Costco）在决定向 B2C 蓬勃发展的中国市场提供产品时所使用的方法。

开市客 2015 年度报告提供了公司概况及其总体战略和运营原则（Costo, 2015）。开市客批发公司于 1983 年开始在华盛顿州西雅图市运营。从一开始，该公司就专注于在美国、加拿大及少数几个其他国家和地区经营仓储式会员店，包括英国、墨西哥、日本、澳大利亚、西班牙、韩国和中国台湾。该公司在全球共有 686 个仓储式会员店，其中大部分（569 个）位于美国和加拿大。这些店面平均面积约为 144 000 平方英尺，由 20 万名员工负责运营，服务于 8 100 万名会员。根据所在国家不同，会员每年支付数额不等的年费，在美国年费大约为 55 美元。

这些店的基本战略是提供价格较低的高质量的全国性品牌和开市客自有品牌（Kirkland Signature）产品，包括食品、杂货、硬产品、软产品、新鲜食品，以及辅助产品（例如加油站和药房）。其采用低价战略，利润来自销量大且周转快的重点库存（3 700 SKU），加上"大量采购、高效分销，及减少无任何装饰商品的人工处理，自助服务式的仓库设施带来的运作效率"。当然，利润也来自会员费。

2015 年，开市客的总销售额为 1 140 亿美元，年均增长率为 20%。这些销售额绝大多数（97%）来自店内销售。开市客迟迟不能开展电子商务业务，结果是他们落后于竞争对手。他们的电子商务销售疲软也是其战略的表现。电子商务销售不会招徕会员，也不会鼓励足够的人流量以及店内冲动性购买。

虽然开市客在国际市场中的份额有限，但开市客很难忽视中国零售业惊人的增长，尤其是在线销售领域。为了测试中国的零售市场，2014 年开市客决定通过在阿里巴巴的天猫全球网站上开设商店来进入这个市场，这不需要投资中国房产。

近年来，阿里巴巴集团（见 11.9 节）通过协调一致的努力，鼓励跨境在线 B2C 进口。为此，2014 年他们推出了一个名为天猫全球的跨境电子商务新网站。这一平台可以让外国公司在中国没有实体的情况下向中国消费者出售产品。这对开市客特别具有吸引力，因为他们对遵循"大箱子式"商店一样的路径较为谨慎。

天猫拥有许多支持跨境电子商务的关键特征，但其中最重要的两个是支付宝和天猫的保税仓库及物流合作网络（Tran, 2015）。支付宝是阿里巴巴的支付平台（有点像 PayPal）。它是中国最大的支付系统虽然天猫也支持信用卡和借记卡，但其使用量远远低过支付宝系统。该平台能自动实现货币兑换，以便中国买方以人民币进行支付，而零售商以本国货币收到付款（只要买方收到货物）。基本上，一旦商家开通支付宝，它就可以为中国的 3 000 万名在线买方提供服务。另一个关键特征与位于五大城市（上海、广州、杭州、郑州和宁波）的一系列保税仓库有关，商家可以预先大量发货到这些仓库。仓库位于免税区，专门用于处理在线购买的国际商品的进口和交付。它们不仅可以缩短客户的运输时间，还可以降低报关费用和关税。从技术上说，仓库是由海关运营的，但实际上，货物由阿里巴巴物流子公司菜鸟负责，该公司使用第三方物流供应商（3PL）网络执行必要的仓储活动，包括分拣、拣选、交货和清关。

为了获得这些并非免费的关键服务，零售商必须达到特定标准。除其他事项外，他们必须（Tran, 2015）：

- 拥有零售或贸易许可证。
- 证明他们拥有品牌或有使用权。
- 用中文发布他们的天猫网站。
- 在中国境外生产的产品须经天猫检验和认证。
- 提供包括中文服务支持在内的客户服务。
- 支持客户退货并提供在中国的退货地点。
- 直接向中国消费者提供送货服务。

许多上述所需的服务可以，也经常被外包给已获得天猫全球批准和认可的第三方提供商。

结果

今天，开市客的天猫全球网站销售从食品、医疗保健品到其自有品牌Kirkland Signature产品在内的200多种产品。他们还利用其在中国台湾地区的基地来支持运营，并依靠天猫的仓库存储及20天交付机制来限制运营费用。

与其他5 400个天猫全球客户不同，开市客取得了些许成功。虽然开市客及天猫并未提供正式的年度统计数据，但天猫曾报道好市多在运营的第一个月销售额就超过了640万美元，并在2014年"双十一"当天，售出了价值350万美元的商品。

由于开市客的利润率较低，无论如何都不得不对网站和合作伙伴带来的收益和成本进行权衡。在收益方面，这项合作（Mahajan, 2015）：

- 让他们在不投资房产的情况下测试了市场，投资房产是许多"大箱子式"的零售商（例如家得宝和百思买）进入中国市场时所犯的错误。
- 允许市场试验以确定他们将要销售的产品，确认中国消费者认为的重要特征、产品定价以及中国消费者对这些产品的消费方式。
- 省掉了建立在线商店所需的本地营业执照。这可能是一项复杂、冗长且成本高昂的工作。
- 去掉了许多与基于卡的支付系统相关的典型交易成本，并通过加快运输时间来降低整体物流成本。

在局限方面，这项合作：

- 限制他们在天猫本部和淘宝上做广告，而这两个网站占到了中国在线销售80%的份额。这样他们不得不依靠公司和品牌认知来推动其业务发展。
- 向商家收取押金（25 000美元）、年费（5 000~10 000美元）、占产品价格和物流费用2%~5%的销售佣金及1%的支付宝服务费。
- 去掉了其企业战略的关键要素——会员费。

不能保证开市客在中国在线 B2C 市场能取得成功。这儿有来自中国的领先零售商与其他跨境零售商与制造商的巨大竞争压力。如果他们取得了成功，他们最终可能不得不走当地化路线——在中国建立独立的在线业务，以降低其总成本。

资料来源：Alizilia（2015）、Goodale（2014）、Mahajan（2015）、PayPal（2015）、Pymnts（2015）和 Tran（2015）(均访问于 2016 年 5 月)。

案例经验教训

从消费者的角度来看，网上零售世界非常简单——挑选、支付、确认并等待交付。从商家的角度来看，在线生活并不简单。要使企业获得成功，无论是国内经营还是国际经营，都有许多复杂的问题需要解决。这两种经营的主要区别在于，当一个商家试图通过走向国际来扩展自己的网上业务时，问题难度就会加大——几乎就像在不同的国家经营独立的本地化企业一样。

正如开篇案例所强调的那样，在商家必须解决的一系列问题中，关键问题围绕以下几个方面：①处理电子货币和支付；②支付完成后，管理和履行订单；③确保财务和物流之间的对接对客户来说是无缝的。本章重点讨论这些问题。

几乎从有电子商务以来，电子支付领域一直以信用卡、借记卡，以及 **PayPal** 等直接与支付卡或银行账户绑定的第三方支付为主。今天，这个世界正充满变数。尽管传统的电子支付方式仍占主导地位，但形势正在快速变化。全渠道零售的兴起、移动设备的不断普及、数字或虚拟货币领域的创新以及 B2C 消费者人口结构的改变正推动着这些变化。

本章的第一部分涉及正在发生变化的支付领域：首先，发现驱动变革的潜在因素；接下来，审视世界范围内的各种主要支付形式，包括支付卡、第三方系统、移动支付和虚拟货币。本章还探讨了与各种支付方式相关的参与者和流程，以及为什么有些方式被广泛采用而另一些则没有被广泛采用。

本章后面的部分深入探讨了第二个问题——订单履行和物流。订单履行和物流是范围更大的供应链管理和执行领域中的一部分。菜鸟网络（该公司曾在开篇案例中涉及）的 CEO 童文红最近强调了订单履行和物流的重要性，她表示："如果电子商务是过去 10 年中国经济的焦点，那么物流将是下一个 10 年的焦点。"在本章中，我们将描述订单履行和物流在电子商务中的作用，以及会遇到的主要物流问题和解决这些问题的方案。

11.1 不断变化的零售业

"零售店将完全消失""现金不再为王""PC 已经过时了"，要找到很多宣称以上离线或在线零售的一些历史基石即将消亡的专家非常容易。然而，正如作家马克·吐温曾经引述过的那样："……我的死亡报道被严重夸大了。"显然，网上购物、数字支付和移动设备相对于它们过去的替代品而言，其增长速度非常之快，但正如比尔·盖茨所说："我们总是高估未来两年发生的变化，而低估未来十年将发生的变化。"这些都不是很快就能够过去的危险，特别是以全球视角来看。

11.1.1 全渠道零售

总体而言，全球零售额在不断增长，但电子商务零售额增长更快（eMarketer，2015）。2015年；全球零售额接近24万亿美元；2019年将达到29万亿美元左右，其间每年增长6%。相比之下，2015年电子商务零售额估计为1.7万亿美元，占零售总额的7%。在线零售额预计在未来几年内每年增长8%以上，到2019年将达到3.6万亿美元。届时，它们将占零售总额的12%。简单来说，这意味着电子商务每销售1美元，其他地方（主要在实体店）就销售9美元。

在全渠道零售的今天，将实体与在线之间的关系看作零和博弈是一种误导。在线和离线活动是相互关联的。如果我花时间在商店中看到某件感兴趣的商品，在确认了外观和尺寸之后，上网查看竞争者的标价、评论以及其他购买渠道，然后决定回家在线订购，这是网上销售还是店内销售呢？如果我不回家，而是从商店的网站上订购，这算店内还是网上销售？从技术上讲，这类"展示厅式"的销售过程可能会在电子商务列表中完成。现在，反过来呢？假设，我在家里，花时间在我的智能手机上看看某些产品的价格、评论和可获得性，然后决定去商店购买。该商店将获得收入，但销售实际上是我的"网络展示"活动的结果。

虽然这些模式和其他组合不可能适用于所有产品和零售商，但领先的零售商正在迅速将这一模式变为现实。几年前，零售商的商店系统和在线系统（前台和后台）完全分开运营。这很难为那些可能需要线上线下结合的客户提供服务。但是，如今许多世界领先的零售商都在转型，以便为其客户提供浏览、购买和交付选择的多种组合。

毫无疑问，零售店数量和零售面积正在下降。大多数商店的人流量也在下降。很多这些下降都是网上购物导致的，但这并不意味着商店会完全消失。这确实意味着我们所了解的购物体验今天正在变得与过去有所不同，因此严格区分店内和线上的销售额是没有意义的。这就是为什么福雷斯特研究公司（O'Grady，2016）要一直报告在线销售、受网络影响的离线销售和非网络影响的离线销售三者的相对比例。他们估计2016年全球3.6万亿美元的销售额中，这三者所占的比例分别为8%、44%和48%。

11.1.2 现金与非现金交易

离线和在线的非现金支付量都在增长。从绝对量来看，这并不意味着现金支付正在减少并最终消失。事实上，现金支付量实际在增长，但增长速度比非现金支付要慢。

很难跟踪和准确衡量一个国家现金的总使用量，这与非现金支付不同。政府试图追踪有多少现金在流通，但大多数政府无法准确地知道谁用多少现金购买了什么。事实上，这是一些人喜欢现金和像比特币这样的数字替代品的原因之一。

我们可以衡量的是ATM相关业务。ATM业务正蓬勃发展（Gordon，2015）。2014年，全球ATM的安装基数为300万台，预计到2020年将达到400万台。事实上，经济高速增长的中国2014年拥有60万台ATM，比上年增长了500%。2014年，有超过900亿笔，价值约14万亿美元的现金被提取，增幅超过4%。当然，将来我们可以从ATM上转钱到自己的电子钱包，所以我们必须区分现金和电子取款。

从现金角度来看，我们可以估计的另一件事是消费者交易的现金与非现金的相对数量。一份被广泛引用的万事达的报告（2015）指出，全球消费者交易中的现金交易占85%，当然这一比例在不同国家差异很大。实际上，绝大多数国家的这一比例都超过了85%，包括中国、西班牙、巴西、日本、印度和俄罗斯。其次是消费者现金交易比例为55%~70%的美国、澳大利亚、德国和韩国等国家。最后，有一小部分国家的现金交易比例为40%~50%。离无现金社会最接近的国家包括新加坡、荷兰、法国、瑞典、加拿大和比利时。

一些政府正大力推进尽可能消除现金交易的举措。但是，由于现金在小额交易和极少拥有金融替代品的低收入人群中的作用无可替代，即使是经济发达国家，政府也几乎不可能取消现金。

消费者现金和非现金交易之间的格局反映了离线和在线零售销售之间的格局。更具体地说，就像店内零售以现金为主，并在不断增长，然而非现金交易增长更快，市场份额也在增加。这些都是电子商务销售交易导致的。虽然现金可用于电子商务购买（例如货到付款或从现金账户转账），但绝大多数销售都用各种非现金支付。

与全球范围内的现金一样，信用卡和借记卡自21世纪头10年初以来一直是全球非现金支付之王。从Capgemini金融服务分析（2016）的数据来看，非现金支付可分为四种——支付卡、直接借记卡、信用转账和支票。除支付卡约占所有非现金支付的45%的欧洲外，在世界其他地区，支付卡交易的份额从拉丁美洲的50%到亚洲新兴经济体的80%不等。

Nielsen（2016）对全球26个国家的13 000名消费者进行了全球调查，其数据详细显示了网络世界中全球使用非现金交易的情况。受访者被要求说明他们在过去3个月内完成B2C网上购物的方式。付款分为五类——信用卡、借记卡（第三方）、数字支付系统（例如PayPal）、直接付款及货到付款（COD）。表11-1列出了主要地区的前三种付款方式。

表11-1 过去3个月受访者使用电子商务支付方式的百分比

国家或地区	信用卡	借记卡	数字支付系统	直接付款	货到付款
全球	53	49	43	—	—
中国	—	—	86	53	49
印度	—	71	—	61	83
东南亚	57	—	37	35	—
西欧	44	56	56	—	—
东欧	46	—	—	55	57
北美	74	—	38	—	—
非洲	—	52	—	42	54
拉丁美洲	65	31	46	—	—
中东	46	11	—	—	64

资料来源：根据Nielson（2016）的数据。

从全球来看，最常用的是支付卡（信用卡和借记卡），其次是数字支付系统。然而，显而易见的是，各种支付方式的相对重要性因地而异。很明显，中国是一个比较特殊的国家，因为中国的信用卡和借记卡使用比例都没有进入前三名。在中国，数字支付的使用频率最高。中国数字支付的普及是因为阿里巴巴是该国最大的电子商务网站，而阿里巴巴则依靠被称为支付宝的自有支付系统。同样重要的是，货到付款是全球九大地区中四个地区的主要支付方式，这些地区都是发展中经济体，其中很大一部分人"无银行账户"。

11.1.3 转向移动化

世界正在迅速接纳智能手机，这应该不足为奇。根据 Ericson 的统计（Lunden，2015），2015 年全球智能手机用户不到 20 亿人，约占全球人口的 25%。到 2016 年，他们预计这一数字将超过 60 亿人，占全球人口的 70%。发展中经济体和 18~24 岁的"数字原住民"正在推动这一惊人的增长。

毫不奇怪，从全球新智能手机的出货量与其他基于计算机的设备（包括平板电脑、二合一混合平板、便携式 PC 和台式 PC）的总出货量的比较（Lunden，2015），就可以突显出智能手机的迅速普及。截至 2011 年年底，智能手机的新出货量首次超过了各种个人电脑的总出货量。如今，智能手机占计算机设备新出货量的 70%。到 2019 年，这一比例将接近 80%。

显然，PC 已经进入了最后一个阶段，但其退出历史舞台的速度并不快。首先，除了苹果公司仍拒绝在 Macbook 上提供触摸屏以外，大多数 PC 正在变身为具有移动功能的平板电脑设备。其次，许多智能手机用户仍然每天都使用 PC。最后，当你检视电子商务领域时，很明显 PC 仍然在网上购物方面占据着主导地位。

对于后一种情况，请参考图 11-1 中的数据。该图显示了使用平板电脑、智能手机和 PC 在线购物的百分比。除了历史以来手机和智能手机使用量就非常高的两个国家——日本和韩国以外，使用 PC 购物至少占总购买量的 70%。即使在日本和韩国，这个数字也在 50% 左右。

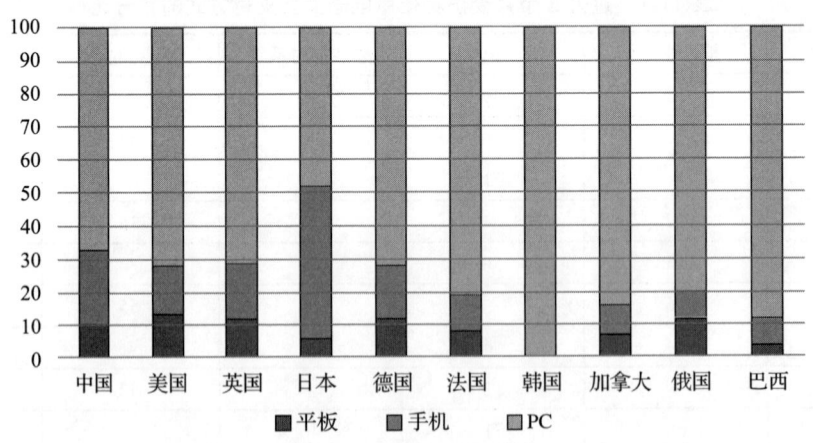

图 11-1　各国在线电子商务所用设备的百分比

资料来源：Keith, M. Global eCommerce Sales, Trends and Statistics 2015. September 2, 2015. remarkety.com/global-ecommerce-sales-trends-and-statistics-2015.

为什么使用 PC 在线购物的比例远高于智能手机？这有很多原因。其中一个原因是，相当大比例的智能手机用户仍然不愿意将个人信息和信用信息放在他们的手机上，担心它可能会被盗窃和被黑客入侵。这与电子商务刚开始时人们所担心的一样，当时这种担心减慢了信用卡使用于在线购买的速度。显然，消费者已经克服了这一问题，他们也将会用移动设备克服同样的问题。第二个原因是买方的人口结构。移动设备的使用在年轻人群中最多。在年轻一代中，移动设备的应用最为广泛。从全球来看，65 岁以上人群的净资产中位数要比 35 岁以下人群的高约 50 倍！老年消费者仍然使用 PC。从长远来看，这可能意味着使用智能手机购物的百分比将开始迅速攀升。但是，在可预见的未来，用 PC 购买的金额将大于用智能手机购买的金额。

11.1.4 对电子商务支付的意义

自 1995 年出现以来，B2C 电子商务一直以一套相对简单的商业模式、交易和支付方式为主。在 21 世纪初，普通商户大体上通过浏览器提供产品和价格目录，通过支付卡（信用卡和借记卡）或某些第三方支付处理器（例如 PayPal）保证支付，提供送货和处理退货的系统，并提供客户支持。那些拥有实体和数字业务的商家往往将其在线业务简单地、独立地运营，以延伸他们的离线实体业务。这基本上就像是将业务目录数字化。与大多数企业目录一样，他们基本上只关注（非易腐）产品而不是客户，以及国内市场而不是国际买方。即使在今天，大部分电子商务网站仍然以这种方式运作，并加上一些花里胡哨的功能。

在过去的 10 年里，这一模式背后的原理和做法一直受到本节中概要性描述中的运营、技术和人口结构变化的冲击。在过去的 4～5 年里，这些变化已处在风口浪尖。无论从买方还是卖方的角度来看，支付领域受到的冲击最为明显。其规模可以称得上如海啸一般。也就是说，创新者想要帮助、改变或替代成千上万的电子支付企业。许多创新者来自金融技术（金融科技）行业的新成员和初创公司。

尽管没有行业标准目录来划分来这些新企业，也没有官方数据估算相关数量和价值，但 Capgemini 金融服务分析（2016）试图弥补这些不足。他们创造了"被隐藏的数字支付"这一概念来描述此类业务，并将支付划分为四种主要类型，包括：

- 闭环支付卡和移动应用，支持在线和离线支付，旨在提升用户忠诚度。
- 数字钱包（非银行），支持各种电子商务交易。
- 移动资金，支持"无银行账户"者和"欠银行钱"者的移动金融交易。
- 虚拟货币，在没有传统金融机构的帮助下支持"价值"的即时转移。

他们估计 2015 年被隐藏的支付总额为 250 亿～400 亿美元，占所有非现金交易的很小比例（占 6%～10%）。

11.1.5 临界质量

在信用卡成为电子商务中的标准之前，许多公司试图引入非传统支付系统。除 PayPal 之外，其他都胎死腹中。今天，新系统远远超过了早期的数量。这些系统中，少数可能会得到广泛采用，另一小部分将获得区域性采用，而绝大多数将与以前的系统一样消失。即使是名声在外，并拥有一群忠实的追随者，也不能保证这些系统成功。

一个很好的例子就是众所周知的虚拟货币比特币（bitcoin.org）。比特币是由开源软件驱动的点对点加密数字货币（在 11.7 节中详细讨论）。它有相当数量的用户和支持者，并有着曲折的过去。目前，一些专家预测其作为货币将会消失。但是，他们也预测其背后的技术基础很可能会被重新用于其他金融应用中。

正如 Evans & Schmalensee（2005）指出的那样，任何支付系统都需要数年的时间才能获得广泛的采用。例如，信用卡是在 20 世纪 50 年代引入的，但直到 20 世纪 80 年代才得到广泛使用。任何电子支付方式成功的关键是"鸡与蛋"的问题：当买方很少使用它时，如何让卖方采用这种付款方式呢？当卖方很少使用它时，如何让买方采用呢？从物理学角度来说，支付系统如何达到临界质量呢？

临界质量取决于以下几个关键因素：

- 独立性。大多数电子支付形式要求买方采用一些新技术，以便支付，并促使商家安装专门的软件和硬件来接受、授权和处理支付。如果新系统能够兼容已有的技术和做法，那么就很容易取得成功。
- 互操作性和可移植性。使用电子支付方式之前，必须将之与现有的信息系统集成。
- 安全性。支付交易有多安全？如果资金转移受到威胁会怎样？只有安全的系统才能成功。
- 匿名性。一些买方希望他们的身份和购买记录是匿名的。这只有使用现金才能保证。要取得成功，需要采用特殊的支付方式（如虚拟货币）来保证匿名。
- 可分性。大多数支付系统很难在一系列的购买价格上进行有效的刻度划分。例如，一方面尝试使用信用卡购买糖果条；另一方面，尝试使用信用卡购买飞机。任何可以服务于其中一个或另一个极端的方法，或者可以覆盖范围广泛的方法都有成功的可能性。
- 便于使用。信用卡由于其易用性而被用于 B2C 和 B2B 电子支付。电子支付必须弥补传统支付的不足。
- 交易费用。除了现金之外，几乎所有的支付系统都要有人付费。当使用信用卡时，商家支付处理费用。当卡被用来取钱时，成本通常由持卡人支付。如果总费用对于其中一方来说太高，那么该系统很可能会失败。
- 国际支持。电子商务是一个全球性的现象。电子支付方式被广泛采用前，必须易于满足购买需求和当地的法律要求。多数例外由法律规定。
- 合规。许多国际的、联邦的和州的法规管辖所有支付方式。任何更改或新方式都需要监管机构的批准。例如，PayPal 就面临美国几个州针对其违反银行业法规而提起的几起诉讼。

11.1 节复习题

（1）定义全渠道零售。是"展示厅"，还是"网上展示"？
（2）为什么难以跟踪全球现金使用情况？
（3）世界不同地区使用的不同类型的非现金电子商务支付有哪些？
（4）描述智能手机、平板电脑和 PC 用于电子商务购买的相对用途？
（5）列出"被隐藏付款"的主要类型。
（6）描述电子商务支付采用中的"鸡与蛋"问题。
（7）列出电子商务支付方式被成功采用的关键因素。

11.2 在线使用支付卡

支付卡是包含支付相关数据的电子卡。有以下三种形式：

（1）**信用卡**。信用卡使其持有人可以购物（并在稍后付款），或获得持卡人授权限额内的现金。每购买一次，信用卡持有人都会收到信用卡发卡机构的一笔贷款。大多数信用卡没有年费。但是，如果余额在截止日期之前未被全额支付，那么持有人将被收取利息。Visa 和 MasterCard 是最主要的信用卡品牌。

（2）**充值卡**。特殊的信用卡，其余额必须在到期日前被全额支付，并且通常有年费。发卡机构的例子有美国运通和晚餐俱乐部（Diner's Club）（他们也都提供常规信用卡）。

（3）**借记卡**。使用借记卡支付的款项将从持卡人的支票或储蓄账户中提取。资金的实际转移通常是在持有人账户实时发生的（如果使用 ATM 卡）中。但是，商家支票账户的结算可能会在 1~2 天内完成。MasterCard 和 Visa 也是借记卡发卡机构的例子。有关借记卡使用的一些最佳实践的讨论，请参阅 usatoday.com/story/tech/columnist/komando/2014/04/11/4- places- you- should- not- swipe- your- debit- card/7436229。

信用卡读取

使用信用卡付款时，商家需要阅读信用卡的内容，然后传送内容以进行审批和处理。这些过程必须几乎实时完成。

以下有几种方式可用：

- **固定式读卡器**。最常用的读卡器是商店中的实体 POS 机。它们被连接到授权和处理系统。
- **便携式读卡器**。用于没有线缆的地方（例如飞机上）。它们可以无线连接到处理系统，也可以连到独立系统（卖方随后承担风险，通常用于小额支付）。
- **移动读卡器**。这些系统支持移动设备的付款。它们包括插入智能手机的信用卡读卡器。Square 读卡器（squareup.com）是一种这样的设备（见 11.5 节），它有一个插入智能手机耳机插孔的"刷卡器"，并通过客户卡的磁条读取信息。

11.2.1 在线处理卡

信用卡付款的处理有两个主要阶段：授权和结算。**授权**（authorization）确定买方信用卡是否有效（例如未到期），以及客户是否在其账户中拥有充足的信用或资金。**结算**（settlement）涉及将钱从买方的账户转移给商家。这两个过程都涉及多方，包括：

- 客户。拥有该卡的个人。
- 商家。销售商品或服务的供应商。
- 发卡行。给客户（或企业）发信用卡（借记卡）的机构（通常是银行）。其为客户账户提供服务，包括结算和收取月付款。
- 商户收单银行。将商户注册到接受特定卡品牌（例如 Visa）的计划中，代表商家处理使用该特定卡品牌进行的借记卡或信用卡付款。
- 信用卡（关联）网络。信用卡网络决定了信用卡可以使用的地方，它促成刷卡客户、商家与发卡行信用卡之间的支付过程。
- 支付服务提供商。在涉及电子支付（包括授权）的所有相关方之间提供电子连接和交易服务的公司。支付服务提供商也被称为支付网关提供商。

参与者所扮演的角色、他们之间的联系以及授权和结算处理的总体流程如图 11-2 所示。任何给定的卡和商家，可能在参与方和处理的细节上有所不同。但是，无论付款是离线还是在线进行的，通常包括：

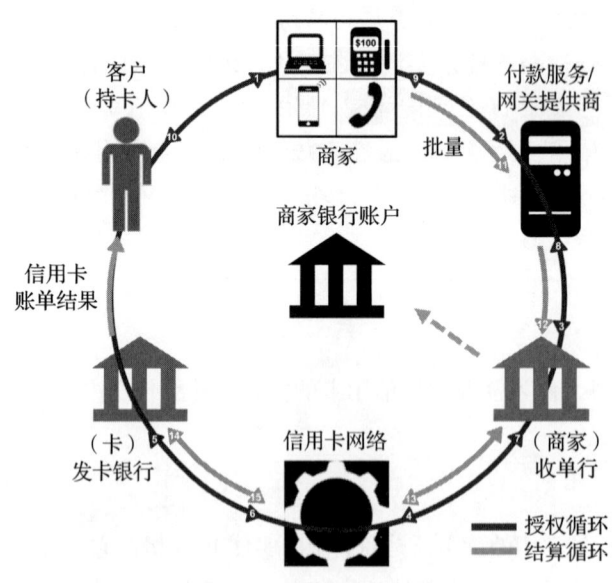

图 11-2　信用卡付款程序

资料来源：由 D. King 绘制。

- **授权循环**——[1] 客户发起付款交易（填写网页、刷卡等）。商家收到交易信息 [2]。这些信息被传递给它的 PSP，并发送给商家的收单银行（处理器）[3]。收单银行通过信用卡

网络将信息 [4～5] 传递给发卡银行。如果发卡行批准交易，授权代码就通过相同的链接发回给商家 [6～9]。发卡银行还持有与该商家和消费者有关批准金额的授权 [10]。最后，商家通知客户并完成订单。

- **结算**——当天结束时，商户通过其 PSP 向批准银行收到的所有授权 [11，12]。收单银行再次通过卡网络向发卡银行提出批量结算请求 [13，14]。信用卡发卡机构通过卡网络（第二天）向收单银行结算支付 [15，16]。收单银行随后将批准的资金存入商户的指定账户。如果商家在同一家银行或者在另一家银行开立账户，那么这可能是收单银行的账户。从授权到结算到资金入账的整个过程通常需要 3 天。

虽然整个授权过程涉及多方，但通常只需要几秒钟的时间。其中一些时间涉及各种安全措施——加密传输的信息并检查过程中的欺诈性交易。相反，结算过程通常需要几天时间。如果交易取决于实际接收订单的客户，那么结算流程可能会会放慢。

虽然卡对消费者和商家都很方便，但会传商家支付更多的费用。这种支付的费用规模和复杂性是小企业不愿支持信用卡品牌和类型的原因之一。商家为提供信用卡支付而付出的主要费用称为**手续费**。通常是交易价值的 2%、3% 或更多。手续费受交易规模、交易类型（例如是否有卡）、卡的特定品牌等很多因素影响。折扣率的主要部分（例如 85%）交给发卡行——这是发卡行收取的处理授权和结算请求的费用。这部分费用称为**交换率**（interchange rate）。其余金额分给信用卡组织（约 1/3）和收单行（约 2/3）。

一种消除或降低与卡支付相关的一些复杂性和成本的方法是消除或合并过程中的某些步骤——特别是将商户与发卡银行连接起来的处理选项。以下是主要的处理选项。电子商务商家可以：

（1）拥有支付软件。商家可以购买支付处理模块并将其与其他电子商务软件集成。该模块与收单行或其他第三方运营的支付网关进行通信。

（2）使用由卡收单行运营的销售点（POS）系统。商户可以将持卡人重定向到由收单方运营的 POS 系统。POS 处理完整的付款流程，并在完成支付后将持卡人指引回商家的网站。在这种情况下，商家的系统只处理订单信息。在此配置中，找到处理多张卡和支付工具的收单行非常重要。如果不是这样，那么商人就需要与众多收购方建立联系。

（3）使用由付款服务提供商运营的 POS 系统。商家可以依靠支付服务提供商（PSP）（这是第三方公司），为商家提供服务，以使他们可以接受各种电子支付。PSP 将电子交易中的所有参与者连接起来，请参阅 usa.visa.com/content/dam/VCOM/download/merchants/bulletin- mobile- best- practices.pdf 上的示例。

选项（1）只是图 11-2 所示的基本方法。通过选项（2），商家退居二线，让收单行处理客户的付款。在选项（3）中，商家仅用第三方处理器处理，它不仅处理卡支付，还处理其他类型的支付。这些第三方公司也可以减少商家与收单银行建立关系的需要。

11.2.2 欺诈性卡交易

虽然用于离线的授权和结算卡支付流程与在线的非常相似，但两者之间存在一个实质性差异。在电子商务中，商家通常要为欺诈交易负责。除了丢失商品和送货的费用外，接受欺诈或未经授权的支付卡的商家可能必须向信用卡公司支付罚款。然而，这些不是唯一的成本。

还有与打击欺诈交易相关的成本。其中包括审查订单的工具和系统成本，人工审核订单的成本以及因错误拒绝有效订单而损失的收入。根据 CyberSource 在线欺诈管理第 16 次年度调查（CyberSource，2016），尽管过去 5 年电子商务收入损失率保持稳定（为 0.9%），但欺诈性在线卡交易仍然造成了重大损失。稳定性是商家为管理欺诈而采取的措施的一个功能。多年来，CyberSource 调查（CyberSource 是 Visa 的子公司）也监测了商家为防止欺诈而采取的措施。今天，几乎每个商家都建立了自动化流程，并通过人工审核来检测欺诈性交易。确切的自动化程序因商家而异。但是有一些工具被大多数人使用。打击欺诈所用的关键工具有：

- 卡验证码（CVN）。所有商家中有超过 86% 使用卡验证码方法，该方法通过将信用卡背面签名条上印制的三位验证码（或卡正面的四位数字，如美国运通卡）与持卡人在发卡银行存储的号码进行匹配，以检测欺诈行为。但是，如果欺诈者拥有一张被盗的卡，这个数字就很容易看到，并且验证就会变得困难。试着检查卡用户的习惯（例如检查异常大额的购买或海外异地购买）。在这种情况下，持卡人可能会收到来自发卡机构或信用卡公司的电话，要求验证身份。在这种情况下，验证可以由智能软件代理自动完成。
- 地址验证。绝大多数商家（超过 86%）使用地址验证系统（AVS），该系统通过比较买方在结账时提供的地址和存档中的卡地址来检测欺诈。不幸的是，这种方法可能会导致一些误报，这意味着商家可能会拒绝有效的订单。持卡人可能会有一个新地址，或只是在输入数字街道地址或邮政编码时出错。AVS 仅在美国和加拿大提供。
- 客户订单历史。用特定卡（和卡持有者）进行的购买往往遵循有关地点、数量、类型和速度的常规模式。来自所用卡的订单数据可以用数学和统计数据挖掘以区分这些模式。用当前的卡购买可以与这些模式匹配以实时检测异常，以便将它们标记为潜在的欺诈。接近 78% 的商家采用这一流程。
- 负面清单。接近 70% 的商家使用负面清单。负面清单是可能被欺诈者使用的卡号数据库。这也是一个卡号数据库，用于避免犯罪分子再次欺诈。商家可以将每个客户的卡与这个数据库进行匹配，以找到具有已知问题的客户和卡片。
- 邮政地址验证服务。这是检查订单中收到的送货地址是否为有效的邮政地址，只有不到 70% 的商家使用这种技术。

虽然自动化程序是检测欺诈的关键，但 CyberSource 调查显示，每四次卡交易中就有一次被标记为潜在欺诈，需要人工审查。人工评估的平均时间约为 5 分钟。这增加了很多时间和人力成本。事实上，花在打击卡交易欺诈上的钱中有一半就花在这上面。未来降低这些成本的关键显然是使用更好的自动化程序。

11.2 节复习题

（1）描述三种支付卡。
（2）描述信用卡读卡器。
（3）列出在线处理卡的主要参与方。
（4）描述卡授权和结算的关键过程。
（5）列出商户在建立电子支付系统时的选择。
（6）如果网上商家接受欺诈性卡交易，那么会产生哪些费用？
（7）网上商户经常采取哪些措施来打击欺诈性订单？

11.3 智能卡

智能卡（smart card）是一种在嵌入式微芯片中包含数据的塑料支付卡。嵌入式芯片可以是带有存储芯片的微处理器，也可以仅是不可编程的存储芯片。微处理器卡上的信息可以被添加、删除或进行其他操作；内存芯片卡通常是"只读"卡，类似于磁条卡。该卡的程序和数据必须从其他设备（如 ATM）下载并激活。智能卡可用于多种用途，包括：

- 通信——SIM 卡。
- 金融——银行、零售商和服务提供商发行的用于支付服务卡（借记卡、信用卡、预付卡），带有支付应用程序的忠诚卡和社交卡。
- 政府和医疗——由政府签发的公民身份认证和在线服务的卡，以及由私人医疗保险公司发行的卡。
- 设备制造商——手机、平板电脑、导航设备和其他连接设备，包括无 SIM 应用程序的安全元件的制造商。
- 其他——由交通、收费、停车场、收费电视和其他服务的运营商发行的卡，以及提供物理和逻辑访问的卡。

2015 年，智能卡的出货量超过 92 亿张，比上一年增长 12%。预计 2016 年这一数字仅增长 6%，达到 98 亿张。目前在电话中的大多数智能卡（92 亿张中有 54 亿张）用于支付（有 26 亿张）。过去的增长主要是由刷卡（EVM）向芯片支付卡转化，移动设备（不包括 SIM 卡）的增长以及电子政务服务的增加所驱动。

11.3.1 智能卡的类型

有两种不同类型的智能卡。第一种是**接触卡**（contact card），它被插入智能卡读卡器时被激活。第二种类型的卡是**非接触式（接近式）卡**（contactless（proximity）card），这意味着该卡只需要在智能卡读卡器的某个特定范围内就可以处理交易。在接触式智能卡的正面或背面，有一个直径约为半英寸的小金（或银）板，其中含有一个芯片。当卡插入读卡器时，这块板会进行电子接触，并将数据传输到芯片和从芯片传出。非接触式卡具有嵌入式天线，便于将数据传输到另一个天线（例如连接到另一个设备）。非接触式卡特别适用于必须处理数据（例如支付收费公路过路费、公共汽车或火车费）或联系可能较为困难的情况。大多数感应卡在近距离内（仅几英寸）激活。对于一些应用，例如高速公路收费亭的付款，可以使用更长距离的感应卡。

2015 年，发往美国和欧洲的智能卡中超过 50% 是非接触式的。对于亚太地区来说，这个数字接近 75%。

对于这两种类型的卡，智能卡读卡器对系统的运行至关重要。从技术上讲，智能卡读卡器实际上是一个读/写设备。**智能卡读卡器**（smart card reader）的主要目的是充当卡与存储应用程序数据及处理事务的主机系统之间的中介。与有两种基本类型的卡一致，智能卡读卡器也有两种类型——接触式和感应式，它们与特定类型的卡相匹配。智能卡读卡器可以是透明的，需要主机设备操作，或者可以在功能上独立运行。智能卡读卡器是决定智能卡应用程序总体成本的关键因素。尽管单个读卡器的成本通常很低，但当大量用户（例如乘坐大都市公共交通系统的乘客）一起使用时，其成本可能相当高。

混合卡和组合卡将接触卡和感应卡的属性组合成一张卡。混合智能卡具有嵌入卡中的两个单独芯片：接触式和非接触式。相比之下，组合卡（双界面）智能卡具有支持两种类型接口的单芯片。这两种卡的好处是消除了将接触卡和非接触卡用于不同应用的需要。另外，你只需要一个读卡器。

11.3.2 储值卡

储值卡（stored-value card）是一种预付货币价值的卡，储值可一次或分几次存入卡中。从物理和技术的角度来看，储值卡与常规信用卡或借记卡难以区分。过去，货币价值储存在磁条上，但最近大多数储值卡使用智能卡技术。使用储值卡，芯片存储预付的价值。消费者可以使用储值卡进行离线或在线购物，就像他们使用信用卡和借记卡一样——依赖于相同的网络、加密通信和电子银行业务协议。储值卡的不同之处在于不需要授权，但对卡上存储的金额有限制。储值卡最流行的应用是在亚洲大城市非常受欢迎的交通卡。韩国首尔、中国香港和新加坡的公民必须持有给地铁、公共汽车、出租车和其他应用付费的智能卡。交通卡不需要任何费用，但发预付卡的银行可能需要固定的月租费或注册费。用于支付电话和短信费的储值卡也很受欢迎。

储值卡有两种类型：闭环（单用途）和开环（多用途）。闭环卡由特定的商户或商家团体（例如购物中心）发行，并且仅可用于从卡发行商处购买。购物卡，退款卡，一些付费卡、预付费电话卡和互联网使用卡都是闭环卡的示例。

在闭环卡中，礼品卡代表了传统上增长最快的领域，特别是在美国（CardCash，2015）。超过 90% 的美国消费者每年购买或收到礼品卡。在美国，人们每年在礼品卡上的花费超过 1 000 亿美元。这个数字在过去 5 年里平均每年增长 6%。

开环卡（open-loop card）是一种多用途卡，可用于多个零售商或服务提供商的交易。开环卡也可以用于其他目的，例如作为预付借记卡或从 ATM 提取现金。拥有联合卡组织品牌的金融机构，例如 Visa 或 MasterCard® 会发行一些开环卡。它们可以在接受品牌卡的任何地方使用。完整的开环卡（例如 MasterCard Mondex® 卡）允许在银行不介入的情况下在不同卡之间转移资金。

储值卡可以通过各种方式获得。雇主或政府机构可以将其作为支付卡或福利卡发放,以代替支票或直接存款。商家或商家团体出售礼品卡和给礼品卡充值。各种金融机构和非金融机构通过电话、在线或人工出售预付卡。现金、银行电汇、汇票、出纳支票、其他信用卡、直接工资或政府存款资金都可以给预付卡充值。

11.3.3 智能卡的应用

在世界的很多地方,带有磁条的智能卡被用作零售购物和运输付款的信用卡。它们也被用来支持非零售和非金融应用。global-platform.org 上有一个关于所有类型的智能卡应用的全面讨论。

1. 零售购买

信用卡公司和金融机构正在将其传统的信用卡和借记卡转换为多用途智能卡。在世界的很多地方,智能卡已经达到了巨大的市场采用率。在欧洲尤其如此,这一地区的目标是在 2010 年之前让所有银行卡成为拥有强大认证和数字签名功能的智能卡。

2000 年,电子商务委员会建立了一个名为欧洲单一支付区(SEPA)的倡议,包括 33 个欧洲国家。为了实现这一举措,所有电子商务银行同意使用相同的基本银行卡标准,从而可以在整个欧盟范围内使用信用卡和借记卡。这个标准(EMV)是根据制定其初始规格的三大卡组织(Europay、MasterCard 和 Visa)命名的。它基于带有微处理器芯片的智能卡。该芯片不仅能够存储金融信息,还能够存储其他应用程序,如强认证和数字签名。SEPA 的历史及其关键规则详见维基百科(en.wikipedia.org/wiki/Single_Euro_Payments_Area)。

最初,这 33 个国家同意在 2010 年 12 月之前将其所有磁条卡转换为 EMV 智能卡。但没有一个国家做到。今天,欧洲的采用情况因地区而异。在西欧,所有信用卡交易中有 97% 是 EMV,东欧约为 65%。在欧洲以外,中东、非洲、加拿大、拉丁美洲和南美洲的采用率也很高,在这些地区,采用率达到 85% 或更高。在亚太地区,采用率最低,涉及 EMV 的卡交易约占 35%。同样,EMV 在美国采用率增长一直非常慢。

在美国,主要的卡组织自行强制采用 EMV 卡的日期为 2015 年 10 月 1 日。届时,那些没有采用这种标准的商家将承担因信用卡欺诈而遭受的任何损失。这个时间节点过去了。到 2016 年底,估计只有不到 40% 的商户拥有 EMV 终端,大约 40% 的持卡人拥有 EMV 芯片卡。虽然美国转变的速度缓慢,但在过去一年中,采用率大幅上升。但加油站是个例外,它们在 2017 年之前预计不会接受 EMV 卡。

推动智能卡而不是标准卡使用的动力在于它们更安全。由于它们通常用于存储更有价值或敏感的信息(例如现金或医疗记录),因此智能卡通常可以抵御盗窃、欺诈或滥用。相反,如果有人窃取了常规的支付卡,他可以看到卡的号码、所有者的签名以及安全代码。在很多情况下,只需要卡号和安全码就能进行购买。但是,犯罪分子可以使用最高授权值的卡,这对银行和 Visa 或 MasterCard 都是一种损失。

另外，如果小偷偷了一张智能卡，那他通常不走运（除了非接触式或"一挥就走"的用于零售购买的卡）。在使用智能卡之前，持卡人可能需要输入 PIN 码。与标准支付卡相比，智能卡的另一个好处是，它们可以扩大到其他支付服务中。在零售领域，这些服务中的很多都针对那些通常以现金支付而且速度和便利性非常重要的场合。这包括便利店、加油站、快餐店或快速服务饭店和电影院。非接触式支付就是这种增值服务的例证。

几年前，卡公司开始在速度和便利性至关重要的零售业务中试用非接触式支付系统。所有这些系统利用传统信用卡和借记卡所使用的，已有的 POS 机和用于磁条支付的基础设施。唯一的区别是需要特殊的非接触式智能卡读卡器。购物时，持卡人只需在终端附近挥动自己的卡，然后终端读取卡上的金融信息。尽管它们方便快捷，但直到最近，零售商店中非接触式支付卡的总体采用进程一直比较缓慢。例如，根据智能支付协会（2016）的数据，2014 年出货的 15 亿张智能支付卡中有 40% 是非接触式支付卡。这比前一年增加了 35%。

2. 交通费

在美国、一些欧洲国家和大型日本城市，上班族需要开车到火车站附近的停车场，登上火车，然后换乘一次或多次地铁或公共汽车到达工作场所。整个行程可能需要多次付款。美国和亚洲的许多主要运输公司都推出了智能卡票务系统来帮助这些乘客。华盛顿特区、首尔、中国香港地区、旧金山湾区、新加坡和大多数其他主要城市的交通系统都使用智能卡支付系统。除了处理交通费外，公交智能卡和其他电子支付系统（例如智能手机）还用于支付停车费，甚至用于购买某些货物。例如，请参阅费城停车管理局（philapark.org）。同样，美国和其他地区的许多主要收费公路都接受由被称为转发器的设备提供的电子支付，这些设备的运行方式与非接触式智能卡类似，但距离更远。新加坡的 ERP（电子道路收费）系统（见图 11-3）监控新加坡市区的道路，通过在车内使用远程应答器来控制交通，特别是在高峰时段。

图 11-3 新加坡电子道路收费系统

资料来源：本照片由 J. K. Lee 拍摄于 2013 年 3 月。

11.3 节复习题

（1）定义智能卡，接触卡还是非接触式卡？
（2）描述使用智能卡的一般情况。
（3）定义储值卡，闭环卡还是开环卡？
（4）定义 EMV 标准？
（5）为什么智能卡比普通信用卡更安全？
（6）描述城市交通系统中智能卡的使用。

11.4 电子商务小额支付

小额支付（micropayments）或**电子小额支付**（e-micropayments）是金额较小的在线支付，通常在10美元以下。从许多供应商的角度来看，信用卡对于处理小额支付来说太昂贵了。借记卡的情况也是如此，虽然没有百分比费用，但固定交易费用较高。仅针对购买金额超过10美元的卡来说，这些费用相对较少（按百分比）。无论供应商的看法如何，至少在离线环境中，有大量证据表明消费者愿意使用他们的信用卡或借记卡进行小额购买。在网络环境中，有证据表明消费者有兴趣进行小额购买，但不用信用卡或借记卡支付。苹果的 iTunes 音乐商店和他们的 App Store 就是很好的例子。至今已有超过 350 亿首歌曲通过 iTunes 被下载（Lee，2014），超过 1 000 亿个应用程序通过 App Store 被下载（Statista-1，2015）。下载的歌曲中有相当比例的价格为 1.29 美元，而许多应用程序的价格介于 0.99～5 美元。虽然苹果的大部分客户都使用信用卡或借记卡支付这些下载费用，但并不是逐笔付款的。相反，客户在 Apple 创建账户，然后 Apple 汇总多次购买再通过用户的信用卡或借记卡收费。

在其他领域，消费者表示愿意使用信用卡购买手机铃声、回电铃音和在线游戏等 5 美元以下物品。每年铃声和回电铃音有数十亿美元的市场。这两种铃声的下载费用均由消费者的手机话费支付。同样，每年网络游戏也有数十亿美元的市场。像歌曲和音乐一样，下载游戏通常由消费者的信用卡或借记卡账户支付。

目前，有五种基本的小额支付模式，这些模式不只是依赖或直接依赖信用卡或借记卡，且已经取得了一定的成功。尽管没有可以将任何模式排除在线环境之外的因素，但其中一些模式更适合离线支付，而不是在线支付。这些模式包括：

- 汇总。来自单个消费者的付款是定期（例如每月一次）累积和处理的，或者其付款达到了特定金额（例如 100 美元）。这种模式适合进行大量重复业务的供应商。苹果的 iTunes 和 App 商店都使用这种模式。在韩国首尔和其他许多地方使用的交通卡属于这种模式。
- 直接付款。这种模式也要汇总，但小额支付只汇总处理已有的每月账单（例如手机账单）。
- 储值。资金被放到一个借记账户中，在购物时从中扣除购买的金额。离线供应商（例如星巴克）使用此模式，音乐下载服务使用此模式的变体。这一体系正在被几家在线游戏公司和社交媒体网站采用。
- 订阅。用户支付一次（例如每月）即可获得对内容的访问权。在线游戏公司和一些在线报纸和期刊都使用这种模式。

- 随意点菜（À la Carte）。在发生交易时支付款项，可协商批量折扣。此模型用于股票交易，例如电子交易。

数字内容（新闻、音乐、视频等）、移动应用程序、社交网络和在线游戏社区的快速增长推动了小额支付的普及，提供了130亿美元的市场机会（LPT Team，2014）。尽管有这么大的机会，但小额支付这个竞争舞台上的很多公司在初创期就倒闭了。一些支持小额支付并看起来有一定实力的公司和支付选择包括：亚马逊支付、PayPal 小额支付，以及移动支付公司 Boku（boku.com）和 Fortumo（fortumo.com）。在被 PayPal 收购之前，Zong 是一家相对成功的移动支付公司，它专门为在线游戏和社交网络提供小额支付服务。

除少数情况外，根据购买的特性和客户还款方式（通过信用卡、银行账户、移动账户等），所有上述模式仍然需要商家和消费支付一定费用。因此，小额支付问题的长期解决方案可能最终取决于信用卡协会。在一些情况下，解决方案可能是卡协会调整费用，Visa 和 MasterCard 已经为一些交易量较高的供应商进行了调整。在其他情况下，可能需要改变供应商传统上处理卡的方式。案例 11-1 就是一个很好的示例，该案例讨论了在韩国如何使用信用卡实时支付过路费。

◎ 案例 11-1

韩国大都市统一财务系统信用卡小额支付的电子商务应用创新

在许多亚洲国家，每日上班族经常使用公共火车和公共汽车的组合来上下班，因此每种模式都需要使用储值卡或常规信用卡的组合。这是几年前韩国首尔的上班族所面临的情况。正如这个案例的细节所解释的，最终的解决方案是创造一种统一的交通智能卡。

问题

在韩国首尔的银行家 Boram 乘坐捷运和公交车上下班。她的信用卡可以在首尔，也可以在韩国其他主要城市支付捷运和公交车费，而且无须充值。每月累计的费用从银行自动支付。Boram 回忆说，以前除了信用卡之外，她还必须携带两张不同的交通卡。

过去，Boram 曾使用首尔地铁储值卡支付地铁费。该卡由城市所有的首尔地铁公司发行，只能在地铁站充值。乘坐公交车时，必须使用首尔公交卡，这是首尔公交运输协会（SBTA）发行的另一张储值卡。首尔公交卡于 1996 年推出，是全球首款 RF 型公交卡。因此，她必须单独给两张卡充值，因为它们不能互换使用。其他城市也有类似的治理结构。因此，如果要乘坐另一座城市的地铁，Boram 必须在地铁站购买一次性地铁票。

如本章所述，信用卡不具备足够的成本效益，不足以用于交通小额支付，因为卡公司无法证明其服务费用合理。因此，如前所述，Boram 需要在她的钱包中至少携带一张信用卡和两张交通卡。

亚洲的大城市，如首尔、香港和新加坡，都采用了类似类型的储值交通卡。因此，信用卡和储值卡作为两种主要的卡服务共存。两种类型的发卡机构竞相扩大其应用领域。交通卡公司希望扩展该卡的应用程序，以便用户可以支付停车费、各种通行费以及在餐馆和商店使用。但是，用户必须预付费以便支付。

同时，信用卡发卡机构为了将信用卡的应用范围扩大到包括支付交通费，他们需要简化授权过程并降低参与的运输商服务费。问题是:哪种商业模式最终会获胜? 在首尔,信用卡发行机构支持交通费支付。

解决方案

为了快速支付交通费,以信用卡支付地铁和公交车费必须在没有完全授权程序的情况下处理。这种风险是可以忍受的,因为韩国小额支付滥用的频率和量很低,因此交通检票口只是自动检查卡是否有效,并且不在"黑名单"上。如图11-4所示,检票口不仅显示票价,还显示当月的费用。韩国国民银行于1998年采用了第一张基于信用卡的地铁卡。今天,有几家发卡机构支持这种卡。

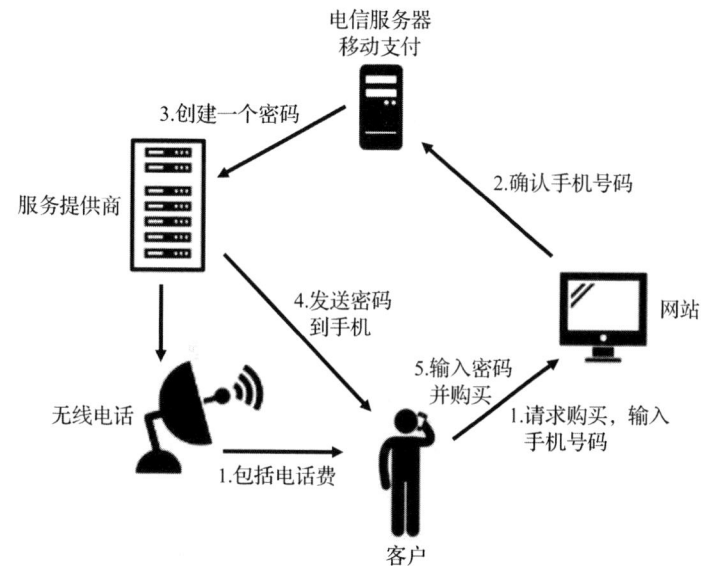

图 11-4　移动支付业务流程

资料来源:由 D.King 和 J.K.Lee 绘制。

基于信用卡的交通卡改变了充值服务流程。在早期阶段,地铁卡和巴士卡必须在有人岗亭内充值。为了减少充值服务的费用,地铁站安装了无人充值岗亭。然而,有了信用卡,充值岗亭可以完全消除,用户无须花费时间为自己的卡充值。这样,用户和城市交通管理部门都受益。

智能交通卡的另一个好处是它可以通过匹配和协调地铁及公交车的路线来重构城市的交通系统。过去,公交线路的设计考虑的是市民出行的出发点和目的地。这种方式的目的在于便于市民只乘一辆公共交通工具就能到达目的地。然而,太多的公交车会在繁忙的街道上造成瓶颈,引起交通堵塞。为了避免这种拥堵情况,地铁和主要公交车公司计划设计交通系统,使公交分支路线连接地铁和主要公交路线。但是,如果市民需要支付分支路线的额外费用,他们可能会抵制新的结构。因此,交通费用卡应该互相联系。

为了解决这个问题,交通卡、信用卡或储值卡被设计能记住用户离开地铁站的时间,以便相关联的公交车在30分钟内不会再次向乘客收费。搭乘支线公交被视为单程接驳。这意味着运输系统的所有者需要就如何分配所收费用达成一致。因此,首尔市于2009年采用了大都会统一收费系统。

结果

基于国家为标准化和一体化做出的努力，目前全国的交通卡统一使用智能卡。信用卡公司并没有通过运输支付服务赚到足够的钱，但这种服务对于他们获得新客户和保留现有客户至关重要。

首尔市还可以收集有关乘客的数据，以便根据路线和时间的乘客载重量，派出额外的公交车。值得注意的是，午夜时分，常规公交服务将停止。对于午夜公交服务，控制中心分析某些地区的手机使用频率，以估计潜在的乘客人数，并动态确定午夜公交的路线。

从韩国的经验中可以学到的另一个经验是C2C支付系统对信用卡的使用。在C2C拍卖市场，基于信用卡的第三方支付托管可让个人买方直接向韩国eBay付款。如果买方确认交货，卖方就可以通过韩国eBay收到付款。因此，不需要PayPal等电子邮件支付系统收取高额服务费用。借记卡和信用卡的功能也实际上取代了电子支票的功能，因此不再需要电子支票。通过这种方式，韩国的信用卡支付以电子方式整合到了电子商务、实体店和运输支付中。

资料来源：由韩国首尔Jae K. Lee撰写。

问题

1. 信用卡如何在检票口像储值卡一样被快速处理？
2. 上班族拥有基于信用卡的交通卡的主要好处是什么？
3. 基于信用卡的交通卡对市政府的主要好处是什么？
4. 大都会统一收费系统如何实现公共交通基础设施的重构？

11.4 节复习题

（1）定义小额支付。
（2）列举一些可以使用小额支付的场景。
（3）除了信用卡或借记卡之外，在线商家可以通过哪些替代方式处理小额支付？

11.5 PayPal 和其他第三方支付网关

虽然信用卡和借记卡主导了电子商务支付，但一个成功的替代者是PayPal（及其类似产品）。PayPal成立于20世纪90年代后期，由两家初创公司Confinity和X.com合并而成。他们最初的成功来自提供用于eBay交易的付款系统（PayPal现在是eBay子公司）。该系统如何运作？本质上，eBay卖方和买方开设了由银行或信用卡账户担保的PayPal账户。拍卖完成后，付款交易通过卖方和买方的PayPal账户进行。通过这种方式，银行或信用卡账户仍然得以保密。重要的是要记住，买方曾经经常提防网上会泄露他们的信用卡号码。对于卖方来说，它也免去了信用卡公司收取的交易费用，尽管PayPal最终开始收取类似但较低的交易费用。

尽管eBay曾有一个名为Billpoint的支付系统，但PayPal变得非常成功，eBay最终决定在2002年10月关闭Billpoint并收购PayPal。为什么eBay选择以PayPal替代Billpoint？这是一个棘手的问题，已经有了众多答案。PayPal拥有更好的用户界面、更好的营销系统和更好的服务组合。无论如何，Billpoint和PayPal都不得不寻找有潜在买方和卖方的市场；eBay已经做到了这一点。Billpoint 和 PayPal 所要做的就是说服 eBay 消费者和商家使用他们的系统。这一方面，PayPal 比 Billpoint 更成功。

由于他们持续的成功以及非 eBay 业务的比例增长，PayPal 于 2015 年 7 月从 eBay 中剥离出来。根据其 2015 年年报，PayPal 在全球 203 个市场开展业务，拥有 1.84 亿个活跃用户账户。PayPal 支持 26 种货币。作为独立公司，其 2015 年的收入约为 92 亿美元，比上年增长 15%。部分增长来自收购了一些关注数字支付未来的重要支付公司，包括：

- Braintree——共享经济领域主要客户（例如爱彼迎和优步）的支付网关。
- Venmo——作为 Braintree 一部分的移动 P2P 公司（有关移动 P2P 的详细信息请参见 11.6 节）。
- Xoom——国际汇款（本章中的章末案例讨论和说明数字汇款的新方法）。
- Padiant——为零售连锁创建品牌（私人标签）移动电子钱包的技术。

尽管 PayPal 提供了许多服务，但其核心是一个提供全方位服务的第三方支付网关（在 11.2 节中讨论过）。PayPal 基本上消除了商家需要处理在线支付中授权和结算的错综复杂性。此外，PayPal 还消除了商家处理卡信息的需要，并且消除了客户每次交易时提供其财务信息的需要。其工作方式是，在给定的购买交易中，客户将看到一个包含 PayPal 的付款网页作为选项。如果客户选择这个选项，他们将被引导到 PayPal 网站上的网页。如果客户有 PayPal 账户，他们只需确认购买和支付工具（如卡）。如果没有，客户提供他们卡的信息，从而 PayPal 获得了这些信息。在这两种情况下，客户都会在付款批准后返回商家网站。此时，PayPal 将结算付款转移给商家的银行。

在美国，PayPal 是领先的第三方支付网关。近年来，领先的在线零售商亚马逊开始用他们的亚马逊支付系统（payments.amazon.com）进军这个第三方支付领域。这是一套全面的在线支付工具和应用程序编程接口（API），使企业和开发者能够提供亚马逊的支付功能，作为使用信用卡、借记卡或 Paypal 进行支付的替代方案。与 PayPal 一样，这种替代方案通过在商家结账网页或移动应用程序中加入"用亚马逊支付"按钮的形式出现。如果客户点击该按钮，他们将被带到熟悉的亚马逊"登录和付款"界面。如果他已经拥有亚马逊账户，就会被要求确认或选择与该账户相关联的卡和送货地址。如果他没有账户，那么他们将被引导完成注册过程。虽然亚马逊并不是 PayPal 的直接威胁，但未来可能会是。据估计，美国亚马逊顶级会员超过 5 000 万个，占美国家庭总数的近 50%。亚马逊已经有他们的付款信息，这些客户都很熟悉其专利"现在只需点击一下"按钮的简单性。

全球范围内，PayPal 也是市场领先的网关。PayPal 在全世界广泛使用。在许多国家，PayPal 是卡之后的首选支付方式之一，通常处理所有付款的 10%~15%（Adyen，2015）。例如，在法国、德国、英国和澳大利亚就是这样。但是，在某些国家还有更多的其他网关，包括：

- 德国的 Sofort（sofort.com）。它依靠银行直接转账而不是卡的网关。
- 德国的 Wirecard AG（wirecard.com）。它提供德国境内和全球范围内的无现金支付和其他支付服务。

- 俄罗斯的 Yandex.Money（wirecard.com）。它是 Srebank 与搜索公司 Yandex 之间合作的成果，处理现金、银行卡和电子货币。
- 俄罗斯的 Qiwi（qiwi.com）。它是在纳斯达克上市的支付服务，总部位于塞浦路斯。它还在哈萨克斯坦、摩尔多瓦、白俄罗斯、罗马尼亚、美国和阿拉伯联合酋长国经营。
- 中国的支付宝（global.alipay.com）。它是本章开篇案例中讨论的阿里巴巴集团的组成部分。与 PayPal 一样，它也是为中国国内和跨境交易提供服务的全方位服务支付网关。
- 中国的财付通（global.tenpay.com）。它是中国的第二大支付服务。它由拥有中国最大的社交网络（微博）的腾讯拥有。
- 荷兰的 iDEAL（ideal.nl）。它是在荷兰使用银行直接转账的支付服务。

这些国家（除中国外），每个国家也使用 PayPal。

11.5 节复习题

（1）描述 PayPal。
（2）解释 PayPal 比竞争对手更成功的原因。
（3）定义第三方支付网关。描述其如何运作。
（4）描述亚马逊付款。它对 PayPal 构成了什么竞争威胁？
（5）列出世界其他地区使用的主要网关。

11.6 移动支付

由于全球移动用户的强劲增长（见 11.1 节），人们坚信移动支付将成为主要支付方式，有可能消除对现金、卡和其他电子商务支付方式的依赖。虽然移动支付正在快速增长，但它们不会很快取代现金、卡甚至其他形式的电子商务支付。根据 eMarketer（2016）的统计，2015 年移动支付额达到 4 500 亿美元，到 2019 年将增长到 1 万亿美元。从更大的环境来看，2015 年移动支付在电子商务零售额中占 24%，在总零售额中占 1%。到 2019 年，它们将分别占 30% 和 4%。这些变化反映了移动支付的大幅增长，卖方不能忽视这一点，但重要的是要记住，相对而言，移动支付与其他所有支付形式相比，使用率仍然较低。

移动支付的类型

移动支付（mobile payment）是指使用个人的移动设备发起或确认的支付交易，尽管可以使用其他移动设备（例如平板电脑和可穿戴设备）进行支付，但通常都是使用智能手机。该术语实际上涵盖了许多不同类型的解决方案，以及硬件和软件技术的不同组合。

就像在线支付一样，在任何移动支付系统中都有许多参与方（见图 11-5）。从各方的角度来看，任何成功的移动系统都需要克服以下几个问题。

对于买方：安全（防欺诈）、隐私、易用性、移动设备的选择。

对于卖方： 安全（按时收到款），操作成本低，有足够数量的用户采用，交易速度提高。
对于网络运营商： 开放标准的可用性、运营成本、互操作性以及灵活性和可漫游。
对于金融机构： 防欺诈和减少欺诈、安全（认证、完整性、不可否认性，请参阅第 10 章）和声誉。

图 11-5　基于信用卡的交通卡在检票口显示票价和当月累计消费额

资料来源：由 J. K. Lee 提供。

目前大多数移动支付解决方案都旨在取代现有的支付方式，包括非数字（现金或信用卡）和数字（基于 PC）的支付方式。这样，它们往往会属于四种支付类型之一（以"谁支付给谁"为特征），包括（Allum，2014）：

- 消费者。买方向商家支付商品和服务。这是大多数数字钱包（例如 Apple Pay）的权限。
- 商家。从客户那里收钱以交换商品和服务，通常使用移动 POS（例如 Square）。
- 个人对个人（P2P）。作为礼物或答谢，两个或两个以上的人进行金钱交换（例如 PayPal 的 Venmo）。
- 机构。管理和支付机构（例如公用事业公司）提供服务的账单（例如 Finovera 或 Mint）。

事实上，这些支付类型都是为了替代或拆解现有的非移动支付系统而设计的，这可能是其推广比预期缓慢的原因之一。对许多潜在用户而言，移动支付应用程序仅仅是"信用卡替代品，是已存在的东西"。所以，要改变是因为它们都是由重要的技术生态系统支撑的。

本章我们不讨论机构支付，但我们将在本节中描述其他三种移动支付及其基础技术。

1. 消费者移动支付：钱包、云和闭环

正如 Accenture（2015）对 4 000 名北美受访者的调查显示的那样，普通消费者通过他的移动数字钱包接触移动支付。较受欢迎的钱包包括 PayPal、苹果支付和最近演变而来的谷歌钱包（按受欢迎程度的排序）。

移动数字钱包（mobile digital wallet）指的是电子账户与智能手机和移动应用程序的组合，旨在以数字方式进行购买，并从忠诚计划和有针对性的数字促销中兑换奖励。有两种主要类型的钱包——基于设备的和基于云的。

基于设备的数字钱包　　这是通过近场通信（NFC）技术实现的近距离支付系统。在消费者方面，系统要求使用的移动设备在手机内部装备有 NFC 天线和集成芯片或智能卡，并内置支付卡信息（信用卡或借记卡）。在商家方面，它需要一个专用的 NFC 读卡器，用于在芯片距离读卡器很近时识别芯片，以及用于处理付款的网络。基本上，买方在购物之前首先将他的信用卡信息输入电话中的钱包应用程序。在购买时，买方在读卡器附近"挥一挥"移动电话以发起付款；读卡器收集信息并传递到支付网络；该卡进行扣款并完成购买。这些近距离支付也称为非接触式支付，其中手机起到了非接触式芯片卡替代者的作用（见 11.3 节）。

在过去，市场上很少有基于设备的钱包。今天，虽然有大量基于设备的钱包（最近统计超过了 1 000 种），但最流行的是 PayPal 钱包（paypal.com）、苹果支付（apple.com/apple-pay）和安卓支付（android.com/pay）。

近年来，许多支持近距离支付协议和技术（例如来自移动设备）已经被提出了。NFC 已经胜出。它现在被用于各种各样的购买，包括店内、自动售货机和交通售票机或收费机。截至 2015 年（Statista-2，2016），美国约 13% 的智能手机用户是这类近距离支付的活跃用户。在同一年，这些交易的总价值约为 270 亿美元。到 2019 年这个数字预计会（惊人地）攀升到 2 100 亿美元。

要实现这些估计，NFC 读卡器的安装数量就要有惊人的增长（4 年增加 7 倍）。迄今为止，许多商家一直在犹豫是否安装 NFC 读卡器。部分原因在于，虽然 NFC 是一种标准，但在使用特定的手机、芯片、读卡器和网络方面仍存在分歧。谷歌钱包就是一例。最初，谷歌钱包拥有固定的运营合作伙伴（Sprint、花旗银行万事达和 FirstData），并且仅在 Sprint Nexus S 4G 手机上能用，支持两种信用卡（花旗万事达付费通终端和谷歌预付费卡）。后来，他们转向万事达卡和万事达付费通终端。就在最近，他们将谷歌钱包完全转化为 P2P 应用，并将普通购买转移到名为安卓支付的新款钱包，该钱包可在安卓和苹果智能手机上运行。这只是"鸡与蛋"问题的另一个示例（见 11.1 节）。

这也是为什么有些公司对于采用特定 NFC 配置犹豫不决，因为移动支付领域正在发生如此之快的变化，以至于无法保证现行的 NFC 近距离支付不会被其他某项技术所取代。智能手机中集成（支付）芯片的作用越来越小。这些芯片被用来增强安全性，但只与特定的读卡器一起使用。今天，苹果支付和安卓支付等钱包在手机上存储卡和其他信息，而不是在芯片上存储。购买过程中，卡信息不会传输给读卡器，而是生成安全的数字令牌（一次性支付号码和动态安全码）后发送。这就拓展了手机钱包可以使用的读卡器的种类。

● **示例：万事达和 Coin 的可穿戴钱包（onlycoin.com）**

2015 年 10 月，万事达（MasterCard，2015）宣布推出一项新的计划——每个设备皆交易，旨在使移动支付功能扩展到广泛的、遍及自动化、时尚、技术和可穿戴世界的各种消费产品中。其目标是为消费者提供使用最方便和最安全的设备或物品进行购买和支付的能力。声明中提到了宝格丽、通用汽车、帕森斯设计学院和 Ringly（珠宝）等众多合作伙伴以及一些"可穿戴设备"公司，其中包括 Nymi、Atlas Wearables、Moov 和 Omate。该计划是万事达数字赋能服务和数字赋能快捷服务计划的延伸，并支持它们使几乎所有设备都能用于交易的愿景。

从技术角度来看，一个关键的合作伙伴是 Coin。目前，Coin 提供的主要产品是一种称为 Coin 的结合 EMV 和 NFC 兼容的智能卡。智能卡包含其所有者想要用于购物的所有信用卡和借记卡的信息。相应的智能手机应用程序用于初始设置和添加及更改卡信息。考虑到 Coin 卡综合了 EMV 和 NFC 的功能，它可以像其他 EMV 或 NFC 智能卡一样刷一下、点击或挥一下进行购买。Coin 卡的优点是避免了携带多张卡甚至智能手机的需要。Coin 卡提供了在购买时根据持卡人的偏好从一张卡切换到下一张卡的方法。

最初，Coin 完全专注于将技术用于自己的卡。凭借与万事达的合作伙伴关系，他们已经拓展了边界，并计划为其他公司提供支付硬件和软件平台（Cipriani，2016）。这将使这些公司能够将 Coin 的智能卡支付功能嵌入到这些设备中。合作关系是非排他性的，这一事实意味着 Coin 的平台最终将被提供给附属于其他卡协会的公司。

基于云的数字钱包　基于设备的数字钱包的替代品是基于云的数字钱包。这些钱包的基础设施不像基于 NFC 的系统那么烦琐。基本上，客户通过安全的 Web 服务注册他的卡，向服务发起支付请求，并向登记的卡收取费用。于是，在购买期间不传输卡信息。相反，交易是通过扫描专门为客户创建的条形码或快速响应码（QR）得以启动的，通过钱包应用程序存储并显示在智能手机上。QR 码是一个二维码，由一系列黑色方形点组成，放置在白色背景的正方形网格上。商家需要的是通过网络连接到服务中的条形码或 QR 码图像阅读器。整个系统的运行方式与 PayPal 的运行方式非常相似，无须使用带 PayPal 按钮的网页来启动流程。相反，它是在条形码扫描时启动的。事实上，PayPal 采用了基于云的数字钱包，而不是基于设备的数字钱包。

这种架构也被用于创建沃尔玛支付（walmart.com/cp/walmart-pay/5998388）和 Chase 支付（chase.com/digital/digital-payments/chase-pay）。实际上，沃尔玛和 Chase 都在使用一个由商业客户交易（MCX）联盟（mcx.com）创建的名为 CurrentC 的基于云的移动平台，该联盟由 30 多家零售商作为会员出资成立。平台不仅支持通过扫描客户屏幕上的 QR 码来启动购买，还支持让客户使用自己的手机在商家的屏幕上扫描 QR 码来发起购买。

与基于设备的钱包相比，创建和开发基于云的钱包要简单得多。由于这些系统基本上都是与硬件无关的，所以障碍围绕 PCI 安全合规性、客户认证以及与结算系统的集成。当然，构建基于云的钱包是一回事，有商家采用是另一回事。虽然这些系统需要将条形码和 QR 码阅读器挂接到后端 Web 服务（不是太烦琐），但这些交易是"卡不存在"（CNP）的交易。CNP 交易具有较高的授权和结算费用。此外，由于基于云的钱包依赖于网络，因此商家需要在整个营业时间内以一致的速度提供不间断且可靠的互联网服务——这无法确定。

闭环系统　与云端钱包密切相关的是闭环支付应用程序。这些系统非常类似于由单个零售商提供的闭环、储值或预付（礼品）卡。主要区别在于，该值存储在手机应用程序中，并通过你的手机再次扫描商户的应用程序条形码或二维码来兑换。实质上，它是一种基于云计算的数字钱包，只能与单个零售商一起使用（尽管这不是一条硬性规定）。手机的一个优势是，你可以在任何时候重新加载应用程序，而不是让零售商在商店中加载。

● **示例：星巴克闭环钱包（starbucks.com）**
星巴克的移动钱包应用程序是一个知名度更高、应用最广泛的闭环移动支付系统，可在苹果和安卓智能手机上运行。移动钱包应用程序。由于它是闭环的，因此该应用只能用于与星巴克开展业务。该卡使星巴克的客户能够使用他们的智能手机查找商店，在线购买礼品卡，在指定的当地星巴克下订单；最重要的是让客户通过智能手机使用电子版忠诚奖励卡支付店内采购的费用，这些卡基本上是预付储值卡。电子版忠诚奖励在智能手机屏幕上显示 QR 码，由连接到 POS 的图像阅读器扫描。每次使用应用程序进行购买时，卡的储值会被扣减，同时星巴克的相关奖励也会增加。当该值低于客户指定的最低值时，该应用程序还用于自动重新充卡。

自动充值显然会促进经常性的消费，而且它的确在促进消费（Taylor, 2015）。星巴克拥有 1 040 万名持卡会员。星巴克所有销售的 1/3 来自于这些会员卡。在开始推出时，移动版会员消费占所有交易的 20% 以上。考虑到星巴克客户的人口统计特征，这一比例只会增加。

2. 移动销售点

到目前为止，以上所讨论的都是出于客户视角的移动购物支持技术。移动支付应用程序也用于满足商家在采购过程中的需要。商业移动支付应用的一个关键领域是销售点（POS）。移动 POS （mPOS）设备不是在传统的 POS 注册机或固定的计算机上进行支付。最初，mPOS 系统被设计为在特定的硬件和网络上运行，就像彼此绑定一样。今天，它们在平板电脑和智能手机上运行，并且基于云。这些基于云的 mPOS 的成本基本上较少，不仅硬件成本更低，而且网络成本也更低。

由于成本较低，mPOS 最初面向小型企业和独立运营商，如医生、牙医、送货公司、出租车和零售亭。最近，这些设备应用于各种规模的零售商店。它们还与移动客户端应用程序集成，以帮助店内销售人员为客户提供个性化的支持和服务。

● **示例：Square**

Square 公司（**squareup.com**）是 mPOS 硬件和软件的主要供应商之一。它是杰克·多西（Jack Dorsey）（也是 Twitter 的首席执行官和创始人）于 2008 年创立的"金融服务、商业服务和移动支付公司"。Square 最出名的可能是 Square 磁条读卡器，它是一种插入 iPhone、iPad 或 Android 耳机插孔的小方形加密狗设备，可让商家接受信用卡付款。读卡器实际上有两部分：一部分是刷卡设备；另一部分是 Square 钱包应用程序。它为商家工作的方式如下所示。

（1）从苹果应用商店或安卓市场下载 Square 应用程序。

（2）在 Square 注册，提供在美国的银行账户、邮寄地址和社会安全号码以及企业雇主 ID（如果有的话）。一旦注册被接受，Square 将寄送免费的读卡器。

（3）Square 接下来将测试银行注册信息，以确保你的银行账户接受 Square 应用程序的存款。之后，卡交易资金将在交易后的 24 小时内直接存入账户。

（4）开始使用读卡器和应用程序。对于每个交易，用户输入产品或服务的数量和说明，然后刷卡。该应用程序将信息传输到 Square 自己的卡审批服务系统（通过互联网）。

一旦批准，顾客用手指签名。收据随后通过短信或电子邮件发送给客户。如果读卡器发生故障，可以手动将信息输入应用程序。

Square 有一个简单的定价策略。读卡器是免费的，安装也免费。Visa、MasterCard、Discover 和美国运通，每次刷卡费率为 2.75%。

重要商家都使用 Square 磁条读卡器，如 AT&T、Walgreens、FedEx Office、沃尔玛、星巴克和 Whole Foods。例如，星巴克在店内使用 Square 移动 POS，并允许客户使用 Square 钱包付款。同样，Whole Foods 在食品点（例如三明治柜台、果汁和咖啡吧、啤酒和酒吧）也设有 Square 结账处，请参阅 media.wholefoodsmarket.com/news/square-and-whole-foods-market-partner-to-create-faster-easier-payment-and-c。

最近，Square 增加了其他的输入设备，包括一种非接触式 NFC 和 EMV 芯片卡组合式读卡器以及一个带读卡器的 iPad POS 支架（称为 Square 支架）。

Square 的成功吸引了众多竞争对手，其中包括 Oracle Micros 和 NCR 等主要 POS 公司的各种产品。PayPal 基本上通过名为 PayPal Here 的服务克隆了 Square 的硬件和应用程序。就像 Square 一样，他们还提供了一个加密狗和 EMV 芯片读卡器，以及一个移动钱包应用程序。他们也有相同的费用结构。详情请参阅 paypal.com/webapps/mpp/credit-card-reader。

3. 个人对个人（P2P）付款

个人、朋友、联盟、家庭成员等之间的金融交易一直在发生。我们借钱给朋友，我们还给别人午餐钱，我们在家里寄钱或收钱，或者我们寄钱作为生日礼物。在大多数此类情况下，这些交易都涉及现金或支票。

这些个人对个人（P2P）交易越来越多地通过使用计算机、平板电脑、智能手机，甚至预付卡的在线支付系统进行处理。许多比较流行的 P2P 系统实际上由主要支付网关（如 PayPal）提供，并作为较大支付系统的组件或单独的应用程序。这些在线 P2P 系统超越了距离和时间，消除了携带现金和检查此类较小规模交易的需要，并且在某些情况下，为"无银行账户"和"缺银行服务"者提供了接入金融机构的通道。它们使我们不仅能够向朋友支付，还能为商家提供价格较低的产品和服务支付费用。本章的章末案例详细讨论了肯尼亚的 M-Pesa 系统，这是一个关于移动 P2P 系统如何提供这些甚至更多好处的成功的故事。

11.6 节复习题

（1）列出移动支付的四种类型。
（2）移动支付系统中的关键角色是谁？
（3）定义移动钱包。它是基于设备的钱包、基于云的钱包，还是可穿戴钱包？
（4）描述闭环支付系统。给出一个此类系统的例子。
（5）定义移动 POS。谁是这些系统的主要供应商？
（6）定义个人对个人支付。

11.7 数字货币和虚拟货币

在一些讨论中，数字货币、虚拟货币和电子货币这些术语经常互换使用。在其他讨论中，它们被认为是不同的，尽管似乎没有什么关于哪个是哪个的一致性。在这里，我们所使用的定义来自金融行动特别工作组（FATF，2014）。这是一个由 35 个成员（包括电子商务所有主要参与者）组成的政府间机构，负责审查和处理反洗钱和反对世界各地的恐怖主义融资（AML/CFT）。它是少数几个在界定概念之间的差异方面具有重要利害关系的正式机构之一，因此它可以制定法律和监管机构使用的术语。

11.7.1 数字货币的类型

为了理解这三个概念之间的差异，我们从货币范围的另一端——法定货币开始。**法定货币**（fiat currency）（又名真货币、真钱或国家货币）是指一国被指定为合法通货，进行流通，并且通常被用作发行国的交易媒介的硬币和纸币。**电子货币**（electronic money）（缩写为 e-money）是用于电子转账目的的法定货币的数字表示（例如在电子商务购买之后，用于商家账户结算的数字表示资金）。相比之下，**虚拟货币**（virtual currency）是"能进行数字化交易的价值的数字表示，其功能是①交换媒介；②账户单位；③价值的储藏。但在任何司法管辖区都没有法律地位。"基本上，它只是作为一种通货发挥作用，因为有一个用户群体愿意这样对待它。最后，**数字货币**（digital currency）是指电子货币（法定）或虚拟货币（非法定）的数字表示（0 和 1）的通用术语。所以，电子货币和虚拟货币是数字货币的类型，但反过来不是。

虚拟货币涵盖两种子类型：可转换（开放）和不可转换（封闭）。根据美国财政部的金融犯罪执法网络（fincen.gov），**可转换虚拟货币**（convertible virtual currency）是具有"实际货币的等值价值，或者作为真实货币的替代货币"的一种虚拟货币。一些例子包括诸如比特币的加密货币和大多数零售电子优惠券。相比之下，**不可转换虚拟货币**（noncovertible virtual currency）是在特定的虚拟世界或域名中使用的虚拟货币，（理论上）不能与法定货币进行交换。许多更有名的例子来自网络游戏。其中一些例子包括：魔兽世界黄金、农场（ville）现金和腾讯 QQ 的Q 币。在这些游戏中，成功是建立在获得虚拟货币的基础上的，虚拟货币是通过完成各种任务而获得的，或者是用实际货币购买的（这通常是游戏公司的主要收入来源）。从技术上讲，这些货币不能在外部使用或交换。然而，很多情况下二级市场（无论是否为黑色）已经出现，有人愿意将不可转换虚拟货币转换成法定货币或其他虚拟货币。

不可转换虚拟货币的一个主要特点是它们是中心化的。这意味着有一个单一的管理机构负责管理货币——发行货币、建立使用规则和汇率、跟踪支付和控制流通金额。相比之下，可转换虚拟货币可以是中心化的，也可以是去中心化的。去中心化的虚拟货币是分布式的、开源的和点对点的，没有一个监视和监督货币的管理机构。这就像比特币这样的许多加密货币的特性，我们稍后会讨论。

虚拟货币市场的规模

几年前，Yankee 集团（McKee，2013）调查了虚拟货币市场的规模。他们的分析包括成熟的虚拟货币，如忠诚值、信用卡积分、航空里程和实物优惠券，以及新兴的（数字）虚拟货币，包括基于应用的硬币和代币、个人信息和时间（交换）应用程序和代币，以及比特币。当时（2012 年），所有虚拟货币市场的总价值接近 480 亿美元，成熟货币占总数的近97%。他们估计，到 2017 年，成熟货币市场将稳步增长，而新兴货币市场将经历快速增长（在130%~200% 的范围内）。然而，成熟货币市场仍将占据最大份额。

然而，无论是当时还是现在，问题都在于很难估计基于游戏和比特币的货币的确切价值，尽管原因不同。对于基于游戏的货币，你不仅需要计算汇率，而且许多游戏公司也不提供必要的数据难以进行合理的估计。对于比特币，流通中的硬币数量是已知的，但其确切价值取决于在任何给定时间都可能大幅波动的汇率。价值是主观的,并且以市场波动性和比特币交易所的支付利率为基础。例如,2016年春季,流通中的比特币总数约为1 550万个,每个价格在400~450美元波动,相差62亿~67亿美元,这一差距很大。

11.7.2 比特币和其他加密货币

(数字)虚拟货币中,最受关注的是比特币。从前面的讨论中可以看出,比特币是一种加密的、分散的(点对点)、可兑换的虚拟货币。这听起来很复杂,事实上也的确如此。这就是为什么我们只是简单地提及它的工作方式以及它的优点和缺点。对于感兴趣的人,有许多书籍(例如 Antonopoulos(2015))和 Youtube 上的视频专门介绍其历史、基础数理原理、结构、操作和用途的各个方面。相反,这里的讨论,我们将只列出这些方面的要点。

1. 比特币的背景

比特币起源于2009年中本聪提出的一项规范和概念验证,并在一篇题为《比特币:对等电子现金系统》的论文中发表。这不是发明人的真名,而是一个笔名,他的真实身份至今未知。在最初的开发之后,中本聪将这个项目交给了一个开源开发者社区(请参阅 bitcoin.org),这意味着开发和维护底层代码是由社区完成的,就像 Linus 和 Apache 项目一样。

比特币并非第一个提出去中心化虚拟货币的系统。然而,它是第一个提出为所谓的双花问题提供可行解决方案的去中心化虚拟货币系统。正如这个概念所暗示的,在虚拟货币中,双花指的是同样的钱花了多次。例如,如果钱存储于数字文件中,这就要防止的聪明的用户简单地复制文件并再次将其用于购买或投资。在大多数系统中,这是通过让中央(自动化)权威机构审核交易来完成的,而在比特币中没有中心化的权威。相反,它依赖于创新的工作量证明方案,该方案使用点对点节点间的共识来验证交易,并防止像双花那样的攻击。

当我们谈论比特币生态系统时,这个术语(Bitcoin)的首字母是大写的。当我们在这个系统中谈到货币单位时,它被指定为小写字母(bitcoin),其缩写形式被指定为 BTC(类似于 USD)。可以生产的比特币数量有上限(2 100万 BTC),规则是平均每10分钟产生一定数量的比特币(1个区块),生产的结束日期有限定(2040年)。与美元或任何其他货币一样,比特币是拥有以下关键特征的账户单位(Tomaino,2015):

- 耐用——这意味着它在很长一段时间内保持其形状、形式和实质不变,以便将来它仍然可以作为交换媒介。虽然比特币自产生以来只有7年左右的时间,但它被商家广泛接受,在货币兑换中广泛交易,被许多国家承认(或容许),并且由数量可观的个人所拥有。尽管比特币的未来不确定,但比几乎所有以往的虚拟货币都持续了更长的时间。
- 可分——这种特性意味着货币可以分成较小的单位,这些单位的总和等于原值。这样比特币就可以用来购买价值不等的产品和服务。比特币的最小单位是 0.000 000 01BTC(亿分之一)。这个单位叫作 Satoshi。它的作用与美元中的 0.01 美元或 1 美分相同。

- 可数——这意味着这些单位遵循数学规则，因此可以对它们进行加、减、乘、除。在会计方面，这意味着我们可以利用这些业务来衡量利润、亏损、收入、支出、债务和财富，并确定个体拥有部分的净值。
- 可移动——货币要能很容易地支持全球的交易和交换。因为比特币以去中心化的方式在互联网上运行，所以它们比大多数法定货币更易于运输。
- 可互换——这意味着一个单位的某种货币可以与其他货币互换，而不管它是何时何地获得的。例如，在玉米商品市场中，无论种植地点如何，所有2号玉米都具有相同的价值。同样，一枚硬币与任何其他硬币相同，而不管如何生产它或谁持有它。
- 可验证（不可伪造）——这意味着它不容易被伪造，伪造了，也很容易被发现。这是比特币等加密货币的主要特征和优势之一。在接受比特币付款之前，有一个强大的审查过程来确保其真实性。

2. 比特币如何运行

论其基础，比特币不过是一套公共账本。从本质上讲，它是一个数字文件，用于跟踪每个比特币的交易时间、日期、参与者、金额以及比特币所有权的转移——自第一个比特币发行以来发生过的所有事情。这就像一家公司的总账一样，它提供了公司生命周期内发生的所有交易的完整记录，该公司由全球所有曾经拥有过一部分比特币的人组成。目前，总账文件大小约为20GB。

比特币账本被称为**区块链**（blockchain）。顾名思义，它是一个大量同时发生的比特币交易组成的块集合，非常类似于总账中的单个页面。这些块按其发生的顺序链接在一起。

与公司总账不同，比特币区块链是公开的，而不是私人的或秘密的。这意味着任何人都可以查看它。事实上，通过一些网站（例如blockchain.info）人们可以查看正在进行的交易。此外，与公司总账不同，没有中心机构（如财务部门）或可信的第三方对账簿或正式副本存放的中心位置负责。相反，有一个数字文件完全分布在比特币分散的对等网络中。网络上的每个节点或计算机都有该文件的完整副本。通过使用复杂的数学计算，交易由维护分类账的"比特币矿工"（计算机和计算机程序）验证。这些计算还可确保网络上所有节点对区块链的当前状态及其中的每个交易的判断达成一致。如果试图破坏块内的交易，节点之间就将无法达成一致，交易和相关块将不会被验证。

有了正确的设备和软件，任何人都可以在网络上运行节点，并且可以成为"比特币矿工"。这样做的动机是"矿工"可以因他们的"核查"工作而赚取比特币。粗略地说，验证有点像"黑客马拉松"或编码比赛。将交易合并为一个区块需要有非常具体的数学标准和障碍。首先，遵守标准的"矿工"会收到25个新的比特币。这听起来并不多，但请记住，一天中有很多交易（如果创建了多个区块），每个比特币目前价值450美元左右，其价值曾一度超过11 000美元。另外，如果你正在考虑加入"矿工"队伍，现在就需要很强的运算能力来处理计算。因此，"矿工"群体已经组建了比特币挖掘池，共享计算资源并分割比特币收益。

除了"挖矿"之外，还有更简单的方式来获得比特币。拥有比特币的某个人可以给你一些。你可以使用其他货币（例如美元）从任何一个商业比特币交易所（例如 coinbase.com 或 cex.io）购买它们。此外，你可以出售某种商品或服务以换取比特币。不管方法如何，他们如何把"给"你比特币，你得到比特币后他们去了哪里呢？毕竟，比特币不是实体的，而是数字的，而且没有银行可以存放它们。

虽然比特币是一种交换价值的支付系统，然而从其技术基础来看，它是建立在其对等（互联网）网络上的消息系统。发送的消息是交易。这些消息的发送和接收方式，与使用非对称公钥和私钥在互联网上发送和接收加密消息的方式大致相同（与 10.6 节中描述的类似）。但是，在这种情况下，使用的加密类型被称为椭圆曲线数字签名算法（ECDSA）。

为了通过比特币网络发送或接收消息，用户需要一个私钥和一个比特币地址。**比特币私钥**（bitcoin private key）是随机生成的 $1 \sim 2^{256}$（2 的 $0 \sim 256$ 次方）的数字，所有者用它来启动和签署数字化交易，并由网络来验证它们。你可以将其视为用于获取银行账户资金的密码或个人识别码，但在这种情况下，资金不会存储在账户中，但会记录在账本中。就像任何密码一样，任何拥有密码的人都可以使用这个私钥，无论他们是否是合法的所有者。所以保守秘密是值得的。此外，如同任何其他密码一样，如果所有者丢失或忘记密码，那么其保护的资金将无法再访问。然而，在这种情况下，比特币被永远丢失了，因为任何人都无法重置它。

比特币地址（bitcoin address）是识别比特币交易接收者的字母、数字字符串。你可以将比特币地址想象为受密码保护的银行账号。比特币地址是通过两个步骤生成的。首先，椭圆曲线数学被用于从私有密钥中创建配对的公钥。其次，一个被称为"哈希函数"的特殊数学函数被用来从公钥中生成一个比特币地址。比特币地址以 1 或 3 开头，并且有 27~34 个字母、数字字符（0 或 O 和 1 或 I 除外，因为这两对字符容易混淆）。地址也可以表示为一个 QR 码，它很容易在移动设备上显示，因此可以扫描地址而不是键入字符表示。

当有人想要执行交易时，他使用他的私钥对消息进行数字签名，步骤包括：

- 输入——要转移的资金，或者更具体地说，将分配比特币所有权的源交易。
- 金额——发送比特币的数量。
- 输出——收件人的比特币地址。

该消息被传达给比特币网络上的节点，此时验证过程开始。稍后如果它被一台或多台机器验证，它将被发布。通常，这个过程大约需要 10 分钟。

事实上，如果用户必须记住并处理交易的所有细节，比特币生态系统就永远不会获得太多的驱动力。幸运的是，大部分这些细节都被比特币钱包所隐藏，比特币钱包是用于创建密钥和地址，以及发送和接收比特币的客户端软件。电子比特币钱包有三个版本：桌面、移动（应用程序）和网页版。图 11-6 显示虚拟账户的网页钱包。靠上的图展示了显示比特币地址及其相关 QR 码的初始屏幕，也展示了相关交易数据，包括该用户的余额以及发送和接收比特币的菜单选择。靠下的图显示发送比特币所需的条目。在这里，你只需输入地址和金额。地址可以是字母字符串或相关 QR 码的扫描图像。

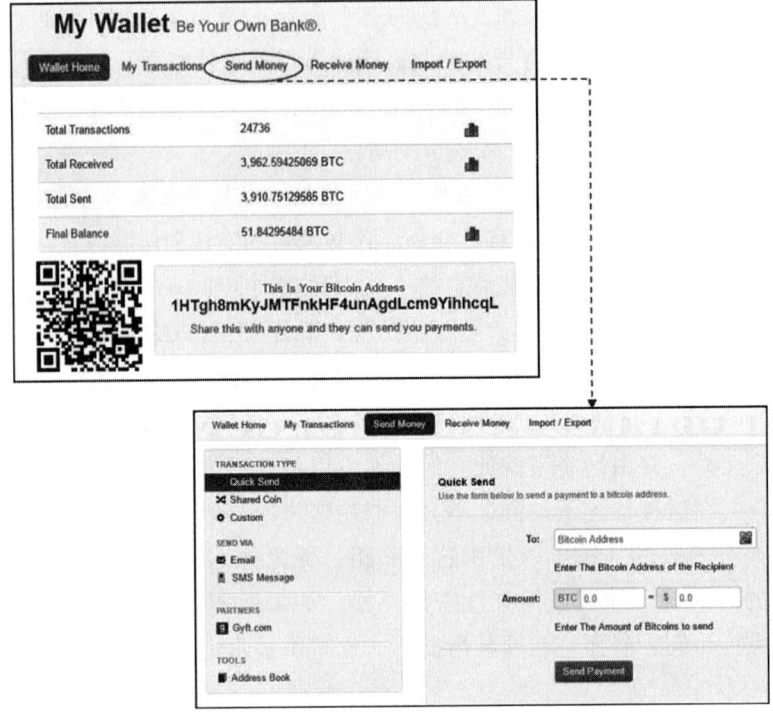

图 11-6 比特币 Web 钱包

资料来源：由 D. King 绘制。

关于比特币生态系统如何运作有很多细节。这个讨论只涉及少数几个。那些有兴趣的人，请参阅 Antonopoulos（2015）、bitcoin.stackexchange.com/questions/4838/ what-does-a-bitcoin-transaction-consist-of 和 en.wikipedia.org/wiki/Bitcoin_network。

3. 比特币的优势和劣势

有很多比特币的拥护者和支持者指出了比特币与法定货币及其他虚拟货币相比存在的很多优势。其中大部分围绕着去中心化的结构。一些更经常引用的优势包括（Hochstein, 2016）：

- 匿名。即使交易是公开的，但没有什么可以将用户的名字与特定的加密地址或签名联系起来，除非用户想要公开这种联系。用户也可以拥有多个地址，甚至每个交易都有一个新地址。这增强了匿名性。然而，交易和地址是公开的这一事实，提供了将交易与现实生活中的身份相联系的可能性。出于这个原因，比特币通常被称为伪匿名的。
- 简化金融交易。无须先决条件，也没有参与的最低等级要求。双方之间的交易可以在没有任何银行或金融机构的协助下发生。由于交易基本上是无摩擦的，所以费用极低。
- 对商家友好。商家不依靠第三方网关或中介机构就可以轻松建立支付系统。安装成本很低，没有与卡相关的扣费。
- 支持跨境商务。在架构上，比特币可以很容易地支持跨境交易，因为它利用互联网。此外，它是一个开放的系统，允许任何人加入，无论他们在哪里。在大多数国家，它几乎可以安然无恙地运作，主要是因为对虚拟货币监管的混乱。然而，比特币在少数国家（例如俄罗斯）被禁止使用，并越来越多地受到一些国家银行和机构的监管，尤其是那些涉及洗钱和资助恐怖主义的国家。
- 不受政府操控。在许多发展中国家和一些发达国家，货币一直受到政府欺诈和非法操纵。在个人层面，账户会被国家政府冻结或征用；在国家层面，政府会非法操纵货币流通、拖欠债务等，这些都对货币估值造成影响。在比特币中，没有人、政府或其他机构直接控制账户、比特币流通或估值。

此外，比特币也有同样激烈的批评者和反对者。他们声称的比特币的劣势包括（CoinReport, 2014）：

- 尚未被广泛接受。尽管接受比特币的商家数量、交易数量和货币估值有显著增长，但它尚未达到"关键的最低限度"。随着各国政府对诸如为洗钱和资助恐怖主义提供保障的匿名账户采取控制措施，比特币达到这一限度的速度可能会越来越慢。
- 估值波动。所有货币的估值都有所波动，比特币的价值也已经有了一段波动起伏的历史。这意味着所有者面临巨大风险，这就像股票投资风险一样。例如，单个比特币价值从 2013 年 10 月的 120 美元变为 2014 年 1 月的 600 美元、2015 年 7 月的 225 美元、2015 年 11 月的 408 美元、2016 年 1 月的 367 美元、2016 年 4 月的 462 美元。尽管最近涨幅不大，但不能保证它将来也继续如此。除了风险之外，这也使商家很难知道要收取多少比特币，以及如何处理退货。对于商家来说，这更像是在处理外币的交换汇率，而不是本国货币。
- 交易不可逆转。这既好又坏。从某种意义上说，这是不好的——如果买方进行购买并且商家未能交付货物，那么买方就没有追索权，因为交易已经发生。尽管人们已经提出了各种外部控制措施，但其中许多是对此系统运行的基本原则的"诅咒"。
- 私钥可能丢失。如前所述，如果用户丢失了他的私钥，那么他只能怪自己运气不佳。密钥可能以各种无意的方式丢失（例如磁盘崩溃、文件损坏、被硬件盗等）。即使交易和公众账号是可见的，但也没有办法签署消息来执行交易，并且没有中央机构或管理员可以发布新密钥。这不像丢失密码。这就是鼓励用户将他们的私钥备份到纸张或其他介质的原因。
- 日常使用的问题。传统货币和卡更容易在线使用，几乎可以在任何地方使用。几乎每个接受比特币的在线零售商都以传统货币设定价格，并根据兑换率确定比特币价格。所以，从日常使用的角度来看，比特币几乎没有优势。
- 网络延迟和可伸缩性问题。虽然系统设计为平均每 10 分钟验证一次交易，但有时可能需要几小时。很难想象这将如何支持合理规模的零售商的交易量，或如何取代每秒处理数千笔交易的 Visa 这样的系统。

4. 比特币的竞争对手和基于数学的货币的未来

现在在线市场上有超过 700 笔加密货币交易。其中只有 10 笔市值超过 1 000 万美元，只有 3 笔市值超过 1 亿美元（回顾一下，比特币的价值大约为 70 亿美元）。这 3 笔交易包括（coinmarketcap.com）：

- 以太坊（ethereum.org）。价值接近 7.5 亿美元的以太坊于 2014 年获得众筹，它由瑞士非营利组织以太坊基金会（Ethereum Foundation）开发。虽然以太坊是一种去中心化的区块链技术，可以作为虚拟货币进行交易，但实际上它是一种开发平台，具有自己的语言，可用于创建其他分布式应用程序，如智能合约（SmartContracts），"它可以在没有任何停机时间、欺诈或第三方控制的情况下运行"。与比特币相比，它在几秒钟而不是几分钟内确认区块。最近，以太坊与微软合作，将以太坊区块链作为微软 Azure 云服务提供给用户。
- 瑞波币（ripple.com）。瑞波币有 350 亿个，而比特币最高为 2 150 万个。每个瑞波币价值为 0.007 美元，总市值接近 2.3 亿美元。瑞波最初的目标是以自己的货币 XRP（ripples）作为分布式、开源、共识账本。最近，该系统已被用于银行和支付网络，作为一种实时的跨货币结算系统，可支持国际汇款等应用。
- 莱特币（litecoin.com）。这款分布式的点对点加密货币价值 1.7 亿美元，它几乎克隆了比特币。它们的不同之处在于其速度（大约比比特币快 4 倍）、工作量证明算法（称为"scrypt"而不是"SHA-256"）以及最大货币单位（8 400 万比 2 150 万）。

虽然单个加密货币（包括比特币）可能会消失，但底层平台和算法很可能会转变为类似于以太坊和瑞波币一类的变形，而用于其他用途。有关的在银行的其他潜在用途，请参阅 Roberts（2016）。

11.7 节复习题

（1）区分电子货币、虚拟货币和数字货币。
（2）可转换虚拟货币和不可转换虚拟货币有什么区别？
（3）虚拟货币市场中的主要产品类别是什么？
（4）比特币拥有哪些特征使其成为货币？
（5）定义区块链。
（6）定义"比特币矿工"。
（7）比特币私钥、公钥和地址如何相互关联？
（8）描述比特币的主要优势和劣势。
（9）比特币的主要竞争对手是谁？

11.8 订单履行和物流概述

相对而言，通过互联网获取订单和进行付款可能是 B2C 容易操作的部分；完成订单并将订购的物品送到客户门口可能是棘手的部分。例如，亚马逊最初作为一家完全虚拟的公司开始接受订单和支付，但依靠第三方履行并交付订单。最终，他们意识到他们需要拥有包含数千名员工的实体仓库，以加快交付并大幅降低订单履行成本。为了理解电子商务中订单履行和交付的重要性，以及与电子商务相关的复杂性和问题，你首先必须对这些概念有一个大体的了解。

11.8.1 订单履行和物流的基本概念

无论产品类型和涉及的商业类型如何——在线还是离线，订单履行都是指公司从订单接收到订单交付给客户的所有业务，包括所有相关的客户服务。例如，客户必须收到新用品的安装和使用说明。这可以通过在产品中包含纸质文档或通过在网页上提供说明来完成。另外，如果客户对产品不满意，则必须安排退换货。

订单履行包括一系列后台业务，即支持订单履行的活动，例如包装、交货、会计、库存管理和装运。它也与前台业务或面向客户的活动（如广告和订单）密切相关，而客户可以看到这些活动。

很显然，订单履行的总体目标是以及时的、低成本的、高效益的方式将恰当的产品交付给恰当的客户。实现这些目标的方式因电子零售和离线零售而异，因为电子零售商专注于向个人消费者直接交付较少数量的物品，而许多传统零售商则专注于将大量产品交付到商店货架。当然，现在电子零售和传统零售是相互交织的，因为大多数零售商有多个销售和服务渠道——网络、手机、商店、呼叫中心等。这就要求他们整合各种渠道，使客户能够在任何地方下订单，并在任何地方提货或收货。

11.8.2 电子商务订单的履行流程

为了理解为什么在订单履行时存在问题，看一下典型的电子商务履行流程是有益的，流程如图 11-7 所示。这个流程从左边开始，收到订单，并且在确认它是真实订单后，发生了多个活动，其中一些可以同步完成；其他必须按顺序完成。这些活动包括：①订购和支付；②支付授权；③检查库存情况，通知是否有库存；④确定是否应补充库存（以及是否需要额外生产）；⑤找到可以处理订单的仓库，传送订单到仓库；⑥订单拣选并打包发货；⑦订单发货；⑧收到货物；⑨管理退货。

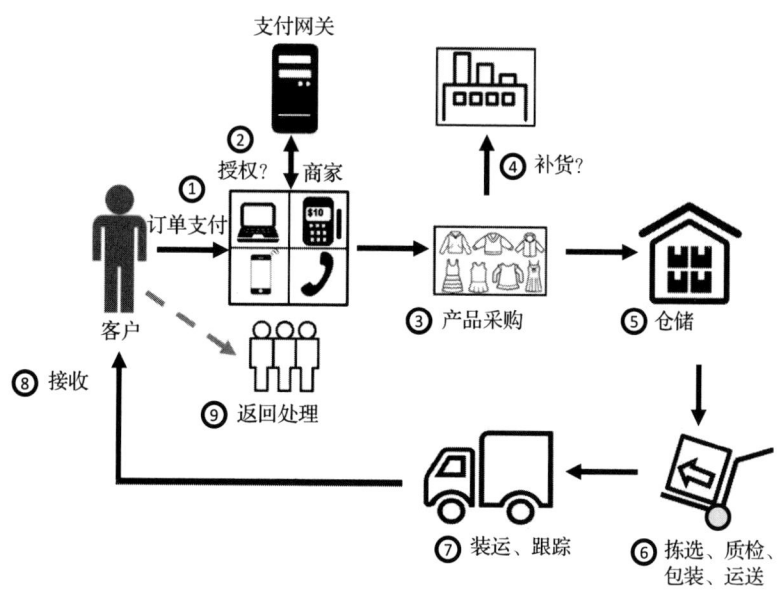

图 11-7　订单履行

资料来源：由 D. King 绘制。

订单履行过程可能会因产品类型（例如尺寸、易腐蚀性），第三方是否参与仓储和运输，企业是否以 B2C 或 B2B 为主，以及公司的战略和运营模式而有所不同。通常，零售商和制造合作伙伴通过这些战略和模式进行区分。其基本运营模式比电子商务早 20 年，且被供应链专家和从业人员熟知。其中包括：

- 按订单设计（ETO）。在这里，产品是根据客户的定制设计和制造的。这种方法对于一次性产品（例如定制珠宝）是最常见的。
- 按订单生产（MTO）。这就是按订单构建（BTO）用于客户定制的基本要求产品。这些产品只是在订单实际产生后才进一步生产。
- 按订单组装（ATO）。这就是按要求组装，根据现有组件库存构建客户定制产品。这需要成品的模块化产品架构。这种方法的最著名的例子就是戴尔制造电脑的方式。
- 按库存生产（MTS）。这适用于大批量销售的标准化产品。该产品是根据销售预测生产的，并以成品出售给客户。这意味着需求可以很快得到满足。例如，杂货店商品中的许多快速消费品就属于这种类型。
- 数字复制（DC）。主要产品是数字资产，库存是以数字主数据创建的。副本按需创建，并下载到客户的存储设备中。

由于服装和服饰、（包装）食品和电子设备是最大的 B2C 销售品类，因此最常用的模式是 MTS 和 ATO。尽管对这些类型的产品进行管理和履行订单似乎很简单，但由于需求激增（例如"黑色星期五"），或者源组件或材料短缺造成的中断，或流行风格的突然出现和消失，订单管理和履行可能会受到供应链变幻莫测的影响。

订单履行和供应链

9 项操作订单履行过程是供应链的一个组成部分。订单、支付、信息、原材料和零件的流动需要公司所有相关部门参与，以及与所有相关外部合作伙伴协调。在规划和管理订单履行过程时，必须考虑供应链管理（SCM）的程序，由于其复杂性可能产生问题。案例 11-2 涵盖了许多这样的因素，其中描述了亚马逊如何履行其订单。案例简要介绍了其基本策略、涉及的过程以及遇到的一些问题。11.9 节详细讨论了这些问题，11.10 节提供了许多这些问题的解决方案。

◎ 案例 11-2　电子商务应用

亚马逊："供应链之王"

问题

对于传统的零售业务，顾客可以去实体店购买物品，然后带回家。大批量的商品被运送到每个商店或超市，因而不需要太多的送货目的地。对于电子零售，客户可以快速获得货物并将货物运送到家中。小批量交货却需要到达很多目的地。此外，货物必须立即交付。因此，持有货物库存变得至关重要。持有库存和运输产品需要花费成本和时间，这可能会抵消电子零售的一些优点。让我们看看电子零售之王——亚马逊是如何处理这种情况的。

1994年，亚马逊开始以"虚拟零售"作为商业模式——没有仓库，没有库存，也没有送货。这个想法是通过电子方式接受订单并接收付款，然后让其他人满足订单。人们很快就明白了，这种模式虽然适用于小公司，但不适用于全球最大的电子零售商。

解决方案

1997年，亚马逊决定改变其商业模式并自己负责库存和物流。此外，公司还向其他卖方甚至竞争对手提供物流服务。该公司花费数十亿美元在美国和全球建立自己的分销网络，并在此过程中成为仓储管理、仓库自动化、包装和库存管理方面的世界级领先企业。

1994年，他们开始在西雅图和特拉华开设自己的订单履行中心（仓库），两个中心占地都达到了数十万平方英尺。这样的中心在1999年迅速扩展到八个，其中包括三个欧洲中心。起初由于经济原因，它们增长速度起初放缓了，直到2005年，亚马逊进入了令人难以置信的设施扩张时期。

扩张始于一系列大型配送中心，这些配送中心位于各州享有税收减免和优惠的地区，尤其在那些不需要缴纳营业税的州，因为从技术上说，它们不是零售商店。这为它们提供了比"实体"零售商更大的经济优势，直到各州开始重新诠释它们的法律并像对待其他零售商一样对待亚马逊。2013年，亚马逊改变了他们的供应链战略来优化其交付速度，以至于他们可以支持针对一天内交付和送食品上门的新项目。

1. 拣货和包装

亚马逊如何有效地履行每月数百万的订单？部分答案在于他们配送中心的运营方式。对于较大的设施，履行订单有如下几步：

- 步骤1。当你在亚马逊网站下订单并指定收货地址时，计算机程序将知道它将从哪里发货。它通常来自亚马逊的履行中心或卖方的地点。卖方可以选择将商品运送到亚马逊进行存储和处理。亚马逊将产品列入其在线目录，并可能为这些产品做广告。当订单到达时，计算机程序将把订单发送到它将被履行的地方。亚马逊有几十个分销中心。一般而言，典型的亚马逊分销中心的运作方式如下。
- 步骤2。接收到的所有订单都由调度员通过电子方式发送给特定的部件拣货员执行。
- 步骤3。物品（例如书籍、游戏和CD）用存储箱储存在仓库中。每个存储箱都配有一盏红灯。当需要拾取存储箱中的物品时，红灯亮起。拣货员从亮有红灯的存储箱中取出物品，然后熄灭灯。
- 步骤4。每个拣选了的物品都放置在一个带有条形码的篮子中，该条形码指定了订单号。这些篮子放在仓库里一条10英里长的卷绕输送带上。每个购物篮都自动定向到条形码阅读器引导的特定目的地。
- 步骤5。检查每个装完货物的篮子以确保条形码与特定订单相匹配，然后将物品移到适当的滑槽，物品随后滑入发货箱。如果一个订单中的物品被分配到多个滑槽中，系统就会安排这些滑槽到达同一个箱子。
- 步骤6。然后密封盒子以便送货。如果选择礼品包装，那么包装将由手工完成。
- 步骤7。然后将全部盒子贴上胶带、称重、贴上标签，并被送至仓库中的一个卡车托架以便运送；一些托架由UPS、美国邮政服务（USPS）和其他托运人所有。Del Rey（2013）提供了位于亚利桑那州凤凰城的亚马逊最大的中心之一的照片幻灯片。

2. 配送中心专业化

这只是故事的一部分。真正的优化来自各个中心的分工和专业化,特别是亚马逊新的"分类"中心。有关变化的详细讨论,请参阅 Wulfraat(2014,2016)。

如今,这些设施包括:

- 履行中心,根据所包装产品的大小进行分类。
- 补货中心,接收来自供应商的进货。
- 客户退货中心,致力于退货。
- 分拣中心,从配送中心接收包裹的托盘,然后通过邮政编码汇集和分拣托盘,以便将其分发到处理相关邮政编码的 USPS 设施。美国邮政提供包裹"最后一公里"配送。
- 作为中型的配送中心与小型亚马逊鲜食和食品配送点联网,以便在市区实现杂货和百货能当天送货上门。
- 专业配送点,处理较小的课本、服装、珠宝和鞋子等包裹。
- Prime Now 和 Flex Hub 是小型设施,用于处理城市地区 1~2 小时内交付的有限数量的高需求项目(尤其是 Prime 客户)。

结果

表 11-2 提供了各种类型中心的分布情况以及各种设施的规模。总的来说,大约有 290 个设施,占地面积超过 1.1 亿平方英尺。其中大多数(159 个)是履行中心,并占大部分的面积(约 1 亿平方英尺)。

表 11-2 亚马逊配送中心网络

	类型	现有	平方英尺	未来	未来平方英尺
美国	履行中心	76	59.9	17	12.7
	分拣中心	26	7.1	3	0.8
	Prime Now	43	0.7	0	0
	交付/分类中心	16	1.3	0	0
	小计	161	69.0	20	13.5
世界其他地区	履行中心	83	41.4	6	5
	Prime Now	23	0.1	1	0.1
	交付/分类中心	24	1.6	0	0
	小计	131	43.1	7	5.1
全球	总计	292	112.1	27	18.6

资料来源:基于 Wuulfraat(2016)。

虽然所有都起到关键作用,但可能影响最大的是(26 个)分拣中心。这些中心不仅帮助亚马逊实现了当日交付的目标,更重要的是,它们还使亚马逊大大减少了对 UPS 和联邦快递运输的依赖,并获得对运输和交付的控制权。与拥有自己的运营商和车队的离线零售商不同,亚马逊不得不利用 UPS、联邦快递和其他第三方运营商。在销售旺季期间(例如冬季假期),这意味着他们必须与其他零售商竞争 UPS 和联邦快递服务。分拣中心通过取代美国邮政的交付,大大减少了这种依赖。成本削减量很大，且与其他零售商没有竞争关系。毫无疑问，他们正在为自己的车队奠定基础——包括地面和空中。

亚马逊供应链的成功令人惊叹。它一直是许多供应链前沿的先行者，并继续保持领先，尤其是在电子商务领域（见11.10节）。过去一年，亚马逊不仅成为年销售额最快达到1 000亿美元的公司，而且（同行中）它在Gartner（2015）排名前25位的供应链公司中获得了第一名。它也将这一成功打包在一个名为"由亚马逊履行"（FBA）的计划中。用它的话说，"你们销售，我们送货。"亚马逊创建了世界上最先进的履行网络之一，"你的企业可以从我们的专业知识中受益"。通过"由亚马逊履行"，"你可以将产品存储在亚马逊的配送中心，我们负责产品拣选、打包、发货并提供客户服务。最重要的是，FBA可以帮助你扩展业务并吸引更多客户。"为此，亚马逊最近收购了Atlas航空公司的少数股权，这家公司拥有最大的747货机机队。

资料来源：Del Rey（2013）、Wulfraat（2014，2016），以及在 services.amazon.com/fulfillment-by-amazon/how-it-works.htm 上的2015年亚马逊年度报告（访问于2016年5月）。

问题

1. 集中仓储的驱动因素是什么？
2. 为什么亚马逊使用第三方公司进行交付？
3. 亚马逊可以在仓库中使用RFID吗？如果可以，何时何地？如果不可以，为什么？
4. 调查亚马逊如何处理退货商品。
5. 绘制亚马逊的图书供应链。
6. 你认为亚马逊订单履行/物流中的智能（软件）代理在哪里？

11.8节复习题

（1）定义订单履行和物流。
（2）比较传统物流和电子物流。
（3）列出订单履行流程的9项活动。

11.9 供应链中订单履行的问题

订单履行被视为电子商务的关键成功因素。Peerless研究集团（2013）对近600名顶级供应链管理人员进行的一项相对较新的研究显示，订单履行情况复杂得多，管理和交付业绩正在下滑。结果，客户满意度受到了损害。这些高管及其公司面临的主要挑战包括（VanLandingham，2014）：

- 订单期望。电子商务订单需要更高水平的服务和关注度。交货时间要短得多，订单更改和取消通常是在最后一分钟。
- 订单准确性。如果以任何单位数量向一家商店交付货物，订单准确性就没什么大不了的。如果电子商务顾客遇到同样的情况，商家可能会失去顾客的业务。
- 多渠道订单管理。由于大多数公司对各种渠道都有独立的系统，因此向消费者展示公司一致的形象非常困难。

- **复杂的分销**。与离线订单和交付相比，每个电子商务订单通常很小，只有几个单位，但订单量更多。包装和运输更困难。由于消费者在购买之前不能"触摸、看见和感受"这些产品，因此产生很多退货。

因此，调查（例如 Kinnison（2015））经常表明，履行流程使客户满意度受损。不满通常是由于：①订单不准确；②订单处理时间冗长；③错过交货时间计划；④订单在整个流程中移动时缺乏可视性。

这些问题与困难是离线和在线商业仍将面临的各挑战中的典型。由于标准供应链结构和流程之间的不匹配，以及电子商务的特殊性和要求，电子商务尤其是全渠道电子商务的问题更加严重。例如，大多数制造商和分销商的仓库都设计成可以大批量地将货物运送到一定数量的商店；它们的设计不是为了将小订单打包并运送到大量客户的门口。电子商务的库存水平不正常是常见的情况，例如糟糕的交货计划和混乱的装运。

许多问题和挑战的根源是缺乏规划和执行实践。以下是一些关键原因：

- **需求不确定性**。电子商务供应链中的许多问题都源于需求不确定性，以及供应链中满足这种不确定需求的困难。这是需求预测发挥作用的地方。这里的主要目标是非常详细地预测某种类型产品（在 SKU 级别）的数量，这些产品满足特定时间、特定地点或未来某个时间段内的需求。这些预测基于历史模式、销售或订单数据趋势以及天气或促销等因果因素的统计（时间序列）估计。这些因素都可能迅速发生变化，这就是为什么需求预测和科学一样是一门艺术。根本问题是，如果需求计划是错误的，那它将波及整个供应链，影响库存、原材料、进行中的工作、工厂产能等的需求计划。公司试图通过对预测进行调整，并与供应链中的主要参与者分享预测来解决这些问题。
- **缺乏信息共享**。在当今世界，整个供应链中的信息流动与货物和服务的流动几乎同等重要。信息系统支持这一流程，以实现供应链中各个参与者和系统的沟通和协调。信息流动不畅造成的问题类别的一个很好的示例就是牛鞭效应，即实际需求与供应链上游为满足假定需求的供应库存之间的不匹配。这种不匹配导致库存过剩，并产生被用作缓解需求被低估的缓冲的安全库存。实际上，当你从零售商向分销商、供应商、制造商链上移时，这种不匹配会不断增加，因此库存和安全库存会不断增加。一种减少不匹配的方法是确保所有参与方都了解有关需求的信息和可见性，这样就只有"真相的一个版本"。在线文件 W11.1 中描述了牛鞭效应。
- **物流基础设施不足**。纯电子商务公司可能会有更多的问题，因为他们没有建立好的物流基础设施，并且被迫使用外部物流服务而不是内部部门来执行这些功能，就像亚马逊采用 UPS 和联邦快递那样。这些外部物流服务的提供者通常被称为**第三方物流供应商**（third-party logistics suppliers，3PL）或物流服务供应商。外包物流服务可能非常昂贵，而且需要更多的协调和依靠可能不够可靠的外部人员。出于这个原因，大型虚拟零售商通常拥有自己的实体仓库、运输和分销系统。

- 资金流动效率低下。请注意，供应链问题和对其的改进不仅涉及货物流通，还涉及信息和资金流动。资金流包括发票、付款、收款等。尽管基于计算机的系统已经被开发出来，但许多供应商、制造商、分销商和零售商仍依靠人工和纸质系统进行资金交易。这些低效率的财务流程不仅减缓了整个供应链中的现金流，而且阻止了商品和服务的流动，使各个合作伙伴处于劣势竞争地位。

11.9 节复习题

（1）描述订单履行面临的挑战。
（2）描述这些挑战的结果。
（3）描述订单履行不好的根本原因。
（4）描述牛鞭效应。
（5）描述第三方物流的角色。

11.10 供应链中订单履行问题的解决方案

许多电子商务物流问题是普遍的；它们也会在非互联网世界中出现。因此，实体公司为这些问题开发的许多解决方案也适用于电子零售商。IT 和电子商务技术对这些解决方案中的大部分很有帮助。它们可以将供应链上的各种操作自动化，通常还可以改善其操作。在本节中，我们将讨论供应链中电子商务订单履行问题的一些具体解决方案。

11.10.1 订单承担活动的改进

在订单履行方面，一种好的方法是改进订单活动及其与履行和物流的联系。订购可以通过电子邮件或在网上商店完成，并可以自动进行。例如，在 B2B 中，当库存水平低于某个阈值时，订单可以自动生成并传输给供应商。这是第 4 章中描述的供应商管理库存（VMI）策略的一部分。其结果是产生快速、便宜且更准确的（不需要重新生成数据）订单流程。在 B2C 中，使用电子表单进行基于网络的订购可以加速流程，使其更加准确（例如，自动化流程可以检查输入的数据并提供即时反馈），并降低卖方的处理成本。当电子商务订单可以与公司的后台系统进行交互或整合时，周转时间被缩短了，错误被消除了。

例如，当制造商从自己的仓库订购零件时，订单活动改进也可以在组织内进行。当这些部件的交付顺利进行时，对制造过程的干扰被最大限度地减少了，停机造成的损失也减少了。

11.10.2 仓储和库存管理的改进

虽然这似乎是一种误导，但管理库存的一种方法是使用**仓库管理系统**（warehouse management system，WMS）。从表面上看，WMS 是指帮助管理仓库的软件系统。但是，市场中领先的任何 WMS 还提供：

- 内向功能，如场地管理、任务安排、多点收货（multi-method receiving）、越库（cross-docking）、送货到店铺、质量保证、分段和回收。
- 库存功能，如库存可视化、批量控制、多级库存、统计、补货、增值服务（VAS）处理、工单处理、国际化和插队。
- 资源管理，如动态拣选位置分配、设备利用率、设施利用率、任务管理、自动化接口和劳动力管理。
- 外向功能，如发货订单管理、多点订单拣选，在零售店和网店配送中心拣选、处理电子商务订单，装箱、运输和包裹清单，排序和装货，以及运输单据的合规性检查。
- 3PL/部门支持，如多客户端架构、客户端计费、基于客户端的流程建模、跨客户端优化、客户可视性和报告。

例如，请参阅 jda.com 获取 WMS 详细功能的说明。

WMS 有助于减少库存并减少缺货事件的数量。这些系统还可用于维护、维修库存的物品，以便加快维修速度；从仓库存储箱中拣出物品；接收卸货台的物品，并实现仓库操作的自动化。例如，引入按订单生产流程，并向供应商提供及时和准确的需求信息可以最大限度地减少库存和缺货事件。在某些情况下，终极的库存改善可以做到完全没有库存；对于可以数字化的产品（例如软件），订单履行可以是即时的，并且可以消除对库存的需要。

11.10.3 改变供应链的结构和流程

对许多供应链问题的有效解决方案是将供应链结构从线性结构改变为如图 11-8 所示的枢纽结构。请注意，在枢纽结构中，供应链合作伙伴和要素之间的连接要短得多。此外，协调和控制在枢纽中心完成，使管理更加高效，并且此结构提高了可视性。长的供应链通常更容易出现问题。此外，枢纽结构管理通常是全数字化的，这使订单履行更快、成本更低、问题更少。

11.10.4 加快交货：从一天到几分钟

如前所述，电子商务的一个主要成功因素是购物者收到订货的速度。事实上，快速交货的竞争正在加剧。

1973 年，联邦快递提出了"次日"交付的概念。这是"门到门"物流的革命。几年后，联邦快递推出了"次日早上送货"服务。然而在数字时代，即使是第二天早上的速度可能也不够快。今天，我们谈论当天交货，甚至在一个小时内交货。向医院提供紧急物资，向汽车服务店运送汽车零件以及向患者提供药品等都是此类服务的例子。案例 11-2 描述重组亚马逊配送中心以实现对大多数美国家庭当日甚至一个小时送达服务的目的。eFulfillment Service（efulfillmentservice.com）和 OneWorld Direct（owd.com）是这个领域的另外两个新加入者。这些公司已经建立了快速分销产品的网络，主要是与电子商务相关的产品。它们与联邦快递和 UPS 等运输公司合作，在美国各地提供全国性的分销系统。

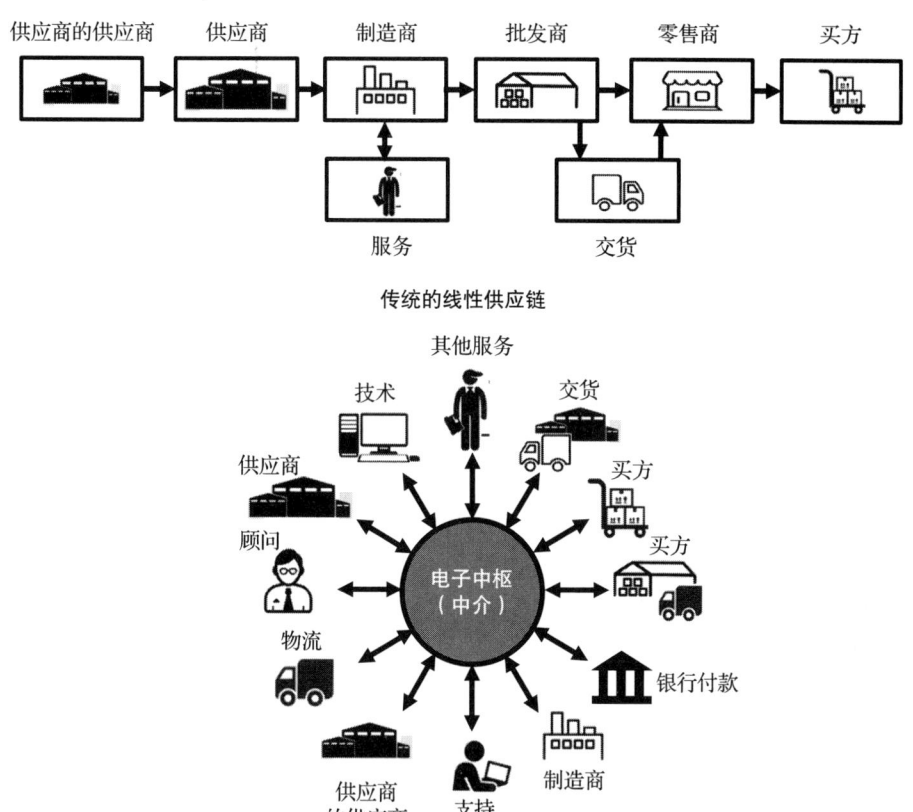

图 11-8 供应链的变化

资料来源：由 D. King 绘制。

正如第 3 章所讨论的那样，提供杂货是另一个速度非常重要的领域。比萨快速交货已经有很长一段时间了（例如多米诺比萨（Domino's Pizza））。今天，许多比萨可以在线上下单。此外，许多餐馆向在线订购的顾客提供食品。这项服务的示例可以在 gourmetdinnerservice.com.au 和 grubhub.com 公司中找到。一些公司甚至提供综合供应服务，来处理来自几家餐馆的订单，然后交付货物（例如在香港的 dialadinner.com.hk）。

超市交货通常在当天完成。安排和协调这种交付可能很困难，特别是在运输新鲜或易腐食品时。买方可能需要在某些时候回家收货。

1. 由无人机交货

在理想情况下，网上零售商希望提供比你去商店购买产品更快的交货速度。未来的解决方案是在几分钟内由无人机交付包裹。白日梦？亚马逊最初吹捧它将在 2015 年实现。但是，2015 年已经过去了，却仍然没有实现无人驾驶飞机交货。显然，由于法律、技术（传感器的能力）以及其他限制，这将需要更长的时间。

● **示例：亚马逊 Prime Air**

有一天，我们可能会看到一队 Prime Air 运输器在空中将包裹运送到客户的门口。有关交付方式的设想，请参阅amazon.com/ b?node = 8037720011上的视频和文本。借助亚马逊Prime Air，无人机交付目前正在根据美国联邦航空管理局（FAA）的豁免规定，进行商业户外使用的设计和试验。亚马逊当前的型号用于5磅以下、15～20英里范围内的包裹交付。重量限制覆盖了他们所交付产品的85%，而20英里覆盖了"零售商为核心的""当日可造访市场"的50%～65%（French，2015a）。

目前，根据FAA的规定，无人机用于商业是被禁止的，除非FAA将相关公司列为例外。几年前，国会要求FAA提出一套新的无人机的商业用途规则。我们预计将在2016年年中之前这些规则会被发布。

亚马逊并不是唯一一家这样做的公司。其他公司正在对小包裹交付进行自己的测试。一些较为知名的尝试包括：

- Matternet（mttr.net）。自2011年以来，一个名为Matternet的湾区初创公司与联合国儿童基金会和无国界医生等团体合作，使用无人机在瑞士、海地和多米尼加共和国运送医疗用品和标本。无人驾驶飞机提供自动运输服务，不需要司机，不会受到交通阻塞的阻碍，而且成本低、效率高。目前，它的无人机可以处理重达2磅、以40英里/小时的速度运输约10英里的物品，从而使运送时间缩短到20分钟以内。Matternet认为医疗用途会使监管机构批准此项技术用于商业用途。有关如何使用Matternet无人机的详细说明，请参阅French（2015a）。
- 沃尔玛（Walmart.com）对无人机的兴趣与亚马逊相同。他们已经在仓库里试验了它们的使用情况，现在他们已经申请了许可证来试验它们是否适合户外包裹运输。最初的试验将集中在从其零售分销中心到同一区域的自己商店停车场的交货。然后试验扩展到送货到小居民区。第二阶段的送货试验是有意义的，因为美国人口的70%在5英里范围内就有一个沃尔玛超市。沃尔玛正在使用中国制造的DJI（dji.com）无人机进行试验。
- Flirtey（flirtey.com）。一家澳大利亚初创公司最近在美国首次进行了FAA批准的第一次无人机送货。使用GPS导航，无人机向内华达州霍索恩的一栋空房运送了瓶装水、应急食品和急救箱。这次送货测试了无人机在建筑物、电线和路灯周围导航，以使其能在人口密集区域降落的能力。Flirtey无人机以前曾被用于在澳大利亚和新西兰运送教科书（Boyle，2016）。
- 谷歌翼计划。自2014年以来，谷歌X一直致力于无人机送货，项目名为"翼计划"（Grothas，2016）。最近，项目被授予了"轮子上的移动容器"的专利。其基本思想是让无人机将包裹运送到容器，然后用容器传送给收件人。

2. 当日交货

我们在第3章中介绍了与杂货有关的这一话题，并谈到了竞争加剧。除亚马逊生鲜外，许多其他公司也积极参与这一市场。值得注意的是Instacart、Postmates和谷歌快递。但是，当日交货不仅适用于杂货。亚马逊将在几个大城市开始当日交货。谷歌购物快递也很活跃，eBay、Uber Rush和其他公司也如此（Bowman，2014）。有关一小时内交货的讨论，请参阅Halkias（2015）。

11.10.5 合作与外包物流

解决订单履行问题的有效方法是组织与其他公司合作。例如，几家电子商务公司已经与 UPS 或联邦快递合作；其他公司与亚马逊的订单履行和阿里巴巴的天猫合作（如本章开篇案例所讨论的）。

与物流有关的合作关系可以有多种形式。例如，市场可能由许多货运代理商之一管理，比如 A&A 合同报关行，这是一家帮助其他公司找到"代理商"的公司。代理商帮助准备货物以便运输，并与运营商合作以确定以最佳方式运输。货代也可以在航空公司找到最便宜的价格，另外航空公司也希望用货代的货物来填满舱位。

使用机器人履行订单

2012 年，亚马逊以 7.75 亿美元收购了一家名为 Kiva Systems 的机器人公司。现在，30 000 个 Kiva 机器人已被部署到大约 15 个亚马逊的大型履行中心。机器人用于协助工作人员进行拣选和包装活动。

Kiva 的操作方式与人们想象的有所不同（Valerio，2015）。被拣选和包装的物品位于可移动货盘（称为吊舱）上的箱子中。一个吊舱可以容纳数百个物品。满载的吊舱可重达 3 000 磅。乍一看，合乎逻辑的做法是使用人找货的方法。换句话说，如果你需要一个物品，只需派一个机器人来取它。实际上，Kiva 采用了另一种方式——货找人的方式。

有两种类型的机器人，它们看起来有点像大型的机器人真空吸尘器 Roombas，只不过它们是方形而不是圆形的。一种是 S 型，尺寸为 2×2.5×1 英尺，可以举起接近 1 000 磅的货物。更大的版本是 G 型，可以举起 3 000 磅的货物。它们两个都可以放在吊舱的底部。一旦收到物品订单，它就会被输入到控制机器人的计算机的数据库中。同一台计算机上的软件会搜索最接近吊舱的机器人，并通过 WiFi 指挥机器人取回装有该物品的吊舱。此时，机器人会在地板上放置一系列 QR 码反射器（像道路上的车道标记），以找到正确的吊舱，机器人在吊舱下方滑动，将其抬起并将其运回给指定的操作员。操作员挑选正确的物品并将其放入装运包裹中，因此这种方式被命名为货找人。此时，机器人已准备好再次出发。机器人每秒行进约 1.3 米，需要每小时充电约 5 分钟。

Kiva 自动化处理的电子订单履行系统的方式也适用于店内库存补充、零件分销和医疗设备分销操作。迄今为止，该系统已被证明比人类更准确和高效。

在 Kiva 被收购之初，它被其他诸如 Walgreens、史泰博、Crate&Barrel 和盖璞等零售商使用。几乎同时，亚马逊结束了 Kiva 对这些外部公司的支持。在此期间，一系列新的机器人竞争对手填补了这一空白。一些例子是 Swisslog 的 CarryPick（swisslog.com/carrypick）、GrayOrange 的 Butler 和 Grenzeback 的 Carry AGV（grenzebach.com）。尽管在速度、力量和交货目标（如传送带）方面存在一些差异，但几乎所有机器人操作都遵循相同的货找人的原则。有关这些机器人和其他系统的详细信息，请参阅 Tobe（2015）。

对使用机器人感兴趣的另一个领域是按订单生产。机器人早已涉足这一领域，特别是在汽车行业。在汽车工厂中部署的大多数旧版本机器人都很大、很麻烦，并且专门用于焊接或喷涂等单一任务。最近，正在生产的更小的机器人"更聪明，更具移动性、协作性和适应性"（Hagerty，2015）。其中一些被设计为处理以标准部件组装（MTO）消费电子产品的棘手工作，目前在亚洲这些工作主要由人工完成。它们也被设计来协助人类而不是取代人类。一个恰当的例子就是由 ABB 有限公司和 Rethink 机器人公司合作研发的机器人产品。它们被设计用于处理小零件，并检测部件的组装错误。它们也更具可编程性，因此它们可以快速适应新的要求和用途。要查看运行中的机器人，请登录 rethinkrobotics.com。

这些机器人应用的支持者有一种强烈的信念认为，机器人使小公司能够更好地与大公司竞争，而高薪国家的公司则能更好地与中国和其他低工资国家竞争。

11.10.6 整合全球物流计划

全球贸易的增加创造了对有效的全球物流系统的需求。在较长的跨越国界的供应链中，前文描述的订单履行问题往往更大。在这种情况下，合作伙伴的数量通常比国内物流要多（如海关经纪人、全球运营商），协调、沟通和协作的需求也多。而且，这种系统需要高度的安全性，特别是当互联网是中心技术平台时。整合供应链的独立部分对于最大限度地减少长的全球链中的问题可能非常有益。

11.10.7 按订单生产（MTO）和大规模定制的订单履行

正如你可以从第一章中回忆起的那样，电子商务的优势之一就是能够轻松定制产品和个性化服务。尽管订购订单很容易在线完成，但这些订单的履行可能并不简单。批量生产使企业能够降低单位价格。定制化通常很昂贵，因为每个订单都必须单独处理。定制也需要时间，特别是对于像汽车这样的大型产品来说。然而，消费者通常希望定制产品并及时得到，而价格不比大规模生产的同类产品高太多。因此，问题是：供应商、制造商或零售商自己如何以合理的成本和合理的时间为客户做到这一点？

戴尔是以及时和经济高效的方式为终端消费者提供定制产品的先锋。他们能够使用批量生产的组件来完成这项工作，为满足其客户的定制订单会对这些组件组装。这种方法已被其他许多制造商采用。大多数定制的汽车、鞋子、玩具、教科书和结婚戒指都是这样制造的。当然，当你在谈论戴尔的数百万台计算机时，供应链、物流和组件交付对于其成功和生存至关重要。有关戴尔 MTO 系统的详细说明，请参阅在线文件 W11.2。

有了 MTO，你还需要与供应商紧密合作。此外，你需要拥有灵活的生产线，对这些生产线的转换快速而廉价（例如在丰田对汽车喷漆），同时你需要能够快速且不太昂贵的转换工具（通常由计算机系统驱动）。这通常是像 Siemans AG、IBM 和通用电气公司那样的智能工厂或生产线的一部分。这也与 Etsy（etsy.com）使用的分布式大规模定制方法类似。Etsy 是一个由小型生产商定制并销售商品的在线市场。有关智能工厂和大规模定制的资料，请参阅《大规模定制国际期刊》。

11.10.8 处理退货（逆向物流）

允许退还有缺陷或不满意的商品，并提供换货或退款是维持客户信任和忠诚度的必要条件。前段时间，人们发现没有良好的退货机制是购物者不愿意在线购买的第二大原因。电子商务必须有一个良好的退货机制。

处理退货是电子商务商家面对的重要物流问题。处理退货的几个可选方式是:

- 将商品退回到购买地点。从实体店购买商品很容易以此方式退货,但从虚拟商店购买则不容易以此方式实现退货。为了将产品退回到虚拟商店,客户需要获得授权,整理好所有东西,付费将其退回,确保安全,并等待两个结算周期,然后信用卡对账单才显示信用额度。这种情况买方不满意,卖方也会不满意,卖方必须打开包装,检查依据,并通常折价转售商品。只有退货数量很少或商品价格昂贵时(例如蓝色尼罗河公司),这种方式才可行。一些供应商(例如亚马逊)让客户能够打印预付费 UPS 或 USPS 运输标签,以便客户更容易地退货。
- 将退货物流与送货物流分开。使用此方式时,退货将被运送到独立的退货区并分开处理。从卖方的角度来看,这种解决方案可能更有效率,但并不能简化买方的退货流程。
- 完全外包退货。几家外包商,包括 UPS 和联邦快递都提供退货物流服务。这些服务不仅涉及送货和退货,还涉及整个物流流程。例如,联邦快递为退货提供了多种可选方式。
- 允许客户将退回的物品放入收集站或同一供应商的实体店。卖方为顾客提供地点(例如便利店或 UPS 商店),以便他们可以放置退货。在亚洲和澳大利亚,便利店和加油站都接受退货。例如,BP 澳大利亚有限公司(汽油加油站)与 wishlist.com.au(现已关闭)的合作;加德士澳大利亚接受与它的加油站关联的便利店中的退货。在日本的 7-11(7dream.com),受理的商店可提供店内电脑供订购,也可提供付款途径。在中国台湾地区和其他一些国家,你可以在 7-Eleven 商店订购商品(例如书籍),付款,拿走订购的物品并退回不需要的物品。实体店通常允许顾客将在线订购的商品退还给他们的实体店(例如 walmart.com 和 eddiebauer.com)。
- 拍卖退回的物品。这一方式可以与任何上述方式结合在一起使用。

有关退货的战略、指导方针和其他信息,请参阅逆向物流执行委员会网站(cscmp.org/product-type / reverse-logistics)。

11.10.9 B2B 订单的履行

根据 Forrester Research 最近的预测(Demery,2015),2015 年 B2B 电子商务的在线收入远高于 B2C 电子商务的在线收入。美国的相关数字分别约为 7 800 亿美元和 304 亿美元。据估计,到 2020 年,B2B 的在线收入将攀升至 1.1 万亿美元,而 B2C 将达到 5 000 亿美元。尽管存在显著差异,但 B2B 电子商务远不如 B2C 电子商务发达。这些差异不仅体现在前端体验上,还体现在后台功能上,包括信息管理、Web 内容管理和订单管理。

早些时候,由霍尼韦尔赞助的 Peerless Research Group(2013)针对"物流管理和供应链管理评审"开展的每一项研究明确了二者在订单管理能力方面的一些主要差异。根据来自 469 家供应链经理的回复(这些供应链经理大多数都负责 B2B 或 B2B 与 B2C 电子商务系统的组合),调查显示:

- 系统最重要的任务是提高订单履行数量和速度,同时降低每笔订单的成本,提高盈利能力并改善客户服务。
- 订单履行中的许多低效率和高成本是运输、包装和材料成本增加所导致的。

- 解决低效率和成本问题的关键在于改进供应链软件应用程序，重组（订单履行）作业，并进行供应链分析。

B2B 订单履行往往比 B2C 更低效，因为它通常更复杂。在通常情况下，发货量较大，有多个分销渠道，发货频率更加多样化，运营商服务的广度更加不平衡，电子商务运营商产品数量更少，电子商务交易路径更加复杂。解决这些复杂问题所需的应用程序的改善和流程的重组与物理系统的自动化相关，使用业务流程管理（BPM）软件来实现流程自动化。

1. 使用电子交易平台和交易所缓解 B2B 中的订单履行问题

在第 4 章中，我们介绍了各种电子市场和交易所。这些实体的主要目标之一是改善 B2B 供应链的运作。让我们看看它如何与不同的商业模式一起运作。

- 以公司为中心的市场可以解决几个供应链问题。例如，CSX 技术公司开发了一个基于外联网的电子商务系统，作为其供应链举措的一部分，用于跟踪跨国列车运输，能够有效识别瓶颈并更准确地预测需求。
- 东芝美国公司使用外联网为其经销商提供订购系统，以便其购买东芝产品的零配件。该系统使供应链更加顺畅并提供更好的客户服务。
- HighJump 软件建议考虑一系列优化订单履行的关键要素，包括拣选、包装和运输的自动化，纸质流程的转换，以及将销售和营销投入纳入各种供应链流程。

有关如何在 B2B 中订单履行的更多讨论，请参阅 fedex.com/us/supply-chain/services/fulfillment-services 和 Demery（2012）。

2. 服务订单履行

到目前为止，我们一直聚焦于物理产品的订单履行上。履行服务订单（例如购买或出售股票，处理保险索赔）可能涉及额外的信息处理，这需要更复杂的电子商务系统。

11.10.10 创新的电子化的履行策略

有几种创新的电子化履行策略。例如，供应链合作伙伴可以传送信息流并推迟运送实物商品，直到他们可以进行更直接的运送。物流延迟的一个示例是在途并货。**在途并货**（merge-in-transit）是一种产品组件需要从两个或更多物理位置送达目的地的模式。例如，在运送台式电脑时，显示器可能来自美国的东海岸，而 CPU 可能来自西海岸。这不是将各组件运送到中心位置，然后一起运送给客户，而是将这些组件直接运送给客户并由当地的交付商合并交付（因此客户可以在一次交付中获得所有部件），从而减少不必要的运输。

11.10.11 供应链计划和执行软件

订单履行仅是组织执行的整个供应链计划和执行过程中的一部分。许多离线、在线和混合型公司都依赖商业企业软件系统来支持这些流程，而不是内部构建这些功能。这种情况通常涉及三个系统。首先，有些系统支持供应链计划方面，如需求计划、履行、库存优化等。在软件市场中，这些系统现在被称为供应链计划记录系统（SCP SOR）。接下来，有支持供应链执行的系统。其中一些涉及仓库管理，被适当地命名为仓库管理系统（WMS），我们在前面讨论过这一系统。其他系统处理运输和航运管理的各个方面，也适当地被命名为运输管理系统（TMS）。虽然供应链计划和执行（如采购）还有其他主要方面，但这三个系统涵盖了供应链的大部分情况。有关这些系统的功能以及销售它们的软件公司的详细描述可以在相关的 Gartner Magic Quadrant 报告中找到，其中包括：

- SCP SOR——Gartner Magic Quadrant 供应链计划记录系统。
- WMS——Gartner Magic Quadrant 仓库管理系统。
- TMS——Gartner Magic Quadrant 交通管理系统。

一些软件供应商在所有三个领域都有产品。其他人提供其中一个或两个。一家公司是否应该从同一家供应商那里购买这三款产品是一个悬而未决的问题——这两种方式各有优缺点。

无论如何，即使是实施其中一个系统也要耗时多年，因为它们每个都涉及公司运营的许多领域，以及公司的其他信息系统（比如销售系统、客户系统、财务系统、销售推广系统、制造系统）。即使许多其他系统由单一的可以更容易地与 SCSOR、WMS 或 TMS 集成的企业资源计划系统（ERP）管理，但这仍然是一项耗时长、花费高的任务。

11.10 节复习题

（1）定义可以改进订单履行的一般方法。
（2）定义仓库管理系统。列出它的一些关键功能。
（3）列出改进交付的解决方案。
（4）描述亚马逊 Prime Air。
（5）机器人如何用于订单履行？
（6）大规模定制如何影响订单履行？
（7）列出处理退货的方式。
（8）B2B 订单履行与 B2C 订单履行有何不同？
（9）举例说明如何使用电子市场来缓解 B2B 订单履行的问题。
（10）用于支持供应链计划和执行的主要企业软件系统是什么？

管理问题

与本章有关的一些管理问题如下所示。

1. 你将如何解决全渠道需求？ 今天，大多数"实体"零售商都有多个销售渠道——商店和分支机构、邮购目录、呼叫中心、售货亭、自动售货机、网站和移动应用程序。从历史上看，这些渠道一直由独立的员工、做法和信息系统（前台和后台）进行管理，而主渠道获得优惠待遇。过去这已经足够，因为客户要求不高。如今情况已经发生改变。客户期望在所有这些渠道中都获得无缝的体验。他们希望在他们想要的地方，购买他们想要的东西，在他们想要的时间和地点收到货,并在他们想要的地方退货。为了满足这些期望,零售商将不得不接受来自任何渠道的订单和付款,以及在任何地方(例如配送中心、商店和分支机构、制造商(下货)、3PL和自动售货机)履行订单。对于大多数零售商来说,这显然需要重新设计其支付和订单履行系统,以及重新设计供应链上的多个流程和系统。

2. 你应该支持哪些支付方式? 美国许多主要关注国内销售的电子商务商家只能通过支持卡或PayPal进行支付。对于世界其他地区的许多商家来说,情况也是一样的,尽管除了PayPal之外,卡的替代品可能还包含其他一些数字支付系统。然而,有很多例外情况,像中国很少使用卡,而其他国家广泛使用现金付款(货到付款或直接提款)。言下之意是,如果你计划通过鼓励跨境采购来扩大你的电子商务业务,那么你至少需要接受各种付款方式。研究还指出,成功的网站支持多种语言、多币种和多种访问设备,以及为特定国家定制页面,简化结账流程以及免费送货,等等。

3. 你的电子市场支持哪种小额支付策略? 如果你的电子商务网站销售价格低于10美元的物品,那么信用卡不是一个可行的方案。许多数字内容产品的成本低于1美元。针对低值产品,你应该支持小额支付。你可以从买方的银行账户或信用卡相关的预付款账户中收取费用,或者可以从买方的手机话费中收取费用。在互联网上使用的储值智能卡已经出现,但由于买方需要安装读卡器/写卡器,因此尚未广泛进入市场。公司应该支持多种方式,以便客户可以选择他们的优先付款方式。

4. 哪些移动系统可能会影响你的业务? 在接下来的几年里,智能手机市场将继续增长,最终智能手机成为人们支付数字和实物商品的主要方式,无论是在线还是离线。移动支付有可能取代直接使用信用卡和借记卡以及现金。目前,移动支付技术和协议处于不稳定状态,人们难以决定采用哪种系统。关键是要确定哪些形式的移动支付是特定业务所需要的(远程或近场),并且在短期内依赖那些已经在网络世界拥有强大影响力的供应商和组织(例如PayPal或主要信用卡供应商支持的协议和系统)。

5. 我们是否应该外包我们的支付网关服务? 构建和维护全面的自助付款系统需要时间、技能、资金、软件和硬件。因此,即使是大型在线业务通常也会外包其电子支付服务。许多第三方供应商提供全面的支付网关。此外,如果网站由第三方(例如雅虎店铺)托管,那么电子支付服务已经由托管商提供。

6. 我们是否应该接受虚拟货币作为支付形式? 即使存在各种各样的虚拟货币,但这个问题的确可以转化为"我们是否应该接受比特币"。一些商家的回答是肯定的,因为交易费用很少,而且没有手续费。然而,较低的成本并不能掩盖以下事实:比特币不受任何政府机构支持,以及比特币在支付税务方面存在潜在问题,汇率可能大幅波动,其使用情况取决于支付的用途和国家。结论是,如果你打算接受比特币,那么你需要仔细确定相关的风险。

7. 电子支付有多安全? 不同的在线电子支付中,安全和欺诈仍然是人们主要关注的问题。就使用信用卡进行网上购物而言,情况确实如此,特别是在跨境购物方面。B2C商家正在使用各种各样的工具(例如地址验证和其他认证服务)来打击欺诈性订单。这些不能孤立使用,需要成为商业安全计划的一个组成部分(见第10章)。有关支付安全的更多信息,请参阅欧洲银行业务管理局(2014)。

8. 如果你是电子商务供应商,你订单履行过程的瓶颈是什么? 订单履行是一项重要任务,尤其对于电子零售商而言。订单履行问题随着整个供应链出现，而不仅仅只在订单的实物运输过程中存在。为了改善订单履行流程，供应商需要确定阻碍其流程中各个步骤的特定瓶颈。潜在的问题是交货日期延迟、退货率高、库存成本高、运输成本高以及供需链整合较差。

9. 我们应该如何管理退货？ 处理退货对于 CRM 来说很重要，但可能并不简单。逆向物流成本非常高，如果退货率太高，大多数公司都会失败。我们应该使用 CRM 系统识别具有较高退货率的物品，并找出退货原因或停止在线销售这些物品。公司应估计其退货率并安排接收和处理退货的流程。退货物流可由外部物流服务提供商执行。

本章小结

在本章中，你了解了以下与本章学习目标相关的电子商务问题。

1. 跨境电子商务。 许多 B2C 公司希望通过增加对国际客户的销售来扩大业务。这些销售就是所谓的跨境电子商务的一部分。问题是，大多数 B2C 公司都没有准备好参与跨境商务。正如已经拥有强大国际销售的 B2C 公司所证明的那样，那些想要成功地参与跨境电子商务的公司需要"本地化思维"，这意味着对待国际客户时，它们需要像该国的国内公司一样行事。更具体地说，他们的在线网站需要：①支持多种语言、货币、支付系统和输入设备（特别是移动设备）；②根据国家定制网页（例如处理国际地址和电话号码）；③通过消除调用详细用户文件的步骤来简化结账；④提供免费送货和奖励以鼓励重复购买。因为对大多数公司来说这是一项艰巨的任务，所以它们通常依靠成功完成这项任务的第三方合作伙伴来协助其转型。例如，这是开市客几年前决定开始向中国消费者开展在线销售时所做的。他们没在该国建立自己的业务，而是与阿里巴巴的天猫全球电子商务市场合作，这个公司提供了接触相当比例的中国在线消费者的渠道，极大地简化了这些消费者的支付处理流程，并消除了企业面临的将来自国外的订单交付给中国消费者的许多物流问题。除了消除跨境电子商务的诸多障碍之外，与合作伙伴合作使企业能够更轻松地测试国际市场并试验其产品，却无须进行大规模的前期投资，也不会产生大量的卡使用费和物流成本。

2. 改变零售格局。 在迅速变化的零售环境中，零售商面临着一系列的难题。首先，虽然电子商务的零售销售增长速度远快于店内销售，但绝大多数销售并不是在线进行的。这意味着那些支持多个销售渠道的零售商将不得不确定最佳的渠道组合，以便为客户提供无缝的全渠道体验。其次，卡仍然是在大多数电子商务交易中使用的支付方式。然而，在绝大多数零售中仍然使用现金，在世界某些地区，其他形式的电子商务支付方式处于支配地位。言下之意是，在世界范围内销售的电子商务零售商将不得不支持其他支付方式，包括货到付款和现金转移。最后，尽管智能手机的支付增长速度远远快于其他设备的支付，但从个人电脑发出的整体购买量却远远超过从智能手机发出的购买数量。这表明在近期内，大多数电子商务零售商将不得不提供包括智能手机、平板电脑和个人电脑在内的不同设备的接口。

电子零售商面临的各种困境表明，电子商务最初建立的模式正在迅速转变。这引发了数百种新的支付创新，特别是在闭环卡及移动支付、数字钱包、各种移动货币和虚拟货币领域。不幸的是，它们绝大多数将遭受与其前任一样的命运——由于未接触到愿意采用新方案和技术的买卖双方这一关键群体而消失。

3. 在线使用支付卡。 在线卡支付的处理基本上与实体商店相同，并且基本上涉及相同的参与方和相同的系统——银行、卡协会、支付处理服务商等。这是支付卡在网络世界中占统治地位的原因之一。即便如此，这并不意味着电子商务卡支付不会给接受它们的在线商家带来挑战。首先，每张卡交易收取的折扣率和交换费用相当可观。这是商家一直在寻找降低这些费用的方式（比如使用 PayPal 等第三方数字网关）的原因之一。其次，在线商家比离线商家要遭受更多的卡欺诈。诸如 CyberSource 每年进行的调查显示，在过去几年中，商家采用了多种方法，包括卡验证服务、地址验证、客户订单历史记录、否定列表和邮政地址验证。

4. 智能卡。 智能卡是一种在嵌入式微芯片中包含数据的塑料支付卡。一些卡具有用于读/写数据的存储芯片。智能卡可以充电。其应用包括电信 SIM 卡、非接触式金融支付和服务、公共交通支付，它为政府服务验证持卡人，核实医保资格。有两种智能卡的类型有两种：接触式和非接触式。对于这两种类型的智能卡而言，读卡器是决定智能卡应用成本的关键因素。

储值卡是一种特殊类型的智能卡，其预付货币价值可以在卡上加载一次或几次。它们可以像信用卡或借记卡一样用于在线或离线购物。其有两种形式：闭环和开环。闭环储值卡是由特定商家（例如星巴克礼品卡）为单一目的而发行的。相比之下，开环储值卡更像标准的信用卡或借记卡，可用于多种用途（例如工资卡）。

5. 电子商务小额支付。 在网络世界中，大部分购物都是用信用卡和借记卡完成的。当购买价值低于 10 美元时，它被称为小额支付。问题是与卡购买相关的费用使这些低价值的交易成本过高。作为替代方案，大多数商家依靠五种方法中的一种，即汇总、直接支付、储值卡、订阅和"点菜式付款"，以避免每次交易付费。在将交易提交给卡公司之前，汇总会增加一些购买的价值；直接支付通过将支付添加到现有账单（例如移动电话账单）来汇总支付；储值卡允许预付款到借记账户，购买时从借记账户中扣除；订阅是一次支付就涵盖了在指定时间内的访问内容；而根据预先协商的数量折扣进行"点菜式付款"能降低费用。像亚马逊和 PayPal 这样的公司支持小额支付，虽然它们的收费较低，但仍然很昂贵。最近，Visa 和万事达主要针对那些销售量高的商家降低低成本交易的费用。

6. PayPal 和第三方支付网关。 第三方网关是一家为涉及电子支付的所有参与方提供电子连接和交易服务的公司。实质上，它们消除了商家需要处理在线支付中授权和结算的错综复杂性。在这些网关中，PayPal 是世界上最早和最成功的。最近，其他网关已开始在世界特定地区获得市场份额，其中包括中国的支付宝、德国的 Sofort、俄罗斯的 Yandex.money 以及荷兰的 iDEAL。在美国，亚马逊最近以其"亚马逊支付"进入网关市场，它模仿了亚马逊非常成功地被客户使用的"一键式"支付系统。

7. 移动支付。 该术语是指使用人员的移动设备（通常为智能手机）发起或确认的付款交易，但可以使用其他移动设备（例如平板电脑和可穿戴设备）进行付款。这通常会属于四种支付类型之一（以"谁支付给谁"为特征），包括：①买方，向商家付款购买商品和服务，通常使用 Apple Pay 等基于设备的数字钱包，或沃尔玛支付等构建在云移动平台（名为 CurrentC）上的基于云的钱包；②商家移动 POS，如 Square 的 Magstripe 读卡器被商家用于客户卡支付，而不是依靠固定的 POS；③个人对个人（P2P）系统，如肯尼亚的 M-Pesa（见本章的章末案例），用于在国家内部和跨国界人士之间交换资金；④用于管理和支付公用事业公司等机构的账单

（例如 Finovera）。

8. 数字和虚拟货币。数字货币是指货币或现金的数字表示。电子货币是国家（法定）货币的数字表示。虚拟货币作为交换的数字媒介，但作为法定货币却没有合法地位。虚拟货币是可转换的或者不可转换的，意味着它可以通过交换转换成法定货币（比如比特币），也可以不转换，只在特定虚拟世界中具有价值（如魔兽世界黄金）。在众多虚拟可转换虚拟货币中，比特币因为几个原因而受到最多关注。首先，这是第一个分散化的虚拟货币，这意味着没有发行和管理它的中央机构，因此即使对于国际交易也只有极少的费用。相反，它是由分布式 P2P 计算机网络（称为"比特币矿工"）管理的。其次，货币是伪匿名的。这意味着，尽管所有比特币交易都显示在被称为区块链的公共数字账本中，但任何交易的收款人均以其私钥生成的加密公钥表示，而发送人则由其私有秘钥生成的加密数字签名代表。几乎没有办法解密这些密钥。最后，通过分布式网络与公共（私有）秘钥的结合加密比特币，比特币解决了"双花问题"，该问题阻止任何参与者数字化复制其货币并花两回。基于比特币的成功，衍生出了许多有竞争力的货币。这些货币都没有吸引到与其同样数量的投资。因此，这些组织开始忽视其货币应用，并开始推动将这些分布式、去中心化的架构用于其他类型的交易（例如法律合同或国际汇款）。

9. 订单履行过程。一旦物品被在线下单并购买，流程的下一个主要阶段就是订单履行。订单履行包含了公司从收到订单到交付订单中的物品给客户的所有活动。这可能包括：检查库存的可用性，确定订单的完整性和准确性，定位有库存的仓库，在仓库拣选物品，安排发货，装载和运输物品，并收到确认收据，以及处理退货（逆向物流）。这些活动是更大的供应链的一部分，供应链还涉及需求计划、采购、制造和补货，以及其他一些主要活动。确保订单履行得以顺利执行，以便恰当的产品以及时和有利的方式交付给处于恰当的恰当人员，这是一项复杂的任务，其难度因产品类型，是否涉及第三方，以及公司的战略和运作模式（公司主要是按订单设计、按订单生产、按订单组装还是按库存生产）而异。

10. 订单履行的问题。调查结果表明，客户满意度下降是订单履行有问题的直接结果。这对公司来说是一个挑战，因为客户期望交货时间非常短，订单也非常准确。他们还希望在公司所有的在线和离线销售渠道都拥有无缝的体验。在 B2C 零售业中，由于需求的不确定性，缺乏所有公司的供应链信息的共享，物流基础设施不足以及资金流（发票、付款、收款等）效率低下等原因，这些问题大多都会出现。

11. 订单履行问题的解决方案。有很多解决方案旨在解决订单履行中出现的问题。这涉及订单流程的重大变化、仓储和库存系统的改进，以及对更广泛的供应链的结构和流程进行的重大改变，还涉及针对具体问题的解决方案。一个很好的示例就是设计上的改变，以实现更快的订单履行，包括像亚马逊 Prime Air 这样的新方法，从它可以预见到小包裹无人机送货，或者通过使用机器人协助加快仓库拣选、包装和交付过程，或者在按单定制订单履行中应用大规模定制，或者更快、更有效地处理电子商务退货（例如返回商店或特殊收集站）。

虽然其中一些解决方案同样适用于 B2B 电子商务，但 B2B 往往效率更低，因为它更复杂——更大的出货量、多个分销渠道、不同的出货频率、更复杂的交易路径，等等。通常，解决这些复杂问题需要对业务流程进行重大更改，并且需要结合能够使流程实现自动化的软件系统。

无论电子商务的类型或问题的来源如何，许多公司都依赖供应链计划和执行软件系统来帮助解决问题，包括结构和流程。关键的系统包括供应链计划记录系统（SCP SOR）、仓库管理系统（WMS）和系统运输管理（TMS）。考虑到大多数供应链问题的复杂性（包括订单履行），即使借助这些系统，也可能要耗时多年。

⊙ 问题讨论

1. 5年后，你认为信用卡和借记卡仍然是网上购物的主要付款方式吗？离线购买中现金还会是主要付款方式吗？对这两个问题的答案，解释为什么。

2. Boku（boku.com）提供什么类型的支付服务？它是如何工作的？它在哪些国家有效？哪些公司利用这项服务？它有什么成功的机会？你认为哪些因素会在其成功或失败中发挥作用？首先阅读 boku.com/#merchants 和 boku.com/#carriers 上的新闻稿。

3. 在B2C中，电子商务犯罪分子可能使用虚假或被盗的信用卡向商家付款。商家应采取哪些措施来打击欺诈行为？

4. 一个大都市地区希望为其公共交通系统的用户提供支付交通费的能力，并使用单一非接触式智能卡进行零售购物。它在建立系统时会遇到什么样的问题，使用这些卡过程又可能遇到哪些问题？

5. 讨论莱特币和比特币之间的区别。莱特币成为广泛使用的全球虚拟货币的可能性有多大？其成功或失败的关键原因是什么？

6. 零售商如果想要参与跨境商务，那么他们需要接受哪些类型的付款，为什么？

7. 讨论电子商务中的逆向物流问题。哪些类型的公司可能会在这个问题上受到最大的影响？

8. 区分B2C订单履行与B2B的不同。

9. 观看 youtube.com/watch?v=OTnSXMhqQ-g 以更好地了解牛鞭效应以及可能导致牛鞭效应的潜在因素。根据你的理解，需求预测应该包括哪些内容来缓解这些潜在因素？

10. 描述提供单一需求预测以改善整个供应链控制的重要性。

11. 调查并讨论如何使用人工智能来管理仓库操作。从 yahoo.com/tech/meet-the-new-boss-the-worlds-first-128660465704.html 开始。

⊙ 课堂讨论和辩论话题

1. 几年前，Facebook宣布所有Facebook应用程序（包括游戏）都必须使用Facebook Credits作为其货币。不久之后，他们取消了这项政策。为什么Facebook会发布这样的政策？他们为什么取消它？你同意他们的行为吗？

2. 除了音乐和应用程序之外，还有哪些领域可以使用电子商务小额支付？

3. 通过实物借记卡或信用卡支付商品和服务，或使用智能手机支付，你喜欢哪种方式？每一种的好处和局限性是什么？

4. 什么是MasterPass™，它是如何工作的？有人质疑MasterPass™的长期可行性。收集正反两类信息，并就此话题进行辩论。

5. 讨论可转换虚拟货币和不可转换虚拟货币的区别。每一种都有哪些示例？与严格的定义相反，在某些情况下，不可转换虚拟货币实际会被用作"真实"世界中的交易媒介吗？

6. 绘制虚拟商店退货的供应链。查看电子零售商，了解它如何处理退货。根据你的发现完成一份报告。

7. 有人说外包B2B服务可能会损害竞争优势。其他人不同意。请讨论。

8. 在B2C的订单实现过程中，哪些活动是最关键的（参见表12-1）。B2B呢？讨论二者的差异。

9. 完成一份关于亚马逊当天交付项目现状的报告。

⊙ 在线练习

1. 选择一个美国的和一个北美以外的主要 B2C 零售商。详细介绍它们提供的电子支付系统的相似之处和不同之处。它们的网站可以提供哪些其他支付系统？完成一个简短的报告。

2. 许多公司正在提供数字（移动）钱包系统。什么是数字钱包？列出这些公司及其产品。比较它们的各种功能。你认为这些产品在不久的将来会很受欢迎吗？为什么？

3. 登录 smartcardalliance.org/smart-cards-applica-tions-transit-open-payments-resources。该网站列出了许多有效地使用非接触式智能卡的现有交通系统。选择两个系统并对其进行比较和对比。

4. 查看星巴克的礼品卡和储值手机应用程序。近年来，它们已成为网络罪犯的牺牲品。调查发生了什么类型的网络犯罪，影响是什么，又如何解决这些问题？

5. 在 cybersource.com 上下载最新版本的 CyberSource 欺诈基准报告。在这份报告中，电子移动商务会比非移动电子商务更多或更少地受到欺诈的影响吗？哪个移动操作系统最容易受到欺诈行为的影响？应对欺诈的最常用技术是什么？

6. 美国邮政服务（USPS）与亚马逊、UPS、联邦快递，最近也与中国公司阿里巴巴有合作关系和专门项目。这些关系的性质是什么？它们有什么不同？它们是否成功？

7. 登录 freightquote.com 和另外两家在线货运公司的网站。比较这些公司提供的在线交付功能。

8. 登录 efulfillmentservice.com。查看你在那里找到的产品。查看其操作视频。该公司如何组织网络？它与联邦快递等公司有何关系？这家公司如何赚钱？

9. 登录 kewill.com。找到那里提供的促进订单履行的创新。将它与 shipsmo.net 比较。完成报告。

10. 访问 B2B 社区，并确定那里的主要供应商。然后选择三家供应商，并查验它们提供给 B2B 社区的服务。

11. 登录 ariba.com。SAP Ariba 是什么？它提供什么供应链解决方案？准备一份描述其在采购领域提供的解决方案的报告。

12. "食品行业一直是推广电子商务最慢的主要消费行业。"首先，请阅读 foodlogistics.com/cold-chain/article/12021908/food-and-beverages-push-into-ecommerce-raising-questions-for-the-supply-chain。根据这篇文章，食品工业面临的主要问题是什么？试图解决这些问题的一些解决方案是什么？

⊙ 团队任务和项目

1. 阅读开篇案例，回答下列问题。
（1）什么是跨境研究？根据这一定义，两个欧盟成员国之间的贸易是否属于跨境？请解释。
（2）描述当前和预计的跨境市场规模。
（3）希望进军全球市场的电子商务公司成功的关键因素是什么？
（4）开市客进入中国电子商务市场的基本方法是什么？
（5）开市客使用的方法是否适用于像沃尔玛这样的公司工作？请解释。

2. 手机支付读卡器行业内的竞争非常激烈。每个团队都选择该领域的一家公司（例如 Square、PayPal、Groupon），并介绍公司的能力和不足。

3. 撰写一份报告，比较智能卡两个或更多欧洲和/或亚洲国家中的应用。在报告中，讨论这些应用程序是否会在北美取得成功。

4. 让一个团队代表 MasterCard®Pay Pass™（mas-tercard.us/paypass.html），另一个代表 Visa pay-Wave（usa.visa.com/personal/security/card-technology/ visa-paywave.jsp）。每个团队的任务

是说服对方,其产品优于其他产品。

5. 研究并撰写关于基于云和基于设备的数字钱包之间区别的报告,给出每个数字钱包的实例并指出每种方式的优缺点。

6. 每个团队都应该调查电子零售商网站上提供的订单履行流程,例如 gap.com、staples.com 或 walmart.com。如有必要,请联系该公司,并查看任何其相关的业务合作伙伴关系。根据本章内容,编写一份报告,为该公司提供有关如何改进订单履行流程的建议。每个小组的调查结果将在课堂上讨论。根据班级的调查发现,得出一些公司如何改善订单履行的结论。

7. 联邦快递、UPS、美国邮政、DHL 和其他公司正在电子商务物流市场竞争。每个团队都应该考察一家这样的公司,并调查它提供的服务。如有必要,请联系该公司,并将团队的调查结果汇总成一份报告,以使同学或读者相信公司是最好的。(该公司的最佳特征是什么?弱点是什么?)

8. 随着越来越多的竞争者参加,"当日交付"竞争激烈。调查竞争的现状,包括无人机交付(例如 FAA 的批准)。建议从 Bowman(2014)开始,撰写一份报告。

9. 查看 JDA 和 Manhattan Associates 提供的仓库管理系统(包括它们的一些仓库案例研究)并回答以下问题:
(1)两个系统支持哪些供应链流程?
(2)每个系统的主要优点是什么?
(3)提供的能力有哪些主要区别?

⊙ 章末案例

给家里汇款:M-Pesa 与肯尼亚的经验

术语"无银行账户"是指不使用银行或其他金融机构的人。他们不使用支票和信用卡,而是以现金进行大部分资金交易。虽然人们没有银行账户的原因有很多,但他们中的大多数都很穷,要么缺乏拥有银行账户的资质,要么位于没有银行服务的较贫穷地区。在世界各地的许多国家,从没有银行账户的行列走出来几乎是摆脱贫困的必要步骤。

2011~2014年,"无银行账户"的成年人数量惊人地下降了 20%,降到了 20 亿人(世界银行,2015)。这一下降不是生活在发达国家或发展中国家的无银行账户的人数下降造成的。相反,这几乎完全归功于居住在非洲撒哈拉以南,更具体地说在肯尼亚的无银行账户人数的变化。这是由于一个名为 M-Pesa 的计划,它原本旨在通过手机提供人与人之间的国际汇款。本案例详细描述了 M-Pesa 计划,包括它要解决的问题、计划的结构和运作,以及它对肯尼亚和世界其他地区缺乏银行账户的穷人的长期影响。

问题

在发展中国家,移民是"一种生活方式"。当人们自愿迁移时,人们往往是为了在他们生活的国家或地区以外找到工作或利用机会。在全球范围内,这种移民导致大量资金从工人转移到他们的家人和朋友那里。这些转账被称为汇款。虽然任何单笔汇款通常很少,但总金额是相当可观的。例如,根据世界银行(2016)的数据,2015 年涉及发展中国家的外国劳工的"官方"全球汇款总额超过了 4 300 亿美元。从这个角度来看,对许多发展中国家而言,它每年的总额往往比这些国家从各种来源获得的发展援助还要多,而且也多于直接外国投资的资金。

这些款项不仅代表发展中国家的大笔资金,还代表像西联汇款(Western Union)这样的转账经办人(money transfer operators,MTO)处理这些转账的大笔费用。MTO(西联汇款)收取他们的服务费，并通过货币兑换赚钱。虽然大多数这样的运营商遵循严格的准则和规则，但即使小额费用也会对个别家庭收到的金额产生重大影响。

除了这些全球汇款之外，发展中国家还拥有大量从国内农村转移到城市就业的工人创造的"内部"汇款。由于这些工人和他们的家庭没有银行账户，所以这些汇款中的大部分都是以传统的方式进行的，无论是工人自己拿回家还是有人为他们做这件事。虽然这肯定避免了运营商因资金转移收取的费用，但它仍然是一项代价高昂且危险的事——运输这些资金（通常是乘公交车）需要时间，并且将人员和金钱置于风险之中，因为许多这些国家抢劫事件发生率很高。此外，由于转移发生在所有正式金融体系之外，因此无法衡量所涉人员、现金和交易的数量。

过去，一些国家试图直接或间接地解决全球和国内汇款中出现的低效率等问题。其中许多计划围绕着将"无银行账户"转变为"有银行账户"的想法。理论上讲，如果汇款人和收款人都有银行账户，这当然可以简化国内资金转账，并且可以开放其他可能的国际转账。它也可能解决较大的贫困问题，从而减轻家庭成员首先需要分离的问题。由于忽略了开立银行账户需要花钱，以及许多发展中国家的银行系统都受到质疑的事实，这一做法成了一项巨大而昂贵的长期任务。正如过去几年所表明的那样，真正的答案可能在于资金流动和银行体系的"非银行化"。至少，这正是过去几年肯尼亚的经验所显示的。

解决方案

M-Pesa 的历史在 Omwansa 和 Sullivan 写的《资金，的确快了》中有详细记录，最近也被 Runde（2016）提及。接下来，我们简要介绍这些讨论所强调的一些关键事件。

肯尼亚是东非国家，约有 4 000 万人，失业率和贫困率都很高。大约 10 年前，肯尼亚金融部门进行的一项深入调查使肯尼亚中央银行感到非常惊讶，调查发现该国只有 20% 的成年人"有银行账户"。基本上，银行服务于城市精英，并处在慢慢消亡的过程中。历史上曾经在城市地区提供固定电话的政府拥有的电信系统的情况也是如此。结果是，只有 2% 的人口获得电话服务。相比之下，迄今为止最大的肯尼亚移动运营商 Safaricom 网络公司已经在相对较短的时间内服务了肯尼亚人手中的 1 000 万部移动电话（渗透率为 35%）。因此，与其考虑如何将一个垂死的固定电话业务或银行网点业务推广给农村居民或城市贫民窟人员，也许更容易找到如何使用手机帮助穷人获得金融服务。

肯尼亚移动货币系统最初的试点项目是在英国政府发展机构（DFID）的主持下进行的，其重点是降低小额贷款偿还成本并降低相关利率。在最初的试点之后，该项目的控制权转移到了 Safaricom 公司，焦点从偿还贷款转向个人之间的资金转移。这个新系统被称为 M-Pesa——"m"代表 Mobile，"pesa"代表斯瓦希里语的金钱。尽管该系统具有更广泛的金融功能，但新系统的营销口号仅仅是"给家里汇款"。

汇款的任务相对直截了当。首先，汇款者和收款者必须拥有支持发短信的手机，实际上每一部手机（不管底层技术）如何都支持此功能。接下来，他们必须拥有 Safaricom SIM 卡。一旦他们拥有 SIM 卡，他们必须向 M-Pesa 代理商注册。注册所需的就是一张身份证，每个肯尼亚人都有身份证。注册后，网络会向注册客户的手机发送更新菜单。此时，系统已准备就绪。为了实际汇款，注册客户首先将现金存入他的账户。这是通过向 M-Pesa 代理商提供现金来完成的，M-Pesa 代理商立即将其存入客户的账户。网络会发送短信以验证存款。一旦客户账户中有存款，他可以随时通过从 M-Pesa 菜单中选择"汇款"，然后输入收款人的电话号码来汇款。此时，系统会提示汇款人提供他的 M-Pesa PIN 码，然后选择"确定"。接下来，系统会向汇款人发送一条消息，确认划拨数额及收款人的姓名。反过来，收款人会收到一封邮件，其中包含汇款人的姓名和转账到他账户的金额。

此外，收款人现在可以去当地的 M-Pesa 代理商处取钱。实际上，收款人基本上是从他的账户中提取现金的。这是通过向代理人显示他的身份证，从菜单中选择"提取"现金，输入代理人的身份证号码，然后输入他的 M-Pesa 密码来完成的。一旦交易确认，代理商就会分发现金。

显然，系统成功的关键是 M-Pesa 代理网络（Stahl，2015）。它被形容为一个"人类 ATM"的网络。代理人可能是当地的杂货商、加油站的所有者或邮递员等。他们是通过彻底的挑选和审查过程招募的。他们中的许多人还为 Safaricom 出售手机通话时间。他们接受定期培训并经常受到监控。他们也受到与其他移动运营商开展业务的限制。除了尽职调查过程之外，对代理商的主要束缚是货币。代理商必须预先购买移动货币，以便将其出售给客户以获得现金。同样，他们必须出售移动货币以获得现金，以便客户可以提取现金。他们管理的现金和移动货币都是他们的，而不是 M-Pesa 的。一些代理商的表现不错，但对于大多数代理商来说，这是一份兼职工作。

不太明显的是，M-Pesa 是在一种"预付费"移动电话系统的基础上建立起来的，消费者可以预付数分钟，而不是依赖信用在使用数分钟后付款。在 M-Pesa 中，你不需要预先获得信贷批准来打开和使用该系统。实质上，你只要开立一个账户然后存入资金，既没有存款的费用，也没有增加手机通话时长费，但转移和提取资金有费用。与 MTO 和 ATM 收取的费用相比，这项费用显得极少。你还可以限制账户中可存储的最大金额以及你可以在任何给定时间转账的限额。这些限制有多种原因。首先，大多数客户很穷，所以系统专注于他们的需求。其次，他们不希望系统被用于非法目的（例如洗钱）。再次，也是最重要的是，M-PESA 不是银行。信托资金由沃达丰（主要股东）拥有，并存入了商业银行。

结果

几乎每一项措施，M-PESA 都取得了重大成功（Vodafone，2016）。该项目始于肯尼亚，但现在拓展到了 11 个国家。2014～2015 年，它拥有 2 340 万名用户、240 万名代理商，并处理了 34 亿笔交易。它在肯尼亚有超过 2 000 万名用户（约占全国人口的 50%、成人的 90%），还有超过 8 万个 M-Pesa 代理商。肯尼亚通过该系统的交易额约为 2 万亿肯尼亚先令（约为 200 亿美元）。

该系统的功能也得到了扩展，现在包括：向另一个 M-PESA 客户汇款，支付账单（例如公用事业），从商家处购买商品，从 ATM 取款，从国外收钱，以及领取或支付薪水。从本质上讲，M-Pesa 已经成为移动电子钱包。

其他系统也已与 M-Pesa 集成，以提供其他金融服务。例如，M-SHWARI 系统和新加入的系统（KCB M-Pesa）为 M-Pesa 用户提供储蓄和贷款功能。2015 年年初，M-SCHWARI 系统拥有约 1000 万名用户。

如上所述，M-Pesa 现在也在肯尼亚以外的其他国家运营。这包括非洲（例如坦桑尼亚）以及非洲以外的地区，如阿富汗、印度、南非和罗马尼亚。在几乎所有其他国家中，肯尼亚的成功没有得到复制，尽管在一些国家还没有定论（例如印度）。一些批评者认为，肯尼亚的 M-Pesa 成功取决于一系列难以在其他国家复制的条件，包括（Economist，2013）：

（1）金融部门基本上采取了"放手"的政策，消除这项计划在一些国家遇到的监管障碍。

（2）Safaricom 公司在肯尼亚差不多是移动通信垄断者。在其他国家，移动通信的竞争较为激烈，这使一些事情变得更难。例如，控制手机或移动通话时使用的 SIM 卡等。

（3）与一些类似的项目不同，Safaricom 公司认识到最大的障碍是本质上与技术不相干的人。这是最初的营销主题，也是简化电话功能以及建立位于潜在客户群附近的代理商网络的原因。

（4）最后一点，在项目开始时，"无银行账户"人口的比例接近 90%。在今天有 M-Pesa 的大多数其他国家，这一比例要低得多（例如 30%～50%）。

资料来源：Economist（2013）、Omwansa & Sullivan（2012）、Runde（2016）、Vodafone（2016）和 Word Bank（2016）。

问题

1. 什么是汇款，为什么它在发展中国家很重要？
2. 什么是 MTO？历史上它在汇款方面发挥了什么作用？
3. 什么是 M-Pesa？简要描述 M-Pesa 如何工作。
4. 哪些证据证明 M-Pesa 是成功的？
5. 上班族拥有一张基于信用卡的交通卡的主要好处是什么？M-Pesa 代理商网络在这次成功中发挥了什么作用？
6. M-Pesa 在肯尼亚取得了成功而在其他国家不成功，为什么？

⊙ 在线文件

本章的在线文件可以在 ecommerce-introduction-textbook.com 上找到。

W11.1 牛鞭效应
W11.2 戴尔的世界级供应链和订单履行系统

⊙ 参考文献

Accenture. "2015 North America Consumer Digital Payments Survey." October 21, 2015. accenture.com/t20151021T165757__w__/us-en/_acnmedia/Accenture/next-gen/na-payment-survey/pdfs/Accenture-Digital-Payments-Survey-North-America-Accenture-Executive-Summary.pdf (accessed May 2016).

Adyen. "Cross-Border Payments Opportunities and Best Practices For Going Global." 2015. adyen.com/blog/report-cross-border-payments-will-drive-your-growth (accessed May 2016).

Alizilia. "Cross-Border E-Commerce to Reach $1 Trillion in 2020." June 11, 2015. alizila.com/cross-border-e-commerce-to-reach-1-trillion-in-2020 (accessed May 2016).

Allum, S. Designing Mobile Payment Experiences. O'Reilly Media (2014).

Antonopoulos, A. Mastering Bitcoin. O'Reilly Media, 2015. en.bitcoin.it/wiki/Mastering_Bitcoin (accessed May 2016).

Bowman, R. "Will Google Shopping Express Help Retailers Fend Off Challenge from Amazon?" Forbes, June 17, 2014. forbes.com/sites/robertbowman/2014/06/17/will-google-shopping-express-help-retailers-fend-off-challenge-from-amazon/#290975155e7e (accessed May 2016).

Boyle, A. "Flirtey Makes First Urban Drone Delivery in FAA Test, Beating Amazon to the Punch." (2016). geekwire.com/2016/flirtey-makes-an-urban-drone-delivery-in-faa-test-beating-amazon-to-the-punch (accessed May 2016).

Capgemini Financial Services Analysis. "Top Ten Trends in Payments 2016." 2016. capgemini.com/resource-file-access/resource/pdf/payments_trends_2016.pdf (accessed May 2016).

CardCash. "Gift Card Statistics." 2015. cardcash.com/gift-card-statistics (accessed May 2016).

Cipriani, J. "Coin Looks Beyond Smart Cards by Teaming With MasterCard." Fortune, January 6, 2016. fortune.com/2016/01/06/coin-mastercard-mobile-payments (accessed May 2016).

CoinReport. "What Are the Advantages and Disadvantages of Bitcoin?" 2014. coinreport.net/coin-101/advantages-and-disadvantages-of-bitcoin (accessed May 2016).

Costco. "CostCo Annual Report 2015." October 2015. phx.corporate-ir.net/External.File?item=UGFyZW50SUQ9NjA1NzM5fENoaWxkSUQ9MzE3NzEwJnR5cGU9MQ==&t=1 (accessed May 2016).

CyberSource. "Annual Fraud Benchmark Report: A Balancing Act." 2016. cybersource.com/learn/fraud_management (accessed May 2016).

Del Rey, J. "This Is What It Looks Like Inside an Amazon Warehouse (Photos)." December 23, 2013. allthingsd.com/20131223/this-is-what-it-looks-like-inside-an-amazon-warehouse-slideshow/#slideshow-1-3 (accessed May 2016).

Demery, P. "B2B E-Commerce Sales Will Top $1.13 Trillion by 2020." April 2, 2015. internetretailer.com/2015/04/02/new-report-predicts-1-trillion-market-us-b2b-e-commerce (accessed May 2016).

Demery, P. "UPS Ties Technology to Bridgeline Digital's E-Commerce Software." June 12, 2012. internetretailer.com/2012/06/12/ups-ties-technology-bridgeline-digitals-e-commerce-software (accessed April 2015).

Economist. "Why Does Kenya Lead the World in Mobile Money?" May 27, 2013. economist.com/blogs/economist-explains/2013/05/economist-explains-18 (accessed May 2016).

eMarketer. "Mobile Payments Will Triple in the US in 2015." October 26, 2016. emarketer.com/Article/Mobile-Payments-Will-Triple-US-2016/1013147#sthash.dj6IbXrS.dpuf (accessed May 2016).

eMarketer. "Worldwide Retail Ecommerce Sales: eMarketer's Updated Estimates and Forecast Through 2019." December 23, 2015. www.emarketer.com/Report/Worldwide-Retail-Ecommerce-Sales-eMarketers-Updated-Estimates-Forecast-Through-2019/2001716 (accessed May 2016).

European Banking Authority. "Guidelines on the Security of Internet Payments." December 19, 2014. eba.europa.eu/regulation-and-policy/consumer-protection-and-financial-innovation/guidelines-on-the-security-of-internet-payments (accessed May 2016).

Evans, D. S., and R Schmalensee. Paying with Plastic: The Digital Revolution in Buying and Borrowing, 2nd ed., Cambridge, MA: MIT Press, 2005.

FATF. "Virtual Currencies Key Definitions and Potential AML/CFT Risks." FATF Report 2014. fatf-gafi.org/publications/methodsandtrends/documents/virtual-currency-definitions-aml-cft-risk.html (accessed May 2016).

French, S. "6 Myths about Amazon Prime Air and Drone Delivery, Debunked." December 2, 2015a. marketwatch.com/story/6myths-about-amazon-prime-air-and-drone-delivery-debunked-2015-12-02 (accessed May 2016).

French, S. "Drone Delivery Is Already Here — And It Works." December 15, 2015b. marketwatch.com/story/drone-delivery-is-already-here-and-it-works-2015-11-30.

Gartner. "Gartner Announces Rankings of Its 2015 Supply Chain Top 25." May 14, 2015. gartner.com/newsroom/id/3053118 (accessed May 2016).

Goodale, D. "Everything You Need to Know about Cross-Border Fees." October 12, 2014. foxycart.com/blog/everything-you-need-to-know-about-cross-border-fees#.Vylu2PkrKuU (accessed May 2016).

Gordon, C. "Cash use and the ATM – Going from strength to strength." November 26, 2015. ncr.com/company/blogs/financial/76286 (accessed May 2016).

Grothas, M. "This is How Google's Project Wing Drone Delivery Service Could Work." Fast Company (2016). fastcompany.com/3055961/fast-feed/this-is-how-googles-project-wing-drone-delivery-service-could-work (accessed May 2016).

Hagerty, J. "Meet the New Generation of Robots for Manufacturing." June 2, 2015. wsj.com/articles/meet-the-new-generation-of-robots-for-manufacturing-1433300884 (accessed May 2016).

Halkias, M. "Amazon's One-Hour Delivery Now Available in Dallas; Find your ZIP Cose." *The Dallas Morning News*, March 26, 2015. bizbeatblog.dallasnews.com/2015/03/amazon-coms-one-hour-deliver-now-available-in-dallas-find-you-zip-code.html (accessed May 2016).

Hochstein, M. "Why Bitcoin Matters to Banks." *American Banker*. May 11, 2016. americanbanker.com/magazine/124_02/why-bitcoin-matters-for-bankers-1065590-1.html (accessed May 2016).

Kinnison, A. "How Order Management Systems Help Streamline Ecommerce." June 9, 2015. volusion.com/ecommerce-blog/articles/how-order-management-systems-help-streamline-ecommerce (accessed May 2016).

Lee, C. "iTunes Surpasses 35 Billion Songs Sold, itunes Radio Hits 40 Million Listeners." May 29, 2014. idownloadblog.com/2014/05/29/itunes-35-itunes-radio-40 (accessed May 2016).

LPT Team. "Payment Entrepreneurs Go after MicroPayments Segment, $13 B+ Opportunity Globally." January 31, 2014. letstalkpayments.com/payment-entrepreneurs-go-micropayments-segment-13-b-opportunity-globally (accessed May 2016).

Lunden, I. "Basic Fixed Phone Subscriptions." June 2, 2015. techcrunch.com/2015/06/02/6-1b-smartphone-users-globally-by-2020-overtaking-basic-fixed-phone-subscriptions (accessed May 2016).

Mahajan, N. "Why Costco's Online-First Approach in China is a Smart Strategy." May 4, 2015. foundingfuel.com/column/dispatches-from-china/why-costcos-onlinefirst-approach-in-china-is-a-smart-strategy (accessed May 2016).

MasterCard. "MasterCard Launches New Program That Can Turn Any Consumer Gadget, Accessory or Wearable into a Payment Device." October 26, 2015. newsroom.mastercard.com/press-releases/mastercard-launches-new-program-that-can-turn-any-consumer-gadget-accessory-or-wearable-into-a-payment-device (accessed May 2016).

McKee, J. "Redefining Virtual Currency." Yankee Group. May 2013. http://home.tapjoy.com/info/wp-content/uploads/sites/4/2013/05/RedefiningVirtualCurrency_WhitePaper-1MAY2013-v1.pdfhome.tapjoy.com/info/wp-content/uploads/sites/4/2013/05/RedefiningVirtualCurrency_WhitePaper-1MAY2013-v1.pdf (accessed May 2016).

Nielsen. "Global Connected Commerce: is e-Tail Therapy the New Retail Therapy." January 28, 2016. studylib.net/doc/8306358/nielsen-global-connected-commerce (accessed May 2016).

O'Grady, M. "Forrester Data Web-Influenced Retail Sales Forecast, 2016 To 2021." *Forrester Research* 2016. forrester.com/report/Forrester+Data+WebInfluenced+Retail+Sales+Forecast+2016+To+2021+EU7/-/E-RES133600 (accessed May 2016).

Omwansa, T. and Sullivan, N. Money, Real Quick: The M-Pesa Story. *Guardian Books* (2012).

PayPal. "PayPal Cross-Border Consumer Research 2015." 2015. paypalobjects.com/digitalassets/c/website/marketing/global/pages/jobs/paypal-insights-2015-global-report-appendix-added.pdf (accessed May 2016).

Peerless Research Group. "Aligning Order and Fulfillment Channels." June 2013. honeywellaidc.com/CatalogDocuments/honeywell-multichannel-fulfillment-white-paper.pdf (accessed May 2016).

Pymnts.com. "X-Border Payments Optimization Index." 2015. pymnts.com/x-border-payments-optimization (accessed May 2016).

Roberts, D. "How Big Banks Are Paying Lip Service to the Blockchain." Yahoo! Finance February 17, 2016. finance.yahoo.com/news/big-banks-interest-in-blockchain-r3-052723646.html?soc_src=mediacontentstory&soc_trk=tw (accessed May 2016).

Runde, D. "M-Pesa And The Rise Of The Global Mobile Money Market." Forbes. August 12, 2016. forbes.com/sites/danielrunde/2015/08/12/m-pesa-and-the-rise-of-the-global-mobile-money-market/#1831c30923f5 (accessed May 2016).

Smart Payment Association. "More Than Half of Payment Cards Shipped in 2015 Were Contactless." April 27, 2016. nfcworld.com/2016/04/27/344298/half-payment-cards-shipped-2015-contactless (accessed May 2016).

Stahl, L. "The Future of Money." November 22, 2015. cbsnews.com/news/future-of-money-kenya-m-pesa-60-minutes (accessed May 2016).

Statista-1. "Cumulative number of Apps Downloaded from the Apple App Store from July 2008 to June 2015 (in billions)." 2015. statista.com/statistics/263794/number-of-downloads-from-the-apple-app-store (accessed May 2016).

Statista-2. "Proximity Mobile Payment Transaction Value in the United States from 2014 to 2019 (in Billion U.S. Dollars)." 2016. statista.com/statistics/244475/proximity-mobile-payment-transaction-value-in-the-united-states (accessed May 2016).

Taylor, K. "Starbucks Is Conquering a Huge Challenge in Retail—and Even Apple and Chipotle Should Be Jealous." November 20, 2015. businessinsider.com/starbucks-mobile-payment-numbers-2015-11 (accessed May 2016).

Tobe, F. "Competing Robotic Warehouse Systems." April 30, 2015. therobotreport.com/news/goods-to-man-robotic-systems (accessed May 2016).

Tomaino, N. "Bitcoin is Good Money." February 10, 2015. businessoffashion.com/articles/opinion/good-money (accessed May 2016).

Tran, M. "Tmall and Tmall Global: The 'Fast Track into China' for U.S. Retailers." 2015. cpcstrategy.com/blog/2015/05/tmall-tmall-global-fast-track-china-u-s-retailers (accessed May 2016).

Valerio, P. "Amazon Robotics: IoT in the Warehouse." *InformationWeek*. September 28, 2015. informationweek.com/strategic-cio/amazon-robotics-iot-in-the-warehouse/d/d-id/1322366 (accessed May 2016).

VanLandingham, G. "What's Challenging About E-Commerce Fulfillment? Everything." October 10, 2014. supplychaindharma.com/e-commerce-fulfillment (accessed May 2016).

Vodafone. "M-Pesa FAQs." 2016. vodafone.com/content/index/what/m-pesa/m-pesa-faqs.html# (accessed May 2016).

World Bank. "Remittances to Developing Countries Edge Up Slightly in 2015." April 13, 2016. worldbank.org/en/news/press-release/2016/04/13/remittances-to-developing-countries-edge-up-slightly-in-2015 (accessed May 2016).

World Bank. "Massive Drop in Number of Unbanked, says New Report." April 15, 2015. worldbank.org/en/news/press-release/2015/04/15/massive-drop-in-number-of-unbanked-says-new-report-mwpvl (accessed May 2015).

Wuulfraat, M. "Amazon Global Fulfillment Center Network." 2016. mwpvl.com/html/amazon_com.html (accessed May 2016).

Wuulfraat, M. "Logistics Comment: Amazon is Building a New Distribution Network - Quickly and Quietly!" July 23, 2014. scdigest.com/EXPERTS/WULFRAAT_14-07-23.PHP?cid=8309&ctype=content (accessed May 2016).

第五部分
PART 5

电子商务战略与实施

第 12 章　实施问题：从全球化到论证、隐私和监管

CHAPTER 12
第12章

实施问题：从全球化到论证、隐私和监管

■ 学习目标

完成本章后，你将能够：

1. 描述论证电子商务投资的必要性。
2. 评估涉及全球电子商务的问题。
3. 描述电子商务成败的原因。
4. 描述中小企业如何使用电子商务。
5. 了解电子商务道德问题的基础。
6. 描述知识产权法并理解其合理性。
7. 解释隐私和言论自由问题及其挑战。
8. 描述电子商务的未来。

■ 开篇案例

Telstra公司帮助其企业客户论证电子商务项目

Telstra公司是澳大利亚主要的电信和信息服务公司，提供固定线路和移动通信以及数字电视和网络接口服务。该公司与对手竞争激烈（例如，与沃达丰和Optus公司）。Telstra公司已经将其服务扩展到亚洲和欧洲的几个国家。

问题

通过Telstra Digital及其无线部门，该公司在电子商务和社交媒体市场非常活跃。例如，它为其企业客户提供了Facebook应用程序，以便他们管理其Telstra账户。公司看到移动商务是机遇与挑战并存的一个领域。该公司向其企业客户就提供具有许多无形利益的应用程序。如果没有详细的论证，客户就很难从自己公司的高层管理人员处获得对Telstra服务的支付批准。

Telstra公司对推广以下四种应用有兴趣：

（1）车队和现场服务管理。第6章介绍了涉及企业移动应用程序的这一主题。

（2）视频会议。此应用程序使用视频会议，以节省到会场的交通费用，并有助于加快决策速度。固定电话和移动服务都可以支持这一举措。

（3）网络联络中心。此应用程序旨在改进 CRM，如第 8 章和在线教程 T1 所述。

（4）远程办公。允许员工在场外工作。远程办公需要先进的技术来实现有效的沟通、协作和协作商务活动。

用于上述应用的基础设施和软件都很昂贵。许多 Telstra 公司的客户有兴趣了解如何论证投资的合理性，但他们不知道如何去做。

解决方案

Telstra 公司开发了一份白皮书来说明上述四种应用的 ROI 计算方法。这些计算方法的独特之处在于它可以用于计算这些应用为用户企业、员工和社会带来的收益。Telstra 公司以其对中小企业的关注而闻名。2015 年，该公司成为欧洲中小企业平台提供商 Neto 的最大股东（Murtagh，2015）。在这里，我们提供了一些其服务的亮点。

1. 论证视频会议

收益包括减少差旅费用和时间浪费等。此计算使用净现值（NPV）方法。

成本效益分析可用于计算公司的资源节约（七个变量），其中一些是无形的（例如更快的决策）。收益是与固定成本和可变成本相比较而得到的。员工的福利由五个变量衡量，其中一些是无形的（例如更高的工作满意度）。最后，这给社会带来的好处包括减少汽车尾气排放和减轻交通堵塞等。

2. 论证远程工作

远程工作带来的益处包括减少办公空间和提高员工保留率。在这里，一些好处也是无形的。成本是细分的（例如设备成本）。员工在家工作可以节省路途时间，但他们需要为家中使用的能源付费。当人们远程办公时，汽车排放将减少。

3. 论证 Web 联络中心

上述方法也可以在这里使用，计算方法包括公司、员工和社会的资源节约、收益和成本。计算中考虑了有形和无形变量。

4. 论证车队和现场服务管理

这个计算方法的结构与上述的类似：公司、员工和社会的资源节约、收益和成本。

该白皮书提供了一个以假想公司数据为样本的综合计算模板。

Telstra 公司同时提供其他计算方法，包括针对移动设备数据使用的计算方法。

结果

Telstra 公司认为，澳大利亚的公司有机会利用上述需论证合理性的技术制定可持续发展战略。Telstra 公司提供了大量成本效益的论证。虽然在许多情况下公司的资源节约是最重要而显著的，但不应忽视员工和社会的收益。

就 Telstra 公司而言，引入计算方法帮助公司提高了市场份额和盈利能力。2010～2015 年，Telstra 公司股票的市值也翻了一番。

备注：Telstra 公司以其电子商务和 IT 创新而闻名。有关其他国家在物联网普及方面如何超过美国，请参阅 Barbaschow（2016）。

资料来源：基于 AIIA 报告（2009）、Murtagh（2015）和 Barbaschow（2016）。

案例经验教训

本案例表明组织论需要论证电子商务相关项目的合理性，以及这可能并不容易。Telstra 公司向其客户提供了计算方法，帮助他们论证 IT 和电子商务投资的合理性。该案例指出了无法衡量和量化的无形收益。它还提出了几个项目之间分担成本的问题，以及考虑员工和社会利益的必要性。这些只是本章介绍的一些主题。其他主题涉及电子商务指标的使用。本章还提供了对电子商务成功与失败的讨论。其他实施问题包括中小企业实施电子商务和全球在线战略。最后，本章涵盖与隐私、道德问题和知识产权有关的内容。本章以对电子商务未来的评估结束。

12.1 为什么要论证电子商务投资？如何论证

公司需要很多理由来证明其电子商务投资的合理性。

12.1.1 财务论证的压力增加

目前，公司谨慎地对电子商务支付费用与制定预算。技术高管感受到高层管理人员的财务和预算压力。但是，下面的数据表明对电子商务进行财务论证还有很长的路要走：

- 大多数公司缺乏计算电子商务项目投资回报的知识或工具。
- 绝大多数公司没有正式的流程或指标来衡量电子商务项目的投资回报率。
- 许多公司并未衡量已完成的电子商务项目是否收获了其承诺的利益。

同时，扩大或启动电子商务项目的需求很高。因此，建议计算提议的电子商务项目的预计价值，以获得批准。有关进一步讨论，请参阅 TeamQuest（2014）。

请注意，在某些情况下，跟随竞争对手是启动电子商务项目的主要原因。在这种情况下，公司仍然需要进行一个正式的论证，但它本质上可能更像是一个定性分析。

12.1.2 需要电子商务论证的其他原因

以下是进行电子商务论证的一些其他原因：

- 公司现在认识到，电子商务不一定是解决所有问题的办法。因此，电子商务项目必须与其他内部和外部的项目竞争资金和资源。答案通常由 ROI 提供。
- 一些大公司和许多公共组织要求对电子商务方面资金申请进行正式评估。
- 公司需要评估电子商务项目完成后的结果。
- 最高管理层为更好地协调 EC 战略与业务战略而施加的压力。
- 电子商务项目获得的成功可能会被评估，并以此为支付项目参与者奖金的依据。

12.1.3 电子商务投资的类别和优势

在我们研究如何论证电子商务投资之前，让我们来看看这种投资的性质。对不同电子商务投资进行分类的一个基本方法是区分基础设施投资和特定电子商务应用投资。

IT 基础架构为电子商务项目或企业应用程序提供了基础。IT 基础架构包括服务器、内联网、外联网、数据中心、数据仓库、知识库等。此外，有必要将电子商务应用程序与其他应用程序整合到整个共享基础架构的企业中。基础设施投资是长期的。

电子商务应用程序是实现特定目标的具体项目和程序。电子商务应用程序的数量可能很大。它们可能在一个职能部门，也可能由多个部门共享，这使得对它们的成本和收益进行评估变得更为复杂。

注意：云计算可能会提供低成本的 IT 基础架构和电子商务应用程序，因此必须予以考虑。

公司投资 IT 和电子商务的主要原因是改善业务流程、降低成本、提高生产力、提高客户满意度和留存率、增加收入和市场份额、缩短产品上市时间并获得竞争优势。

12.1.4 如何论证电子商务投资的合理性

证明电子商务投资的合理性意味着在所谓的成本效益分析中比较每个项目的成本与收益。

许多不同的方法可用于衡量电子商务和 IT 投资的商业价值。支持此类分析的传统方法是计算净现值和 ROI（请参阅 nucleusresearch.com/research）。

成本收益分析和商业案例

成本收益分析和业务价值是商业案例的一部分。商业案例的成本收益分析包括三个主要组成部分：收益（例如收入增加、成本降低、客户满意度）、成本（投资和运营成本）和风险（例如业务过时、员工抵制）。一些供应商提供了模板、工具、指导方针和其他辅助工具，用于准备特定领域的商业案例。例如，IT Business Edge（itbusinessedge.com）提供了一个商业案例资源工具包（请参阅 itbusinessedge.com/downloads）。

12.1.5 需要论证什么？何时应该论证

并非所有电子商务投资都需要论证。在某些情况下，简单的单页定性论证就足够了。以下是可能不需要正式评估的情况：

- 当投资规模相对于组织规模来说较小时。
- 当相关数据不可用，不准确或太不稳定时。

当电子商务项目获得授权时，无论所涉及的成本如何（例如需要政府授权或需要与竞争对手相匹配时），它都必须被完成。

然而，即使不需要正式分析，组织也应至少进行一些定性分析，以解释投资电子商务项目的逻辑。

12.1.6 电子商务的论证指标

电子商务的论证指标可用于指定成本和收益之间的比率或总成本进行比较。它们不仅用于论证，还可用于其他经济活动（例如比较员工绩效，以奖励那些做得最好的员工）。指标可以通过多种方式来驱动行为，从而在组织中产生非常积极的结果。指标可以：

- 成为制定具体目标和计划的基础。
- 描述和衡量商业模式的价值主张（见第 1 章）。
- 将个人、团队、部门和其他组织单位的目标与企业目标匹配起来。
- 跟踪电子商务系统的特性和 / 或性能，包括使用情况、访问者类型、页面访问次数、转换率，等等。
- 使用平衡计分卡和绩效仪表板等工具评估公司的健康状况。

指标、度量和关键绩效指标

指标需要用一种明确的方式对其进行适当的定义。图 12-1 显示了使用指标的过程。循环过程始于为组织和电子商务绩效设定终点和目标，然后通过一系列指标来表达这些目标。指标由一组**关键绩效指标**（key performance indicator，KPI）表示，这些关键绩效指标是关键指标的量化表达。通常一个指标有几个 KPI。

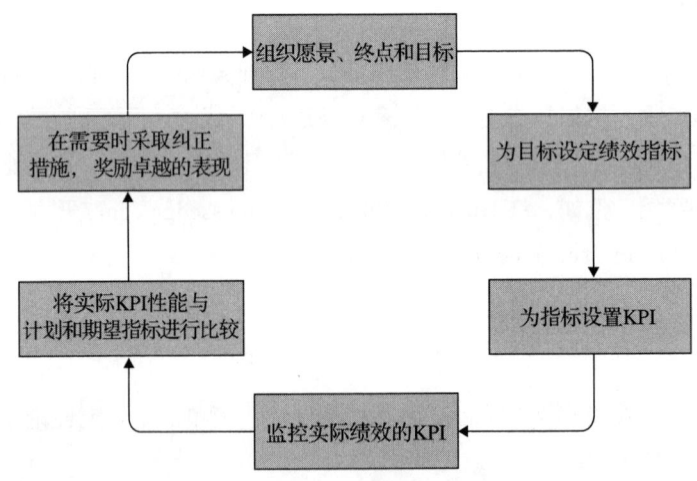

图 12-1 如何在绩效管理中使用指标

KPI 由组织持续监控（例如，通过网站分析、财务报告、市场营销数据等）。如图 12-1 所示，将反映实际绩效的 KPI 与所需的 KPI 和计划指标进行比较。如果存在差距，则采取纠正措施，然后根据需要调整终点、目标和指标。

平衡计分卡方法显示了指标的另一个示例。该方法使用四种类型的指标：客户、财务、内部运营和学习与成长。

网站分析是最有用的电子商务管理工具之一。网站分析与指标密切相关。

12.1.7 网站分析

网站分析（web analytics）是指用于测量、分析和优化网站使用情况和其他互联网活动的工具和方法。网站分析的常见用法是评估网站流量，但它也可以用作电子商务市场调查的工具。广告活动的结果也可以通过网络分析进行评估。有关更多信息，请参阅 Beasley（2013）。

现在我们理解了进行电子商务论证和使用指标的必要性，让我们看看为什么电子商务论证很难完成。

12.1.8 电子商务和 IT 项目论证的过程

这个过程的主要步骤是：

（1）建立与供应商共同进行分析的适当基础，然后进行投资回报分析。
（2）了解需要使用哪些指标（包括内部和外部指标）并确保其准确性。
（3）在适当的假设下论证成本收益。
（4）验证计算中使用的所有数据。
（5）寻找项目对提高竞争优势的贡献，包括战略利益，和长期利益。确保不要低估成本或高估收益（这是许多管理者的倾向）。
（6）使数据尽可能贴近现实，包括成本规避和风险分析。
（7）向所有业务合作伙伴以及供应商和主要客户提交计划。

论证社交网络和使用 Web 2.0 工具　由于无形收益和潜在风险，论证社交网络和 Web 2.0 工具的使用可能很困难。但是，在许多情况下，其成本相对较低，因此公司会在没有正式论证的情况下开展这类项目。主要问题可能是风险评估。一些工具可以免费获得，或者由供应商添加到通信和协作工具中。有关全面的电子书，请参阅 Petouhoff（2012）。

12.1 节复习题

（1）列举需要论证电子商务投资合理性的一些原因。
（2）描述不进行电子商务论证研究的风险。
（3）描述如何论证电子商务投资的合理性。
（4）列出主要的电子商务投资类别。
（5）什么时候不需要正式证明电子商务投资的合理性？
（6）定义指标，并列出它们提供的好处。
（7）描述 KPI。
（8）描述与组织绩效相关的指标的周期性使用。
（9）定义网络分析，并描述它在电子商务项目的论证中扮演的角色。
（10）描述论证电子商务项目的过程。

12.2　全球电子商务战略

决定"全球化"是不是一个战略问题。全球范围内有关互联网和智能手机使用情况的统计数据表明，企业利用电子商务在全球扩大市场份额存在巨大潜力。

决定走向全球的原因有很多，既有被动的，也有主动的。被动原因包括已经在国际上进行销售的竞争对手等因素。主动原因包括寻求规模经济，寻找新的国际市场，获得充足的或新的资源，节约成本和地方政府对企业的激励机制。无论出于何种原因，为了实现公司的战略目标而进行的全球扩张需要进行全面的规划，并对机遇做出快速反应。

在电子商务战略中，全球电子市场可能是一个有吸引力的机会。走向全球意味着要进入新的或更大的市场，减少税收的机会，以及灵活地在任何地方雇用更廉价的员工。然而，出于多种原因，全球化是一个复杂的战略决策过程。地理距离显然是在全球范围内开展业务时的一个重要问题；然而，这往往不是最重要的问题。除此之外，还必须考虑文化差异、政治、法律、行政和经济问题。本部分简要介绍了通过电子商务实现全球合作的公司的典型机会、问题和解决方案。

12.2.1 全球化运营的益处

电子商务的一个主要优势是能够随时随地以合理的成本开展业务。这些也是全球电子商务背后的推动力；在这一领域有一些令人难以置信的成功案例，例如：

- eBay 在全球数百个国家进行拍卖。
- 阿里巴巴（见第 4 章）为全球数百万家公司提供 B2B 交易服务。
- 亚马逊网站在 13 个国家向个人和零售网站出售书籍和数百万件其他商品，包括美国、英国、法国和巴西。
- ZD 葡萄酒（zdwines.com）等小公司面向全球数百个客户销售。HotHotHot（hothothot.com）是过去的成功故事。该公司已经倒闭了。其全球销售现在通过 HotSauce.com 服务完成。
- 通用电气（GE）和波音（Boeing）等大公司指出越来越多的国际参与者参与其电子询价。这些电子出价减少了 10%~15% 的成本，并将时间周期缩短了 50% 以上。
- 2013 年，NFL 在中国市场开设了一家电子商务商店（nfl.tmall.com），与中国 25 家地区电视广播公司和数字媒体公司合作（请参阅 PR Newswire（2013））。
- 通过社交网络（例如 xing.com 和 linkedin.com）在线招聘，许多国际公司在国际招聘员工方面取得了很大的成功。

全球化和社交网络

电子商务的全球化受益于社交网络。例如，Facebook 的国际会员比美国多约 5 倍。此外，诸如亚马逊、谷歌、Groupon 和雅虎等公司在全球非常活跃。

12.2.2 全球化电子商务面临的障碍

尽管全球化带来了好处和机遇，但是全球电子商务仍面对若干障碍。部分障碍普遍存在，但在国际化环境中，消除它们变得更加困难。这些障碍包括买方和卖方的认证（见第 10 章）、产生和维持信任（见第 9 章）、订单履行和交付（见第 11 章）、安全性（见第 10 章）和域名。其他障碍只适用于全球化电子商务。在本章中，我们将只讨论其中的一些障碍。

iGlobal 商店（iglobalstores.com）和阿里巴巴网站提供了有关提供国际客户服务的建议：特定国家的结账体验、最新的货币兑换和外汇结算、全球欺诈和风险及防范措施、税金计算，以及与现有信息系统的整合。

1. 文化差异

互联网是一个由跨文化用户组成的多元化市场。全球电子商务的多元文化性质非常重要，因为文化属性（例如社会规范、当地习惯和口语）决定了人们与公司和代理机构之间，以及公司和代理机构彼此之间的互动方式。文化差异和相关差异包括拼写差异（例如，美国与英国的拼写）、信息格式（例如，日期可以是月/日/年或日/月/年）、图形和图标（例如，邮箱形状因国家而异）、测量标准（例如，公制与英制系统）等。许多公司正在通过为不同国家创建不同的网站，并考虑不同的网站设计元素、定价和支付方式、货币换算、客户支持和语言翻译，以实现网站的全球化。

2. 语言障碍

虽然世界人口超过 74 亿（2016 年），但只有约 10 亿人使用英语作为母语或第二语言。相比之下，超过 15 亿人讲中文。在对 1 000 个顶级网站的研究中，Sargent & Kelly（2010）发现，超过 72% 的消费者更愿意购买带有母语描述的产品，56.2% 的人认为，相比于价格，以其母语展示的信息更加重要。为了面向全球 80% 的人口，一个网站必须转换成全球 6 912 种语言中的 83 种。因此，只有一种语言的网站最多只能达到总网络在线人数的 20%～30%。

显然，这些单一语言的网站严重限制了它们的客户群。这并不奇怪，语言翻译是创建和维护全球网站最显著和最重要的方面之一。2014 年，Byte Level Research 调研了 150 家企业的全球网站，确定了 25 家"令人惊叹的全球网关"，包括领先者、落后者和最佳实践公司（bytelevel.com/report card2014 / # 25top）。

2016 年排名第一的全球网站是 Facebook。其他大型全球网站是阿里巴巴和谷歌。Facebook 的代表性创新包括多语言插件，改进的全球网关和多语言用户配置文件。语言翻译的主要问题是速度和成本。将一个中等规模的网站翻译成另一种语言可能需要一个人工翻译一周的时间。对于大型网站，这项费用可能超过 50 万美元，具体取决于网站的复杂程度和翻译语言的数量，并且可能是一个漫长的过程。

机器翻译 一些公司通过谷歌翻译器等机器将网页翻译成不同语言，解决了成本和时间问题。有关 Lionbridge Technologies，Inc. 如何使用机器翻译来帮助其客户的示例，请参阅 lionbridge.com/clients。例如，2013 年 11 月，Lionbridge 被 Net-A-Porter 选中（见案例 1-1），为 Net-A-Porter 的全球网站开发和维护翻译内容。Net-A-Porter 将其奢侈时尚产品运往 170 个国家，并运营多个非英文网站（例如中文、法语、德语）。要通过 Skype 实时翻译对话，请参阅 Skype（2015）。

Lionbridge Technologies 将其机器翻译与 Zendesk 客户服务平台集成在一起,提供实时的多语言在线支持(请参阅 Company News(2015))。

● **示例:Ortsbo,Inc.**

该公司支持实时全球通信,在 170 多个国家拥有超过 2.12 亿个独立用户。Telus International 与 Ortsbo 在客户关怀计划中合作,使 Telus 的客户服务代理能够实时在线与任何使用其母语的人聊天(截至 2013 年,该软件有 66 种语言版本)。Telus 可以以较低的成本提供多语言支持,因为他们不必为每种语言雇用额外的代理(详见 Bach(2013))。

2014 年 6 月推出的 Droid Translator 应用程序提供个人和商务聊天的翻译服务,该服务可以将电话、视频和文字聊天翻译为 29 种语言(请参阅 Petroff(2014)。该公司于 2015 年 8 月被 Yappan Corp. 收购)。

3. 法律问题

全球电子商务最具争议的领域之一是解决国际法律问题。联合国国际贸易法委员会(UNCITRAL)制定的电子商务示范法对减少电子商务国际法的分歧做出了巨大贡献。其目的是为国家立法者提供一套国际上可接受的指导方针,具体说明如何克服电子商务发展中的一些法律制约因素。它通过在电子商务交易中设计公平、现行和一致的指导方针来构建一个更安全的法律平台(请参阅 uncitral.org)。示范法在许多国家和法律管辖区以某种形式被采用,包括新加坡、澳大利亚、加拿大、海地和美国。

4. 地理问题和本地化

地理问题带来的障碍,包括国家之间和国家内部运输和通信基础设施的差异,以及正在交付的产品或服务类型的差异。例如,地理距离几乎与在线软件销售无关。

● **示例:娇韵诗集团**

娇韵诗集团(clarinsusa.com)是护肤、化妆和香水业务领域的重要公司,其全球在线业务和电子商务分析显著增加,以优化其交易平台的在线业绩。其品牌 Clarins 和 Azzaro 在 15 个以上的国家使用智能电子商务交易在网站上进行广告和销售,同时解决了多渠道、多语言和多币种的相关问题。

网站本地化 许多公司为其海外产品和服务使用不同的名称、颜色、尺寸和包装。这种做法被称为本地化。为了最大限度地发挥全球电子商务的优势,本地化方法也应该用于支持信息系统的设计和运营。例如,许多网站提供不同的语言或货币选项,以及特殊内容。例如,Europcar(europcar.com)在全球 150 多个国家设有分支机构,每个国家都可以选择 10 种语言中的一种。该公司有一个免费的 iPhone 应用程序,它有 8 种语言版本。

全球电子商务交易中的支付 全球付款面临的问题涉及欺诈到银行监管各个方面。第 11 章讨论了一些解决方案。Elavon(elavon.com)等公司提供全球电子商务网关解决方案。

5. 经济和金融问题

涵盖全球电子商务的经济和金融问题包括政府关税、海关和税收。在受政府监管的地区,税务和监管机构试图将传统商业中使用的规则应用于电子商务，取得了相当大的成功。其他情况包括国际关税和税收等。政府在被装运的软件抵达时对其征收关税。然而，网上下载的软件可能依赖自我报告和购买者自愿支付税款，这种情况不常发生。请注意，亚马逊和其他电子零售商已开始在美国许多州取消数字下载的销售税。

全球电子商务的主要财务障碍是电子支付系统。为了有效地进行在线销售，电子商务公司必须具有灵活的支付方式，以符合不同国家用户的网上购物方式。虽然信用卡在美国广泛使用，但许多欧洲和亚洲客户更愿意通过离线付款完成在线交易。即使在离线支付类别中，公司也必须根据国家/地区提供不同的选项。例如，法国消费者喜欢用支票付款；瑞士消费者希望通过邮寄发票；德国人通常只在交货时支付产品；瑞典人习惯用借记卡完成在线支付。

定价是另一个经济问题。供应商可能希望根据当地的价格和竞争情况，在不同的国家以不同的价格为同一产品定价。但是，如果一个公司有一个网站，差别定价将是困难或不可能的。同样，将用什么货币定价？将用什么货币付款？

发展中国家的电子商务 经济状况决定了各国电子商务发展的程度。一些发展中国家正在将电子商务作为改善其经济的跳板（例如中国、马来西亚、印度）。另一些发展中国家也在不断推进电子商务。有关事例，请参阅 Pittaway（2016）。有关泰国的案例研究，请参阅 bangkokpost.com/tech/local-news/884152/e-commerce-set-to-flourish-in-five-years。

12.2.3 打破电子商务全球化的壁垒

一些国际组织和专家就如何打破全球电子商务的障碍提出了建议。其中的一些建议包括：

- 战略性思考。公司要遵循整个战略生命周期。公司必须考虑目标国家及其用户如何做出反应。这些考虑要被纳入战略层面。
- 了解你的用户。公司要考虑世界各地不同的文化问题和法律限制。
- 本地化。网站需要进行本地化。在某些国家（例如日本、中国、俄罗斯），本地语言是必不可少的（例如，雅虎有一个特定的日本网站："Yahoo! Japan"，yahoo.co.jp）；产品以当地货币定价；条款、条件和商业惯例都基于当地的法律和文化习俗。
- 全球思考，始终如一。具有特定国家网站的国际公司应该在本地进行管理，并且必须确保在品牌管理、定价、广告设计、内容创建和控制等领域与公司的战略一致。
- 重视客户关系。人工翻译优于机器翻译程序。翻译的质量很重要，因为即使是一个轻微的错误翻译也可能会把顾客赶走。
- 澄清、记录、解释。定价、隐私政策、运输限制、联系信息和商业惯例应记录在案，并在网站上对客户可见。
- 提供削弱贸易壁垒的服务。如果不能提供基于所有货币的定价和支付方式，可以提供货币兑换服务（例如 xe.com）或货币兑换计算方法的链接。在 B2B 电子商务中，公司要将电子商务交易与主要买方的会计/财务信息系统整合在一起。

12.2 节复习题

（1）描述电子商务的全球化及其带来的好处。
（2）描述电子商务全球化面对的主要障碍。
（3）公司如何克服全球电子商务的障碍？
（4）讨论一家公司以多种语言提供网站的利弊。

12.3　中小企业电子商务战略

电子商务可以成为中小企业（SME）最有效的商业战略之一。中小企业可通过电子商务扩大市场并拥有与大公司竞争的巨大潜力。最早利用电子商务的公司中的一部分就是中小型企业。虽然规模较大的老牌传统企业仍然犹豫不决，但一些具有前瞻性思维的中小企业已经开展了网上业务并开设网上商店，因为它们意识到了市场营销、业务拓展、降低成本、采购以及更广泛的合作选择等方面存在的机会。一个活跃的中小企业示例是"神秘的书店"（mysteriousbook-shop.com）。

显然，中小企业仍然难以制定或实施电子商务战略，主要是因为他们无法处理大量产品，缺乏 IT 知识和专家，并且对相关机会和风险的认识有限。因此，许多中小企业创建了不用于销售的静态网站。但是，越来越多的中小企业采用电子商务战略，它们可以加入阿里巴巴、亚马逊和 Net-a-Porter 等市场，在那里销售产品。根据 TrueShip（2016），消费者更青睐那些可以开展一站式购物的网站。

Burke（2013）描述了一个 15 岁的女孩如何创办了一个成功的企业，其制造特殊的人字拖，并通过在线以及各种线下精品店和 Nordstrom 进行销售。有关中小企业电子商务的未来，请参阅 Mills（2014）。

对实现电子商务方法的选择是公司必须在整体业务战略背景下做出的战略决策。好消息是，电子商务降低了其进入门槛，是一个相对便宜的方式，可以让更多的买方和卖方更容易地进行搜索、价格比较和谈判购买。但是，在中小企业中开展电子商务也存在一些固有的风险。表 12-1 列出了中小企业开展电子商务的主要优势和劣势。

表 12-1　中小企业开展电子商务的优势和劣势

优势 / 好处	劣势 / 风险
廉价的信息来源。斯堪的纳维亚的一项研究发现，超过 90% 的中小企业使用互联网进行信息搜索（OECD，2001）	缺乏资金来充分发挥电子商务的潜力
廉价的广告和市场调查方式。标题广告、通信、聊天室等常常是接触客户的免费方式	缺乏技术人员，以及法律、广告等方面的专业人员。这些人力资源可能对中小型企业而言不可得或过于昂贵
分析竞争对手变得更容易。芬兰的一项研究发现，分析竞争对手在芬兰企业使用互联网进行的事务中排名第三，排在信息搜索和市场营销之后	比大公司的风险承受能力弱。如果最初的销售额很低或发生意外，典型的中小企业没有大量的资源储备以应对危机
通过廉价的方式来建立（或租用）网店。创建和维护一个网站是相对容易和便宜的	产品不适合或难以被在线销售

(续)

优势/好处	劣势/风险
中小企业较少受到传统信息技术和传统零售渠道关系的束缚	减少与客户的个人接触
可以快速树立形象，并被公共认可。网站的存在使小企业更容易与大企业进行竞争	无法承担入场费或购买足够的数量，以利用数字交换
有机会接触全球客户。在线进行全球营销、销售和客户支持可以非常有效	

12.3.1 全球化和中小企业

除了扩大国内市场之外，电子商务为中小企业开辟了一个广阔的全球市场，但只有很小一部分中小企业在全球范围内开展其主要业务。然而，越来越多的人开始使用电子商务以某种方式进入全球市场，但即便如此，中小企业更有可能在全球范围内采购，而不是开展全球销售。由于阿里巴巴和类似的在线目录帮助小公司面向全球开展销售，这种情况正在发生变化。有关详情，请参阅 Vega（2014）。非常重要的是阿里巴巴集团提供的建议（请参阅 Fan（2015））。

有关中小企业走向全球的资源，请参阅 sbecouncil.org/resources/going-global。

12.3.2 电子商务支持中小企业活动的资源

中小企业管理者往往缺乏战略管理技能，因此并不总是能意识到新兴技术带来的商业环境变化。幸运的是，中小企业可以选择各种各样的私人和公共支持选项（例如，sba.gov、business.gov.au）。

另外，供应商意识到大量小企业的存在意味着有机会获得更多的客户。因此，许多供应商已经创建了提供免费信息和收费支持的服务中心。这方面的例子是 IBM 的中小企业解决方案（ibm.com/midmarket/us/en）和微软的商业中心（microsoft-businesshub.com）。如今，专业协会、网络资源服务（例如 aabacosmallbusiness.com）和帮助其他小型企业的组织都可以在线运营。

帮助中小企业走向全球的资源也正在成为希望扩大视野的中小企业的有用工具。例如，全球小型企业博客（GSBB）（globalsmallbusinessblog.com）由 Laurel Delaney 于 2004 年创建，旨在帮助企业家和小型企业所有者在国际上拓展业务。

关于中小企业利用电子市场开展国际业务的一个很好的资源是 emarketservices.com/start/Case-studies-and-reports/index.html，另见 Goldberg（2016）。

12.3.3 中小企业和社交网络

社交商业是中小企业正在采用的增长最快的电子商务技术之一。

小企业可以利用社交网站与其所处地理区域外的同类组织进行互动，以便就共同感兴趣的话题交换意见，并互相帮助解决问题。中小企业可以找到关注小企业的网站。这些网站为中小企业提供了建立联系、获取启动信息以及接收电子战略建议的机会。LinkedIn 等网站不仅可用于获取建议并建立联系，还可用于在 B2B 中开发可将中小企业与其他小企业联系起来的网络，或促进与合作伙伴的关系。

表 12-2 列出了在中小企业中成功实施社交媒体战略的 10 个步骤。请注意，社交网络有助于互动和建立关系，这对中小企业来说非常重要（关于如何利用 You Tube 推广中小企业的在线内容，请参阅 masternewmedia.org/online_marketing/youtu be-pro mote-content-viral-marketing/youtube-video-marketing-10-ways-20070503.htm）。

中小企业正在关注社交网站日益流行的趋势，并利用社交媒体建立网络，加强客户关系，并收集有关其服务和产品的反馈。

关于社交商业的实施问题，请参阅 Chess Media Group（2012）。

表 12-2 成功实施社交媒体战略的 10 个步骤

步 骤	说 明
1	了解什么是社交媒体，以及使用它的好处是什么
2	确定你想要获得的观众以及在哪里找到他们
3	确定你目前可用于建立社交网络的资源
4	确定最适合的技术
5	创建一个博客，并在你的业务中创建一种社交文化
6	在 Facebook、LinkedIn、Twitter、YouTube、Instagram、Pinterest 等网站上为你的企业构建社交媒体档案
7	让你的博客具有社交媒体友好性
8	与目标市场建立关系
9	把朋友和粉丝变成客户
10	决定如何监测和评估社交媒体计划的绩效

12.3 节复习题

（1）列出小企业的电子商务的优势或好处。
（2）列出小企业的电子商务的不利或风险。
（3）列出小企业在线的优势和劣势。
（4）社交网络如何帮助中小企业变得更具竞争力？

12.4 电子商务成功的机会和避免失败

现在电子商务已经存在了 20 多年，我们可以观察到有助于电子商务项目成功或失败的某些模式。通过研究这些模式，人们可以找到未来机会的线索，并避免一路上的陷阱。如 Aldi 超市案例所示（见案例 12-1），确保电子商务取得成功并不容易。

案例 12-1 电子商务应用

Aldi 超市在英国试用电子商务

问题

Aldi 超市是德国的一家大型连锁超市,在英国和爱尔兰也很活跃。这家公司很有野心,目标是在英国开设 1 000 家商店。

该公司是一家折扣店,利润率很低,因此难以实现盈利;竞争非常激烈,特别是针对英国的知名品牌(例如 Primark)。

解决方案

Aldi 超市的主要竞争对手不提供在线服务。自从该公司专注于销售不易腐败的商品,如葡萄酒和非食品以来,Aldi 超市决定上线。通过上线,该公司希望能够吸引更多的客户,并让品牌被消费者熟知。第一款产品(酒)于 2016 年年初上线。服装和电器产品将于 2017 年上线。

结果

鉴于这次电子商务试验于 2015 年年底开始,并且是英国的第一次尝试,结果尚不可知。根据 Hobbs(2015)的说法,此举既是风险也是机遇。该公司实施电子商务可能会增加成本,在几年后才能盈利。

资料来源:基于 Hobbs(2015)、Baldwin(2015)和 Chapman(2016)。

问题

1. 阅读有关案例的信息,并确定所有风险和机会。
2. 该公司在 2014 年决定不实施电子商务,但一年后改变了主意,请找出原因。
3. 什么因素可以推动企业成功,而哪些因素会导致企业失败?

注意:你需要阅读原始资料来回答这些问题。

12.4.1 决定电子商务成功的因素

前面介绍的电子商务的经济能力,对某些行业的影响更加显著。电子商务的成功因素取决于行业、卖方、买方以及销售的产品。此外,卖方为消费者创造经济价值的能力也将决定电子商务的成效。当企业决定在网上销售时,考虑决定电子商务影响的主要因素可以帮助评估成功的可能性。

存在四类导致电子市场成功的因素:产品、行业、卖方和消费者的特征。

电子商务的失败案例

通过研究以前创新的经济史,电子商务项目和电子商务公司的失败也不足为奇。三种经济现象说明了这种情况出现的原因。

B2C 电子商务失败的一些具体原因是:缺乏盈利能力、过度的风险敞口、获得客户的高成本、糟糕的绩效以及糟糕的网站设计。另外两个财政原因是缺乏资金和不正确的收入模式。一个失败的示例是 Webvan 案例，这是一家快递公司，其损失了 12 亿美元，是破产网站中最大的一家。另一家破产公司是 Kozmo，它的故事可以在在线文件 W12.1 中找到。

12.4.2 电子商务的成功案例

正如本书所讨论的那样，尽管数百家初创企业和数千个电子商务项目失败了，但电子商务仍然生机勃勃，并在继续快速增长（2000~2002 年短暂停顿之后）。

电子商务的成功案例比比皆是，主要集中在专业市场和利基市场。Puritan's Pride, Inc.（puri-tan.com）就是其中之一，它是一家成功的维生素和天然保健品商店。另一个是 GrubHub, Inc.（grubhub.com），它允许人们在网上订购食品并提送货、取货服务（以前是 CampusFood.com）。旅游网站也发展良好，如 Expedia、Trip Advisor 和 Priceline。

Alloy Apparel（alloy.com）是一个成功的购物和娱乐门户，适合年轻人使用。正如第 3 章所指出的，股票交易、旅游和酒店、网上银行等在线服务正在成为其行业交易的主要部分。有关这些企业和其他蓬勃发展的在线企业如何将传统经济中的关键成功因素（CSF）转化为电子商务成功的比较分析，请参见表 12-3。诸如 Priceline、奈飞、亚马逊、Facebook 和谷歌等成功的电子商务公司正在成为其行业的主要参与者，使得其股东赚得盆满钵满。

以下是电子商务成功的一些原因以及电子商务专家和顾问关于如何在电子商务中取得成功的建议。

表 12-3 关键成功因素：旧经济和电子商务

旧经济 CSF	电子商务 CSF
垂直整合或自己做	建立新的伙伴关系和联盟，保持核心竞争力
提供高价值的产品	提供涵盖产品的高价值服务
占据市场份额以建立规模经济	优化自然规模和业务范围，看看大规模定制
仔细分析以避免失误	避免被忽视的紧迫性方法，使用主动策略
利用有形资产	利用无形资产、能力和关系，释放休眠资产
竞争以销售产品	竞争以控制进入市场的机制，并建立与客户的关系，与其他网站竞争

电子商务成功的策略

- 数千家实体公司正在增加在线营销和/或采购渠道，并取得巨大成功。例如 Uniglobe Travel（uniglobetravel.com）、史泰博（staples.com）、特吉特（target.com）、Home Depot（homedepot.com）、沃尔玛（walmart.com）、FIS（fisglobal.com/Solutions/Payments/Digital-Payments）、1-800-Flowers.com（1800flowers.com）和西南航空（southwest.com）。一组亚洲首席执行官推荐以下电子商务 CSF：为电子商务公司推荐适当的商业模式、项目，预测和准备，鼓励电子创新，联合品牌营销并关注年轻客户（例如，参见 alloy.com 和 bolt3.com）。
- 要让电子商务交易成功，必须让它为所有参与者创造价值。一个生动的示例是阿里巴巴。

- 由于运输和处理成本，电子商务中的定价仍然是卖方面临的挑战。在通常情况下，卖方和做市商会看到获利潜力，但是这忽略了买方只有在价格或产品种类上看到利益时才会认购电子商务。例如，戴尔、Newegg 和许多其他电子零售商均可免费送货。
- 新技术可以促进电子商务的成功。例如，RFID 在改善供应链方面潜力巨大。需要对电子商务基础设施和应用进行大量投资，才能发挥其全部潜力。
- 数字合作关系可以推动业务成功（McCafferty，2016b）。

电子商务成功的其他指导原则　许多专家和顾问提出了更多成功的关键因素。一些研究确定了成功因素，如：

- 有效的营销和广告。
- 用户友好的网站。
- 客户和商家之间的良好关系。
- 适当的供应链管理和订单履行。
- 与内部和外部信息系统集成。
- 使用适当的商业模式（包括收入模式）。
- 有效和高效的基础设施。
- 成为电子商务和社交商务的组织文化。
- 有效地领导数字业务团队（Raskino & Waller，2016）。

在电子商务革命尚处于早期阶段的情况下，成功不能得到保证，失败率仍然很高。但是，如果公司从别人的错误中学习并遵循专家和研究人员提供的指导方针，他们获得成功的概率将大大增加。

12.4.3　电子商务成功与失败的文化差异

在这里，我们增加了文化差异问题，以便可以在全球范围内开展业务时制定适当的策略。

电子商务的优势之一是卖方和买方可以轻松地接触全球的消费者或供应商群体。但是，他们必须承认现有的文化差异并采取对应行动。在线广告的内容在不同的文化中也可能意味着不同的含义。由于这些差异，交易成本（包括协调成本）可能因消费群而异。

电子商务成功的因素以及采用策略因国家不同而存在差异（参见在线文件 W12.2）。

电子商务能否在发展中经济体取得成功

与文化差异类似，发达经济体和发展中经济体在使用电子商务的方式以及经济是否偏向电子商务方面有所不同。发达经济体认为理所当然的各种问题（例如使用信用卡），对发展中经济体来说可能很棘手。

发展中经济体经常面临停电，运输不可靠，政治和社会环境不稳定，缺乏保护客户的规定以及付款选择不足等问题。这种限制使企业难以预测电子商务投资是否以及何时会获得回报。中国和印度等发展中经济体为企业面向客户以及其他企业开展电子商务提供了重要的机会。发达国家潜在的交易量可以使电子商务投资对老牌公司更有吸引力。这是因为电子商务计划经常可以使用现有的 IT 基础设施，电子商务系统开发的大部分成本已经被涵盖。

传统的电子商务假设是每个计算机用户都有能力拥有一台计算机并能够连接互联网，就像发达经济体那样。在发展中经济体中，考虑现有的基础设施、贫困水平、技术可用性和可负担性，这一假设必须被修改。电子商务在发展中国家的主要推动力是低成本笔记本电脑和平板电脑在无线环境中的使用。随着简易计算机成本低于 100 美元（以及不断下降），以及可接入互联网并可在提供免费互联网接入的手机的广泛使用，发展中国家的电子商务使用可能会大幅增加。有关发展中国家电子商务的全面报道，请参阅 wto.org/english/res_e/booksp_e/ecom_brochure_e.pdf。

正如第 6 章所讨论的那样，移动革命使发展中国家能够实现跨越式发展，特别是在移动银行（金融）和移动营销领域。

12.4 节复习题

（1）描述电子商务中的产品特性。
（2）描述电子商务的行业特征。
（3）描述电子商务的卖方特征。
（4）描述电子商务中的消费者特征。
（5）列举三个原因，说明电子商务遭遇失败并不意外。
（6）描述电子商务成功的一些原因。
（7）将电子商务与文化差异联系起来。
（8）讨论发展中国家的一些执行因素。

12.5 伦理挑战和准则

伦理（ethics）是一套道德原则或人们对自己行为的期望规则。它规定了社会对正确或错误的认知内容。

在实施和理解电子商务的道德挑战时，我们必须面对隐私、所有权、控制和安全问题。

12.5.1 伦理准则

公共法律体现了伦理准则，但两者并不相同。一般认为不道德的行为可能并不违法。对某人说谎可能是不道德的，但这不是违法的。相反，法律并不是伦理准则的集合，并非所有的伦理准则都被纳入公共法律。在线文件 W12.3 展示了一个道德问题的框架。

伦理问题的一个示例是 2009 年的 Facebook 集体诉讼，接下来我们将对其进行介绍。

● **示例：谁拥有用户生成的内容**

2009 年 8 月，5 名 Facebook 用户对 Facebook 提起集体诉讼，声称 Facebook 违反隐私法律，其收集在线用户的活动并在未经用户许可的情况下向第三方提供用户的个人信息。他们还称 Facebook 从事数据挖掘工作，但没有告知用户。

数据收集的目的是让 Facebook 将其用户的数据出售给广告商，这是因为 Facebook 需要更多的收入来源。电子隐私信息中心向 FCC 提出投诉，指出 Facebook 的隐私设置变更使用户的信息公开可用，而未向用户提供退出选项。可靠的发现表明，Facebook 侵犯其用户的隐私并修改其规则。此后，Facebook 一直在不断修改其隐私设置，从而允许用户决定他们想与公众分享的内容。

12.5.2 商业伦理

商业伦理（business ethics）（也称为公司或企业伦理）是一种对书面或非书面的价值观、行为和规则的代称，用于指出人们应该如何在商业世界中行事。这些伦理规范限制了组织的运作。有关在实施过程中应该考虑的事项，请参阅企业社会责任（bsr.org）。

1. 工作场所的互联网的滥用问题

员工在工作时间上网导致的工作时间浪费和生产力损失非常高。平均而言，员工每周在社交媒体上花费的时间超过 1 小时，其次是在线游戏和电子邮件。许多公司禁止员工访问 Facebook、Twitter 和 LinkedIn 等社交网络。2013 年，SFGate（根据 Gouveia（2013））进行了一项调查，他们发现 69% 的员工每天浪费的时间达到每天 30 分钟到几个小时不等。导致员工"时间浪费"的前四名是：查看新闻（37%）、社交网络（14%）、网上购物（12%）和在线娱乐（11%）。有关文章，请参阅 salary.com/2014-wasting-time-atwork。

管理互联网滥用行为 与其禁止在工作场所使用社交网络，一些雇主宁愿通过以下政策限制员工的社交网络使用：鼓励员工每天只查看一次或两次社交网络，巩固员工的社交网络流，开发明确的社交网络政策，利用整合技术。社交网络政策应该向雇员传达明确的指导方针。例如，员工每天在公司浏览社交网络的时间不应超过 20 分钟。

2. 监控员工：是否合乎伦理

谷歌和其他几家软件应用程序提供商已将公司智能手机中的新型间谍软件应用于员工，这使雇主可以使用智能手机的内置 GPS 追踪系统监控员工的位置。谷歌的 Latitude 使公司能够随时了解员工的位置。伦理问题是，这种新的技术是否会被政府使用，从而侵犯个人实时行踪的隐私。换句话说，执业委员会的商业人士需要遵守道德行为的规则和程序。隐含的两大风险是刑事指控和民事诉讼。表 12-4 列出了使这些风险最小化的保障措施示例。

表 12-4 将刑事或民事指控风险最小化的典型保障措施

1. 网站是否明确发布运输政策和担保？销售公司能否履行其政策和保证？它是否符合联邦贸易委员会（FTC）的规定？
2. 网站是否明确说明客户的退货流程，是否说明在未收到产品或服务，及收到损坏产品时如何退货？
3. 在与第三方供应商和供应链合作伙伴达成协议之前，公司是否调查过合作伙伴的背景？这些协议是否包括保护公司免受一切可能的风险？
4. 是否有足够的客户支持人员，他们是否具备完善的知识并接受过充分的培训以处理客户的要求？

12.5.3 电子商务的伦理和法律问题

有许多与电子商务和互联网有关的伦理问题与法律问题有关（Lewis，2014）。这些问题通常分为知识产权、隐私、言论自由与审查制度，以及欺诈保护方法。

- 知识产权，即信息和知识产权的所有权和价值。知识产权很难在网络上得到保护。盗版给产权所有者带来巨大损失。
- 隐私。因为在网络上保护个人隐私是非常困难的，所以有些国家不针对隐私问题进行规范，而另一些国家则有严格的反隐私入侵规则。
- 言论自由与审查制度。网络上的言论自由可能导致对个人和组织的侵犯及有害攻击。因此，一些国家决定在互联网上进行内容审查。
- 消费者和商家防范欺诈。为了电子商务取得成功，有必要保护所有交易和参与者免受欺诈。

本书对伦理问题的讨论还包括渠道冲突（第3章）、定价冲突（第3章）、非中介（第3章和第4章）和信任（第9章）。与电子商务相关的另外两个伦理问题是与工作无关的互联网使用和道德规范，另见 investopedia.com/terms/c/code-of-ethics.asp。有关电子商务的法律考虑，请参阅 Zottola（2014）。

与工作无关的互联网使用

如前所述，大多数员工使用电子邮件和进行网上浏览的目的与工作无关。使用公司财产（如计算机、网络）使用电子邮件和互联网可能会造成风险和浪费时间。风险程度取决于公司在多大程度上实施了防止和检测非法用途的政策和程序。例如，公司可能会对其员工使用电子邮件骚扰其他员工，参与非法赌博或传播儿童色情制品负有责任。

12.5 节复习题

（1）列出与电子商务有关的七个道德问题。
（2）列出伦理的主要原则。
（3）定义商业伦理。
（4）举一个不道德但不违法的电子商务活动的示例。
（5）员工如何滥用互联网？小公司如何处理这个问题？
（6）描述监控员工的相关问题。

12.6 知识产权法和版权侵权

法律制度需要在维护社会秩序和保护个人权利之间保持微妙平衡。在本节中，我们将介绍一些知识产权的法律类型以及由电子商务引起的问题。

电子商务中的知识产权

知识产权（intellectual property，IP）是指源于个人创造性工作的财产，如文学或艺术作品。

知识产权可以被视为对无形资产的所有权，例如发明、想法和创造性工作。

这是一个受专利、版权、商标和商业秘密法（知识产权法）保护的法律概念。

各种专业的知识产权法如表 12-5 所示。这些专业法律是相互关联，甚至可能重叠的。

表 12-5 知识产权法律和知识产权保护

法　　律	法律规定的保护
知识产权法	保护人们的创造性工作
专利法	保护发明和发现
版权法	保护原创作品，如音乐和文学作品、艺术设计及计算机代码
商标法	保护商标、标志等
商业秘密法	保护专有业务信息
许可法	使知识产权的所有者能够通过许可分享
相关的不正当竞争法	防止使用非法、不公平，或其他人无法使用的方法，同时抵制盗版者

1. 录制电影、节目和其他活动

一种常见的侵权方法是将摄像机和具有视频功能的手机带到电影院并记录演出。PirateEye（pirateeye.com）是一家提供设备以发现和识别任何数字录音设备的公司，其同时提供远程实时监控设备等。

有关社交媒体的知识产权，请参阅 Kankanala（2015）。

2. 版权侵权和保护

目前已有很多引人瞩目的就电子商务和网络相关的在线版权侵权提起的诉讼。**版权**（copyright）是知识产权作者或创作者以任何期望的方式发布、销售、许可、分发或使用此类作品的专有合法权利。在美国，一旦作品以有形的形状或形式制作，内容就会自动受到联邦版权法的保护。版权不会永远持续，而是会持续到作者或创作者去世后的一定年限（例如，在英国为 50 年）。版权到期后，作品将由公共所有（或公开可用），请参阅 fairuse.stanford.edu/overview/public-domain 和 the-publicdomain.org。在许多情况下，版权由公司所有。在这种情况下，版权将持续 120 年，甚至更长。未经许可使用作品或订立支付特许权使用费合同是侵犯版权行为。

● 示例

一位艺术家通过出售未经许可的某人的 Instagram 照片赚了 90 000 美元，请参阅 Instagram（2015）。

3. 文件共享

侵犯版权的主要方法之一是文件共享。文件共享在 20 世纪 90 年代后期随着 Napster 这样的公司的发展而变得流行。海盗湾（见本章的章末案例）就是一个典型的例子。据估计，版权持有人因此每年损失数十亿美元。美国唱片业协会（RIAA）正在进行反击。

- **示例**

  文件共享业务是 RIAA 的主要目标，它关闭了热门网站 LimeWire LLC 和 Kazaa。此外，另一个受欢迎的文件共享网站 Megaupload.com 也于 2012 年 1 月关闭。但是，该网站在 2013 年 1 月以域名 mega.co.nz 重新推出。

  4. 侵权的法律方面

  2010 年 11 月，美国参议院司法委员会批准了一度充满争议的《打击网络侵权和冒牌法案》（COICA）。根据该法案，如果版权侵犯被认为是一个网站的"中心活动"，司法部长就有权力关闭该网站而无须审判或法庭命令。问题在于，根据这项法案，大多数商业网站都被视为出版商（即使是发布在线销售手册），也可能受到破坏性调查。

  5. RIAA 行业与违规者

  为了保护自己的利益，RIAA 利用有选择性的诉讼来打击互联网上猖獗的盗版音乐。然而，RIAA 在 2006～2008 年花费了超过 5 800 万美元以追捕目标侵权者，但从判决中收取的费用却少于 140 万美元（少于 2%）。

  请注意，自 2009 年以来，由于多方面原因，诉讼数量一直在下降。Viacom 以侵犯版权为由起诉 YouTube（谷歌）并索赔 10 亿美元。2013 年，Viacom 在对 YouTube 的诉讼中败诉（上诉法院裁定支持谷歌）。最后，版权侵权诉讼变得不受欢迎，因为它们冗长而且代价高昂。作为直接诉讼的替代方式，娱乐行业已经开始制定数字版权管理（DRM）政策，这一政策通过法院系统以及联邦立法来执行。

  全球化 媒体盗版大多发生在某些国家（如俄罗斯、瑞典和许多发展中国家）。因此，从海盗湾的结案来看，打击盗版行为是很困难的。

  6. 数字版权管理

  数字版权管理（digital rights management，DRM）描述了一种保护通过互联网或数字媒体传播的数据版权的系统。这是一种基于技术的保护措施（通过加密或使用水印）。通常，卖方拥有其数字内容的版权。有关详细信息，请参阅 eff.org/issues/drm。但是，DRM 系统可能会限制个人对材料的合理使用。在法律中，**合理使用**（fair use）是指基于某些目的（例如浏览、评论、教学）有一定限制地使用受版权保护的材料，而无须支付费用或版税。

  7. 专利

  根据 fedcirc.us 的说法，**专利**（patent）是"特定发明的专有权利"。国家或政府将专利授予发明创造者，或授予他们指定的可以接受发明权利的人。专利持有人在指定的时间段内对发明拥有唯一的权利（例如，对于在 1995 年 6 月 8 日及之后提交的专利申请，这一期限在美国和英国都是 20 年）。专利用于保护发明的构思或设计，而不是保护发明的任何有形形式。

  美国和欧洲在授予某些专利的方式上存在一些差异。例如，1999 年，亚马逊网站成功为其"一键下单"订购和付款程序获得了美国专利。借助这项专利，亚马逊于 1999 年起诉了 Barnes & Noble，称其竞争对手复制了其专利技术。法院禁止 Barnes & Noble 使用他们的"快速通道"付款程序。但是，2006年5月12日，美国专利局（USPTO）下令重新审查"一键下单"专利。2010年3月，亚马逊在美国改写其专利，以包含"购物车"设计，并获得批准。尽管如此，Expedia和许多其他电子零售商目前仍在使用类似的"结账"系统，请参阅en.wikipedia.org/wiki/1-Click。

涉及专利的法律案件的另一个示例是，加拿大i4i公司以侵犯专利权为由起诉微软，诉讼指称微软侵犯了i4i公司有关文本处理软件的专利。微软希望将这些专利判为无效标准，于是将案件提交给美国最高法院，但最终败诉。

甲骨文与谷歌 在遵守其合法权利的同时，甲骨文一直在挖掘对其新收购的专利组合的使用，并积极寻求和起诉侵权者。2012年，甲骨文以Android产品在未经许可的情况下使用其Java技术（复制Java代码）为由起诉谷歌。虽然审判法庭裁定API不受版权保护，但上诉法院不同意这一判决，认为Java的API是受版权保护的，并将案件送回审判法庭要求其确定谷歌的代码复制是否违反合理使用的规定。2014年，甲骨文赢得了此案（请参阅McLaughlin（2014））。

8.商标

根据美国专利商标局的规定，商标是"识别和区分货物来源的词、短语、符号和/或设计"。个人、商业组织或其他法律实体使用商标，以告知消费者产品或服务独特的来源，并将公司的产品或服务与其他产品或服务形成区分。尽管联邦注册不是必要的，但其有几个好处，例如告知公众注册商标属于注册人，并赋予他们专有使用权（请参阅uspto.gov/trade-marks/basics/definitions.jsp）。

2008年，eBay赢得了一项具有里程碑意义的商标诉讼的胜利。蒂芙尼，一家领先的珠宝零售商，曾起诉eBay，称eBay上许多商品实际上都是假货。美国法院在2008年裁定，eBay不能为商标侵权承担责任，"完全基于其网站上可能发生商标侵权的常识"。

12.6 节复习题

（1）定义知识产权法。它对创作者和发明家有什么帮助？
（2）定义DRM。描述其对隐私的一种潜在影响和一个缺点。
（3）解释"合理使用"。iPhone的"越狱"如何处于"合理使用"之下？
（4）定义商标侵权并讨论为什么需要保护商标免受稀释。

12.7 隐私权及其保护和言论自由

隐私有多个含义和定义。一般而言，隐私是不受他人干扰的状态，不受别人的注意，并有权独立、不被侵犯（关于隐私的其他定义，请参阅privacyrights.org上的隐私权交换中心）。在大多数国家，隐私一直是一个法律、道德和社会问题。

12.7.1 电子商务中的隐私

隐私问题源于在使用互联网时，用户被要求提供一些个人数据以换取信息（例如获得优惠券和允许下载)。数据和 Web 挖掘公司接收并收集这些数据。因此,用户的隐私可能会受到侵犯(请参阅由 Justyne Cerulli 在 prezi.com/fgxmaftxrxke/your-data-yourself 上发布的题为"你的数据,你自己"的幻灯片演示文稿)。

隐私权保护是电子商务和社交商务中讨论最激烈和最常见的情绪问题之一。根据 Leggatt(2012),在 TRUSTe 进行的一项调查中,90% 的互联网用户"担心他们的在线隐私"。许多电子商务活动涉及隐私问题,包括从 Facebook 收集信息到使用 RFID。下面有一个示例。有关电子商务隐私问题,请参阅 Kenyon(2016)。

在这里,我们探讨与社交网络相关的问题的主要方面。

● **示例:谷歌眼镜**

2013 年 5 月,8 位关注谷歌眼镜(和其他智能眼镜)的立法者致函谷歌,询问公司计划如何保护人们的隐私,请参阅 Guynn(2013)的描述。一个类似的示例是,商店可以看到你在商店或购物商场中去的地方。

12.7.2 社交网络改变隐私及其保护的格局

与过去的年轻人相比,今天的年轻人似乎不太关心隐私。年轻一代对博客、照片、社交网络和发短信更感兴趣。人们对私人信息所包含的内容的态度正在发生变化。这为营销人员和营销传播提供了新的机会,主要是在不会违反互联网用户的隐私的条件下提供更好的个性化体验。

Andrews(2012)阐述了这个问题,他研究了社交网络中的隐私保护,得出的结论是隐私保护几乎不存在。例如,大学申请人因为在社交网络上发布的内容而被拒绝;罪犯通过阅读关于休假的帖子而知道应该什么时候侵入空房子。

然而,2014 年 5 月,Facebook 宣布增加"匿名登录"功能和更改登录程序,允许用户在不向 Facebook 提供个人信息的情况下使用应用程序。

1. 信息污染和隐私

信息污染,即不相关的未经请求的信息增加可能会引发隐私问题,例如传播有关个人的错误信息。此外,被决策者或用户原创内容(UGC)使用的被污染的信息可能会导致隐私侵犯。

2. 全局视图

请注意,互联网上的隐私问题在不同的国家被区别对待。例如,2009 年 11 月,谷歌在瑞士因其街景应用程序的隐私问题被起诉。2012 年,瑞士最高法院裁定谷歌可以用街景技术(现在称为谷歌地图)记录住宅街道,但对其可以采用的图像类型施加了一些限制(例如,降低查看街道的摄像机的高度,使其不会拍摄到花园墙壁和树篱内部)。关于法院决定和各方反应的更多信息,请参阅 O'Brien & Streitfeld(2012)。2013 年 6 月,电子商务最高法院裁定政府机构不能强制谷歌删除有关个人材料的链接。然而,2014 年 5 月,欧洲最高法院裁定,当有人使用谷歌时,人们应该有权决定哪些是可被外界查看的信息。该裁决适用于欧洲的 28 个国家和所有搜索引擎（谷歌、必应）。该决定不适用于美国或欧洲以外的任何其他国家（请参阅 Sterling（2014））。

12.7.3 隐私权及其保护

今天，美国几乎所有的州和联邦政府（以及其他许多国家）都承认隐私权，但很少有政府机构实际遵守所有法规（例如，出于国家安全原因）。其中一个原因是隐私权可以被很宽泛地定义。但是，美国法院在过去的判决中严格遵守了以下两条规则：①隐私权并非绝对的，隐私必须与社会需求相平衡；②公众的"知情权"优于个人的隐私权。这两条规则的含糊性说明了为什么确定和执行隐私条例有些困难。

《联邦贸易委员会法》第5节是保护隐私。有关FTC法案的解释，请参阅 ftc.gov/news-events/media-resources/protecting-consumer-privacy。

这些做法延伸到保护消费者隐私，包括"不追踪"选项，以及《保护消费者的金融隐私以及儿童在线隐私保护法案》（COPPA）。

2016年，联邦政府起诉苹果，以迫使该公司允许政府侵入一个恐怖分子的被安全保护的 iPhone。苹果拒绝合作。政府在成功侵入该手机后放弃了诉讼。

1. 选择加入和退出

"9·11"后的反恐活动掩盖了隐私问题，但消费者仍希望他们的信息得到保护。管理这个问题的一个方法是直接销售公司通常使用的"选择加入"和"选择退出"系统。**选择退出**（opt-out）是一种让消费者拒绝分享自己的信息或避免接收未经请求的信息的方法。提供退出选项是一个良好的客户实践，但在某些行业，退出选项很难推行，这可能是因为消费者的退出需求较低或客户信息价值较高。

相反，**选择加入**（opt-in）基于以下原则：消费者必须事先批准他们从公司获得哪些信息，或允许公司与第三方分享他们的信息。也就是说，除非客户允许或请求，否则不应发生信息共享。

另请参阅直接营销协会（thedma.org），以获取有关消费者广告选择，选择加入和退出、隐私、身份盗用等的更多信息。

IBM指出了以下6种帮助隐私项目的可行做法：

（1）建立组织。这可以通过创建一个跨职能隐私团队来获得指导。
（2）定义隐私保护需求，即确定需要保护的内容。
（3）进行数据清点，即列出并分析所有需要保护的数据。
（4）选择解决方案，即选择并实施保护隐私的解决方案。
（5）测试原型系统，即创建系统原型并在不同条件下对其进行测试。
（6）扩展项目范围，即扩展该项目以包含其他应用程序。

有关隐私保护的更多信息，请参阅 IBM 和国际隐私专业协会（privacyassociation.org）。

2. 隐私保护措施

几个政府机构、社区和安全公司专注于隐私保护。美国的代表性案例包括隐私保护（privacyprotect.org/about-privacyprotection）、隐私选择（avg.com）和家庭 PC 防火墙指南（firewallguide.com/privacy.htm）。最后，Cagaoan et al.（2014）描述了电子商务中的隐私意识问题。有关互联网隐私、匿名和安全性的完整指南，请参阅 Bailey（2015）。

12.7.4 言论自由与隐私保护

尽管美国宪法第一修正案赋予公民言论自由的权利，与许多权利一样，言论自由的权利也不是无限的。第一修正案并没有赋予公民对任何人说任何话的权利。诽谤法（包括隐私侵犯）、儿童色情、煽动和恐怖威胁处于自由表达的传统限制内。例如，在拥挤的剧院里尖叫"起火"或在机场传播炸弹威胁言论是非法的，但是没有禁止在公共场所拍照的法律。言论自由经常与隐私、儿童保护、猥亵等相冲突。有关第一修正案及其未授予的 10 项权利的讨论，请参阅 people.howstuffworks.com/10-rights-first-amendment-does-not-grant.htm#page=1。

有关隐私与诽谤法律方面的全面报道，请参阅 Kenyon（2016）。

● 示例

安东尼·格雷伯（Anthony Graber）是马里兰州的一名摩托车骑士。他因驾驶一辆没有标志的汽车而被一名便衣州警察拦下。他用自己摩托车头盔上的相机拍摄了自己的被拦截的过程，并于 2010 年 3 月将这一视频发布在 YouTube 上。结果，他因为对警察进行录像并在未经警方同意的情况下在互联网上发布该视频，而被指控违反州监听法。格雷伯因此被捕，由于发布这段未经允许的录像，他将面临长达 16 年的监禁。他承认自己的超速行为，但是以言论自由为自己的非法录像行为辩护。法院裁定，州警官"没有对隐私的合法期望"，因此根据第一修正案保护，格雷伯有权进行录像权利。除了交通违规之外，法院驳回了针对格雷伯的所有指控。请参阅 you-tube.com/watch?v=QNcDGqzAB30&feature=related。

言论自由与儿童保护辩论

《儿童互联网保护法案》(CIPA) 要求在获得联邦资助的图书馆和学校里使用网络过滤技术后，于 2000 年 12 月被签署成为法律。在这之后，人们开始了有关言论自由与儿童保护的辩论。2003 年 6 月，最高法院宣布 CIPA 是符合宪法的，裁决允许国会进行某种形式的信息封锁，但过滤器不得阻挡太多信息。这是法官第三次听到了关于言论自由与保护儿童免受攻击性网络内容影响的争论。请参阅 FCC 儿童互联网保护法案，网址为 fcc.gov/guides/childrens-internet-protection-act。

12.7.5 保护个人隐私的代价

过去，收集政府机构数据库中的个人信息是非常困难且昂贵的，但这有助于保护隐私。互联网与具有强大功能的计算机的结合、大规模数据库和精准算法，实际上已经消除了这些保护公民隐私的障碍。

2010年，英国希思罗机场的安全官员被抓获，因为其从安全扫描仪上下载好莱坞明星的全身裸体扫描图像。但是，当局认为扫描过程对于机场安全是必要的。如案例12-2所示，如今的技术甚至可以从远处监控人们的活动，这可能被认为是侵犯隐私的行为。

◎ 案例12-2　电子商务应用

学校管理人员使用网络垃圾对家中的学生进行攻击

宾夕法尼亚州一所高中的学生并不知道，管理人员正在监视未成年学生的活动。管理员远程激活内置于每个笔记本电脑中的网络摄像头来实现对学生的监视，该摄像头由Lower Merion学区在没有学生或其父母的许可和知晓的情况下发放给学生。

即使学生在家，Harriton高中的学校管理员也会持续监视学生，并发现有一名学生正在进行学校定义的"不当行为"。根据在他家中录制的视频，助理校长找到了该学生，并向他展示了"摄影证据"。学校告诉家长，他们可以进行这种监视。结果，一名学生代表所有收到笔记本电脑实施学生发起集体诉讼，指控学校侵犯隐私和非法截取私人信息。该案于2010年10月得到判决，学区赔偿610 000美元。2011年，这一学区被一名学生以在2009年对其笔记本电脑实施秘密监控起诉。

问题

1. 有什么正当理由可以为这种行为辩护？为什么学校的行为应该停止？
2. 学校的行为违反了哪些联邦法律？学生的美国宪法规定的哪些权利受到侵犯？
3. 这个决定的先例是什么？是否有一种办法允许学校继续这种行为，以达到一个狭义的目的？
4. 找到其他类似的案例。

12.7.6　如何在线收集和使用个人信息

个人的私人信息可以通过互联网以多种方式收集。下面提供了互联网用于查找个人信息的典型示例；具有代表性的利用互联网查找个人信息的方式示例如下所示，前三种是通过互联网收集信息的最常见方式。

- 用户填写包括个人资料在内的注册表格。
- 通过跟踪用户在Web上的活动（例如，使用Cookies）。
- 通过使用间谍软件、按键记录和类似的方法。
- 通过网站注册。
- 阅读个人博客或在社交网络上发布的帖子。
- 通过在互联网目录或社交网络配置文件中查找个人的姓名和身份。
- 通过阅读个人的电子邮件、IM或短信（黑客）。
- 通过实时监控员工。

- 通过通信线路窃听对话。
- 通过使用智能眼镜等可穿戴设备（第 6 章），包括看不见的设备。

1. Cookies

网站收集个人信息的常用方式是使用 Cookies。Cookies 可以让网站在不用请求用户情况下许可，跟踪用户的在线活动。

最初，Cookies 旨在帮助进行个性化和市场调查。但是，Cookies 也可用于传播未经请求的商业信息。Cookies 允许供应商收集有关用户在线行为的详细信息。Cookies 收集的个人数据通常比用户提供的信息更准确，因为用户在填写注册表单时可能伪造信息。虽然对于 Cookies 的使用道德的争论仍在继续，但在 1997 年的美国联邦贸易委员会有关网上隐私的听证会上，对 Cookies 的担忧达到顶峰。用户可以使用 Cookie Monster 和 CCleaner 等程序成功删除 Cookies，要删除和管理 Flash cookies，请参阅 flashcookiecleaner.com。通过将 Web 浏览器上的隐私级别设置得非常高，可以阻止所有网站的 Cookies，现有的 Cookies 也不能被读取。

2. 间谍软件是对隐私和知识产权的威胁

在第 10 章中，我们将间谍软件描述为一些商家用来在用户不知情的情况下收集其信息的工具。间谍软件感染是隐私和知识产权面临的主要威胁。

间谍软件可能会作为病毒，或者由于用户点击某些看似安全的有害链接进入用户的计算机。间谍软件可以有效地非法跟踪用户的上网习惯。很明显，使用间谍软件侵犯了计算机用户的隐私，这可能是非法的。它也会降低计算机的性能。虽然特定的间谍软件可以收集数据，但它也可以用来通过毫无戒心的用户的网络摄像头拍摄照片，查看电子邮件，或将照片发布到互联网上。

不幸的是，防病毒软件和互联网防火墙不总是能够检测到所有间谍软件，因此需要额外的保护。有很多可用的免费和低成本的反间谍软件包。具有代表性的免费反间谍软件程序是微软安全要领（windows.microsoft.com/en-US/windows/security-essentials-download）和 AVG（avg.com）。收费项目包括趋势科技（trendmicro.com）和卡巴斯基实验室（usa.kaspersky.com）。

升级版的免费程序也可以收费。Symantec 和其他提供互联网安全服务的公司也提供反间谍软件。

3. RFID 对隐私的威胁

如在线教程 T2 所述，尽管美国多个州已经或正在考虑通过立法以避免客户因 RFID 标签所致的隐私丧失，但隐私倡导者担心存储在 RFID 标签上的或与其一起收集的信息可能会侵犯个人隐私。

4. 其他方法

收集关于人的数据的其他方法是：

- 网站事务日志。这些日志显示用户在互联网上正在做什么。
- 电子商务订购系统和购物车。这些功能允许卖方了解买方的订购历史。
- 搜索引擎。搜索引擎可用于收集有关用户感兴趣的领域的信息。

- Web 2.0 工具。博客、讨论组、聊天、社交网络等包含大量关于用户活动和个性的信息。
- 行为定位。使用工具学习人们的喜好（见第 9 章）。
- 投票和调查。在调查中收集人们的人口统计信息、思想和观点。
- 付款信息和电子钱包。这些可能包含有关购物者的敏感信息。

5. 监控员工

关于互联网在公司和员工隐私方面的使用存在几个问题。除了浪费时间之外，员工可能会泄露商业秘密，并且员工在企业网站上的行为可能导致公司承担诽谤责任。针对这些担忧，许多公司都会监控员工的电子邮件和上网活动，包括其在社交网络上发布的信息。Google Location 是一种允许公司监控其员工的工具，它可以与兼容设备（例如 Android、iOS）结合使用。

关于工作场所隐私和员工监控，请参阅 PRC (2014)。

由于可能侵犯隐私，监控员工的问题非常复杂且值得商榷。有关全面报道，请参阅 PRC（2014）。有关雇主和互联网使用情况监控的更多信息，请参阅 wisegeek.org/how-do-employer-monitor-internet-usage-at-work.htm。

12.7.7 信息技术的隐私保护

许多软件程序和 IT 策略及程序可用于保护你的隐私。有些是在第 10 章中定义过的。具有代表性的示例包括：

- 隐私优先项目平台（P3P）。这是关于沟通隐私政策的软件（在本章后面介绍）。
- 加密。它被用于加密电子邮件、支付交易和其他文件的软件程序，如 PKI。
- 阻止垃圾邮件。它被内置于浏览器和电子邮件中，阻止弹出窗口和不需要的邮件。
- 阻止间谍软件。它检测并删除间谍软件和广告软件，可内置于一些浏览器中。
- Cookie 管理。防止电脑接受 Cookies，识别并阻止特定类型的 Cookies。
- 匿名电子邮件和网上浏览。它允许用户发送电子邮件和网上浏览，而不留下历史记录。

隐私政策

对公司来说，一个有用的做法是向其客户披露其隐私政策。有关示例，请参阅 arvest.com/pdf/about/privacy-and-security/privacy-policy-and-notice.pdf。

12.7.8 Web 2.0 工具和社交网络中的隐私问题

社交网络使用的增加引发了一些关于隐私和言论自由的特殊问题。这里有一些示例。

存在、基于位置的系统和隐私

建立实时连接是社交网络世界中的一项重要活动。例如，Facebook 提供 Nearby Friends，这个应用程序可以让用户知道他们的朋友在哪里。

IBM 在 Lotus 软件连接中具有存在功能，而微软则提供与 SharePoint（office.microsoft.

com/en-us/sharepoint）类似的功能。苹果、谷歌和其他公司提供类似的功能。几个社交网络使人们能够与他人分享他们的位置。如果企业使用这些功能来定位客户和商品，那么这些功能的隐私含义是什么？对于如此多的意识和连接导致的不可预见的伤害，谁将负责或承担法律责任？

显然，需要明确的政策指出社交网络应该如何处理它们收集的所有关于用户的数据。

12.7.9 按照伦理原则进行隐私保护

收集和使用个人信息的一些伦理原则也适用于电子商务中的信息收集。例如，对可能会使用个人数据的情况进行适当通知，选择加入或退出，存储数据的可访问性，保护消费者数据的安全以及执行相关政策的能力。

最广泛的法律范围是《通信隐私和消费者赋权法案》（1997 年），除其他事项外其要求 FTC 在电子商务中强制执行在线隐私权，包括收集和使用个人数据。欲了解美国等国法案的情况，请参阅 govtrack.us/congress/bills/subjects/right_of_privacy/5910。

1. 政府对公民的监视

这里的问题是在创新和商业不被扼杀的情况下，个人隐私和国家安全之间的平衡。社交网站的技术被声称已经超过了政府的执法能力。现存的法律没有涉及对新的沟通方式（发短信和社交网络）的相关规定。反对者将其视为肆无忌惮的政府窃听。2013～2014 年，美国政府被发现确实监视了其公民。2014～2015 年，政府已经采取措施尽量减少这种监督。

2. P3P 隐私平台

隐私优先平台项目（Platform for Privacy Project，P3P）是由万维网联盟（W3C）开发的用于保护网络隐私的协议。W3C 是一家国际网络标准组织，"P3P 平台使网站能够以标准格式表达它们的隐私政策，这些标准格式可以由用户代理自动检索和解读"。W3C 指出 P3P 很有用，因为"P3P 使用机器可读的方式来描述数据的收集和使用。这些政策使网站行为明确、透明，便于公开审查。"这种隐私政策的披露可以增加用户对电子商务网站和供应商的信任和信心。图 12-2 显示了 P3P 的工作过程。

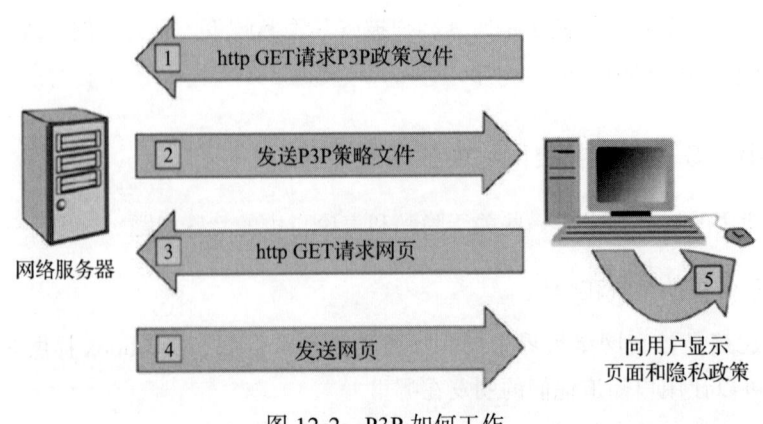

图 12-2　P3P 如何工作

12.7.10 美国以外国家的隐私保护

1998 年，欧盟通过了一项隐私指令（EU Data Protection Directive），重申了互联网时代的个人数据保护原则。与美国的保护法相比，这一指令更能保护隐私。

在许多国家，关于个人权利与社会权利的争论仍在继续。在一些国家，几乎没有对个人的互联网隐私的保护。

注意：根据 Ranger（2016）的说法，隐私技术之战可能会定义 Web 的未来。

> **12.7 节复习题**
>
> （1）定义隐私和言论自由。你的定义是否依赖于技术？
> （2）列出互联网可以收集有关个人信息的一些方式。
> （3）描述 Cookies 和间谍软件，它们与在线隐私有什么关系？
> （4）描述信息污染和隐私。
> （5）列出与收集个人信息有关的四项共同伦理原则。
> （6）描述社交网络中的隐私问题。有什么危险？
> （7）定义 P3P 并描述其目标和程序。

12.8 电子商务的未来

大部分人认为电子商务的未来是积极的。电子商务将成为一种越来越重要的交易方式，它接触客户，提供服务，改善组织的运作。此外，电子商务能够促进协作、创新和人与人之间的互动。分析人士对电子商务的预期增长率和其成为经济的巨大组成部分所需要时间的预测存在差异。他们对于增长最快的行业细分市场的见解也存在分歧。不过，他们对该领域的整体方向有共识：全速前进！像亚马逊、eBay、阿里巴巴集团、Priceline 和 Newegg.com 这样的公司，都正在迅速增长。

电子商务将在全球各地增长。其对中国的挑战以及给中国带来的机遇，请参阅 Clark（2015）。

12.8.1 电子商务未来发展的关键因素

电子商务的未来取决于未来有多少因素会产生影响。TrueShip（2016）提出了以下 10 种预测：

（1）亚马逊将比沃尔玛变得更大。
（2）电子商务将占所有零售额的 10%。
（3）Facebook 将在品牌方面取代 YouTube。
（4）由情感驱动的购物将成为一种标准。
（5）店内提货将为大型零售连锁店（如塔吉特）节省开支。
（6）竞争对手将创建类似亚马逊 Prime 的购物门户。
（7）无人机将开始用于商品交付。
（8）销售商品的市场将变得非常流行。
（9）移动购物将取代桌面购物。它可能是生存所必需的。

（10）免费退货将成为电子商务的主流。

其他因素有：

- 网络中立的模型。
- 易于购物的智能应用的开发（例如谷歌的DeepMind）。
- 电子商务巨头（例如亚马逊、阿里巴巴）与大型零售商之间的竞争正在加剧。
- 多渠道购物正在增多。
- Beacon技术集成了在线和离线系统。
- 巨量的图像和视频提供令人惊叹的主页。
- 实时分析成为常态。

有关综合报告，请参阅Knight（2016）和McCafferty（2016a）。

12.8.2　将市场与市场空间进行整合

在整本书中，我们评论了实体市场与在线市场之间的关系。我们指出了在某些领域发生的冲突以及成功的应用。事实上，从消费者以及大多数商业伙伴和供应商的角度来看，这两个实体存在并将一直一起存在。

这两个概念最引人注目的整合可能在于鼠标加水泥公司。在不久的将来，鼠标加水泥公司将成为最流行的模式（例如，见Sears.com、Target.com、Costco.com和Walmart.com），尽管该模型可能采用不同的形式。一些组织将使用电子商务作为另一个销售渠道，因为今天大多数大型零售商、航空公司和银行正在这样做。其他企业仅将电子商务用于某些产品和服务，并以传统方式销售其他产品和服务（例如乐高集团）。

消费者更愿意自己选择购物地点。截至2015年，消费者喜欢将网上订购和在实体店购买商品进行组合。有人认为这样的组合可以使零售商免于倒闭（请参阅Douglas（2014））。

12.8.3　移动商务

移动电子商务在电子商务中的作用将会显著增强，这几乎是一个共识。目前已经有数百万的创新移动应用程序，其数量仍在迅速增长。我们将看到电子商务增长最快的领域是应用程序。许多移动电子商务的初创公司正在进入该领域。有关详细信息，请参阅Kemp（2016）。

12.8.4　社交商务

最近，移动社交网络的使用增长正在加速。越来越多的新型无线Web 2.0服务帮助许多社交网络实现无线连接，实现了更多的人与人之间的互动。尼尔森2012年9月发布的社交媒体报告显示，5名活跃的互联网用户中有4人访问社交网络和博客。报告还显示，近82%的社交媒体用户使用他们的手机访问这些网站（Nielsen，2012）。这些数字将随着时间而不断增加。

Facebook、Twitter、谷歌和其他许多公司的社交商务正在迅速增长。移动广告和促销是主要的增长领域。有关细节，请参阅Turban et al.（2016）和Kemp（2016）。

12.8.5 可能会加速电子商务增长的未来的技术趋势

以下是一些促进电子商务使用的因素（基于 Scollay（2015）和 McCafferty（2016a））：

- 更先进的宽带技术和更快的网络。
- 更强大的搜索引擎（基于智能代理的）。
- 更好的移动设备电池。
- 量子计算和语义网络的发展。
- 灵活的电脑屏幕的到来。
- 更好的云应用程序。
- 智能手机和平板电脑的广泛使用。
- 更多地使用可穿戴设备。
- 免费上网的可能性。
- 使用增强现实（实现方法请参阅 DHL（2015））。
- 进一步进入物联网时代。
- 下一代数据中心。

12.8.6 限制电子商务发展的未来趋势

以下趋势可能会减慢电子商务和 Web 2.0 的增长速度，甚至可能会削弱互联网：

- 安全问题。电子银行和其他服务的消费者和用户都担心网络安全。网络要变得更安全。
- 缺乏网络中立性。如果大型电信公司被允许对更快的接入收费，那么无法支付额外费用的小公司可能处于劣势地位。
- 侵犯版权。YouTube、维基百科等的法律问题可能会导致公众舆论和创造力的流失。
- 缺乏标准。电子商务（特别是全球贸易）的标准仍然缺乏。

总之，许多人认为电子商务对我们生活的影响与工业革命的影响一样，甚至可能更深远。自工业革命以来，没有任何其他的现象被归入这一类。我们希望本书能够帮助你成功进入数字革命这个令人兴奋和具有挑战性的领域。有关 537 张演示幻灯片，请参阅 Kemp（2016）在 slideshare.net/wearesocialsg/digital-in-2016 上发布的"2016 年数字"。

12.8 节复习题

（1）电子商务与传统商业有何关系？
（2）描述移动性在电子商务未来中的作用。
（3）社交网络将如何促进电子商务？
（4）哪些未来趋势将有助于电子商务的发展？
（5）哪些趋势会延缓电子商务的发展？

管理问题

与本章有关的一些管理问题如下所示。

1. 我们应该采用哪种投资分析方法来进行电子商务论证? 对总体拥有成本的精确估计是一个很好的金融投资分析的起点。如果客户服务提升和购买材料的质量保证等无形收益是提高生产率的主要因素,那么管理层必须将其纳入分析。但是,如果可以定量衡量收益(例如创造新收入和/或降低购买成本),那么可以用实际收益和成本计算净现值和投资回报率。根据投资分析,无形资产因素可能会被纳入经理人的多重标准判断中。由于估计未来收入创造的不确定性很高,因此最佳或最坏情况分析可以作为补充分析。

2. 谁应该进行论证? 对于小型项目,项目小组可能会与财务部门合作进行分析;对于大型或复杂项目,可以使用公正的外部顾问,尽管它可能很昂贵。论证应该包括有形和无形的收益及成本。然而,一些供应商可能会提供 ROI 计算器,作为建议的一部分,它可能适合你的应用程序,而不产生额外的费用。

3. 电子商务如何走向全球? 与电子商务一起走向全球对于各种规模的公司来说都是一个非常吸引人的主张,但要做到这一点可能很困难,尤其进行大规模扩张或缺乏必要资源的中小企业来说。公司需要识别、理解和消除公司全球化的障碍,例如文化、语言和法律,以及客户和供应商。电子商务确定一个本地化策略。一些公司(例如 eBay)收购或建立本地公司来为本地客户服务,而其他公司只支持英语网站。在 B2B 中,企业可以与其他国家的合作伙伴建立合作项目。

4. 电子商务倡议中涉及哪些法律和道德问题? 要考虑的关键问题包括:①我们的网站应该允许和禁止哪些类型的专有信息?②谁可以访问用户在我们网站上发布的信息?③我们网站上的内容和活动是否符合其他国家的法律要求?④我们需要在网站上发布什么样的免责声明?⑤我们是否在未经许可的情况下使用了商标或受版权保护的材料?无论具体问题如何,律师都应定期审查网站内容,并由专人负责监督法律和责任问题。

5. 什么是最重要的道德问题? 网站或博客上发布的关于个人、公司或产品的负面或诽谤的文章可能导致诽谤罪,而且诽谤可能会跨越各国。隐私、道德和法律风险问题似乎与开展业务相关,但忽视这些问题会使公司面临罚款、客户不满和组织运营中断的风险。对隐私保护的投资是一项必要的投资。

6. 涉及数字内容的知识产权如何受到保护? 为了保护网络上的视频、音乐和图书等的知识产权,我们需要监控互联网上的对版权、商标和专利的侵犯情况,应该监控含有盗版视频和音乐文件的门户站点。这种监测可能需要进行大量的工作,因此应该使用软件代理来持续检查盗版材料。侵权和可能的法律保护、现行法规和潜在的新法律对技术的保护,都可能导致业务风险。我们应该考虑通过谈判应对损害赔偿诉讼。

7. 如何购买电子商务专利? 有些人声称专利不应该被授予与电子商务有关的企业或计算机程序(欧洲一些国家就是如此)。因此,在专利不能得到适当授权或保护的情况下,投入大量资金开发或购买欧洲专利可能在经济上是不明智的。一些拥有许多商业模式专利的公司无法以这些专利创造商业价值。

8. 保护客户隐私的道德原则是什么？为了提供个性化服务，公司需要收集和管理客户的个人资料。在实践中，公司必须决定是否使用间谍软件来收集数据。收集数据可能会让客户感到不快（例如谷歌街景或 Facebook 的隐私设置）。该公司需要制定保护客户隐私的完善原则：在收集个人信息之前通知客户，告知并获得关于披露类型和程度的同意，允许客户访问他们的个人数据并确保数据的准确性和安全性，并采取一些强制措施和补救措施来阻止隐私泄露。以这种方式，公司可以避免诉讼并获得客户的长期信任。

本章小结

在本章中，你了解了以下与本章学习目标相关的问题。

1. 对电子商务进行论证的必要性。 像其他任何投资一样，需要论证电子商务投资（除非很小）的合理性。许多初创的电子商务公司因错误的论证或没有进行论证而崩溃。论证的最简单形式是收入减去所有相关成本。分析是通过定义绩效并将实际绩效与所需指标和与组织目标相关的 KPI 进行比较来完成的。

2. 全球电子商务中的问题。 通过电子商务走向全球可以快速完成，并且投资相对较小。但是，企业必须处理全球贸易中的文化、行政、地理、法律和经济方面的一系列问题。

3. 电子商务成功和失败的原因。 产品、产业、销售商和消费者特征需要不同的电子商务价值指标。随着全球互联网的不断发展，电子商务经济将在支持买方和卖方方面发挥重要作用。与其他创新一样，电子商务预计也将经历一个巨大的成功周期，随后是投机，然后是灾难，直到新形势到来。一些电子商务失败是网站设计问题，缺乏持续资金以及收入薄弱造成的。电子商务的成功来自为所有交易合作伙伴实现自动化以对我们熟知策略的加强，如品牌、塑造、建立信任以及为所有交易合作伙伴创造价值。通过创建数字选项，电子商务投资可以超越传统的商业模式。为确保成功，必须在管理变革和应对电子商务用户之间的文化差异方面进行补充投资。

4. 中小企业和电子商务。 根据具体情况，创新的小公司有很大的机会以很小的代价采用电子商务并迅速扩张。小众市场为小企业成功提供了最佳机会。各种基于 Web 的资源可供中小企业业主获取帮助以确保成功。

5. 了解法律和伦理挑战以及如何面对这些挑战。 互联网在全球范围内的普及引发了很多关于伦理准则和法律适用的严重问题。忽视法律会使公司面临诉讼或刑事指控，这些指控是破坏性的、昂贵的，并且会损害客户关系。最好的策略是避免使公司面临这些风险。重要的保护措施是公司的伦理规范，其规定了规则、预期的行为和行动，以及可接受的互联网使用政策。

6. 知识产权法。 电子商务运作受各种知识产权（IP）法律的约束，其中一些法官已经在具有里程碑意义的法庭案件中创建了判例。知识产权法为企业提供了为损害或滥用其产权进行赔偿的方法。国会通过的知识产权法正在修订中，以更好地保护电子商务。这些保护措施是必要的，因为在互联网上盗用或复制智力作品既简单又便宜。这些行为违反或侵犯版权、商标和专利。虽然法律方面看起来很清楚，但监督和追究违法者仍然很困难。

7. 隐私、言论自由、诽谤及其挑战。 B2C 公司使用 CRM 并依靠客户信息来改进产品和服务。注册和 Cookies 是收集这些信息的两种方式。关键的隐私问题是谁控制着个人信息以及应该保留多少隐私。最近美国通过了严格的隐私法，任何暴露个人或机密数据的人都会遭到严厉的处罚。目前关于互联网审查存在争论。审查制度的支持者认为，政府和各种互联网服务提供商和网站应该控制不适当的或无礼的内容。其他人反对任何形式的检查，他们认为控制取决于个人。在美国，大多数对互联网上内容的合法审查被认定是违反宪法的。这场争论不可能很快得到解决。

8. 电子商务的未来。 电子商务正在稳步快速发展，并扩展到新的产品、服务、商业模式和国家。最显著的发展领域是在线和离线商务、移动商务（主要是由于智能手机应用程序）、视频营销以及社交媒体和网络的整合。智能应用、可穿戴设备等几项新兴技术正在促进电子商务的发展。另外，有几个因素正在阻碍电子商务的传播，例如安全和隐私问题、有限的带宽，以及电子商务的某些领域缺乏标准。

⊙ 问题讨论

1. 你所在的地区政府正在考虑使用一套在线车辆登记系统。制定一套电子商务指标并讨论这些指标与现有的手动系统中的有哪些不同。
2. 登录 businesscase.com 并查找关于 ROI 分析的材料。讨论 ROI 如何与商业案例相关。
3. 一个工匠在美国的一个小镇经营一家制作木质乐器的小型企业，企业主正在考虑使用电子商务来增强企业在国内和全球的影响力。企业主如何使用电子商务来增强产品的丰富性，使产品对消费者更具吸引力？
4. 你如何确定想要启动电子商务项目的小型企业的竞争对手是谁？
5. 讨论在全球在线销售实物产品的利弊。
6. 找出一些中小企业电子商务的成功案例，并确定其中的共同要素。
7. 向 linkedin.com 和 answers.yahoo.com 提交有关电子商务小型企业战略的三个问题，获得一些答案并总结你的经验。
8. 讨论一家开展全球电子商务的公司在没有像 Borderfree 这样的公司的协助下如何处理付款或物流，及其将面临的所有挑战。
9. 这些挑战难以克服吗？对于每个挑战，解释为什么可以克服或为什么不可以克服。
10. 企业的类型或规模是否会影响它成功应对全球电子商务带来的挑战？解释你的结论。
11. 电子商务网站和社交网络可以做些什么来确保个人信息的安全？
12. 隐私权是确保独立，防止无理侵入的权利。什么是你认为的"不合理"的侵入？
13. 谁应该控制未成年人在互联网上接触"攻击性"信息，父母、政府还是互联网服务提供商？为什么？
14. 讨论言论自由与控制攻击性网站之间的冲突。
15. 讨论选择加入或退出可能并不能带来足够的保护。哪些措施可以让你满意？
16. 一些便利店的职员将他们的顾客数据（性别、年龄等）输入计算机。这些数据被处理以改进决策。客户不会被告知此事，也不会被请求许可（名字没有键入）职员的行为是否合乎道德？将其与使用 Cookies 进行比较。
17. 为什么很多公司和专业组织制定自己的道德规范？毕竟，道德是通用的，"一刀切可能适合所有人"。

⊙ 课堂讨论和辩论话题

1. 辩论：一家航空公司在全球范围内提供广泛的在线旅游服务，包括预订酒店、汽车租赁、度假等。其在线业务应该是自治的。

2. 电子商务和社交商业公司的股票市场可能非常成功（例如谷歌、LinkedIn）可也能很差（例如 Groupon、Zynga）。分析 2013~2016 年的首次公开招股，并尝试解释 CSF，完成报告。

3. 作为一家已经拥有网站的小型企业的负责人，你正在考虑将你的公司推向全球。讨论在做出这一战略决策时你必须考虑的主要问题。

4. 讨论 RIAA 希望通过针对大学生版权侵犯的法律诉讼达到什么目的。研究如果它提出的《版权执行法案》生效，那么其将如何进一步支持 RIAA 的法律诉讼？跟踪法案的状态报告。

5. 拟议的《版权执行法案》规定了将创建网站的所有人定义为出版商并根据该法承担责任。根据此建议法案，在商业网站上无意使用或分发版权内容可能会导致公司的域名或服务器被没收，同时公司的电子邮件功能可能被禁用，从而大大阻碍商业活动。讨论企业应采取哪些措施来降低风险。

6. 购物者在去商店或商场时是否应关闭智能手机？手机是否会带来更好的购物体验并缩短结账时间？（请参阅 Kerr（2014））

7. 许多医院、健康维护组织和联邦机构正在或计划将所有病人的医疗记录从纸张转换为电子存储（使用成像技术），以符合《患者保护和可负担医疗法案》（PPAC）的要求，也称为"奥巴马医保"。PPAC 规定所有医疗记录应可被保险公司、美国政府和政府批准的第三方供应商自由查看。完成这项计划后，电子存储使得大多数医疗记录能够被随时随地迅速访问。但是，这些记录在数据库、网络或智能卡上的可用性可能导致一些未经授权的人可以查看他人的私人医疗数据。对隐私的充分保护花费很高，或者可能会显著减慢访问记录的速度。讨论医疗管理员可以使用哪些策略来防止未经授权的访问。

8. 旨在保护儿童和其他人不受网上色情和其他攻击性材料影响的《通信规范法》（CDA）得到了美国国会的批准，但后来被下级法院裁定为违反宪法。直到 2015 年，它仍在讨论中。讨论该法案的含义。另外，请查看最高法院的裁决。

9. 讨论网络中立的利弊。

10. 包括 NFL 和英国足球协会在内的许多体育相关联赛限制球员使用社交网络。NFL 禁止在比赛前 90 分钟和 90 分钟之后使用社交网络。针对这个问题进行讨论。

11. 分成两个小组讨论用户生成内容的所有权问题（以 Facebook 为例）。一组支持，一组反对。

12. 辩论：互联网的中立性对电子商务有利。

13. 辩论：是否应该允许个人之间通过互联网交换歌曲，而不支付版税？

14. 辩论：隐私标准是否足够严格以保护电子健康记录？

⊙ 在线练习

1. 登录 salesforce.com/form/roi。注册并下载免费的 ROI 套件。总结一个案例研究，查看两个演示，并完成报告。

2. 亚马逊是全球化程度最高的公司之一。查找关于其全球策略和活动的故事（尝试 forbes.com）并进行谷歌搜索。你学到的最重要的经验是什么？

3. 访问 business.com/starting-a-business/tech-toolkit-for-startups，找到一些可用于小企业的电子商务机会。总结最近与电子商务有关的中小企业话题。

4. 对小企业及其互联网使用进行研究，访问诸如 microsoftbusinesshub.com 和 uschamber.com 等网站。同时访问 google.com 或 yahoo.com，然后输入"小企业+电子商务"。根据你的发现撰写关于当前小企业电子商务问题的报告。

5. 访问 lwshare.languageweaver.com 并找到其关于跨国公司语言翻译的产品，完成报告。

6. 你想建立一个道德博客。使用 CyberJournalist.net 这样的网站：pcij.org/blog/bloggers-code-of-ethics 上的道德规范，查看建议的发布博客的指南。列出博客的前十大道德问题。

7. 对涉及各种计算机隐私举措的行业和贸易组织进行搜索。其中一个组织是万维网联盟。描述其隐私偏好项目平台（w3.org/P3P）。准备一张有10项举措的表格并简要介绍一下。

8. 查找最新版权立法的状态。尝试对比 use.stanford.edu 和 wipo.int/copyright/en。关于版权立法的国际方面有什么新进展？完成报告。

9. 访问 scambuster.org，确定并列出其反欺诈和反诈骗活动。

⊙ 团队任务和项目

1. 阅读开篇案例，回答下列问题。
（1）什么促使 Telstra 准备计算公式？
（2）为什么计算公式包含员工和社区的福利？
（3）下载 AIIA（2009）的电子书，并检查所有四种情况下的福利清单。哪些好处是无形的？
（4）该案例引用了净现值的使用。解释在这种情况下它是如何工作的。
（5）查找 AIIA（2009）案例中引用的附录，并对具体实例进行评论。

2. 探索电子商务的商业价值。每个成员进入不同的网站（例如，Nicholas G. Carr（nicholascarr.com）、Baseline（baselinemag.com）、Strassmann, Inc.（strass-mann.com））。准备关于问题、价值和方向的介绍。

3. 班级将在 Facebook 上设立一个网上商店。你可以使用 ecwid.com 或 bigcom-merce.com 上的应用程序。有几个会员将商品放在那里以便其他人购买。据此写一份报告。

4. 每个团队都需要找到关于一个全球电子商务问题（例如，文化、行政、地理、经济）的最新信息。此外，请查找领先的零售商（如李维斯）如何在其网站和 Facebook 页面上为当地受众提供不同的内容。每个团队根据他们的发现准备一份报告。

5. 将雅虎、微软和 Web.com 提供的服务与电子商务领域的中小企业提供的进行比较。每个团队都应该选择一家公司并进行汇报。

6. 研究"在社交世界中走向全球"这一主题。从 Adobe（2012）开始，确定问题和实践，并完成报告。

7. 在美国和涉及电子商务的其他地方，诉讼数量有所增加。每个团队都要为本章的每个主题（隐私、数字资产、诽谤、专利）列出5个最近的电子商务法律案例。准备每个案件的问题摘要，包括各参与方、法院和日期。这些案件的结果是什么？什么是（或可能是）每个决定的影响因素？

8. 分成三个小组。有两个小组讨论言论自由与保护儿童的关系，第三小组担任评委。一个小组主张应该在互联网上实现完全的言论自由；另一个小组主张通过审查攻击性和色情材料来保护儿童。辩论结束后，由评委会决定哪个小组提供了更有说服力的法律论点。

9. 监控员工的互联网活动、电子邮件和即时消息是合法的吗？请注意，查看寄到公司的个人信件是合法的。为什么需要监控？它在多大程度上是道德的？员工的权利是否被侵犯？分成两个小组讨论这些问题。

10. 智能计算机程序使雇主能够监控员工的互联网活动。目标是尽量减少时间和计算资源的浪费，并减少员工盗窃。这些行为可能会侵犯员工的隐私，降低其信心和忠诚度。查找用于监控员工的各种方法同时列出所有可能的负面影响。查找关于监控带来益处（包括提高生产力）的案例进行研究，并指出其局限和危险。将监视与远程通勤联系起来，并就此问题进行辩论。

⊙ 章末案例

海盗湾和文件共享的未来

曾被认为对涉及美国电影协会（MPAA）反对瑞典非法文件共享具有里程碑意义的《2009年版权法案》，似乎没有有效地阻止在线文件共享。事实上，恰恰相反的事实正在发生。

概述

海盗湾（TPB）网站于2003年由黑客和计算机活动家作为BitTorrent跟踪器推出，其能够让用户使用BitTorrent点对点（P2P）文件共享协议服务免费访问大多数媒体内容（包括复制正版资料）（请参阅en.wikipedia.org/wiki/BitTorrent）。海盗湾网站包含可下载电影、电视节目、音乐电子书、现场体育比赛、软件等网站的链接。TPB已被评为世界上最受欢迎的网站之一。该网站通过广告、捐赠和商品销售产生收入。该网站可能是数十个可以免费访问受版权保护的内容的网站中最知名的。

法律形势

海盗湾曾作为被告和原告参与过多起诉讼。在瑞典，2006年，瑞典警方突袭了海盗湾公司。该网站已关闭，但几天后再次出现，服务器托管于不同的国家。2008年，瑞典政府开始对TPB的创始人进行刑事调查，罪名是盗用版权。三位创始人和一位金融家被指控利用TPB BitTorrent技术促进其他人违反版权法，从而侵犯版权。34起侵权案件的损失索赔可能已超过1 200万美元。审判于2009年2月16日开始，于2009年3月3日结束，被告被判处有期徒刑1年，并处罚款350万美元。2010年，4名创始人在上诉中失利，但成功地减少了监禁时间，但是版权侵权罚款增加了。该网站现在被几个国家封锁。美国政府认为TPB是盗版和冒牌货物的最大市场。

当前操作

截至2014年6月，TPB继续提供torrent文件和magnet链接，以方便那些使用BitTorrent系统的用户进行文件共享。该网站还提供下载，观看视频以及所有类型媒体的搜索。事实上，公众相当支持TPB。2003年，瑞典组织Piratbyrån（海盗局）成立，以支持免费提供的信息（然而，其于2010年解散）。效仿一个于2006年成立于瑞典的政党，很多政党都采用了"海盗党"标志。其他国家也纷纷效仿，建立了自己的海盗党。该党支持版权和专利法的改革、政府透明度和网络中立性的提升。2006年，国际海盗党作为一个保护伞组织成立。2009年，瑞典海盗党在欧洲议会获得席位，2013年，冰岛获得了三个类似的席位。海盗湾倡导版权和专利法改革，并减少政府监督。与此同时，在瑞典，TPB的创始人已经在其他几个分散的点对点文件共享网站工作，这些网站满足全球对P2P文件共享的巨大需求，并蓬勃发展。TPB拥有大量的支持者。2014年，TPB创始人的支持者计划开展一项线上活动，以使人们更多地关注他在监狱的情况。

一直以来，文件共享技术都比执法领先一步。由于有些国家会阻止人们访问TPB，因此现在有几个代理网址可以间接访问TPB网站。

尽管在2010年11月被关闭，但TPB一直在不断发展。2011年，TPB的创始人推出了一个名为IPREDator的新网站，通过将流量隧道传输到安全的服务器，匿名注册用户，并为注册用户重新分配虚假IP地址，以便他们访问TPB或其他BitTorrent跟踪站点用于文件共享的网站，而不暴露其真实的IP地址。虽然今天TPB作为互联网上最受欢迎的网站之一继续蓬勃发展，但许多国家正在颁布新的更严格的版权保护法，旨在直接制止这种非法活动。请注意，

Facebook 会在公共和私人消息中阻止与 TPB 有关的链接的共享（不过，TPB 确实有 Facebook 页面）。2012 年，由于违反版权法，英国法院下令在英国对 TPB 进行封锁（请参阅 Dragani（2012））。一些国家允许使用 TPB。

2012 年，海盗湾为了保护自己不受打击，将其业务从物理服务器转移到云端。它为几个云托管服务提供商的用户提供服务使其无法被打击，因为没有物理位置；该网站更便携，因此更难关闭。这一举措的其他好处包括减少停机时间以确保更好的正常运行，并降低成本（请参阅 Van Der Sar（2012））。

海盗湾现在使用许多代理站点和种子。它仍然活着并运行良好（Protalinski，2016）。

讨论

海盗湾是专门处理盗版和冒牌内容的众多网站之一。与允许人们上传视频（包括盗版内容）的网站不同，海盗湾不承载内容。海盗湾只提供可能的非法下载链接。这个策略并没有提高这个网站的合法性。

海盗湾案件只是保护互联网知识产权这一更广泛问题的一部分。一个有趣的相关问题则关于诸如 YouTube 这样的内容托管网站，这更复杂。

请注意，本案的一个方面是美国政府正在推动瑞典政府采取更强硬的立场来反对盗版。

资料来源：基于 Stone（2011）、Protalinski（2016）、en.wikipedia.org/wiki/The_Pirate_Bay 和 medlibrary.org（均访问于 2016 年 4 月）。

问题

1. 将 TPB 的法律问题与 2000～2005 年的 Napster 以及 Kazaa（文件共享公司）的法律问题进行比较。
2. 辩论互联网上的言论自由问题，以保护知识产权。
3. 海盗湾的商业模式是怎样的？它的收入来源是什么？（查找更多信息，从维基百科开始。）
4. 探索本案国际法律层面的问题。一个国家能否说服另一个国家制定更严格的法律？
5. 阅读 Stone（2011）的文章，并确定所有用于打击现场体育赛事盗版的措施。哪些措施可以用于海盗湾案件？哪些不行？为什么？
6. 查询 TPB 网站的状态。

⊙ 在线文件

本章在线文件可以在 ecommerce-introduction-textbook.com 上找到。

W12.1 应用案例：Kozmo.com 的兴衰
W12.2 应用案例：E-Choupal 的成功案例
W12.3 道德问题框架

⊙ 参考文献

Adobe. "Going Global in a Social World: Promoting Global Brands Using the Facebook Page Structure." A white paper by Adobe Systems Inc., #91069096, March 2012. marketingpedia.com/Marketing-Library/Social%20Media/Adobe_Going_Global_Social_World.pdf (accessed April 2016).

AIIA. *Greening Your Business Through Technology*, (an e-Book). Section 4.3.1 case study: Telstra-Cost-Benefit Analysis Calculators (Business Innovation). November 2009, Download at witsa.org/news/newsletter_Q210/img/AIIA_GreenIT_eBook.pdf (accessed April 2016).

Andrews, L. *I Know Who You Are and I Saw What You Did: Social Networks and the Death of Privacy*. Florence, MA: Free Press, 2012.

Bach, J. "Telus International and Ortsbo Deliver Real-Time Language Translation for Online Chat Customer Service." *Telus International Blog*, August 29, 2013. smallcapinvestorblog.agoracom.com/ir/intertainment/forums/discussion/topics/584386-telus-international-and-ortsbo-deliver-real-time-language-translation-for-online/messages/1833296 (accessed May 2016).

Bailey, M. *Complete Guide to Internet Privacy, Anonymity & Security*. 2nd ed. Delhi, India: Nerel Online, 2015.

Baldwin, C. "Will Aldi Justify Its Move into E-commerce?" *Essential Retail*, September 28, 2015.

Barbaschow, A. "Australia is Outpacing the US in IoT Adoption: Telstra CTO." *ZDNet.com*, April 7, 2016. zdnet.com/article/Australia-is-outpacing-the-US-in-iot-adoption-telstra-cto (accessed April 2016).

Beasley, M. *Practical Web Analytics for User Experience: How Analytics Can Help You Understand Your Users*. Burlington, MA: Morgan Kaufmann, 2013.

Burke, A., "How a 15 Year-Old Entrepreneur Got Her Product into Nordstrom." *Yahoo! News*, May 30, 2013. news.yahoo.com/blogs/profit-minded/15-old-entrepreneur-got-her-product-nordstrom-233738356.html (accessed June 2014).

Cagaoan, K. A. A., M. J. A. V. Buenaobra, A. T. M. Martin, and J. C. Paurillo. "Privacy Awareness in E-Commerce." *International Journal of Education and Research*, January 2014. Vol. 2, No. 1, ijern.com/journal/January-2014/19.pdf (accessed April 2016).

Chapman, M. "Aldi Puts £35 m Into Ecommerce as It Begins Selling Wine Online." *Marketing Magazine*, January 21, 2016. marketingmagazine.co.uk/article/1380384/aldi-puts-35m-ecommerce-begins-selling-wine-online (accessed April 2016).

Chess Media Group. *Implementing Enterprise 2.0 at IBM*. Enterprise 2.0 Case Study Series, No. 9, May 2012.

Clark, J. "E-Commerce in China: What Are the Challenges and Oppротunities?" *Econsultancy*, February 5, 2015. econsultancy.com/blog/66044-ecommerce-in-china-what-are-the-challenges-opportunities (accessed May 2016).

Company News. "Study Trip to China: What Are the Challenges and Opportunities of Chinese." *ECommerce Europe*, May 27, 2015. ecommerce-europe.eu/news/2015/study-trip-to-china-what-are-the-challenges-and-opportunities-of-chinese-cross-border-e-commerce (accessed April 2016).

Dragani, R. "UK Court Orders Blockade on Pirate Bay." *E-Commerce Times*, May 1, 2012.

DHL. "Vision Picking in the Warehouse-Augmented Reality in Logistics." *SupplyChain247*, January 29, 2015. supplychain247.com/article/vision_picking_in_the_warehouse_augmented_reality_in_logistics (accessed April 2016).

Douglas, M. "New Retail Strategies: It's a Store! It's a Site! It's a Warehouse!" 2014. inboundlogistics.com/cms/article/new-retail-strategies-its-a-store-its-a-site-its-a-warehouse (accessed May 2016).

Fan, W. "Alibaba has Big Plans for Small U.S. Businesses." *Ecns. cn.news*, June 11, 2015. ecns.cn/business/2015/06-11/168916.shtml (accessed May 2016).

Goldberg, J. *Internet Marketing 101: Online Marketing for Small Business*, [Kindle Edition]. Seattle, WA: Simultaneous Device Usage, 2016.

Gouveia, A. "2013 Wasting Time at Work Survey." July 28, 2013. sfgate.com/jobs/salary/article/2013-Wasting-Time-at-Work-Survey-4374026.php (accessed May 2016).

Guynn, J., "Lawmakers Ask Google's Larry Page to Address Glass Privacy Issues." *Los Angeles Times*, May 16, 2013.

Hobbs, T. "How Aldi's Move Into Ecommerce Shows It Is Becoming a More 'Conventional' Grocer." *Marketing Week*, September 28, 2015.

Instagram. "Artist Richard Prince Made $90,000 by Selling Someone's Instagram Photo Without Permission." *First Post*, May 26, 2015.

Kankanala, K. C. *Social Media and IP: Social Media, Intellectual Property and Business (Intellectual Property Basics for Business Book 4)* Kindle Edition. Seattle, WA: Amazon Digital Services, 2015.

Kemp, S. "Digital in 2016." *Wearesocial*. January 27, 2016. wearesocial.com/uk/special-reports/digital-in-2016 (accessed April 2016).

Kenyon, A. T. *Comparative Defamation and Privacy Law (Cambridge Intellectual Property and Information Law)*. New York: Cambridge University Press, 2016.

Kerr, J. C. "Stores Can See Where You Go by Tracking Your Phone." *Mercury News*, February 19, 2014.

Knight, K. "Report: Timeliness Key for Ecommerce." *BizReport*, January 28, 2016.

Leggatt, H. "Online Privacy Real Concern for 90% of U.S. Internet Users." *BizReport*, February 14, 2012. bizreport.com/2012/02/90-percent-of-online-adults-worry-about-their-online-privacy.html (accessed May 2016).

Lewis, M. "Ethical Issues Relating to E-commerce." *LinkedIn.com*, June 5, 2014.

McCafferty, D. "9 Significant Technology Predictions for 2016." *Baseline*, February 24, 2016a.

McCafferty, D. "How Digital Partnerships Drive Business Success." *Baseline*, January 15, 2016b.

McLaughlin, K. "Oracle Wins Appeal in Google Android Suit, Court Rules It Can Copyright Java APIs." *CRN News*, May 9, 2014. crn.com/news/applications-os/300072804/oracle-wins-appeal-in-google-android-suit-court-rules-it-can-copyright-java-APIs (accessed April 2016).

Mills, I. "The Future of Ecommerce for Small Business." *Huffington Post*, March 3, 2014. huffingtonpost.com/ian-mills/future-of-ecommerce-for-small-business_b_4862514.html (accessed April 2016).

Murtagh, R. "The Case for E-Commerce." *Telstra Exchange*, July 21, 2015. exchange.telstra.com.au/2015/07/21/case-e-commerce (accessed April 2016).

Nielsen. "State of the Media: The Social Media Report 2012." 2012. nielsen.com/us/en/reports/2012/state-of-the-media-the-social-media-report-2012.html (accessed March 2017).

O'Brien, K. J., and Streitfeld, D. "Swiss Court Orders Modifications to Google Street View." June 8, 2012. nytimes.com/2012/06/09/technology/09iht-google09.html?_r=0 (accessed April 2016).

OECD (Organization for Economic Cooperation and Development). Enhancing SME Competitiveness: The OECD Bologna Ministerial Conference, Bologna, 14–15, June 2000. (2001). oecd.org/cfe/smes/enhancingsmecompetitivenesstheoecdbolognaministerialconferencebologna14-15june2000.htm (accessed May 2016).

Petouhoff, N. L. Radian6 Community "EBook: ROI of Social Media: Myths, Truths and How to Measure." February 2012. digitalintelligencetoday.com/documents/Radian6_2012.pdf (accessed April 2016).

Petroff, A. "Want to Chat in 29 Languages?" *CNN Money*, January 2, 2014. money.cnn.com/2014/01/02/technology/translation-service-app (accessed April 2016).

Pittaway, C. "E-Commerce Is a Rising Platform for Small Business Owners." *BizNiz Africa*, February 17, 2016. biznizafrica.co.za/e-commerce-is-a-rising-platform-for-small-business-owners (accessed May 2016).

PRC. "Workplace Privacy and Employee Monitoring." (Revised May 2014). privacyrights.org/workplace-privacy-and-employee-monitoring (accessed April 2016).

PR Newswire. "NFL Opens E-Commerce Shop in Chinese Market." October 28, 2013. prnewswire.com/news-releases/nfl-opens-e-commerce-shop-in-chinese-market-229541851.html (accessed April 2016).

Protalinski, E. "The Pirate Bay Now Uses Torrents Time to Let You Stream All Its Movies and TV Shows." *Venturebeat.com*, February 5, 2016.

Ranger, S. "The Undercover War on Your Internet Secrets: How Online Surveillance Cracked Our Trust in the Web." *Tech Republic*, February 10, 2016.

Raskino, M. and G. P. Waller. "Learn How to Lead Your Digital Business Team." *A Gartner Webinar*, March 8, 2016.

Sargent, B. B., and N. Kelly. *Gaining Global Web Presence: Common Practices from 1,000 Top Websites*. Lowell, MA: Common Sense Advisory, Inc., 2010. commonsenseadvisory.com/Portals/_default/Knowledgebase/ArticleImages/101130_R_Global_Web_Presence_Preview.pdf (accessed April 2016).

Scollay, R. "Six Business Technology Predictions for 2016." *Enterprise Innovation*, November 10, 2015. enterpriseinnovation.net/article/six-business-technology-predictions-2016-150408718 (accessed

April 2016).

Skype "Skype Translator Preview Now Available for Everyone." *Zee News*, May 14, 2015.

Sterling, T. "European Court: Google Must Yield on Personal Info." May 13, 2014. **bigstory.ap.org/article/european-court-upholds-right-be-forgotten-says-google-must-edit-some-search-results** (accessed April 2016).

Stone, B. "Pro Sports versus the Web Pirates." February 24, 2011. **businessweek.com/magazine/content/11_10/b4218066626285.htm** (accessed April 2016).

TeamQuest. "The Business Value of IT." Special Report, *Computer Weekly*, October 2013, Reprinted as a White Paper on April 23, 2014. **teamquest.com/pdfs/whitepaper/understanding-real-value-it-proving-it-to-business.pdf** (accessed April 2016).

TrueShip. "The Future of Ecommerce: 10 Predictions for 2016." January 5, 2016. **trueship.com/blog/2016/01/05/the-future-of-ecommerce-10-predictions-for-2016/#VwLle_krI2w** (accessed April 2016).

Turban, E. et al. *Social Commerce*, New York: Springer, 2016.

Van Der Sar, E. "Pirate Bay Moves to the Cloud, Becomes Raid-Proof." October 17, 2012. **torrentfreak.com/pirate-bay-moves-to-the-cloud-becomes-raid-proof-121017** (accessed April 2016).

Vega, L. *The Global Influence: E-Commerce Marketing Tips for Small Businesses*. New York: Luna Vega Consulting, 2014.

Zottola, A. J. "Legal Considerations for E-Commerce Businesses." *Venable*, April 2014. **venable.com/legal-considerations-for-e-commerce-businesses-04-04-2014** (accessed April 2016).

GLOSSARY
术语表

access control 访问控制 一种确认什么人、何种软件或机器在何时,以何种方式使用组织的哪些计算资源的防御机制。

ad view 广告浏览量 用户在特定时间段内访问有标题广告页面的次数,也称为展示或页面浏览量。

address aerification system,AVS 地址验证系统 一种通过比较买方在结账时提供的地址和文件中的地址以进行欺诈检测的系统。

affiliate network 联盟网络 为出版商(联盟)和商家联盟程序提供协作的市场网络。

affiliated marketing 关联营销 一种"基于绩效营销",主要用来作为推荐组织的收入来源和销售者的营销工具。

application controls 应用控制 用于应用程序保护的控制。

augmented reality 增强现实 "通过计算机产生的传感输入(如声音、视频、图形或 GPS 数据等)生动地复制真实物理世界环境,并对其元素进行增强或补充"(请参阅 en.wikipedia.org/wiki/Augmented_reality)。

authentication 认证 验证或确认电子商务实体真实身份的过程,该实体可以是个人、代理软件、计算机程序或电子商务网站。

authorization 授权 向通过身份验证的人提供访问系统和在特定系统中执行某些操作的权限;或指信用卡交易处理的第一阶段,即确认买方的信用卡有效(例如未过期),且账户内有足够的信用或资金。

automated question-answer(Q&A) 自动问答系统 用于查找与自然语言(如英文、中文)问题相匹配的答案。

availability 可得性 保证任何相关数据、信息网站或其他电子商务服务能够随时随地被访问和使用。

back end 后端 进行与订单汇总和履行、库存管理、供应商采购、会计和财务、保险、付款处理、包装和交付有关的活动。

banking Trojan 银行木马程序 一种在用户访问某些在线银行或电子商务网站时造成对用户损害的恶意软件。

banner 标题广告 网页上的广告显示(嵌入在网页中的文字、标志等)。

banner exchange 标题广告交易市场 为多个网站提供标题广告空间的交易市场。

banner swapping 标题广告交换 A 公司同意展示 B 公司的标题广告,以换取 B 公司对 A 公司的标题广告展示。

bartering 易货 商品和服务的交换。

bartering exchange 易货市场 安排易货交易的中介市场。公司通过提交剩余物品兑换信用点，信用点可以用于购买其所需要的物品。

behavioral targeting 行为定向 利用消费者的浏览行为信息进行个性化广告设计。它比大众广告更易对消费者造成影响。

biometric 生物识别 个人特有的生理或行为特征（如指纹），可以用于准确的身份验证。

biometric authentication 生物识别认证 一种基于生物特征、行为特征或生理信号测量的身份验证技术。

biometric systems 生物识别系统 一种将个体可观测生理、生物或行为特征进行数据库匹配以识别已注册用户的系统，或者该系统可以将个体可测量的生物特征与已存储版本进行匹配来验证个体的身份。

bitcoin address 比特币地址 比特币交易中标识接收者的一组字符串。

bitcoin private key 比特币私钥 由 $1\sim 2^{256}$ 的随机数组成的密钥。该密钥可被其所有者用于签署和发起电子交易，同时可以被网络用来验证这些交易。

blockchain 区块链 比特币公开分类账，包含自第一枚比特币发行以来的所有交易的完整清单。

botnet 僵尸网络 网络犯罪分子散布的恶意软件，通常会传播到大量的计算机。

brick-and-mortar (old economy) organizations 砖块加水泥（传统经济）组织 指从事线下商业的纯粹的实体组织（公司）。

brick-and-mortar retailer 砖块加水泥零售商 只在实体世界进行商业活动的零售商。

business continuity plan 业务连续性计划 在灾难发生后保持业务运行的计划。业务中的每个功能都应该具备有效的恢复能力计划。

business ethics (corporate or enterprise ethics) 商业伦理（企业或公司伦理） 商业活动中成文的或不成文的价值观、行为准则和规则，用于指导组织的运作。

business impact analysis, BIA 商业影响分析 对一个组织失去电子商务活动功能（如电子采购、电子订购）的影响分析。

business model 商业模式 对组织如何通过其业务活动产生收入的描述。

business social network 商业社交网络 一种建立在社会关系基础上的线上或线下网络，可以存在于传统企业的物理环境中。

business-oriented social network 商业导向的社交网络 以促进商业活动为主要目标的社交网络。

business-to-business, B2B 企业对企业 所有交易都发生在组织之间。

business-to-business e-commerce (B2B EC) 企业对企业电子商务（B2B 电子商务） 企业之间在互联网、外联网、内联网或专用网络上进行的电子交易。

business-to-business-to-consumer, B2B2C 企业对企业对消费者 企业（B1）销售产品给企业（B2），然后 B2 将产品出售或分发给 B2 的客户或员工。

business-to-consumer B2C 企业对消费者 从企业到个人购物者的服务或商品零售交易。

business-to-employees B2E 企业对员工 从企业到其员工的服务、信息或产品交付。

button 按钮 链接到某个网站一个小标识，可能包含可下载的软件。

buy-side e-marketplace 买方电子市场 一个由大买方拥有的电子交易市场，其邀请卖方浏览并申请完成订单。该市场中的公司可从多个供应商处进行采购；这种采购被认为是一种多对一的

B2B 商业活动。

card verification number，CVN　卡片验证码　将信用卡背面的签名条上印有的 3 位验证数字（或美国运通卡片正面的 4 位数字）与持卡人发卡行存储的号码进行对比验证以防止欺诈的方法。

certificate authorities，CA　证书颁发机构　颁发数字证书或 SSL 证书的独立代理机构，这些证书所组成的电子文件可以在加密通信中用来识别特定的个人和网站。

channel conflict　渠道冲突　指网络销售损害现有渠道合作伙伴利益的情况。

CIA security triad　中情局安全三合会　一个用来识别问题并评估组织信息安全的参考模型，这些信息安全包括了信息的保密性、完整性和可用性。

ciphertext　密文　加密的明文。

Click (ad click)　点击（广告点击）　访问者通过点击广告标识来访问广告客户网站的次数。

click-and-mortar (click-and-brick) organization　鼠标加水泥组织　将电子商务活动作为一个额外的营销渠道的组织。

click-and-mortar retailer　鼠标加水泥零售商　将网上商店和传统零售相结合的零售商

clickstream behavior　点击流行为　在客户的交易日志中看到的他们在互联网上的行为轨迹。

clickstream data　点击流数据　描述用户在网站上以什么顺序以及花了多少时间的数据，这些数据是通过记录每个访问者的"点击"来获得的。

click-through rate/ratio，CTR　点击率/比率　点击标题广告的用户数与看到标题广告的用户数之比。

collaboration hub，c-hub　协作中枢　交互和公司供应链的中心点。一个单一的电子中心可以托管多个协作空间，供交易伙伴进行交易、协作、交流和共享信息。

collaborative commerce，c-commerce　协作商务　指不同组织为达成相同目标而进行的在线活动和沟通，或为业务合作提供的电子支持。它使企业能够协同规划、设计、开发、管理和研究产品、服务以及创新型业务流程，包括电子商务的应用。

collaborative filtering　协作过滤　一种试图不通过查看新客户以前记录而能预测客户感兴趣的产品或服务的方法。

communal shopping (collaborative shopping)　社区购物（协作购物）　购物者可以邀请朋友和他们信任的人进行产品推荐的一种购物方式。

company-centric EC　以企业为中心的电子商务　一对多和多对一的市场，在这个市场里一家企业做所有的销售（卖方市场）或所有的采购（买方市场）。

Computer Fraud and Abuse Act，CFAA　计算机欺诈和滥用法案　1984 年通过并经过多次修改的法案，是电子商务立法中的一个重要里程碑。起初，CFAA 的范围和意图是保护政府和金融行业使用的计算机不被外人盗窃。1986 年，CFAA 被修改为包括对违规行为的更严厉的惩罚，但它仍然只保护联邦政府或金融机构使用的计算机。

confidentiality　保密性　保证数据安全和隐私，即数据只向经授权人员披露。

consortium trading exchange，CTE　联合多方交易市场　由一个行业中的一群主要公司组建和运营的交易市场。它们可以是行业中的供应商，也可以是采购商，或者两者兼而有之。

consumer-to-business，C2B　消费者对企业　人们使用互联网向个人和组织出售产品或服务，或者个人使用 C2B 对产品或服务进行投标。

consumer-to-consumer，C2C　消费者对消费者　个人消费者向其他消费者出售或购买的电子商务，或个人之间完成的电子交易。

contact card 接触式卡 插入读卡器时可被激活的智能卡。

contactless (proximity) card 非接触式卡 一种智能卡，它只需在读卡器附近就能处理一笔交易。

context-aware computing 上下文感知计算 一种能够预测人们需求并提供满足方案的技术（有时甚至在用户提出请求之前）。

conversion rate 转换率 进行点击操作的用户中最终实际进行购买的比例。

convertible virtual currency 可转换虚拟货币 和实际货币等值的虚拟货币，也可以作为实际货币的替代品。

Cookie 在用户不知情的情况下，存储在用户本地电脑上的一个数据文件。

copyright 版权 知识产权作者或创作者拥有发布、销售、许可、分发或使用他们作品的独家合法权利。

copyright infringement 版权侵犯 在未经允许或未订立版权使用费的情况下使用产品。

corporate portal 企业门户网站 为客户、员工和合作伙伴提供访问公司信息和与公司沟通渠道的门户。

cost-benefit analysis 成本效益分析 比较每个项目的成本与收益。

cost per mille, i.e., thousand impressions, CPM 千次展示费 广告客户为一个带有标识广告页面展示1 000次所支付的费用。

cracker 骇客 可能比黑客更具破坏性的恶意黑客。

cross-border e-commerce 跨境电子商务 涉及不同国家的买方、商家或卖方的在线购物。

crowdsourcing 众包 整合人力来集体完成任务。例如，解决问题、创新或分工合作来完成大项目等。

customer relationship management, CRM 客户关系管理 一种客户服务方法，专注于建立长期和可持续的客户关系，为客户和商家创造价值。

cybercrime 网络犯罪 在互联网上进行故意犯罪。

cybercriminal 网络罪犯 故意通过互联网进行犯罪的人。

darknet 暗网 一个独立的互联网，可以通过常规的互联网和TOR网络连接（TOR是一个可以保护互联网上的隐私和安全的虚拟专用网（VPN）网络）。暗网通过使用非标准协议（IP地址没有列出）只限于信任的人（朋友）访问。暗网允许匿名上网。

data breach 数据泄露 数据被非法获取后发布或处理的安全事故。

denial-of-service(DoS)attack 拒绝服务（DoS）攻击 使服务器或网络资源对用户不可用的恶意攻击，通常通过暂时中断或暂停向连接到互联网的主机提供服务（Incapsula, Inc.）。

desktop purchasing 桌面采购 采购人员实施采购的时候不必征得上司以及采购部门的同意。

desktop search 面搜索 搜索用户自己的计算机文件。通过查看用户计算机上的所有可用的信息来完成搜索。

detection measures 检测措施 帮助发现计算机系统中的安全漏洞的方法。可用来检查入侵者是否试图（或已经试图）侵入电子商务系统，是否侵入成功，是否仍在破坏系统，以及他们已经入侵可能造成的破坏。

deterrent methods 威慑方法 使犯罪分子放弃企图攻击某一特定系统的措施（例如，威慑若是违反规定的就可能会被抓并被惩罚）。

digital currency 数字货币 指电子货币或虚拟货币的数字表示术语。

digital economy 数字经济 基于在线交易的经济,主要是指电子商务,也被称为互联网经济。

digital enterprise 数字企业 通过使用信息技术提高员工生产力、生产效率和业务流程的有效性,以及改善供应商和客户之间的交互性来获得企业竞争优势的新的商业模式。

digital products 数字产品 可以转换为数字形式的商品。

digital rights management, DRM 数字版权管理 用来保护在互联网或数字媒体上传播的数据版权的系统。这些安排是基于技术的保护措施(通过加密或使用水印)。

digital signatures 数字签名 等同于纸上个人签名的电子版本。由于它们对使用公钥的发送者的身份进行身份验证,因此难以伪造。

direct marketing 直销 指没有实体店面的营销,从制造商到顾客直接进行销售。

direct materials 直接材料 用于制造产品的材料,如汽车中的钢或书本中的纸。

discount rate 折扣率 商家支付给提供信用卡付款的第三方的主要费用。

disintermediation 去中介化 消除卖方和买方之间的中间人,因为他们提供的服务可以完全自动化,或者他们只负责贸易伙伴之间的某些活动(通常在供应链中)。

distance learning 远程学习 随时在家或其他地方接受教育。

double auction 双重拍卖 多个买方及其出价与多个卖方及其要价相匹配的拍卖,结果取决于双方的数量。

dynamic pricing 动态定价 定价不固定,可以随着供求关系上下波动。

electronic bartering, E-bartering 电子易货 在网上进行交易,通常在易货交易网站进行。

E-business, EB 电子商务 电子商务(EC)的一个更广泛的定义,不仅仅是商品和服务的买卖,而是在线进行各种业务,如为客户提供服务,与商业伙伴协作,提供电子学习和在组织内进行的电子交易。

EC security strategy 电子商务安全战略 包括多种方法的多层防御。这种防御旨在阻止、防止和检测未经授权进入组织的计算机和信息系统。

E-collaboration 电子协作 人们使用数字技术来完成一项共同任务。

E-distributor 电子分销商 电子分销商的产品目录基本上汇总了来自许多制造商的产品信息的实体,有时数以千计。

E-government 电子政务 总体上使用信息技术,尤其是电子商务,以改善政府服务和公共部门活动的交付,例如使得公民和组织更方便地访问政府信息和服务,以及提供有效的公共服务来吸引公民和企业合作伙伴,并且提高政府雇员的绩效。政府也可以与其他政府打交道(G2G)。

E-grocer 电子杂货店 一家在线接受订单的杂货商,或每天,或定期,或在很短的时间内(有时在一小时内)提供货物。

E-health 电子健康 通过电子手段传递卫生资源和卫生保健。

E-learning 电子学习 在任何时候,在许多不同的地点,使用信息技术在线提供教育材料和方法,用于学习、教学、培训或获取知识。

electronic(online)banking, e-banking 电子(在线)银行 在线开展银行业务。

electronic auction, e-auction 电子拍卖 在网上进行拍卖。

electronic book, e-book 电子书 可以在

计算机屏幕上阅读的数字格式的书籍，包括移动设备（例如平板电脑、iPhone），或者称为电子阅读器（e-reader）的专用设备。

electronic catalog，e-catalog 电子目录 以电子形式呈现产品信息；是大多数电子销售网站的支柱。

electronic commerce，EC 电子商务 使用互联网和内联网购买、销售、运输或交易数据、商品或服务。

electronic market，e-marketplace 电子市场 买卖双方进行商品交易的在线场所，如销售商品、服务或信息。

electronic money 电子货币 用于电子转账目的的法定货币的数字表现形式。

electronic retailing，e-tailing 电子零售 通过互联网进行零售。

electronic shopping cart 电子购物车 允许客户在付款结清之前累积他们想要购买的物品的软件。

electronic signature 电子签名 "手写签名的电子等同物"（根据 pcmag.com/encyclopedia/term/ 42500/electronic-signature）。

E-mail advertising 电子邮件广告 附加到电子邮件里的广告。

E-mail marketing 电子邮件营销 使用电子邮件向用户发送商业信息。

E-mail spam 垃圾电子邮件 当几乎相同的邮件通过电子邮件发送给许多收件人（有时是数百万条未经请求的电子邮件）时发生。

E-mall (online mall) 电子商城（网上商城） 一个网上购物中心，许多网上商店展示他们的目录。

E-marketplace 电子市场 卖方和买方会面并进行不同类型交易的电子空间。

encryption 加密 将数据编码成一种形式（称为密文）的过程，对于未经授权的人来说理解这种形式将是困难的、昂贵的或费时的。

encryption algorithm 加密算法 用于加密或解密消息的一组过程或数学算法。

Enterprise 2.0 企业 2.0 "在公司内部或公司与合作伙伴或客户之间使用社交软件平台"（McAfee，2009）。

enterprise mobility 企业移动性 在企业内部实现移动计算应用程序的人员和技术（例如，设备和网络）。

enterprise search 企业搜索 在组织内的文件和数据库中搜索信息。

electronic procurement，E-procurement 电子采购 网上购买补给、原料、能源、工作和服务。可以通过互联网或 EDI 等专用网络进行。

E-tailer 电子零售商 在线进行零售业务的卖方。

E-tailing 电子零售 网上零售，通常是 B2C。

ethics 道德 一套人们应该如何行事的道德原则或规则。它规定了社会所认为的对与错。

event shopping 活动购物 旨在满足特殊活动（例如婚礼、"黑色星期五"）的 B2C 销售模式。此模式可以与团购（降低顾客的成本）相结合。

exchanges (trading communities or trading exchanges) 多方交易市场（多对多的电子交易平台） 许多买方和许多卖方以电子方式进行交易。

expert/expertise location systems，ELS 专家/专业知识定位系统 交互式计算机化系统，帮助员工找到组织内的专家，以便在短时间内帮助解决特定的关键业务或技术问题。

exposure 漏洞 指犯罪分子利用网络薄弱环节可能造成的损失和破坏。

extranet 外联网 使用互联网技术以安全方式连接多个组织的联网。

fair use 合理使用 对于受版权保护的材料的有限使用，不需要支付费用或版税，用于某些目的（例如评论、评论、教学）。

F-commerce Facebook 商务 在 Facebook 上进行或促进的快速增加的商业活动。

fiat currency 法定货币 被国家指定为法定货币的硬币和纸币。

firewalls 防火墙 内部可信网络（或 PC）与不可信互联网之间的屏障。技术上，它由硬件和将私人计算机网络（例如，你的局域网）与公共网络（互联网）分开的软件包组成。

forward auction 正向拍卖 指一个卖方接受众多买方来竞价。

fraud 欺诈 使用欺骗手段或设备剥夺他人财产或其他权利的任何商业活动。

front end 前端 客户与市场空间交互的地方。前端的主要组成部分可以包括卖方的门户网站、电子目录、购物车、搜索引擎、拍卖引擎、支付平台以及所有其他涉及下单的活动。

gamification 游戏化 旨在支持 B2B 培训和决策的虚拟游戏，或将游戏引入社交网络。游戏化也可以被看作将在线游戏引入社交网络活动。

general controls 一般控制 旨在保护所有系统应用程序的控制。

geosocial networking 地理社交网络 具有位置感知功能的社交网络。这使社交网络能够将用户与本地企业、人员或事件相连接。

government 2.0 政府 2.0 通过使用社会媒体工具、新的商业模式，囊括社交网络和用户参与，政府机构可以提高其在线活动的效率，以合理的成本满足用户的需求。

government-to-employees，G2E 政府对员工 电子政务类别，包括政府与其雇员之间的活动。

government-to-government，G2G 政府对政府 包括不同政府单位之间的电子商务活动在内的电子政务类别，包括一个政府机构内部的电子商务活动。其中许多旨在提高政府运作的有效性和效率。

government-to-business，G2B 政府对企业 电子政务类别，既有政府对企业也有企业对政府。因此，G2B 是指政府向企业销售产品或为企业提供服务，反之亦然。

government-to-citizens，G2C 政府对公民 电子政务类别，包括电子政务与公民之间的所有互动。

group purchasing 团购 通过汇总多个买方的订单，以更大数量的订单来获取更优惠的价格。

hacker 黑客 在未经授权的情况下访问计算机系统的人。

hit 点击 从网页或文件提出数据请求。

horizontal marketplaces 水平市场 很多类型行业中都可以使用的产品或服务交易的市场，例如办公用品市场、个人电脑市场或旅游服务市场。

identity theft 身份盗用 盗用他人的身份信息，并以被盗者的名义从事涉及欺诈或欺骗的犯罪行为（特别是为了获取经济利益）。

indirect materials 间接材料 支持企业运营和生产，但不构成商品实体的材料，如办公用品或电灯泡。

information assurance，IA 信息保障 保护信息系统及其处理过程免受一切风险的活动或步骤，包括所有的安全工具和防御方法。

information security 信息安全 为保护信息系统及其程序免受一切安全风险而采取的措施。

integrity 完整性 确保数据的准确性和一致性，防止数据发生非法授权的更改。

intellectual property，IP　知识产权　来源于个人创造性工作的智力劳动成果，如文学或艺术作品。

intellectual property law　知识产权法　智力劳动成果权利相关的法律领域，主要包括:《专利法》《版权法》《商标法》《商业秘密法》以及其他相关法律分支。

intelligent personal assistants　智能个人助理　使用人工智能（AI）来理解语音的应用程序。

interactive marketing　互动营销　一种使营销人员和广告商直接与客户互动的营销理念。

interactive video　交互式视频　将用户交互和视频融合的媒介技术。

interactive voice response，IVR　交互式语音应答　一种语音支持应用系统，用户能够通过任意类型的电话（电话键盘或语音）与计算机系统进行交互，来实现信息的传送。

interchange rate　兑换率　发行行收取处理授权和结算请求的费用。

intermediary　中介　在卖方和买方之间运作，起媒介作用的第三方。

Internet of things，IoT　物联网　嵌入微处理器的各种对象（人、动物、物品）通过无线网络连接到互联网的情况。

internet radio　互联网广播　通过互联网直播的音频内容。

Internet TV　互联网电视　采用视频流技术，实现互联网传送的电视内容。

Internet underground economy　互联网地下经济　由成千上万个销售信用卡号码、社保号码、电子邮箱、银行账号、社交网络ID、密码等被盗信息的网站构成的电子市场。

Intrabusiness EC　企业内电子商务　指各个组织部门和组织员工之间进行电商交易的电子商务类别。

Intranet　内联网　使用互联网技术（如Web浏览器和Internet协议）的公司或政府的内部网络。

Intrusion detection system，IDS　入侵检测系统　通过软硬件设备来监控计算机网络和系统，实现定义、检测那些未经授权和恶意的访问、操作，或禁用网络和系统的活动。

key（key value）　密钥（密钥值）　与算法一起使用来加密（或解密）消息的密码片段。

key performance indicator，KPI　关键绩效指标　被认为是公司、部门或项目的关键成功因素可量化的衡量指标。

keystroke logging（key logging）　按键记录（键盘记录）　借助设备或软件程序，通过记录键盘按键实时追踪和记录用户活动（无须用户知识或用户同意）的过程。

knowledge management，KM　知识管理　指经过获取或创造、存储、持续更新、传播，并在必要时使用知识的过程。

landing page　登录页　用户点击链接后，直接访问的页面。在线营销中，此页面起着将浏览者转换为顾客的作用。

learning management system，LMS　学习管理系统　用于管理在线培训和在线学习课程的软件应用，管理内容包括：课程内容、日程安排、技巧性提示等。

live banners　实时标题广告　相对于那些固定内容编程的标题广告，实时标题广告在弹出时，内容可以被创建或修改。

localization　本地化　媒体产品的网页内容和广告资料经过适当转换，以适应某个地区或国家的网络环境。

location-based commerce, l-commerce 基于位置的商务 基于无线技术，商家通过使用GPS数据在特定时间向处于相关位置的客户发送广告。

macro virus (macro worm) 宏病毒（宏蠕虫） 附加到数据文件而非可执行程序（例如，Word文件）的恶意软件代码。

maintenance, repair, and operation，MRO 维护、维修和运行 用于支持生产活动的间接材料。

malware (malicious software) 恶意软件 恶意的、带攻击性的软件的通称。

maverick buying 独立购买 买方对所需物品迅速做出计划外购买的情况，通常是指那些未事先协商，且高出常规价值的购买行为。

merge-in-transit 在途并货 一种物流模型，其中产品的组件可能来自两个（或更多）不同的物理位置，并直接同时发送到客户的位置。

micropayments (e-micropayments) 微支付（电子小额支付） 小额在线支付，通常在10美元以下。

mobile learning, M-learning 移动学习 指使用移动设备的在线学习或其他形式的教育。

mobile (digital) wallet 移动（数字）钱包 近距离支付，可以通过月度结算或借记卡账户记入手机账户。该技术支持在一个移动设备上进行支付、处理客户忠诚度计划和执行定向促销活动。

mobile advertising, m-advertising 移动广告 "通过无线移动设备，如智能手机（例如黑莓、iPhone、Android等）、功能手机（例如能够访问移动内容的低端手机）和平板电脑（例如iPad、三星Galaxy平板电脑等）投放量身定制的广告"（IAB，2014）。

mobile App 移动应用程序 一种专门用于小型无线计算设备（例如智能手机和平板电脑）而非台式机或笔记本电脑的软件应用程序。

mobile banking (m-banking) 手机银行（移动银行） 专指通过移动设备开展银行业务（主要通过发短信或移动网站）。

mobile commerce (m-commerce, m-business) 移动商务 利用移动设备和无线网络开展电子商务。

mobile enterprise 移动企业 企业为了改善员工、设施和供应链的运作而在企业内部和其与业务伙伴之间使用的移动应用程序。

mobile entertainment 移动娱乐 通过无线网络在移动设备上提供的或与移动服务提供商交互的各类娱乐。

mobile government, m-government 移动政府 使用无线平台实施电子政务应用。

mobile marketing 移动营销 使用移动设备和无线基础设施作为营销和广告的手段。

mobile payment 移动支付 使用个人移动设备（通常是智能手机）发起或确认的支付交易。

mobile portal 移动门户 可通过移动设备访问的门户。

mobile social networking 移动社交网络 成员之间通过各类移动设备进行交流和互相联系的社交网络。

mobile worker 移动工作人员 每周至少10小时（或25%）离开主要工作空间的员工。

multichannel business model 多渠道商业模式 同时提供在线和离线销售的模式或策略。

multimedia messaging service, MMS 多媒体消息服务 新型的无线消息传递服务，可以向移动设备提供丰富的媒体内容，如视频、图像和音频。MMS是短信服务（SMS）的升级（不需要额外收取SMS"捆绑"费）。可以发送比SMS更长的消息。

name-your-own-price model　自主定价模型　一种拍卖模型，支持潜在买方指定他愿意支付给任何有意愿和能力的卖方的价格（和其他条件）。它是由 Priceline.COM 开创的 C2B 模型。

non-convertible virtual currency　不可转换虚拟货币　在特定的虚拟世界或领域中使用的虚拟货币，（理论上）不能转换为法定货币。

nonrepudiation　不可否认性　保证在线客户或贸易伙伴不能错误地拒绝（否认）他们的购买、交易、销售或其他责任。

on-demand delivery service　按需交付服务　一个配送服务选择。

online intermediary　网络中介　代理买卖双方之间的交易的第三方实体。中介可以是虚拟的，也可以是"鼠标加水泥式"（线上线下融合）的双渠道中介。

opt-in　选择加入　一种消费者必须事先同意他们愿意看到的内容的原则。也就是说，信息共享只有在确认客户允许或客户要求时才发生。

opt-out　选择退出　一种向消费者提供拒绝分享个人信息，或避免收到未经请求信息的选项的原则。

order fulfillment　订单履行　公司从收到订单到交付给客户的全部活动，包括所有相关的客户服务。

patent　专利　"对某项发明的专有权。专利由国家或政府授予发明人或由其指定的发明权受益人。专利持有人在特定的时长内享有对此发明的专卖权。"（根据 Fedcirc.us）

pay per click，PPC　点击付费广告　一种流行的互联网广告支付模式，即广告商只有在用户点击广告后才向网站支付费用。

payment cards　支付卡　包含支付相关数据的电子卡，包括信用卡、充值卡和借记卡。

penetration test（pen test）　渗透测试（笔测试）　一种评估计算机系统漏洞的方法，由专家充当恶意攻击者来完成测试。

penny auction　一分钱竞拍　一种新型的拍卖形式，参与者在每次投标时都必须支付少量且不可退还的费用（通常比上次投标者略高）。到时间截止时，最后一位参与投标者赢得项目并支付最终的报价。

permission advertising　许可广告　一种客户同意接受广告和营销材料（"选择加入"）的广告（营销）策略。

personalization　个性化广告　根据客户的偏好和个性化需求，将广告内容和供应商服务与客户需求进行匹配。

personalized banners　个性化标题广告　为目标客户量身定制的标题广告。

pervasive computing　普适计算　内置在环境内的计算能力，通常不具有移动性。

phishing　网络钓鱼　试图通过伪装成可信任的网站来获取敏感访问者信息的欺诈过程。

plaintext　明文　大众可读的文本或消息。

Platform for Privacy Preferences Project，P3P　隐私偏好项目平台　由万维网组织（W3C）开发的网络隐私保护协议。

pop-up ad　弹出式广告　访问者访问或离开网站，或发生延迟时自动弹出新浏览器窗口而出现的广告，也被称为自我复制广告（ad spawning）。

pop-up banner　弹出式标题广告　激活附属网页时出现在单独窗口中的标题广告。

prevention measures　预防措施　帮助阻止未经授权者访问电子商务系统的方法（例如，通过使用身份验证设备和防火墙，或通过使用入侵防护。根据 TechTarget，入侵防护是"一种事先设定的用于识别潜在威胁并迅速响应的网络安全方法"）。

private key 私钥 只有其所有者知道的密钥。

private shopping club 封闭式购物俱乐部 允许会员可以在短时间（仅限几天）内享受优惠价购物的组织。

procurement management 采购管理 计划、组织和协调所有与组织所需货物和服务采购相关活动的过程。

public (asymmetric) key encryption 公钥（非对称）加密 一种同时使用公钥和私钥两种密钥的加密方法。

public e-marketplaces 公共电子交易市场 向所有利益相关方（卖方和买方）开放的第三方交易场市场。

public key 公钥 所有人都知道的密钥。

public key infrastructure，PKI 公钥基础设施 用于保护数据流和信息交换的综合框架，克服了单密钥系统中的某些缺陷。

radio frequency identification，RFID 射频识别 短距离无线电频率通信技术的简称，用于无线识别和跟踪附着在物体上的电子标签。

random banners 随机标题广告 随机出现的标题广告，非用户行为所致。

reintermediation 再中介 提供有价值服务的新型中介。

request for quote，RFQ 报价请求 邀请潜在供货商参加反向拍卖的表格或文件。

reverse auction (bidding or tendering system) 反向拍卖（投标或招标系统） 拍卖过程中，买方在报价请求（RFQ）系统里提出自己想采购的东西，潜在的供应商有针对性地出价。特点是价格依次降低，以及最低价中标。该模型主要适用于 B2B 或者 G2B 模式。

risk 风险 漏洞被发现和利用的可能性。

search advertising 搜索广告 将在线广告投放在搜索引擎查询结果的网页上。

search engine 搜索引擎 可以访问互联网资源数据库，搜索特定信息或关键字，并返回结果的计算机程序。

search engine optimization, SEO 搜索引擎优化 提高公司或品牌在搜索引擎搜索结果界面排名的过程。理想的搜索结果应该出现在搜索结果第一页的前五名中。

search engine spam 搜索引擎垃圾 能够创建搜索引擎垃圾网站的技术。

sell-side e-marketplace 卖方电子交易市场 公司向个人（B2C）或企业（B2B）销售标准或定制产品的市场。这种类型的销售是一对多的。在这种模式中，企业通过电子方式，并经常通过外联网，向商业客户销售产品和服务。

semantic Web 语义网络 一个专注于机器的方法集（与专注于人的 Web 2.0 相反），试图使机器使用自然语言理解工具来理解信息的语义（含义）。

sharing economy 共享经济 围绕参与人共享商品和服务的理念而构建的经济体系。

shopping portals 购物门户网站 通向网上商店和电子商场的入口。

shopping robots (shopping agents or shopbots) 购物机器人（购物代理人或比价代理系统） 寻找最低价格或其他搜索条件的搜索引擎。

short message service, SMS 短信服务 支持在无线设备之间传输短文本消息（最多140~160个字符）的服务。

smart card 智能卡 在嵌入式微芯片中存储数据的塑料支付卡。

smart card reader 智能读卡器 一种读写设备，在智能卡和存储应用程序数据和处理事务的主机系统之间充当中介。

smart grid　智能电网　利用数字技术进行管理的电力网络。

smartphone　智能手机　具有互联网访问和类似 PC 功能的移动手机。

smartwatch　智能手表　一种功能超越计时功能的计算机化腕表。目前，智能手表被视作可穿戴的计算机设备。很多智能手表通过移动操作系统运行移动应用程序。

social (digital)customers　社会化（数字）客户　社交网络的成员，他们分享对产品、服务和供应商的看法，进行在线社交购物，了解顾客的权利，知道如何将社区智慧和力量为己所用。

social business　社交商务或称社会化商务　"一个通过制定战略、技术和流程来系统性地使其生态系统中所有个体（员工、客户、合作伙伴、供应商）参与进来的组织，其最终目标是最大化共同创造的价值"（社交商务论坛），或者是"一个拥有人脉网络来创造商业价值的企业"（IBM，2011），又或者、是一个营利或者非营利组织的名称，其目的是实现某些社会目标，而不仅仅是获利。

social collaboration (collaboration 2.0) 社交协作（协作 2.0）或称社会化协作　通过社交媒体工具和平台实现社区内部和社区之间的协作。在社交网络中，或者在追求社交目标时，个人或群体中的人们交互和共享信息及知识的过程。

social commerce, SC　社交商务　社交网络中使用社交软件进行的电子商务活动。

social computing　社交计算或称社会化计算　涉及社交互动和行为的计算系统。

social customer relationship management, SCRM（CRM 2.0）社会化客户关系管理　使用社交媒体工具和平台来实现的客户关系管理。

social customers　社会化客户或称社交客户　一种客户类型。这些客户通常是社交网络的成员，参与社交购物，并且了解他们作为购物者的权利以及如何利用这些权利来使自己获益。

social engineering　社会工程　一种非技术性的攻击，通过一些诡计欺骗用户，使其泄露信息或执行一个危害计算机或网络的操作。

social enterprise　社会化企业　这些组织的主要目标是关注社会问题。这些企业创造收入，但利润不归属于所有者和股东，而是归还给公司，用于对社会产生积极变革的建设。其使用社交媒体工具和平台，并在组织中管理社交网络，而主要目标是商业或非营利活动（例如政府）。

social game　社交游戏　在互联网上，主要在社交网络或虚拟世界中进行的多人视频游戏。

social learning　社交学习　在社交网络中和 / 或由社交软件工具辅助的学习、培训和知识共享。

social marketplace　社交市场　一个借助社交媒体工具和平台，作为买方和卖方之间网上中介的市场。

social media　社交媒体　涉及通过 Web 2.0 平台和工具传送用户生成的在线文本、图像、音频和视频内容的媒体。这种媒体主要用于社交互动和对话，例如分享观点、经验、见解和感知，以及进行在线协作。

social media marketing, SMM　社交媒体营销　通过社交媒体进行营销传播和其他营销工具的应用。

social network　社交网络　由节点（通常是个人、团体或组织）组成的社交实体，通过爱好、友谊或职业等环节连接。其结构往往非常复杂。

social network game　社交网络游戏　在社交网络中玩的视频游戏，通常涉及多个玩家。

social networking　社交网络　执行任何 Web 2.0 活动，如撰写博客或存在于社交网络中。它还包括在社交网络中进行的所有活动。

**social networking service, SNS　社交网络

服务　一种服务，通过为用户提供在线空间建立免费主页的方式来建立在线社区，并为用户在社交网络中开展不同活动提供基础通信和支持工具。

social shopping (sales 2.0)　社交购物（销售 2.0）　利用社交媒体工具和平台进行网上购物，与朋友分享购物体验。社交购物是社交媒体和电子商务的结合。

social TV　社交电视　一种新兴的社交媒体技术，使处于不同地点的电视观众能够同时观看相同的节目，交互式地分享讨论、评论和推荐等经验。

spam　垃圾电子邮件　垃圾邮件的电子等同物。

spam site　垃圾网站　诱使搜索引擎提供有偏见的搜索结果的页面，以便某些页面的排名被夸大。

splog　垃圾博客　由垃圾邮件发送者所创建的仅用于广告目的的博客。

spyware　间谍软件　在未经用户同意的情况下，由犯罪分子或广告商安装的跟踪软件，用于收集用户信息并将其引导至广告商或其他第三方。一些商家用于在用户不知情的情况下收集他们信息的工具。

standard of due care　注意的标准　合理预计公司将采用的最低和习惯做法，以保护公司及其资源免受可能的风险。

static banner　静态标题广告　定期停留在网页上的标题广告。

stored-value card　储值卡　预付货币价值的卡，可以在卡上充值一次或几次。

symmetric (private) key encryption　对称（私钥）密钥加密　使用相同密钥对明文进行加密和解密的方案。

tendering (bidding) system　招投标系统　大型有组织的买方进行大宗或大额采购（又称反向拍卖）的系统。

third-party logistics suppliers，3PL　第三方物流供应商　企业外部的物流服务提供商。

transaction log (for Web applications)　事务日志（用于 Web 应用程序）　通过计算机日志来记录用户在公司网站上活动的用户文件。

Trojan horse　特洛伊木马程序　一个似乎是无害的，甚至看起来很有用的程序，但实际上其中包含一段隐藏的恶意代码。

ubiquitous computing，ubicom　普适计算或称泛在计算　嵌入到相关系统中的移动或固定的计算功能，通常不可见。

user profile　用户配置文件　客户的偏好、行为和图表展示。

value proposition　价值主张　指利益，包括企业希望从其商业模式中获得的无形资产。

vendor-managed inventory，VMI　供应商管理库存　零售商让供应商负责监控他们提供的每件商品的库存以及决定何时订购每件商品的库存管理过程。

vertical marketplaces　垂直市场　专门从事一个行业或一个细分行业的市场。例如，专门从事电子、汽车、医院用品、钢铁或化学品的市场。

viral blogging　病毒博客　由博客做的病毒式营销。

viral marketing　病毒式营销　利用电子口碑营销（WOM）的方法，让人们（经常是他们的朋友）告诉其他人（他们的朋友）他们喜欢（或不喜欢）的产品。电子口碑营销（WOM）传播一个字、一个故事或一些媒体。

viral video　病毒式视频　指一个人转发给其他人的任何视频（有时还会附带推荐观看的视频）。这样，人们分享的视频就可以吸引更多的关注，有时会在短时间内吸引数百万的观众。

virtual (pure-play) e-tailers　虚拟（纯粹）电子零售商　直接在线销售的公司（不需要实体店）。

**virtual (pure-play) organizations　虚拟（纯

粹）组织　仅在线上进行业务活动的组织。

virtual community　虚拟社区　通过计算机网络（主要是互联网）进行交互的社区。

virtual currency　虚拟货币　价值的数字化表现形式，可以用来进行数字化交易，具有作为交换媒介、记账单位和价值储存的功能，但在任何管辖范围内都没有法律地位。

virtual economy　虚拟经济　一种存在于多个虚拟世界中的新兴经济体，人们经常在这里交易互联网游戏或与虚拟商业相关的虚拟商品。

virtual goods　虚拟商品　真实或虚构商品的计算机图像。

virtual private network，VPN　虚拟专用网络　通过互联网以安全方式传输信息的网络。

virtual reality　虚拟现实　通过计算机对现实生活环境的模拟生成出可以让用户沉浸的虚拟场景。

virtual trade show　虚拟展览　参展商向潜在客户展示新产品的临时或永久的展示场所。

virtual university　虚拟大学　学生通过互联网在家上课的在线大学。

virtual world　虚拟世界　由其居民建造和拥有的基于计算机的三维模拟环境。除了创建建筑物，人们还可以生产和共享汽车、衣服和其他物品。社区成员居住在虚拟空间中，通过虚拟形象进行交互和社交。

virus　病毒　由犯罪分子植入计算机用以损害系统的程序化软件，运行受感染的主程序会激活病毒。

voice portal　语音门户　具有可通过电话或手机访问的音频接口的门户。

vulnerability　漏洞　软件或其他机制中可以威胁到资产的机密性、完整性或可用性（参考 CIA 模型）的弱点。黑客可以直接使用它来访问系统或网络。

vulnerability assessment　漏洞评估　识别和评估易受计算机系统攻击的问题领域的过程。

warehouse management system，WMS 仓库管理系统　帮助管理仓库的软件系统。

Web (information) portal　Web（信息）门户用于访问（通过 Web 浏览器）位于组织内外的关键业务信息的单一访问点。

Web 2.0　第二代基于互联网的工具和服务，可以使用户以创新的方式轻松生成内容、共享媒体，以及进行交流和协作。

Web 3.0　用于描述未来万维网的术语，其将提供新一代的显示商业和社会计算融合的业务应用程序。

Web 4.0　继 Web 3.0 之后的新一代 Web。目前还是一个未知的实体。但是，其被设想为以智慧岛为基础，并且是无处不在的。

Web analytics　网站分析　"为了理解和优化网站的使用情况而对互联网数据进行测量、收集、分析和报告"（网站分析协会）。

Web bugs　网虫　隐藏在网页或电子邮件中的微小（通常是不可见的）对象。网虫将关于用户和他的行为信息传输到监控站点（例如，查看用户是否在网页上查看了某些内容）。

Web mining Web 挖掘　将数据挖掘技术用于 Web 内容和 Web 文档中，以发现模式和隐藏的关系。

Webstore (storefront)　网上商店（店面）　销售产品或服务的单个公司（或个体卖方）的网站。

Wireless mobile computing (mobile computing)　无线移动计算（移动计算）　一种利用在任何地方连接到无线网络的移动设备进行计算的计算解决方案。

Worm　蠕虫　一段可以自动复制的软件代码（作为一个"独立"软件，无须任何人为干预）。蠕虫使用网络进行传播，感染计算机或手持设备，甚至可以通过即时消息传播。

推荐阅读

书号	课程名称	版别	定价
978-7-111-61959-8	服务营销管理：聚焦服务价值	本版	55.00
978-7-111-60721-2	消费者行为学 第4版	本版	49.00
978-7-111-59631-8	客户关系管理：理念、技术与策略（第3版）	本版	49.00
978-7-111-58622-7	广告策划：实务与案例（第3版）	本版	45.00
978-7-111-58304-2	新媒体营销	本版	55.00
978-7-111-57977-9	品牌管理	本版	45.00
978-7-111-56140-8	创业营销	本版	45.00
978-7-111-55575-9	网络营销 第2版	本版	45.00
978-7-111-54889-8	市场调查与预测	本版	39.00
978-7-111-54818-8	销售管理	本版	39.00
978-7-111-54277-3	市场营销管理：需求的创造与传递（第4版）	本版	40.00
978-7-111-54220-9	营销策划：方法、技巧与文案 第3版	本版	45.00
978-7-111-53271-2	服务营销学 第2版	本版	39.00
978-7-111-50576-1	国际市场营销学 第3版	本版	39.00
978-7-111-50550-1	消费者行为学：基于消费者洞察的营销策略	本版	39.00
978-7-111-49899-5	市场营销：超越竞争，为顾客创造价值 第2版	本版	39.00
978-7-111-44080-2	网络营销：理论、策略与实战	本版	30.00

营销教材译丛系列

课程名称	书号	书名、作者及出版时间	定价
网络营销	即将出版	网络营销：战略、实施与实践（第4版）（查菲）（2014年）	65
销售管理	978-7-111-32794-3	现代销售学：创造客户价值（第11版）（曼宁）（2011年）	45
市场调研与预测	978-7-111-36422-1	当代市场调研（第8版）（麦克丹尼尔）（2011年）	78
国际市场营销学	978-7-111-38840-1	国际市场营销学（第15版）（凯特奥拉）（2012年）	69
国际市场营销学	978-7-111-29888-5	国际市场营销学（第3版）（拉斯库）（2010年）	45
服务营销学	978-7-111-44625-5	服务营销（第7版）（洛夫洛克）（2013年）	79